财务人员必备的稽查风险应对指南

金税四期管控下的税务稽查
风险防范及典型案例

翟继光 倪卫杰 毕浩然 ◎ 著

TAX INSPECTION

政策解读 增值税、企业所得税及其他税种的税收政策与征管要点解读
风险应对策略 增值税、企业所得税、个人所得税、房产税与土地增值税、消费税与印花税的稽查风险及其应对策略
疑难业务处理 金税四期管控下企业疑难业务的税务处理
真实案例分析 税务稽查案例与法院判决案例均为近两年真实案例

立信会计出版社
LIXIN ACCOUNTING PUBLISHING HOUSE

图书在版编目（CIP）数据

金税四期管控下的税务稽查风险防范及典型案例/翟继光，倪卫杰，毕浩然著. -- 上海：立信会计出版社，2025.2. -- ISBN 978-7-5429-7901-8

Ⅰ.F812.423

中国国家版本馆 CIP 数据核字第 20251SA515 号

责任编辑　毕芸芸

金税四期管控下的税务稽查风险防范及典型案例
JINSHUI SIQI GUANKONGXIA DE SHUIWU JICHA FENGXIAN FANGFAN JI DIANXING ANLI

出版发行　立信会计出版社	
地　　址　上海市中山西路 2230 号	邮政编码　200235
电　　话　（021）64411389	传　　真　（021）64411325
网　　址　www.lixinaph.com	电子邮箱　lixinaph2019@126.com
网上书店　http://lixin.jd.com	http://lxkjcbs.tmall.com
经　　销　各地新华书店	

印　　刷	北京鑫海金澳胶印有限公司
开　　本	787 毫米 ×1092 毫米　1/16
印　　张	31
字　　数	640 千字
版　　次	2025 年 2 月第 1 版
印　　次	2025 年 2 月第 1 次
书　　号	ISBN 978-7-5429-7901-8/F
定　　价	96.00 元

如有印订差错，请与本社联系调换

PREFACE 前言

从金税三期上线、优化到金税四期启动，智慧税务建设推动税务执法、服务、监管的理念和方式手段等全方位变革。2016年10月，金税三期在全国上线，我国建成了税收业务处理的"大平台"，这一平台处理了全部税收业务服务量的90%以上，首次实现了税收征管数据的全国集中；2018年，随着国税、地税征管体制改革的顺利推进，金税三期国税、地税并库上线工作分批顺利进行；2019年3月，金税三期全国并库上线，为构建、优化高效统一的税收征管体系奠定了坚实的信息化基础。金税三期工程的全面推广和优化升级，推动税收信息化建设迈上了新台阶。伴随中共中央办公厅、国务院办公厅印发的《关于进一步深化税收征管改革的意见》落地，以金税四期建设为主要内容的智慧税务建设正式启航，推动税收征管方式从"收税"到"报税"再到"算税"，税收征管流程从"上机"到"上网"再到"上云"，税收征管效能从"经验管税"到"以票控税"再到"以数治税"。2022年年底，金税四期全面上线，为帮助广大财务人员和中小企业掌握金税四期管控下的税务稽查风险防范及其应对策略，我们编写了《金税四期管控下的税务稽查风险防范及典型案例》一书。

本书分为八章，各章的具体内容如下：

第一章为"以数治税"时期最新税收政策解读，包括最新增值税政策解读、最新企业所得税政策解读、最新其他税收政策解读以及最新税收征管政策解读。

第二章为金税四期深度解析及稽查风险应对策略，包括金税四期与金税三期的区别与功能、金税四期建设的成就与最新进展、金税四期税务重点关注对象以及金税四期企业疑难业务税务处理。

第三章为增值税政策执行情况自查及稽查风险应对策略，包括增值税征税范围自查及风险应对策略、增值税销售额确认自查及风险应对策略、增值税进项税额抵扣项目自查及风险应对策略、增值税纳税义务发生时间自查及风险应对策略、增值税发票开具自查及风险应对策略以及增值税优惠政策享受自查及风险应对策略。

第四章为企业所得税政策执行情况自查及稽查风险应对策略，包括企业收入确认自查及风险应对策略、企业成本费用税前扣除项目自查及风险应对策略、企业所得税税前扣除凭证自查及风险应对策略、企业资产税务处理自查及风险应对策略以及企业所得税优惠政策自查及风险应对策略。

第五章为个人所得税政策执行情况自查及稽查风险应对策略，包括工资、薪金所得政策执行自查及风险应对策略，劳务报酬所得政策执行自查及风险应对策略，股息红利与偶然所得政策执行自查及风险应对策略，财产转让所得政策执行自查及风险应对策略，经营所得政策执行自查及风险应对策略，个人所得税汇算清缴自查及风险应对策略以及个人所得税优惠政策自查及风险应对策略。

第六章为房产税与土地增值税政策执行情况自查及稽查风险应对策略，包括房产税政策执行自查及稽查风险应对策略以及土地增值税政策执行自查及稽查风险应对策略。

第七章为消费税与印花税政策执行情况自查及稽查风险应对策略，包括消费税政策执行自查及稽查风险应对策略以及印花税政策执行自查及稽查风险应对策略。

第八章为税务稽查流程与纳税人权利救济典型案例，包括税务稽查流程与税务稽查典型案例、税务行政处罚听证流程与税务听证典型案例以及税务行政复议流程与税务行政复议典型案例。

本书由中国政法大学翟继光教授、倪卫杰律师和毕浩然律师合著。本书适宜作为广大企业老板和会计人员自查税务风险的指导书，也适宜作为广大税务机关进行税务检查和税务稽查的参考书。

本书案例来源于中国裁判文书网以及各税务机关的官方网站，相关案例在收入本书时作了适当修改。为方便广大读者了解和掌握最新税务稽查实践的动态，本书收录了大量税务稽查案例和法院判决案例，这些案例均为真实案例且大多数为最近两年的案例。本书引用的法律、法规、规章和其他规范性文件均截至2024年12月。

作者

2025年1月

CONTENTS 目 录

第一章 "以数治税"时期最新税收政策解读 / 001

第一节 最新增值税政策解读 / 001

第二节 最新企业所得税政策解读 / 024

第三节 最新其他税收政策解读 / 037

第四节 最新税收征管政策解读 / 077

第二章 金税四期深度解析及稽查风险应对策略 / 090

第一节 金税四期与金税三期的区别与功能 / 090

第二节 金税四期建设的成就与最新进展 / 108

第三节 金税四期税务重点关注对象 / 114

第四节 金税四期企业疑难业务税务处理 / 128

第三章 增值税政策执行情况自查及稽查风险应对策略 / 148

第一节 增值税征税范围自查及风险应对策略 / 148

第二节 增值税销售额确认自查及风险应对策略 / 157

第三节 增值税进项税额抵扣项目自查及风险应对策略 / 164

第四节　增值税纳税义务发生时间自查及风险应对策略 / 170

第五节　增值税发票开具自查及风险应对策略 / 173

第六节　增值税优惠政策享受自查及风险应对策略 / 176

第四章　企业所得税政策执行情况自查及稽查风险应对策略 / 189

第一节　企业收入确认自查及风险应对策略 / 189

第二节　企业成本费用税前扣除项目自查及风险应对策略 / 196

第三节　企业所得税税前扣除凭证自查及风险应对策略 / 207

第四节　企业资产税务处理自查及风险应对策略 / 222

第五节　企业所得税优惠政策自查及风险应对策略 / 242

第五章　个人所得税政策执行情况自查及稽查风险应对策略 / 266

第一节　工资、薪金所得政策执行自查及风险应对策略 / 267

第二节　劳务报酬所得政策执行自查及风险应对策略 / 291

第三节　股息红利与偶然所得政策执行自查及风险应对策略 / 295

第四节　财产转让所得政策执行自查及风险应对策略 / 304

第五节　经营所得政策执行自查及风险应对策略 / 321

第六节　个人所得税汇算清缴自查及风险应对策略 / 327

第七节　个人所得税优惠政策自查及风险应对策略 / 342

第六章　房产税与土地增值税政策执行情况自查及稽查风险应对策略 / 350

第一节　房产税政策执行自查及稽查风险应对策略 / 350

第二节　土地增值税政策执行自查及稽查风险应对策略 / 367

第七章　消费税与印花税政策执行情况自查及稽查风险应对策略 / 382

第一节　消费税政策执行自查及稽查风险应对策略 / 382

第二节　印花税政策执行自查及稽查风险应对策略 / 409

第八章　税务稽查流程与纳税人权利救济典型案例 / 424

第一节　税务稽查流程与税务稽查典型案例 / 424

第二节　税务行政处罚听证流程与税务听证典型案例 / 452

第三节　税务行政复议流程与税务行政复议典型案例 / 463

第一章

"以数治税"时期最新税收政策解读

导读

本章对"以数治税"时期最新税收政策进行解读,分为四节:第一节是最新增值税政策解读,包括加快增值税留抵税额政策、小规模纳税人免征增值税政策、先进制造业企业增值税加计抵减政策。第二节是最新企业所得税政策解读,包括研发费用加计扣除政策、小型微利企业和个体工商户所得税优惠政策。第三节是最新其他税收政策解读,包括3岁以下婴幼儿照护个人所得税专项附加扣除政策、支持居民换购住房个人所得税政策及有关征管事项、上市公司股权激励有关个人所得税政策、城市维护建设税最新政策、契税最新政策、土地增值税最新政策、印花税最新政策。第四节是最新税收征管政策解读,包括税务行政处罚"首违不罚"制度、重大税收违法失信主体信息公布管理制度。

第一节 最新增值税政策解读

一、加快增值税留抵税额政策

(一)进一步加大增值税期末留抵退税政策实施力度

2022年3月21日,《财政部 税务总局关于进一步加大增值税期末留抵退税政策实施力度的公告》(财政部 税务总局公告2022年第14号)发布,其规定如下。

为支持小微企业和制造业等行业发展,提振市场主体信心、激发市场主体活力,现将进一步加大增值税期末留抵退税实施力度有关政策公告如下:

一、加大小微企业增值税期末留抵退税政策力度,将先进制造业按月全额退还增值税增量留抵税额政策范围扩大至符合条件的小微企业（含个体工商户，下同），并一次性退还小微企业存量留抵税额。

（一）符合条件的小微企业，可以自2022年4月纳税申报期起向主管税务机关申请退还增量留抵税额。在2022年12月31日前，退税条件按照本公告第三条规定执行。

（二）符合条件的微型企业，可以自2022年4月纳税申报期起向主管税务机关申请一次性退还存量留抵税额；符合条件的小型企业，可以自2022年5月纳税申报期起向主管税务机关申请一次性退还存量留抵税额。

二、加大"制造业""科学研究和技术服务业""电力、热力、燃气及水生产和供应业""软件和信息技术服务业""生态保护和环境治理业"和"交通运输、仓储和邮政业"（以下称制造业等行业）增值税期末留抵退税政策力度，将先进制造业按月全额退还增值税增量留抵税额政策范围扩大至符合条件的制造业等行业企业（含个体工商户，下同），并一次性退还制造业等行业企业存量留抵税额。

（一）符合条件的制造业等行业企业，可以自2022年4月纳税申报期起向主管税务机关申请退还增量留抵税额。

（二）符合条件的制造业等行业中型企业，可以自2022年7月纳税申报期起向主管税务机关申请一次性退还存量留抵税额；符合条件的制造业等行业大型企业，可以自2022年10月纳税申报期起向主管税务机关申请一次性退还存量留抵税额。

三、适用本公告政策的纳税人需同时符合以下条件：

（一）纳税信用等级为A级或者B级；

（二）申请退税前36个月未发生骗取留抵退税、骗取出口退税或虚开增值税专用发票情形；

（三）申请退税前36个月未因偷税被税务机关处罚两次及以上；

（四）2019年4月1日起未享受即征即退、先征后返（退）政策。

四、本公告所称增量留抵税额，区分以下情形确定：

（一）纳税人获得一次性存量留抵退税前，增量留抵税额为当期期末留抵税额与2019年3月31日相比新增加的留抵税额。

（二）纳税人获得一次性存量留抵退税后，增量留抵税额为当期期末留抵税额。

五、本公告所称存量留抵税额，区分以下情形确定：

（一）纳税人获得一次性存量留抵退税前，当期期末留抵税额大于或等于2019年3月31日期末留抵税额的，存量留抵税额为2019年3月31日期末留抵税额；当期期末留抵税额小于2019年3月31日期末留抵税额的，存量留抵税额为当期期末留抵税额。

（二）纳税人获得一次性存量留抵退税后，存量留抵税额为零。

六、本公告所称中型企业、小型企业和微型企业，按照《中小企业划型标准规定》（工信部联企业〔2011〕300号）和《金融业企业划型标准规定》（银发〔2015〕309号）中的营业收入指标、资产总额指标确定。其中，资产总额指标按照纳税人上一会计年度年末值确定。营业收入指标按照纳税人上一会计年度增值税销售额确定；不满一个会计年度的，按照以下公式计算：

增值税销售额（年）=上一会计年度企业实际存续期间增值税销售额/企业实际存续月数×12

本公告所称增值税销售额，包括纳税申报销售额、稽查查补销售额、纳税评估调整销售额。适用增值税差额征税政策的，以差额后的销售额确定。

对于工信部联企业〔2011〕300号和银发〔2015〕309号文件所列行业以外的纳税人，以及工信部联企业〔2011〕300号文件所列行业但未采用营业收入指标或资产总额指标划型确定的纳税人，微型企业标准为增值税销售额（年）100万元以下（不含100万元）；小型企业标准为增值税销售额（年）2 000万元以下（不含2 000万元）；中型企业标准为增值税销售额（年）1亿元以下（不含1亿元）。

本公告所称大型企业，是指除上述中型企业、小型企业和微型企业外的其他企业。

七、本公告所称制造业等行业企业，是指从事《国民经济行业分类》中"制造业""科学研究和技术服务业""电力、热力、燃气及水生产和供应业""软件和信息技术服务业""生态保护和环境治理业"和"交通运输、仓储和邮政业"业务相应发生的增值税销售额占全部增值税销售额的比重超过50%的纳税人。

上述销售额比重根据纳税人申请退税前连续12个月的销售额计算确定；申请退税前经营期不满12个月但满3个月的，按照实际经营期的销售额计算确定。

八、适用本公告政策的纳税人，按照以下公式计算允许退还的留抵税额：

允许退还的增量留抵税额=增量留抵税额×进项构成比例×100%

允许退还的存量留抵税额=存量留抵税额×进项构成比例×100%

进项构成比例，为2019年4月至申请退税前一税款所属期已抵扣的增值税专用发票（含带有"增值税专用发票"字样全面数字化的电子发票、税控机动车销售统一发票）、收费公路通行费增值税电子普通发票、海关进口增值税专用缴款书、解缴税款完税凭证注明的增值税额占同期全部已抵扣进项税额的比重。

九、纳税人出口货物劳务、发生跨境应税行为，适用免抵退税办法的，应先办理免抵退税。免抵退税办理完毕后，仍符合本公告规定条件的，可以申请退还留抵税额；适用免退税办法的，相关进项税额不得用于退还留抵税额。

十、纳税人自2019年4月1日起已取得留抵退税款的，不得再申请享受增值税即征即退、先征后返（退）政策。纳税人可以在2022年10月31日前一次性将已取得的留抵退税款全部缴回后，按规定申请享受增值税即征即退、先征后返（退）政策。

纳税人自2019年4月1日起已享受增值税即征即退、先征后返（退）政策的，可以在2022年10月31日前一次性将已退还的增值税即征即退、先征后返（退）税款全部缴回后，按规定申请退还留抵税额。

十一、纳税人可以选择向主管税务机关申请留抵退税，也可以选择结转下期继续抵扣。纳税人应在纳税申报期内，完成当期增值税纳税申报后申请留抵退税。2022年

4月至6月的留抵退税申请时间，延长至每月最后一个工作日。

纳税人可以在规定期限内同时申请增量留抵退税和存量留抵退税。同时符合本公告第一条和第二条相关留抵退税政策的纳税人，可任意选择申请适用上述留抵退税政策。

十二、纳税人取得退还的留抵税额后，应相应调减当期留抵税额。

如果发现纳税人存在留抵退税政策适用有误的情形，纳税人应在下个纳税申报期结束前缴回相关留抵退税款。

以虚增进项、虚假申报或其他欺骗手段，骗取留抵退税款的，由税务机关追缴其骗取的退税款，并按照《中华人民共和国税收征收管理法》等有关规定处理。

十三、适用本公告规定留抵退税政策的纳税人办理留抵退税的税收管理事项，继续按照现行规定执行。

十四、除上述纳税人以外的其他纳税人申请退还增量留抵税额的规定，继续按照《财政部 税务总局 海关总署关于深化增值税改革有关政策的公告》（财政部 税务总局 海关总署公告2019年第39号）执行，其中，第八条第三款关于"进项构成比例"的相关规定，按照本公告第八条规定执行。

十五、各级财政和税务部门务必高度重视留抵退税工作，摸清底数、周密筹划、加强宣传、密切协作、统筹推进，并分别于2022年4月30日、6月30日、9月30日、12月31日前，在纳税人自愿申请的基础上，集中退还微型、小型、中型、大型企业存量留抵税额。税务部门结合纳税人留抵退税申请情况，规范高效便捷地为纳税人办理留抵退税。

十六、本公告自2022年4月1日施行。《财政部 税务总局关于明确部分先进制造业增值税期末留抵退税政策的公告》（财政部 税务总局公告2019年第84号）、《财政部 税务总局关于明确国有农用地出租等增值税政策的公告》（财政部 税务总局公告2020年第2号）第六条、《财政部 税务总局关于明确先进制造业增值税期末留抵退税政策的公告》（财政部 税务总局公告2021年第15号）同时废止。

【税务稽查风险案例1-1】

2022年8月，北京市税务局第一稽查局根据税收大数据分析线索，依法查处了北京某进出口有限公司骗取增值税留抵退税案件。

经查，该公司通过隐匿销售收入、减少销项税额、进行虚假申报等手段，骗取留抵退税21.62万元。北京市税务局第一稽查局依法追缴该公司骗取的留抵退税款，并依据《中华人民共和国行政处罚法》《中华人民共和国税收征收管理法》相关规定，拟处1倍罚款。同时，北京市税务局第一稽查局依法对其近3年各项税收缴纳情况进行全面检查，发现该公司偷税39.19万元，依法追缴该公司偷税款，并依据《中华人民共和国行政处罚法》《中华人民共和国税收征收管理法》相关规定，拟处1倍罚款、加收滞纳金。

北京市税务局第一稽查局有关负责人表示，下一步将认真贯彻落实国家税务总局、公安部、最高人民检察院、海关总署、中国人民银行、国家外汇管理局六部门联合打击骗取增值税留抵退税工作推进会精神，进一步发挥六部门联合打击机制作用，把打击骗取留抵退税作为当前常态化打击工作的重中之重，聚焦团伙式和跨区域虚开发票、虚增进项、骗取留抵退税等违法犯罪行为，以零容忍的态度坚决予以打击，形成打击骗取留抵退税的压倒性态势，护航留抵退税政策落准、落好。

（二）进一步加大增值税期末留抵退税政策实施力度有关征管事项

2022年3月22日，《国家税务总局关于进一步加大增值税期末留抵退税政策实施力度有关征管事项的公告》（国家税务总局公告2022年第4号）发布，其规定如下。

为认真贯彻落实党中央、国务院关于实施大规模增值税留抵退税的决策部署，按照《政府工作报告》要求，根据《财政部 税务总局关于进一步加大增值税期末留抵退税政策实施力度的公告》（财政部 税务总局公告2022年第14号，以下简称14号公告）规定，为方便纳税人办理增值税期末留抵税额退税（以下简称留抵退税）业务，现将有关事项公告如下：

一、纳税人申请留抵退税，应在规定的留抵退税申请期间，完成本期增值税纳税申报后，通过电子税务局或办税服务厅提交《退（抵）税申请表》（见附件1，略）。

二、在计算允许退还的留抵税额的进项构成比例时，纳税人在2019年4月至申请退税前一税款所属期内按规定转出的进项税额，无需从已抵扣的增值税专用发票（含带有"增值税专用发票"字样全面数字化的电子发票、税控机动车销售统一发票）、收费公路通行费增值税电子普通发票、海关进口增值税专用缴款书、解缴税款完税凭证注明的增值税额中扣减。

三、纳税人按照14号公告第十条的规定，需要申请缴回已退还的全部留抵退税款的，可通过电子税务局或办税服务厅提交《缴回留抵退税申请表》（见附件2，略）。税务机关应自受理之日起5个工作日内，依申请向纳税人出具留抵退税款缴回的《税务事项通知书》。纳税人在缴回已退还的全部留抵退税款后，办理增值税纳税申报时，将缴回的全部退税款在《增值税及附加税费申报表附列资料（二）》（本期进项税额明细）第22栏"上期留抵税额退税"填写负数，并可继续按规定抵扣进项税额。

四、适用增值税一般计税方法的个体工商户，可自本公告发布之日起，自愿向主管税务机关申请参照企业纳税信用评价指标和评价方式参加评价，并在以后的存续期内适用国家税务总局纳税信用管理相关规定。对于已按照省税务机关公布的纳税信用管理办法参加纳税信用评价的，也可选择沿用原纳税信用级别，符合条件的可申请办理留抵退税。

五、对符合条件、低风险的纳税人，税务机关进一步优化留抵退税办理流程，提升留抵退税服务水平，简化退税审核程序，帮助纳税人快捷获取留抵退税。

六、纳税人办理留抵退税的其他事项，按照《国家税务总局关于办理增值税期末留抵税额退税有关事项的公告》（2019年第20号）的规定执行，其中办理增量留抵退税的相关征管规定适用于存量留抵退税。

七、本公告自2022年4月1日起施行。《国家税务总局关于办理增值税期末留抵税额退税有关事项的公告》（2019年第20号）第二条、《国家税务总局关于国内旅客运输服务进项税抵扣等增值税征管问题的公告》（2019年第31号）第三条、《国家税务总局关于取消增值税扣税凭证认证确认期限等增值税征管问题的公告》（2019年第45号）第三条和《国家税务总局关于明确先进制造业增值税期末留抵退税征管问题的公告》（2021年第10号）同时废止。

【税务稽查风险案例1-2】

2022年8月，上海市税务局第五稽查局根据税收大数据分析线索，依法查处了上海某眼镜有限公司骗取增值税留抵退税案件。

经查，该公司通过隐匿销售收入、减少销项税额、进行虚假申报等手段，骗取留抵退税23.37万元。上海市税务局第五稽查局依法追缴该公司骗取的留抵退税款，并依据《中华人民共和国行政处罚法》《中华人民共和国税收征收管理法》相关规定，拟处1倍罚款。

上海市税务局第五稽查局有关负责人表示，下一步将认真贯彻落实国家税务总局、公安部、最高人民检察院、海关总署、中国人民银行、国家外汇管理局六部门联合打击骗取增值税留抵退税工作推进会精神，进一步发挥六部门联合打击机制作用，聚焦团伙式、跨区域、虚开发票虚增进项骗取留抵退税等违法犯罪行为，以零容忍的态度坚决予以打击，进一步形成打击骗取留抵退税的压倒性态势。

（三）进一步加快增值税期末留抵退税政策实施进度

2022年4月17日，《财政部 税务总局关于进一步加快增值税期末留抵退税政策实施进度的公告》（财政部 税务总局公告2022年第17号）发布，其规定如下。

为尽快释放大规模增值税留抵退税政策红利，在帮扶市场主体渡难关上产生更大政策效应，现将进一步加快增值税期末留抵退税政策实施进度有关政策公告如下：

一、加快小微企业留抵退税政策实施进度，按照《财政部 税务总局关于进一步加大增值税期末留抵退税政策实施力度的公告》（财政部 税务总局公告2022年第14号，以下称2022年第14号公告）规定，抓紧办理小微企业留抵退税，在纳税人自愿申请的基础上，加快退税进度，积极落实微型企业、小型企业存量留抵税额分别于2022年4月30日前、6月30日前集中退还的退税政策。

二、提前退还中型企业存量留抵税额，将2022年第14号公告第二条第二项规定的"符合条件的制造业等行业中型企业，可以自2022年7月纳税申报期起向主管税务机关申请一次性退还存量留抵税额"调整为"符合条件的制造业等行业中型企业，可以自2022年5月纳税申报期起向主管税务机关申请一次性退还存量留抵税额"。2022年6月30日前，在纳税人自愿申请的基础上，集中退还中型企业存量留抵税额。

三、各级财政和税务部门要进一步增强工作责任感和紧迫感，高度重视留抵退税工作，建立健全工作机制，密切配合，上下协同，加强政策宣传辅导，优化退税服务，提高审核效率，加快留抵退税办理进度，强化资金保障，对符合条件、低风险的纳税人，要最大程度优化留抵退税办理流程，简化退税审核程序，高效便捷地为纳税人办理留抵退税，同时，严密防范退税风险，严厉打击骗税行为，确保留抵退税措施不折不扣落到实处、见到实效。

【税务稽查风险案例1-3】

2022年11月，为确保出口退税政策平稳有序落实到位，助力外贸稳定健康发展，重庆市税务、公安、海关、人民银行等部门联合依法查处重庆市某纺织品有限公司等4户麻纺制品企业骗取出口退税团伙案件。

经查，重庆市某纺织品有限公司等4户企业，取得虚开农产品收购发票7 347份，采取虚构织布业务、伪造运输单据、虚假货物出口等手段假报出口，骗取出口退税。重庆市税务部门依据《中华人民共和国税收征收管理法》及相关规定，追缴骗取出口退税5 868.33万元，并将案件移送公安机关。公安机关对抓获的15名犯罪嫌疑人以骗取出口退税罪移送检察机关审查起诉。重庆市检察机关对其中8名犯罪嫌疑人依法提起诉讼。

重庆市税务局稽查局有关负责人表示，税务部门将认真贯彻国家税务总局、公安部、最高人民检察院、海关总署、中国人民银行、国家外汇管理局部署，进一步发挥六部门联合打击机制作用，坚持以零容忍的态度对虚开发票骗取出口退税等涉税违法犯罪行为重拳出击、严惩不贷，始终保持高压态势，护航出口退税政策措施落准、落好。

（四）进一步持续加快增值税期末留抵退税政策实施进度

2022年5月17日，《财政部 税务总局关于进一步持续加快增值税期末留抵退税政策实施进度的公告》（财政部 税务总局公告2022年第19号）发布，其规定如下。

为进一步加快释放大规模增值税留抵退税政策红利，现将有关政策公告如下：

一、提前退还大型企业存量留抵税额，将《财政部 税务总局关于进一步加大增值税期末留抵退税政策实施力度的公告》（财政部 税务总局公告2022年第14号，以下称2022年第14号公告）第二条第二项规定的"符合条件的制造业等行业大型企业，可以自2022年10月纳税申报期起向主管税务机关申请一次性退还存量留抵税额"调整为"符合条件的制造业等行业大型企业，可以自2022年6月纳税申报期起向主管税务机关申请一次性退还存量留抵税额"。2022年6月30日前，在纳税人自愿申请的基础上，集中退还大型企业存量留抵税额。

二、各级财政和税务部门要坚决贯彻党中央、国务院决策部署，充分认识实施好大规模留抵退税政策的重要意义，按照2022年第14号公告、《财政部 税务总局关于进一步加快增值税期末留抵退税政策实施进度的公告》（财政部 税务总局公告2022年第17号）和本公告有关要求，持续加快留抵退税进度，进一步抓紧办理小微企业、个体工商户留抵退税，加大帮扶力度，在纳税人自愿申请的基础上，积极落实存量留抵退税在2022年6月30日前集中退还的退税政策。同时，严密防范退税风险，严厉打击骗税行为，确保留抵退税退得快、退得准、退得稳、退得好。

【税务稽查风险案例1-4】

2022年9月，浙江省税务局稽查局根据税收大数据分析线索，指导舟山市税务局第一稽查局，联合公安经侦部门依法查处了浙江某科技有限公司骗取增值税留抵退税案件。

经查，该公司通过取得虚开的增值税专用发票虚增进项税额、进行虚假申报等手段，骗取留抵退税79.71万元。舟山市税务局第一稽查局依法追缴该公司骗取的留抵退税款，并移送公安经侦部门依法追究相关人员刑事责任。

浙江省税务局稽查局有关负责人表示，下一步将认真贯彻落实国家税务总局、公安部、最高人民检察院、海关总署、中国人民银行、国家外汇管理局六部门联合打击骗取增值税留抵退税工作推进会精神，进一步发挥六部门联合打击机制作用，聚焦团伙式和跨区域虚开发票、虚增进项、骗取留抵退税等违法犯罪行为，以零容忍的态度坚决予以打击，进一步形成打击骗取留抵退税的压倒性态势。

（五）扩大全额退还增值税留抵税额政策行业范围

2022年6月7日，《财政部 税务总局关于扩大全额退还增值税留抵税额政策行业范围的公告》（财政部 税务总局公告2022年第21号）发布，其规定如下。

为进一步加大增值税留抵退税政策实施力度，着力稳市场主体稳就业，现将扩大全额退还增值税留抵税额政策行业范围有关政策公告如下：

一、扩大全额退还增值税留抵税额政策行业范围，将《财政部 税务总局关于进一步加大增值税期末留抵退税政策实施力度的公告》（财政部 税务总局公告2022年第14号，以下称2022年第14号公告）第二条规定的制造业等行业按月全额退还增值税增量留抵税额、一次性退还存量留抵税额的政策范围，扩大至"批发和零售业""农、林、牧、渔业""住宿和餐饮业""居民服务、修理和其他服务业""教育""卫生和社会工作"和"文化、体育和娱乐业"（以下称批发零售业等行业）企业（含个体工商户，下同）。

（一）符合条件的批发零售业等行业企业，可以自2022年7月纳税申报期起向主管税务机关申请退还增量留抵税额。

（二）符合条件的批发零售业等行业企业，可以自2022年7月纳税申报期起向主管税务机关申请一次性退还存量留抵税额。

二、2022年第14号公告和本公告所称制造业、批发零售业等行业企业，是指从事《国民经济行业分类》中"批发和零售业""农、林、牧、渔业""住宿和餐饮业""居民服务、修理和其他服务业""教育""卫生和社会工作""文化、体育和娱乐业""制造业""科学研究和技术服务业""电力、热力、燃气及水生产和供应业""软件和信息技术服务业""生态保护和环境治理业"和"交通运输、仓储和邮政业"业务相应发生的增值税销售额占全部增值税销售额的比重超过50%的纳税人。

上述销售额比重根据纳税人申请退税前连续12个月的销售额计算确定；申请退税前经营期不满12个月但满3个月的，按照实际经营期的销售额计算确定。

三、按照2022年第14号公告第六条规定适用《中小企业划型标准规定》（工信部联企业〔2011〕300号）和《金融业企业划型标准规定》（银发〔2015〕309号）时，纳税人的行业归属，根据《国民经济行业分类》关于以主要经济活动确定行业归属的原则，以上一会计年度从事《国民经济行业分类》对应业务增值税销售额占全部增值税销售额比重最高的行业确定。

四、制造业、批发零售业等行业企业申请留抵退税的其他规定，继续按照2022年第14号公告等有关规定执行。

五、本公告第一条和第二条自2022年7月1日起执行；第三条自公告发布之日起执行。

各级财政和税务部门要坚决贯彻党中央、国务院决策部署，按照2022年第14号公告、《财政部 税务总局关于进一步加快增值税期末留抵退税政策实施进度的公告》（财政部 税务总局公告2022年第17号）、《财政部 税务总局关于进一步持续加快增值税期末留抵退税政策实施进度的公告》（财政部 税务总局公告2022年第19号）和本公告有关要求，在纳税人自愿申请的基础上，狠抓落实，持续加快留抵退税进度。同时，严密防范退税风险，严厉打击骗税行为。

【税务稽查风险案例1—5】

2022年11月，辽宁省阜新市税务局第一稽查局根据税收大数据分析线索，依法查处了某运输有限公司骗取增值税留抵退税案件。

经查，该公司通过隐匿销售收入、减少销项税额、进行虚假申报等手段，骗取留抵退税111.99万元。阜新市税务局第一稽查局依法追缴该公司骗取的留抵退税款，并依据《中华人民共和国行政处罚法》《中华人民共和国税收征收管理法》相关规定，处1倍罚款。

阜新市税务局第一稽查局有关负责人表示，下一步将认真贯彻落实国家税务总局、公安部、最高人民检察院、海关总署、中国人民银行、国家外汇管理局六部门联合打击骗取增值税留抵退税工作推进会精神，进一步发挥六部门联合打击机制作用，聚焦团伙式、跨区域、虚开发票虚增进项税额骗取留抵退税等违法犯罪行为，以零容忍的态度坚决予以打击。

（六）扩大全额退还增值税留抵税额政策行业范围有关征管事项

2022年6月7日，《国家税务总局关于扩大全额退还增值税留抵税额政策行业范围有关征管事项的公告》（国家税务总局公告2022年第11号）发布，其规定如下。

为深入贯彻落实党中央、国务院关于实施大规模增值税留抵退税的决策部署，按照《财政部 税务总局关于扩大全额退还增值税留抵税额政策行业范围的公告》（财政部 税务总局公告2022年第21号，以下称21号公告）的规定，现将有关征管事项公告如下：

符合21号公告规定的纳税人申请退还留抵税额，应按照《国家税务总局关于办理增值税期末留抵税额退税有关事项的公告》（2019年第20号）和《国家税务总局关于进一步加大增值税期末留抵退税政策实施力度有关征管事项的公告》（2022年第4号）等规定办理相关留抵退税业务。同时，对《退（抵）税申请表》进行修订并重新发布。

本公告自2022年7月1日起施行。《国家税务总局关于进一步加大增值税期末留抵退税政策实施力度有关征管事项的公告》（2022年第4号）附件1同时废止。

【税务稽查风险案例1-6】

2022年11月，黑龙江省鹤岗市税务局第一稽查局根据税收大数据分析线索，依法查处了黑龙江省某粮贸有限公司骗取增值税留抵退税案件。

经查，该公司通过隐匿销售收入、减少销项税额、进行虚假申报等手段，骗取留抵退税145.97万元。鹤岗市税务局第一稽查局依法追缴该公司骗取的留抵退税款，并依据《中华人民共和国行政处罚法》《中华人民共和国税收征收管理法》相关规定，处1倍罚款。

鹤岗市税务局第一稽查局有关负责人表示，下一步将认真贯彻落实国家税务总局、公安部、最高人民检察院、海关总署、中国人民银行、国家外汇管理局六部门联合打击骗取增值税留抵退税工作推进会精神，进一步发挥六部门联合打击机制作用，聚焦团伙式、跨区域、虚开发票虚增进项税额骗取留抵退税等违法犯罪行为，以零容忍的态度坚决予以打击。

（七）扩大全额退还增值税留抵税额政策行业范围有关征管事项政策解读

（1）扩大全额退还增值税留抵税额政策行业范围的主要内容是什么？

答：为深入落实党中央、国务院决策部署，财政部、国家税务总局联合发布《财政部 税务总局关于扩大全额退还增值税留抵税额政策行业范围的公告》（财政部 税务总局公告2022年第21号，以下称21号公告）明确，扩大《财政部 税务总局关于进一步加大增值税期末留抵退税政策实施力度的公告》（财政部 税务总局公告2022年第14号，以下称14号公告）规定的制造业等行业留抵退税政策的适用范围，增加"批发和零售业""农、林、牧、渔业""住宿和餐饮业""居民服务、修理和其他服务业""教育""卫生和社会工作"和"文化、体育和娱乐业"7个行业（以下称批发零售业等行业），实施按月全额退还增量留抵税额以及一次性退还存量留抵税额的留抵退税政策。

（2）21号公告出台的背景是什么？

答：为方便纳税人办理留抵退税业务，国家税务总局先后制发了《国家税务总局关于办理增值税期末留抵税额退税有关事项的公告》（2019年第20号，以下称20号公告）和《国家税务总局关于进一步加大增值税期末留抵退税政策实施力度有关征管事项的公告》（2022年第4号，以下称4号公告），明确了留抵退税办理相关征管事项。此次将批发零售业等行业纳入全额退税的留抵退税政策范围后，在现行留抵退税征管框架下，结合新出台政策的具体内容，发布本公告对相关征管事项作补充规定。

（3）制造业等行业留抵退税政策扩围到批发零售业等行业后如何判断行业性留抵退税政策范围？

答：制造业等行业留抵退税政策的适用范围扩大至批发零售业等行业后，形成制造业、批发零售业等行业留抵退税政策。按照21号公告的规定，制造业、批发零售业等行业企业，是指从事《国民经济行业分类》中"批发和零售业""农、林、牧、渔业""住宿和餐饮业""居民服务、修理和其他服务业""教育""卫生和社会工作""文化、体育和娱乐业""制造业""科学研究和技术服务业""电力、热力、燃气及水生产和供应业""软件和信息技术服务业""生态保护和环境治理业"和"交通运输、仓储和邮政业"业务相应发生的增值税销售额占全部增值税销售额的比重超过50%的纳税人。上述销售额比重根据纳税人申请退税前连续12个月的销售额计算确定；申请退税前经营期不满12个月但满3个月的，按照实际经营期的销售额计算确定。

需要说明的是，如果一个纳税人从事上述多项业务，以相关业务增值税销售额加总计算销售额占比，从而确定是否属于制造业、批发零售业等行业纳税人。

【例1-1】 某纳税人2021年7月至2022年6月共取得增值税销售额1 000万元,其中：生产并销售机器设备销售额300万元,外购并批发办公用品销售额200万元,租赁设备销售额250万元,提供文化服务销售额150万元,提供建筑服务销售额100万元。该纳税人2021年7月至2022年6月发生的制造业、批发零售业等行业销售额占比为65%[（300+200+150）÷1 000×100%]。因此,该纳税人当期属于制造业、批发零售业等行业纳税人。

（4）批发零售业等行业纳税人申请留抵退税需要满足哪些留抵退税条件？

答：按照21号公告规定,办理留抵退税的制造业、批发零售业等行业纳税人,继续适用14号公告规定的留抵退税条件,具体如下：①纳税信用等级为A级或者B级；②申请退税前36个月未发生骗取留抵退税、骗取出口退税或虚开增值税专用发票情形；③申请退税前36个月未因偷税被税务机关处罚两次及以上；④2019年4月1日起未享受即征即退、先征后返（退）政策。

（5）批发零售业等行业纳税人申请一次性存量留抵退税的具体时间是什么？

答：按照21号公告规定,符合条件的批发零售业等行业纳税人,可以自2022年7月纳税申报期起向主管税务机关申请退还存量留抵税额。

需要说明的是,上述时间为申请一次性存量留抵退税的起始时间,当期未申请的,以后纳税申报期也可以按规定申请。

（6）批发零售业等行业纳税人申请增量留抵退税的具体时间是什么？

答：按照21号公告规定,符合条件的批发零售业等行业纳税人,可以自2022年7月纳税申报期起向主管税务机关申请退还增量留抵税额。

需要说明的是,上述时间为申请增量留抵退税的起始时间,当期未申请的,以后纳税申报期也可以按规定申请。

（7）制造业、批发零售业等行业纳税人按照21号公告规定申请退还的存量留抵税额如何确定？

答：纳税人按照21号公告规定申请退还的存量留抵税额,继续按照14号公告的规定执行,具体区分以下情形确定：①纳税人获得一次性存量留抵退税前,当期期末留抵税额大于或等于2019年3月31日期末留抵税额的,存量留抵税额为2019年3月31日期末留抵税额；当期期末留抵税额小于2019年3月31日期末留抵税额的,存量留抵税额为当期期末留抵税额。②纳税人获得一次性存量留抵退税后,存量留抵税额为零。

【例1-2】 某大型餐饮企业2019年3月31日的期末留抵税额为1 500万元,此前未获得存量留抵退税。2022年7月纳税申报期申请一次性存量留抵退税时,如果当期期末留抵税额为2 000万元,该纳税人的存量留抵税额为1 500万元；如果当期期末留抵税额为1 000万元,该纳税人的存量留抵税额为1 000万元。该纳税人在7月份获得存量留抵退税后，将再无存量留抵税额。

（8）制造业、批发零售业等行业纳税人按照21号公告规定申请退还的增量留抵税额如何确定？

答：制造业、批发零售业等行业纳税人按照21号公告规定申请退还的增量留抵税额，继续按照14号公告的规定执行，具体区分以下情形确定：①纳税人获得一次性存量留抵退税前，增量留抵税额为当期期末留抵税额与2019年3月31日相比新增加的留抵税额。②纳税人获得一次性存量留抵退税后，增量留抵税额为当期期末留抵税额。

【例1-3】 某大型零售企业纳税人2019年3月31日的期末留抵税额为800万元，2022年7月31日的期末留抵税额为1 000万元，在8月纳税申报期申请增量留抵退税时，如果此前未获得一次性存量留抵退税，该纳税人的增量留抵税额为200万元（1 000-800）；如果此前已获得一次性存量留抵退税，该纳税人的增量留抵税额为1 000万元。

（9）纳税人在适用小微企业留抵退税政策时如何确定其行业归属？

答：21号公告明确，按照14号公告第六条规定适用《中小企业划型标准规定》（工信部联企业〔2011〕300号）和《金融业企业划型标准规定》（银发〔2015〕309号）时，纳税人的行业归属，根据《国民经济行业分类》关于以主要经济活动确定行业归属的原则，以上一会计年度从事《国民经济行业分类》对应业务增值税销售额占全部增值税销售额比重最高的行业确定。

【例1-4】 某混业经营纳税人2022年7月申请办理留抵退税，其上一会计年度（2021年1月1日至2021年12月31日）增值税销售额为500万元，其中，提供建筑服务销售额200万元，提供工程设备租赁服务销售额150万元，外购并销售建筑材料等货物销售额150万元。该纳税人"建筑业"对应业务的增值税销售额占比为40%；"租赁和商务服务业"对应业务的增值税销售额占比为30%；"批发和零售业"对应业务的增值税销售额占比为30%。因其"建筑业"对应业务的销售额占比最高，在适用小微企业划型标准时，应按照《中小企业划型标准规定》（工信部联企业〔2011〕300号）规定的建筑业的划型标准判断该企业是否为小微企业。

（10）制造业、批发零售业等行业纳税人申请办理存量留抵退税和增量留抵退税在征管规定上有什么变化吗？

答：符合21号公告规定的制造业、批发零售业等行业纳税人申请办理存量留抵退税和增量留抵退税，继续按照20号公告和4号公告等规定办理相关留抵退税业务。其中，纳税人办理存量留抵退税与办理增量留抵退税的相关征管规定一致。

金税四期管控下的税务稽查风险防范及典型案例

（11）制造业、批发零售业等行业纳税人适用21号公告规定的留抵退税政策需要提交什么退税申请资料？

答：制造业、批发零售业等行业纳税人适用21号公告规定的留抵退税政策，在申请办理留抵退税时提交的退税申请资料无变化，仅需要提交一张《退（抵）税申请表》。需要说明的是，《退（抵）税申请表》可通过电子税务局线上提交，也可以通过办税服务厅线下提交。结合本次出台的留抵退税政策规定，对原《退（抵）税申请表》中的部分填报内容作了相应调整，纳税人申请留抵退税时，可结合其适用的具体政策和实际生产经营等情况进行填报。

（12）此次《退（抵）税申请表》有哪些调整变化？

答：结合21号公告规定的行业性留抵退税政策内容，《退（抵）税申请表》相应补充了文件依据、行业范围等栏次。具体修改内容包括：①在"留抵退税申请文件依据"中增加"《财政部　税务总局关于扩大全额退还增值税留抵税额政策行业范围的公告》（财政部　税务总局公告2022年第21号）"。②在"退税企业类型"的"特定行业"中增加"批发和零售业""农、林、牧、渔业""住宿和餐饮业""居民服务、修理和其他服务业""教育""卫生和社会工作""文化、体育和娱乐业"7个行业的选项。③在"留抵退税申请类型"中对应"特定行业"的增值税销售额占比计算公式中相应增加批发零售业等7个行业增值税销售额的表述。

【税务稽查风险案例1-7】

2022年9月，安徽省税务局稽查局根据税收大数据分析线索，指导蚌埠市税务局第一稽查局，联合公安经侦部门依法查处一起虚开发票团伙骗取增值税留抵退税案件。

经查，该团伙控制多家空壳企业在没有真实货物交易的情况下，对外虚开增值税专用发票。蚌埠市税务局第一稽查局已查实该团伙下游企业通过接受虚开发票虚增进项税额骗取留抵退税47.68万元，正对其他涉嫌利用虚开发票骗取留抵退税的企业开展深入检查。目前，公安经侦部门已抓获犯罪嫌疑人4人。

安徽省税务局稽查局有关负责人表示，下一步将认真贯彻落实国家税务总局、公安部、最高人民检察院、海关总署、中国人民银行、国家外汇管理局六部门联合打击骗取增值税留抵退税工作推进会精神，进一步发挥六部门联合打击机制作用，聚焦团伙式、跨区域、虚开发票虚增进项骗取留抵退税等违法犯罪行为，以零容忍的态度坚决予以打击，进一步形成打击骗取留抵退税的压倒性态势。

（八）阶段性加快出口退税办理进度有关工作

2022年6月14日，《国家税务总局关于阶段性加快出口退税办理进度有关工作的通知》（税总货劳函〔2022〕83号）发布，其规定如下。

第一章 "以数治税"时期最新税收政策解读

为深入贯彻党中央、国务院关于进一步稳外贸稳外资的决策部署，不折不扣落实国务院常务会议关于对信用好的企业阶段性加快出口退（免）税办理进度的要求，促进外贸保稳提质，提升对外开放水平，现就有关工作明确如下：

一、阶段性加快出口退税进度

自2022年6月20日至2023年6月30日，税务部门办理一类、二类出口企业正常出口退（免）税的平均时间，压缩在3个工作日内。到期将视外贸发展和实际执行情况，进一步明确办理时间要求。

一类、二类出口企业，是指出口退税管理类别为一类和二类的出口企业。

正常出口退（免）税，是指经税务机关审核，符合现行规定且不存在涉嫌骗税等疑点的出口退（免）税业务。

二、做好宣传解读和纳税人辅导工作

（一）加强一线人员培训。各地税务机关要切实做好12366纳税缴费服务热线和办税服务厅等基层一线工作人员关于进一步加快出口退税办理进度要求的相关培训，重点针对本通知加快办理退税进度要求、前期《税务总局等十部门关于进一步加大出口退税支持力度促进外贸平稳发展的通知》（税总货劳发〔2022〕36号，以下称《十部门通知》）内容、报送资料、业务口径等进行强化培训，全面提升业务水平和服务能力。

（二）开展政策精准推送。各地税务机关要按照税费优惠政策精准推送机制，通过本省电子税务局就阶段性加快出口退税进度相关举措，针对一类、二类出口企业等适用主体开展政策精准推送，并主动通过本地征纳沟通平台等多种渠道方式，区分企业不同类型人员开展更具针对性的信息推送。

（三）做好纳税人宣传辅导。各地税务机关要结合本地实际，针对阶段性加快出口退税办理进度有关措施内容制作宣传产品，通过税务网站、征纳沟通平台、新媒体等渠道开展广泛而又务实的宣传。要进一步压实主管税务机关的网格化服务责任，针对适用主体分类开展政策解读和专项辅导，既要宣讲阶段性加快出口退税办理进度的重要意义，讲清本通知内容，又要辅导好操作流程，帮助纳税人懂政策、能申报、会操作，还要提示提醒纳税人严格加强风险内控，避免出现税收违法违规行为。

三、工作要求

（一）提高思想认识，加强组织领导。对出口退税信用好的企业阶段性加快退税办理进度，是党中央、国务院为进一步稳外贸稳外资作出的一项重要部署，是税务机关在《十部门通知》基础上，进一步支持外贸稳定发展、更好服务高水平对外开放大局的重要举措。各级税务机关要切实强化政治担当，深化思想认识，结合接受中央巡视自查整改等工作，加强组织领导，加大督促指导，压实工作责任，坚持"快退、狠打、严查、外督、长宣"五措并举，确保本地区一类、二类出口企业正常出口退（免）税的平均办理时间不超过3个工作日。

（二）加强工作统筹，确保快退税款。省级税务局要切实扛起主体责任，提前做好工作部署，全力保障信息系统运行稳定，密切跟踪各地办理进度，及时指导督促基层税务局落实落细。要强化出口退税、规划核算、征管科技、信息中心、数据风险等部门间协同配合，及时传递信息，确保按时办理退税。各级税务机关要上下联动，密切配合，协同发力，确保快退税款。

（三）加强风险防控，加大打骗力度。各级税务机关要统筹做好加快出口退税办理进度与防范打击出口骗税工作，树牢底线思维，既对标时间要求加快出口退税办理进度，也杜绝片面追求进度而放松出口骗税风险防控。要加强出口退税风险分析应对工作，充分发挥六部门常态化打虚打骗工作机制作用，加大与公安、检察院、海关、人民银行、外汇管理局等部门的协作力度，紧盯出口骗税新情况、新动态，始终保持对"三假"涉税违法犯罪行为严查狠打的高压态势，更好营造公平公正营商环境。

（四）强化内部监督，严查问题风险。各级税务机关在落实加快出口退税进度新举措的同时，要充分发扬自我革命精神，坚持刀刃向内，将"严查内错"贯穿政策落实全过程、各环节，严查税务人员落实加快出口退税进度中的不作为、慢作为、乱作为等失职失责行为，特别是对内外勾结骗取出口退税等违法行为，深入开展"一案双查"，从严从快严查彻办。

（五）主动接受监督、听取各方意见。各级税务机关在全力推进出口退税办理进度的过程中，要充分运用落实税费支持政策直联工作机制、"税费服务产品体验"、政务网站、局长信箱等方式，真诚接受社会监督，主动听取多方意见，并做好各方意见建议的收集、分析、处理和反馈工作，确保纳税人和社会有关方面的意见建议得到及时有效回应，不断完善和改进服务举措。

（六）持续广泛宣传，营造良好氛围。各级税务机关要积极主动开展政策宣传工作，持续跟踪纳税人受益情况以及政策执行效果，加强与媒体沟通联系，广泛宣传《十部门通知》和进一步加快出口退税进度新举措对促进外贸保稳提质、提升对外开放水平、稳住宏观经济大盘方面发挥的积极效应，营造良好的舆论氛围。

各级税务部门要密切跟踪工作进展、及时总结工作成效，落实中遇到问题请及时上报税务总局（货物和劳务税司）。

【税务稽查风险案例1-8】

2022年9月，深圳市税务局第四稽查局根据税收大数据分析线索，依法查处了深圳某公司骗取增值税留抵退税案件。

经查，该公司通过未按规定转出进项税额、进行虚假申报等手段，骗取留抵退税43.69万元。深圳市税务局第四稽查局依法追缴该公司骗取的留抵退税款，并依据《中华人民共和国行政处罚法》《中华人民共和国税收征收管理法》相关规定，拟处1倍罚款。

深圳市税务局第四稽查局有关负责人表示，下一步将认真贯彻落实国家税务总局、公安部、最高人民检察院、海关总署、中国人民银行、国家外汇管理局六部门联合打击骗取增值税留抵退税工作推进会精神，进一步发挥六部门联合打击机制作用，聚焦团伙式和跨区域虚开发票、虚增进项、骗取留抵退税等违法犯罪行为，以零容忍的态度坚决予以打击，进一步形成打击骗取留抵退税的压倒性态势。

（九）切实落实燃煤发电企业增值税留抵退税政策

2022年6月24日，《财政部　税务总局关于切实落实燃煤发电企业增值税留抵退税政策　做好电力保供工作的通知》（财税〔2022〕25号）发布，其规定如下。

为进一步做好能源电力保供工作，现就落实燃煤发电企业增值税留抵退税政策有关事项通知如下：

对购买使用进口煤炭的燃煤发电企业，符合《财政部　税务总局关于进一步加大增值税期末留抵退税政策实施力度的公告》（财政部　税务总局公告2022年第14号）规定的，在纳税人自愿申请的基础上，进一步加快留抵退税办理进度，规范高效便捷为其办理留抵退税。

各地财政和税务部门要高度重视燃煤发电企业留抵退税工作，密切部门间协作，加强政策宣传辅导，及时掌握企业经营和税收情况，重点做好购买使用进口煤炭的燃煤发电企业留抵退税落实工作。

二、小规模纳税人免征增值税政策

（一）对增值税小规模纳税人免征增值税

2022年3月24日，《财政部　税务总局关于对增值税小规模纳税人免征增值税的公告》（财政部　税务总局公告2022年第15号）发布，其规定如下。

为进一步支持小微企业发展，现将有关增值税政策公告如下：

自2022年4月1日至2022年12月31日，增值税小规模纳税人适用3%征收率的应税销售收入，免征增值税；适用3%预征率的预缴增值税项目，暂停预缴增值税。

《财政部　税务总局关于延续实施应对疫情部分税费优惠政策的公告》（财政部　税务总局公告2021年第7号）第一条规定的税收优惠政策，执行期限延长至2022年3月31日。

（二）明确增值税小规模纳税人减免增值税等政策

2023年1月9日，《财政部　税务总局关于明确增值税小规模纳税人减免增值税等政策的公告》（财政部　税务总局公告2023年第1号）发布，其规定如下。

一、自2023年1月1日至2023年12月31日，对月销售额10万元以下（含本数）的增值税小规模纳税人，免征增值税。

二、自2023年1月1日至2023年12月31日，增值税小规模纳税人适用3%征收率的应税销售收入，减按1%征收率征收增值税；适用3%预征率的预缴增值税项目，减按1%预征率预缴增值税。

三、自2023年1月1日至2023年12月31日，增值税加计抵减政策按照以下规定执行：

（一）允许生产性服务业纳税人按照当期可抵扣进项税额加计5%抵减应纳税额。生产性服务业纳税人，是指提供邮政服务、电信服务、现代服务、生活服务取得的销售额占全部销售额的比重超过50%的纳税人。

（二）允许生活性服务业纳税人按照当期可抵扣进项税额加计10%抵减应纳税额。生活性服务业纳税人，是指提供生活服务取得的销售额占全部销售额的比重超过50%的纳税人。

（三）纳税人适用加计抵减政策的其他有关事项，按照《财政部 税务总局 海关总署关于深化增值税改革有关政策的公告》（财政部 税务总局 海关总署公告2019年第39号）、《财政部 税务总局关于明确生活性服务业增值税加计抵减政策的公告》（财政部 税务总局公告2019年第87号）等有关规定执行。

（五）增值税小规模纳税人减免增值税政策

2023年8月1日，《财政部 税务总局关于增值税小规模纳税人减免增值税政策的公告》（财政部 税务总局公告2023年第19号）发布，其规定如下：

一、对月销售额10万元以下（含本数）的增值税小规模纳税人，免征增值税。

二、增值税小规模纳税人适用3%征收率的应税销售收入，减按1%征收率征收增值税；适用3%预征率的预缴增值税项目，减按1%预征率预缴增值税。

三、本公告执行至2027年12月31日。

（三）增值税小规模纳税人减免增值税等政策有关征管事项

2023年1月9日，《国家税务总局关于增值税小规模纳税人减免增值税等政策有关征管事项的公告》（国家税务总局公告2023年第1号）发布，其规定如下。

按照《财政部 税务总局关于明确增值税小规模纳税人减免增值税等政策的公告》（2023年第1号，以下简称1号公告）的规定，现将有关征管事项公告如下：

一、增值税小规模纳税人（以下简称小规模纳税人）发生增值税应税销售行为，合计月销售额未超过10万元（以1个季度为1个纳税期的，季度销售额未超过30万元，下同）的，免征增值税。

小规模纳税人发生增值税应税销售行为，合计月销售额超过10万元，但扣除本期发生的销售不动产的销售额后未超过10万元的，其销售货物、劳务、服务、无形资产取得的销售额免征增值税。

二、适用增值税差额征税政策的小规模纳税人，以差额后的销售额确定是否可以享受1号公告第一条规定的免征增值税政策。

《增值税及附加税费申报表（小规模纳税人适用）》中的"免税销售额"相关栏次，填写差额后的销售额。

三、《中华人民共和国增值税暂行条例实施细则》第九条所称的其他个人，采取一次性收取租金形式出租不动产取得的租金收入，可在对应的租赁期内平均分摊，分摊后的月租金收入未超过10万元的，免征增值税。

四、小规模纳税人取得应税销售收入，适用1号公告第一条规定的免征增值税政策的，纳税人可就该笔销售收入选择放弃免税并开具增值税专用发票。

五、小规模纳税人取得应税销售收入，适用1号公告第二条规定的减按1%征收率征收增值税政策的，应按照1%征收率开具增值税发票。纳税人可就该笔销售收入选择放弃减税并开具增值税专用发票。

六、小规模纳税人取得应税销售收入，纳税义务发生时间在2022年12月31日前并已开具增值税发票，如发生销售折让、中止或者退回等情形需要开具红字发票，应开具对应征收率红字发票或免税红字发票；开票有误需要重新开具的，应开具对应征收率红字发票或免税红字发票，再重新开具正确的蓝字发票。

七、小规模纳税人发生增值税应税销售行为，合计月销售额未超过10万元的，免征增值税的销售额等项目应填写在《增值税及附加税费申报表（小规模纳税人适用）》"小微企业免税销售额"或者"未达起征点销售额"相关栏次；减按1%征收率征收增值税的销售额应填写在《增值税及附加税费申报表（小规模纳税人适用）》"应征增值税不含税销售额（3%征收率）"相应栏次，对应减征的增值税应纳税额按销售额的2%计算填写在《增值税及附加税费申报表（小规模纳税人适用）》"本期应纳税额减征额"及《增值税减免税申报明细表》减税项目相应栏次。

八、按固定期限纳税的小规模纳税人可以选择以1个月或1个季度为纳税期限，一经选择，一个会计年度内不得变更。

九、按照现行规定应当预缴增值税税款的小规模纳税人，凡在预缴地实现的月销售额未超过10万元的，当期无需预缴税款。在预缴地实现的月销售额超过10万元的，适用3%预征率的预缴增值税项目，减按1%预征率预缴增值税。

十、小规模纳税人中的单位和个体工商户销售不动产，应按其纳税期、本公告第九条以及其他现行政策规定确定是否预缴增值税；其他个人销售不动产，继续按照现行规定征免增值税。

十一、符合《财政部　税务总局　海关总署关于深化增值税改革有关政策的公告》

（2019年第39号）、1号公告规定的生产性服务业纳税人，应在年度首次确认适用5%加计抵减政策时，通过电子税务局或办税服务厅提交《适用5%加计抵减政策的声明》（见附件1，略）；符合《财政部 税务总局关于明确生活性服务业增值税加计抵减政策的公告》（2019年第87号）、1号公告规定的生活性服务业纳税人，应在年度首次确认适用10%加计抵减政策时，通过电子税务局或办税服务厅提交《适用10%加计抵减政策的声明》（见附件2，略）。

十二、纳税人适用加计抵减政策的其他征管事项，按照《国家税务总局关于国内旅客运输服务进项税抵扣等增值税征管问题的公告》（2019年第31号）第二条等有关规定执行。

十三、纳税人按照1号公告第四条规定申请办理抵减或退还已缴纳税款，如果已经向购买方开具了增值税专用发票，应先将增值税专用发票追回。

十四、本公告自2023年1月1日起施行。《国家税务总局关于深化增值税改革有关事项的公告》（2019年第14号）第八条及附件《适用加计抵减政策的声明》、《国家税务总局关于增值税发票管理等有关事项的公告》（2019年第33号）第一条及附件《适用15%加计抵减政策的声明》、《国家税务总局关于支持个体工商户复工复业等税收征收管理事项的公告》（2020年第5号）第一条至第五条、《国家税务总局关于小规模纳税人免征增值税征管问题的公告》（2021年第5号）、《国家税务总局关于小规模纳税人免征增值税等征收管理事项的公告》（2022年第6号）第一、第二、第三条同时废止。

（四）增值税小规模纳税人减免增值税等政策有关征管事项解读

2023年1月9日，财政部、税务总局制发《财政部 税务总局关于明确增值税小规模纳税人减免增值税等政策的公告》（财政部 税务总局2023年第1号，以下简称1号公告）。现就相关征管事项解读如下：

（1）小规模纳税人免税月销售额标准调整以后，销售额的执行口径是否有变化？

答：没有变化。纳税人确定销售额有两个要点：一是以所有增值税应税销售行为（包括销售货物、劳务、服务、无形资产和不动产）合并计算销售额，判断是否达到免税标准。但为剔除偶然发生的不动产销售业务的影响，使纳税人更充分享受政策，本公告明确小规模纳税人合计月销售额超过10万元（以1个季度为1个纳税期的，季度销售额超过30万元，下同），但在扣除本期发生的销售不动产的销售额后未超过10万元的，其销售货物、劳务、服务、无形资产取得的销售额，也可享受小规模纳税人免税政策。二是适用增值税差额征税政策的，以差额后的余额为销售额，确定其是否可享受小规模纳税人免税政策。

举例说明：按季度申报的小规模纳税人A在2023年4月销售货物取得收入10万元，5月提供建筑服务取得收入20万元，同时向其他建筑企业支付分包款12万元，6月销售自建的不动产取得收入200万元，则小规模纳税人A2023年第二季度（4~6月）差额后合计销售额218万元（10+20-12+200），超过30万元，但是扣除200万元不动产，差额后的销售额是18万元（10+20-12），不超过30万元，可以享受小规模纳税人免税政策。同时，纳税人销售不动产200万元应依法纳税。

（2）自然人出租不动产一次性收取的多个月份的租金，如何适用政策？

答：此前，税务总局明确，《中华人民共和国增值税暂行条例实施细则》第九条所称的其他个人，采取一次性收取租金（包括预收款）形式出租不动产取得的租金收入，可在对应的租赁期内平均分摊，分摊后的月租金收入不超过小规模纳税人免税月销售额标准的，可享受小规模纳税人免税政策。为确保纳税人充分享受政策，延续此前已出台政策的相关口径，小规模纳税人免税月销售额标准调整为10万元以后，其他个人采取一次性收取租金形式出租不动产取得的租金收入，同样可在对应的租赁期内平均分摊，分摊后的月租金未超过10万元的，可以享受免征增值税政策。

（3）小规模纳税人是否可以放弃减免税、开具增值税专用发票？

答：小规模纳税人适用月销售额10万元以下免征增值税政策的，纳税人可对部分或者全部销售收入选择放弃享受免税政策，并开具增值税专用发票。小规模纳税人适用3%征收率销售收入减按1%征收率征收增值税政策的，纳税人可对部分或者全部销售收入选择放弃享受减税，并开具增值税专用发票。

（4）小规模纳税人在2022年12月31日前已经开具的增值税发票，如发生销售折让、中止、退回或开票有误等情形，应当如何处理？

答：小规模纳税人在2022年12月31日前已经开具增值税发票，发生销售折让、中止、退回或开票有误等情形需要开具红字发票的，应开具对应征收率的红字发票或免税红字发票。即：如果2022年12月31日之前按3%征收率开具了增值税发票，则应按照3%的征收率开具红字发票；如果2022年12月31日之前按1%征收率开具了增值税发票，则应按照1%征收率开具红字发票；如果2022年12月31日之前开具了免税发票，则开具免税红字发票。纳税人开票有误需要重新开具发票的，在开具红字发票后，重新开具正确的蓝字发票。

（5）小规模纳税人在办理增值税纳税申报时，应当如何填写相关免税栏次？

答：小规模纳税人发生增值税应税销售行为，合计月销售额未超过10万元的，免征增值税的销售额等项目应当填写在《增值税及附加税费申报表（小规模纳税人适用）》"小微企业免税销售额"或者"未达起征点销售额"相关栏次，如果没有其他免税项目，则无需填报《增值税减免税申报明细表》；减按1%征收率征收增值税的销售额应当填写在《增值税及附加税费申报表（小规模纳税人适用）》"应征增值税不含税销售额（3%征收率）"相应栏次，对应减征的增值税应纳税额按销售额的2%计算填写在《增值税及附加税费申报表（小规模纳税人适用）》"本期应纳税额减征额"及《增值税减免税申报明细表》减税项目相应栏次。

（6）小规模纳税人可以根据经营需要自行选择按月或者按季申报吗？

答：小规模纳税人可以自行选择纳税期限。小规模纳税人纳税期限不同，其享受免税政策的效果可能存在差异。为确保小规模纳税人充分享受政策，延续《国家税务总局关于小规模纳税人免征增值税征管问题的公告》（2021年第5号）相关规定，本公告明确，按照固定期限纳税的小规模纳税人可以根据自己的实际经营情况选择实行按月纳税或按季纳税。但是需要注意的是，纳税期限一经选择，一个会计年度内不得变更。

举例说明小规模纳税人选择按月或者按季纳税，在政策适用方面的不同：

情况1：某小规模纳税人2023年4~6月的销售额分别是6万元、8万元和12万元。如果纳税人按月纳税，则6月的销售额超过了月销售额10万元的免税标准，需要缴纳增值税，4、5月的6万元、8万元能够享受免税；如果纳税人按季纳税，2023年2季度销售额合计26万元，未超过季度销售额30万元的免税标准，因此，26万元全部能够享受免税政策。

情况2：某小规模纳税人2023年4~6月的销售额分别是6万元、8万元和20万元，如果纳税人按月纳税，4月和5月的销售额均未超过月销售额10万元的免税标准，能够享受免税政策；如果纳税人按季纳税，2023年2季度销售额合计34万元，超过季度销售额30万元的免税标准，因此，34万元均无法享受免税政策。

（7）小规模纳税人需要预缴增值税的，应如何预缴税款？

答：现行增值税实施了若干预缴税款的规定，比如跨地区提供建筑服务、销售不动产、出租不动产等等。本公告明确，按照现行规定应当预缴增值税税款的小规模纳税人，凡在预缴地实现的月销售额未超过10万元的，当期无需预缴税款。在预缴地实现的月销售额超过10万元的，适用3%预征率的预缴增值税项目，减按1%预征率预缴增值税。

（8）小规模纳税人销售不动产取得的销售额，应该如何适用免税政策？

答：小规模纳税人包括单位和个体工商户，还包括其他个人。不同主体适用政策应视不同情况而定。

第一，小规模纳税人中的单位和个体工商户销售不动产，涉及纳税人在不动产所在地预缴增值税的事项。如何适用政策与销售额以及纳税人选择的纳税期限有关。举例来说，如果纳税人销售不动产销售额为28万元，则有两种情况：一是纳税人选择按月纳税，销售不动产销售额超过月销售额10万元免税标准，则应在不动产所在地预缴税款；二是该纳税人选择按季纳税，销售不动产销售额未超过季度销售额30万元的免税标准，则无需在不动产所在地预缴税款。因此，本公告明确小规模纳税人中的单位和个体工商户销售不动产，应按其纳税期、公告第九条以及其他现行政策规定确定是否预缴增值税。

第二，小规模纳税人中其他个人偶然发生销售不动产的行为，应当按照现行政策规定执行。因此，本公告明确其他个人销售不动产，继续按照现行规定征免增值税。

（9）生产性服务业纳税人加计抵减政策的适用范围是什么？

答：生产性服务业纳税人，按照当期可抵扣进项税额加计5%抵减应纳税额。生产性服务业纳税人，是指提供邮政服务、电信服务、现代服务、生活服务（以下称四项服务）取得的销售额占全部销售额的比重超过50%的纳税人。四项服务的具体范围按照《销售服务、无形资产、不动产注释》（财税〔2016〕36号印发）执行。

（10）生活性服务业纳税人加计抵减政策的适用范围是什么？

答：生活性服务业纳税人，按照当期可抵扣进项税额加计10%抵减应纳税额。生活性服务业纳税人，是指提供生活服务取得的销售额占全部销售额的比重超过50%的纳税人。生活服务的具体范围按照《销售服务、无形资产、不动产注释》（财税〔2016〕36号印发）执行。

（11）纳税人适用1号公告规定的加计抵减政策，需要提交什么资料？

答：纳税人适用1号公告规定的加计抵减政策，仅需在年度首次确认适用时，通过电子税务局或办税服务厅提交一份适用加计抵减政策的声明。其中，生产性服务业纳税人适用5%加计抵减政策，需提交《适用5%加计抵减政策的声明》；生活性服务业纳税人适用10%加计抵减政策，需提交《适用10%加计抵减政策的声明》。

（12）纳税人适用1号公告规定的加计抵减政策，和此前执行的加计抵减政策相比，相关征管规定有无变化？

答：没有变化。本公告明确，纳税人适用加计抵减政策的其他征管事项，继续按照《国家税务总局关于国内旅客运输服务进项税抵扣等增值税征管问题的公告》（2019年第31号）第二条等有关规定执行。

（13）2022年12月31日小规模纳税人适用3%征收率的应税销售收入免征增值税政策到期后，在1号公告出台前部分纳税人已按照3%征收率缴纳了增值税，能够退还相应的税款吗？

答：按照1号公告第四条规定应予减免的增值税，在1号公告下发前已征收的，可抵减纳税人以后纳税期应缴纳税款或予以退还。但是，纳税人如果已经向购买方开具了增值税专用发票，应先将增值税专用发票追回。

三、先进制造业企业增值税加计抵减政策

2023年9月3日，《财政部　税务总局关于先进制造业企业增值税加计抵减政策的公告》（财政部　税务总局公告2023年第43号）发布，其规定如下。

现将先进制造业企业增值税加计抵减政策公告如下：

一、自2023年1月1日至2027年12月31日，允许先进制造业企业按照当期可抵扣进项税额加计5%抵减应纳增值税税额（以下称加计抵减政策）。

本公告所称先进制造业企业是指高新技术企业（含所属的非法人分支机构）中的制造业一般纳税人，高新技术企业是指按照《科技部　财政部　国家税务总局关于修订印发〈高新技术企业认定管理办法〉的通知》（国科发火〔2016〕32号）规定认定

的高新技术企业。先进制造业企业具体名单，由各省、自治区、直辖市、计划单列市工业和信息化部门会同同级科技、财政、税务部门确定。

二、先进制造业企业按照当期可抵扣进项税额的5%计提当期加计抵减额。按照现行规定不得从销项税额中抵扣的进项税额，不得计提加计抵减额；已计提加计抵减额的进项税额，按规定作进项税额转出的，应在进项税额转出当期，相应调减加计抵减额。

三、先进制造业企业按照现行规定计算一般计税方法下的应纳税额（以下称抵减前的应纳税额）后，区分以下情形加计抵减：

1.抵减前的应纳税额等于零的，当期可抵减加计抵减额全部结转下期抵减；

2.抵减前的应纳税额大于零，且大于当期可抵减加计抵减额的，当期可抵减加计抵减额全额从抵减前的应纳税额中抵减；

3.抵减前的应纳税额大于零，且小于或等于当期可抵减加计抵减额的，以当期可抵减加计抵减额抵减应纳税额至零；未抵减完的当期可抵减加计抵减额，结转下期继续抵减。

四、先进制造业企业可计提但未计提的加计抵减额，可在确定适用加计抵减政策当期一并计提。

五、先进制造业企业出口货物劳务、发生跨境应税行为不适用加计抵减政策，其对应的进项税额不得计提加计抵减额。

先进制造业企业兼营出口货物劳务、发生跨境应税行为且无法划分不得计提加计抵减额的进项税额，按照以下公式计算：

不得计提加计抵减额的进项税额=当期无法划分的全部进项税额×当期出口货物劳务和发生跨境应税行为的销售额÷当期全部销售额

六、先进制造业企业应单独核算加计抵减额的计提、抵减、调减、结余等变动情况。骗取适用加计抵减政策或虚增加计抵减额的，按照《中华人民共和国税收征收管理法》等有关规定处理。

七、先进制造业企业同时符合多项增值税加计抵减政策的，可以择优选择适用，但在同一期间不得叠加适用。

第二节　最新企业所得税政策解读

一、研发费用加计扣除政策

（一）进一步落实研发费用加计扣除政策

2021年9月13日，《国家税务总局关于进一步落实研发费用加计扣除政策有关问题的公告》（国家税务总局公告2021年第28号）发布，其规定如下。

为贯彻落实国务院激励企业加大研发投入、优化研发费用加计扣除政策实施的举措，深入开展2021年"我为纳税人缴费人办实事暨便民办税春风行动"，方便企业提前享受研发费用加计扣除优惠政策，现就有关事项公告如下：

……

二、关于研发支出辅助账样式的问题

（一）《国家税务总局关于企业研究开发费用税前加计扣除政策有关问题的公告》（2015年第97号，以下简称97号公告）发布的研发支出辅助账和研发支出辅助账汇总表样式（以下简称2015版研发支出辅助账样式）继续有效。另增设简化版研发支出辅助账和研发支出辅助账汇总表样式（以下简称2021版研发支出辅助账样式），具体样式及填写说明见附件。

（二）企业按照研发项目设置辅助账时，可以自主选择使用2015版研发支出辅助账样式，或者2021版研发支出辅助账样式，也可以参照上述样式自行设计研发支出辅助账样式。

企业自行设计的研发支出辅助账样式，应当包括2021版研发支出辅助账样式所列数据项，且逻辑关系一致，能准确归集允许加计扣除的研发费用。

三、关于其他相关费用限额计算的问题

（一）企业在一个纳税年度内同时开展多项研发活动的，由原来按照每一研发项目分别计算"其他相关费用"限额，改为统一计算全部研发项目"其他相关费用"限额。

企业按照以下公式计算《财政部 国家税务总局 科技部关于完善研究开发费用税前加计扣除政策的通知》（财税〔2015〕119号）第一条第（一）项"允许加计扣除的研发费用"第6目规定的"其他相关费用"的限额，其中资本化项目发生的费用在形成无形资产的年度统一纳入计算：

全部研发项目的其他相关费用限额=全部研发项目的人员人工等五项费用之和×10%/（1-10%）

"人员人工等五项费用"是指财税〔2015〕119号文件第一条第（一）项"允许加计扣除的研发费用"第1目至第5目费用，包括"人员人工费用""直接投入费用""折旧费用""无形资产摊销"和"新产品设计费、新工艺规程制定费、新药研制的临床试验费、勘探开发技术的现场试验费"。

（二）当"其他相关费用"实际发生数小于限额时，按实际发生数计算税前加计扣除额；当"其他相关费用"实际发生数大于限额时，按限额计算税前加计扣除额。

四、执行时间

本公告第一条适用于2021年度，其他条款适用于2021年及以后年度。97号公告第二条第（三）项"其他相关费用的归集与限额计算"的规定同时废止。

（二）进一步落实研发费用加计扣除政策解读

为贯彻落实国务院激励企业加大研发投入、优化研发费用加计扣除政策实施的举措，深入开展"我为纳税人缴费人办实事暨便民办税春风行动"，让纳税人充分享受政策红利，激励企业增加研发投入积极性，方便企业提前享受研发费用加计扣除优惠政策，国家税务总局制发《关于进一步落实研发费用加计扣除政策有关问题的公告》（国家税务总局公告2021年第28号，以下简称28号公告）。现解读如下：

（1）28号公告出台的主要背景是什么？

答： 研发费用加计扣除政策是支持企业科技创新的有效政策抓手。一直以来，党中央、国务院高度重视研发费用加计扣除政策的贯彻落实，多措并举，让企业充分享受政策红利。近期，国务院又推出了进一步激励企业加大研发投入、优化研发费用加计扣除政策实施的举措。为把国务院的决策部署落实落细，增加企业获得感，减轻办税负担，国家税务总局制发28号公告。

（2）28号公告主要包括哪些内容？

答： 28号公告主要包括三项内容：

一是，在2021年10月份预缴申报时，允许企业自主选择提前享受前三季度研发费用加计扣除优惠。此前，研发费用加计扣除优惠在年度汇算清缴时享受，平时预缴时不享受。2021年3月底，财税部门明确，在10月份预缴申报时，允许企业享受上半年研发费用加计扣除优惠。根据国务院最新部署，28号公告明确在2021年10月份预缴申报时，允许企业多享受一个季度的研发费用加计扣除。

二是，增设优化简化研发费用辅助账样式。为便于企业准备合规的研发费用辅助账，国家税务总局2015年制发《关于企业研究开发费用税前加计扣除政策有关问题的公告》（国家税务总局公告2015年第97号，以下简称97号公告），发布了2015版研发支出辅助账样式，对帮助纳税人准确归集研发费用和享受优惠政策起了积极作用。考虑到部分中小微企业财务核算水平不高，准确归集、填写2015版研发支出辅助账有一定难度，28号公告增设了2021版研发支出辅助账样式，降低了填写难度。

三是，调整优化了"其他相关费用"限额的计算方法。原来按照每一研发项目分别计算"其他相关费用"限额，28号公告改为统一计算所有研发项目"其他相关费用"限额，简化了计算方法，允许多个项目"其他相关费用"限额调剂使用，总体上提高了可加计扣除的金额。

（3）2021年10月申报期，企业享受研发费用加计扣除优惠需准备哪些资料？

答： 企业享受此项优惠实行"真实发生、自行判别、申报享受、相关资料留存备查"方式，依据实际发生的研发费用支出，按税收政策规定在预缴申报表中直接填写前三季度的加计扣除金额，准备前三季度的研发支出辅助账和《研发费用加计扣除优惠明细表》（A107012）等留存备查。

（4）如果企业在2021年10月份申报期没有享受研发费用加计扣除，以后还可以享受吗？

答：企业在10月份预缴申报期没有选择享受优惠的，可以在2022年5月底前办理汇算清缴时享受。

（5）与2015版研发支出辅助账样式相比，2021版研发支出辅助账样式在哪些方面作了优化简化？

答：与2015版研发支出辅助账样式相比，2021版研发支出辅助账样式主要在以下几方面进行了优化简化：

一是简并辅助账样式。2015版研发支出辅助账样式包括自主研发、委托研发、合作研发、集中研发等4类辅助账和辅助账汇总表样式，共"4张辅助账+1张汇总表"。2021版研发支出辅助账将4类辅助账样式合并为一类，共"1张辅助账+1张汇总表"，总体上减少辅助账样式的数量。

二是精简辅助账信息。2015版研发支出辅助账样式要求填写人员人工等六大类费用的各项明细信息，并要求填报"借方金额""贷方金额"等会计信息。2021版研发支出辅助账样式仅要求企业填写人员人工等六大类费用合计，不再填写具体明细费用，同时删除了部分会计信息，减少了企业填写工作量。

三是调整优化操作口径。2015版研发支出辅助账样式未体现2015年之后的政策变化情况，如未明确委托境外研发费用的填写要求，企业需自行调整样式或分析填报。2021版研发支出辅助账样式，充分考虑了税收政策的调整情况，增加了委托境外研发的相关列次，体现其他相关费用限额的计算方法的调整。28号公告还对填写口径进行了详细说明，便于纳税人准确归集核算。

（6）28号公告实施以后，2015版研发支出辅助账样式还可以继续使用吗？

答：研发支出辅助账样式的定位是为企业享受加计扣除政策提供一个参照使用的样本，不强制执行。因此，2021版研发支出辅助账样式发布后，2015版研发支出辅助账样式继续有效。纳税人既可以选择使用2021版研发支出辅助账样式，也可以继续选择2015版研发支出辅助账样式。

需要说明，企业继续使用2015版研发支出辅助账样式的，可以参考2021版研发支出辅助账样式对委托境外研发费用、其他相关费用限额的计算公式等进行相应调整。

（7）企业可以自行设计辅助账样式吗？

答：纳税人可以自行设计辅助账样式。为保证企业准确归集可加计扣除的研发费用，且与《研发费用加计扣除优惠明细表》（A107012）的数据项相匹配，企业自行设计的辅助账样式，应当至少包括2021版研发支出辅助账样式所列数据项，且逻辑关系一致。

（8）为什么要调整其他相关费用限额计算方法，调整后对企业有哪些好处？

答：按现行政策规定，其他相关费用采取限额管理方式，不得超过可加计扣除研发费用总额的10%。97号公告明确按每一项目分别计算其他相关费用限额，对于有多个研发项目的企业，其有的研发项目其他相关费用占比不到10%，有的超过10%，不同研发项目的限额不能调剂使用。为进一步减轻企业负担、方便计算，让企业更多地享受优惠，28号公告将其他相关费用限额的计算方法调整为按全部项目统一计算，不再分项目计算。

【例1-5】 假设某公司2021年度有A和B两个研发项目。项目A人员人工等五项费用之和为90万元，其他相关费用为12万元；项目B人员人工等五项费用之和为100万元，其他相关费用为8万元。

（1）按照97号公告的计算方法：

项目A的其他相关费用限额为10万元［90×10%÷（1-10%）］，按照孰小原则，可加计扣除的其他相关费用为10万元；项目B的其他相关费用限额为11.11万元［100×10%÷（1-10%）］，按照孰小原则，可加计扣除的其他相关费用为8万元。两个项目可加计扣除的其他相关费用合计为18万元。

（2）按照28号公告明确的计算方法：

两个项目的其他相关费用限额为21.11万元［（90+100）×10%/（1-10%）］，可加计扣除的其他相关费用为20万元（12+8），大于18万元，且仅需计算一次，减轻了工作量。

（三）进一步完善研发费用税前加计扣除政策

2023年3月26日，《财政部 税务总局关于进一步完善研发费用税前加计扣除政策的公告》（财政部 税务总局公告2023年第7号）发布，其规定如下。

为进一步激励企业加大研发投入，更好地支持科技创新，现就企业研发费用税前加计扣除政策有关问题公告如下：

一、企业开展研发活动中实际发生的研发费用，未形成无形资产计入当期损益的，在按规定据实扣除的基础上，自2023年1月1日起，再按照实际发生额的100%在税前加计扣除；形成无形资产的，自2023年1月1日起，按照无形资产成本的200%在税前摊销。

二、企业享受研发费用加计扣除政策的其他政策口径和管理要求，按照《财政部 国家税务总局 科技部关于完善研究开发费用税前加计扣除政策的通知》（财税〔2015〕119号）、《财政部 税务总局 科技部关于企业委托境外研究开发费用税前加计扣除有关政策问题的通知》（财税〔2018〕64号）等文件相关规定执行。

三、本公告自2023年1月1日起执行，《财政部 税务总局关于进一步完善研发费用税前加计扣除政策的公告》（财政部 税务总局公告2021年第13号）、《财政部 税务总局 科技部关于进一步提高科技型中小企业研发费用税前加计扣除比例的公告》（财政部 税务总局 科技部公告2022年第16号）、《财政部 税务总局 科技部关于加大支持科技创新税前扣除力度的公告》（财政部 税务总局 科技部公告2022年第28号）同时废止。

（四）优化预缴申报享受研发费用加计扣除政策有关事项

2023年6月21日，《国家税务总局 财政部关于优化预缴申报享受研发费用加计扣除政策有关事项的公告》（国家税务总局 财政部公告2023年第11号）发布，其规定如下。

为更好地支持企业创新发展，根据《中华人民共和国企业所得税法》及其实施条例等相关规定，现就优化预缴申报享受研发费用加计扣除政策有关事项公告如下：

一、企业7月份预缴申报第2季度（按季预缴）或6月份（按月预缴）企业所得税时，能准确归集核算研发费用的，可以结合自身生产经营实际情况，自主选择就当年上半年研发费用享受加计扣除政策。

对7月份预缴申报期未选择享受优惠的企业，在10月份预缴申报或年度汇算清缴时能够准确归集核算研发费用的，可结合自身生产经营实际情况，自主选择在10月份预缴申报或年度汇算清缴时统一享受。

二、企业10月份预缴申报第3季度（按季预缴）或9月份（按月预缴）企业所得税时，能准确归集核算研发费用的，企业可结合自身生产经营实际情况，自主选择就当年前三季度研发费用享受加计扣除政策。

对10月份预缴申报期未选择享受优惠的企业，在年度汇算清缴时能够准确归集核算研发费用的，可结合自身生产经营实际情况，自主选择在年度汇算清缴时统一享受。

三、企业享受研发费用加计扣除优惠政策采取"真实发生、自行判别、申报享受、相关资料留存备查"的办理方式，由企业依据实际发生的研发费用支出，自行计算加计扣除金额，填报《中华人民共和国企业所得税月（季）度预缴纳税申报表（A类）》享受税收优惠，并根据享受加计扣除优惠的研发费用情况（上半年或前三季度）填写《研发费用加计扣除优惠明细表》（A107012）。《研发费用加计扣除优惠明细表》（A107012）与规定的其他资料一并留存备查。

四、本公告自2023年1月1日起施行。《国家税务总局关于企业预缴申报享受研发费用加计扣除优惠政策有关事项的公告》（2022年第10号）同时废止。

（五）优化预缴申报享受研发费用加计扣除政策有关事项解读

为更好地支持企业创新发展，结合全面扎实开展学习贯彻习近平新时代中国特色社会主义思想主题教育有关要求，国家税务总局、财政部制发了《关于优化预缴申报享受研发费用加计扣除政策有关事项的公告》（国家税务总局　财政部公告2023年第11号，以下简称《公告》）。现将有关问题解读如下：

（1）《公告》出台的主要背景是什么？

在2021年以前，研发费用加计扣除政策在企业所得税汇算清缴时享受。2021年，经国务院同意，国家税务总局制发了《关于进一步落实研发费用加计扣除政策有关问题的公告》（国家税务总局公告2021年第28号），允许企业在2021年10月份预缴申报时，就前三季度研发费用享受加计扣除政策。2022年，为进一步稳定政策预期，国家税务总局制发了《关于企业预缴申报享受研发费用加计扣除优惠政策有关事项的公告》（国家税务总局公告2022年第10号），将企业在10月份预缴申报时享受研发费用加计扣除政策的举措予以制度化、长期化。

允许企业10月份预缴申报时享受研发费用加计扣除的政策实施两年来，运行情况良好，将企业享受优惠的时点提前了3~8个月，使企业尽早享受到政策红利，缓解了资金的压力。在学习贯彻习近平新时代中国特色社会主义思想主题教育调研中，有企业反映目前仅能在10月预缴申报期、次年汇算清缴期两个时点可以享受研发费用加计扣除，建议增加允许申报享受的时点，使企业进一步提前享受到政策红利。按照习近平总书记强调的"要坚持边学习、边对照、边检视、边整改，把问题整改贯穿主题教育始终，让人民群众切实感受到解决问题的实际成效"的要求，我们对企业提出的问题进行了认真研究，起草了《公告》，允许企业在7月份预缴申报时就上半年发生的研发费用享受加计扣除政策，即在原有10月份预缴申报和年度汇算清缴两个享受时点的基础上，再新增一个享受时点，将企业享受优惠的时点再提前三个月。

（2）《公告》的主要变化是什么？

按照《国家税务总局关于企业预缴申报享受研发费用加计扣除优惠政策有关事项的公告》（国家税务总局公告2022年第10号）、《国家税务总局关于发布修订后的〈企业所得税优惠政策事项办理办法〉的公告》（国家税务总局公告2018年第23号）等规定，企业可在10月份预缴申报及年度汇算清缴时享受研发费用加计扣除政策。《公告》在上述两个时点的基础上，新增一个享受时点，对7月份预缴申报第2季度（按季预缴）或6月份（按月预缴）企业所得税时，能准确归集核算研发费用的，允许企业就当年上半年发生的研发费用享受加计扣除政策。

（3）企业在7月份预缴申报时未选择享受研发费用加计扣除政策的，以后还可以享受吗？

对7月份预缴申报期未选择享受优惠的企业，在10月份预缴申报或年度汇算清缴时能够准确归集核算研发费用的，可结合自身生产经营实际情况，自主选择在10月份预缴申报或年度汇算清缴时统一享受。

（4）与10号公告相比，企业预缴申报时享受研发费用加计扣除政策的管理要求有什么变化？

《公告》明确的企业预缴申报时享受研发费用加计扣除政策的管理要求，与10号公告的要求保持一致，没有变化，具体为：企业享受研发费用加计扣除优惠政策采取"真实发生、自行判别、申报享受、相关资料留存备查"的办理方式，由企业依据实际发生的研发费用支出，自行计算加计扣除金额，填报《中华人民共和国企业所得税月（季）度预缴纳税申报表（A类）》享受税收优惠，并根据享受加计扣除优惠的研发费用情况（上半年或前三季度）填写《研发费用加计扣除优惠明细表》（A107012）。《研发费用加计扣除优惠明细表》（A107012）与规定的其他资料一并留存备查。

二、小型微利企业和个体工商户所得税优惠政策

（一）进一步实施小微企业所得税优惠政策

2022年3月14日，《财政部　税务总局关于进一步实施小微企业所得税优惠政策的公告》（财政部　税务总局公告2022年第13号）发布，其规定如下：

为进一步支持小微企业发展，现将有关税收政策公告如下：

一、对小型微利企业年应纳税所得额超过100万元但不超过300万元的部分，减按25%计入应纳税所得额，按20%的税率缴纳企业所得税。

二、本公告所称小型微利企业，是指从事国家非限制和禁止行业，且同时符合年度应纳税所得额不超过300万元、从业人数不超过300人、资产总额不超过5 000万元等三个条件的企业。

从业人数，包括与企业建立劳动关系的职工人数和企业接受的劳务派遣用工人数。所称从业人数和资产总额指标，应按企业全年的季度平均值确定。具体计算公式如下：

季度平均值=（季初值+季末值）÷2

全年季度平均值=全年各季度平均值之和÷4

年度中间开业或者终止经营活动的，以其实际经营期作为一个纳税年度确定上述相关指标。

三、本公告执行期限为2022年1月1日至2024年12月31日。

（二）小微企业和个体工商户所得税优惠政策

2023年3月26日，《财政部　税务总局关于小微企业和个体工商户所得税优惠政策的公告》（财政部　税务总局公告2023年第6号）发布，其规定如下：

为支持小微企业和个体工商户发展,现将有关税收政策公告如下:

一、对小型微利企业年应纳税所得额不超过100万元的部分,减按25%计入应纳税所得额,按20%的税率缴纳企业所得税。

……

三、本公告所称小型微利企业,是指从事国家非限制和禁止行业,且同时符合年度应纳税所得额不超过300万元、从业人数不超过300人、资产总额不超过5000万元等三个条件的企业。

从业人数,包括与企业建立劳动关系的职工人数和企业接受的劳务派遣用工人数。所称从业人数和资产总额指标,应按企业全年的季度平均值确定。具体计算公式如下:

季度平均值=(季初值+季末值)÷2

全年季度平均值=全年各季度平均值之和÷4

年度中间开业或者终止经营活动的,以其实际经营期作为一个纳税年度确定上述相关指标。

四、本公告执行期限为2023年1月1日至2024年12月31日。

(三)小型微利企业所得税优惠政策征管问题

2023年3月27日,《国家税务总局关于落实小型微利企业所得税优惠政策征管问题的公告》(国家税务总局公告2023年第6号)发布,其规定如下。

为支持小微企业发展,落实好小型微利企业所得税优惠政策,现就有关征管问题公告如下:

一、符合财政部、税务总局规定的小型微利企业条件的企业(以下简称小型微利企业),按照相关政策规定享受小型微利企业所得税优惠政策。

企业设立不具有法人资格分支机构的,应当汇总计算总机构及其各分支机构的从业人数、资产总额、年度应纳税所得额,依据合计数判断是否符合小型微利企业条件。

二、小型微利企业无论按查账征收方式或核定征收方式缴纳企业所得税,均可享受小型微利企业所得税优惠政策。

三、小型微利企业在预缴和汇算清缴企业所得税时,通过填写纳税申报表,即可享受小型微利企业所得税优惠政策。

小型微利企业应准确填报基础信息,包括从业人数、资产总额、年度应纳税所得额、国家限制或禁止行业等,信息系统将为小型微利企业智能预填优惠项目、自动计算减免税额。

四、小型微利企业预缴企业所得税时,从业人数、资产总额、年度应纳税所得额指标，暂按当年度截至本期预缴申报所属期末的情况进行判断。

五、原不符合小型微利企业条件的企业，在年度中间预缴企业所得税时，按照相关政策标准判断符合小型微利企业条件的，应按照截至本期预缴申报所属期末的累计情况，计算减免税额。当年度此前期间如因不符合小型微利企业条件而多预缴的企业所得税税款，可在以后季度应预缴的企业所得税税款中抵减。

六、企业预缴企业所得税时享受了小型微利企业所得税优惠政策，但在汇算清缴时发现不符合相关政策标准的，应当按照规定补缴企业所得税税款。

七、小型微利企业所得税统一实行按季度预缴。

按月度预缴企业所得税的企业，在当年度4月、7月、10月预缴申报时，若按相关政策标准判断符合小型微利企业条件的，下一个预缴申报期起调整为按季度预缴申报，一经调整，当年度内不再变更。

八、本公告自2023年1月1日起施行。《国家税务总局关于小型微利企业所得税优惠政策征管问题的公告》（2022年第5号）同时废止。

（四）小型微利企业所得税优惠政策征管问题解读

为落实好小型微利企业所得税优惠政策，税务总局发布《国家税务总局关于落实小型微利企业所得税优惠政策征管问题的公告》（国家税务总局公告2023年第6号，以下简称《公告》）。现解读如下：

（1）制发《公告》的背景是什么？

为贯彻落实党中央、国务院决策部署，财政部和税务总局发布《财政部　税务总局关于小微企业和个体工商户所得税优惠政策的公告》（财政部　税务总局公告2023年第6号），对小型微利企业年应纳税所得额不超过100万元部分所得税优惠政策进行优化。为确保小型微利企业所得税优惠政策落实到位，支持小微企业发展，税务总局制发《公告》，对有关征管问题进行明确。

（2）税收政策中的小型微利企业是指什么？

小型微利企业是指符合财政部、税务总局规定的可以享受小型微利企业所得税优惠政策的居民企业。目前，居民企业可按照《财政部　税务总局关于进一步实施小微企业所得税优惠政策的公告》（财政部　税务总局公告2022年第13号）、《财政部　税务总局关于小微企业和个体工商户所得税优惠政策的公告》（财政部　税务总局公告2023年第6号）相关规定，享受小型微利企业所得税优惠政策。今后如调整政策，从其规定。

（3）企业设立不具有法人资格的分支机构，如何适用小型微利企业所得税优惠政策？

现行企业所得税实行法人税制，企业应以法人为主体，计算并缴纳企业所得税。《中华人民共和国企业所得税法》第五十条第二款规定，居民企业在中国境内设立不具有法人资格的营业机构的，应当汇总计算并缴纳企业所得税。因此，企业设立不具有法人资格分支机构的，应当先汇总计算总机构及其各分支机构的从业人数、资产总额、年度应纳税所得额，再依据各指标的合计数判断是否符合小型微利企业条件。

（4）小型微利企业所得税优惠政策的办理程序？

符合条件的小型微利企业通过填写纳税申报表，即可便捷享受优惠政策，无需其他手续。小型微利企业应准确填报从业人数、资产总额、国家限制或禁止行业等基础信息，计算应纳税所得额后，信息系统将利用相关数据，为小型微利企业智能预填优惠项目、自动计算减免税额。

（5）在预缴企业所得税时，企业如何享受优惠政策？

首先，判断是否符合条件。企业在年度中间预缴企业所得税时，按照政策标准判断符合小型微利企业条件的，即可享受优惠政策。资产总额、从业人数、年度应纳税所得额指标，暂按当年度截至本期预缴申报所属期末的情况进行判断。其中，资产总额、从业人数指标按照政策标准中"全年季度平均值"的计算公式，计算截至本期预缴申报所属期末的季度平均值。其次，按照政策规定计算应纳税额。今后如调整政策，从其规定，计算方法以此类推。示例如下：

例：A企业2022年成立，从事国家非限制和禁止行业，2023年1季度季初、季末的从业人数分别为120人、200人，1季度季初、季末的资产总额分别为2 000万元、4 000万元，1季度的应纳税所得额为90万元。

解析：2023年1季度，A企业"从业人数"的季度平均值为160人，"资产总额"的季度平均值为3 000万元，应纳税所得额为90万元。符合关于小型微利企业预缴企业所得税时的判断标准：从事国家非限制和禁止行业，且同时符合截至本期预缴申报所属期末资产总额季度平均值不超过5 000万元、从业人数季度平均值不超过300人、应纳税所得额不超过300万元，可以享受优惠政策。

《财政部 税务总局关于小微企业和个体工商户所得税优惠政策的公告》（财政部 税务总局公告2023年第6号）规定，对小型微利企业年应纳税所得额不超过100万元的部分，减按25%计入应纳税所得额，按20%的税率缴纳企业所得税。因此，A企业1季度的应纳税额为：90×25%×20%=4.5（万元）。

（6）《公告》的实施时间？

企业所得税按纳税年度计算，《公告》自2023年1月1日起施行。《国家税务总局关于小型微利企业所得税优惠政策征管问题的公告》（2022年第5号）同时废止。

（五）进一步支持小微企业和个体工商户发展有关税费政策

2023年8月2日，《财政部 税务总局关于进一步支持小微企业和个体工商户发展

第一章 "以数治税"时期最新税收政策解读

有关税费政策的公告》(财政部 税务总局公告2023年第12号)发布,其规定如下。

为进一步支持小微企业和个体工商户发展,现将有关税费政策公告如下:

一、自2023年1月1日至2027年12月31日,对个体工商户年应纳税所得额不超过200万元的部分,减半征收个人所得税。个体工商户在享受现行其他个人所得税优惠政策的基础上,可叠加享受本条优惠政策。

二、自2023年1月1日至2027年12月31日,对增值税小规模纳税人、小型微利企业和个体工商户减半征收资源税(不含水资源税)、城市维护建设税、房产税、城镇土地使用税、印花税(不含证券交易印花税)、耕地占用税和教育费附加、地方教育附加。

三、对小型微利企业减按25%计算应纳税所得额,按20%的税率缴纳企业所得税政策,延续执行至2027年12月31日。

四、增值税小规模纳税人、小型微利企业和个体工商户已依法享受资源税、城市维护建设税、房产税、城镇土地使用税、印花税、耕地占用税、教育费附加、地方教育附加等其他优惠政策的,可叠加享受本公告第二条规定的优惠政策。

五、本公告所称小型微利企业,是指从事国家非限制和禁止行业,且同时符合年度应纳税所得额不超过300万元、从业人数不超过300人、资产总额不超过5 000万元等三个条件的企业。

从业人数,包括与企业建立劳动关系的职工人数和企业接受的劳务派遣用工人数。所称从业人数和资产总额指标,应按企业全年的季度平均值确定。具体计算公式如下:

季度平均值=(季初值+季末值)÷2

全年季度平均值=全年各季度平均值之和÷4

年度中间开业或者终止经营活动的,以其实际经营期作为一个纳税年度确定上述相关指标。

小型微利企业的判定以企业所得税年度汇算清缴结果为准。登记为增值税一般纳税人的新设立的企业,从事国家非限制和禁止行业,且同时符合申报期上月末从业人数不超过300人、资产总额不超过5 000万元等两个条件的,可在首次办理汇算清缴前按照小型微利企业申报享受第二条规定的优惠政策。

六、本公告发布之日前,已征的相关税款,可抵减纳税人以后月份应缴纳税款或予以退还。发布之日前已办理注销的,不再追溯享受。

《财政部 税务总局关于进一步实施小微企业"六税两费"减免政策的公告》(财政部 税务总局公告2022年第10号)及《财政部 税务总局关于小微企业和个体工商户所得税优惠政策的公告》(财政部 税务总局公告2023年第6号)中个体工商户所得税优惠政策自2023年1月1日起相应停止执行。

三、节能节水、环境保护、安全生产专用设备数字化智能化改造企业所得税政策

2024年7月12日,《财政部 税务总局关于节能节水、环境保护、安全生产专用设备数字化智能化改造企业所得税政策的公告》(财政部 税务总局公告2024年第9号)发布,其规定如下。

按照《国务院关于印发〈推动大规模设备更新和消费品以旧换新行动方案〉的通知》(国发〔2024〕7号)要求,现就节能节水、环境保护和安全生产专用设备(以下简称专用设备)数字化、智能化改造企业所得税政策公告如下:

一、企业在2024年1月1日至2027年12月31日期间发生的专用设备数字化、智能化改造投入,不超过该专用设备购置时原计税基础50%的部分,可按照10%比例抵免企业当年应纳税额。企业当年应纳税额不足抵免的,可以向以后年度结转,但结转年限最长不得超过五年。

二、本公告所称专用设备,是指企业购置并实际使用列入《财政部 税务总局 应急管理部关于印发〈安全生产专用设备企业所得税优惠目录(2018年版)〉的通知》(财税〔2018〕84号)、《财政部 税务总局 国家发展改革委 工业和信息化部 环境保护部关于印发节能节水和环境保护专用设备企业所得税优惠目录(2017年版)的通知》(财税〔2017〕71号)的专用设备。专用设备改造后仍应符合上述目录规定条件,不符合上述目录规定条件的不得享受优惠。上述目录如有更新,从其规定。

三、本公告所称专用设备数字化、智能化改造,是指企业利用信息技术和数字技术对专用设备进行技术改进和优化,从而提高该设备的数字化和智能化水平。具体包括以下方面:

1.数据采集。利用传感、自动识别、系统读取、工业控制数据解析等数据采集技术,将专用设备的性能参数、运行状态和环境状态等信息转化为数字形式,实现对专用设备信息的监测和采集。

2.数据传输和存储。利用网络连接、协议转换、数据存储等数据传输和管理技术,将采集的专用设备数据传输和存储,实现对专用设备采集数据的有效汇集。

3.数据分析。利用数据计算处理、统计分析、建模仿真等数据分析技术,对采集的专用设备信息进行深度分析,实现专用设备故障诊断、预测维护、优化运行等方面的改进。

4.智能控制。利用自动化技术和智能化技术,对专用设备监测告警、动态调参、反馈控制等功能进行升级,实现专用设备的智能化控制。

5.数字安全与防护。利用数据加密、漏洞扫描、权限控制、冗余备份等数据和网络安全技术,对专用设备的数据机密性和完整性进行强化,实现专用设备数据和网络安全风险防控能力的明显提升。

6.国务院财政、税务主管部门会同科技、工业和信息化部门规定的其他数字化、智能化改造情形。

四、享受本公告税收优惠的改造投入，是指企业对专用设备数字化、智能化改造过程中发生的并形成该专用设备固定资产价值的支出，但不包括按有关规定退还的增值税税款以及专用设备运输、安装和调试等费用。

五、本公告所称企业所得税应纳税额，是指企业当年的应纳税所得额乘以适用税率，扣除依照企业所得税法和有关税收优惠政策规定减征、免征税额后的余额。

六、享受本公告规定的税收优惠政策企业，应当自身实际使用改造后的专用设备。企业在专用设备改造完成后五个纳税年度内转让、出租的，应在该专用设备停止使用当月停止享受优惠，并补缴已经抵免的企业所得税税款。

七、承租方企业以融资租赁方式租入的、并在融资租赁合同中约定租赁期届满时租赁设备所有权转移给承租方企业的专用设备，承租方企业发生的专用设备数字化、智能化改造投入，可按本公告规定享受优惠。如融资租赁期届满后租赁设备所有权未转移至承租方企业的，承租方企业应停止享受优惠，并补缴已经抵免的企业所得税税款。

八、企业利用财政拨款资金进行的专用设备数字化、智能化改造投入，不得抵免企业当年的企业所得税应纳税额。

九、企业应对专用设备数字化、智能化改造投入进行单独核算，准确、合理归集各项支出；企业在一个纳税年度内对多个专用设备进行数字化、智能化改造的，应按照不同的专用设备分别归集相关支出。对相关支出划分不清的，不得享受本公告规定的税收优惠政策。

十、企业享受本公告规定的税收优惠政策，应事先制定专用设备数字化、智能化改造方案，或取得经技术合同认定登记机构登记的技术开发合同或技术服务合同，相关资料留存备查。税务部门在政策执行过程中，不能准确判断是否属于专用设备数字化、智能化改造的，可提请地市级（含）以上工业和信息化部门会同科技部门等鉴定。

第三节 最新其他税收政策解读

一、3岁以下婴幼儿照护个人所得税专项附加扣除政策

（一）设立3岁以下婴幼儿照护个人所得税专项附加扣除

2022年3月19日，《国务院关于设立3岁以下婴幼儿照护个人所得税专项附加扣除

的通知》（国发〔2022〕8号，以下简称《通知》）发布，其规定如下。

为贯彻落实《中共中央 国务院关于优化生育政策促进人口长期均衡发展的决定》，依据《中华人民共和国个人所得税法》有关规定，国务院决定，设立3岁以下婴幼儿照护个人所得税专项附加扣除。现将有关事项通知如下：

一、纳税人照护3岁以下婴幼儿子女的相关支出，按照每个婴幼儿每月1 000元的标准定额扣除。

二、父母可以选择由其中一方按扣除标准的100%扣除，也可以选择由双方分别按扣除标准的50%扣除，具体扣除方式在一个纳税年度内不能变更。

三、3岁以下婴幼儿照护个人所得税专项附加扣除涉及的保障措施和其他事项，参照《个人所得税专项附加扣除暂行办法》有关规定执行。

四、3岁以下婴幼儿照护个人所得税专项附加扣除自2022年1月1日起实施。

（二）设立3岁以下婴幼儿照护个人所得税专项附加扣除政策解读

（1）3岁以下婴幼儿照护个人所得税专项附加扣除政策出台的背景和意义是什么？

答：2021年6月，中共中央、国务院印发《关于优化生育政策促进人口长期均衡发展的决定》，提出"研究推动将3岁以下婴幼儿照护费用纳入个人所得税专项附加扣除"。这是党中央、国务院根据我国人口发展变化形势作出的重大决策，是促进人口长期均衡发展、推动高质量发展的重大举措。3岁以下婴幼儿照护个人所得税专项附加扣除政策作为优化生育政策的配套支持措施之一，体现了国家对人民群众生育养育的鼓励和照顾，有利于减轻人民群众抚养子女负担。该项政策实施后，有3岁以下婴幼儿的家庭都将从中受益。

（2）3岁以下婴幼儿照护专项附加扣除政策的主要内容是什么？

答：该项政策规定，自2022年1月1日起，纳税人照护3岁以下婴幼儿子女的相关支出，在计算缴纳个人所得税前按照每名婴幼儿每月1 000元的标准定额扣除。具体扣除方式上，可选择由夫妻一方按扣除标准的100%扣除，也可选择由夫妻双方分别按扣除标准的50%扣除。监护人不是父母的，也可以按上述政策规定扣除。

（3）纳税人如何自2022年1月1日起享受该政策？

答：《通知》明确该项政策自2022年1月1日起实施。按照《中华人民共和国个人所得税法》相关规定，专项附加扣除可以在申报当月扣除，也可以在以后月份发工资时补充扣除；平时发工资没有扣除的，或者没有任职受雇单位的，也可以在次年办理汇算清缴时补充扣除。例如，纳税人的子女在2021年10月出生，自2022年1月1日起纳税人即符合专项附加扣除享受条件。纳税人4月份将婴幼儿信息提供给任职受雇单位，单位在发放4月份工资时即可为纳税人申报1至4月份累计4 000元的专项附加扣除。

（4）3岁以下婴幼儿照护专项附加扣除政策与现行六项专项附加扣除政策是如何衔接的？

答：3岁以下婴幼儿照护专项附加扣除政策实施后，对纳税人照护3岁以下婴幼儿子女的相关支出，按照每名子女每月1 000元的标准，在计算缴纳个人所得税前定额扣除。此外，按照现行专项附加扣除办法规定，纳税人子女年满3岁处于学前教育阶段或全日制学历教育阶段的，均可以按照每个子女每月1 000元的标准，在计算缴纳个人所得税前定额扣除。纳税人接受继续教育、租房或买房的，可以享受继续教育、住房租金或住房贷款利息等专项附加扣除；纳税人自己或配偶、子女患大病的，也可以申报大病医疗专项附加扣除；纳税人赡养60岁以上父母的，还可以享受赡养老人专项附加扣除。总体上看，这七项专项附加扣除政策基本上考虑了纳税人不同阶段的负担情况。

（5）享受3岁以下婴幼儿照护专项附加扣除需要提交资料吗？

答：3岁以下婴幼儿照护专项附加扣除与其他六项专项附加扣除一样，实行"申报即可享受、资料留存备查"的服务管理模式。纳税人在申报享受时，可通过手机个人所得税App填报或向单位提供婴幼儿子女的姓名、证件类型及号码，以及本人与配偶之间扣除分配比例等信息即可，无需向税务机关报送证明资料。纳税人需要将子女的出生医学证明等资料留存备查。

（6）纳税人暂未取得婴幼儿出生医学证明等资料的，如何填报专项附加扣除？

答：纳税人暂未取得婴幼儿的出生医学证明和居民身份证号码，可选择"其他个人证件"，并在备注中如实填写相关情况，不影响纳税人享受扣除。后续纳税人取得婴幼儿的出生医学证明或者居民身份证号码的，及时补充更新即可。如果婴幼儿名下是中国护照、外国护照、港澳居民来往内地通行证、台湾居民来往大陆通行证等身份证件信息，也可以作为填报证件。

（三）个人所得税专项附加扣除操作办法

2022年3月25日，《国家税务总局关于修订发布〈个人所得税专项附加扣除操作办法（试行）〉公告》（国家税务总局公告2022年第7号）发布，其规定如下。

为贯彻落实新发布的《国务院关于设立3岁以下婴幼儿照护个人所得税专项附加扣除的通知》（国发〔2022〕8号），保障3岁以下婴幼儿照护专项附加扣除政策顺利实施，国家税务总局相应修订了《个人所得税专项附加扣除操作办法（试行）》及《个人所得税扣缴申报表》。现予以发布，自2022年1月1日起施行。《国家税务总局关于发布〈个人所得税专项附加扣除操作办法（试行）〉的公告》（2018年第60号）、《国家税务总局关于修订个人所得税申报表的公告》（2019年第7号）附件2同时废止。

个人所得税专项附加扣除操作办法（试行）

第一章　总　则

第一条　为了规范个人所得税专项附加扣除行为，切实维护纳税人合法权益，根据《中华人民共和国个人所得税法》及其实施条例、《中华人民共和国税收征收管理法》及其实施细则、《国务院关于印发个人所得税专项附加扣除暂行办法的通知》（国发〔2018〕41号）、《国务院关于设立3岁以下婴幼儿照护个人所得税专项附加扣除的通知》（国发〔2022〕8号）的规定，制定本办法。

第二条　纳税人享受子女教育、继续教育、大病医疗、住房贷款利息或者住房租金、赡养老人、3岁以下婴幼儿照护专项附加扣除的，依照本办法规定办理。

第二章　享受扣除及办理时间

第三条　纳税人享受符合规定的专项附加扣除的计算时间分别为：

（一）子女教育。学前教育阶段，为子女年满3周岁当月至小学入学前一月。学历教育，为子女接受全日制学历教育入学的当月至全日制学历教育结束的当月。

（二）继续教育。学历（学位）继续教育，为在中国境内接受学历（学位）继续教育入学的当月至学历（学位）继续教育结束的当月，同一学历（学位）继续教育的扣除期限最长不得超过48个月。技能人员职业资格继续教育、专业技术人员职业资格继续教育，为取得相关证书的当年。

（三）大病医疗。为医疗保障信息系统记录的医药费用实际支出的当年。

（四）住房贷款利息。为贷款合同约定开始还款的当月至贷款全部归还或贷款合同终止的当月，扣除期限最长不得超过240个月。

（五）住房租金。为租赁合同（协议）约定的房屋租赁期开始的当月至租赁期结束的当月。提前终止合同（协议）的，以实际租赁期限为准。

（六）赡养老人。为被赡养人年满60周岁的当月至赡养义务终止的年末。

（七）3岁以下婴幼儿照护。为婴幼儿出生的当月至年满3周岁的前一个月。

前款第一项、第二项规定的学历教育和学历（学位）继续教育的期间，包含因病或其他非主观原因休学但学籍继续保留的休学期间，以及施教机构按规定组织实施的寒暑假等假期。

第四条　享受子女教育、继续教育、住房贷款利息或者住房租金、赡养老人、3岁以下婴幼儿照护专项附加扣除的纳税人，自符合条件开始，可以向支付工资、薪金所得的扣缴义务人提供上述专项附加扣除有关信息，由扣缴义务人在预扣预缴税款时，按其在本单位本年可享受的累计扣除额办理扣除；也可以在次年3月1日至6月30日内，向汇缴地主管税务机关办理汇算清缴申报时扣除。

纳税人同时从两处以上取得工资、薪金所得，并由扣缴义务人办理上述专项附加扣除的，对同一专项附加扣除项目，一个纳税年度内，纳税人只能选择从其中一处扣除。

享受大病医疗专项附加扣除的纳税人，由其在次年3月1日至6月30日内，自行向汇缴地主管税务机关办理汇算清缴申报时扣除。

第五条 扣缴义务人办理工资、薪金所得预扣预缴税款时，应当根据纳税人报送的《个人所得税专项附加扣除信息表》（以下简称《扣除信息表》）为纳税人办理专项附加扣除。

纳税人年度中间更换工作单位的，在原单位任职、受雇期间已享受的专项附加扣除金额，不得在新任职、受雇单位扣除。原扣缴义务人应当自纳税人离职不再发放工资薪金所得的当月起，停止为其办理专项附加扣除。

第六条 纳税人未取得工资、薪金所得，仅取得劳务报酬所得、稿酬所得、特许权使用费所得需要享受专项附加扣除的，应当在次年3月1日至6月30日内，自行向汇缴地主管税务机关报送《扣除信息表》，并在办理汇算清缴申报时扣除。

第七条 一个纳税年度内，纳税人在扣缴义务人预扣预缴税款环节未享受或未足额享受专项附加扣除的，可以在当年内向支付工资、薪金的扣缴义务人申请在剩余月份发放工资、薪金时补充扣除，也可以在次年3月1日至6月30日内，向汇缴地主管税务机关办理汇算清缴时申报扣除。

第三章 报送信息及留存备查资料

第八条 纳税人选择在扣缴义务人发放工资、薪金所得时享受专项附加扣除的，首次享受时应当填写并向扣缴义务人报送《扣除信息表》；纳税年度中间相关信息发生变化的，纳税人应当更新《扣除信息表》相应栏次，并及时报送给扣缴义务人。

更换工作单位的纳税人，需要由新任职、受雇扣缴义务人办理专项附加扣除的，应当在入职的当月，填写并向扣缴义务人报送《扣除信息表》。

第九条 纳税人次年需要由扣缴义务人继续办理专项附加扣除的，应当于每年12月份对次年享受专项附加扣除的内容进行确认，并报送至扣缴义务人。纳税人未及时确认的，扣缴义务人于次年1月起暂停扣除，待纳税人确认后再行办理专项附加扣除。

扣缴义务人应当将纳税人报送的专项附加扣除信息，在次月办理扣缴申报时一并报送至主管税务机关。

第十条 纳税人选择在汇算清缴申报时享受专项附加扣除的，应当填写并向汇缴地主管税务机关报送《扣除信息表》。

第十一条 纳税人将需要享受的专项附加扣除项目信息填报至《扣除信息表》相应栏次。填报要素完整的，扣缴义务人或者主管税务机关应当受理；填报要素不完整的，扣缴义务人或者主管税务机关应当及时告知纳税人补正或重新填报。纳税人未补正或重新填报的，暂不办理相关专项附加扣除，待纳税人补正或重新填报后再行办理。

第十二条 纳税人享受子女教育专项附加扣除，应当填报配偶及子女的姓名、身份证件类型及号码、子女当前受教育阶段及起止时间、子女就读学校以及本人与配偶之间扣除分配比例等信息。

纳税人需要留存备查资料包括：子女在境外接受教育的，应当留存境外学校录取通知书、留学签证等境外教育佐证资料。

第十三条 纳税人享受继续教育专项附加扣除，接受学历（学位）继续教育的，应当填报教育起止时间、教育阶段等信息；接受技能人员或者专业技术人员职业资格继续教育的，应当填报证书名称、证书编号、发证机关、发证（批准）时间等信息。

纳税人需要留存备查资料包括：纳税人接受技能人员职业资格继续教育、专业技术人员职业资格继续教育的，应当留存职业资格相关证书等资料。

第十四条 纳税人享受住房贷款利息专项附加扣除，应当填报住房权属信息、住房坐落地址、贷款方式、贷款银行、贷款合同编号、贷款期限、首次还款日期等信息；纳税人有配偶的，填写配偶姓名、身份证件类型及号码。

纳税人需要留存备查资料包括：住房贷款合同、贷款还款支出凭证等资料。

第十五条 纳税人享受住房租金专项附加扣除，应当填报主要工作城市、租赁住房坐落地址、出租人姓名及身份证件类型和号码或者出租方单位名称及纳税人识别号（统一社会信用代码）、租赁起止时间等信息；纳税人有配偶的，填写配偶姓名、身份证件类型及号码。

纳税人需要留存备查资料包括：住房租赁合同或协议等资料。

第十六条 纳税人享受赡养老人专项附加扣除，应当填报纳税人是否为独生子女、月扣除金额、被赡养人姓名及身份证件类型和号码、与纳税人关系；有共同赡养人的，需填报分摊方式、共同赡养人姓名及身份证件类型和号码等信息。

纳税人需要留存备查资料包括：约定或指定分摊的书面分摊协议等资料。

第十七条 纳税人享受大病医疗专项附加扣除，应当填报患者姓名、身份证件类型及号码、与纳税人关系、与基本医保相关的医药费用总金额、医保目录范围内个人负担的自付金额等信息。

纳税人需要留存备查资料包括：大病患者医药服务收费及医保报销相关票据原件或复印件，或者医疗保障部门出具的纳税年度医药费用清单等资料。

第十八条 纳税人享受3岁以下婴幼儿照护专项附加扣除，应当填报配偶及子女的姓名、身份证件类型（如居民身份证、子女出生医学证明等）及号码以及本人与配偶之间扣除分配比例等信息。

纳税人需要留存备查资料包括：子女的出生医学证明等资料。

第十九条 纳税人应当对报送的专项附加扣除信息的真实性、准确性、完整性负责。

第四章　信息报送方式

第二十条 纳税人可以通过远程办税端、电子或者纸质报表等方式，向扣缴义务人或者主管税务机关报送个人专项附加扣除信息。

第二十一条 纳税人选择纳税年度内由扣缴义务人办理专项附加扣除的,按下列规定办理:

(一)纳税人通过远程办税端选择扣缴义务人并报送专项附加扣除信息的,扣缴义务人根据接收的扣除信息办理扣除。

(二)纳税人通过填写电子或者纸质《扣除信息表》直接报送扣缴义务人的,扣缴义务人将相关信息导入或者录入扣缴端软件,并在次月办理扣缴申报时提交给主管税务机关。《扣除信息表》应当一式两份,纳税人和扣缴义务人签字(章)后分别留存备查。

第二十二条 纳税人选择年度终了后办理汇算清缴申报时享受专项附加扣除的,既可以通过远程办税端报送专项附加扣除信息,也可以将电子或者纸质《扣除信息表》(一式两份)报送给汇缴地主管税务机关。

报送电子《扣除信息表》的,主管税务机关受理打印,交由纳税人签字后,一份由纳税人留存备查,一份由税务机关留存;报送纸质《扣除信息表》的,纳税人签字确认、主管税务机关受理签章后,一份退还纳税人留存备查,一份由税务机关留存。

第二十三条 扣缴义务人和税务机关应当告知纳税人办理专项附加扣除的方式和渠道,鼓励并引导纳税人采用远程办税端报送信息。

第五章 后续管理

第二十四条 纳税人应当将《扣除信息表》及相关留存备查资料,自法定汇算清缴期结束后保存五年。

纳税人报送给扣缴义务人的《扣除信息表》,扣缴义务人应当自预扣预缴年度的次年起留存五年。

第二十五条 纳税人向扣缴义务人提供专项附加扣除信息的,扣缴义务人应当按照规定予以扣除,不得拒绝。扣缴义务人应当为纳税人报送的专项附加扣除信息保密。

第二十六条 扣缴义务人应当及时按照纳税人提供的信息计算办理扣缴申报,不得擅自更改纳税人提供的相关信息。

扣缴义务人发现纳税人提供的信息与实际情况不符,可以要求纳税人修改。纳税人拒绝修改的,扣缴义务人应当向主管税务机关报告,税务机关应当及时处理。

除纳税人另有要求外,扣缴义务人应当于年度终了后两个月内,向纳税人提供已办理的专项附加扣除项目及金额等信息。

第二十七条 税务机关定期对纳税人提供的专项附加扣除信息开展抽查。

第二十八条 税务机关核查时,纳税人无法提供留存备查资料,或者留存备查资料不能支持相关情况的,税务机关可以要求纳税人提供其他佐证;不能提供其他佐证材料,或者佐证材料仍不足以支持的,不得享受相关专项附加扣除。

第二十九条 税务机关核查专项附加扣除情况时,可以提请有关单位和个人协助核查,相关单位和个人应当协助。

第三十条 纳税人有下列情形之一的,主管税务机关应当责令其改正;情形严重的,应当纳入有关信用信息系统,并按照国家有关规定实施联合惩戒;涉及违反税收征管法等法律法规的,税务机关依法进行处理:

(一)报送虚假专项附加扣除信息;

(二)重复享受专项附加扣除;

(三)超范围或标准享受专项附加扣除;

(四)拒不提供留存备查资料;

(五)税务总局规定的其他情形。

纳税人在任职、受雇单位报送虚假扣除信息的,税务机关责令改正的同时,通知扣缴义务人。

第三十一条 本办法自2022年1月1日起施行。

(四)个人所得税专项附加扣除操作办法解读

为贯彻落实《中共中央 国务院关于优化生育政策促进人口长期均衡发展的决定》,按照《中华人民共和国个人所得税法》和《国务院关于设立3岁以下婴幼儿照护个人所得税专项附加扣除的通知》(国发〔2022〕8号)等有关规定,近日,国家税务总局制定了《关于修订发布〈个人所得税专项附加扣除操作办法(试行)〉的公告》(2022年第7号,以下简称7号公告),帮助广大纳税人进一步享受专项附加扣除政策红利。现解读如下:

(1)为什么要制发7号公告?

答:《中共中央 国务院关于优化生育政策促进人口长期均衡发展的决定》提出,"结合下一步修改个人所得税法,研究推动将3岁以下婴幼儿照护费用纳入个人所得税专项附加扣除"。2022年3月5日,李克强总理代表国务院在十三届全国人大五次会议上作《政府工作报告》时明确提出,"将3岁以下婴幼儿照护费用纳入个人所得税专项附加扣除"。《国务院关于设立3岁以下婴幼儿照护个人所得税专项附加扣除的通知》(国发〔2022〕8号)明确了3岁以下婴幼儿照护个人所得税专项附加扣除的政策规定。

为贯彻落实党中央、国务院部署,确保3岁以下婴幼儿照护专项附加扣除政策精准落地,7号公告进一步明确了纳税人享受3岁以下婴幼儿照护扣除政策的计算起始时间、办理条件、申报环节、信息报送和资料留存备查内容、扣缴义务人责任与义务等,有利于广大纳税人及时享受政策红利、扣缴义务人为纳税人便捷办理申报扣除。

(2)享受3岁以下婴幼儿照护专项附加扣除的起算时间是什么?

答:从婴幼儿出生的当月至年满3周岁的前一个月,纳税人可以享受该项专项附加扣除。这一期限,起始时间与婴幼儿出生月份保持一致,终止时间与子女教育专项附加扣除时间有效衔接,纳税人终止享受3岁以下婴幼儿照护专项附加扣除后,可按规定享受子女教育专项附加扣除。

(3) 3岁以下婴幼儿照护专项附加扣除也可以在每月发工资时就享受扣除吗?

答:3岁以下婴幼儿照护专项附加扣除同子女教育等其他五项专项附加扣除一样,预缴阶段就可以享受。纳税人通过手机个人所得税App或纸质《扣除信息表》将有关信息提供给任职受雇单位后,单位就可以根据个人的实际情况进行扣除,这样在每个月预缴个税时就可以享受到减税红利。如果纳税人没来得及在婴幼儿出生时将有关信息告知单位,也可以在年度内向单位申请在剩余月份发放工资、薪金时补充扣除。平时发工资的预缴环节没有扣除的,也可以在次年3月1日至6月30日内办理汇算清缴时补充申报扣除。

(4) 纳税人享受政策应当填报哪些信息?

答:纳税人享受3岁以下婴幼儿照护专项附加扣除,可以直接在手机个人所得税App上按照引导填报,也可以填写纸质的《扣除信息表》,填报内容包括配偶及子女的姓名、身份证件类型(如居民身份证、子女出生医学证明等)及号码以及本人与配偶之间扣除分配比例等信息。税务部门专门修订了《个人所得税扣缴申报表》《扣除信息表》,并优化系统、升级了手机个人所得税App和扣缴义务人端,方便纳税人享受专项附加扣除。

(5) 婴幼儿的身份信息应当如何填报?

答:一般来讲,婴幼儿出生后,会获得载明其姓名、出生日期、父母姓名等信息的《出生医学证明》,纳税人通过手机个人所得税App或纸质《扣除信息表》填报子女信息时,证件类型可选择"出生医学证明",并填写相应编号和婴幼儿出生时间即可;婴幼儿已被赋予居民身份证号码的,证件类型也可选择"居民身份证",并填写身份证号码和婴幼儿出生时间即可;婴幼儿名下是中国护照、外国护照、港澳居民来往内地通行证、台湾居民来往大陆通行证等身份证件信息,也可作为填报证件。

极少数暂未获取上述证件的,也可选择"其他个人证件"并在备注中如实填写相关情况,不影响纳税人享受扣除。后续纳税人取得婴幼儿的出生医学证明或者居民身份证号的,及时补充更新即可。如税务机关联系纳税人核实有关情况,纳税人可通过手机个人所得税App将证件照片等证明资料推送给税务机关证明真实性,以便继续享受扣除。

(6) 出生证明等资料需要提交给税务部门吗?

答:3岁以下婴幼儿照护专项附加扣除与其他六项专项附加扣除一样,实行"申报即可享受、资料留存备查"的服务管理模式,纳税人在申报时无需向税务机关报送资料,留存备查即可。纳税人应当对报送的专项附加扣除信息的真实性、准确性、完整性负责,税务机关将通过税收大数据、部门间信息共享等方式,对纳税人报送的专项附加扣除信息进行核验,对发现虚扣、乱扣的,将按有关规定予以严肃处理。

（五）提高个人所得税有关专项附加扣除标准

2023年8月28日，《国务院关于提高个人所得税有关专项附加扣除标准的通知》（国发〔2023〕13号）发布，其规定如下。

为进一步减轻家庭生育养育和赡养老人的支出负担，依据《中华人民共和国个人所得税法》有关规定，国务院决定，提高3岁以下婴幼儿照护等三项个人所得税专项附加扣除标准。现将有关事项通知如下：

一、3岁以下婴幼儿照护专项附加扣除标准，由每个婴幼儿每月1 000元提高到2 000元。

二、子女教育专项附加扣除标准，由每个子女每月1 000元提高到2 000元。

三、赡养老人专项附加扣除标准，由每月2 000元提高到3 000元。其中，独生子女按照每月3 000元的标准定额扣除；非独生子女与兄弟姐妹分摊每月3 000元的扣除额度，每人分摊的额度不能超过每月1 500元。

四、3岁以下婴幼儿照护、子女教育、赡养老人专项附加扣除涉及的其他事项，按照《个人所得税专项附加扣除暂行办法》有关规定执行。

五、上述调整后的扣除标准自2023年1月1日起实施。

2023年8月30日，《国家税务总局关于贯彻执行提高个人所得税有关专项附加扣除标准政策的公告》（国家税务总局公告2023年第14号）发布，其规定如下。

根据《国务院关于提高个人所得税有关专项附加扣除标准的通知》（国发〔2023〕13号，以下简称《通知》），现就有关贯彻落实事项公告如下：

一、3岁以下婴幼儿照护、子女教育专项附加扣除标准，由每个婴幼儿（子女）每月1 000元提高到2 000元。

父母可以选择由其中一方按扣除标准的100%扣除，也可以选择由双方分别按50%扣除。

二、赡养老人专项附加扣除标准，由每月2 000元提高到3 000元，其中，独生子女每月扣除3 000元；非独生子女与兄弟姐妹分摊每月3 000元的扣除额度，每人不超过1 500元。

需要分摊享受的，可以由赡养人均摊或者约定分摊，也可以由被赡养人指定分摊。约定或者指定分摊的须签订书面分摊协议，指定分摊优先于约定分摊。

三、纳税人尚未填报享受3岁以下婴幼儿照护、子女教育、赡养老人专项附加扣除的，可以在手机个人所得税App或通过扣缴义务人填报享受，系统将按照提高后的专项附加扣除标准计算应缴纳的个人所得税。

纳税人在2023年度已经填报享受3岁以下婴幼儿照护、子女教育、赡养老人专项附加扣除的，无需重新填报，系统将自动按照提高后的专项附加扣除标准计算应缴纳的个人所得税。纳税人对约定分摊或者指定分摊赡养老人专项附加扣除额度有调整的，可以在手机个人所得税App或通过扣缴义务人填报新的分摊额度。

四、《通知》发布前，纳税人已经填报享受专项附加扣除并扣缴个人所得税的，多缴的税款可以自动抵减纳税人本年度后续月份应纳税款，抵减不完的，可以在2023年度综合所得汇算清缴时继续享受。

五、纳税人对专项附加扣除信息的真实性、准确性、完整性负责，纳税人情况发生变化的，应当及时向扣缴义务人或者税务机关报送新的专项附加扣除信息。对虚假填报享受专项附加扣除的，税务机关将按照《中华人民共和国税收征收管理法》《中华人民共和国个人所得税法》等有关规定处理。

六、各级税务机关要切实提高政治站位，积极做好政策解读、宣传辅导和政策精准推送工作，便利纳税人享受税收优惠，确保减税红利精准直达。

七、个人所得税专项附加扣除标准提高涉及的其他管理事项，按照《国务院关于印发个人所得税专项附加扣除暂行办法的通知》（国发〔2018〕41号）、《国家税务总局关于修订发布〈个人所得税专项附加扣除操作办法（试行）〉的公告》（2022年第7号）等有关规定执行。

八、本公告自2023年1月1日起施行。

二、支持居民换购住房个人所得税政策及有关征管事项

（一）支持居民换购住房有关个人所得税政策

2022年9月30日，《财政部 税务总局关于支持居民换购住房有关个人所得税政策的公告》（财政部 税务总局公告2022年第30号）发布，其规定如下。

为支持居民改善住房条件，现就有关个人所得税政策公告如下：

一、自2022年10月1日至2023年12月31日，对出售自有住房并在现住房出售后1年内在市场重新购买住房的纳税人，对其出售现住房已缴纳的个人所得税予以退税优惠。其中，新购住房金额大于或等于现住房转让金额的，全部退还已缴纳的个人所得税；新购住房金额小于现住房转让金额的，按新购住房金额占现住房转让金额的比例退还出售现住房已缴纳的个人所得税。

二、本公告所称现住房转让金额为该房屋转让的市场成交价格。新购住房为新房的，购房金额为纳税人在住房城乡建设部门网签备案的购房合同中注明的成交价格；新购住房为二手房的，购房金额为房屋的成交价格。

三、享受本公告规定优惠政策的纳税人须同时满足以下条件：

1.纳税人出售和重新购买的住房应在同一城市范围内。同一城市范围是指同一直辖

市、副省级城市、地级市（地区、州、盟）所辖全部行政区划范围。

2.出售自有住房的纳税人与新购住房之间须直接相关，应为新购住房产权人或产权人之一。

四、符合退税优惠政策条件的纳税人应向主管税务机关提供合法、有效的售房、购房合同和主管税务机关要求提供的其他有关材料，经主管税务机关审核后办理退税。

五、各级住房城乡建设部门应与税务部门建立信息共享机制，将本地区房屋交易合同网签备案等信息（含撤销备案信息）实时共享至当地税务部门；暂未实现信息实时共享的地区，要建立健全工作机制，确保税务部门及时获取审核退税所需的房屋交易合同备案信息。

六、本公告执行期限为2022年10月1日至2023年12月31日。

（二）延续实施支持居民换购住房有关个人所得税政策

2023年8月18日，《财政部 税务总局 住房城乡建设部关于延续实施支持居民换购住房有关个人所得税政策的公告》（财政部 税务总局 住房城乡建设部公告2023年第28号）发布，其规定如下。

为继续支持居民改善住房条件，现就有关个人所得税政策公告如下：

一、自2024年1月1日至2025年12月31日，对出售自有住房并在现住房出售后1年内在市场重新购买住房的纳税人，对其出售现住房已缴纳的个人所得税予以退税优惠。其中，新购住房金额大于或等于现住房转让金额的，全部退还已缴纳的个人所得税；新购住房金额小于现住房转让金额的，按新购住房金额占现住房转让金额的比例退还出售现住房已缴纳的个人所得税。

二、本公告所称现住房转让金额为该房屋转让的市场成交价格。新购住房为新房的，购房金额为纳税人在住房城乡建设部门网签备案的购房合同中注明的成交价格；新购住房为二手房的，购房金额为房屋的成交价格。

三、享受本公告规定优惠政策的纳税人须同时满足以下条件：

1.纳税人出售和重新购买的住房应在同一城市范围内。同一城市范围是指同一直辖市、副省级城市、地级市（地区、州、盟）所辖全部行政区划范围。

2.出售自有住房的纳税人与新购住房之间须直接相关，应为新购住房产权人或产权人之一。

四、符合退税优惠政策条件的纳税人应向主管税务机关提供合法、有效的售房、购房合同和主管税务机关要求提供的其他有关材料，经主管税务机关审核后办理退税。

五、各级住房城乡建设部门应与税务部门建立信息共享机制，将本地区房屋交易合同网签备案等信息（含撤销备案信息）实时共享至当地税务部门；暂未实现信息实时共享的地区，要建立健全工作机制，确保税务部门及时获取审核退税所需的房屋交易合同备案信息。

（三）支持居民换购住房个人所得税政策有关征管事项

2022年9月30日，《国家税务总局关于支持居民换购住房个人所得税政策有关征管事项的公告》（国家税务总局公告2022年第21号）发布，其规定如下。

为支持居民改善住房条件，根据《财政部 税务总局关于支持居民换购住房有关个人所得税政策的公告》（2022年第30号）规定，现将有关征管事项公告如下：

一、在2022年10月1日至2023年12月31日期间，纳税人出售自有住房并在现住房出售后1年内，在同一城市重新购买住房的，可按规定申请退还其出售现住房已缴纳的个人所得税。

纳税人换购住房个人所得税退税额的计算公式为：

新购住房金额大于或等于现住房转让金额的，退税金额=现住房转让时缴纳的个人所得税；

新购住房金额小于现住房转让金额的，退税金额=（新购住房金额÷现住房转让金额）×现住房转让时缴纳的个人所得税。

现住房转让金额和新购住房金额与核定计税价格不一致的，以核定计税价格为准。

现住房转让金额和新购住房金额均不含增值税。

二、对于出售多人共有住房或新购住房为多人共有的，应按照纳税人所占产权份额确定该纳税人现住房转让金额或新购住房金额。

三、出售现住房的时间，以纳税人出售住房时个人所得税完税时间为准。新购住房为二手房的，购买住房时间以纳税人购房时契税的完税时间或不动产权证载明的登记时间为准；新购住房为新房的，购买住房时间以在住房城乡建设部门办理房屋交易合同备案的时间为准。

四、纳税人申请享受居民换购住房个人所得税退税政策的，应当依法缴纳现住房转让时涉及的个人所得税，并完成不动产权属变更登记；新购住房为二手房的，应当依法缴纳契税并完成不动产权属变更登记；新购住房为新房的，应当按照当地住房城乡建设部门要求完成房屋交易合同备案。

五、纳税人享受居民换购住房个人所得税退税政策的，应当向征收现住房转让所得个人所得税的主管税务机关提出申请，填报《居民换购住房个人所得税退税申请表》，并应提供下列资料：

（一）纳税人身份证件；

（二）现住房的房屋交易合同；

（三）新购住房为二手房的，提供房屋交易合同、不动产权证书及其复印件；

（四）新购住房为新房的，提供经住房城乡建设部门备案（网签）的房屋交易合同及其复印件。

税务机关依托纳税人出售现住房和新购住房的完税信息，为纳税人提供申请表项目预填服务，并留存不动产权证书复印件和新购新房的房屋交易合同复印件；纳税人核对确认申请表后提交退税申请。

六、税务机关运用住房城乡建设部门共享的房屋交易合同备案等信息开展退税审核。经审核符合退税条件的，按照规定办理退税；经审核不符合退税条件的，依法不予退税。

七、纳税人因新购住房的房屋交易合同解除、撤销或无效等原因导致不再符合退税政策享受条件的，应当在合同解除、撤销或无效等情形发生的次月15日内向主管税务机关主动缴回已退税款。

纳税人符合本条第一款规定情形但未按规定缴回已退税款，以及不符合本公告规定条件骗取退税的，税务机关将依照《中华人民共和国税收征收管理法》及其实施细则等有关规定处理。

八、各级税务机关要开展宣传引导，加强政策解读和纳税辅导，持续优化办理流程，开展提示提醒，便利纳税人享受税收优惠。

九、本公告执行期限为2022年10月1日至2023年12月31日。

（四）支持居民换购住房个人所得税政策有关征管事项解读

为支持个人换购住房需求，根据《财政部 税务总局关于支持居民换购住房有关个人所得税政策的公告》（财政部 税务总局公告2022年第30号），国家税务总局发布了《国家税务总局关于支持居民换购住房个人所得税政策有关征管事项的公告》（国家税务总局公告2022年第21号）。现解读如下：

（1）纳税人什么时间内可以享受退税政策？

答：在2022年10月1日至2023年12月31日，对出售自有住房并在现住房出售后1年内在市场重新购买住房的纳税人，对其出售现住房已缴纳的个人所得税予以退税。2024年1月1日至2025年12月31日，纳税人出售自有住房并在现住房出售后1年内，在同一城市重新购买住房的，可按规定申请退还其出售现住房已缴纳的个人所得税，具体服务与征管规定参照《国家税务总局关于支持居民换购住房个人所得税政策有关征管事项的公告》（国家税务总局公告2022年第21号）执行。

【例1-6】 纳税人小周2022年12月出售了一套住房，2023年7月在同一城市重新购买一套住房，由于小周出售和新购住房的时间均在2022年10月1日至2023年12月31日期间，故符合政策规定的时间条件。

（2）纳税人退税金额是怎么计算的？

答： 在2022年10月1日至2025年12月31日，对符合退税条件的纳税人，当其新购住房金额大于或等于现住房转让金额时，全部退还已缴纳的个人所得税；当其新购住房金额小于现住房转让金额时，按照新购住房金额占现住房转让金额的比例退还现住房已缴纳的个人所得税。计算公式如下：

新购住房金额大于或等于现住房转让金额的，退税金额=现住房转让时缴纳的个人所得税。

新购住房金额小于现住房转让金额的，退税金额=（新购住房金额÷现住房转让金额）×现住房转让时缴纳的个人所得税。

其中，原住房转让金额和新购住房金额均不含增值税。

【例1-7】 2022年12月，小杨出售了一套住房，转让金额为240万元，缴纳个人所得税4万元。2023年5月，其在同一城市重新购买了一套住房，新购住房金额为300万元。假定小杨同时满足享受换购住房个人所得税政策的其他条件，由于新购住房金额大于现住房转让金额，小杨可申请的退税金额为现住房转让时缴纳的个人所得税4万元。若小杨新购住房金额为150万元，则可申请的退税金额为2.5万元（150÷240×4）。（假设以上均为不含增值税价格）

（3）出售多人共同持有住房的，纳税人应如何计算自己的退税金额？

答： 对于出售多人共同持有住房或新购住房为多人共同持有的，应按照纳税人所占产权份额确定该纳税人现住房转让金额或新购住房金额。

【例1-8】 小李和小马共同持有一套住房，各占房屋产权的50%。2023年1月，两人以200万元的价格转让该住房，各缴纳个人所得税2万元。同年5月，小李在同一城市以150万元的价格重新购买一套住房，小李申请退税时，其现住房转让金额为100万元（200×50%），新购住房金额为150万元，其退税金额=现住房转让时缴纳的个人所得税=2万元。

同年7月，小马和他人在同一城市以200万元的价格共同购买了一套住房，小马占房屋产权的40%。小马申请退税时，其现住房转让金额为100万元（200×50%），新购住房金额为80万元（200×40%），退税金额=（新购住房金额÷现住房转让金额）×现住房转让时缴纳的个人所得税=80÷100×2=1.6（万元）。（假设以上均为不含增值税价格）

（4）如何确定出售住房和重新购买住房的时间？

答： 出售现住房的时间，以纳税人出售住房时个人所得税的完税时间为准。新购住房为二手房的，购买住房时间以纳税人购房时契税的完税时间或不动产权证载明的登记时间为准。税务机关将为纳税人预填上述涉税信息，纳税人可以与缴税时取得的完税证明上标注的时间进行核对。新购住房为新房的，购买住房时间以在住房城乡建设部门办理房屋交易合同备案的时间为准，纳税人可以依据房屋交易合同据实填写。

（5）符合政策享受条件的纳税人应当向哪里提起退税申请？

答：纳税人享受居民换购住房个人所得税退税政策的，应当向征收现住房转让所得个人所得税的主管税务机关提出申请，也就是说，纳税人卖房时在哪个税务机关缴纳了个人所得税，就向哪个税务机关申请退税。税务部门实行不动产登记税费一窗办理制度，一般情况下，纳税人应当在本地政务服务大厅或者不动产交易大厅等场所缴纳现住房转让所得的个人所得税，因此仍应到该政务服务大厅或不动产交易大厅提起退税申请，如果当地税务机关另有规定，按照规定办理。

（6）纳税人申请居民换购住房个人所得税退税应提供哪些材料？

答：纳税人申请居民换购住房个人所得税退税，除向主管税务机关报送《居民换购住房个人所得税退税申请表》，还需要提供以下资料：①纳税人身份证件；②现住房的房屋销售合同；③新购住房为二手房的，房屋销售合同、不动产权证书及其复印件；④新购住房为新房的，报经住建部门备案（网签）的房屋交易合同及其复印件。

（7）为便利纳税人享受税收政策，税务部门提供了哪些服务？

答：为便利纳税人享受税收政策，税务部门推出一系列服务举措。一是简化资料报送，提供预填服务。依托纳税人出售现住房和新购住房的完税信息资料，为纳税人提供申请表项目预填服务，纳税人办理退税申请需携带的资料，主要用于纳税人核对申请表信息，税务部门只留存新购二手房的不动产权证书复印件或新购新房的房屋交易合同复印件。二是根据系统预填、纳税人填报并确认的相关信息，自动计算应退税款。三是通过多种渠道和方式开展宣传解读和培训辅导，提醒并帮助符合条件的纳税人及时申请退税、享受税收政策。

（8）纳税人享受了居民换购住房个人所得税政策后解除房屋交易合同的，已经获得的退税应当如何处理？

答：纳税人因新购住房的房屋交易合同解除、撤销或无效等原因导致不再符合退税政策享受条件的，应当在合同解除、撤销或无效等情形发生的次月15日内向主管税务机关主动缴回已退税款；纳税人逾期缴回退税的，税务机关将依法加收滞纳金。税务部门将通过与住房城乡建设部门的相关共享信息，加强退税审核和撤销合同后缴回税款的管理。

（9）纳税人在申请退税时还应当注意什么？

答：支持居民换购住房个人所得税政策，旨在鼓励居民换购住房、改善居住条件，纳税人应当依法依规如实申请，认真填写并核对申请表，对填报内容和附报资料的真实性、可靠性、完整性负责。对于提供虚假信息、资料骗取退税的，税务机关将依据《中华人民共和国税收征收管理法》及其实施细则等有关规定处理。

三、上市公司股权激励有关个人所得税政策

2024年4月17日，《财政部 税务总局关于上市公司股权激励有关个人所得税政策的公告》（财政部 税务总局公告2024年第2号）发布，其规定如下。

为支持企业创新发展，现将上市公司股权激励有关个人所得税政策公告如下：

一、境内上市公司授予个人的股票期权、限制性股票和股权奖励，经向主管税务机关备案，个人可自股票期权行权、限制性股票解禁或取得股权奖励（以下简称行权）之日起，在不超过36个月的期限内缴纳个人所得税。纳税人在此期间内离职的，应在离职前缴清全部税款。

二、本公告所称境内上市公司是指其股票在上海证券交易所、深圳证券交易所、北京证券交易所上市交易的股份有限公司。

三、本公告自2024年1月1日起执行至2027年12月31日，纳税人在此期间行权的，可按本公告规定执行。纳税人在2023年1月1日后行权且尚未缴纳全部税款的，可按本公告规定执行，分期缴纳税款的期限自行权日起计算。

四、证券监管部门同税务部门建立信息共享机制，按季度向税务部门共享上市公司股权激励相关信息，财政、税务、证券监管部门共同做好政策落实工作。

五、下列文件或条款同时废止：

（一）《财政部 国家税务总局关于完善股权激励和技术入股有关所得税政策的通知》（财税〔2016〕101号）第二条第（一）项。

（二）《财政部 税务总局关于中关村国家自主创新示范区核心区（海淀园）股权激励分期纳税政策的通知》（财税〔2022〕16号）。

四、城市维护建设税最新政策

（一）城市维护建设税征收管理有关事项

2021年8月31日，《国家税务总局关于城市维护建设税征收管理有关事项的公告》（国家税务总局公告2021年第26号）发布，其规定如下。

为贯彻落实中办、国办印发的《关于进一步深化税收征管改革的意见》，进一步规范城市维护建设税（以下简称城建税）征收管理，根据《中华人民共和国城市维护建设税法》《财政部 税务总局关于城市维护建设税计税依据确定办法等事项的公告》（2021年第28号）等相关规定，现就有关事项公告如下：

一、城建税以纳税人依法实际缴纳的增值税、消费税（以下称两税）税额为计税依据。

依法实际缴纳的增值税税额，是指纳税人依照增值税相关法律法规和税收政策规定计算应当缴纳的增值税税额，加上增值税免抵税额，扣除直接减免的增值税税额和期末留抵退税退还的增值税税额（以下简称留抵退税额）后的金额。

依法实际缴纳的消费税税额，是指纳税人依照消费税相关法律法规和税收政策规定计算应当缴纳的消费税税额，扣除直接减免的消费税税额后的金额。

应当缴纳的两税税额，不含因进口货物或境外单位和个人向境内销售劳务、服务、无形资产缴纳的两税税额。

纳税人自收到留抵退税额之日起，应当在下一个纳税申报期从城建税计税依据中扣除。

留抵退税额仅允许在按照增值税一般计税方法确定的城建税计税依据中扣除。当期未扣除完的余额，在以后纳税申报期按规定继续扣除。

二、对于增值税小规模纳税人更正、查补此前按照一般计税方法确定的城建税计税依据，允许扣除尚未扣除完的留抵退税额。

三、对增值税免抵税额征收的城建税，纳税人应在税务机关核准免抵税额的下一个纳税申报期内向主管税务机关申报缴纳。

四、城建税纳税人按所在地在市区、县城、镇和不在上述区域适用不同税率。市区、县城、镇按照行政区划确定。

行政区划变更的，自变更完成当月起适用新行政区划对应的城建税税率，纳税人在变更完成当月的下一个纳税申报期按新税率申报缴纳。

五、城建税的纳税义务发生时间与两税的纳税义务发生时间一致，分别与两税同时缴纳。同时缴纳是指在缴纳两税时，应当在两税同一缴纳地点、同一缴纳期限内，一并缴纳对应的城建税。

采用委托代征、代扣代缴、代收代缴、预缴、补缴等方式缴纳两税的，应当同时缴纳城建税。

前款所述代扣代缴，不含因境外单位和个人向境内销售劳务、服务、无形资产代扣代缴增值税情形。

六、因纳税人多缴发生的两税退税，同时退还已缴纳的城建税。

两税实行先征后返、先征后退、即征即退的，除另有规定外，不予退还随两税附征的城建税。

七、城建税的征收管理等事项，比照两税的有关规定办理。

八、本公告自2021年9月1日起施行。《废止文件及条款清单》（附件，略）所列文件、条款同时废止。

（二）城市维护建设税征收管理有关事项解读

为贯彻落实《中华人民共和国城市维护建设税法》（以下简称《城市维护建设税

法》）等有关法律法规规定，进一步规范城市维护建设税（以下简称城建税）征收管理，国家税务总局制发《关于城市维护建设税征收管理有关事项的公告》（以下简称26号公告）。现解读如下：

（1）为什么制发26号公告？

答：2020年8月11日，《城市维护建设税法》经第十三届全国人大常务委员会第二十一次会议表决通过，将于2021年9月1日起施行。为做好税法实施准备工作，财政部和国家税务总局联合制发《关于城市维护建设税计税依据确定办法等事项的公告》，同时，为贯彻落实中办、国办印发的《关于进一步深化税收征管改革的意见》，进一步规范城建税征管工作，明确城建税执行中重点难点问题，便利征纳双方执行操作，国家税务总局在系统梳理现行规定和做法的基础上，制发了26号公告。

（2）26号公告主要内容是什么？

答：26号公告共8条，对以下征管事项予以明确：城建税计税依据的确定规则，增值税留抵退税额在城建税计税依据中扣除的规则，对增值税免抵税额征收城建税申报时间的规定，行政区划变更后新税率适用时间的规定，城建税与增值税和消费税（以下简称两税）同征同管的具体规定等。

（3）城建税计税依据如何确定？

答：根据《城市维护建设税法》等相关政策规定，城建税计税依据为纳税人依法实际缴纳的两税税额。

依法实际缴纳的增值税税额，是指纳税人依照增值税相关法律法规和税收政策规定计算应当缴纳的增值税税额，加上增值税免抵税额，扣除直接减免的增值税税额和期末留抵退税退还的增值税税额（以下简称留抵退税额）后的金额。

依法实际缴纳的消费税税额，是指纳税人依照消费税相关法律法规和税收政策规定计算应当缴纳的消费税税额，扣除直接减免的消费税税额后的金额。

具体计算公式如下：

城建税计税依据＝依法实际缴纳的增值税税额＋依法实际缴纳的消费税税额

依法实际缴纳的增值税税额 ＝ 纳税人依照增值税相关法律法规和税收政策规定计算应当缴纳的增值税税额 ＋ 增值税免抵税额 － 直接减免的增值税税额 － 留抵退税额

依法实际缴纳的消费税税额 ＝ 纳税人依照消费税相关法律法规和税收政策规定计算应当缴纳的消费税税额 － 直接减免的消费税税额

【例1-9】 位于某市市区的甲企业（城建税适用税率为7%），2022年10月申报期，享受直接减免增值税优惠（不包含先征后退、即征即退，下同）后申报缴纳增值税50万元，9月已核准增值税免抵税额10万元（其中涉及出口货物6万元，涉及增值税零税率应税服务4万元），9月收到增值税留抵退税额5万元。该企业10月应申报缴纳的城建税为：

$$(50+6+4-5)\times 7\% = 3.85（万元）$$

【例1-10】 位于某县县城的乙企业（城建税适用税率为5%），2022年10月申报期，享受直接减免增值税优惠后申报缴纳增值税90万元，享受直接减免消费税优惠后申报缴纳消费税30万元。该企业10月应申报缴纳的城建税为：

$$（90+30）\times 5\% = 6（万元）$$

（4）所有两税税额是否都纳入城建税计税依据？

答：不是。纳税人因进口货物或境外单位和个人向境内销售劳务、服务、无形资产缴纳的两税税额不纳入城建税计税依据，不需要缴纳城建税。

【例1-11】 位于某市市区的甲企业（城建税适用税率为7%），2022年10月申报期，申报缴纳增值税100万元，其中50万元增值税是进口货物产生的，该企业10月应申报缴纳的城建税为：

$$（100-50）\times 7\% = 3.5（万元）$$

（5）留抵退税额在城建税计税依据中扣除有什么具体规则？

答：纳税人自收到留抵退税额之日起，应当在以后纳税申报期从城建税计税依据中扣除。

留抵退税额仅允许在按照增值税一般计税方法确定的城建税计税依据中扣除。当期未扣除完的余额，在以后纳税申报期按规定继续扣除。

对于增值税小规模纳税人更正、查补此前按照一般计税方法确定的城建税计税依据，允许扣除尚未扣除完的留抵退税额。

【例1-12】 位于某市市区的甲企业（城建税适用税率为7%），2022年9月收到增值税留抵退税200万元。2021年10月申报期，申报缴纳增值税120万元（其中按照一般计税方法100万元，按照简易计税方法20万元）。该企业10月应申缴纳的城建税为：

$$（100-100）\times 7\% + 20 \times 7\% = 1.4（万元）$$

2022年11月申报期，该企业申报缴纳增值税200万元，均为按照一般计税方法产生的，该企业11月应申报缴纳的城建税为：

$$（200-100）\times 7\% = 7（万元）$$

（6）对增值税免抵税额征收的城建税应在什么时候申报缴纳？

答：对增值税免抵税额征收的城建税，纳税人应在税务机关核准免抵税额的下一个纳税申报期内向主管税务机关申报缴纳。

（7）行政区划变更导致城建税适用税率变化，从何时起适用新税率？

答：行政区划变更的，自变更完成当月起适用新行政区划对应的城建税税率，纳税人在变更完成当月的下一个纳税申报期按新税率申报缴纳。

（8）城建税与两税如何实现同征同管？

答：在缴税环节，城建税的纳税义务发生时间与两税的纳税义务发生时间一致，分别在缴纳两税的同一缴纳地点、同一缴纳期限内，一并缴纳对应的城建税。委托代征、代扣代缴、代收代缴、预缴、补缴等方式缴纳两税的，也应当同时缴纳城建税。

需要特别说明的是，《城市维护建设税法》规定对进口货物或者境外单位和个人向境内销售劳务、服务、无形资产缴纳的两税税额，不征收城建税。因此，上述的代扣代缴，不含因境外单位和个人向境内销售劳务、服务、无形资产代扣代缴增值税情形。

在退税环节，因纳税人多缴发生的两税退税，同时退还已缴纳的城建税。但是，两税实行先征后返、先征后退、即征即退的，除另有规定外，不予退还随两税附征的城建税。"另有规定"主要是指在增值税实行即征即退等情形下，城建税可以给予免税的特殊规定，比如，《财政部　国家税务总局关于黄金税收政策问题的通知》（财税〔2002〕142号）规定，黄金交易所会员单位通过黄金交易所销售标准黄金（持有黄金交易所开具的《黄金交易结算凭证》），发生实物交割的，由税务机关按照实际成交价格代开增值税专用发票，并实行增值税即征即退的政策，同时免征城建税。

【例1-13】　位于某市市区的甲企业（城建税适用税率为7%），由于申报错误未享受优惠政策，2022年12月申报期，申请退还了多缴的增值税和消费税共150万元，同时当月享受增值税即征即退税款100万元。该企业12月应退税的城建税为：

$$150 \times 7\% = 10.5（万元）$$

考虑到两税立法工作正在推进中，为提前做好与增值税法、消费税法及其相关政策和征管规定衔接，26号公告还明确城建税的征收管理等事项，比照两税的有关规定办理。

（9）增值税、消费税与附加税费申报表整合对26号公告实施提供了哪些便利和支撑？

答：为贯彻落实中办、国办印发的《关于进一步深化税收征管改革的意见》，2021年5月1日，国家税务总局在部分地区试行增值税、消费税与附加税费申报表整合（以下简称申报表整合），在成功试点经验的基础上，8月1日推广至全国，为《城市维护建设税法》顺利实施提供了支持。

申报表整合实现了两税和附加税费"一表申报、同征同管"，附加税费附表从两税申报表主表自动获取信息，建立留抵退税额使用台账自动获取增值税留抵退税额，按26号公告规则自动计算税款，避免纳税人填写错误。申报表整合还实现了两税更正申报与附加税费关联，进一步完善附加税费与两税的同征同管。

《城市维护建设税法》施行后，申报表整合内容不变。

（10）26号公告从何时起施行？

答：为与《城市维护建设税法》施行做好衔接，26号公告自2021年9月1日起施行，与《城市维护建设税法》施行时间一致。

五、契税最新政策

（一）贯彻实施契税法若干事项执行口径

2021年6月30日，《财政部　税务总局关于贯彻实施契税法若干事项执行口径的公告》（财政部　税务总局公告2021年第23号）发布，其规定如下。

为贯彻落实《中华人民共和国契税法》，现将契税若干事项执行口径公告如下。

一、关于土地、房屋权属转移

（一）征收契税的土地、房屋权属，具体为土地使用权、房屋所有权。

（二）下列情形发生土地、房屋权属转移的，承受方应当依法缴纳契税：

1.因共有不动产份额变化的；

2.因共有人增加或者减少的；

3.因人民法院、仲裁委员会的生效法律文书或者监察机关出具的监察文书等因素，发生土地、房屋权属转移的。

二、关于若干计税依据的具体情形

（一）以划拨方式取得的土地使用权，经批准改为出让方式重新取得该土地使用权的，应由该土地使用权人以补缴的土地出让价款为计税依据缴纳契税。

（二）先以划拨方式取得土地使用权，后经批准转让房地产，划拨土地性质改为出让的，承受方应分别以补缴的土地出让价款和房地产权属转移合同确定的成交价格为计税依据缴纳契税。

（三）先以划拨方式取得土地使用权，后经批准转让房地产，划拨土地性质未发生改变的，承受方应以房地产权属转移合同确定的成交价格为计税依据缴纳契税。

（四）土地使用权及所附建筑物、构筑物等（包括在建的房屋、其他建筑物、构筑物和其他附着物）转让的，计税依据为承受方应交付的总价款。

（五）土地使用权出让的，计税依据包括土地出让金、土地补偿费、安置补助费、地上附着物和青苗补偿费、征收补偿费、城市基础设施配套费、实物配建房屋等应交付的货币以及实物、其他经济利益对应的价款。

（六）房屋附属设施（包括停车位、机动车库、非机动车库、顶层阁楼、储藏室及其他房屋附属设施）与房屋为同一不动产单元的，计税依据为承受方应交付的总价款，并适用与房屋相同的税率；房屋附属设施与房屋为不同不动产单元的，计税依据为转移合同确定的成交价格，并按当地确定的适用税率计税。

（七）承受已装修房屋的，应将包括装修费用在内的费用计入承受方应交付的总价款。

（八）土地使用权互换、房屋互换，互换价格相等的，互换双方计税依据为零；互换价格不相等的，以其差额为计税依据，由支付差额的一方缴纳契税。

（九）契税的计税依据不包括增值税。

三、关于免税的具体情形

（一）享受契税免税优惠的非营利性的学校、医疗机构、社会福利机构，限于上述三类单位中依法登记为事业单位、社会团体、基金会、社会服务机构等的非营利法人和非营利组织。其中：

1.学校的具体范围为经县级以上人民政府或者其教育行政部门批准成立的大学、中学、小学、幼儿园，实施学历教育的职业教育学校、特殊教育学校、专门学校，以及经省级人民政府或者其人力资源社会保障行政部门批准成立的技工院校。

2.医疗机构的具体范围为经县级以上人民政府卫生健康行政部门批准或者备案设立的医疗机构。

3.社会福利机构的具体范围为依法登记的养老服务机构、残疾人服务机构、儿童福利机构、救助管理机构、未成年人救助保护机构。

（二）享受契税免税优惠的土地、房屋用途具体如下：

1.用于办公的，限于办公室（楼）以及其他直接用于办公的土地、房屋；

2.用于教学的，限于教室（教学楼）以及其他直接用于教学的土地、房屋；

3.用于医疗的，限于门诊部以及其他直接用于医疗的土地、房屋；

4.用于科研的，限于科学试验的场所以及其他直接用于科研的土地、房屋；

5.用于军事设施的，限于直接用于《中华人民共和国军事设施保护法》规定的军事设施的土地、房屋；

6.用于养老的，限于直接用于为老年人提供养护、康复、托管等服务的土地、房屋；

7.用于救助的，限于直接为残疾人、未成年人、生活无着的流浪乞讨人员提供养护、康复、托管等服务的土地、房屋。

（三）纳税人符合减征或者免征契税规定的，应当按照规定进行申报。

四、关于纳税义务发生时间的具体情形

（一）因人民法院、仲裁委员会的生效法律文书或者监察机关出具的监察文书等发生土地、房屋权属转移的，纳税义务发生时间为法律文书等生效当日。

（二）因改变土地、房屋用途等情形应当缴纳已经减征、免征契税的，纳税义务发生时间为改变有关土地、房屋用途等情形的当日。

（三）因改变土地性质、容积率等土地使用条件需补缴土地出让价款，应当缴纳契税的，纳税义务发生时间为改变土地使用条件当日。

发生上述情形，按规定不再需要办理土地、房屋权属登记的，纳税人应自纳税义务发生之日起90日内申报缴纳契税。

五、关于纳税凭证、纳税信息和退税

（一）具有土地、房屋权属转移合同性质的凭证包括契约、协议、合约、单据、确认书以及其他凭证。

（二）不动产登记机构在办理土地、房屋权属登记时，应当依法查验土地、房屋的契税完税、减免税、不征税等涉税凭证或者有关信息。

（三）税务机关应当与相关部门建立契税涉税信息共享和工作配合机制。具体转移土地、房屋权属有关的信息包括：自然资源部门的土地出让、转让、征收补偿、不动产权属登记等信息，住房城乡建设部门的房屋交易等信息，民政部门的婚姻登记、社会组织登记等信息，公安部门的户籍人口基本信息。

（四）纳税人缴纳契税后发生下列情形，可依照有关法律法规申请退税：

1.因人民法院判决或者仲裁委员会裁决导致土地、房屋权属转移行为无效、被撤销或者被解除，且土地、房屋权属变更至原权利人的；

2.在出让土地使用权交付时，因容积率调整或实际交付面积小于合同约定面积需退还土地出让价款的；

3.在新建商品房交付时，因实际交付面积小于合同约定面积需返还房价款的。

六、其他

本公告自2021年9月1日起施行。《财政部 国家税务总局关于契税征收中几个问题的批复》（财税字〔1998〕96号）、《财政部 国家税务总局对河南省财政厅〈关于契税有关政策问题的请示〉的批复》（财税〔2000〕14号）、《财政部 国家税务总局关于房屋附属设施有关契税政策的批复》（财税〔2004〕126号）、《财政部 国家税务总局关于土地使用权转让契税计税依据的批复》（财税〔2007〕162号）、《财政部 国家税务总局关于企业改制过程中以国家作价出资（入股）方式转移国有土地使用权有关契税问题的通知》（财税〔2008〕129号）、《财政部 国家税务总局关于购房人办理退房有关契税问题的通知》（财税〔2011〕32号）同时废止。

（二）契税纳税服务与征收管理若干事项

2021年8月26日，《国家税务总局关于契税纳税服务与征收管理若干事项的公告》（国家税务总局公告2021年第25号）发布，其规定如下。

为贯彻落实中办、国办印发的《关于进一步深化税收征管改革的意见》，切实优化契税纳税服务，规范契税征收管理，根据《中华人民共和国契税法》（以下简称《契税法》）、《财政部 税务总局关于贯彻实施契税法若干事项执行口径的公告》（2021年第23号，以下简称23号公告）等相关规定，现就有关事项公告如下：

一、契税申报以不动产单元为基本单位。

二、以作价投资（入股）、偿还债务等应交付经济利益的方式转移土地、房屋权属的，参照土地使用权出让、出售或房屋买卖确定契税适用税率、计税依据等。

以划转、奖励等没有价格的方式转移土地、房屋权属的，参照土地使用权或房屋赠与确定契税适用税率、计税依据等。

三、契税计税依据不包括增值税，具体情形为：

（一）土地使用权出售、房屋买卖，承受方计征契税的成交价格不含增值税；实际取得增值税发票的，成交价格以发票上注明的不含税价格确定。

（二）土地使用权互换、房屋互换，契税计税依据为不含增值税价格的差额。

（三）税务机关核定的契税计税价格为不含增值税价格。

四、税务机关依法核定计税价格，应参照市场价格，采用房地产价格评估等方法合理确定。

五、契税纳税人依法纳税申报时，应填报《财产和行为税税源明细表》（《契税税源明细表》部分，附件1，略），并根据具体情形提交下列资料：

（一）纳税人身份证件；

（二）土地、房屋权属转移合同或其他具有土地、房屋权属转移合同性质的凭证；

（三）交付经济利益方式转移土地、房屋权属的，提交土地、房屋权属转移相关价款支付凭证，其中，土地使用权出让为财政票据，土地使用权出售、互换和房屋买卖、互换为增值税发票；

（四）因人民法院、仲裁委员会的生效法律文书或者监察机关出具的监察文书等因素发生土地、房屋权属转移的，提交生效法律文书或监察文书等。

符合减免税条件的，应按规定附送有关资料或将资料留存备查。

六、税务机关在契税足额征收或办理免税（不征税）手续后，应通过契税的完税凭证或契税信息联系单（以下简称联系单，附件2，略）等，将完税或免税（不征税）信息传递给不动产登记机构。能够通过信息共享即时传递信息的，税务机关可不再向不动产登记机构提供完税凭证或开具联系单。

七、纳税人依照《契税法》以及23号公告规定向税务机关申请退还已缴纳契税的，应提供纳税人身份证件、完税凭证复印件，并根据不同情形提交相关资料：

（一）在依法办理土地、房屋权属登记前，权属转移合同或合同性质凭证不生效、无效、被撤销或者被解除的，提交合同或合同性质凭证不生效、无效、被撤销或者被解除的证明材料；

（二）因人民法院判决或者仲裁委员会裁决导致土地、房屋权属转移行为无效、被撤销或者被解除，且土地、房屋权属变更至原权利人的，提交人民法院、仲裁委员会的生效法律文书；

（三）在出让土地使用权交付时，因容积率调整或实际交付面积小于合同约定面积需退还土地出让价款的，提交补充合同（协议）和退款凭证；

（四）在新建商品房交付时，因实际交付面积小于合同约定面积需返还房价款的，提交补充合同（协议）和退款凭证。

税务机关收取纳税人退税资料后,应向不动产登记机构核实有关土地、房屋权属登记情况。核实后符合条件的即时受理,不符合条件的一次性告知应补正资料或不予受理原因。

八、税务机关及其工作人员对税收征管过程中知悉的个人的身份信息、婚姻登记信息、不动产权属登记信息、纳税申报信息及其他商业秘密和个人隐私,应当依法予以保密,不得泄露或者非法向他人提供。纳税人的税收违法行为信息不属于保密信息范围,税务机关可依法处理。

九、各地税务机关应与当地房地产管理部门加强协作,采用不动产登记、交易和缴税一窗受理等模式,持续优化契税申报缴纳流程,共同做好契税征收与房地产管理衔接工作。

十、本公告要求纳税人提交的资料,各省、自治区、直辖市和计划单列市税务局能够通过信息共享即时查验的,可公告明确不再要求纳税人提交。

十一、本公告所称纳税人身份证件是指:单位纳税人为营业执照,或者统一社会信用代码证书或者其他有效登记证书;个人纳税人中,自然人为居民身份证,或者居民户口簿或者入境的身份证件,个体工商户为营业执照。

十二、本公告自2021年9月1日起施行。《全文废止和部分条款废止的契税文件目录》(附件3,略)所列文件或条款同时废止。

(三)契税纳税服务与征收管理若干事项解读

为贯彻落实中办、国办印发的《关于进一步深化税收征管改革的意见》,切实优化契税纳税服务,规范契税征收管理,根据《中华人民共和国契税法》(以下简称《契税法》)、《财政部 税务总局关于贯彻实施契税法若干事项执行口径的公告》(2021年第23号,以下简称23号公告)等相关规定,国家税务总局制发了《关于契税纳税服务和征收管理若干事项的公告》(以下简称25号公告)。现就有关问题解读如下:

(1)25号公告制发的背景是什么?

答:《契税法》于2020年8月11日经第十三届全国人大常务委员会第二十一次会议表决通过,自2021年9月1日起施行。为保证《契税法》顺利实施,财政部和国家税务总局联合制发了23号公告。在此基础上,为进一步优化纳税服务,规范契税征收管理,国家税务总局制发25号公告,明确契税纳税申报、税款核定征收、退税、先税后证、信息保密等纳税服务与征收管理规定,为纳税人和基层税务人员提供了政策依据与办事指引。

(2)为什么契税申报的基本单位是不动产单元?

答:根据《不动产登记暂行条例》及其实施细则规定,不动产单元是权属界线封闭且具有独立使用价值的空间,且不动产单元具有唯一编码。为进一步提升契税纳税申报的规范性，便于纳税人理解和办理，并与不动产登记有关规定统一衔接，25号公告明确了纳税人申报契税的基本单位为不动产单元。

因共有不动产份额变化或者增减共有人导致土地、房屋权属转移的，纳税人也应以不动产单元为单位申报契税。

【例1-14】 自然人A整体购买某幢住宅楼。在办理不动产权属登记时，不动产登记机构将该幢住宅楼登记为2个不动产单元，则A应就2个不动产单元分别向税务机关申报契税。

（3）以作价投资（入股）、偿还债务、划转、奖励等方式转移土地、房屋权属应申报契税的，如何确定适用税率、计税依据等？

答：《契税法》第二条第三款规定，以作价投资（入股）、偿还债务、划转、奖励等方式转移土地、房屋权属的，应当征收契税。

为方便纳税人确定上述应税行为契税申报的适用税率、计税依据等，25号公告明确，以作价投资（入股）、偿还债务等应交付经济利益的方式转移土地、房屋权属的，参照土地使用权出让、出售或房屋买卖确定契税适用税率、计税依据等。以划转、奖励等没有价格的方式转移土地、房屋权属的，参照土地使用权或房屋赠与确定契税适用税率、计税依据等。

【例1-15】 为支持合理住房需求，某省依法规定本地区住房买卖契税适用税率为3%。若纳税人A作为债权人承受某债务人抵偿债务的一套住房，A应参照住房买卖的适用税率3%，以及抵债合同（协议）确定的成交价格申报契税。

（4）契税计税依据不包括增值税具体指什么？

答：23号公告第二条第（九）项规定，契税的计税依据不包括增值税。为方便纳税人确定契税申报的计税依据，25号公告按照土地使用权出售、房屋买卖，土地使用权互换、房屋互换，税务机关核定契税计税价格等三类情形，作出契税计税依据不包括增值税的具体规定。

一是土地使用权出售、房屋买卖的，承受方计征契税的成交价格不含增值税；实际取得增值税发票的，成交价格以发票上注明的不含税价格确定。

二是土地使用权互换、房屋互换的，应分别确定互换土地使用权、房屋的不含税价格，再确定互换价格的差额。

三是土地使用权赠与、房屋赠与以及其他没有价格的转移土地、房屋权属行为的，税务机关核定的契税计税价格为不含增值税价格。

需要说明的是，土地、房屋权属转让方免征增值税的，承受方计征契税的成交价格不扣减增值税额。

【例1-16】 某一般纳税人A公司销售其自建的房屋,含税价为328万元,并适用一般计税方法。2019年1月,A公司向纳税人B开具第1张增值税发票,注明的增值税额为10万元、不含税价格为100万元;2021年9月,A公司向纳税人开具第2张发票,注明的增值税额为18万元、不含税价格为200万元。那么,B申报契税的计税依据＝100+200=300(万元)。

【例1-17】 自然人A与自然人B互换房屋,A的房屋不含税销售价格为145万元,B的房屋不含税销售价格为100万元。那么,A申报契税的计税依据为0；B申报契税的计税依据＝145-100=45(万元)。

【例1-18】 自然人A将一套购买满2年的住房销售给自然人B,合同确定的交易含税价为210万元,A符合免征增值税条件,向税务机关申请代开增值税发票上注明增值税额为0,不含税价格为210万元。那么,B申报缴纳契税的计税依据为210万元。

(5)25号公告实施后,纳税人申报契税所需提交资料有变化吗？

答：没有变化。25号公告延续税法实施前做法,明确契税纳税人依法纳税时,应填报《财产和行为税税源明细表》(《契税税源明细表》部分),并根据具体情形提交下列资料：①纳税人身份证件；②土地、房屋权属转移合同或其他具有土地、房屋权属转移合同性质的凭证；③交付经济利益方式转移土地、房屋权属的,提交土地、房屋权属转移相关价款支付凭证,其中,土地使用权出让为财政票据,土地使用权出售、互换和房屋买卖、互换为增值税发票；④因人民法院、仲裁委员会的生效法律文书或者监察机关出具的监察文书等因素发生土地、房屋权属转移的,提交生效法律文书或监察文书等。

需要说明的是,国家税务总局发布的《关于契税纳税申报有关问题的公告》(2015年第67号,以下简称67号公告)将继续有效。67号公告规定,根据人民法院、仲裁委员会的生效法律文书发生土地、房屋权属转移,纳税人不能取得销售不动产发票的,可持人民法院执行裁定书原件及相关材料办理契税纳税申报,税务机关应予受理。购买新建商品房的纳税人在办理契税纳税申报时,由于销售新建商品房的房地产开发企业已办理注销税务登记或者被税务机关列为非正常户等原因,致使纳税人不能取得销售不动产发票的,税务机关在核实有关情况后应予受理。

(6)纳税人如何申报享受契税减免税政策？

答：根据25号公告规定,契税纳税人符合减免税条件的,应按规定附送有关资料。

对享受公共租赁住房、农村饮水安全工程等契税减免税政策的纳税人,根据《财政部 税务总局关于公共租赁住房税收优惠政策的公告》(财政部 税务总局公告

2019年第61号）、《财政部　税务总局关于继续实行农村饮水安全工程税收优惠政策的公告》（财政部　税务总局公告2019年第67号）等规定，实行资料留存备查的优惠办理方式。

（7）修订后的《契税税源明细表》填报项目有什么变化？

答： 根据《国家税务总局关于简并税费申报有关事项的公告》（国家税务总局公告2021年第9号）第一条规定，纳税人申报缴纳契税时，应填报《财产和行为税税源明细表》（《契税税源明细表》部分）。

25号公告附件1公布了修订后的《契税税源明细表》（以下简称《税源明细表》）的样式。与原表相比，《税源明细表》主要变化有三个方面：

一是为进一步减轻纳税人负担，在满足契税申报要求的基础上，将《税源明细表》"用途"栏次选项由原来的"居住""商业""工业"等7项压缩为"居住"和"非居住"2项，"权属转移方式"的选项也进行了简化。

二是将原表中"减免性质代码和项目名称"细分为"居民购房减免性质代码和项目名称"和"其他减免性质代码和项目名称"两个栏次。其中，"居民购房减免性质代码和项目名称"仅供自然人购买住房申请享受居民购买家庭唯一、家庭第二套等优惠政策时填报，"其他减免性质代码和项目名称"供企业和自然人申请享受其他优惠政策时填报。

符合条件的纳税人，可以使用《税源明细表》同时填报两类优惠，"一次填报、同时享受"。

【例1-19】 自然人A的房屋被该县人民政府征收，获得货币补偿80万元，之后A重新购买一套80平方米的住房，不含税成交价格为100万元，并符合家庭唯一住房优惠条件。如该省规定对成交价格不超过货币补偿的部分免征契税，则A申报契税时，应在"居民购房减免性质代码和项目名称"中选择个人购买家庭唯一住房90平方米及以下契税减按1%征收的减免性质代码和项目名称，在"其他减免性质代码和项目名称"中选择授权地方出台的房屋被征收取得货币补偿重新购买住房契税优惠政策的减免性质代码和项目名称，并在"抵减金额"中填入"800 000"元。因此，A申报契税的应纳税额=（1 000 000－800 000）×1%＝2 000（元）。

三是增加"权属登记日期"栏次。《契税法》第十条规定，纳税人应当在依法办理土地、房屋权属登记手续前申报缴纳契税。《税源明细表》相应增加了"权属登记日期"栏次，供在土地、房屋权属登记后申报缴纳契税的纳税人填报使用。如纳税人在办理土地、房屋权属登记前申报缴纳契税的，无需填报该栏次。

（8）25号公告实施会影响目前房地产交易税费申报模块和相关表单的使用吗？

答：不会。目前，我们已经结合《契税法》实施需要，对征管信息系统中的增量房交易、存量房交易、土地出让转让等房地产交易税费申报模块进行了修改完善，同时，对使用模块需填报的有关申报表单进行了同步优化，25号公告实施后，房地产交易税费申报模块和表单仍可继续使用。

（9）契税信息联系单的应用场景是什么？

答：为更好落实契税"先税后证"的管理要求，方便完税后的纳税人办理不动产登记事项，25号公告明确，税务机关在契税足额入库或办理免税（不征税）手续后，应通过契税的税收缴款书、税收完税证明或契税信息联系单等，将完税或免税（不征税）信息传递给不动产登记机构。

《契税法》实施后，税务机关启用统一样式的契税信息联系单，作为向不动产登记机构传递纳税人办税信息的载体之一，可以更好地满足部门协作的管理要求。对于契税足额入库或办理免税（不征税）手续的，税务机关如无法通过契税的税收缴款书、税收完税证明传递信息的，可提供契税信息联系单。同时，如果能够通过信息共享即时传递办税信息的，税务机关可不再向不动产登记机构提供完税凭证或开具联系单。

（10）25号公告实施后，纳税人申请办理退税应提供资料有变化吗？

答：办税资料有所简化。纳税人依照《契税法》和23号公告规定向税务机关申请退还已缴纳契税的，应提供纳税人身份证件，税收缴款书或税收完税证明复印件，并根据不同情形提交相关资料：①在依法办理土地、房屋权属登记前，权属转移合同或合同性质凭证不生效、无效、被撤销或者被解除的，提交合同或合同性质凭证不生效、无效、被撤销或者被解除的证明材料。②因人民法院判决或者仲裁委员会裁决导致土地、房屋权属转移行为无效、被撤销或者被解除，且土地、房屋权属变更至原权利人的，提交人民法院、仲裁委员会的生效法律文书。③在出让土地使用权交付时，因容积率调整或实际交付面积小于合同约定面积需退还土地出让价款的，提交补充合同（协议）和退款凭证。④在新建商品房交付时，因实际交付面积小于合同约定面积需返还房价款的，提交补充合同（协议）和退款凭证。

为进一步简化办税流程和资料，纳税人办理退税时无需提交不动产权属证明材料。25号公告明确，收取纳税人退税资料后，税务机关应向不动产登记机构核实有关土地、房屋权属登记情况。

（11）应当依法予以保密的纳税人的个人信息具体包括哪些内容？

答：依法予以保密的纳税人的个人信息具体包括：税收征管过程中知悉的个人身份信息、婚姻登记信息、不动产权属登记信息、纳税申报信息及其他商业秘密和个人隐私。

需要说明的是，纳税人的税收违法行为信息不属于保密信息范围，税务机关可依法处理。

（12）25号公告实施后，契税申报缴纳的主要方式有变化吗？

答：没有变化。根据《契税法》有关规定，契税由土地、房屋所在地的税务机关征收管理。25号公告明确，对实行"一窗受理"的地区，纳税人可以到当地政府服务大厅或不动产登记大厅设立的综合受理窗口统一办理契税纳税申报及其他不动产登记、交易和缴税事项。

具备条件的地区，纳税人可以通过电子税务局或纳税人客户端App应用等方式，实现契税申报缴纳网上办理、掌上办理。

（13）税务机关能够通过信息共享即时查验的纳税资料，纳税人还需要提交吗？

答：25号公告规定，纳税人提交的资料，各省、自治区、直辖市和计划单列市税务局能够通过信息共享即时查验的，可公告明确不再需要纳税人提交。

（14）25号公告中纳税人的身份证件具体内容指什么？

答：25号公告所称纳税人身份证件是指：单位纳税人为营业执照，或者统一社会信用代码证书或者其他有效登记证书；个人纳税人中，自然人为居民身份证，或者居民户口簿或者入境的身份证件，个体工商户为营业执照。

（15）25号公告什么时候起施行？

答：25号公告自2021年9月1日起施行。修订后的《契税税源明细表》和契税信息联系单同日启用，《全文废止和部分条款废止的契税文件目录》所列文件或条款同日废止。

（四）继续实施企业、事业单位改制重组有关契税政策

2023年9月22日，《财政部　税务总局关于继续实施企业、事业单位改制重组有关契税政策的公告》（财政部　税务总局公告2023年第49号）发布，其规定如下。

为支持企业、事业单位改制重组，优化市场环境，现就继续实施有关契税政策公告如下：

一、企业改制

企业按照《中华人民共和国公司法》有关规定整体改制，包括非公司制企业改制为有限责任公司或股份有限公司，有限责任公司变更为股份有限公司，股份有限公司变更为有限责任公司，原企业投资主体存续并在改制（变更）后的公司中所持股权（股份）比例超过75%，且改制（变更）后公司承继原企业权利、义务的，对改制（变更）后公司承受原企业土地、房屋权属，免征契税。

二、事业单位改制

事业单位按照国家有关规定改制为企业，原投资主体存续并在改制后企业中出资（股权、股份）比例超过50%的，对改制后企业承受原事业单位土地、房屋权属，免征契税。

三、公司合并

两个或两个以上的公司，依照法律规定、合同约定，合并为一个公司，且原投资主体存续的，对合并后公司承受原合并各方土地、房屋权属，免征契税。

四、公司分立

公司依照法律规定、合同约定分立为两个或两个以上与原公司投资主体相同的公司，对分立后公司承受原公司土地、房屋权属，免征契税。

五、企业破产

企业依照有关法律法规规定实施破产，债权人（包括破产企业职工）承受破产企业抵偿债务的土地、房屋权属，免征契税；对非债权人承受破产企业土地、房屋权属，凡按照《中华人民共和国劳动法》等国家有关法律法规政策妥善安置原企业全部职工规定，与原企业全部职工签订服务年限不少于三年的劳动用工合同的，对其承受所购企业土地、房屋权属，免征契税；与原企业超过30%的职工签订服务年限不少于三年的劳动用工合同的，减半征收契税。

六、资产划转

对承受县级以上人民政府或国有资产管理部门按规定进行行政性调整、划转国有土地、房屋权属的单位，免征契税。

同一投资主体内部所属企业之间土地、房屋权属的划转，包括母公司与其全资子公司之间，同一公司所属全资子公司之间，同一自然人与其设立的个人独资企业、一人有限公司之间土地、房屋权属的划转，免征契税。

母公司以土地、房屋权属向其全资子公司增资，视同划转，免征契税。

七、债权转股权

经国务院批准实施债权转股权的企业，对债权转股权后新设立的公司承受原企业的土地、房屋权属，免征契税。

八、划拨用地出让或作价出资

以出让方式或国家作价出资（入股）方式承受原改制重组企业、事业单位划拨用地的，不属上述规定的免税范围，对承受方应按规定征收契税。

九、公司股权（股份）转让

在股权（股份）转让中，单位、个人承受公司股权（股份），公司土地、房屋权属不发生转移，不征收契税。

十、有关用语含义

本公告所称企业、公司，是指依照我国有关法律法规设立并在中国境内注册的企业、公司。

本公告所称投资主体存续，企业改制重组的，是指原改制重组企业的出资人必须存在于改制重组后的企业；事业单位改制的，是指履行国有资产出资人职责的单位必须存在于改制后的企业。出资人的出资比例可以发生变动。

本公告所称投资主体相同，是指公司分立前后出资人不发生变动，出资人的出资比例可以发生变动。

十一、本公告执行期限为2024年1月1日至2027年12月31日。

（五）促进房地产市场平稳健康发展有关税收政策

2024年11月12日，《财政部　税务总局　住房城乡建设部关于促进房地产市场平稳健康发展有关税收政策的公告》（财政部　税务总局　住房城乡建设部公告2024年第16号）发布，其规定如下。

一、关于住房交易契税政策

（一）对个人购买家庭唯一住房（家庭成员范围包括购房人、配偶以及未成年子女，下同），面积为140平方米及以下的，减按1%的税率征收契税；面积为140平方米以上的，减按1.5%的税率征收契税。

（二）对个人购买家庭第二套住房，面积为140平方米及以下的，减按1%的税率征收契税；面积为140平方米以上的，减按2%的税率征收契税。家庭第二套住房是指已拥有一套住房的家庭购买的第二套住房。

（三）纳税人申请享受税收优惠的，应当向主管税务机关提交家庭成员信息证明和购房所在地的房地产管理部门出具的纳税人家庭住房情况书面查询结果。具备部门信息共享条件的，纳税人可授权主管税务机关通过信息共享方式取得相关信息；不具备信息共享条件，且纳税人不能提交相关证明材料的，纳税人可按规定适用告知承诺制办理，报送相应的《税务证明事项告知承诺书》，并对承诺的真实性承担法律责任。

（四）具体操作办法由各省、自治区、直辖市财政、税务、房地产管理部门制定。

二、关于有关城市取消普通住宅和非普通住宅标准后相关土地增值税、增值税政策

（一）取消普通住宅和非普通住宅标准的城市，根据《中华人民共和国土地增值税暂行条例》第八条第一项，纳税人建造普通标准住宅出售，增值额未超过扣除项目金额20%的，继续免征土地增值税。

根据《中华人民共和国土地增值税暂行条例实施细则》第十一条，有关城市的具体执行标准由各省、自治区、直辖市人民政府规定。具体执行标准公布后，税务机关新受理清算申报的项目，以及在具体执行标准公布前已受理清算申报但未出具清算审核结论的项目，按新公布的标准执行。具体执行标准公布前出具清算审核结论的项目，仍按原标准执行。

（二）北京市、上海市、广州市和深圳市，凡取消普通住宅和非普通住宅标准的，取消普通住宅和非普通住宅标准后，与全国其他地区适用统一的个人销售住房增值税政策，对该城市个人将购买2年以上（含2年）的住房对外销售的，免征增值税。《财政部　国家税务总局关于全面推开营业税改征增值税试点的通知》（财税〔2016〕36号）附件3《营业税改征增值税试点过渡政策的规定》第五条第一款有关内容和第二款相应停止执行。

三、本公告自2024年12月1日起执行。《财政部　国家税务总局　住房城乡建设部

关于调整房地产交易环节契税 营业税优惠政策的通知》(财税〔2016〕23号)同时废止。2024年12月1日前,个人销售、购买住房涉及的增值税、契税尚未申报缴纳的,符合本公告规定的可按本公告执行。

六、土地增值税最新政策

(一)降低土地增值税预征率下限政策

2024年11月13日,《国家税务总局关于降低土地增值税预征率下限的公告》(国家税务总局公告2024年第10号)发布,其规定如下。

为更好发挥土地增值税调节作用,根据《中华人民共和国土地增值税暂行条例》及其实施细则等有关规定,将土地增值税预征率下限降低0.5个百分点。调整后,除保障性住房外,东部地区省份预征率下限为1.5%,中部和东北地区省份预征率下限为1%,西部地区省份预征率下限为0.5%(地区的划分按照国务院有关文件的规定执行)。

本公告自2024年12月1日起施行。《国家税务总局关于加强土地增值税征管工作的通知》(国税发〔2010〕53号)第二条第二款规定同时废止。

(二)降低土地增值税预征率下限政策解读

为深入贯彻党的二十届三中全会和国务院常务会议要求,更好发挥土地增值税调节作用,税务总局制发了《国家税务总局关于降低土地增值税预征率下限的公告》(以下简称《公告》)。现解读如下:

(1)《公告》的制定背景是什么?

为保障土地增值税收入及时均衡入库,按照《中华人民共和国土地增值税暂行条例实施细则》有关规定,税务部门对纳税人在项目竣工结算前转让房地产取得的收入,按一定比例预征土地增值税,待项目全部竣工、办理结算后再进行清算,多退少补。2010年,为更好地发挥土地增值税预征的调节作用,税务总局制发了《关于加强土地增值税征管工作的通知》(国税发〔2010〕53号),规定了预征率下限,除保障性住房外,东部地区省份下限为2%,中部和东北地区省份下限为1.5%,西部地区省份下限为1%。当前,随着房地产市场形势变化,不同房地产项目的增值水平发生结构性分化,有的房地产项目增值率下降幅度较大,有必要对预征率下限作出调整,以便给各地科学调整预征率预留空间,促进房地产市场平稳健康发展。

(2)《公告》的主要内容是什么?

《公告》将预征率下限降低了0.5个百分点,除保障性住房外,东部地区省份预征率下限为1.5%，中部和东北地区省份预征率下限为1%，西部地区省份预征率下限为0.5%。

（3）《公告》发布实施后各地应如何调整预征率？

《公告》发布实施后，各地可结合当地实际情况对实际执行的预征率进行调整，需要调整的，由各地税务部门会同财政部门在当地政府的指导下，结合当地房地产项目实际税负水平等情况，在科学测算的基础上，确定各类型房地产的具体预征率。

（三）继续实施企业改制重组有关土地增值税政策

2023年9月22日，《财政部　税务总局关于继续实施企业改制重组有关土地增值税政策的公告》（财政部　税务总局公告2023年第51号）发布，其规定如下。

为支持企业改制重组，优化市场环境，现就继续执行有关土地增值税政策公告如下：

一、企业按照《中华人民共和国公司法》有关规定整体改制，包括非公司制企业改制为有限责任公司或股份有限公司，有限责任公司变更为股份有限公司，股份有限公司变更为有限责任公司，对改制前的企业将国有土地使用权、地上的建筑物及其附着物（以下称房地产）转移、变更到改制后的企业，暂不征收土地增值税。

本公告所称整体改制是指不改变原企业的投资主体，并承继原企业权利、义务的行为。

二、按照法律规定或者合同约定，两个或两个以上企业合并为一个企业，且原企业投资主体存续的，对原企业将房地产转移、变更到合并后的企业，暂不征收土地增值税。

三、按照法律规定或者合同约定，企业分设为两个或两个以上与原企业投资主体相同的企业，对原企业将房地产转移、变更到分立后的企业，暂不征收土地增值税。

四、单位、个人在改制重组时以房地产作价入股进行投资，对其将房地产转移、变更到被投资的企业，暂不征收土地增值税。

五、上述改制重组有关土地增值税政策不适用于房地产转移任意一方为房地产开发企业的情形。

六、改制重组后再转让房地产并申报缴纳土地增值税时，对"取得土地使用权所支付的金额"，按照改制重组前取得该宗国有土地使用权所支付的地价款和按国家统一规定缴纳的有关费用确定；经批准以国有土地使用权作价出资入股的，为作价入股时县级及以上自然资源部门批准的评估价格。按购房发票确定扣除项目金额的，按照改制重组前购房发票所载金额并从购买年度起至本次转让年度止每年加计5%计算扣除项目金额，购买年度是指购房发票所载日期的当年。

七、纳税人享受上述税收政策，应按相关规定办理。

八、本公告所称不改变原企业投资主体、投资主体相同，是指企业改制重组前后出资人不发生变动，出资人的出资比例可以发生变动；投资主体存续，是指原企业出资人必须存在于改制重组后的企业，出资人的出资比例可以发生变动。

九、本公告执行至2027年12月31日。

七、印花税最新政策

2022年6月12日，《财政部　税务总局关于印花税若干事项政策执行口径的公告》（财政部　税务总局公告2022年第22号）发布，其规定如下。

为贯彻落实《中华人民共和国印花税法》，现将印花税若干事项政策执行口径公告如下：

一、关于纳税人的具体情形

（一）书立应税凭证的纳税人，为对应税凭证有直接权利义务关系的单位和个人。

（二）采用委托贷款方式书立的借款合同纳税人，为受托人和借款人，不包括委托人。

（三）按买卖合同或者产权转移书据税目缴纳印花税的拍卖成交确认书纳税人，为拍卖标的的产权人和买受人，不包括拍卖人。

二、关于应税凭证的具体情形

（一）在中华人民共和国境外书立在境内使用的应税凭证，应当按规定缴纳印花税。包括以下几种情形：

1.应税凭证的标的为不动产的，该不动产在境内；

2.应税凭证的标的为股权的，该股权为中国居民企业的股权；

3.应税凭证的标的为动产或者商标专用权、著作权、专利权、专有技术使用权的，其销售方或者购买方在境内，但不包括境外单位或者个人向境内单位或者个人销售完全在境外使用的动产或者商标专用权、著作权、专利权、专有技术使用权；

4.应税凭证的标的为服务的，其提供方或者接受方在境内，但不包括境外单位或者个人向境内单位或者个人提供完全在境外发生的服务。

（二）企业之间书立的确定买卖关系、明确买卖双方权利义务的订单、要货单等单据，且未另外书立买卖合同的，应当按规定缴纳印花税。

（三）发电厂与电网之间、电网与电网之间书立的购售电合同，应当按买卖合同税目缴纳印花税。

（四）下列情形的凭证，不属于印花税征收范围：

1.人民法院的生效法律文书，仲裁机构的仲裁文书，监察机关的监察文书。

2.县级以上人民政府及其所属部门按照行政管理权限征收、收回或者补偿安置房地产书立的合同、协议或者行政类文书。

3.总公司与分公司、分公司与分公司之间书立的作为执行计划使用的凭证。

三、关于计税依据、补税和退税的具体情形

（一）同一应税合同、应税产权转移书据中涉及两方以上纳税人，且未列明纳税人各自涉及金额的，以纳税人平均分摊的应税凭证所列金额（不包括列明的增值税税款）确定计税依据。

（二）应税合同、应税产权转移书据所列的金额与实际结算金额不一致，不变更应税凭证所列金额的，以所列金额为计税依据；变更应税凭证所列金额的，以变更后的所列金额为计税依据。已缴纳印花税的应税凭证，变更后所列金额增加的，纳税人应当就增加部分的金额补缴印花税；变更后所列金额减少的，纳税人可以就减少部分的金额向税务机关申请退还或者抵缴印花税。

（三）纳税人因应税凭证列明的增值税税款计算错误导致应税凭证的计税依据减少或者增加的，纳税人应当按规定调整应税凭证列明的增值税税款，重新确定应税凭证计税依据。已缴纳印花税的应税凭证，调整后计税依据增加的，纳税人应当就增加部分的金额补缴印花税；调整后计税依据减少的，纳税人可以就减少部分的金额向税务机关申请退还或者抵缴印花税。

（四）纳税人转让股权的印花税计税依据，按照产权转移书据所列的金额（不包括列明的认缴后尚未实际出资权益部分）确定。

（五）应税凭证金额为人民币以外的货币的，应当按照凭证书立当日的人民币汇率中间价折合人民币确定计税依据。

（六）境内的货物多式联运，采用在起运地统一结算全程运费的，以全程运费作为运输合同的计税依据，由起运地运费结算双方缴纳印花税；采用分程结算运费的，以分程的运费作为计税依据，分别由办理运费结算的各方缴纳印花税。

（七）未履行的应税合同、产权转移书据，已缴纳的印花税不予退还及抵缴税款。

（八）纳税人多贴的印花税票，不予退税及抵缴税款。

四、关于免税的具体情形

（一）对应税凭证适用印花税减免优惠的，书立该应税凭证的纳税人均可享受印花税减免政策，明确特定纳税人适用印花税减免优惠的除外。

（二）享受印花税免税优惠的家庭农场，具体范围为以家庭为基本经营单元，以农场生产经营为主业，以农场经营收入为家庭主要收入来源，从事农业规模化、标准化、集约化生产经营，纳入全国家庭农场名录系统的家庭农场。

（三）享受印花税免税优惠的学校，具体范围为经县级以上人民政府或者其教育行政部门批准成立的大学、中学、小学、幼儿园，实施学历教育的职业教育学校、特殊教育学校、专门学校，以及经省级人民政府或者其人力资源社会保障行政部门批准成立的技工院校。

（四）享受印花税免税优惠的社会福利机构，具体范围为依法登记的养老服务机构、残疾人服务机构、儿童福利机构、救助管理机构、未成年人救助保护机构。

（五）享受印花税免税优惠的慈善组织，具体范围为依法设立、符合《中华人民共和国慈善法》规定，以面向社会开展慈善活动为宗旨的非营利性组织。

（六）享受印花税免税优惠的非营利性医疗卫生机构，具体范围为经县级以上人民政府卫生健康行政部门批准或者备案设立的非营利性医疗卫生机构。

（七）享受印花税免税优惠的电子商务经营者，具体范围按《中华人民共和国电子商务法》有关规定执行。

本公告自2022年7月1日起施行。

2023年8月27日，《财政部 税务总局关于减半征收证券交易印花税的公告》（财政部 税务总局公告2023年第39号）发布，其规定如下。

为活跃资本市场、提振投资者信心，自2023年8月28日起，证券交易印花税实施减半征收。

2024年8月27日，《财政部 税务总局关于企业改制重组及事业单位改制有关印花税政策的公告》（财政部 税务总局公告2024年第14号）发布，其规定如下。

为支持企业改制重组及事业单位改制，进一步激发各类经营主体内生动力和创新活力，促进经济社会高质量发展，现就有关印花税政策公告如下：

一、关于营业账簿的印花税

（一）企业改制重组以及事业单位改制过程中成立的新企业，其新启用营业账簿记载的实收资本（股本）、资本公积合计金额，原已缴纳印花税的部分不再缴纳印花税，未缴纳印花税的部分和以后新增加的部分应当按规定缴纳印花税。

（二）企业债权转股权新增加的实收资本（股本）、资本公积合计金额，应当按规定缴纳印花税。对经国务院批准实施的重组项目中发生的债权转股权，债务人因债务转为资本而增加的实收资本（股本）、资本公积合计金额，免征印花税。

（三）企业改制重组以及事业单位改制过程中，经评估增加的实收资本（股本）、资本公积合计金额，应当按规定缴纳印花税。

（四）企业其他会计科目记载的资金转为实收资本（股本）或者资本公积的，应当按规定缴纳印花税。

二、关于各类应税合同的印花税

企业改制重组以及事业单位改制前书立但尚未履行完毕的各类应税合同，由改制重组后的主体承继原合同权利和义务且未变更原合同计税依据的，改制重组前已缴纳印花税的，不再缴纳印花税。

三、关于产权转移书据的印花税

对企业改制、合并、分立、破产清算以及事业单位改制书立的产权转移书据，免征印花税。

对县级以上人民政府或者其所属具有国有资产管理职责的部门按规定对土地使用权、房屋等建筑物和构筑物所有权、股权进行行政性调整书立的产权转移书据，免征印花税。

对同一投资主体内部划转土地使用权、房屋等建筑物和构筑物所有权、股权书立的产权转移书据，免征印花税。

四、关于政策适用的范围

（一）本公告所称企业改制，具体包括非公司制企业改制为有限责任公司或者股份有限公司，有限责任公司变更为股份有限公司，股份有限公司变更为有限责任公司。同时，原企业投资主体存续并在改制（变更）后的公司中所持股权（股份）比例超过75%，且改制（变更）后公司承继原企业权利、义务。

（二）本公告所称企业重组，包括合并、分立、其他资产或股权出资和划转、债务重组等。合并，是指两个或两个以上的公司，依照法律规定、合同约定，合并为一个公司，且原投资主体存续。母公司与其全资子公司相互吸收合并的，适用该款规定。分立，是指公司依照法律规定、合同约定分立为两个或两个以上与原公司投资主体相同的公司。

（三）本公告所称投资主体存续，是指原改制、重组企业出资人必须存在于改制、重组后的企业，出资人的出资比例可以发生变动。本公告所称投资主体相同，是指公司分立前后出资人不发生变动，出资人的出资比例可以发生变动。

（四）本公告所称事业单位改制，是指事业单位按照国家有关规定改制为企业，原出资人（包括履行国有资产出资人职责的单位）存续并在改制后的企业中出资（股权、股份）比例超过50%。

（五）本公告所称同一投资主体内部，包括母公司与其全资子公司之间，同一公司所属全资子公司之间，同一自然人与其设立的个人独资企业、一人有限公司、个体工商户之间。

（六）本公告所称企业、公司，是指依照我国有关法律法规设立并在中国境内注册的企业、公司。

本公告自2024年10月1日起执行至2027年12月31日。《财政部　国家税务总局关于企业改制过程中有关印花税政策的通知》（财税〔2003〕183号）同时废止。

2022年6月28日，《国家税务总局关于实施〈中华人民共和国印花税法〉等有关事项的公告》（国家税务总局公告2022年第14号）发布，其规定如下。

为落实《中华人民共和国印花税法》（以下简称印花税法），贯彻中办、国办印发的《关于进一步深化税收征管改革的意见》，现就印花税征收管理和纳税服务有关事项及优化土地增值税优惠事项办理方式问题公告如下：

一、印花税征收管理和纳税服务有关事项

（一）纳税人应当根据书立印花税应税合同、产权转移书据和营业账簿情况，填写《印花税税源明细表》，进行财产行为税综合申报。

（二）应税合同、产权转移书据未列明金额，在后续实际结算时确定金额的，纳税人应当于书立应税合同、产权转移书据的首个纳税申报期申报应税合同、产权转移书据书立情况，在实际结算后下一个纳税申报期，以实际结算金额计算申报缴纳印花税。

（三）印花税按季、按年或者按次计征。应税合同、产权转移书据印花税可以按季或者按次申报缴纳，应税营业账簿印花税可以按年或者按次申报缴纳，具体纳税期限由各省、自治区、直辖市、计划单列市税务局结合征管实际确定。

境外单位或者个人的应税凭证印花税可以按季、按年或者按次申报缴纳，具体纳税期限由各省、自治区、直辖市、计划单列市税务局结合征管实际确定。

（四）纳税人为境外单位或者个人，在境内有代理人的，以其境内代理人为扣缴义务人。境外单位或者个人的境内代理人应当按规定扣缴印花税，向境内代理人机构所在地（居住地）主管税务机关申报解缴税款。

纳税人为境外单位或者个人，在境内没有代理人的，纳税人应当自行申报缴纳印花税。境外单位或者个人可以向资产交付地、境内服务提供方或者接受方所在地（居住地）、书立应税凭证境内书立人所在地（居住地）主管税务机关申报缴纳；涉及不动产产权转移的，应当向不动产所在地主管税务机关申报缴纳。

（五）印花税法实施后，纳税人享受印花税优惠政策，继续实行"自行判别、申报享受、有关资料留存备查"的办理方式。纳税人对留存备查资料的真实性、完整性和合法性承担法律责任。

（六）税务机关要优化印花税纳税服务。加强培训辅导，重点抓好基层税务管理人员、一线窗口人员和12366话务人员的学习和培训，分类做好纳税人宣传辅导，促进纳税人规范印花税应税凭证管理。坚持问题导向，聚焦纳税人和基层税务人员在税法实施过程中反馈的意见建议，及时完善征管系统和办税流程，不断提升纳税人获得感。

二、优化土地增值税优惠事项办理方式

（一）土地增值税原备案类优惠政策，实行纳税人"自行判别、申报享受、有关资料留存备查"的办理方式。纳税人在土地增值税纳税申报时按规定填写申报表相应减免税栏次即可享受，相关政策规定的材料留存备查。纳税人对留存备查资料的真实性、完整性和合法性承担法律责任。

（二）税务机关应当加强土地增值税纳税辅导工作，畅通政策问题答复渠道，为纳税人及时、准确办理税收优惠事项提供支持和帮助。

本公告自2022年7月1日起施行。《全文废止和部分条款废止的印花税文件目录》（附件2）所列文件和条款同时废止。

第四节　最新税收征管政策解读

一、税务行政处罚"首违不罚"制度

（一）税务行政处罚"首违不罚"事项清单

2021年3月31日，《国家税务总局关于发布〈税务行政处罚"首违不罚"事项清单〉的公告》（国家税务总局公告2021年第6号）发布，其规定如下。

为贯彻落实中共中央办公厅、国务院办公厅《关于进一步深化税收征管改革的意见》、国务院常务会议有关部署，深入开展2021年"我为纳税人缴费人办实事暨便民办税春风行动"，推进税务领域"放管服"改革，更好服务市场主体，根据《中华人民共和国行政处罚法》《中华人民共和国税收征收管理法》及其实施细则等法律法规，国家税务总局制定了《税务行政处罚"首违不罚"事项清单》。对于首次发生清单中所列事项且危害后果轻微，在税务机关发现前主动改正或者在税务机关责令限期改正的期限内改正的，不予行政处罚。税务机关应当对当事人加强税法宣传和辅导。

现将《税务行政处罚"首违不罚"事项清单》予以发布，自2021年4月1日起施行。

税务行政处罚"首违不罚"事项清单

对于首次发生下列清单中所列事项且危害后果轻微，在税务机关发现前主动改正或者在税务机关责令限期改正的期限内改正的，不予行政处罚。

序号	事项
1	纳税人未按照税收征收管理法及实施细则等有关规定将其全部银行账号向税务机关报送
2	纳税人未按照税收征收管理法及实施细则等有关规定设置、保管账簿或者保管记账凭证和有关资料
3	纳税人未按照税收征收管理法及实施细则等有关规定的期限办理纳税申报和报送纳税资料
4	纳税人使用税控装置开具发票，未按照税收征收管理法及实施细则、发票管理办法等有关规定的期限向主管税务机关报送开具发票的数据且没有违法所得
5	纳税人未按照税收征收管理法及实施细则、发票管理办法等有关规定取得发票，以其他凭证代替发票使用且没有违法所得
6	纳税人未按照税收征收管理法及实施细则、发票管理办法等有关规定缴销发票且没有违法所得

（续表）

序号	事项
7	扣缴义务人未按照税收征收管理法及实施细则等有关规定设置、保管代扣代缴、代收代缴税款账簿或者保管代扣代缴、代收代缴税款记账凭证及有关资料
8	扣缴义务人未按照税收征收管理法及实施细则等有关规定的期限报送代扣代缴、代收代缴税款有关资料
9	扣缴义务人未按照《税收票证管理办法》的规定开具税收票证
10	境内机构或个人向非居民发包工程作业或劳务项目，未按照《非居民承包工程作业和提供劳务税收管理暂行办法》的规定向主管税务机关报告有关事项

（二）税务行政处罚"首违不罚"事项清单解读

为贯彻落实中共中央办公厅、国务院办公厅《关于进一步深化税收征管改革的意见》、国务院常务会议有关部署，深入开展2021年"我为纳税人缴费人办实事暨便民办税春风行动"，推进税收领域"放管服"改革，更好服务市场主体，国家税务总局制发了《国家税务总局关于发布〈税务行政处罚"首违不罚"事项清单〉的公告》（以下简称6号公告）。现解读如下。

1.有关背景

长期以来，国家税务总局坚持在促进纳税人、扣缴义务人依法纳税，提高纳税人遵从度的同时，不断优化税务执法方式，有效运用说服教育、约谈提醒等非强制性的方式，既体现法律的刚性，又体现柔性执法的温度。

新修订的《中华人民共和国行政处罚法》第三十三条第一款规定，初次违法且危害后果轻微并及时改正的，可以不予行政处罚。《税务行政处罚裁量权行使规则》（国家税务总局公告2016年第78号发布）第十一条规定，法律、法规、规章规定可以给予行政处罚，当事人首次违反且情节轻微，并在税务机关发现前主动改正的或者在税务机关责令限期改正的期限内改正的，不予行政处罚。对当事人的违法行为依法不予行政处罚的，行政机关应当对当事人进行教育。

根据上述规定，结合各地、各级税务机关探索推行税务行政处罚"首违不罚"的实践，国家税务总局制发了6号公告。税务机关在严格执法的基础上，在法律、行政法规规定的范围内，对首次发生清单中所列事项、危害后果轻微的纳税人、扣缴义务人，给予及时纠正税收违法行为的机会。上述纳税人、扣缴义务人在税务机关发现前主动改正或者在税务机关责令限期改正的期限内改正的，不予行政处罚。如果纳税人、扣缴义务人再次发生清单中所列税收违法行为，税务机关将严格依照法律、行政法规等的规定，给予相应的税务行政处罚。

2.主要内容

6号公告明确了适用税务行政处罚"首违不罚"必须同时满足下列三个条件：一是

纳税人、扣缴义务人首次发生清单中所列事项，二是危害后果轻微，三是在税务机关发现前主动改正或者在税务机关责令限期改正的期限内改正。

清单列举了适用"首违不罚"的事项，共计10项，兼顾了资料报送、纳税申报和票证管理等多类型轻微税收违法行为。税务机关对发生清单所列事项，且符合公告规定条件的纳税人、扣缴义务人适用"首违不罚"。对适用"首违不罚"的纳税人、扣缴义务人，税务机关应当以适当方式加强税法宣传和辅导。

3.施行时间

6号公告自2021年4月1日起施行。

（三）第二批税务行政处罚"首违不罚"事项清单

2021年12月30日，《国家税务总局关于发布〈第二批税务行政处罚"首违不罚"事项清单〉的公告》（国家税务总局公告2021年第33号）发布，其规定如下。

为进一步贯彻落实中共中央办公厅、国务院办公厅《关于进一步深化税收征管改革的意见》，持续推进税务领域"放管服"改革，根据《中华人民共和国行政处罚法》《中华人民共和国税收征收管理法》及其实施细则等法律法规，国家税务总局制定《第二批税务行政处罚"首违不罚"事项清单》，现予以发布。同时，对执行中的若干问题明确如下：

一、对当事人首次发生清单中所列事项且危害后果轻微，在税务机关发现前主动改正或者在税务机关责令限期改正的期限内改正的，不予行政处罚。

税务违法行为造成不可挽回的税费损失或者较大社会影响的，不能认定为"危害后果轻微"。

二、适用税务行政处罚"首违不罚"的，主管税务机关应及时作出不予行政处罚决定，充分保障当事人合法权益。

三、各级税务机关应加强税务行政处罚"首违不罚"管理，准确把握适用"首违不罚"的条件，不得变相扩大或者缩小"首违不罚"范围，既彰显税收执法温度，又不放松税收管理。

四、对适用税务行政处罚"首违不罚"的当事人，主管税务机关应采取签订承诺书等方式教育、引导、督促其自觉守法，对再次违反的当事人应严格按照规定予以行政处罚。

五、税务机关应明确和完善税务行政处罚"首违不罚"相关岗责流程，构建权责一致、边界清晰、协调配合、运转高效的职能体系。

六、税务机关应将税务行政处罚"首违不罚"风险防范措施嵌入信息系统，依托信息系统开展"首违不罚"预警提醒、违法阻止和分析评估，定期对"首违不罚"施行情况进行总结，取得"事前放、事中管、事后评"效果。

本公告自2022年1月1日起施行。

第二批税务行政处罚"首违不罚"事项清单

对于首次发生下列清单中所列事项且危害后果轻微，在税务机关发现前主动改正或者在税务机关责令限期改正的期限内改正的，不予行政处罚。

序号	事项
1	纳税人使用非税控电子器具开具发票，未按照税收征收管理法及实施细则、发票管理办法等有关规定将非税控电子器具使用的软件程序说明资料报主管税务机关备案且没有违法所得
2	纳税人未按照税收征收管理法及实施细则、税务登记管理办法等有关规定办理税务登记证件验证或者换证手续
3	纳税人未按照税收征收管理法及实施细则、发票管理办法等有关规定加盖发票专用章且没有违法所得
4	纳税人未按照税收征收管理法及实施细则等有关规定将财务、会计制度或者财务、会计处理办法和会计核算软件报送税务机关备查

（四）第二批税务行政处罚"首违不罚"事项清单解读

为进一步贯彻落实中共中央办公厅、国务院办公厅《关于进一步深化税收征管改革的意见》，优化税收营商环境，国家税务总局制发《国家税务总局关于发布〈第二批税务行政处罚"首违不罚"事项清单〉的公告》（以下简称33号公告）。现解读如下。

1.有关背景

为贯彻习近平法治思想、优化税务执法方式，国家税务总局制定了第一批税务行政处罚"首违不罚"事项清单。清单推行以来，对纳税人容错纠错空间扩容明显，行政处罚教育为主、惩戒为辅作用持续放大，广大市场主体感受到了税务执法的"温度"，积极社会效应正在逐步显现。为进一步发挥"首违不罚"积极作用，在制发第一批税务行政处罚"首违不罚"事项清单的基础上，国家税务总局制发33号公告发布第二批税务行政处罚"首违不罚"事项清单，并对执行中的若干问题进行明确。

2.主要内容

33号公告强调了适用税务行政处罚"首违不罚"的三个条件，即一是首次发生清单中所列事项，二是危害后果轻微，三是在税务机关发现前主动改正或者在税务机关责令限期改正的期限内改正。符合上述三个条件的，税务机关应主动对当事人适用"首违不罚"。如当事人认为其符合适用"首违不罚"的条件，但税务机关未主动适用的，可以进行申辩并要求适用"首违不罚"。同时，33号公告在"危害后果轻微"的认定上，排除了两种情形，即违法行为造成不可挽回的税费损失或者较大社会影响的，不能认定为"危害后果轻微"，不能适用"首违不罚"。

33号公告明确，税务机关应当按照《中华人民共和国行政处罚法》的相关规定，在法定期限内对适用"首违不罚"的当事人作出不予行政处罚决定，充分保障当事人的合法权益。不予行政处罚决定应当包括违法事实、相关法律依据、不予行政处罚结论和救济权利告知等内容。

33号公告要求，在适用"首违不罚"时，各级税务机关要加强管理，准确把握上述三个适用"首违不罚"的条件，不得变相扩大范围、借"首违不罚"之名行疏于履行管理职责之实，也不得擅自缩小范围，导致纳税人不能"应享尽享"。

为落实国务院印发的《关于进一步贯彻实施〈中华人民共和国行政处罚法〉的通知》（国发〔2021〕26号）相关要求，充分发挥税务行政处罚普法教育功能，33号公告要求，对于适用"首违不罚"的当事人，主管税务机关要采取签订承诺书等方式教育、引导、督促其自觉守法，同时明确对再次违反的当事人将严格按照相关规定予以行政处罚，体现税务行政处罚"宽严相济"原则。

33号公告同时对税务机关加强"首违不罚"风险管理提出了明确要求，要明确和完善相关岗责流程，打造权责一致、边界清晰、协调配合、运转高效的职能体系，要将税务行政处罚"首违不罚"风险防范措施嵌入信息系统，依托信息系统开展"首违不罚"预警提醒、违法阻止和分析评估，定期对"首违不罚"施行情况进行总结，取得"事前放、事中管、事后评"效果。

第二批税务行政处罚"首违不罚"清单列举了4个适用"首违不罚"的事项，兼顾了资料报送、税务登记和票证管理等多类型轻微税收违法行为。

3.施行时间

33号公告自2022年1月1日起施行。

二、重大税收违法失信主体信息公布管理制度

（一）重大税收违法失信主体信息公布管理办法

2021年12月31日，国家税务总局公布了《重大税收违法失信主体信息公布管理办法》（国家税务总局令第54号公布），其规定如下。

第一章 总 则

第一条 为了贯彻落实中共中央办公厅、国务院办公厅印发的《关于进一步深化税收征管改革的意见》，维护正常税收征收管理秩序，惩戒重大税收违法失信行为，保障税务行政相对人合法权益，促进依法诚信纳税，推进社会信用体系建设，根据《中华人民共和国税收征收管理法》《优化营商环境条例》等相关法律法规，制定本办法。

第二条 税务机关依照本办法的规定，确定重大税收违法失信主体，向社会公布失信信息，并将信息通报相关部门实施监管和联合惩戒。

第三条 重大税收违法失信主体信息公布管理应当遵循依法行政、公平公正、统一规范、审慎适当的原则。

第四条 各级税务机关应当依法保护税务行政相对人合法权益，对重大税收违法

失信主体信息公布管理工作中知悉的国家秘密、商业秘密或者个人隐私、个人信息，应当依法予以保密。

第五条 税务机关工作人员在重大税收违法失信主体信息公布管理工作中，滥用职权、玩忽职守、徇私舞弊的，依照有关规定严肃处理；涉嫌犯罪的，依法移送司法机关。

第二章 失信主体的确定

第六条 本办法所称"重大税收违法失信主体"（以下简称失信主体）是指有下列情形之一的纳税人、扣缴义务人或者其他涉税当事人（以下简称当事人）：

（一）伪造、变造、隐匿、擅自销毁账簿、记账凭证，或者在账簿上多列支出或者不列、少列收入，或者经税务机关通知申报而拒不申报或者进行虚假的纳税申报，不缴或者少缴应纳税款100万元以上，且任一年度不缴或者少缴应纳税款占当年各税种应纳税总额10%以上的，或者采取前述手段，不缴或者少缴已扣、已收税款，数额在100万元以上的；

（二）欠缴应纳税款，采取转移或者隐匿财产的手段，妨碍税务机关追缴欠缴的税款，欠缴税款金额100万元以上的；

（三）骗取国家出口退税款的；

（四）以暴力、威胁方法拒不缴纳税款的；

（五）虚开增值税专用发票或者虚开用于骗取出口退税、抵扣税款的其他发票的；

（六）虚开增值税普通发票100份以上或者金额400万元以上的；

（七）私自印制、伪造、变造发票，非法制造发票防伪专用品，伪造发票监制章的；

（八）具有偷税、逃避追缴欠税、骗取出口退税、抗税、虚开发票等行为，在稽查案件执行完毕前，不履行税收义务并脱离税务机关监管，经税务机关检查确认走逃（失联）的；

（九）为纳税人、扣缴义务人非法提供银行账户、发票、证明或者其他方便，导致未缴、少缴税款100万元以上或者骗取国家出口退税款的；

（十）税务代理人违反税收法律、行政法规造成纳税人未缴或者少缴税款100万元以上的；

（十一）其他性质恶劣、情节严重、社会危害性较大的税收违法行为。

第七条 税务机关对当事人依法作出《税务行政处罚决定书》，当事人在法定期限内未申请行政复议、未提起行政诉讼，或者申请行政复议，行政复议机关作出行政复议决定后，在法定期限内未提起行政诉讼，或者人民法院对税务行政处罚决定或行政复议决定作出生效判决、裁定后，有本办法第六条规定情形之一的，税务机关确定其为失信主体。

对移送公安机关的当事人，税务机关在移送时已依法作出《税务处理决定书》，未作出《税务行政处罚决定书》的，当事人在法定期限内未申请行政复议、未提起行政诉讼，或者申请行政复议，行政复议机关作出行政复议决定后，在法定期限内未提起行政诉讼，或者人民法院对税务处理决定或行政复议决定作出生效判决、裁定后，有本办法第六条规定情形之一的，税务机关确定其为失信主体。

第八条 税务机关应当在作出确定失信主体决定前向当事人送达告知文书，告知其依法享有陈述、申辩的权利。告知文书应当包括以下内容：

（一）当事人姓名或者名称、有效身份证件号码或者统一社会信用代码、地址。没有统一社会信用代码的，以税务机关赋予的纳税人识别号代替；

（二）拟确定为失信主体的事由、依据；

（三）拟向社会公布的失信信息；

（四）拟通知相关部门采取失信惩戒措施提示；

（五）当事人依法享有的相关权利；

（六）其他相关事项。

对纳入纳税信用评价范围的当事人，还应当告知其拟适用D级纳税人管理措施。

第九条 当事人在税务机关告知后5日内，可以书面或者口头提出陈述、申辩意见。当事人口头提出陈述、申辩意见的，税务机关应当制作陈述申辩笔录，并由当事人签章。

税务机关应当充分听取当事人陈述、申辩意见，对当事人提出的事实、理由和证据进行复核。当事人提出的事实、理由或者证据成立的，应当采纳。

第十条 经设区的市、自治州以上税务局局长或者其授权的税务局领导批准，税务机关在本办法第七条规定的申请行政复议或提起行政诉讼期限届满，或者行政复议决定、人民法院判决或裁定生效后，于30日内制作失信主体确定文书，并依法送达当事人。失信主体确定文书应当包括以下内容：

（一）当事人姓名或者名称、有效身份证件号码或者统一社会信用代码、地址。没有统一社会信用代码的，以税务机关赋予的纳税人识别号代替；

（二）确定为失信主体的事由、依据；

（三）向社会公布的失信信息提示；

（四）相关部门采取失信惩戒措施提示；

（五）当事人依法享有的相关权利；

（六）其他相关事项。

对纳入纳税信用评价范围的当事人，还应当包括适用D级纳税人管理措施提示。

本条第一款规定的时限不包括因其他方式无法送达，公告送达告知文书和确定文书的时间。

第三章　信息公布

第十一条 税务机关应当在失信主体确定文书送达后的次月15日内，向社会公布下列信息：

（一）失信主体基本情况；

（二）失信主体的主要税收违法事实；

（三）税务处理、税务行政处罚决定及法律依据；

（四）确定失信主体的税务机关；

（五）法律、行政法规规定应当公布的其他信息。

对依法确定为国家秘密的信息，法律、行政法规禁止公开的信息，以及公开后可能危及国家安全、公共安全、经济安全、社会稳定的信息，税务机关不予公开。

第十二条　税务机关按照本办法第十一条第一款第一项规定向社会公布失信主体基本情况。失信主体为法人或者其他组织的，公布其名称、统一社会信用代码（纳税人识别号）、注册地址以及违法行为发生时的法定代表人、负责人或经人民法院生效裁判确定的实际责任人的姓名、性别及身份证件号码（隐去出生年、月、日号码段）；失信主体为自然人的，公布其姓名、性别、身份证件号码（隐去出生年、月、日号码段）。

经人民法院生效裁判确定的实际责任人，与违法行为发生时的法定代表人或者负责人不一致的，除有证据证明法定代表人或者负责人有涉案行为外，税务机关只向社会公布实际责任人信息。

第十三条　税务机关应当通过国家税务总局各省、自治区、直辖市、计划单列市税务局网站向社会公布失信主体信息，根据本地区实际情况，也可以通过税务机关公告栏、报纸、广播、电视、网络媒体等途径以及新闻发布会等形式向社会公布。

国家税务总局归集各地税务机关确定的失信主体信息，并提供至"信用中国"网站进行公开。

第十四条　属于本办法第六条第一项、第二项规定情形的失信主体，在失信信息公布前按照《税务处理决定书》《税务行政处罚决定书》缴清税款、滞纳金和罚款的，经税务机关确认，不向社会公布其相关信息。

属于本办法第六条第八项规定情形的失信主体，具有偷税、逃避追缴欠税行为的，按照前款规定处理。

第十五条　税务机关对按本办法规定确定的失信主体，纳入纳税信用评价范围的，按照纳税信用管理规定，将其纳税信用级别判为D级，适用相应的D级纳税人管理措施。

第十六条　对按本办法第十一条第一款规定向社会公布信息的失信主体，税务机关将失信信息提供给相关部门，由相关部门依法依规采取失信惩戒措施。

第十七条　失信主体信息自公布之日起满3年的，税务机关在5日内停止信息公布。

第四章　提前停止公布

第十八条　失信信息公布期间，符合下列条件之一的，失信主体或者其破产管理人可以向作出确定失信主体决定的税务机关申请提前停止公布失信信息：

（一）按照《税务处理决定书》《税务行政处罚决定书》缴清（退）税款、滞纳金、罚款，且失信主体失信信息公布满六个月的；

（二）失信主体破产，人民法院出具批准重整计划或认可和解协议的裁定书，税务机关依法受偿的；

（三）在发生重大自然灾害、公共卫生、社会安全等突发事件期间，因参与应急抢险救灾、疫情防控、重大项目建设或者履行社会责任作出突出贡献的。

第十九条 按本办法第十八条第一项规定申请提前停止公布的，申请人应当提交停止公布失信信息申请表、诚信纳税承诺书。

按本办法第十八条第二项规定申请提前停止公布的，申请人应当提交停止公布失信信息申请表、人民法院出具的批准重整计划或认可和解协议的裁定书。

按本办法第十八条第三项规定申请提前停止公布的，申请人应当提交停止公布失信信息申请表、诚信纳税承诺书以及省、自治区、直辖市、计划单列市人民政府出具的有关材料。

第二十条 税务机关应当自收到申请之日起2日内作出是否受理的决定。申请材料齐全、符合法定形式的，应当予以受理，并告知申请人。不予受理的，应当告知申请人，并说明理由。

第二十一条 受理申请后，税务机关应当及时审核。符合本办法第十八条第一项规定条件的，经设区的市、自治州以上税务局局长或者其授权的税务局领导批准，准予提前停止公布；符合本办法第十八条第二项、第三项规定条件的，经省、自治区、直辖市、计划单列市税务局局长或者其授权的税务局领导批准，准予提前停止公布。

税务机关应当自受理之日起15日内作出是否予以提前停止公布的决定，并告知申请人。对不予提前停止公布的，应当说明理由。

第二十二条 失信主体有下列情形之一的，不予提前停止公布：

（一）被确定为失信主体后，因发生偷税、逃避追缴欠税、骗取出口退税、抗税、虚开发票等税收违法行为受到税务处理或者行政处罚的；

（二）五年内被确定为失信主体两次以上的。

申请人按本办法第十八条第二项规定申请提前停止公布的，不受前款规定限制。

第二十三条 税务机关作出准予提前停止公布决定的，应当在5日内停止信息公布。

第二十四条 税务机关可以组织申请提前停止公布的失信主体法定代表人、财务负责人等参加信用培训，开展依法诚信纳税教育。信用培训不得收取任何费用。

第五章 附 则

第二十五条 本办法规定的期间以日计算的，是指工作日，不含法定休假日；期间以年、月计算的，到期月的对应日为期间的最后一日；没有对应日的，月末日为期间的最后一日。期间开始的当日不计算在期间内。

本办法所称"以上、日内"，包含本数（级）。

第二十六条 国家税务总局各省、自治区、直辖市、计划单列市税务局可以依照本办法制定具体实施办法。

第二十七条 本办法自2022年2月1日起施行。《国家税务总局关于发布〈重大税收违法失信案件信息公布办法〉的公告》（2018年第54号）同时废止。

【税务稽查风险案例1-9】

2021年4月初，上海市税务局第一稽查局依法受理关于郑某涉嫌偷逃税问题的举报后，在国家税务总局指导督办下，在天津、浙江、江苏、北京等地税务机关配合协助下，针对郑某利用"阴阳合同"涉嫌偷逃税问题，以及2018年规范影视行业税收秩序以后郑某参加的演艺项目和相关企业及人员涉税问题开展全面深入检查。

经查，郑某于2019年主演电视剧《倩女幽魂》，与制片人约定片酬为1.6亿元，实际取得1.56亿元，未依法如实进行纳税申报，偷税4 302.7万元，其他少缴税款1 617.78万元。同时查明，郑某另有其他演艺收入3 507万元，偷税224.26万元，其他少缴税款1 034.29万元。以上合计，郑某2019年至2020年未依法申报个人收入1.91亿元，偷税4 526.96万元，其他少缴税款2 652.07万元。

郑某上述行为违反了2018年以来中共中央宣传部、文化和旅游部、国家税务总局、国家广播电视总局、国家电影局等部门三令五申严禁影视行业"天价片酬""阴阳合同"等要求，偷逃税主观故意明显，严重扰乱税收征管秩序，违反了相关税收法律法规，税务部门依法予以从严处理。

上海市税务局第一稽查局依据《中华人民共和国税收征收管理法》《中华人民共和国个人所得税法》《中华人民共和国增值税暂行条例》等相关法律法规，对郑某追缴税款、加收滞纳金并处罚款共计2.99亿元。郑某在税务部门送达行政处理处罚决定书时未提出异议，表示不复议、不起诉，并已在规定期限内缴清全部税款和滞纳金。税务部门正依法督促其在规定期限内缴清罚款。

税务部门同时检查发现，本案举报人之一张某作为郑某《倩女幽魂》项目的经纪人，涉嫌策划了1.6亿元约定片酬的拆分合同、设立"掩护公司"等事宜，并直接操作合同具体执行、催款收款等活动，帮助郑某偷逃税款。上海市税务局第一稽查局已依法对张某进行立案检查，并将依法另行处理。此外，相关企业存在涉嫌为郑某拆分合同、隐瞒片酬提供方便，帮助郑某偷逃税款等涉税违法行为，税务部门也已依法另行立案处理。

（二）重大税收违法失信主体信息公布管理办法解读

2021年12月31日，国家税务总局公布了《重大税收违法失信主体信息公布管理办法》（国家税务总局令第54号公布，以下简称本办法），现就有关事项解读如下。

1.修订背景

为贯彻中共中央办公厅、国务院办公厅《关于进一步深化税收征管改革的意见》和《国务院办公厅关于进一步完善失信约束制度构建诚信建设长效机制的指导意见》（国办发〔2020〕49号），深入推进重大税收违法失信案件管理工作，规范管理流程，约束行政权力，切实保护行政相对人合法权益，更好发挥税务诚信机制在激发市场活力、营造良好营商环境等方面职能作用,国家税务总局对《重大税收违法失信案件信息公布办法》(国家税务总局公告2018年第54号发布,以下简称"原办法")进行了修订,并更名为《重大税收违法失信主体信息公布管理办法》,以部门规章的形式发布施行。

2014年,国家税务总局制定《重大税收违法案件信息公布办法(试行)》,2016年和2018年,国家税务总局对该办法进行了两次修订。实施以来,原办法在震慑税收违法行为和引导依法诚信纳税方面发挥了重要作用,取得了良好的效果。近年来,国务院对完善失信约束制度构建诚信建设长效机制作出新部署、提出新要求,原办法在失信主体确定、修复程序规范等方面存在一些不足,有必要进行修订完善。

2.修订原则

(1)切实强化权利保障。把保障当事人合法权益贯穿于失信信息公布工作全过程。事前保障知情权,规定在作出确定失信主体的决定前,告知当事人相关事由、依据、拟采取的失信惩戒措施及依法享有的权利;事中保障异议权,及时复核当事人提出的陈述、申辩意见;事后保障提前停止公布失信信息的申请权,及时受理审核并告知审核结果。

(2)严格约束执法行为。全面规范失信主体确定、失信惩戒和提前停止公布失信信息工作的相关执法程序,明确各级税务机关的职权,细化失信主体确定、信息公布、信用修复等环节工作流程,确保相关工作在法治轨道内运行。

(3)着重解决实际问题。着重解决原办法施行中存在的问题,如:适当提高部分纳入失信主体的违法行为涉及金额标准,做到过罚相当;适应税收征管新形势,将违法的税务代理人、协助偷骗税的相关当事人等纳入失信主体。

3.修订的重点内容

本办法分五章(总则、失信主体的确定、信息公布、提前停止公布、附则)共二十七条。主要修订内容包括以下几方面:

(1)在立法宗旨中增加"保障税务行政相对人合法权益"的表述。在第一条中将"保障税务行政相对人合法权益"作为立法宗旨之一,充分贯彻落实《关于进一步深化税收征管改革的意见》提出的维护纳税人缴费人合法权益的要求。

(2)增加对失信主体个人信息的保护。按照《优化营商环境条例》要求,在第四条明确税务机关对在失信主体信息公布管理工作中知悉的商业秘密、个人隐私及个人信息依法保密。

(3)明确失信主体的确定标准。充分考虑失信主体确定的一致性、合理性,在第六条关于失信主体确定标准规定中,把逃避追缴欠税金额由10万元提高至100万元以上,把虚开增值税普通发票金额提高至400万元以上。同时,把不缴或少缴已扣、已收税款且数额在100万元以上的扣缴义务人,为纳税人、扣缴义务人非法提供便利导致未缴、少缴税款100万元以上或者骗取国家出口退税款的涉税当事人,以及造成纳税人未缴或者少缴税款100万元以上的税务代理人等四类税收违法主体纳入失信主体范围。

（4）明确保障当事人知情权和陈述申辩权的相关规定。在第八条规定税务机关应当在确定失信主体前告知当事人享有的法定权利，在第九条增加及时复核当事人陈述申辩意见的规定，保障当事人合法权益。

（5）增加确定失信主体和公布失信主体信息的时限规定。在第十条明确税务机关在相关期限届满或者相关文书生效后30日内制作失信主体确定文书，在第十一条规定税务机关应当在失信主体确定文书送达后次月15日内，向社会公布失信信息。

（6）增加不予公开失信主体的情形。在第十一条规定公开失信主体的例外情形，即依法确定为国家秘密的信息，法律、行政法规禁止公开的信息，以及公开后可能危及国家安全、公共安全、经济安全、社会稳定的信息，税务机关不予公开。

（7）进一步规范向社会公布的失信信息。为保障税务行政相对人的合法权益，在第十二条明确只公布违法行为发生时的法定代表人、负责人或实际责任人，不再公布对重大税收违法失信案件负有直接责任的涉税专业服务机构和从业人员的基本信息。

（8）明确规定申请提前停止公布的条件。为鼓励失信主体主动纠正违法行为、积极承担社会责任、重塑良好信用，在第十八条明确规定符合三类条件的失信主体，可以向税务机关申请提前停止公布失信信息。

（9）明确申请提前停止公布应提交的材料。为减轻当事人办税负担，按照必要性原则，在第十九条明确了不同情形下当事人申请提前停止公布应提交的材料。

（10）严格提前停止公布的审批程序。在第二十条、第二十一条、第二十三条明确符合规定条件的失信主体申请提前停止公布的，税务机关经报规定层级的局领导审批，审批通过的，应当在受理后15日内作出准予停止公布决定，并在5日内停止公布。

（11）增加不予提前停止公布的情形。为体现"宽严相济""过惩相当"，在第二十二条明确对5年内被确定为失信主体两次以上和被确定为失信主体后因发生偷税、逃避追缴欠税、骗取出口退税、抗税、虚开发票等税收违法行为受到处理处罚的，不予提前停止公布。

（12）增加信用培训的规定。在第二十四条规定税务机关对申请提前停止公布的失信主体，可以组织其法定代表人、财务负责人等参加信用培训，强化对失信主体的正面引导。

【税务稽查风险案例1-10】

2021年10月，上海市税务局第一稽查局前期在郑某偷逃税案件检查过程中发现，张某作为郑某参演《倩女幽魂》的经纪人，负责相关演艺合同签订、片酬商谈、合同拆分、催款收款等事宜，并具体策划起草"增资协议"，设立"掩护公司"，掩盖"天价片酬"，规避行业主管部门监管，帮助郑某逃避履行纳税义务。

依据《中华人民共和国税收征收管理法实施细则》第九十三条和《中华人民共和国行政处罚法》第三十二条的规定，综合考虑张某的违法事实以及有关情节等因素，对张某处以郑某在《倩女幽魂》项目中偷税额（4 302.7万元）0.75倍的罚款，计3 227万元。上海市税务局第一稽查局已向张某依法送达《税务行政处罚决定书》，限其在规定期限内缴清罚款，目前正在依法追缴中。

上海市税务局有关负责人表示，将深入贯彻落实中共中央宣传部、国家税务总局有关要求，加强和改进对明星艺人、网络主播等文娱领域从业人员及其经纪公司、经纪人的税法宣传教育和税收管理，依法依规加大偷逃税典型案件查处和曝光力度。发现经纪公司及经纪人等帮助明星艺人、网络主播设计、策划、实施逃避税行为的，相关部门将进行联动检查、一并依法从严处理，切实促进文娱领域在发展中规范，在规范中发展。

第二章

金税四期深度解析及稽查风险应对策略

导读

本章介绍金税四期深度解析及应对策略,分为四节,第一节是金税四期与金税三期的区别与功能,包括增加了全流程智能办税、增加了信息核查、增加了信息共享、增加了"非税"业务。第二节是金税四期建设的成就与最新进展,包括智慧税务建设的成就、征管改革建设的成就、税务执法改革的成就、税费服务改革的成就。第三节是金税四期税务重点关注对象,包括虚开发票的企业、收入成本严重不匹配的企业、税负率异常的企业、常年亏损和零申报的企业、申报异常或者明显错误的企业、高库存及库存账实不一致的企业、未缴或者少缴社会保险费的企业。第四节是金税四期企业疑难业务税务处理,包括增值税疑难业务税务处理、企业所得税疑难业务税务处理、个人所得税疑难业务税务处理、其他税种与税收征管疑难业务税务处理。

第一节　金税四期与金税三期的区别与功能

一、增加了全流程智能办税

金税四期工程增加了全流程智能办税功能,纳税流程更加便捷,为纳税人服务的功能更加强大。

为切实落实好2022年"我为纳税人缴费人办实事暨便民办税春风行动"的各项举措,开展好第31个全国税收宣传月活动,税务部门不断优化智慧税务服务方式,让纳税服务更加智能、高效、便捷,进一步提升纳税人缴费人的满意度与获得感。

在山东,国家税务总局烟台经济技术开发区税务局"智税服务团队"将智慧税务

第二章 金税四期深度解析及稽查风险应对策略

理念融入税收宣传工作中,为纳税人提供"浸入式"税费优惠政策宣讲新体验。税务干部辅导纳税人使用VR设备,了解增值税留抵退税操作办理流程。

在河北,国家税务总局隆尧县税务局结合纳税人缴费人需求,在全省率先引入24小时智慧办税舱,可一舱通办包括实名采集、新办登记、各项税费申报缴纳等涉税费业务,实现全天候自助办税,为纳税人缴费人带来极大便利。

在辽宁,国家税务总局朝阳市税务局第二税务分局依托"空中客服"——智能自助服务平台,以"人机对话"的形式远程辅导纳税人办理涉税业务。

在山西,国家税务总局大同经济技术开发区税务局为纳税人缴费人提供全流程智慧服务,纳税人缴费人办税过程中可随时呼叫远程导税人员,在线解决疑难问题。纳税人可以在智慧税务办税大厅使用双屏智能辅导系统办理涉税业务。

在河南,国家税务总局郑州市郑东新区税务局联合郑东新区政务服务局正式上线智慧税务服务——"云帮办"系统,通过"一对一"可视化方式为纳税人解决涉税疑难。

在贵州,国家税务总局都匀市税务局引入大数据、人工智能、生物识别等技术,在智慧办税厅设立智慧导税员,通过人脸识别系统记录纳税人信息和相关涉税资料,精准引导纳税人到相应区域办理涉税业务,提高纳税服务效率。

在重庆,国家税务总局重庆市北碚区税务局打造全天候、全智能、全业务的智慧办税服务厅,并将智能机器人"税小宝"正式引入纳税服务中,纳税人可通过语音实现同"税小宝"的交互,了解最新的税费优惠政策。

在大连,国家税务总局大连市中山区税务局办税服务厅运用大数据、云计算等手段,通过智能问办平台,为纳税人精准推送优惠政策信息,帮助他们算清算细减税降费红利账。

在青岛,国家税务总局青岛高新技术产业开发区税务局打造"智慧税务岛",一个税务窗口同时为2位纳税人办理业务,不断提升服务质量和效率。

在厦门,厦门市税务部门"智慧办税厅"在火炬高新区软件园二期揭牌亮相,该智慧办税厅依托智能科技手段,内设智能导税区、办税监控平台、政策快充驿站等多个功能区,创新推出同屏智能咨询辅导以及代开发票自动盖章新功能,为周边软件园、企业等提供"集成智能、双向联动、学办一体"的涉税服务。

在深圳,国家税务总局深圳市福田区税务局推动办税服务厅向智能化转变,提升纳税人办税体验。在办税服务厅,税务干部使用智能平板电脑向纳税人展示"远程办"业务,帮助纳税人轻松办税。

【税务稽查风险案例2-1】

2022年9月,天津市河西区税务局根据互联网数据监测线索,对某公司发布涉税虚假宣传信息进行处理。

经查,该公司通过互联网网站发布"返税服务"等涉税虚假宣传信息,歪曲解读税收政策,误导社会公众。天津市河西区税务局联合当地市场监管部门对该公司进行约谈，责令其删除违规内容、及时消除影响，并依据《涉税专业服务监管办法（试行）》相关规定，扣减其涉税专业服务信用积分。

天津市河西区税务局有关部门负责人表示，下一步将深入贯彻落实国家税务总局、国家互联网信息办公室、国家市场监督管理总局《关于规范涉税中介服务行为 促进涉税中介行业健康发展的通知》，常态化开展规范管理工作，严肃查处违规行为，促进涉税中介行业健康发展，保障国家税收利益和纳税人缴费人合法权益。

二、增加了信息核查

（一）信息核查三大功能

金税四期工程增加了信息核查功能，可以全方位核查企业相关人员的手机号码、企业纳税状态以及企业登记注册信息。

2019年6月26日，中国人民银行、工业和信息化部、国家税务总局、国家市场监督管理总局四部门联合召开企业信息联网核查系统启动会。中国工商银行、交通银行、中信银行、中国民生银行、招商银行、广发银行、平安银行、上海浦东发展银行等8大银行作为首批用户接入企业信息联网核查系统。该系统可以实现企业相关人员手机号码、企业纳税状态、企业登记注册信息核查的三大功能。

【税务稽查风险案例2-2】

根据呼税稽罚〔2022〕1号显示的案情，内蒙古某财务咨询有限公司的违法行为如下：

1.通过个人账户、支付宝、微信隐匿收入

（1）该单位在2019—2021年，通过个人银行卡、支付宝、微信等途径收取代理记账收入，但未在该单位财务核算账簿中体现，隐匿应税收入，应补缴2019年1月1日—2019年12月31日增值税9 747.35元；应补缴2020年1月1日—2020年12月31日增值税12 658.85元；应补缴2021年1月1日—2021年12月31日增值税4 056.14元。共计补缴增值税26 462.34元。

（2）该单位在2019—2021年，通过个人银行卡、支付宝、微信等途径收取代理记账收入，但未在该单位财务核算账簿中体现，隐匿应税收入，应补缴2019年1月1日至2019年12月31日城市维护建设税341.16元；应补缴2020年1月1日至2020年12月31日城市维护建设税443.06元；应补缴2021年1月1日至2021年12月31日城市维护建设税141.96元。共计补缴城市维护建设税926.18元。

（3）该单位在2019—2021年，通过个人银行卡、支付宝、微信等途径收取代理记账收入，但未在该单位财务核算账簿中体现，隐匿应税收入，应补缴2019年1月1日至2019年12月31日企业所得税7 301.55元；应补缴2020年1月1日至2020年12月31日企业所得税5 863.43元。共计补缴企业所得税13 164.98元。

2.该单位帮助员工隐匿工资收入行为

根据该单位提供的银行转账记录及工资表证据，该单位存在帮助员工隐匿工资收入行为，1.致使员工杨某欣2019年度少缴纳个人所得税税款3 768.78元、滞纳金1 064.68元，2020年度少缴纳个人所得税税款5 467.98元、滞纳金546.8元；致使员工张某霞2020年度少缴纳个人所得税税款2 349.83元，滞纳金234.98元。虽然杨某欣、张某霞已于2021年1月16日更正申报并缴清税款及滞纳金，但该单位违法行为已实施，并造成相应后果。

国家税务总局呼和浩特市税务局稽查局根据《中华人民共和国税收征收管理法》第六十三条、第六十九条，认定该单位的行为构成偷税。对定性为偷税的增值税、城市维护建设税、企业所得税处以0.5倍的罚款，合计20 276.8元。对该单位未履行扣缴义务人职责导致员工杨某欣、张某霞少缴纳个人所得税的行为，处以0.5倍罚款，罚款金额5 793.29元。

（二）企业信息联网核查系统的建立

2019年11月19日，中国人民银行办公厅印发了《企业信息联网核查系统管理办法》（银办发〔2019〕197号印发），规定如下。

第一章　总　　则

第一条　为加强企业信息联网核查系统及其业务管理，维护系统安全、稳定、高效运行，推进落实账户实名制，制定本办法。

第二条　本办法所称企业信息联网核查系统是中国人民银行联合工业和信息化部、国家税务总局、国家市场监督管理总局建设的，为参与机构提供企业（含企业法人、非法人企业、个体工商户，下同）相关人员手机号码、企业纳税状态、企业登记注册等信息真实性、有效性核查服务的业务处理平台。

第三条　企业信息联网核查系统的参与机构包括：

（一）银行业金融机构。

（二）非银行支付机构。

（三）特许清算机构。

（四）中国人民银行同意加入的其他机构。

中国人民银行清算总中心、中国人民银行省会（首府）城市中心支行以上分支机构清算中心和深圳市中心支行清算中心（以下简称运行机构）负责企业信息联网核查系统运行管理。

第四条　企业信息联网核查系统的参与机构及运行机构，适用本办法。

第五条　参与机构按照自愿加入、自愿使用的原则，加入企业信息联网核查系统,办理企业信息联网核查业务。

参与机构应当以法人为单位加入企业信息联网核查系统。参与机构原则上应当以接口方式加入系统,业务量较小的参与机构可以以非接口方式加入系统。

未经中国人民银行批准,参与机构不得代理其他机构加入企业信息联网核查系统。

第六条 企业信息联网核查结果仅作为参与机构审核企业相关人员手机号码、企业纳税状态、企业登记注册等信息真实性、有效性的内部参考。

对企业信息联网核查结果不一致或有其他异常的,参与机构有权采取措施进一步核实,并根据法律制度规定及内部管理要求予以处理。

参与机构不得以核查结果不一致为由拒绝办理相关业务。因企业信息联网核查结果导致的办理纠纷及相关责任,由参与机构自行解决和承担。

第七条 参与机构应当建立本单位企业信息联网核查业务管理办法和操作规程、内控制度、责任追究制度、应急预案,确保企业信息传输、存储安全,严控数据使用权限,防止信息泄露。

运行机构应当建立企业信息联网核查内控制度和企业信息安全保护机制,严格按照《中华人民共和国网络安全法》《金融行业信息系统信息安全等级保护实施指引》(JR/T 0071—2012[①])等有关规定,确保企业信息传输、存储安全,防止信息泄露。制订系统运行维护管理制度、突发事件应急预案,组织开展系统突发事件应急处置。与工业和信息化部、国家税务总局、国家市场监督管理总局相关技术部门建立协调机制。

参与机构、运行机构应当对通过企业信息联网核查系统获得的信息保密,不得用于其他目的,不得向任何单位和个人提供,法律、法规另有规定的除外。

第八条 企业信息联网核查系统运行时间由中国人民银行统一规定。

第九条 中国人民银行及其分支机构依法对企业信息联网核查系统参与机构、运行机构进行监督管理。

第二章 联 网 核 查

第十条 参与机构开展企业信息联网核查暂仅限于办理支付结算相关业务,不得用于办理其他业务。其中,企业相关人员手机号码信息联网核查暂仅限于办理企业银行账户开立、变更、撤销等相关业务。

参与机构开展企业相关人员手机号码信息联网核查时应当取得被核查人的书面授权。未经被核查人书面授权的不得进行手机号码信息联网核查。

第十一条 参与机构开展企业相关人员手机号码信息联网核查时,应当准确、完整向企业信息联网核查系统提交企业统一社会信用代码(尚未取得统一社会信用代码的个体工商户可以提供营业执照号码,下同)和被核查人手机号码身份证件类型、身份证件号码、姓名。

---

① 《金融行业信息系统信息安全等级保护实施指引》(JR/T 0071—2012)自2020年11月11日起废止,以《金融行业网络安全等级保护实施指引》(JR/T 0071.2—2020)代替。

企业信息联网核查系统依次核查手机号码、身份证件类型、身份证件号码、姓名的一致性,当某一要素核查不一致时停止对后续要素核查,并返回相应核查结果。上述要素全部核查一致的,同时返回手机号码归属运营商和归属地信息。

第十二条 参与机构开展企业纳税状态联网核查时,应当准确、完整向企业信息联网核查系统提交企业统一社会信用代码(或纳税人识别号)、企业名称。

企业信息联网核查系统依次核查企业统一社会信用代码(或纳税人识别号)、名称的一致性,当某一要素核查不致时停止对后续要素核查,并返回相应核查结果。上述要素全部核查一致的,同时返回登记税务机关代码、名称和纳税人状态信息。

第十三条 参与机构开展企业登记信息联网核查时,应当准确、完整向企业信息联网核查系统提交企业统一社会信用代码、企业名称、法定代表人(单位负责人)姓名及其身份证件号码。法定代表人或单位负责人授权他人办理账户相关业务的,还应当提交代理人姓名及其身份证件号码。

企业信息联网核查系统依次核查企业统一社会信用代码、企业名称、法定代表人(单位负责人)姓名、身份证件号码的一致性,当某一要素核查不一致时,停止对后续要素核查,并返回相应核查结果。上述要素全部核查一致的,同时返回企业登记状态、营业执照记载其他信息、股权结构信息、董事、监事、高级管理人员信息、企业历史变更信息、是否纳入异常经营名录、是否纳入严重违法失信企业名单、营业执照作废声明等信息。

第十四条 参与机构可以采用单笔核查、批量核查方式进行企业信息联网核查。对单笔核查,企业信息联网核查系统实时返回核查结果。对批量核查,企业信息联网核查系统于次日返回核查结果。

第十五条 参与机构收到企业信息联网核查系统返回的核查结果后,应当与相关资料进行核对,并按照有关规定处理。

第十六条 参与机构进行企业信息联网核查时,发现核查结果存在疑义的,可以通过企业信息联网核查系统反馈疑义信息。

第十七条 参与机构在办理企业信息联网核查业务时,发现客户凭虚假证明文件办理相关业务的,应当及时向公安机关报案。

第十八条 银行为企业办理基本存款账户开立或撤销业务的,应当于当日至迟下一工作日在企业信息联网核查系统中标注该企业开销户状态信息。

第三章 查询、监测和统计

第十九条 参与机构可以按照参与机构代码、参与机构名称、企业统一社会信用代码、企业名称、操作员等条件查询和下载本机构及辖属机构企业信息联网核查系统核查日志。

中国人民银行分支机构可以查询和下载本单位、辖区中国人民银行分支机构以及辖区参与机构的核查日志。

第二十条 中国人民银行及其分支机构可以对参与机构企业信息联网核查异常操作以及企业信息联网核查异常情况进行监测。

第二十一条 中国人民银行及其分支机构可以对辖区参与机构的企业信息联网核查业务量、非接口方式参与机构操作员数量等进行统计。

参与机构可以对本机构及辖属机构的核查业务量进行统计。

第四章 参与机构管理

第二十二条 加入企业信息联网核查系统的参与机构应当具备下列条件：

（一）拥有支付系统行号。

（二）满足加入企业信息联网核查系统的相关技术及安全性要求。

（三）具有健全的企业信息联网核查业务管理办法和操作规程、内控制度、责任追究办法、应急预案等业务管理制度。

（四）中国人民银行规定的其他条件。

第二十三条 申请机构申请加入企业信息联网核查系统，应当按照申请、初审、准备、加入的程序办理。

（一）申请。申请机构申请接入企业信息联网核查系统应提交《企业信息联网核查系统加入（退出）申请表》（附1，略）及相关管理制度。

其中，国家开发银行、政策性银行、国有商业银行、股份制商业银行、中国邮政储蓄银行、特许清算机构及其他机构向中国人民银行清算总中心提出申请；其他银行、非银行支付机构经所在地中国人民银行分支机构向所在地中国人民银行省会（首府）城市中心支行以上分支机构和深圳市中心支行（以下统称人民银行省一级分支机构）提出申请。

（二）初审。中国人民银行清算总中心收到申请后，应当在5个工作日内进行初审，并将初审结果告知申请机构。

中国人民银行省一级分支机构收到申请后，应当在5个工作日内进行初审，并将初审结果告知申请机构和当地中国人民银行省一级分支机构清算中心。

（三）准备。申请以接口方式加入系统的申请机构在通过初审后，应当按照运行机构要求做好相关技术准备工作，并通过中国人民银行清算总中心的验收。中国人民银行清算总中心应当将技术验收报告反馈申请机构和当地中国人民银行省一级分支机构清算中心。

申请以非接口方式加入系统的申请机构在通过初审后，按照《中国人民银行支付系统数字证书管理办法》（银办发〔2016〕112号文印发）规定的程序，申请企业信息联网核查系统企业证书。企业证书应符合《金融电子认证规范》（JR/T 0118—2015）等标准要求准备就绪后，中国人民银行省一级分支机构清算中心应当将有关情况连同申请机构申请表一并报中国人民银行清算总中心。

（四）加入。中国人民银行清算总中心就申请机构正式加入系统向中国人民银行提出申请。

第二章　金税四期深度解析及稽查风险应对策略

中国人民银行确定申请机构加入系统时间后，书面批复中国人民银行清算总中心并抄送相关中国人民银行省一级分支机构。中国人民银行清算总中心收到批复后，正式办理申请机构加入系统手续。

第二十四条　参与机构申请退出企业信息联网核查系统的，按照申请、初审、准备、退出的程序办理。具体办理流程参照本办法第二十三条的规定。

第二十五条　参与机构出现下列情况之一的，中国人民银行及其省一级分支机构视情况给予通报批评、暂停业务办理并限期整改等措施；情节严重的，强制其退出企业信息联网核查系统。被强制退出企业信息联网核查系统的机构，2年内不得申请加入企业信息联网核查系统。

（一）提供虚假申请材料，采取欺骗手段加入企业信息联网核查系统的。

（二）因内部管理不善，影响企业信息联网核查系统安全稳定运行的。

（三）因业务处理不规范，出现客户大量投诉造成恶劣影响的。

（四）未经中国人民银行批准，擅自代理其他机构开展企业信息联网核查的。

（五）违反规定将通过企业信息联网核查系统获得的信息用于其他目的或违规向其他单位或个人提供的。

（六）其他严重违反企业信息联网核查系统管理制度的情形。

第五章　系统管理

第二十六条　运行机构调整企业信息联网核查系统架构、增加系统业务功能、接入其他业务系统、基于系统开展业务创新以及其他重要事项，应提前30日逐级书面报告至中国人民银行，经批准后方可实施。

第二十七条　运行机构应于每季度结束后10日内将季度系统建设、业务处理、运行管理、数据安全等情况逐级书面报告至中国人民银行。

第二十八条　运行机构统一维护企业信息联网核查系统中的参与机构代码、地区代码、行别代码等基础信息。

第二十九条　以接口方式加入系统的参与机构自行设置操作员。

以非接口方式加入系统的参与机构设置一个法人机构业务主管、一个法人机构系统管理员和若干个业务操作员法人机构业务主管可以进行查询、统计、监测和业务操作员维护等，业务操作员可以进行单笔核查、批量核查、疑义信息提交等。

第三十条　以非接口方式加入系统的参与机构法人机构业务主管、法人机构系统管理员由所在地中国人民银行省级分支机构清算中心设置和维护，业务操作员由参与机构法人机构业务主管、法人机构系统管理员共同设置和维护。

第三十一条　以非接口方式加入系统的参与机构需要新增、变更、删除法人机构业务主管或系统管理员的，应当向所在地中国人民银行省一级分支机构清算中心提交《企业信息联网核查系统操作员信息维护申请表》（附2，略），并加盖公章。

中国人民银行省一级分支机构清算中心应当在5个工作内在系统中维护操作员信息。

第三十二条 非接口方式的参与机构操作员登录企业信息联网核查系统应当使用用户证书。

参与机构应当按照《中国人民银行支付系统数字证书管理办法》规定的程序,申请企业信息联网核查系统用户证书参与机构操作员证书可以使用支付系统用户证书。用户证书应符合《金融电子认证规范》等标准要求。

第六章 附　则

第三十三条 本办法由中国人民银行负责解释。

第三十四条 本办法自印发之日起施行。

【税务稽查风险案例2-3】

2021年12月,浙江省杭州市税务部门经税收大数据分析发现网络主播黄某涉嫌偷逃税款,在相关税务机关协作配合下,依法对其开展了全面深入的税务检查。

经查,黄某在2019年至2020年,通过隐匿个人收入、虚构业务转换收入性质虚假申报等方式偷逃税款6.43亿元,其他少缴税款0.6亿元。

在税务调查过程中,黄某能够配合并主动补缴税款5亿元,同时主动报告税务机关尚未掌握的涉税违法行为。综合考虑上述情况,国家税务总局杭州市税务局稽查局依据《中华人民共和国个人所得税法》《中华人民共和国税收征收管理法》《中华人民共和国行政处罚法》等相关法律法规规定,按照《浙江省税务行政处罚裁量基准》,对黄某追缴税款、加收滞纳金并处罚款,共计13.41亿元。其中,对隐匿收入偷税但主动补缴的5亿元和主动报告的少缴税款0.31亿元,处0.6倍罚款计3.19亿元;对隐匿收入偷税但未主动补缴的0.27亿元,处4倍罚款计1.09亿元;对虚构业务转换收入性质偷税少缴的1.16亿元,处1倍罚款计1.16亿元。日前,杭州市税务局稽查局已依法向黄某送达税务行政处理处罚决定书。

杭州市税务局有关负责人表示,税务部门将持续加强对网络直播行业从业人员的税收监管,并对协助偷逃税款的相关经纪公司及经纪人、网络平台企业、中介机构等进行联动检查,依法严肃查处涉税违法行为,切实提高税法遵从度,营造法治公平的税收环境。

三、增加了信息共享

金税四期工程建立各部委、中国人民银行及银行等参与机构的通道,可以实现多部门的信息共享。

(一)税务部门与自然资源部门的信息共享

《国家税务总局　自然资源部关于进一步深化信息共享 便利不动产登记和办税的通知》(税总财行发〔2022〕1号)规定如下。

第二章　金税四期深度解析及稽查风险应对策略

为深入推进不动产登记便利化改革,根据党中央、国务院关于优化营商环境的决策部署,按照中办、国办印发的《关于进一步深化税收征管改革的意见》以及《国务院办公厅关于压缩不动产登记办理时间的通知》(国办发〔2019〕8号)工作要求,不断巩固拓展党史学习教育成果,现就进一步深化税务部门和自然资源主管部门协作、加强信息共享有关事项通知如下:

一、深化部门信息共享

税务部门和自然资源主管部门要立足本地信息化建设实际,密切加强合作,以解决实际问题为导向,合理确定信息共享方式,及时实现共享实时化。2022年底前,全国所有市县税务部门和自然资源主管部门应实现不动产登记涉税业务的全流程信息实时共享。

(一)信息共享内容。自然资源主管部门应向税务部门推送统一受理的不动产登记申请和办税信息。主要包括:权利人、证件号、共有情况、不动产单元号、坐落、面积、交易价格、权利类型、登记类型、登记时间等不动产登记信息,以及办理纳税申报时所需的其他登记信息。

税务部门应向自然资源主管部门推送完税信息。主要包括:纳税人名称、证件号、不动产单元号、是否完税、完税时间,以及办理不动产登记时所需的其他完税信息。

(二)信息共享方式。各省、自治区、直辖市和计划单列市(以下简称各省)税务部门和自然资源主管部门原则上应通过构建"省对省"模式实现信息共享,即两部门在省级层面打通共享路径,通过政务服务平台或连接专线实现不动产登记和办税信息实时共享。

条件暂不具备的,可由省税务部门与自然资源主管部门协商,以接口方式实现信息实时共享;对不动产登记信息管理基础平台已迁移至电子政务外网的市县,可通过调用省税务部门部署于电子政务外网的数据接口实现信息实时共享;已实现信息实时共享的市县暂可保持原有共享方式。各省自然资源主管部门要积极创造条件,会同税务部门推动实现"省对省"模式。

(三)信息共享要求。各省税务部门和自然资源主管部门要强化部门协作,共同研究确定信息共享方式、制定接口规范标准、完成接口开发,确保不动产登记和办税所需信息实时共享到位。要建立安全的信息共享物理环境、网络环境、数据加密与传输机制,保障数据安全。要制定信息共享安全制度,共享信息仅用于不动产登记和办税工作,防止数据外泄,确保信息安全。

各省税务部门和自然资源主管部门要深入推进"以地控税、以税节地"工作,以不动产单元代码为关键字段,加强地籍数据信息的共享。税务部门要加快构建基于地理信息系统的城镇土地使用税、房产税税源数据库,不断提升税收征管质效;自然资源主管部门要加强地籍调查工作，在不动产登记信息管理基础平台上，建立健全地籍数据库，推进地籍数据信息的共享应用。

二、大力推进"一窗办事"

税务部门和自然资源主管部门要在巩固"一窗受理、并行办理"工作成果基础上，以部门信息实时共享为突破口，大力推进信息化技术支撑下的线上线下"一窗办事"。不动产登记和办税联办业务原则上应该通过"一窗办事"综合窗口受理，不得通过单一窗口分别受理、串联办理。2022年底前，全国所有市县应实现不动产登记和办税线下"一窗办事"；2023年底前，全国所有市县力争实现不动产登记和办税"网上（掌上）办理"。

（一）线下实现"一窗办事"。各省税务部门和自然资源主管部门要统一线下综合受理窗口业务规范，坚决取消违法违规的前置环节、合并相近环节，对退税、争议处理等特殊业务，可单独设置业务窗口，进一步改善企业群众办事体验。要积极推动税务部门税收征管系统与自然资源主管部门不动产登记系统对接，应用信息化手段整合各部门业务，将纸质资料"现场传递"提升为电子资料"线上流转"。要认真梳理优化办理流程，在综合受理窗口统一收件、统一录入后，自然资源主管部门不动产登记系统自动将税务部门所需信息推送至税收征管系统。税务部门并行办理税收业务，及时确定税额，为纳税人提供多渠道缴纳方式，力争实现税费业务现场即时办结。纳税人完税后，税收征管系统向自然资源主管部门不动产登记系统实时反馈完税信息，自然资源主管部门依法登簿、发证。

（二）积极推进线上"一窗办事"。各省税务部门和自然资源主管部门要围绕智慧税务建设和"互联网+不动产登记"的目标，加强网上不同业务系统相互融合，实行"一次受理、自动分发、集成办理、顺畅衔接"，实现登记、办税网上申请、现场核验"最多跑一次"或全程网办"一次不用跑"。各省要结合本地区实际，明确"一窗办事"平台开发层级和应用范围，统筹加快手机App、小程序等开发应用，逐步实现不动产登记和办税全程"掌上办理"。要打通信息数据壁垒、统一流程环节，实现线上线下业务办理有机贯通衔接。

三、切实保障各项任务有序落地

税务部门和自然资源主管部门要从党史学习教育中汲取继续前进的智慧和力量，切实为群众办实事解难题，增强群众的获得感和满意度。

（一）提高政治站位。各省税务部门和自然资源主管部门要高度重视不动产登记和办税便利化，将此项工作作为巩固拓展党史学习教育成果的有力措施。要向当地党委、政府主动汇报工作情况，积极争取党委和政府在信息数据、经费、技术、场地等方面给予支持。要努力将不动产登记和办税打造为本地优化营商环境的"排头兵"，持续规范办事流程，不断提升服务质效，营造和谐稳定、可持续的政务服务环境。

（二）细化任务措施。各省税务部门和自然资源主管部门要尽快研究制定适合本地区的实施方案，明确目标任务，细化具体措施。对本辖区范围内尚未实现信息共享的市县，要及时统计梳理，分析原因，制定时间表、任务图，逐一挂账销号。要坚持问题导向，因地制宜采取创新举措，及时解决存在问题。

（三）狠抓责任落实。各省税务部门和自然资源主管部门要围绕目标加大绩效考评和督导力度，严格工作标准，压实职责任务。必要时联合开展实地督查，跟踪指导，督促工作落实，确保各市县按期实现工作任务，及时将便利化改革成效惠及广大群众。

（二）税务部门与民政部门的信息共享

《民政部　国家税务总局关于加强民政部门与税务部门合作开展婚姻登记信息共享工作的通知》（民函〔2016〕107号）规定如下。

为落实《国务院办公厅关于简化优化公共服务流程方便基层群众办事创业的通知》（国办发〔2015〕86号）和《中华人民共和国税收征收管理法》，推进简政放权、减轻群众办事负担，方便纳税人办理房地产交易涉税事项，现就加强民政部门与税务部门合作，开展婚姻登记信息共享工作有关事项通知如下：

一、信息共享的重要意义

按照国家有关税收政策规定，纳税人在购买或出售家庭住房时，如满足规定条件，可以享受相应的税收优惠。税务部门在受理纳税人提出的家庭住房税收优惠申请时，需要了解当事人的婚姻信息。税务部门通过开展与民政部门婚姻登记信息的共享工作，对特定的纳税人婚姻登记信息进行查询，不仅可以简化纳税人办理涉税事项所需提供资料，方便群众办事，也可以在一定程度上防范税收风险，对提高政府治理能力具有重要意义。各地民政部门和税务部门要高度重视，采取有效措施，切实把此项工作抓实抓好。

二、信息共享的层级及方式

（一）根据当前民政、税务部门的信息化水平和信息利用状况，婚姻登记信息共享工作在省级层面开展。各省（自治区、直辖市）可根据实际情况，就省级以下各级民政部门与税务部门婚姻登记信息共享事宜进行统筹安排。

（二）在确保婚姻登记管理信息系统独立和信息安全的前提下，各地婚姻登记信息共享应通过省级民政部门和同级税务部门之间网络发起查询请求和反馈查询结果，具体方式及信息交换频率、反馈时间，由省级民政部门、税务部门根据实际情况协商确定。数据接口的开发费用，所需配置的设备、设施（如前置机、安全及网络设备等）由省级税务部门提供。

对暂不具备网络共享条件的，可采用移动储存介质按批量进行数据交换。同时，要通过逐步提升信息化建设水平，尽早实现通过网络方式进行共享。

三、信息共享的内容

税务部门应根据工作需要，将所需查询的当事人姓名、身份证件类型及号码提供给民政部门。民政部门应向税务部门提供所需查询的当事人在民政部门办理婚姻登记的基本信息，包括当事人婚姻登记类别（结婚、离婚、补发结婚证、补发离婚证、撤销受胁迫结婚登记信息），登记时间，配偶姓名、身份证件类型及号码，婚姻登记机关名称等信息。

四、信息共享的相关要求

（一）各省级民政部门、税务部门要充分认识婚姻登记信息共享工作的重要性，加强协调配合。主动向当地政府汇报，联合争取各方面支持。建立由省级民政部门、税务部门主要负责同志组成的协调小组，因地制宜，制定本省（自治区、直辖市）婚姻登记信息共享工作方案，明确信息共享内容、传递途径、交换频率、反馈时间、使用和管理要求等，及时协调和解决信息共享及核实比对中的问题。

（二）各省级地方税务部门要主动与同级民政部门联系，就信息共享工作的具体事宜进行沟通。从民政部门获取的当事人婚姻登记信息查询结果，仅限于办理其房地产交易涉税事项使用，不得用于其他用途。地方税务部门要加强安全保密管理，签订保密协议，明确专人负责信息核查，并上报省级地方税务部门备案。建立责任追究机制，严格限制婚姻登记信息的查询并实行痕迹化管理。如发生信息泄露致当事人合法权益遭受损害等事件的，要依法追究相关单位和人员的责任。

（三）各省级民政部门要积极配合，及时向同级税务部门传递婚姻登记信息查询结果。同时，进一步健全和完善婚姻登记数据库，加快婚姻登记档案补录工作，不断提高婚姻登记信息化管理水平。

（三）税务部门与公安部门的信息共享

《国家税务总局　公安部关于建立车辆购置税完税证明和机动车销售发票信息共享核查机制有关工作的通知》（税总发〔2017〕12号）规定如下。

为加强国税机关和公安机关交通管理部门协作，建立车辆购置税完税证明、机动车销售发票（包括机动车销售统一发票和二手车销售发票，下同）信息共享及核查工作机制，优化便民服务，现就有关工作通知如下：

一、建立车辆购置税完税证明信息共享和核查工作机制。各地省级国税机关和公安机关交通管理部门要建立协作工作机制，加强车辆购置税完税证明信息共享和核查。省级国税机关要在2017年2月底前开设至同级公安机关交通管理部门的数据传输专线，计划单列市国税机关向本省省级国税机关开设数据传输专线。自2017年5月1日起实时（每5分钟）将本省（含计划单列市）国税机关签发的车辆购置税的完税证明电子信息传输给公安机关交通管理部门，公安机关交通管理部门要做好信息接收工作。省级国税机关向同级公安机关交通管理部门传输信息的范围暂限于汽车、挂车的车辆购置税完税证明电子信息。

　　二、严格审核车辆购置税完税证明。公安机关交通管理部门在办理机动车注册登记业务时，要对照国税机关传输的车辆购置税完税证明电子信息，严格审查车主提供的车辆购置税完税证明。对比对无误的，公安机关交通管理部门按规定程序办理车辆登记手续；对比对信息不符的，启动嫌疑车辆调查程序，向当地国税机关核实，待核实无误后再办理车辆登记手续；对因技术原因导致信息传输故障或者未收到信息暂时无法进行信息比对的，公安机关交通管理部门可先依据车主提供的车辆购置税完税证明办理车辆登记手续，待传输故障排除或者收到相关信息后，再履行比对程序。省级公安机关交通管理部门要每周汇总传输故障、未收到信息和比对不符的车辆信息，并传输至对应的省级国税机关。省级国税机关收到公安机关交通管理部门传输的已办理车辆登记手续但因传输故障、未收到信息而未履行比对程序的车辆信息，应会同公安机关交通管理部门及时核查，排除技术故障，补传相关信息。

　　三、加强对嫌疑车辆购置税完税证明的稽查。省级国税机关要将公安机关交通管理部门通报的比对不符的车辆信息清分至纳税人所在地主管国税机关依法处理，并及时传输补办的车辆完税证明信息。各地国税机关要配合公安机关交通管理部门开展针对车辆购置税信息比对不一致情况的调查核实，并在收到核实请求后10个工作日内反馈核查结果。对因信息传输故障或者未收到信息而未履行比对程序直接办理车辆登记手续、后经比对仍缺失完税信息的车辆，国税机关要及时与当事人联系核查。经核查，国税机关发现纳税人未按照规定缴纳车辆购置税的，责令其补税；纳税人拒绝缴纳的，或者经核查发现伪造变造车辆购置税完税证明的，国税机关按照《中华人民共和国税收征收管理法》依法处罚；构成犯罪的，依法追究刑事责任；公安机关交通管理部门依法撤销机动车登记，收缴机动车牌证。

　　四、加强机动车销售发票核查管理。公安部和国家税务总局已建立数据传输专线，国家税务总局每周汇总全国机动车销售发票信息传输至公安部，交通管理信息系统自动比对机动车销售发票信息。对销售发票票面信息同国税机关传输的电子信息比对不符或者未查到销售发票电子信息的，公安部定期清分至车辆登记地公安机关交通管理部门，各地国税机关要配合公安机关交通管理部门核查。具体工作机制由各省公安机关交通管理部门与各省国税机关协商确定。经核查发现伪造变造机动车销售发票的，国税机关按照《中华人民共和国税收征收管理法》和《中华人民共和国发票管理办法》依法处罚；构成犯罪的，依法追究刑事责任；公安机关交通管理部门依法撤销机动车登记，收缴机动车牌证。

五、优化便民服务。为进一步提高便民服务水平,各地国税机关要与当地公安机关交通管理部门加强合作,及时互相通报政策,协调车辆购置税征收权限设置层级和相应的业务范围、办理条件,加快向县级国税机关下放业务权限,确保车辆登记与车辆购置税征收权限设置层级、业务范围一致。各地国税机关要结合实际情况,在当地公安机关车辆登记部门设置车辆购置税征收点,并在机动车登记服务站点增设业务代办网点和自助缴税机,逐步推行通过互联网缴纳车辆购置税,方便群众缴税。

本通知自2017年5月1日起执行。

【税务稽查风险案例2-4】

2022年2月,山东省济南市税务部门经税收大数据分析,发现部分机动车销售企业存在虚开发票嫌疑,遂联合公安部门依法进行立案检查。

经查,以葛某为首的虚开犯罪团伙控制35家汽车销售空壳公司,对外虚开机动车销售统一发票925份,价税合计金额2.59亿元,帮助购车人低价购车偷逃税款,并从中非法牟利。

目前,山东省济南市历下区人民法院已依法对该案3名被告人以虚开增值税专用发票罪作出一审判决,其中主犯葛某被判处有期徒刑9年6个月并处罚金50万元。相关购车人所偷逃税款正在依法追缴中。

济南市税务局有关负责人表示,下一步,税务部门将充分运用税收大数据,有效发挥常态长效打击"假企业""假出口""假申报"工作机制作用,不断增强部门联合打击的协同性、精准性,坚决依法严厉打击各种偷逃税行为,营造法治、透明、公平的税收营商环境。

(四)税务部门与市场监督管理部门的信息共享

《国家税务总局 国家工商行政管理总局[①]关于加强税务工商合作 实现股权转让信息共享的通知》(国税发〔2011〕126号)规定如下。

为推进税务部门、工商行政管理部门之间的信息共享,强化股权转让税收征管,提升企业登记管理信息服务国家税收征管的能力,发挥税收调节收入分配的作用,现就加强税务、工商股权转让信息共享有关事项通知如下:

一、信息共享的内容

(一)工商行政管理部门向税务部门提供的信息

---

① 2018年3月,根据第十三届全国人民代表大会第一次会议批准的国务院机构改革方案,将国家工商行政管理总局的职责整合,组建中华人民共和国国家市场监督管理总局;将国家工商行政管理总局的商标管理职责整合,重新组建中华人民共和国国家知识产权局;不再保留国家工商行政管理总局。

第二章　金税四期深度解析及稽查风险应对策略

有限责任公司已经在工商行政管理部门完成股权转让变更登记的股权转让相关信息，包括：营业执照注册号、公司名称、住所、股东姓名或者名称、股东证件类型、股东证件号码、股东出资额、出资比例、登记日期。

（二）税务部门向工商行政管理部门提供的信息

1.企业因股东转让股权在税务部门办理的涉税信息，包括营业执照注册号、企业名称、纳税人识别号、股东姓名或者名称、股东证件类型、股东证件号码。

2.税务部门从工商行政管理部门获取公司股东转让股权变更登记信息后征收税款的有关信息，包括：营业执照注册号、纳税人姓名或者名称、纳税人识别号、税种、税款所属期、税款数额。

二、信息共享的方式

国家税务总局和国家工商行政管理总局建立信息共享平台和交换机制，开展股权变更登记信息共享工作。

省及省以下各级国家税务局、地方税务局分别与同级工商行政管理局（市场监督管理局，下同）协商进行信息交换。要充分利用计算机网络交换信息，逐步确立信息化条件下的信息交换机制。有条件的地方，可以建立税务、工商信息共享平台，或者利用政府信息共享平台，进行信息集中交换。暂不能通过网络交换信息的，税务部门和工商行政管理部门可采用光盘等介质交换。

三、信息共享的时限

从2012年1月1日起，各级国家税务局、地方税务局和工商行政管理局应将每月发生的应交换信息，在当月终了15日内完成交换。2011年1月1日至2011年12月31日期间发生的应交换信息，在2012年6月30日之前完成交换。2010年1月1日至2010年12月31日期间发生的应交换信息，在2012年9月30日之前完成交换。

四、加强组织协调

省及省以下各级国家税务局、地方税务局和工商行政管理局要高度重视，积极向当地政府汇报有关工作，争取支持。要建立由国家税务局、地方税务局和工商行政管理局主要领导组成的信息共享领导协调小组，定期或者不定期召开联席会议，及时协调和解决信息共享工作中的问题。要严格落实相关保密制度，确保信息安全，对获取的相关信息，不得向税务部门、工商行政管理部门以外的第三方提供，擅自对外提供有关信息的，要承担相应的法律责任。要巩固已有的税务、工商合作成果，继续利用已有的政府信息共享平台，建立健全信息共享制度，探索税务、工商协调配合新模式。

各省（自治区、直辖市和计划单列市）国家税务局会同地方税务局、工商行政管理局根据本通知的规定，制定具体的操作办法，于2012年2月底前报国家税务总局、国家工商行政管理总局备案。对《国家税务总局　国家工商行政管理总局关于工商登记信息和税务登记信息交换与共享问题的通知》（国税发〔2003〕81号）已规定的信息交换事项，继续执行。

本通知自2012年1月1日起施行。

【税务稽查风险案例2-5】

2022年1月，陕西省延安市税务局与公安部门密切配合，成立税警联合专案组，经过深入调查，成功破获跨省系列虚开增值税专用发票案，捣毁犯罪窝点5个，抓获犯罪嫌疑人11名。

税警联合专案组先后赴山西、河北、北京、上海、浙江、湖南、新疆等15省（区、市）90多个市县，深入200余家公司调查取证。经查，犯罪嫌疑人利用空壳公司，制造虚假购销合同，虚开增值税专用发票5 162份，价税合计金额近10亿元。目前，案件已移交检察机关审查起诉。

陕西省延安市税务局有关负责人表示，税务部门将充分发挥税务、公安、检察、海关、人民银行、外汇管理六部门联合打击涉税违法犯罪行为的工作机制作用，进一步加大对虚开骗税违法犯罪行为的常态化精准打击力度，为经济社会发展营造良好的税收环境。

四、增加了"非税"业务

金税四期工程监控的业务范围更加全面，涵盖了"非税"业务，其中最主要的"非税"业务就是社保费的征收业务。目前，金税四期涵盖的"非税"业务包括以下九类收入。

（一）单位社会保险费

社会保险费单位缴费人应当依照法律、行政法规规定或者税务机关依照法律、行政法规规定确定的申报期限、申报内容，申报缴纳社会保险费。

（二）城乡居民社会保险费

参加城乡居民基本社会保险的缴费人，以及代办单位集中代收城乡居民社会保险费的代办人员，应当依照法律、行政法规规定或者税务机关依照法律、行政法规规定确定的申报期限、申报内容，申报缴纳城乡居民社会保险费。

（三）灵活就业人员社会保险费

无雇工的个体工商户、未在用人单位参加社会保险的非全日制从业人员以及其他灵活就业人员参加社会保险的，应当依照法律、行政法规规定或者税务机关依照法律、行政法规规定确定的申报期限、申报内容、申报缴纳社会保险费。

（四）残疾人就业保障金

未按规定比例安排残疾人就业的机关、团体、企业、事业单位和民办非企业等用人单位，应依照法律、行政法规规定或者税务机关依照法律、行政法规规定确定的申报期限、申报内容，向税务机关申报缴纳残疾人就业保障金。

（五）文化事业建设费

在中华人民共和国境内提供广告服务的广告媒介单位和户外广告经营单位，以及提供娱乐服务的单位和个人，应依照法律、行政法规规定或者税务机关依照法律、行政法规规定确定的申报期限、申报内容，申报缴纳文化事业建设费。

中华人民共和国境外的缴纳义务人，在境内未设有经营机构的，以服务接受方为扣缴义务人。文化事业建设费的扣缴义务人依照法律、行政法规规定或者税务机关依照法律、行政法规规定确定的申报期限、申报内容，就应税项目向税务机关申报入库其代扣代缴的文化事业建设费。

（六）废弃电器电子产品处理基金

中华人民共和国境内电器电子产品的生产者，应依照法律、行政法规规定或者税务机关依照法律、行政法规规定确定的申报期限、申报内容，申报缴纳废弃电器电子产品处理基金。

（七）石油特别收益金

凡在中华人民共和国陆地领域和所辖海域独立开采并销售原油的企业，以及在上述领域以合资、合作等方式开采并销售原油的其他企业，均应依照法律、行政法规规定或者税务机关依照法律、行政法规规定确定的申报期限、申报内容，申报缴纳石油特别收益金。

（八）油价调控风险准备金

在中华人民共和国境内生产、委托加工和进口汽、柴油的成品油生产经营企业，在国际市场原油价格低于国家规定的成品油价格调控下限时，应依照法律、行政法规规定或者税务机关依照法律、行政法规规定确定的申报期限、申报内容，申报缴纳油价调控风险准备金基金。

（九）其他非税收入

非税收入缴费人依据法律、行政法规规定或者税务机关确定的申报期限、申报内容，申报缴纳划转至税务部门征收的非税收入项目。

第二节　金税四期建设的成就与最新进展

一、智慧税务建设的成就

2020年12月，习近平总书记主持召开中央全面深化改革委员会第十七次会议研究部署进一步优化税务执法方式、深化税收征管改革等工作。2021年3月，中共中央办公厅、国务院办公厅印发《关于进一步深化税收征管改革的意见》，税收现代化事业自此开启了新的征程。

习近平总书记多次强调，要加快数字中国建设，增强数字政府效能。《关于进一步深化税收征管改革的意见》描绘了数字化背景下中国智慧税务建设蓝图。2021年是落实《关于进一步深化税收征管改革的意见》的第一年，也是金税四期工程建设的开启之年。

国家税务总局加强顶层设计，明确提出进一步深化税收征管改革，要坚持科技创新和深化大数据应用，全面推进税收征管数字化升级和智能化改造，建成具有高集成功能、高安全性能、高应用效能的智慧税务。自《关于进一步深化税收征管改革的意见》印发以来，税务部门紧跟数字化转型时代潮流，坚持理论与实践融合共进，通过税收实践形成理论成果，又以理论研究指导实践创新，全面推进税收征管数字化升级和智能化改造。

改革应时应势，智慧税务建设实现标志性突破。2021年，对标一流谋划形成金税四期顶层设计。借鉴4个国际组织、26个国家（地区）的320多种先进做法，完成金税四期建设的顶层设计，形成推动我国税收征管方式从"收税"到"报税"再到"算税"、征管流程从"上机"到"上网"再到"上云"、征管效能从"经验管税"到"以票管税"再到"以数治税"的智慧税务蓝图。

一步步改革，印刻时代特征。"我们过去是税务干部带着税票下户'收税'，到后来纳税人送申报表到税务所、办税厅或网上'报税'，再到2018年个人所得税改革中，税务总局打造自然人税收管理系统（ITS），在个人所得税年度汇算中探索实现数据智能归集、税款自动计算、推送确认申报的自动'算税'，这就是税收征管现代化发展的历程。"时任国家税务总局总经济师饶立新介绍道。

2021年，建成全国统一的电子发票服务平台。2021年12月1日在试点地区成功推出全面数字化的电子发票，24小时在线免费为纳税人提供发票开具、交付、查验等服务，实现发票全领域、全环节、全要素电子化，大幅降低制度性交易成本，为推动税收征管数字化转型乃至撬动经济社会数字化转型提供有利条件。

经济合作与发展组织（OECD）税收政策与管理中心有关负责人表示，中国深化税收征管数字化升级和智能化改造为各国提供了有益借鉴。2021年以来，税务部门细化了金税四期建设的战略目标，制定了有力有效的保障措施，为推动税收征管方式、征管流程和征管效能的优化升级奠定了坚实基础。

2021年度，国家税务总局深入落实《关于进一步深化税收征管改革的意见》，精心谋划智慧税务蓝图，全面完成金税四期顶层设计，深化税收征管理念、业务、技术、岗责变革，推动征管方式从"收税"到"报税"再到"算税"、征管流程从"上机"到"上网"再到"上云"、征管效能从"经验管税"到"以票控税"再到"以数治税"转变，税收征管数字化升级和智能化改造有力推进，数字法治、智慧法治建设取得明显成效。

【税务稽查风险案例2-6】

简易税务行政处罚决定书（节选）

主体名称：温州×××医疗美容门诊部有限公司

处罚决定书文号：温税一稽罚〔2022〕217号

处罚类别：罚款

处罚决定时间：2022-06-13

处罚内容：对你单位少缴的增值税、城市维护建设税、企业所得税税款747 432.09元处以百分之六十的罚款计448 459.25元；对未如实代扣代缴个人所得税，造成2018—2020年度少代扣个人所得税185 451.71元，处以百分之五十罚款92 725.86元。

罚款金额（万元）：54.118511

违法行为类型：温州×××医疗美容门诊部有限公司涉嫌其他违法案

处罚依据：《中华人民共和国税收征收管理法》第六十三条第一款"纳税人伪造、变造、隐匿、擅自销毁账簿、记账凭证，或者在账簿上多列支出或者不列、少列收入，或者经税务机关通知申报而拒不申报或者进行虚假的纳税申报，不缴或者少缴应纳税款的，是偷税。对纳税人偷税的，由税务机关追缴其不缴或者少缴的税款、滞纳金，并处不缴或者少缴的税款百分之五十以上五倍以下的罚款；构成犯罪的，依法追究刑事责任"、第六十九条"扣缴义务人应扣未扣、应收而不收税款的，由税务机关向纳税人追缴税款，对扣缴义务人处应扣未扣、应收未收税款百分之五十以上三倍以下的罚款"之规定。

违法事实：

经检查，你单位存在如下涉税问题：

（1）存在账外经营，收入未如实申报。检查人员核对你单位员工工资册后发现工资明细偏低，2018年人员工资基本在3 400元左右，且未反映营销客服人员的绩效奖金，不符合常理。多次约谈你单位法定代表人陈某某后，他承认2018年1月至2020年12月，公司部分绩效工资发放及无社保人员薪金是通过原董事长陈某某的建行卡（账号：43××× 98）发放的，而这张卡发放工资的收入来源，主要是客户向第三方金融服务公司申请的消费贷款、新氧POS机收款结算、美团App收款、散客收款等门诊账外收入，公司未如实申报纳税。

经梳理，该建行卡涉及你单位2018年门诊收入为4 193 494.66元，2019年门诊收入201 820.89元，2020年门诊收入94 646.92元，上述账外收入共计4 489 962.47元。

（2）发放员工工资未如实代扣代缴个人所得税。2018—2020年度，你单位工资薪金支出账载金额为6 887 491.53元，你单位在前期自查过程中发现2018年11月至2020年3月有发放386 004元奖金因会计记账错误，计入相关"福利费"科目，未包含在工资薪金中代扣代缴个人所得税，而陈某某的建行卡（账号：43×××98）2018年度用于你单位部分绩效工资发放及无社保人员的薪金发放金额为1 759 457.1元也未代扣代缴个人所得税，因此2018—2020年度少代扣个人所得税189 435.06元。

处罚机关：温州市税务局

二、征管改革建设的成就

进一步深化税收征管改革，是一场继往开来的深刻变革，一条永不停歇的进取之路。

《关于进一步深化税收征管改革的意见》提出了6个方面24项重点改革事项，明确了路线图、时间表，要求推动税收征管的技术变革、业务变革和组织变革。

"这是党中央、国务院关于'十四五'时期税收征管改革的重要制度安排，也是税务部门开启'十四五'时期税收现代化新征程的动员令。"《关于进一步深化税收征管改革的意见》印发之初，时任国家税务总局党委书记、局长王军这样表示。

开局关系全局，起步决定后势。《关于进一步深化税收征管改革的意见》印发后，国家税务总局第一时间召开党委扩大会议，深入学习习近平总书记关于税收工作的重要论述和《关于进一步深化税收征管改革的意见》精神，对贯彻落实工作作出部署。

面对千头万绪的改革任务，王军局长担任《关于进一步深化税收征管改革的意见》落实领导小组组长，先后组织召开23次党委会议、6次局长办公会、4次座谈会，聚焦改革任务，突出问题导向，明确"工作方案+任务分工+试点引领"的《关于进一步深化税收征管改革的意见》落实总体框架，确保在思想和行动上始终与党中央、国务院决策部署保持高度一致。

一组数字可以看出深化税收征管改革的决心与成效：2021年，国家税务总局制定6个阶段24项实施安排，将《关于进一步深化税收征管改革的意见》细化为100项改革措施、247个实施步骤、770多个工作节点，部署14个省级税务局开展综合和专项试点。

在改革推动下，31个省（自治区、直辖市）党委政府全部出台实施方案，36个省（自治区、直辖市和计划单列市）税务局、6个税务总局驻地方特派办全部制发工作方案，细化制定7 575项措施任务……绘就了"十四五"时期税收征管改革"合成"蓝图。

2021年以来，国家税务总局围绕智慧税务和精确执法、精细服务、精准监管、精诚共治"四精"统筹谋划、集成贯通、一体推进，先后出台90多项高含金量举措，带领指导部分地区在重点改革领域取得较好成效，推动深化税收征管改革稳步行进，纳税人缴费人的获得感明显增强。

在广东，数字化电子发票国产信创省级平台上线；在河北，办税服务厅标准化建设、智慧化转型顺利推进，并推出"远程帮办、问办结合"服务……一份沉甸甸的改革清单，让2021年《关于进一步深化税收征管改革的意见》落实开局之年，迈出准、稳、新的关键一步，成为成色十足的"进一步深化税收征管改革落实元年"。

全国工商联发布的《2021年万家民营企业评价营商环境报告》显示，企业对税费缴纳便利度获得感最强、认可度最高。第三方开展的全国纳税人满意度调查结果显示，2021年综合得分较2020年同口径提升2.1分。

三、税务执法改革的成就

习近平总书记指出，全面推进科学立法、严格执法、公正司法、全民守法，不断开创依法治国新局面。这一深刻论断，为依法治税提供了根本遵循。

《关于进一步深化税收征管改革的意见》指出，健全税费法律法规制度。2021年6月10日，十三届全国人大常委会第二十九次会议表决通过了《中华人民共和国印花税法》。2024年4月26日，第十四届全国人民代表大会常务委员会第九次会议通过《中华人民共和国关税法》。2024年12月25日，第十四届全国人民代表大会常务委员会第十三次会议表决通过《中华人民共和国增值税法》。目前，我国18个税种中已有14个税种完成立法，税收法定又迈出坚实一步。

循法而行，依法而治。"法治是最好的营商环境"。税收执法一头连着政府，一头连着群众。执法关乎对党和政府的信任、对税收法治的信心。

2021年以来，税务部门准确把握税务执法的时度效，推动从经验式执法向科学精确执法转变，努力让纳税人在每一个执法行为中都能看到风清气正、从每一项执法决定中都能感受到公平正义，实现力度和温度同步彰显。

税务执法更加规范了。2021年以来，税务部门依法查处并公开曝光郑某、黄某等一系列重大偷逃税案件，让持续开展典型案例曝光成为常态，对各类税收违法行为保持"零容忍"的高压态势，对不法分子形成了有力震慑，体现出税务部门维护国家税收安全和社会公平正义的决心。

专家学者普遍认为，接连曝光的一系列涉税违法案件，彰显税务部门对各类涉税违法犯罪行为紧盯不放、严厉打击的高压态势和维护国家税法权威的坚定决心。同时，也表明国家对文娱领域和网络直播行业各类税收违法行为的查处和曝光不是"一阵风"，税收综合治理长效机制正在逐步建立。

税务执法更有温度了。这一年，税务部门在处理涉税案件时，坚持依法依规、宽严相济、过罚相当的原则，既保持力度不减，又彰显出执法温度，有力营造了公平竞争的税收环境。

同时，税务部门不断探索创新税务执法"五步工作法"，将提示提醒、督促整改和约谈警示作为立案稽查的前提，充分体现了税务执法的"温度"和"柔性"；对警示后仍拒不配合整改的依法进行立案稽查和公开曝光，又充分体现了严格执法的"力度"和"刚性"。

税务执法更加精准了。这一年，税务部门持续推进区域执法协同，新出台支持和推动京津冀、长三角等地区协调发展30余条措施，更好服务国家区域协调发展战略。四川、重庆试点简化跨省迁移办理程序，实现川渝跨省迁移线上"一网通办"、线下"一窗综办"。北京、天津、河北联合发布税务行政处罚裁量基准，规范7类53项违法行为，实现京津冀税务行政处罚"一把尺"。

【税务稽查风险案例2-7】

2021年11月，浙江省杭州市税务部门通过税收大数据分析，发现朱某、林某两名网络主播涉嫌偷逃税款，在相关税务机关协作配合下，对其依法开展了全面深入税务稽查。

经查，朱某、林某在2019年至2020年，通过在上海、广西、江西等地设立个人独资企业，虚构业务将其取得的个人工资薪金和劳务报酬所得转变为个人独资企业的经营所得，偷逃个人所得税。两人的上述行为违反了相关税收法律法规，扰乱了税收征管秩序。

杭州市税务局稽查局依据《中华人民共和国税收征收管理法》《中华人民共和国个人所得税法》《中华人民共和国行政处罚法》等相关法律法规，对朱某追缴税款、加收滞纳金并拟处1倍罚款共计6 555.31万元，对林某追缴税款、加收滞纳金并拟处1倍罚款共计2 767.25万元。日前，杭州市税务局稽查局已依法向朱某、林某下达税务行政处理决定书，并依法履行税务行政处罚告知程序。

检查中，税务部门发现李某涉嫌策划、实施和帮助朱某、林某偷逃税，并干扰税务机关调查。目前，税务部门已依法对李某进行立案检查，将依法另行处理。同时，税务部门通过税收大数据分析，还发现其他个别网络主播在文娱领域税收综合治理中自查自纠不到位，存在涉嫌偷逃税行为，正由属地税务机关依法进行稽查。

杭州市税务局有关负责人表示，将按照文娱领域税收综合治理工作的有关要求，进一步加强对文娱领域从业人员的税收管理，促使其提升税法遵从意识，自觉依法纳税。对涉嫌偷逃税的人员，依法依规加大查处力度，营造公平竞争的税收环境，积极推动文娱领域长期规范健康发展。

四、税费服务改革的成就

治国有常，而利民为本。习近平总书记强调，以人民为中心的发展思想，要体现在经济社会发展各个环节。

税务部门服务着几千万企业纳税人、数亿自然人纳税人和十亿多缴费人，是与人民群众打交道最多、频度最高、联系最紧密的公共服务窗口单位之一。在全面深化税收征管改革的新征程中，"纳税人缴费人"始终是最核心的关键词。

税收征管改革，就是要让纳税人缴费人拥有越来越多的获得感、幸福感。《关于进一步深化税收征管改革的意见》提出，大力推行优质高效智能税费服务。

人民有所呼，改革有所应。税务部门始终把服务纳税人缴费人作为税收工作的根本出发点和落脚点。

精细之处，最见真功夫。2021年以来，税务部门聚焦"精处"，落在"细处"，在倾心倾力中持续优化税费服务，网上办事越来越简、办理时间越来越短、享受服务越来越好，这样的变化正在被不同地区的纳税人缴费人所感知。

2021年，税务部门结合连续第8年开展的"我为纳税人缴费人办实事暨便民办税春风行动"，出台并全部落实100条服务措施。2022年，"春风"还在持续，国家税务总局在2022年年初已陆续出台105条便民办税缴费措施的基础上，再推出16条便民办税缴费新措施，升级形成2022年"我为纳税人缴费人办实事暨便民办税春风行动2.0版"。121条服务举措，让"春风"更暖心。

2021年，税务部门运用大数据累计54批向5.39亿户（次）纳税人精准推送税费优惠政策，让政策红利更快直达企业。全年新增减税降费超过1.1万亿元，为制造业中小微企业办理延缓缴纳税费2 100多亿元，有力服务"六稳""六保"大局。2022年实施新的组合式税费支持政策，是党中央、国务院在复杂严峻国内外形势下，应对经济下行压力、稳住宏观经济大盘的关键性举措。正在开展的第31个全国税收宣传月，税务部门把宣传辅导各项税费支持政策作为重点内容，采取多种形式让纳税人缴费人应知尽知，确保政策直达快享。

2021年以来，申报更便捷。服务越来越精细，带来纳税申报越来越便利。2021年在分批次取消58%税务证明事项的基础上，国家税务总局在全国范围内对6项税务证明事项实行告知承诺制；主动推出财产行为税"十税"合并申报，增值税、消费税分别与附加税费整合申报改革，共使相关税费填报表单总量减少2/3……

2021年以来，办税更简单。"非接触式"办税缴费范围不断扩大，除法律规定要求和需线下办理的事项外，200多项办税缴费事项全部实现"非接触式"办理，网上申报率保持在99%以上。

随着税务部门不断推进税收征管数字化升级和智能化改造，企业办税也越来越便利，纳税服务不断创新升级，企业办税更加省时省事。现在企业了解政策、办税缴费基本都可以通过网上办、掌上办，不用再去办税服务厅了。

第三节　金税四期税务重点关注对象

一、虚开发票的企业

虚开发票的企业是税务机关一直关注的对象，也是金税四期税务重点关注的对象。根据《中华人民共和国发票管理办法》（1993年12月12日国务院批准，1993年12月23日财政部令第6号发布，根据2010年12月20日《国务院关于修改〈中华人民共和国发票管理办法〉的决定》第一次修订，根据2019年3月2日《国务院关于修改部分行政法规的决定》第二次修订，根据2023年7月20日《国务院关于修改和废止部分行政法规的决定》第三次修订）第二十一条的规定，开具发票应当按照规定的时限、顺序、栏目，全部联次一次性如实开具，开具纸质发票应当加盖发票专用章。任何单位和个人不得有下列虚开发票行为：为他人、为自己开具与实际经营业务情况不符的发票；让他人为自己开具与实际经营业务情况不符的发票；介绍他人开具与实际经营业务情况不符的发票。

虚开发票是严重违法行为，根据《中华人民共和国发票管理办法》第三十七条的规定，虚开发票的，由税务机关没收违法所得；虚开金额在1万元以下的，可以并处5万元以下的罚款；虚开金额超过1万元的，并处5万元以上50万元以下的罚款；构成犯罪的，依法追究刑事责任。

根据《中华人民共和国刑法》（1979年7月1日第五届全国人民代表大会第二次会议通过　根据2023年12月29日第十四届全国人民代表大会常务委员会第七次会议通过的《中华人民共和国刑法修正案（十二）》修正）的规定，虚开增值税专用发票或者虚开用于骗取出口退税、抵扣税款的其他发票的，处3年以下有期徒刑或者拘役，并处2万元以上20万元以下罚金；虚开的税款数额较大或者有其他严重情节的，处3年以上10年以下有期徒刑，并处5万元以上50万元以下罚金；虚开的税款数额巨大或者有其他特别严重情节的，处10年以上有期徒刑或者无期徒刑，并处5万元以上50万元以下罚金或者没收财产。

单位犯上述规定之罪的，对单位判处罚金，并对其直接负责的主管人员和其他直接责任人员，处3年以下有期徒刑或者拘役；虚开的税款数额较大或者有其他严重情节的，处3年以上10年以下有期徒刑；虚开的税款数额巨大或者有其他特别严重情节的，处10年以上有期徒刑或者无期徒刑。

虚开增值税专用发票或者虚开用于骗取出口退税、抵扣税款的其他发票，是指有为他人虚开、为自己虚开、让他人为自己虚开、介绍他人虚开行为之一的。

虚开上述规定以外的其他发票，情节严重的，处2年以下有期徒刑、拘役或者管制，并处罚金；情节特别严重的，处2年以上7年以下有期徒刑，并处罚金。单位犯上述罪的，对单位判处罚金，并对其直接负责的主管人员和其他直接责任人员，依照上述规定处罚。

【税务稽查风险案例2-8】

2022年1月，广西壮族自治区河池市税警在联合查处虚开增值税发票犯罪团伙时发现，广西南丹县某会计服务有限公司和江西省南城县某会计服务有限公司两家中介机构及南丹县代理记账人员张某，为犯罪团伙虚开增值税发票提供帮助，牟取非法利益。

经查，2020年至2021年，两家中介机构及张某在所代理的25户个体工商户没有任何实际业务发生的情况下，帮助犯罪团伙领用、虚开增值税发票18 712份，价税合计金额18.08亿元，并从中非法牟利。

目前，南丹县人民法院已依法对虚开犯罪团伙成员及中介机构和个人以虚开增值税专用发票罪判处1年至14年不等有期徒刑，没收全部违法所得并处以相应罚金。其中，广西南丹县某会计服务有限公司法定代表人陈某、江西省南城县某会计服务有限公司法定代表人钟某及主要工作人员徐某和广西南丹县代理记账人员张某等四人因犯虚开增值税专用发票罪被判处1年至3年不等有期徒刑。

河池市税务局有关负责人表示，有关中介机构帮助犯罪团伙虚开发票、偷逃税款，严重扰乱经济税收秩序，危害国家税收安全。下一步，税务部门将联合有关部门，持续保持严厉打击虚开骗税违法犯罪行为的高压态势，同时对帮助虚开骗税、偷逃税款的中介机构和人员进行联动检查，一并依法严肃处理，营造法治公平的税收环境。

二、收入成本严重不匹配的企业

正常经营的企业，其收入与成本均有一个合理的比例关系。如果企业的收入过低或者成本过高就存在隐瞒收入或者虚增成本的违法行为。企业的这种行为同时构成了偷税。

根据《中华人民共和国税收征收管理法》第六十三条的规定，纳税人伪造、变造、隐匿、擅自销毁账簿、记账凭证，或者在账簿上多列支出或者不列、少列收入，或者经税务机关通知申报而拒不申报或者进行虚假的纳税申报，不缴或者少缴应纳税款的，是偷税。对纳税人偷税的，由税务机关追缴其不缴或者少缴的税款、滞纳金,并处不缴或者少缴的税款50%以上5倍以下的罚款;构成犯罪的,依法追究刑事责任。

根据《中华人民共和国刑法》第二百零一条的规定,纳税人采取欺骗、隐瞒手段进行虚假纳税申报或者不申报,逃避缴纳税款数额较大并且占应纳税额10%以上的,处3年以下有期徒刑或者拘役,并处罚金;数额巨大并且占应纳税额30%以上的,处3年以上7年以下有期徒刑,并处罚金。扣缴义务人采取上述所列手段,不缴或者少缴已扣、已收税款,数额较大的,依照上述规定处罚。对多次实施上述行为,未经处理的,按照累计数额计算。纳税人有上述行为,经税务机关依法下达追缴通知后,补缴应纳税款,缴纳滞纳金,已受行政处罚的,不予追究刑事责任;但是,5年内因逃避缴纳税款受过刑事处罚或者被税务机关给予二次以上行政处罚的除外。

当然,如果企业的收入和成本是真实的,只是由于会计处理错误或者计算错误而导致二者在短期内出现一些不合理的比例关系,在税务机关通知企业自查或者纠正时,企业及时纠正并不会带来严重的税务风险,通常只涉及补缴税款并加收滞纳金,不涉及处罚。

【税务稽查风险案例2-9】

税务文书送达公告
(广州市太佳投资管理有限公司税务行政处罚事项告知书)
国家税务总局广州市税务局第三稽查局2022年第614号送达公告

广州市××投资管理有限公司(纳税人识别号:91××××××××××××××××):

因采用直接送达、留置送达、委托送达、邮寄送达等方式无法向你(单位)送达税务文书。根据《中华人民共和国税收征收管理法实施细则》第一百零六条的规定,向你(单位)公告送达《税务行政处罚事项告知书》(穗税三稽罚告〔2022〕71号),文书内容如下:

对你(单位)(地址:广州市天河区珠江新城猎德大道××、××号一层之03D)的税收违法行为拟于2022年10月17日之前作出行政处罚决定,根据《中华人民共和国税收征收管理法》第八条,《中华人民共和国行政处罚法》第四十四条、第六十三条、第六十四条规定,现将有关事项告知如下:

一、税务行政处罚的事实、理由、依据及拟作出的处罚决定

(一)违法事实及证据

你单位与广州另一家投资管理有限责任公司签订了《YOU+国际青年社区五羊新城项目合作合同》及《YOU+国际青年社区五羊新城项目合作合同补充合同一》,约定你单位在该项目上的租赁管理费由黄某明享有,由那家公司支付至黄某明的中

国银行账户。2016年至2018年你单位共收取上述租赁管理费合计4 500 000.00元（含税），其中，以黄某明上述个人账户收取4 050 000.00元（含税），以履约保证金抵顶等方式收取450 000.00元（含税），上述收入未在账上反映，未开具发票，在我局进场检查前未向税务机关申报纳税。

上述管理费收入涉及的成本费用已在账上列支，并已于各年度企业所得税税前扣除。

上述违法事实有以下证据证明：

（1）你单位提供的会计账簿、记账凭证及纳税申报表等资料。

（2）《物业租赁合同》[合同编号CHA5YGD（2014）18]、《五羊新城保信大厦物业租赁（转租）合同》及其《补充合同一》《关于权利和义务转移的函》《YOU+国际青年社区五羊新城项目合作合同》及其《补充合同一》以及《调解协议书》。

（3）你单位办税员以及黄某明的委托人的现场笔录。

（4）中国银行股份有限公司提供的黄某明个人账户2014年1月1日至2019年12月31日的资金往来流水。

（5）经你单位办税员签名确认的《税务稽查工作底稿》。

（二）拟作出的处罚决定及依据

根据《中华人民共和国税收征收管理法》第六十三条第一款"纳税人伪造、变造、隐匿、擅自销毁账簿、记账凭证，或者在账簿上多列支出或者不列、少列收入，或者经税务机关通知申报而拒不申报或者进行虚假的纳税申报，不缴或者少缴应纳税款的，是偷税"的规定，你单位在账簿上不列、少列收入，进行虚假纳税申报，导致当期少缴增值税131 067.98元、城市维护建设税9 174.78元及企业所得税1 056 580.68元，依法构成偷税，拟对你单位处以当期少缴税款50%的罚款，罚款金额合计598 411.73元，其中，增值税罚款65 533.99元，城市维护建设税罚款4 587.39元，企业所得税罚款528 290.35元。

二、你（单位）有陈述、申辩的权利

请在我局（所）作出税务行政处罚决定之前，到我局（所）进行陈述、申辩或自行提供陈述、申辩材料；逾期不进行陈述、申辩的，视同放弃权利。

三、若拟对你单位罚款10 000元（含10 000元）以上，或符合《中华人民共和国行政处罚法》第六十三条规定的其他情形的，你（单位）有要求听证的权利。可自收到本告知书之日起5个工作日内向我局（所）书面提出听证申请；逾期不提出，视为放弃听证权利。

请你（单位）及时到我局领取《税务行政处罚事项告知书》（穗税三稽罚告〔2022〕71号）正本，否则，自公告之日起满30日，上述《税务行政处罚事项告知书》（穗税三稽罚告〔2022〕71号）正本即视为送达。

特此公告。

国家税务总局广州市税务局第三稽查局
2022年8月26日

三、税负率异常的企业

税负率一般是指企业在某个纳税期限内税收负担的大小，一般用实际缴纳的税款占收入的比重来进行衡量。常用的税负率指标包括增值税税负率和企业所得税税负率。

增值税税负率用企业在一个纳税年度或者纳税季度实际缴纳的增值税税额除以应税销售额来计算。企业所得税税负率用企业在一个纳税年度实际缴纳的企业所得税税额除以收入总额来计算。

不同行业、不同地区、不同时期，增值税税负率和企业所得税税负率是不同的。为防止纳税人人为调剂税负率，目前各类行业、各类地区增值税和企业所得税的实际税负率也是保密的。作为纳税人，不用过度关注企业的税负率是否与行业平均值一致，只要确保其收入和各项支出符合税法规定即可。企业如果通过税收筹划等手段降低税收负担，一定要确保其手段的合法性，否则容易被税务机关列为重点关注对象。

【税务稽查风险案例2-10】

2019年11月，江西省鹰潭市税务稽查部门接到纳税评估部门移送的案件。线索显示，具有夫妻关系的周某、杨某，名下的3家企业涉嫌偷逃税款，其中江西甲气动科技有限公司和鹰潭市乙电器销售有限公司法定代表人为周某，江西丙电器气动元件有限公司法定代表人为杨某。

经过核查，检查人员发现3家企业疑点突出：一是税负率明显偏低，只有0.7%，远远低于同行业平均税负率。二是企业申报信息中，"未开具发票"栏存在填写销售额负数的情况，涉嫌少计收入，偷逃税款。三是3家企业账面营业成本与纳税申报营业成本不一致，应收账款、应付款项目有大量长期挂账资金，经营反常，具有编造虚假计税依据嫌疑。

随后，检查人员对企业进行实地核查，发现账簿只是一笔"糊涂账"，里面没有货物原始票据，只有简单的资金往来记录，也没有银行回执单，账簿中记载的产品进销项目、金额等，与检查人员掌握的信息完全对不上。

检查人员逐一对比分析了3家涉案企业年度的申报数据，发现企业在纳税申报时，共在"未开具发票"栏中填写销售额负数56次，填写负数累计金额高达4 637万元。经查明，涉案企业通过在"未开具发票"栏目填写负数的方式，进行虚假申报，共少申报销售收入3 654.8万元，少缴增值税621.3万元。

同时，经核实，两家上游企业与涉案的3家公司均无实际交易，3家企业从上游两家企业取得的发票为虚开发票。

针对3家涉案企业的违法行为，鹰潭市税务机关依法对涉案企业作出补缴增值税676.2万元，补缴企业所得税470.7万元，加收滞纳金，并处少缴税款60%罚款的处理决定。由于企业偷逃税款数额较大，税务机关依法将涉案企业列入重大税收违法案件黑名单，并推送相关单位实施联合惩戒。

四、常年亏损和零申报的企业

企业在开业初期或者特定时期出现亏损或者增值税、个人所得税等税种零申报都是正常的，但如果企业长期亏损，增值税、个人所得税等主要税种长期零申报，就不符合经营常规，就可能成为税务机关重点关注的对象。

由于我国个人所得税的各项扣除额比较高，二三线城市、小城市和县城企业的员工可能大多数都不需要实际缴纳个人所得税，但仍然要如实申报其收入总额，依法及时申报个人所得税，这不属于零申报。当然，通常情况下，如果企业的规模不是太小，员工人数有几十人，全部缴纳的个人所得税为零，也不符合经营常规。通常情况下，企业的高管是需要实际缴纳个人所得税的。

小型微利企业盈利能力比较弱，连续三五年亏损是正常的。为降低税务风险，建议小型微利企业亏损时间不要超过5年。在每年均有50万元以上收入的前提下，尽量保持微利的状态。长期亏损的企业是很难坚持下去的，因此，超过5年的亏损企业往往都会成为税务机关关注的重点对象。

【税务稽查风险案例2-11】

国家税务总局厦门市税务局第一稽查局（以下简称第一稽查局）追踪举报线索，查处了一起饮品企业隐匿收入偷逃税款案件。经核实，涉案企业在长期"零申报"的同时，利用个人账户收取经营收入逾5 000万元未依法申报。第一稽查局依法将企业违法行为定性为偷税，并对其进行了处罚。

2021年4月，第一稽查局接到一个涉税违法举报线索。线索称：厦门甲饮品公司（以下简称甲饮品公司）以地区招商加盟的方式从事某品牌饮品的销售推广业务，但没有依法纳税申报，隐瞒了大量销售收入，存在偷逃税款违法行为。举报信中还提供了一些甲饮品公司的登记资料、部分发货单及加盟店信息等。

检查人员分析举报信息后认为，该线索指向明确、可信度较高，于是决定对该企业进行初步核查。他们了解到，甲饮品公司成立于2016年，主要从事饮料、食品批发零售业务。2019年10月后，企业变更行业和经营业务，由食品批发零售业变更为从事其他综合管理服务业务。检查人员发现，甲饮品公司自2016年成立至检查人员调查时，其增值税及附加税费等均为零申报，企业的所得税申报表上也仅列支部分费用，其余项目包括收入金额均为零，申报信息显示其长期处于亏损状态。

结合举报人提供的线索情况和企业的申报信息，检查人员综合分析认为，甲饮品公司存在加盟推广和销售业务，并且"长亏不倒"，很可能存在隐瞒销售收入行为。为避免税款流失，加快调查进程，第一稽查局迅速组织人员成立专案组，对甲饮品公司立案检查。

根据甲饮品公司的经营特点和情况，专案组决定对其办公地实施突击检查，以寻找违法线索和证据。

甲饮品公司的办公地在一栋居民楼内，不到40平方米，屋内设施简陋，只有几个办公桌、2台电脑和2个文件柜。检查人员依法对办公室进行仔细检查，但并未发现企业纸质账簿资料，现场只找到部分费用单据、纸质物流面单和自制发货单据。

在企业办公电脑中，检查人员未发现该公司的电子账套，只在电脑中的一个订货系统中发现部分电子发货信息。为防止遗漏重要信息数据和线索，专案组使用取证魔方软件对企业电脑内硬盘数据资料进行取证，并依法调取电脑硬盘。

面对检查人员的询问，企业负责人王某表示，因为生意不好做，企业自成立以来长期处于亏损状态，因此一直以来都是零申报。由于经营状况不好，财务资料也不多，并且前段时间企业搬家时还不慎遗失了账目资料。当检查人员要求王某整理提供企业以往销售信息时，王某以自己年纪大、记不清为由，拒绝提供任何资料。

在此情况下，专案组决定改变调查方向，开展企业经营链核查，从物流和客户入手核实企业真实业务情况。

专案组仔细分析现场核查调取的企业大量零散的纸质物流面单资料，通过整合和筛分后，发现甲饮品公司开展饮品销售业务时，主要的物流运输方为厦门A货代公司和厦门B货代服务站。

专案组随即对两家货代公司进行调查。两家公司均承认，曾在2016年1月—2019年9月与甲饮品公司发生过货物运输业务，将甲饮品公司大量货物发往福建的莆田、龙岩、泉州和宁德4个地市。两家公司还向检查人员提供了相关的电子版发货记录和运费收取数据等证据资料。调查结果显示，自2016年起，厦门A货代公司和厦门B货代服务站共计为甲饮品公司运发货物10.1万件，甲饮品公司共向两家物流企业支付运费逾80万元。

物流公司的调查结果显示，该企业确实发出过大量货品。但在无账可查的情况下，如何确定企业的真实销售额呢？专案组重新梳理案情，决定依托信息技术，深挖突击检查时调取的企业电子数据，打开案件突破口。

针对现场核查时调取的电子订货数据残缺不全的情况，检查人员使用数据恢复软件，对企业硬盘进行数据深度恢复。随后，利用数据分析软件，对恢复的数据信息进行了归类、筛分和整合，最终成功复原了企业订货系统中已被删除的历史订货数据。

分析这些数据信息后，检查人员发现，虽然甲饮品公司在福建省内有多个代理商，但与甲饮品公司业务联系最频繁的只有福建莆田的齐某、福建龙岩的陈某和福建宁德的邱某3人。结合举报线索，专案组判断，这3名人员应是甲饮品公司的主要区域销售代理商。

为加快取证进度，尽快查明甲饮品公司真实销售收入，专案组兵分三路，分别前往莆田、龙岩和宁德调查取证。在当地税务机关的协助下，面对检查人员出示的证据，齐某、陈某和邱某如实提供了他们与甲饮品公司的交易情况。

原来，甲饮品公司主要从事专有商标配方饮品的加盟推广销售。企业分别与齐某、陈某和邱某签订了区域业务加盟推广合作协议。甲饮品公司无偿提供品牌商标给3人使用，并负责新饮品配方的开发工作，要求齐某等人销售的饮品的原料均通过订购系统从甲饮品公司采购。为鼓励齐某等三人拓展业务，王某与3人约定，根据他们发展加盟商的情况，按照原料采购额一定比例向3人支付提成。

调查过程中，齐某等3人向检查人员提供了与甲饮品公司签署的加盟协议、3人发展的所有加盟商名单，以及检查期内所有订单统计数据等证据资料。

经统计，3人在检查期内共发展56名下线加盟商，共计向甲饮品公司采购5 125.85万元金额的原材料。专案组将3人提供的订单统计数据和订货核对单，与甲饮品公司电脑中恢复的数据进行对比分析，发现两者数据完全一致。

为进一步夯实证据链，专案组调取了甲饮品公司和涉案相关人员王某、齐某、陈某等人的银行交易明细实施调查，发现甲饮品公司对公账户基本没有收支记录，而王某在银行开设的3个个人账户在2016—2020年的流水信息却多达近1.7万条。这些账户信息，不仅金额大，而且往来对象众多，十分繁杂。

为了尽快理清王某资金流信息，锁定证据，检查人员将王某、齐某等人的银行流水数据导入资金梳理软件，进行定向分析和核查，最终确定，王某2016—2021年检查期内，共从齐某、陈某、邱某和其余56个二线加盟商处获得经营收入5 995.17万元。审视核查结果，检查人员有些疑惑：这个数据为什么与专案组外调获得的甲饮品公司销售数据不一致呢？

专案组在分析王某资金走向情况时，还发现，王某收取加盟商的资金，在不同时间呈现两种走向：2016年1月—2019年9月，王某只单向收取加盟商支付的货款。而在2019年10月之后，王某收到加盟商汇款后，会转账给齐某，并会于每月底收到齐某转来的一笔标注为"业务费"的款项。这又是怎么回事？

专案组约谈了甲饮品公司负责人王某，面对各项证据，王某最终承认了甲饮品公司发展齐某、陈某和邱某等地区加盟商，并大量对外销售饮品原料货物的事实。王某称，后来由于身体等原因，他于2019年10月将甲饮品公司所有原料产品销售业务"打包"转让给了齐某，由其负责原料采购和加盟销售业务，甲饮品公司只负责协助齐某收取加盟商货款和管理、维护原料订单系统，齐某每月按照订单金额的一定比例向甲饮品公司支付系统维护和管理费。这也是王某账户资金流后期发生变化和检查人员调查的企业销售收入数据有偏差的原因。至此，案件真相浮出水面。

经查，甲饮品公司检查期内对外销售饮品原料后，通过个人账户收取货款的方式隐匿销售收入共计4 976.55万元；改变经营模式后，共收取业务收入25.32万元，未依法申报纳税。针对甲饮品公司的违法事实，税务机关依法将其行为定性为偷税。因甲饮品公司为增值税小规模纳税人，且账证资料不健全，无法确定经营成本，税务机关根据企业经营实际，依法采取核定征收方式，对其作出补缴税款208.5万元、加收滞纳金并处偷逃税款1倍罚款的处理处罚决定。

五、申报异常或者明显错误的企业

早期，我国的税收征管系统还不够完善，对企业申报中的明显错误还不能自动识别。企业申报的增值税与发票实际开具的数额不一致，企业财务会计报表的相关数据与企业所得税申报表中的相关数据不符，这都是比较常见的申报异常现象。

随着金税四期智慧办税的推出，这种明显的申报异常都会被系统自动识别并予以提示，或者相关数据会由系统根据企业已经申报的数据自动填写，低级的申报异常的现象已经大大减少。

《国家税务总局关于开展2022年"我为纳税人缴费人办实事暨便民办税春风行动"的意见》（税总纳服发〔2022〕5号）提出：提升网办体验。扩大"非接触式"服务范围，持续拓展办税缴费网上办事项清单。试点推广税收完税证明线上开具，提升税收票证获取便利性。完善电子税务局增值税申报比对功能，优化异常申报在线提示提醒事项内容。增加环境保护税申报数据批量导入功能，纳税人填报完成后即可线上提交。扩大跨省异地电子缴税试点范围，逐步实现全国推广上线。在具备电子税务局移动端的地区实现非居民扣缴企业所得税套餐式服务掌上办理，方便纳税人办理相关业务。

税务机关在发现纳税人申报异常后，通常会约谈纳税人。此时，纳税人应认真检查问题，及时纠正错误。如果涉嫌偷税，则应及时补缴税款和滞纳金，争取减轻处罚或者免于处罚。

六、高库存及库存账实不一致的企业

不同行业的企业库存高低不同，企业在一定时期内库存较高也是正常现象，但如果长期存在高库存现象，即存货占销售收入的比例一直很高，特别是在同行业其他企业库存都比较低的情况下，企业就会成为税务机关重点关注的对象。

如果企业接收了虚开的增值税专用发票或者普通发票，就会导致虚增库存，而这些虚增的库存长期无法消耗掉，就导致了长期高库存现象。另外，如果企业隐瞒销售收入，导致大量存货无法结转入成本，也会导致库存虚高。如果企业真是因为这些原因而导致的库存虚高，则应及时悬崖勒马，纠正违法行为，主动补缴税款和滞纳金，以争取减轻处罚或者免于处罚。

【税务稽查风险案例2-12】

税务行政处罚决定书（简易）

行政相对人名称：汕头市×××空调设备有限公司

行政相对人类别：法人及非法人组织

统一社会信用代码：91××××××××××××××48

第二章 金税四期深度解析及稽查风险应对策略

行政处罚决定文书号：汕头税稽罚〔2022〕18号

违法行为类型：其他违法

违法事实：你单位于2015年共发生9笔家装业务，销售空调设备等商品。你单位根据客户订货需求出具《设备清单》，设备送到客户指定地址，客户收货后支付货款，货款均由法人代表赖某某通过现金收取，未将该家装业务销售收入进行申报。上述9笔家装业务涉及不含税销售额共计736 370.00元（其中2015年5月不含税销售额17 400.00元，2015年6月不含税销售额26 400.00元，2015年9月不含税销售额48 550.00元，2015年10月不含税销售额110 650.00元，2015年11月不含税销售额227 120.00元，2015年12月不含税销售额306 250.00元），对应购进的空调设备等商品均在你单位库存商品明细账中反映，2015年至今未作结转成本，家装业务涉及的商品成本共计711 153.33元。

根据上述检查情况，你单位在2015年发生家装业务销售空调设备等商品，通过个人现金收款隐匿销售收入736 370.00元（不含税），涉及商品成本711 153.33元，减少销项税额125 182.90元（736 370.00×17%），经将前述销项税额还原至税款所属期进行计算，你单位2022年3月少缴增值税税款5 741.78元，城市维护建设税200.96元；所属期2022年3月期末留抵税额应为0，而你单位申请留抵退税金额119 441.12元，造成骗取留抵退税119 441.12元。你单位2015年度自行申报企业所得税应纳税所得额66 754.62元，你单位2015年度少申报营业收入736 370.00元，营业成本711 153.33元，调增应纳税所得额25 216.67元（736 370.00-711 153.33），调整后应纳税所得额91 971.29元（66 754.62+25 216.67），能够享受小型微利企业所得税优惠政策，所得减按50%计入应纳税所得额，2015年应纳税所得额45 985.65元，按20%的税率计算，应缴纳企业所得税9 197.13元，已纳企业所得税6 675.47元，少缴企业所得税2 521.66元。

处罚依据：《中华人民共和国税收征收管理法》第六十三条第一款、《广东省税务系统规范税务行政处罚裁量权实施办法》

处罚类别：罚款

处罚内容：对你单位上述骗取留抵退税，少缴增值税、城市建设维护税合计125 383.86元的偷税行为，处以少缴税款一倍的罚款125 383.86元（119 441.12+5 741.78+200.96）。由于你单位隐匿销售收入少缴企业所得税的偷税行为发生之日距离我局发现之日已超过5年，根据《中华人民共和国税收征收管理法》第八十六条的规定，对你单位少缴企业所得税的违法行为不再给予行政处罚。

罚款金额（万元）：12.538 386

处罚决定日期：2022-06-28

处罚机关：国家税务总局汕头市税务局稽查局

七、未缴或者少缴社会保险费的企业

企业为员工依法缴纳社会保险费是法定义务，即使经过员工同意，企业为员工不缴纳社会保险费的行为也是违法行为。目前，社会保险费的征缴职责已经全部转移至税务机关，金税四期系统中既有纳税人申报的员工工资薪金信息，又有企业申报的社会保险费信息，系统可以轻易对比出未交和少交社会保险费的企业。

考虑到企业社会保险费负担较重，目前，全国各地税务机关并未严查未缴或者少缴社会保险费的企业。2022年度国家进一步推出了部分行业缓交社会保险费的优惠政策，《人力资源社会保障部　财政部　国家税务总局关于延续实施失业保险援企稳岗政策的通知》（人社部发〔2024〕40号）也规定，阶段性降低失业保险费率至1%的政策延续实施一年，执行期限至2025年12月31日，但这并不意味着企业可以不依法缴纳社保费。

建议企业为全体员工申报缴纳社会保险费，如果企业负担较重，可以暂时先按较低的标准申报缴纳社会保险费，待企业有能力负担社会保险费时再足额缴纳。

【税务稽查风险案例2-13】

根据山东省青岛市中级人民法院（2021）鲁02行终230号行政判决书，上诉人青岛某大酒店有限公司因诉被上诉人青岛市社会保险事业中心、被上诉人青岛市人民政府、原审第三人谭某林行政处理及行政复议一案，不服青岛市市南区人民法院于2020年7月30日作出的（2020）鲁0202行初148号行政判决，在法定期限内提起上诉。

原审经审理查明，第三人系原告青岛某大酒店有限公司离职职工。2019年1月起，第三人等向被告青岛市社会保险事业中心（原青岛市社会保险事业局）投诉原告在2008年至2013年未按照国家规定为其足额缴纳社会保险。青岛市社会保险事业中心经调查，于2019年12月20日作出青社稽意字第〔2019〕第S00104号《社会保险稽核意见书》责令原告调增第三人2008年至2013年每年的社会保险缴费基数，原告不服，向青岛市人民政府提起行政复议，青岛市人民政府作出青政复决字〔2019〕68号复议决定书，维持上述《社会保险稽核意见书》。原告仍不服，遂提起本案诉讼。

原审法院认为，根据各方意见本案争议焦点在于：

一、被告青岛市社会保险事业中心（原青岛市社会保险事业局）是否应当受理第三人投诉并作出《社会保险稽核意见书》。

法院认为，《中华人民共和国社会保险法》和《社会保险稽核办法》对于社会保险经办机构稽核企业拖欠社会保险费等问题并未设置时效限制，《劳动保障监察条例》第二十条虽然设置了"2年"的行政执法时效限制但其约束的执法内容和性质显然属于行政处罚类，与稽核企业拖欠社会保险费的内容和性质不同。并且，《最高人民法院行政法官专业会议纪要（七）（工伤保险领域）》第六条规定"劳动保障行政部门依据《劳动保障监察条例》第二十条规定，以企业未依法缴纳社会保险费行为在2年内未被发现，也未被举报、投诉为由不再查处的，人民法院不予支持；当事人请求履行上述查处职责，且能够提供相应材料初步证明企业存在未依法缴纳社会保险费用的，人民法院应当判决责令有关劳动保障行政部门履行相应职责"，也给出了明确的指导性意见。故被告青岛市社会保险事业中心受理第三人投诉并作出《社会保险稽核意见书》，适用法律并无不当。

二、关于原告已与第三人达成解除劳动合同协议，说明双方并无争议问题。

法院认为，用人单位为其职工足额缴纳社会保险费系法定义务。原告与第三人之间的解除劳动合同协议属于民事合同行为，不能免除原告所负法定义务。对于补足第三人社会保险费后是否有损失及如何追偿损失，原告可以通过其他途径另行主张。

三、关于被告青岛市社会保险事业中心作出的《社会保险稽核意见书》未列明所适用法律的具体条款问题及行政复议程序未送达受案通知书问题。

法院认为，该属于适用法律和行政程序瑕疵，予以指出。但被告青岛市社会保障事业中心作出稽核意见及青岛市人民政府作出行政复议决定程序中，原告已行使举证及陈述申辩的权利，被告的行政行为并未违反法定程序。

综上，原告的诉讼请求法院依法不予支持。案经合议庭评议，依照《中华人民共和国行政诉讼法》第六十九条之规定，判决驳回原告青岛海天大酒店有限公司的诉讼请求。案件受理费人民币50元，由原告负担。

上诉人青岛某大酒店有限公司不服原审判决，上诉称：一、被上诉人青岛市社会保险事业局作出《社会保险稽核意见书》缺少事实依据，适用法律错误，应依法撤销。依据《劳动保障监察条例》第二十条规定，原审第三人的投诉已经超过2年的查处期限，被上诉人青岛市社会保险事业局受理原审第三人的投诉并作出《社会保险稽核意见书》认定事实错误、适用法律错误。二、上诉人与原审第三人已签署《解除劳动合同协议书》，原审第三人已经将自身权利处分，双方已"无其他争议"，被上诉人作出《社会保险稽核意见书》没有事实依据。上诉人2018年1月8日与原审第三人签订《解除劳动合同协议书》，明确约定："双方因劳动关系产生的权利义务一次性解决完毕，再无其他劳动争议"，上述协议是原审第三人的真实意思表示，是原审第三人对个人权利的处分，故上诉人与原审第三人已无争议，被上诉人青岛市社会保险事业局作出《社会保险稽核意见书》缺少事实依据。三、被上诉人青岛市社会保险事业局作出《社会保险稽核意见书》未列明事实依据、未列明适用的法律名称和主要法律条款，认定事实证据不足、适用法律错误。四、被上诉人青岛市人民政府作出的《行政复议决定书》事实认定不清、适用法律错误，应予撤销。被上诉人青岛市社会保险事业局作出《社会保险稽核意见书》缺少事实和法律依据，应予撤销，被上诉人青岛市人民政府复议维持被上诉人青岛市社会保险事业局的行政行为事实认定不清、适用法律错误，应予撤销。综上所述，原审法院认定事实错误、适用法律错误，故请求二审法院撤销原审判决，依法改判；一审、二审诉讼费由被上诉人承担。

被上诉人青岛市社会保险事业中心答辩称：一、上诉人主张的两年时效，是《劳动保障监察条例》对于劳动保障监察机构实施劳动保障监察过程中所适用，涉案社会保险稽核所依据的是《社会保险稽核办法》，该办法对于处理时效没有作出规定。且2019年最高人民法院发布了一系列的会议纪要，对时效予以放宽。二、上诉人提出与原审第三人签署的解除劳动保障协议中，已经约定再无其他争议，该条款违反社会保险法的规定，属于无效约定。三、社会保险稽核意见书中已经列明了相关的法律名称，不应认定为适用法律错误。综上，请求维持原审判决。

被上诉人青岛市人民政府答辩称：答辩意见与原审一致。被上诉人青岛市社会保险事业局作出《社会保险稽核意见书》，认定事实清楚，证据确凿，适用依据正确，程序合法，内容适当。被上诉人青岛市人民政府作出的复议决定程序合法。请求维持原判。

原审第三人于某萍陈述称：同两被上诉人意见一致。

各方当事人在原审中提供的证据已经原审法院庭审质证、认证，并已随案移送二审法院。上诉人对于原审查明的事实不持异议，经审查，二审法院同意原审法院对于证据的认定意见，并据此确认原审判决认定的事实成立。

二审法院认为：

一、关于被上诉人青岛市社会保险事业中心受理原审第三人投诉并作出处理是否超出时效问题。

上诉人主张，依据《劳动保障监察条例》第二十条规定，原审第三人的投诉已经超过2年的查处期限，被上诉人予以受理属适用法律错误。对此，二审法院认为，被上诉人青岛市社会保险事业中心系依据《中华人民共和国社会保险法》《社会保险稽核办法》作出涉案处理决定，上述法律和部门规章对于社会保险经办机构稽核用人单位未按时足额缴纳社会保险费并未设置时效限制。另外，《最高人民法院行政法官专业会议纪要（七）（工伤保险领域）》第六条规定："劳动保障行政部门依据《劳动保障监察条例》第二十条规定，以企业未依法缴纳社会保险费行为在2年内未被发现，也未被举报、投诉为由不再查处的，人民法院不予支持；当事人请求履行上述查处职责，且能够提供相应材料初步证明企业存在未依法缴纳社会保险费用的，人民法院应当判决责令有关劳动保障行政部门履行相应职责。"该纪要对查处时效也给出了明确的指导性意见，对查处时效予以放宽。综上，被上诉人青岛市社会保险事业中心受理原审第三人投诉并作出处理并无不当，上诉人该项主张不能成立。

二、关于被上诉人青岛市社会保险事业中心作出的涉案《社会保险稽核意见书》是否正确问题。

《中华人民共和国社会保险法》第十二条第一款规定："用人单位应当按照国家规定的本单位职工工资总额的比例缴纳基本养老保险费，记入基本养老保险统筹基金。"第六十三条第一款规定:"用人单位未按时足额缴纳社会保险费的,由社会保险费征收机构责令其限期缴纳或者补足"。据此,为职工按时足额缴存社会保险费是用人单位必须履行的法定义务,不因用人单位与职工之间的约定等免除,故上诉人主张其与原审第三人签署的《解除劳动合同协议书》中,已将社会保险权利自行作出处分,缺乏法律依据,二审法院不予采纳。

《中华人民共和国社会保险法》第八十六条规定:"用人单位未按时足额缴纳社会保险费的,由社会保险费征收机构责令限期缴纳或者补足,并自欠缴之日起,按日加收万分之五的滞纳金;逾期仍不缴纳的,由有关行政部门处欠缴数额一倍以上三倍以下的罚款。"第七十四条第一款规定,"社会保险经办机构通过业务经办、统计、调查获取社会保险工作所需的数据,有关单位和个人应当及时、如实提供。"本案中,被上诉人青岛市社会保险事业中心受理原审第三人投诉后,于2019年11月28日作出《社会保险稽核通知书》,要求上诉人提供原审第三人的工资、奖金等收入明细材料,并对上诉人进行了稽查询问,但上诉人未向被上诉人提供社保稽查必要材料,后被上诉人青岛市社会保险事业中心告知上诉人如不主动提供职工收入材料,将按照职工提供的银行工资流水、税收完税证明等收入情况材料核定社会保险费缴费基数,而后上诉人提交反馈书且被上诉人以询问笔录方式予以回复,最终被上诉人青岛市社会保险事业中心作出涉案《社会保险稽核意见书》,认定上诉人存在少报原审第三人社会保险缴费基数的违规行为,并依据《中华人民共和国社会保险法》第八十六条之规定,责令上诉人限期改正。综上,被上诉人青岛市社会保险事业中心作出的涉案《社会保险稽核意见书》并无不当。

另,上诉人在上诉中主张涉案《社会保险稽核意见书》未列明事实依据、适用法律名称及具体条款,但上诉人在二审庭审中明确对该项不再提出异议。二审法院经审查,被上诉人在2019年12月13日作出的《稽核情况告知书》中已经详细列明了稽核结果并向上诉人送达,以及征求上诉人意见,被上诉人是在该《稽核情况告知书》的基础上作出了被诉《社会保险稽核意见书》,相关内容一致,另外,被诉《社会保险稽核意见书》已经列明所依据的具体法律规定,上诉人在二审庭审中明确对该项不再提出异议,故二审法院确认被上诉人相关处理行为并无不当。

三、关于被上诉人青岛市人民政府作出的涉案行政复议决定是否合法问题。

经审查,被上诉人青岛市人民政府作出的青政复决字〔2020〕68号行政复议决定书,认定事实及适用法律均无不当。对于复议程序,虽然被上诉人青岛市人民政府因未送达受案通知书存在瑕疵,但该瑕疵对上诉人权利义务不造成实质影响,上诉人在二审庭审中也已明确对于复议程序不持异议,故二审法院确认涉案复议程序合法。

综上,原审判决认定事实清楚,适用法律正确,审判程序合法,应予以维持。上诉人上诉理由缺乏事实及法律依据,不予支持。

2021年3月29日,二审法院依照《中华人民共和国行政诉讼法》第八十九条第一款第一项之规定，判决如下：驳回上诉，维持原判。二审案件受理费人民币50元，由上诉人青岛某大酒店有限公司承担。

第四节　金税四期企业疑难业务税务处理

一、增值税疑难业务税务处理

（一）增值税应纳税额计算疑难问题

（1）企业（一般纳税人）从事研发活动是否属于用于非增值税应税项目？研发活动直接消耗的材料、燃料和动力费用的进项税额是否转出？

答：企业（一般纳税人）从事研发活动不属于用于非增值税应税项目。研发活动直接消耗的材料、燃料和动力费用的进项税额不需要转出。

根据《中华人民共和国增值税暂行条例》（1993年12月13日中华人民共和国国务院令第134号公布，2008年11月5日国务院第34次常务会议修订通过，根据2016年2月6日《国务院关于修改部分行政法规的决定》第一次修订）第十条的规定，下列项目的进项税额不得从销项税额中抵扣：用于非增值税应税项目、免征增值税项目、集体福利或者个人消费的购进货物或者应税劳务。但上述规定已于2017年11月19日全文废止。

根据《中华人民共和国增值税暂行条例》（1993年12月13日中华人民共和国国务院令第134号公布，2008年11月5日国务院第34次常务会议修订通过，根据2016年2月6日《国务院关于修改部分行政法规的决定》第一次修订，根据2017年11月19日《国务院关于废止〈中华人民共和国营业税暂行条例〉和修改〈中华人民共和国增值税暂行条例〉的决定》第二次修订）第十条规定，用于简易计税方法计税项目、免征增值税项目、集体福利或者个人消费的购进货物、劳务、服务、无形资产和不动产的进项税额不得从销项税额中抵扣。

根据《财政部　国家税务总局关于全面推开营业税改征增值税试点的通知》（财税〔2016〕36号）第二十七条规定，下列项目的进项税额不得从销项税额中抵扣：用于简易计税方法计税项目、免征增值税项目、集体福利或者个人消费的购进货物、加工修理修配劳务、服务、无形资产和不动产。其中涉及的固定资产、无形资产、不动产，仅指专用于上述项目的固定资产、无形资产（不包括其他权益性无形资产）、不动产。

（2）一般纳税人转登记为小规模纳税人时，计入"应交税费——待抵扣进项税额"的尚未申报抵扣的进项税额和转登记日当期的期末留抵税额，能否在所得税前扣除?

答：此前已按照《财政部 税务总局关于统一增值税小规模纳税人标准的通知》（财税〔2018〕33号）第二条、《国家税务总局关于小规模纳税人免征增值税政策有关征管问题的公告》（2019年第4号）第五条、《国家税务总局关于明确二手车经销等若干增值税征管问题的公告》（2020年第9号）第六条规定转登记的纳税人，根据《国家税务总局关于统一小规模纳税人标准等若干增值税问题的公告》（2018年第18号）相关规定计入"应交税费——待抵扣进项税额"科目核算、截至2022年3月31日的余额，在2022年度可分别计入固定资产、无形资产、投资资产、存货等相关科目，按规定在企业所得税或个人所得税税前扣除，对此前已税前扣除的折旧、摊销不再调整；对无法划分的部分，在2022年度可一次性在企业所得税或个人所得税税前扣除。

（3）纳税人出租不动产，如何计算应预缴税款？什么时间应预缴税款？

答：纳税人出租不动产，按照规定需要预缴税款的，应在取得租金的次月纳税申报期或不动产所在地主管税务机关核定的纳税期限预缴税款。

纳税人出租不动产适用一般计税方法计税的，按照以下公式计算应预缴税款：

$$应预缴税款 = 含税销售额 \div (1+9\%) \times 3\%$$

纳税人出租不动产适用简易计税方法计税的，除个人出租住房外，按照以下公式计算应预缴税款：

$$应预缴税款 = 含税销售额 \div (1+5\%) \times 5\%$$

个体工商户出租住房，按照以下公式计算应预缴税款：

$$应预缴税款 = 含税销售额 \div (1+5\%) \times 1.5\%$$

其他个人出租不动产，按照以下公式计算应纳税款：

出租住房：

$$应纳税款 = 含税销售额 \div (1+5\%) \times 1.5\%$$

出租非住房：

$$应纳税款 = 含税销售额 \div (1+5\%) \times 5\%$$

住房租赁企业中的增值税一般纳税人向个人出租住房取得的全部出租收入，可以选择适用简易计税方法，按照5%的征收率减按1.5%计算缴纳增值税，或适用一般计税方法计算缴纳增值税。住房租赁企业中的增值税小规模纳税人向个人出租住房，按照5%的征收率减按1.5%计算缴纳增值税。住房租赁企业向个人出租住房适用上述简易计税方法并进行预缴的，减按1.5%预征率预缴增值税。

（二）增值税税收优惠疑难问题

（1）小规模纳税人适用3%征收率应税销售收入免征增值税怎么开具发票？

答：增值税小规模纳税人适用3%征收率应税销售收入免征增值税的，应按规定开具免税普通发票。纳税人选择放弃免税并开具增值税专用发票的，应开具征收率为3%的增值税专用发票。

（2）小规模纳税人发生销售退回如何开具发票？

答：增值税小规模纳税人取得应税销售收入，纳税义务发生时间在2022年3月31日前，已按3%或者1%征收率开具增值税发票，发生销售折让、中止或者退回等情形需要开具红字发票的，应按照对应征收率开具红字发票；开票有误需要重新开具的，应按照对应征收率开具红字发票，再重新开具正确的蓝字发票。

（3）纳税人向个人出租住房如何缴纳增值税？

答：住房租赁企业中的增值税一般纳税人向个人出租住房取得的全部出租收入，可以选择适用简易计税方法，按照5%的征收率减按1.5%计算缴纳增值税，或适用一般计税方法计算缴纳增值税。住房租赁企业中的增值税小规模纳税人向个人出租住房，按照5%的征收率减按1.5%计算缴纳增值税。住房租赁企业向个人出租住房适用上述简易计税方法并进行预缴的，减按1.5%预征率预缴增值税。

个人出租住房，应按照5%的征收率减按1.5%计算应纳税额。

（三）增值税征收管理疑难问题

（1）纳税人扣除支付的分包款，应当取得合法有效凭证，具体凭证是指哪些？

答：纳税人按照规定从取得的全部价款和价外费用中扣除支付的分包款，应当取得符合法律、行政法规和国家税务总局规定的合法有效凭证，否则不得扣除。上述凭证是指：①从分包方取得的2016年4月30日前开具的建筑业营业税发票。上述建筑业营业税发票在2016年6月30日前可作为预缴税款的扣除凭证。②从分包方取得的2016年5月1日后开具的，备注栏注明建筑服务发生地所在县（市、区）、项目名称的增值税发票。③国家税务总局规定的其他凭证。

（2）纳税人留抵退税政策适用错误应如何处理？有没有处罚？

答：如果发现纳税人存在留抵退税政策适用有误的情形，纳税人应在下一个纳税申报期结束前缴回相关留抵退税款。以虚增进项、虚假申报或其他欺骗手段，骗取留抵退税款的，由税务机关追缴其骗取的退税款，并按照《中华人民共和国税收征收管理法》等有关规定处理。

二、企业所得税疑难业务税务处理

（一）收入确认与税前扣除疑难问题

（1）某公司为了完成上级交的任务增加会计利润，在2024年年底计提一笔关联方利息收入但并没有实际发生。这笔利息收入在所得税汇算时能否作调减处理？

答：根据《中华人民共和国企业所得税法实施条例》第十八条规定，利息收入，按照合同约定的债务人应付利息的日期确认收入的实现。如果企业确实未实际发生而非实际收到该笔利息，可以在汇算清缴时作调减处理。但企业有违反会计法的风险，未来应注意防范。

（2）企业预缴申报时，是否可以享受研发费用加计扣除优惠？

答：根据《国家税务总局　财政部关于优化预缴申报享受研发费用加计扣除政策有关事项的公告》（国家税务总局　财政部公告2023年第11号）的规定，企业7月份预缴申报第2季度（按季预缴）或6月份（按月预缴）企业所得税时，能准确归集核算研发费用的，可以结合自身生产经营实际情况，自主选择就当年上半年研发费用享受加计扣除政策。

对7月份预缴申报期未选择享受优惠的企业，在10月份预缴申报或年度汇算清缴时能够准确归集核算研发费用的，可结合自身生产经营实际情况，自主选择在10月份预缴申报或年度汇算清缴时统一享受。

企业10月份预缴申报第3季度（按季预缴）或9月份（按月预缴）企业所得税时，能准确归集核算研发费用的，企业可结合自身生产经营实际情况，自主选择就当年前三季度研发费用享受加计扣除政策。

对10月份预缴申报期未选择享受优惠的企业，在年度汇算清缴时能够准确归集核算研发费用的，可结合自身生产经营实际情况，自主选择在年度汇算清缴时统一享受。

企业享受研发费用加计扣除优惠政策采取"真实发生、自行判别、申报享受、相关资料留存备查"的办理方式，由企业依据实际发生的研发费用支出，自行计算加计扣除金额，填报《中华人民共和国企业所得税月（季）度预缴纳税申报表（A类）》享受税收优惠，并根据享受加计扣除优惠的研发费用情况（上半年或前三季度）填写《研发费用加计扣除优惠明细表》（A107012）。《研发费用加计扣除优惠明细表》（A107012）与规定的其他资料一并留存备查。

（3）计算业务招待费、广告费和业务宣传费扣除限额时，销售（营业）收入额是否包括视同销售（营业）收入额？

答： 企业在计算业务招待费、广告费和业务宣传费等费用扣除限额时，其销售（营业）收入额应包括视同销售（营业）收入额。企业发生非货币性资产交换，以及将货物、财产、劳务用于捐赠、偿债、赞助、集资、广告、样品、职工福利或者利润分配等用途的，应当视同销售货物、转让财产或者提供劳务，但国务院财政、税务主管部门另有规定的除外。

（二）企业所得税税收优惠疑难问题

（1）小型微利企业在预缴和汇算申报时，是否需要提前备案？

答： 小型微利企业在预缴和汇算清缴企业所得税时，通过填写纳税申报表，即可享受小型微利企业所得税优惠政策。

（2）预缴时享受了小型微利企业所得税优惠，汇算清缴时发现不符合小型微利企业条件的怎么办？

答： 企业预缴企业所得税时享受了小型微利企业所得税优惠政策，但在汇算清缴时发现不符合相关政策标准的，应当按照规定补缴企业所得税税款。

（3）企业上一纳税年度不符合小型微利企业条件，今年预缴时怎样判断是否享受小型微利企业优惠？

答：原不符合小型微利企业条件的企业，在年度中间预缴企业所得税时，按照相关政策标准判断符合小型微利企业条件的，应按照截至本期预缴申报所属期末的累计情况，计算减免税额。当年度此前期间如因不符合小型微利企业条件而多预缴的企业所得税税款，可在以后季度应预缴的企业所得税税款中抵减。

（4）一家年应纳税所得额为320万元的企业，其应纳税所得额300万元以内的部分，可以减免税款吗？

答：不能。根据现行政策规定，小型微利企业是指从事国家非限制和禁止行业，且同时符合年度应纳税所得额不超过300万元、从业人数不超过300人、资产总额不超过5 000万元等三个条件的企业。企业应纳税所得额已经超过300万元，不符合小型微利企业条件，不能享受小型微利企业所得税优惠政策。

（5）企业所得税优惠政策中，高新技术企业税率优惠与小型微利企业优惠政策是否可以叠加享受？

答：由企业选择最优惠的政策执行，不得叠加享受。

（6）我们公司今年亏损，还能否享受研发费用加计扣除政策？

答：《财政部　税务总局关于延长部分税收优惠政策执行期限的公告》（财政部　税务总局公告2021年第6号）将研发费用按75%比例加计扣除的优惠政策进行了延期。此外，按照国务院的统一安排部署，还将制造业企业研发费用加计扣除比例提高到100%，进一步加大政策优惠力度。对于亏损企业而言，只要会计核算健全、实行查账征收，能够准确归集研发费用，且不属于负面清单行业，就能享受上述研发费用加计扣除政策。亏损企业当年不需缴税，其享受加计扣除政策将进一步加大亏损额，可以在以后年度结转弥补，减少以后年度的应纳税款。

（三）企业所得税其他疑难问题

（1）我公司取得的境外所得能否享受抵免，是不是要看取得所得的所在国是不是跟中国签订了税收协定？

答：不是的。企业可以抵免的境外所得税并不限于在已与我国签订避免双重征税协定的国家（地区）已缴纳的所得税。因此，境外投资企业在还没有与我国政府签订避免双重征税协定的国家（地区）已缴纳的所得税，仍然可以按照有关国内法规定在计算中国应纳税额中抵免。

（2）税务机关在转让定价调查中，如何考虑企业因疫情影响导致的损失？

答：税务机关将结合企业功能风险、关联交易特征、行业特点、可比企业情况等因素，在转让定价调查中综合考虑疫情对企业造成的影响。对于企业因疫情防控需要发生的额外支出或受疫情影响增加的经营费用等，税务机关将在可比性分析时，在充分考虑独立第三方之间就相关成本和费用如何分配的基础上，酌情进行差异性调整。建议企业将相关成本费用明确划分量化，并保留相关证据备查。

（3）出口企业纳税信用修复后，是否可以调整出口企业管理类别？

答：自2022年5月1日起，出口企业管理类别年度评定工作应于企业纳税信用级别评价结果确定后1个月内完成。纳税人发生纳税信用修复情形的，可以书面向税务机关提出重新评定管理类别。因纳税信用修复原因重新评定的纳税人，不受《出口退（免）税企业分类管理办法》（国家税务总局公告2016年第46号发布，2018年第31号修改）第十四条中"四类出口企业自评定之日起，12个月内不得评定为其他管理类别"规定限制。

（4）预缴时候多缴的企业所得税，可以在汇算清缴时候进行退税吗？

答：为减轻纳税人办税负担，避免占压纳税人资金，自2021年度企业所得税汇算清缴起，纳税人在纳税年度内预缴企业所得税税款超过汇算清缴应纳税款的，不再抵缴其下一年度应缴企业所得税税款。纳税人应及时申请退税，主管税务机关应及时按有关规定办理退税。

三、个人所得税疑难业务税务处理

（一）3岁以下婴幼儿照护专项附加扣除疑难问题

（1）3岁以下婴幼儿照护专项附加扣除由谁来扣除？

答：该项政策的扣除主体是3岁以下婴幼儿的监护人，包括生父母、继父母、养父母，父母之外的其他人担任未成年人的监护人的，可以比照执行。

（2）不是亲生父母可以享受3岁以下婴幼儿照护专项附加扣除政策吗？

答：可以，但其必须是担任3岁以下婴幼儿监护人的人员。

（3）婴幼儿子女的范围包括哪些？

答：婴幼儿子女包括婚生子女、非婚生子女、养子女、继子女等受到本人监护的3岁以下婴幼儿。

（4）在国外出生的婴幼儿，其父母可以享受扣除吗？

答：可以。无论婴幼儿是在国内还是国外出生，其父母都可以享受扣除。

（5）享受3岁以下婴幼儿照护专项附加扣除的起算时间是什么？

答：从婴幼儿出生的当月至满3周岁的前一个月，纳税人可以享受这项专项附加扣除。例如：2022年5月出生的婴幼儿，一直到2025年4月，其父母都可以按规定享受此项专项附加扣除政策。

（6）3岁以下婴幼儿照护专项附加扣除的扣除标准是多少？

答：按照每孩每月2 000元的标准定额进行扣除。

（7）3岁以下婴幼儿照护专项附加扣除的金额能在父母之间分配吗？

答：可以。父母可以选择由其中一方按扣除标准的100%扣除，自2023年1月1日起，可一人按照每月2 000元标准扣除，也可以选择由双方分别按扣除标准的50%扣除，即两人各按照每月1 000元扣除。这两种分配方式，父母可以根据情况自行选择。

（8）3岁以下婴幼儿照护专项附加扣除分配方式在选定之后还可以变更吗？

答：3岁以下婴幼儿照护专项附加扣除，可以选择由父母一方扣除或者双方平摊扣除，选定扣除方式后在一个纳税年度内不能变更。

（9）有多个婴幼儿的父母，可以对不同的婴幼儿选择不同的扣除方式吗？

答：可以。有多个婴幼儿的父母，可以对不同的婴幼儿选择不同的扣除方式。自2023年1月1日起，对婴幼儿甲可以选择由一方按照每月2 000元的标准扣除，对婴幼儿乙可以选择由双方分别按照每月1 000元的标准扣除。

（10）对于存在重组情况的家庭而言，如何享受3岁以下婴幼儿照护专项附加扣除？

答：具体扣除方法由父母双方协商决定，一个孩子扣除总额不能超过每月2 000元，扣除主体不能超过两人。

（11）3岁以下婴幼儿照护专项附加扣除可以在每月发工资时就享受吗？

答：可以。纳税人通过手机个人所得税App或纸质《信息报告表》将有关信息提供给任职受雇单位后，单位根据个人的实际情况进行扣除，这样在每个月预缴个税时就可以享受到减税红利。

（12）纳税人在婴幼儿出生的当月没享受专项附加扣除政策，后续还可以享受吗？

答：可以。如果纳税人在婴幼儿出生当月没有享受专项附加扣除，可以在当年的后续月份发工资时追溯享受专项附加扣除，也可以在次年办理汇算清缴时享受。

（13）纳税人享受政策应当填报哪些信息？

答：纳税人享受3岁以下婴幼儿照护专项附加扣除，可以直接在个人所得税App上按照引导填报，也可以填写纸质的《信息报告表》，填报内容包括配偶及子女的姓名、身份证件类型（如身份证、子女出生医学证明等）及号码以及本人与配偶之间扣除分配比例等信息。

（14）纳税人享受3岁以下婴幼儿照护专项附加扣除，需要将有关资料提交给税务部门吗？

答：3岁以下婴幼儿照护专项附加扣除与其他六项专项附加扣除一样，实行"申报即可享受、资料留存备查"的服务管理模式，申报时不用向税务机关报送资料，留存备查即可。

（15）3岁以下婴幼儿照护专项附加扣除需要发票吗？

答：不需要发票，只需要按规定填报相关信息即可享受政策。相关信息包括：配偶及子女姓名、身份证件类型（如身份证、子女出生医学证明等）及号码、本人扣除比例等。

（16）纳税人如何填报3岁以下婴幼儿照护专项附加扣除信息较为方便快捷？

答：纳税人通过手机个人所得税App填报3岁以下婴幼儿照护专项附加扣除信息，

既可以推送给任职受雇单位在预扣预缴阶段享受扣除，也可以在办理汇算清缴时享受，全程"非接触"办税，无需填报纸质申报表，较为方便快捷。

（17）婴幼儿的身份信息应当如何填报？

答：一般来讲，婴幼儿出生后，会获得载明其姓名、出生日期、父母姓名等信息的《出生医学证明》，纳税人通过个人所得税App或纸质《信息报告表》填报子女信息时，证件类型可选择"出生医学证明"，并填写相应编号和婴幼儿出生时间即可；婴幼儿已被赋予居民身份证号码的，证件类型也可选择"居民身份证"，并填写身份证号码和婴幼儿出生时间即可；婴幼儿名下的中国护照、外国护照、港澳居民来往内地通行证等可证明身份的证件，均可作为填报证件。

（18）如果暂没有《出生医学证明》或居民身份证等可证明身份的证件，该如何填报婴幼儿身份信息？

答：纳税人暂未获取婴幼儿《出生医学证明》或居民身份证等可证明身份的证件的，也可选择"其他个人证件"并在备注中如实填写相关情况，不影响纳税人享受扣除。后续纳税人取得婴幼儿的出生医学证明或者居民身份证号的，及时补充更新即可。如税务机关联系纳税人核实有关情况，纳税人可通过手机个人所得税App将证件照片等证明资料推送给税务机关证明真实性，以便继续享受扣除。

（19）谁对3岁以下婴幼儿照护专项附加扣除的填报信息负责？

答：纳税人应当对报送的专项附加扣除信息的真实性、准确性、完整性负责。

（20）税务机关会对纳税人填报的扣除信息进行检查吗？

答：税务机关将通过税收大数据、部门间信息共享等方式，对纳税人报送的专项附加扣除信息进行核验，对发现虚扣、乱扣的，将按有关规定予以严肃处理。

（21）我什么时候可以在个税App填报3岁以下婴幼儿照护专项附加扣除？

答：《国务院关于设立3岁以下婴幼儿照护个人所得税专项附加扣除的通知》（国发〔2022〕8号）已于2022年3月28日正式发布，税务部门也已做好各项准备工作，专扣申报系统功能将于当天升级。2022年3月29日起，您就可以通过个税App填报3岁以下婴幼儿照护专项附加扣除了。

（二）个人所得税税收优惠疑难问题

（1）法律援助人员取得法律援助补贴是否需要缴纳个人所得税？

答：对法律援助人员按照《中华人民共和国法律援助法》规定获得的法律援助补贴，免征增值税和个人所得税。法律援助机构向法律援助人员支付法律援助补贴时，应当为获得补贴的法律援助人员办理个人所得税劳务报酬所得免税申报。

（2）促进科技成果转化所得是否缴纳个人所得税？

答：科研机构、高等学校转化职务科技成果以股份或出资比例等股权形式给予科技人员个人奖励，经主管税务机关审核后，暂不征收个人所得税。在获奖人按股份、出资比例获得分红时，对其所得按"利息、股息、红利所得"应税项目征收个人所得税。获奖人转让股权、出资比例，对其所得按"财产转让所得"应税项目征收个人所得税，财产原值为零。享受上述优惠政策的科技人员必须是科研机构和高等学校的在编正式职工。

（3）商业健康保险产品个人所得税优惠政策适用的保险产品范围是什么？

答：《财政部　税务总局　保监会[①]关于将商业健康保险个人所得税试点政策推广到全国范围实施的通知》（财税〔2017〕39号）"关于商业健康保险产品的规范和条件"中所称符合规定的商业健康保险产品，其具体产品类型以及产品指引框架和示范条款由中国银保监会商财政部、国家税务总局确定。新的产品发布后，此前有关产品的规定与新的规定不一致的，按照新的规定执行。

（三）个人所得税应纳税额计算疑难问题

（1）企业是否要留存员工个人所得税专项扣除的资料？

答： 纳税人通过填写电子或者纸质《扣除信息表》直接报送扣缴义务人的，扣缴义务人将相关信息导入或者录入扣缴端软件，并在次月办理扣缴申报时提交给主管税务机关。《扣除信息表》应当一式两份，纳税人和扣缴义务人签字（章）后分别留存备查。

（2）如果扣缴义务人不接受纳税人提交的专项附加扣除资料怎么办？

答： 纳税人向扣缴义务人提供专项附加扣除信息的，扣缴义务人应当按照规定予以扣除，不得拒绝。扣缴义务人应当为纳税人报送的专项附加扣除信息保密。

（3）创投企业选择按年度所得整体核算的，其个人合伙人应从创投企业取得的所得，按照什么计算缴纳个人所得税？

答： 创投企业选择按年度所得整体核算的，其个人合伙人应从创投企业取得的所得，按照"经营所得"项目5%~35%的超额累进税率计算缴纳个人所得税。

（4）个人因没有休带薪年假而从任职受雇单位取得补贴还需要合并到工资薪金缴纳个人所得税吗？

答： 工资、薪金所得是指个人因任职或者受雇取得的工资、薪金、奖金、年终加薪、劳动分红、津贴、补贴以及与任职或者受雇有关的其他所得。因此，个人因没有休带薪年假而从任职受雇单位取得补贴应当合并到工资薪金缴纳个人所得税。

（5）个人取得的彩票代销业务所得，如何计征个人所得税？

答： 个人因从事彩票代销业务而取得所得，应按照"个体工商户的生产、经营所得"项目计征个人所得税。

[①] 2018年3月，根据《第十三届全国人民代表大会第一次会议关于国务院机构改革方案的决定》，组建中国银行保险监督管理委员会，不再保留中国保险监督管理委员会。2023年3月，中共中央、国务院印发了《党和国家机构改革方案》，决定在中国银行保险监督管理委员会基础上组建国家金融监督管理总局，不再保留中国银行保险监督管理委员会。

（6）有两个任职受雇单位，如何办理专项附加扣除？

答：纳税人同时从两处以上取得工资、薪金所得，并由扣缴义务人办理上述专项附加扣除的，对同一专项附加扣除项目，一个纳税年度内，纳税人只能选择从其中一处扣除。

（7）员工提供的信息，企业怎么核实是否真实？

答：纳税人向扣缴义务人提供专项附加扣除信息的，扣缴义务人应当按照规定予以扣除，不得拒绝。扣缴义务人应当为纳税人报送的专项附加扣除信息保密。扣缴义务人应当及时按照纳税人提供的信息计算办理扣缴申报，不得擅自更改纳税人提供的相关信息。扣缴义务人发现纳税人提供的信息与实际情况不符，可以要求纳税人修改。纳税人拒绝修改的，扣缴义务人应当向主管税务机关报告，税务机关应当及时处理。除纳税人另有要求外，扣缴义务人应当于年度终了后两个月内，向纳税人提供已办理的专项附加扣除项目及金额等信息。

（8）纳税人接受继续教育的学历证书在今年领取，学位证明年领取，那么如何填报教育起止时间？哪个时间段可以按照接受继续教育进行专项附加扣除？

答：纳税人享受符合规定的专项附加扣除的计算时间，学历（学位）继续教育，为在中国境内接受学历（学位）继续教育入学的当月至学历（学位）继续教育结束的当月，同一学历（学位）继续教育的扣除期限最长不得超过48个月。技能人员职业资格继续教育、专业技术人员职业资格继续教育，为取得相关证书的当年。由于文件表述为"学历（学位）"，因此只要满足学历或学位任一条件，均可进行继续教育专项附加扣除，纳税人可按范围较长的时间进行填报，但最长不可超过48个月。题目中纳税人在不超过48个月前提下可按学位证领取时间确定教育截止时间。

（9）享受首套住房贷款利率，但是本月还未开始还贷，首次还贷时间如何填写？

答：住房贷款利息，为贷款合同约定开始还款的当月至贷款全部归还或贷款合同终止的当月，扣除期限最长不得超过240个月。首次还款日期，填写住房贷款合同上注明的首次还款日期。

（10）如果一个纳税年度内，纳税人在扣缴义务人预扣预缴税款环节未享受或未足额享受专项附加扣除怎么处理？

答：一个纳税年度内，纳税人在扣缴义务人预扣预缴税款环节未享受或未足额享受专项附加扣除的，可以在当年内向支付工资、薪金的扣缴义务人申请在剩余月份发放工资、薪金时补充扣除，也可以在次年3月1日至6月30日内，向汇缴地主管税务机关办理汇算清缴时申报扣除。

（11）通过福利院资助助养的孩子，是否可以享受子女教育的扣除？

答：子女教育的扣除主体是子女的法定监护人，包括生父母、继父母、养父母，父母之外的其他人担任未成年人的监护人的，比照执行。如纳税人与所助养的孩子不构成上述关系的，不能享受子女教育专项附加扣除。

（12）大病医疗扣除中的自付部分是否包含医保报销的起付线下的自付部分？

答：大病医疗专项附加扣除政策中并未对医保报销起付线有所规定，因此只要属于医保目录范围内的自付部分即可。

（13）大病医疗专项附加扣除，是不是住院的医疗支出才能扣除，没住院的医疗支出不能作为专项附加扣除？

答：纳税人发生的与基本医保相关的医药费用支出，扣除医保报销后个人负担（指医保目录范围内的自付部分）累计超过1.5万元的部分，在8万元限额内据实扣除。也就是说，大病医疗支出只需满足上述条件即可，不考察纳税人是否住院治疗。

（四）个人所得税征管与法律责任疑难问题

（1）纳税人、扣缴义务人未按照规定的期限办理纳税申报和报送纳税资料有什么影响和责任？

答：纳税人、扣缴义务人未按照规定的期限办理纳税申报和报送纳税资料的，将影响纳税信用评价结果，并依照《中华人民共和国税收征收管理法》有关规定承担相应法律责任。对于首次发生下列事项且危害后果轻微，在税务机关发现前主动改正或者在税务机关责令限期改正的期限内改正的，不予行政处罚：纳税人未按照税法规定的期限办理纳税申报和报送纳税资料；扣缴义务人未按照税法规定的期限报送代扣代缴、代收代缴税款有关资料。

（2）内地投资者从香港基金分配取得收益的个人所得税由谁来代扣代缴？

答：中国证券登记结算有限责任公司负责代扣代缴内地投资者从香港基金分配取得收益的个人所得税。

（3）个人从国外代购商品在微信上卖需要缴纳个人所得税吗？

答：经营所得，包括个人从事其他生产、经营活动取得的所得。个体工商户包括其他从事生产、经营的个人。个体工商户从事生产经营以及与生产经营有关的活动取得的货币形式和非货币形式的各项收入，为收入总额。收入总额包括销售货物收入、提供劳务收入、转让财产收入、利息收入、租金收入、接受捐赠收入、其他收入。所以，个人从外国代购商品通过微信进行销售取得的收入应按规定缴纳个人所得税。

四、其他税种与税收征管疑难业务税务处理

（一）多税种疑难问题

（1）一般纳税人可以享受"六税两费"减免政策吗？

答：适用"六税两费"减免政策的小型微利企业的判定以企业所得税年度汇算清缴（以下简称汇算清缴）结果为准。登记为增值税一般纳税人的企业，按规定办理汇算清缴后确定是小型微利企业的，除另有规定外，可自办理汇算清缴当年的7月1日至次年6月30日申报享受"六税两费"减免优惠；2022年1月1日至6月30日，纳税人依

据2021年办理2020年度汇算清缴的结果确定是否按照小型微利企业申报享受"六税两费"减免优惠。

登记为增值税一般纳税人的新设立企业，从事国家非限制和禁止行业，且同时符合申报期上月末从业人数不超过300人、资产总额不超过5 000万元两项条件的，按规定办理首次汇算清缴申报前，可按照小型微利企业申报享受"六税两费"减免优惠。

登记为增值税一般纳税人的新设立企业，从事国家非限制和禁止行业，且同时符合设立时从业人数不超过300人、资产总额不超过5 000万元两项条件的，设立当月依照有关规定按次申报有关"六税两费"时，可申报享受"六税两费"减免优惠。

按规定办理首次汇算清缴后确定不属于小型微利企业的一般纳税人，自办理汇算清缴的次月1日至次年6月30日，不得再申报享受"六税两费"减免优惠；按次申报的，自首次办理汇算清缴确定不属于小型微利企业之日起至次年6月30日，不得再申报享受"六税两费"减免优惠。

新设立企业按规定办理首次汇算清缴后，按规定申报当月和之前的"六税两费"的，依据首次汇算清缴结果确定是否可申报享受减免优惠。新设立企业按规定办理首次汇算清缴申报前，已按规定申报缴纳"六税两费"的，不再根据首次汇算清缴结果进行更正。

增值税小规模纳税人按规定登记为一般纳税人的，自一般纳税人生效之日起不再按照增值税小规模纳税人适用"六税两费"减免政策。增值税年应税销售额超过小规模纳税人标准应当登记为一般纳税人而未登记，经税务机关通知，逾期仍不办理登记的，自逾期次月起不再按照增值税小规模纳税人申报享受"六税两费"减免优惠。上述纳税人如果符合小型微利企业和新设立企业的情形，或登记为个体工商户，仍可申报享受"六税两费"减免优惠。

（2）房产税、城镇土地使用税的纳税义务发生时间如何确定？

答： 纳税人自建的房屋，自建成之次月起征收房产税。纳税人委托施工企业建设的房屋，从办理验收手续之次月起征收房产税。纳税人在办理验收手续前已使用或出租、出借的新建房屋，应按规定征收房产税。

购置新建商品房，自房屋交付使用之次月起计征房产税和城镇土地使用税。购置存量房，自办理房屋权属转移、变更登记手续，房地产权属登记机关签发房屋权属证书之次月起计征房产税和城镇土地使用税。出租、出借房产，自交付出租、出借房产之次月起计征房产税和城镇土地使用税。房地产开发企业自用、出租、出借本企业建造的商品房，自房屋使用或交付之次月起计征房产税。

以出让或转让方式有偿取得土地使用权的，应由受让方从合同约定交付土地时间的次月起缴纳城镇土地使用税；合同未约定交付土地时间的，由受让方从合同签订的次月起缴纳城镇土地使用税。

（二）印花税疑难问题

（1）纳税人多贴的印花税票可以退吗？

答：纳税人多贴的印花税票，不予退税及抵缴税款。

（2）应税凭证列明的增值税税款计算错误，印花税如何处理？

答：纳税人因应税凭证列明的增值税税款计算错误导致应税凭证的计税依据减少或者增加的，纳税人应当按规定调整应税凭证列明的增值税税款，重新确定应税凭证计税依据。已缴纳印花税的应税凭证，调整后计税依据增加的，纳税人应当就增加部分的金额补缴印花税；调整后计税依据减少的，纳税人可以就减少部分的金额向税务机关申请退还或者抵缴印花税。

（3）印花税的减免优惠政策，书立双方都可以享受吗？

答：对应税凭证适用印花税减免优惠的，书立该应税凭证的纳税人均可享受印花税减免政策，明确特定纳税人适用印花税减免优惠的除外。

（4）企业之间的订单、要货单需要交印花税吗？

答：企业之间书立的确定买卖关系、明确买卖双方权利义务的订单、要货单等单据，且未另外书立买卖合同的，应当按规定缴纳印花税。

（5）未列明金额的合同如何缴纳印花税？

答：应税合同、产权转移书据未列明金额的，印花税的计税依据按照实际结算的金额确定。应税合同、产权转移书据未列明金额，在后续实际结算时确定金额的，纳税人应当于书立应税合同、产权转移书据的首个纳税申报期申报应税合同、产权转移书据书立情况，在实际结算后下一个纳税申报期，以实际结算金额计算申报缴纳印花税。

（6）在境外签订的合同需要缴纳印花税吗？

答：在中华人民共和国境外书立在境内使用的应税凭证的单位和个人，应当依照本法规定缴纳印花税。在中华人民共和国境外书立在境内使用的应税凭证，应当按规定缴纳印花税。包括以下几种情形：①应税凭证的标的为不动产的，该不动产在境内；②应税凭证的标的为股权的，该股权为中国居民企业的股权；③应税凭证的标的为动产或者商标专用权、著作权、专利权、专有技术使用权的，其销售方或者购买方在境内，但不包括境外单位或者个人向境内单位或者个人销售完全在境外使用的动产或者商标专用权、著作权、专利权、专有技术使用权；④应税凭证的标的为服务的，其提供方或者接受方在境内，但不包括境外单位或者个人向境内单位或者个人提供完全在境外发生的服务。

（7）未履行的合同能否退印花税？

答：未履行的应税合同、产权转移书据，已缴纳的印花税不予退还及抵缴税款。

（8）实际结算金额与签订合同所载金额不一致的情况下如何缴纳印花税？

答：应税合同、应税产权转移书据所列的金额与实际结算金额不一致，不变更应税凭证所列金额的，以所列金额为计税依据；变更应税凭证所列金额的，以变更后的所列金额为计税依据。已缴纳印花税的应税凭证，变更后所列金额增加的，纳税人应当就增加部分的金额补缴印花税；变更后所列金额减少的，纳税人可以就减少部分的金额向税务机关申请退还或者抵缴印花税。

（9）公司跟境外企业签合同，要帮境外企业代扣代缴印花税吗？

答：纳税人为境外单位或者个人，在境内有代理人的，以其境内代理人为扣缴义务人。境外单位或者个人的境内代理人应当按规定扣缴印花税，向境内代理人机构所在地（居住地）主管税务机关申报解缴税款。纳税人为境外单位或者个人，在境内没有代理人的，纳税人应当自行申报缴纳印花税。境外单位或者个人可以向资产交付地、境内服务提供方或者接受方所在地（居住地）、书立应税凭证境内书立人所在地（居住地）主管税务机关申报缴纳；涉及不动产产权转移的，应当向不动产所在地主管税务机关申报缴纳。

（10）购买新车除了缴纳车辆购置税还需缴纳印花税吗？

答：印花税征税范围中的买卖合同，是指动产买卖合同，不包括个人书立的动产买卖合同。因此，个人购买新车不需要缴纳印花税。

（三）消费税疑难问题

（1）以外购或委托加工收回的已税石脑油、润滑油、燃料油为原料生产的应税消费品，能否抵扣上一环节已纳消费税？

答：以外购或委托加工收回的已税石脑油、润滑油、燃料油为原料生产的应税消费品，准予从消费税应纳税额中扣除原料已纳的消费税税款。抵扣税款的计算公式为：当期准予扣除的外购应税消费品已纳税款＝当期准予扣除外购应税消费品数量×外购应税消费品单位税额。

（2）纳税人以回收的废矿物油为原料生产的润滑油基础油、汽油、柴油等工业油料应同时符合哪些条件才能享受免征消费税的优惠政策？

答：对以回收的废矿物油为原料生产的润滑油基础油、汽油、柴油等工业油料免征消费税。废矿物油，是指工业生产领域机械设备及汽车、船舶等交通运输设备使用后失去或降低功效更换下来的废润滑油。

纳税人利用废矿物油生产的润滑油基础油、汽油、柴油等工业油料免征消费税，应同时符合下列条件：

一是，纳税人必须取得省级以上（含省级）环境保护部门颁发的《危险废物（综合）经营许可证》，且该证件上核准生产经营范围应包括"利用"或"综合经营"字样。生产经营范围为"综合经营"的纳税人，还应同时提供颁发《危险废物（综合）经营许可证》的环境保护部门出具的能证明其生产经营范围包括"利用"的材料。纳税人在申请办理免征消费税备案时，应同时提交污染物排放地环境保护部门确定的该纳税人应予执行的污染物排放标准，以及污染物排放地环境保护部门在此前6个月以内出具的该纳税人的污染物排放符合上述标准的证明材料。纳税人回收的废矿物油应具备能显示其名称、特性、数量、接受日期等项目的《危险废物转移联单》。

二是,生产原料中废矿物油重量必须占到90%以上。产成品中必须包括润滑油基础油,且每吨废矿物油生产的润滑油基础油应不少于0.65吨。

三是,利用废矿物油生产的产品与利用其他原料生产的产品应分别核算。

（3）锻压金首饰是否在零售环节征收消费税?

答: 目前市场上销售的一些含金饰品如锻压金,铸金,复合金等,其生产工艺与包金,镀金首饰有明显区别,且这类含金饰品在进口环节均未征收消费税。为严密征税规定,公平税负,避免纳税人以饰品名称的不同钻空子,进行偷税,逃税,现对在零售环节征收消费税的金银首饰的范围重申如下：在零售环节征收消费税的金银首饰的范围不包括镀金（银）,包金（银）首饰,以及镀金（银）,包金（银）的镶嵌首饰,凡采用包金,镀金工艺以外的其他工艺制成的含金,银首饰及镶嵌首饰,如锻压金,铸金,复合金首饰等,都应在零售环节征收消费税。

（四）契税疑难问题

（1）个人用拆迁补偿购置新房如何缴纳契税?

答: 省、自治区、直辖市可以决定对下列情形免征或者减征契税：①因土地、房屋被县级以上人民政府征收、征用,重新承受土地、房屋权属；②因不可抗力灭失住房,重新承受住房权属。上述免征或者减征契税的具体办法,由省、自治区、直辖市人民政府提出,报同级人民代表大会常务委员会决定,并报全国人民代表大会常务委员会和国务院备案。纳税人改变有关土地、房屋的用途,或者有其他不再属于上述规定的免征、减征契税情形的,应当缴纳已经免征、减征的税款。

（2）契税的纳税义务发生时间是如何规定的?

答: 契税的纳税义务发生时间,为纳税人签订土地、房屋权属转移合同的当日,或者纳税人取得其他具有土地、房屋权属转移合同性质凭证的当日。纳税人应当在依法办理土地、房屋权属登记手续前申报缴纳契税。

关于纳税义务发生时间的具体情形：

一是,因人民法院、仲裁委员会的生效法律文书或者监察机关出具的监察文书等发生土地、房屋权属转移的,纳税义务发生时间为法律文书等生效当日。

二是,因改变土地、房屋用途等情形应当缴纳已经减征、免征契税的,纳税义务发生时间为改变有关土地、房屋用途等情形的当日。

三是,因改变土地性质、容积率等土地使用条件需补缴土地出让价款,应当缴纳契税的,纳税义务发生时间为改变土地使用条件当日。

发生上述情形,按规定不再需要办理土地、房屋权属登记的,纳税人应自纳税义务发生之日起90日内申报缴纳契税。

（3）哪些情况可以退还契税?办理时需要提交哪些资料?

答: 在依法办理土地、房屋权属登记前,权属转移合同、权属转移合同性质凭证不生效、无效、被撤销或者被解除的，纳税人可以向税务机关申请退还已缴纳的税款，税务机关应当依法办理。

纳税人缴纳契税后发生下列情形，可依照有关法律法规申请退税：①因人民法院判决或者仲裁委员会裁决导致土地、房屋权属转移行为无效、被撤销或者被解除，且土地、房屋权属变更至原权利人的；②在出让土地使用权交付时，因容积率调整或实际交付面积小于合同约定面积需退还土地出让价款的；③在新建商品房交付时，因实际交付面积小于合同约定面积需返还房价款的。

纳税人依照规定向税务机关申请退还已缴纳契税的，应提供纳税人身份证件、完税凭证复印件，并根据不同情形提交相关资料：

一是，在依法办理土地、房屋权属登记前，权属转移合同或合同性质凭证不生效、无效、被撤销或者被解除的，提交合同或合同性质凭证不生效、无效、被撤销或者被解除的证明材料。

二是，因人民法院判决或者仲裁委员会裁决导致土地、房屋权属转移行为无效、被撤销或者被解除，且土地、房屋权属变更至原权利人的，提交人民法院、仲裁委员会的生效法律文书。

三是，在出让土地使用权交付时，因容积率调整或实际交付面积小于合同约定面积需退还土地出让价款的，提交补充合同（协议）和退款凭证。

四是，在新建商品房交付时，因实际交付面积小于合同约定面积需返还房价款的，提交补充合同（协议）和退款凭证。

税务机关收取纳税人退税资料后，应向不动产登记机构核实有关土地、房屋权属登记情况。核实后符合条件的即时受理，不符合条件的一次性告知应补正资料或不予受理原因。

（4）将房屋赠与给他人需缴契税吗？

答：在中华人民共和国境内转移土地、房屋权属，承受的单位和个人为契税的纳税人，应当依法缴纳契税。转移土地、房屋权属，是指下列行为：土地使用权转让，包括出售、赠与、互换；房屋买卖、赠与、互换。土地使用权转让，不包括土地承包经营权和土地经营权的转移。

契税的计税依据：土地使用权赠与、房屋赠与以及其他没有价格的转移土地、房屋权属行为，为税务机关参照土地使用权出售、房屋买卖的市场价格依法核定的价格。纳税人申报的成交价格、互换价格差额明显偏低且无正当理由的，由税务机关依照《中华人民共和国税收征收管理法》的规定核定。

税务机关依法核定计税价格，应参照市场价格，采用房地产价格评估等方法合理确定。

（5）符合什么条件个人购买的住房可按1%的税率计算缴纳契税？

答：自2024年12月1日起，对个人购买家庭唯一住房（家庭成员范围包括购房人、配偶以及未成年子女，下同），面积为140平方米及以下的，减按1%的税率征收契税；面积为140平方米以上的，减按1.5%的税率征收契税。对个人购买家庭第二套住房，面积为140平方米及以下的，减按1%的税率征收契税；面积为140平方米以上的，减按2%的税率征收契税。家庭第二套住房是指已拥有一套住房的家庭购买的第二套住房。

（6）经济适用住房有哪些契税政策？

答：对个人购买经济适用住房，在法定税率基础上减半征收契税。

（7）购买车库是否征收契税？

答：房屋附属设施（包括停车位、机动车库、非机动车库、顶层阁楼、储藏室及其他房屋附属设施）与房屋为同一不动产单元的，计税依据为承受方应交付的总价款，并适用与房屋相同的税率；房屋附属设施与房屋为不同不动产单元的，计税依据为转移合同确定的成交价格，并按当地确定的适用税率计税。

（五）城市维护建设税疑难问题

（1）行政区划变更的，如何确定城市维护建设税的税率？

答：行政区划变更的，自变更完成当月起适用新行政区划对应的城建税税率，纳税人在变更完成当月的下一个纳税申报期按新税率申报缴纳。

（2）纳税人在补缴两税时，是否需要补缴城市维护建设税？

答：采用委托代征、代扣代缴、代收代缴、预缴、补缴等方式缴纳两税的，应当同时缴纳城建税。

（3）当期免抵的增值税额是否作为城市维护建设税和教育费附加的计征依据？

答：城市维护建设税以纳税人依法实际缴纳的增值税、消费税税额（以下简称两税税额）为计税依据。依法实际缴纳的两税税额，是指纳税人依照增值税、消费税相关法律法规和税收政策规定计算的应当缴纳的两税税额（不含因进口货物或境外单位和个人向境内销售劳务、服务、无形资产缴纳的两税税额），加上增值税免抵税额，扣除直接减免的两税税额和期末留抵退税退还的增值税税额后的金额。教育费附加、地方教育附加计征依据与城市维护建设税计税依据一致。

对增值税免抵税额征收的城建税，纳税人应在税务机关核准免抵税额的下一个纳税申报期内向主管税务机关申报缴纳。

（4）对实行增值税期末留抵退税的纳税人，其城市维护建设税、教育费附加和地方教育附加的计税（征）依据中可以扣除退还的增值税税额吗？

答：城市维护建设税的计税依据应当按照规定扣除期末留抵退税退还的增值税税额。城市维护建设税以纳税人依法实际缴纳的增值税、消费税税额（以下简称两税税额）为计税依据。依法实际缴纳的两税税额，是指纳税人依照增值税、消费税相关法律法规和税收政策规定计算的应当缴纳的两税税额（不含因进口货物或境外单位和个人向境内销售劳务、服务、无形资产缴纳的两税税额），加上增值税免抵税额，扣除直接减免的两税税额和期末留抵退税退还的增值税税额后的金额。

对实行增值税期末留抵退税的纳税人，允许其从城市维护建设税、教育费附加和地方教育附加的计税（征）依据中扣除退还的增值税税额。

（5）对进口产品、境外单位和个人向境内销售劳务、服务、无形资产是否征收城市维护建设税？

答：对进口货物或者境外单位和个人向境内销售劳务、服务、无形资产缴纳的增值税、消费税税额，不征收城市维护建设税。城建税以纳税人依法实际缴纳的增值税、消费税（以下称两税）税额为计税依据。应当缴纳的两税税额，不含因进口货物或境外单位和个人向境内销售劳务、服务、无形资产缴纳的两税税额。

（六）税收征管疑难问题

（1）市场主体歇业环节的税收报告和纳税申报是如何规定的？

答：市场主体因自然灾害、事故灾难、公共卫生事件、社会安全事件等原因造成经营困难，按照规定办理歇业的，不需要另行向税务机关报告。

歇业状态的市场主体依法应履行纳税义务、扣缴义务的，可按如下方式简并所得税申报，且当年度内不再变更。

一是，设立不具有法人资格分支机构的企业，按月申报预缴企业所得税的，其总机构办理歇业后，总机构及其所有分支机构可自下一季度起调整为按季预缴申报；仅分支机构办理歇业的，总机构及其所有分支机构不调整预缴申报期限。

二是，未设立不具有法人资格分支机构的企业，按月申报预缴企业所得税的，办理歇业后，可自下一季度起调整为按季预缴申报。

三是，按月申报预缴经营所得个人所得税的市场主体办理歇业后，可自下一季度起调整为按季预缴申报。

四是，歇业状态的市场主体可以选择按次申报缴纳资源税（不含水资源税）。

被税务机关认定为非正常户的市场主体，在解除非正常状态之前，歇业期间不适用上述简化纳税申报方式。

（2）办理优惠备案之后，企业信息变更，要重新备案吗？

答：符合核准类税收减免的纳税人，应当提交核准材料，提出申请，经依法具有批准权限的税务机关按规定核准确认后方可享受。纳税人享减免税的情形发生变化时，应当及时向税务机关报告，税务机关对纳税人的减免税资质进行重新审核。

若属于免税收入、减计收入、加计扣除、加速折旧、所得减免、抵扣应纳税所得额、减低税率、税额抵免等，优惠事项的名称、政策概述、主要政策依据、主要留存备查资料、享受优惠时间、后续管理要求等企业信息变更，优惠事项不受影响。

（3）为什么收到的发票票面税率栏是*号？

答：免税、其他个人出租其取得的不动产适用优惠政策减按1.5%征收、差额征税的，税率栏自动打印***。

（4）纳税人因税务机关按照"首违不罚"相关规定不予行政处罚的，会计入纳税信用评价吗？

答：自2021年度纳税信用评价起，税务机关按照"首违不罚"相关规定对纳税人不予行政处罚的，相关记录不纳入纳税信用评价。

（5）由于预缴的时候，是总机构和分支机构分开缴税的，请问现在申请退税是分开申请还是由总机构一起申请？

答：汇总纳税企业应当自年度终了之日起5个月内，由总机构汇总计算企业年度应纳所得税额，扣除总机构和各分支机构已预缴的税款，计算出应缴应退税款，按照规定的税款分摊方法计算总机构和分支机构的企业所得税应缴应退税款，分别由总机构和分支机构就地办理税款缴库或退库。汇总纳税企业在纳税年度内预缴企业所得税税款少于全年应缴企业所得税税款的，应在汇算清缴期内由总、分机构分别结清应缴的企业所得税税款；预缴税款超过应缴税款的，主管税务机关应及时按有关规定分别办理退税。

（6）哪些纳税人可以领取税务UKey？

答：根据《关于在新办纳税人中实行增值税专用发票电子化有关事项的公告》（国家税务总局公告2020年第22号），对于需要开具增值税纸质普通发票、增值税电子普通发票、纸质专票、电子专票、纸质机动车销售统一发票和纸质二手车销售统一发票的新办纳税人，统一领取税务UKey开具发票。税务机关向新办纳税人免费发放税务UKey，并依托增值税电子发票公共服务平台，为纳税人提供免费的增值税发票开具服务。对于原使用金税盘、税控盘等税控专用设备的纳税人，可继续使用金税盘、税控盘开具增值税发票，也可以根据需要自愿换领税务UKey开具增值税发票。

（7）税务稽查执行过程中哪些情形可中止执行？

答：执行过程中发现有下列情形之一的，经稽查局局长批准后，中止执行：①当事人死亡或者被依法宣告死亡，尚未确定可执行财产的；②当事人进入破产清算程序尚未终结的；③可执行财产被司法机关或者其他国家机关依法查封、扣押、冻结，致使执行暂时无法进行的；④可供执行的标的物需要人民法院或者仲裁机构确定权属的；⑤法律、行政法规和国家税务总局规定其他可以中止执行的。中止执行情形消失后，经稽查局局长批准，恢复执行。

（8）税务机关是否可以查询纳税人的存款账户？

答：经县以上税务局（分局）局长批准，凭全国统一格式的检查存款账户许可证明，查询从事生产、经营的纳税人、扣缴义务人在银行或者其他金融机构的存款账户。税务机关在调查税收违法案件时，经设区的市、自治州以上税务局（分局）局长批准，可以查询案件涉嫌人员的储蓄存款。税务机关查询所获得的资料，不得用于税收以外的用途。

税务机关行使上述职权时，应当指定专人负责，凭全国统一格式的检查存款账户许可证明进行，并有责任为被检查人保守秘密。检查存款账户许可证明，由国家税务总局制定。税务机关查询的内容，包括纳税人存款账户余额和资金往来情况。

查询从事生产、经营的纳税人、扣缴义务人存款账户，应当经县以上税务局局长批准，凭检查存款账户许可证明向相关银行或者其他金融机构查询。查询案件涉嫌人员储蓄存款的，应当经设区的市、自治州以上税务局局长批准，凭检查存款账户许可证明向相关银行或者其他金融机构查询。

第三章

增值税政策执行情况自查及稽查风险应对策略

导读

本章介绍增值税政策执行情况自查,分为六节,第一节是增值税征税范围自查及风险应对策略,包括增值税征税范围制度、增值税征税范围执行情况自查及风险应对。第二节是增值税销售额确认自查及风险应对策略,包括增值税销售额确认制度、增值税销售额确认执行情况自查及风险应对。第三节是增值税进项税额抵扣项目自查及风险应对策略,包括增值税进项税额抵扣制度、增值税进项税额抵扣执行情况自查及风险应对。第四节是增值税纳税义务发生时间自查及风险应对策略,包括增值税纳税义务发生时间制度、增值税纳税期限制度、增值税纳税义务发生时间执行情况自查及风险应对。第五节是增值税发票开具自查及风险应对策略,包括增值税专用发票使用规定、增值税专用发票执行情况自查及风险应对。第六节是增值税优惠政策享受自查及风险应对策略,包括增值税主要税收优惠政策、增值税主要税收优惠政策执行情况自查及风险应对。

第一节 增值税征税范围自查及风险应对策略

一、增值税征税范围制度

增值税的征税范围包括在中华人民共和国境内销售货物或者劳务,销售服务、无形资产、不动产以及进口货物。

第三章　增值税政策执行情况自查及稽查风险应对策略

（一）销售货物

在中国境内销售货物，是指起运地或者所在地在境内的销售货物的行为。

（二）销售劳务

在中国境内销售劳务，是指提供的劳务发生地在境内的销售行为。

（三）销售服务

销售服务，是指提供交通运输服务、邮政服务、电信服务、建筑服务、金融服务、现代服务、生活服务。

1.交通运输服务

交通运输服务，是指利用运输工具将货物或者旅客送达目的地，使其空间位置得到转移的业务活动。交通运输服务包括陆路运输服务、水路运输服务、航空运输服务和管道运输服务。

（1）陆路运输服务，是指通过陆路（地上或者地下）运送货物或者旅客的运输业务活动，包括铁路运输服务和其他陆路运输服务。

（2）水路运输服务，是指通过江、河、湖、川等天然、人工水道或者海洋航道运送货物或者旅客的运输业务活动。

（3）航空运输服务，是指通过空中航线运送货物或者旅客的运输业务活动。航空运输的湿租业务，属于航空运输服务。

（4）管道运输服务，是指通过管道设施输送气体、液体、固体物质的运输业务活动。

2.邮政服务

邮政服务，是指中国邮政集团公司及其所属邮政企业提供邮件寄递、邮政汇兑和机要通信等邮政基本服务的业务活动。邮政服务包括邮政普遍服务、邮政特殊服务和其他邮政服务。

3.电信服务

电信服务，是指利用有线、无线的电磁系统或者光电系统等各种通信网络资源，提供语音通话服务，传送、发射、接收或者应用图像、短信等电子数据和信息的业务活动。电信服务包括基础电信服务和增值电信服务。

4.建筑服务

建筑服务，是指各类建筑物、构筑物及其附属设施的建造、修缮、装饰，线路、管道、设备、设施等的安装以及其他工程作业的业务活动。建筑服务包括工程服务、安装服务、修缮服务、装饰服务和其他建筑服务。

5.金融服务

金融服务，是指经营金融保险的业务活动。金融服务包括贷款服务、直接收费金融服务、保险服务和金融商品转让。

6.现代服务

现代服务，是指围绕制造业、文化产业、现代物流产业等提供技术性、知识性服务的业务活动。现代服务包括研发和技术服务、信息技术服务、文化创意服务、物流辅助服务、租赁服务、鉴证咨询服务、广播影视服务、商务辅助服务和其他现代服务。

7.生活服务

生活服务，是指为满足城乡居民日常生活需求提供的各类服务活动。生活服务包括文化体育服务、教育医疗服务、旅游娱乐服务、餐饮住宿服务、居民日常服务和其他生活服务。

（四）销售无形资产

销售无形资产，是指转让无形资产所有权或者使用权的业务活动。无形资产，是指不具有实物形态，但能带来经济利益的资产，包括技术、商标、著作权、商誉、自然资源使用权和其他权益性无形资产。

（五）销售不动产

销售不动产，是指转让不动产所有权的业务活动。不动产，是指不能移动或者移动后会引起性质、形状改变的财产，包括建筑物、构筑物等。

（六）进口货物

进口货物，是指申报进入中国海关境内的货物。

二、增值税征税范围执行情况自查及风险应对

（一）销售货物

销售货物是有偿转让货物的所有权。注意自查以下情况：
（1）是否属于销售货物。货物，是指有形动产，包括电力、热力、气体在内。
（2）是否属于有偿转让。有偿，是指从购买方取得货币、货物或者其他经济利益。

（二）销售劳务

在中国境内销售劳务，注意自查以下情况：
（1）是否属于境内销售。境内销售劳务是指提供的劳务发生地在境内。
（2）是否属于应税劳务。销售劳务，是指有偿提供加工、修理修配劳务。单位或者个体工商户聘用的员工为本单位或者雇主提供加工、修理修配劳务不包括在内。
（3）是否属于加工劳务。加工，是指受托加工货物，即委托方提供原料及主要材料，受托方按照委托方的要求，制造货物并收取加工费的业务。

（4）是否属于修理修配劳务。修理修配，是指受托对损伤和丧失功能的货物进行修复，使其恢复原状和功能的业务。

（三）销售服务

1.交通运输服务

交通运输服务注意自查以下情况：

（1）陆路运输服务的特殊范围，出租车公司向使用本公司自有出租车的出租车司机收取的管理费用，按照陆路运输服务缴纳增值税。

（2）水路运输服务的特殊范围，水路运输的程租、期租业务，属于水路运输服务。

（3）航空运输服务的特殊范围，航天运输服务，是指利用火箭等载体将卫星、空间探测器等空间飞行器发射到空间轨道的业务活动，按照航空运输服务缴纳增值税。

（4）管道运输服务的特殊范围，无运输工具承运业务，是指经营者以承运人身份与托运人签订运输服务合同，收取运费并承担承运人责任，然后委托实际承运人完成运输服务的经营活动，按照交通运输服务缴纳增值税。

2.邮政服务

邮政服务注意自查以下情况：

（1）邮政普遍服务的具体范围，包括函件、包裹等邮件寄递，以及邮票发行、报刊发行和邮政汇兑等业务活动。

（2）邮政特殊服务的具体范围，包括义务兵平常信函、机要通信、盲人读物和革命烈士遗物的寄递等业务活动。

（3）其他邮政服务的具体范围，包括邮册等邮品销售、邮政代理等业务活动。

3.电信服务

电信服务注意自查以下情况：

（1）基础电信服务的具体范围，包括利用固网、移动网、卫星、互联网，提供语音通话服务的业务活动，以及出租或者出售带宽、波长等网络元素的业务活动。

（2）增值电信服务的具体范围，包括利用固网、移动网、卫星、互联网、有线电视网络，提供短信和彩信服务、电子数据和信息的传输及应用服务、互联网接入服务等业务活动。卫星电视信号落地转接服务，按照增值电信服务缴纳增值税。

4.建筑服务

建筑服务注意自查以下情况：

（1）工程服务的具体范围，包括新建、改建各种建筑物、构筑物的工程作业，包括与建筑物相连的各种设备或者支柱、操作平台的安装或者装设工程作业，以及各种窑炉和金属结构工程作业。

（2）安装服务的具体范围，包括生产设备、动力设备、起重设备、运输设备、传动设备、医疗实验设备以及其他各种设备、设施的装配、安置工程作业，包括与被安装设备相连的工作台、梯子、栏杆的装设工程作业，以及被安装设备的绝缘、防腐、保温、油漆等工程作业。固定电话、有线电视、宽带、水、电、燃气、暖气等经营者向用户收取的安装费、初装费、开户费、扩容费以及类似收费，按照安装服务缴纳增值税。

（3）修缮服务的具体范围，包括对建筑物、构筑物进行修补、加固、养护、改善，使之恢复原来的使用价值或者延长其使用期限的工程作业。

（4）装饰服务的具体范围，包括对建筑物、构筑物进行修饰装修，使之美观或者具有特定用途的工程作业。

（5）其他建筑服务的具体范围，包括上列工程作业之外的各种工程作业服务，如钻井（打井）、拆除建筑物或者构筑物、平整土地、园林绿化、疏浚（不包括航道疏浚）、建筑物平移、搭脚手架、爆破、矿山穿孔、表面附着物（包括岩层、土层、沙层等）剥离和清理等工程作业。

5.金融服务

金融服务注意自查以下情况：

（1）贷款服务的具体范围。贷款，是指将资金贷与他人使用而取得利息收入的业务活动。各种占用、拆借资金取得的收入，包括金融商品持有期间（含到期）利息（保本收益、报酬、资金占用费、补偿金等）收入、信用卡透支利息收入、买入返售金融商品利息收入、融资融券收取的利息收入，以及融资性售后回租、押汇、罚息、票据贴现、转贷等业务取得的利息及利息性质的收入，按照贷款服务缴纳增值税。融资性售后回租，是指承租方以融资为目的，将资产出售给从事融资性售后回租业务的企业后，从事融资性售后回租业务的企业将该资产出租给承租方的业务活动。以货币资金投资收取的固定利润或者保底利润，按照贷款服务缴纳增值税。

（2）直接收费金融服务的具体范围。直接收费金融服务是指为货币资金融通及其他金融业务提供相关服务并且收取费用的业务活动，包括提供货币兑换、账户管理、电子银行、信用卡、信用证、财务担保、资产管理、信托管理、基金管理、金融交易场所（平台）管理、资金结算、资金清算、金融支付等服务。

（3）保险服务的具体范围。保险服务是指投保人根据合同约定，向保险人支付保险费，保险人对于合同约定的可能发生的事故因其发生所造成的财产损失承担赔偿保险金责任，或者当被保险人死亡、伤残、疾病或者达到合同约定的年龄、期限等条件时承担给付保险金责任的商业保险行为，包括人身保险服务和财产保险服务。

（4）金融商品转让的具体范围。金融商品转让是指转让外汇、有价证券、非货物期货和其他金融商品所有权的业务活动。其他金融商品转让包括基金、信托、理财产品等各类资产管理产品和各种金融衍生品的转让。

6.现代服务

现代服务注意自查以下情况：

（1）研发和技术服务的具体范围。研发和技术服务包括研发服务、合同能源管理服务、工程勘察勘探服务、专业技术服务。

（2）信息技术服务的具体范围。信息技术服务是指利用计算机、通信网络等技术对信息进行生产、收集、处理、加工、存储、运输、检索和利用，并提供信息服务的业务活动，包括软件服务、电路设计及测试服务、信息系统服务、业务流程管理服务和信息系统增值服务。

（3）文化创意服务的具体范围。文化创意服务包括设计服务、知识产权服务、广告服务和会议展览服务。

（4）物流辅助服务的具体范围。物流辅助服务包括航空服务、港口码头服务、货运客运场站服务、打捞救助服务、装卸搬运服务、仓储服务和收派服务。

（5）租赁服务的具体范围。租赁服务包括融资租赁服务和经营租赁服务。融资性售后回租不按照本税目缴纳增值税。将建筑物、构筑物等不动产或者飞机、车辆等有形动产的广告位出租给其他单位或者个人用于发布广告，按照经营租赁服务缴纳增值税。车辆停放服务、道路通行服务（包括过路费、过桥费、过闸费等）等按照不动产经营租赁服务缴纳增值税。

（6）鉴证咨询服务的具体范围。鉴证咨询服务包括认证服务、鉴证服务和咨询服务。翻译服务和市场调查服务按照咨询服务缴纳增值税。

（7）广播影视服务的具体范围。广播影视服务包括广播影视节目（作品）的制作服务、发行服务和播映（含放映）服务。

（8）商务辅助服务的具体范围。商务辅助服务包括企业管理服务、经纪代理服务、人力资源服务、安全保护服务。

（9）其他现代服务的具体范围。其他现代服务是指除研发和技术服务、信息技术服务、文化创意服务、物流辅助服务、租赁服务、鉴证咨询服务、广播影视服务和商务辅助服务以外的现代服务。

7.生活服务

生活服务注意自查以下情况：

（1）文化体育服务的具体范围。文化体育服务包括文化服务和体育服务。

（2）教育医疗服务的具体范围。教育医疗服务包括教育服务和医疗服务。

（3）旅游娱乐服务的具体范围。旅游娱乐服务包括旅游服务和娱乐服务。

（4）餐饮住宿服务的具体范围。餐饮住宿服务包括餐饮服务和住宿服务。

（5）居民日常服务的具体范围。居民日常服务是指主要为满足居民个人及其家庭日常生活需求提供的服务，包括市容市政管理、家政、婚庆、养老、殡葬、照料和护理、救助救济、美容美发、按摩、桑拿、氧吧、足疗、沐浴、洗染、摄影扩印等服务。

（6）其他生活服务的具体范围。其他生活服务是指除文化体育服务、教育医疗服务、旅游娱乐服务、餐饮住宿服务和居民日常服务之外的生活服务。

（四）销售无形资产

销售无形资产，注意自查以下情况：

（1）技术的具体范围。技术包括专利技术和非专利技术。

（2）自然资源使用权的具体范围。自然资源使用权包括土地使用权、海域使用权、探矿权、采矿权、取水权和其他自然资源使用权。

（3）其他权益性无形资产的具体范围。其他权益性无形资产包括基础设施资产经营权、公共事业特许权、配额、经营权（包括特许经营权、连锁经营权、其他经营权）、经销权、分销权、代理权、会员权、席位权、网络游戏虚拟道具、域名、名称权、肖像权、冠名权、转会费等。

（五）销售不动产

销售不动产，注意自查以下情况：

（1）建筑物的具体范围。建筑物包括住宅、商业营业用房、办公楼等可供居住、工作或者进行其他活动的建造物。

（2）构筑物的具体范围。构筑物包括道路、桥梁、隧道、水坝等建造物。

（3）转让建筑物有限产权或者永久使用权的，转让在建的建筑物或者构筑物所有权的，以及在转让建筑物或者构筑物时一并转让其所占土地的使用权的，按照销售不动产缴纳增值税。

（六）进口货物

进口货物，注意自查以下情况：只要是报关进口的应税货物，均属于增值税的征税范围，除享受免税政策，在进口环节缴纳增值税。

（七）非经营活动的自查

销售服务、无形资产或者不动产，是指有偿提供服务、有偿转让无形资产或者不动产，但属于下列非经营活动的情形除外：

（1）行政单位收取的同时满足以下条件的政府性基金或者行政事业性收费：①由国务院或者财政部批准设立的政府性基金，由国务院或者省级人民政府及其财政、价格主管部门批准设立的行政事业性收费；②收取时开具省级以上（含省级）财政部门监（印）制的财政票据；③所收款项全额上缴财政；

（2）单位或者个体工商户聘用的员工为本单位或者雇主提供取得工资的服务。

（3）单位或者个体工商户为聘用的员工提供服务。

（4）财政部和国家税务总局规定的其他情形。

（八）境内销售服务、无形资产或者不动产的自查

（1）在境内销售服务、无形资产或者不动产，是指：①服务（租赁不动产除外）或者无形资产（自然资源使用权除外）的销售方或者购买方在境内；②所销售或者租赁的不动产在境内；③所销售自然资源使用权的自然资源在境内；④财政部和国家税务总局规定的其他情形。

（2）下列情形不属于在境内销售服务或者无形资产：①境外单位或者个人向境内单位或者个人销售完全在境外发生的服务；②境外单位或者个人向境内单位或者个人销售完全在境外使用的无形资产；③境外单位或者个人向境内单位或者个人出租完全在境外使用的有形动产；④财政部和国家税务总局规定的其他情形。

（九）视同销售行为的自查

（1）单位或者个体工商户的下列行为，视同销售货物，征收增值税：①将货物交付其他单位或者个人代销；②销售代销货物；③设有两个以上机构并实行统一核算的纳税人，将货物从一个机构移送至其他机构用于销售，但相关机构设在同一县（市）的除外；④将自产或者委托加工的货物用于非增值税应税项目；⑤将自产、委托加工的货物用于集体福利或者个人消费；⑥将自产、委托加工或者购进的货物作为投资，提供给其他单位或者个体工商户；⑦将自产、委托加工或者购进的货物分配给股东或者投资者；⑧将自产、委托加工或者购进的货物无偿赠送其他单位或者个人。

（2）单位或者个人的下列情形视同销售服务、无形资产或者不动产，征收增值税：①单位或者个体工商户向其他单位或者个人无偿提供服务，但用于公益事业或者以社会公众为对象的除外；②单位或者个人向其他单位或者个人无偿转让无形资产或者不动产，但用于公益事业或者以社会公众为对象的除外；③财政部和国家税务总局规定的其他情形。

（十）混合销售的自查

一项销售行为如果既涉及货物又涉及服务，为混合销售。从事货物的生产、批发或者零售的单位和个体工商户的混合销售行为，按照销售货物缴纳增值税；其他单位和个体工商户的混合销售行为，按照销售服务缴纳增值税。上述从事货物的生产、批发或者零售的单位和个体工商户，包括以从事货物的生产、批发或者零售为主，并兼营销售服务的单位和个体工商户在内。

自2017年5月起，纳税人销售活动板房、机器设备、钢结构件等自产货物的同时提供建筑、安装服务，不属于混合销售，应分别核算货物和建筑服务的销售额，分别适用不同的税率或者征收率。

（十一）兼营的自查

兼营，是指纳税人的经营中包括销售货物、劳务以及销售服务、无形资产和不动产的行为。

纳税人发生兼营行为，应当分别核算适用不同税率或征收率的销售额，未分别核算销售额的，按照以下办法适用税率或征收率：

（1）兼有不同税率的销售货物、劳务、服务、无形资产或者不动产，从高适用税率。

155

（2）兼有不同征收率的销售货物、劳务、服务、无形资产或者不动产，从高适用征收率。

（3）兼有不同税率和征收率的销售货物、劳务、服务、无形资产或者不动产，从高适用税率。

（十二）不征收增值税项目的自查

下列项目不征收增值税：

（1）根据国家指令无偿提供的铁路运输服务、航空运输服务，属于《营业税改征增值税试点实施办法》规定的用于公益事业的服务。

（2）存款利息。

（3）被保险人获得的保险赔付。

（4）房地产主管部门或者其指定机构、公积金管理中心、开发企业以及物业管理单位代收的住宅专项维修资金。

（5）在资产重组过程中，通过合并、分立、出售、置换等方式，将全部或者部分实物资产以及与其相关联的债权、负债和劳动力一并转让给其他单位和个人，其中涉及的不动产、土地使用权转让行为。

（6）纳税人在资产重组过程中，通过合并、分立、出售、置换等方式，将全部或者部分实物资产以及与其相关联的债权、负债和劳动力一并转让给其他单位和个人，不属于增值税的征税范围，其中涉及的货物转让，不征收增值税。

【税务稽查风险案例3-1】

税务行政处罚决定书（简易）

行政处罚决定书文号：苏园税稽罚〔2022〕48号

案件名称：苏州×××珠宝有限公司逃避缴纳税款

处罚事由：针对你单位涉嫌骗取增值税留抵退税的情况，我们对你单位2020年1月1日至2022年5月31日涉税情况进行了专项稽查。

（1）你单位在2018年9月至2019年10月将应税货物移送深圳分公司用于销售，没有确认增值税视同销售处理，在账面上直接冲减库存商品，冲减库存商品金额合计874 115.06元，会计核算分录：借记"其他应收款——深圳分公司"科目、贷记"库存商品"科目。

你单位在收到主管税务机关要求对增值税留抵退税情况进行自查后，2022年5月12日在缴回全部增值税留抵退税的同时对自查出的上述涉税问题进行了增值税更正申报，以移送货物的库存商品成本金额确认为当期的视同销售应税收入调整了相应的增值税收入、调减期末留抵税金138 394.22元，更正申报调整后你单位2021年12月期末留抵税金余额为100 271.33元。

设有两个以上机构并实行统一核算的纳税人，将货物从一个机构移送其他机构用于销售，根据《中华人民共和国增值税暂行条例实施细则》（财政部 国家税务总局令2008年第50号发布）第四条第三项、第十六条第三项和第三十八条第七项之规定，在货物移送的当天，以组成计税价格确认增值税应税收入，应调增增值税销项税金13 838.46元。

（2）你单位2019年6月通过深圳分公司时任负责人陈某向"深圳市×××珠宝有限公司"折货销售滞销库存商品一批，销售价格明显偏低。根据《中华人民共和国增值税暂行条例》（国务院令2008年第538号发布）第七条、《中华人民共和国增值税暂行条例实施细则》（财政部 国家税务总局令2008年第50号发布）第十六条之规定，以组成计税价格确认增值税应税收入，该笔销售业务的销售成本是1 770 878.47元……

处罚依据：《中华人民共和国税收征收管理法》（中华人民共和国主席令第四十九号）第六十四条之规定，你单位以上第1、第2、第3项行为属于通过编造虚假计税依据违规取得增值税留抵退税。

纳税人名称：苏州×××珠宝有限公司

纳税人识别号：91320××××××Q5C010L

处罚结果：处50 000元的罚款。根据《中华人民共和国税收征收管理法》（中华人民共和国主席令第四十九号）第六十三条之规定，你单位以上第4项行为属于偷税，应追缴增值税60 405.27元；城市维护建设税4 228.37元，合计追缴税款64 633.64元，处所偷税款1倍罚款计64 633.64元。

违法行为登记日期：2022-07-29

处罚机关：国家税务总局苏州工业园区税务局稽查局

第二节 增值税销售额确认自查及风险应对策略

一、增值税销售额确认制度

（一）销售额的范围

销售额是指纳税人发生应税销售行为向购买方收取的全部价款和价外费用，但是不包括收取的销项税额。

（二）含税销售额的换算

增值税实行价外税，计算销项税额时，销售额中不应含有增值税款。如果销售额中包含了增值税款即销项税额，则应将含税销售额换算成不含税销售额。其计算公式为：

$$不含税销售额 = 含税销售额 \div (1 + 增值税税率)$$

（三）混合销售的销售额的确定

混合销售的销售额为货物的销售额与服务销售额的合计。

（四）兼营的销售额的确定

纳税人兼营不同税率的货物、劳务、服务、无形资产或者不动产，应当分别核算不同税率或者征收率的销售额；未分别核算销售额的，从高适用税率。

（五）销售额确定的特殊规定

（1）纳税人兼营免税、减税项目的，应当分别核算免税、减税项目的销售额；未分别核算的，不得免税、减税。

（2）纳税人发生应税销售行为，开具增值税专用发票后，发生开票有误或者销售折让、中止、退回等情形的，应当按照国家税务总局的规定开具红字增值税专用发票；未按照规定开具红字增值税专用发票的，不得扣减销项税额或者销售额。

（六）外币销售额的折算

纳税人按人民币以外的货币结算销售额的，其销售额的人民币折合率可以选择销售额发生的当天或者当月1日的人民币外汇中间价。纳税人应在事先确定采用何种折合率，确定后在1年内不得变更。

二、增值税销售额确认执行情况自查及风险应对

（一）销售额的范围

关于销售额的范围，应注意自查以下情况。

1.价外费用的具体范围

价外费用包括价外向购买方收取的手续费、补贴、基金、集资费、返还利润、奖励费、违约金、滞纳金、延期付款利息、赔偿金、代收款项、代垫款项、包装费、包装物租金、储备费、优质费、运输装卸费以及其他各种性质的价外收费。上述价外费用无论其会计制度如何核算，均应并入销售额计算销项税额。

2.不属于价外费用的项目

下列项目不包括在销售额内：

（1）受托加工应征消费税的消费品所代收代缴的消费税。

（2）同时符合以下条件代为收取的政府性基金或者行政事业性收费：由国务院或者财政部批准设立的政府性基金，由国务院或者省级人民政府及其财政、价格主管部门批准设立的行政事业性收费；收取时开具省级以上财政部门印制的财政票据；所收款项全额上缴财政。

（3）销售货物的同时代办保险等而向购买方收取的保险费，以及向购买方收取的代购买方缴纳的车辆购置税、车辆牌照费。

（4）以委托方名义开具发票代委托方收取的款项。

（二）视同销售销售额与核定销售额

1.视同销售的销售额

《中华人民共和国增值税暂行条例实施细则》规定了8种视同销售货物行为，这8种视同销售行为一般不以资金的形式反映出来，因而会出现无销售额的情况。在此情况下，税务机关有权按照下列顺序核定其销售额：

（1）按纳税人最近时期同类货物的平均销售价格确定。

（2）按其他纳税人最近时期同类货物的平均销售价格确定。

（3）按组成计税价格确定。其计算公式为：

$$组成计税价格 = 成本 \times (1 + 成本利润率)$$

征收增值税的货物，同时征收消费税的，其组成计税价格中应包含消费税税额。其计算公式为：

$$组成计税价格 = 成本 \times (1 + 成本利润率) + 消费税税额$$

或

$$组成计税价格 = 成本 \times (1 + 成本利润率) \div (1 - 消费税税率)$$

公式中的成本分两种情况：一是销售自产货物的为实际生产成本；二是销售外购货物的为实际采购成本。公式中的成本利润率为10%。但属于应从价定率征收消费税的货物，其组成计税价格公式中的成本利润率，为《消费税若干具体问题的规定》中规定的成本利润率。

2.核定销售额

纳税人销售货物或者劳务的价格明显偏低并无正当理由的，由税务机关按照上述方法核定其销售额。

纳税人销售服务、无形资产或者不动产价格明显偏低或者偏高且不具有合理商业目的的，或者发生无销售额的，税务机关有权按照下列顺序确定销售额：

（1）按照纳税人最近时期销售同类服务、无形资产或者不动产的平均价格确定。

（2）按照其他纳税人最近时期销售同类服务、无形资产或者不动产的平均价格确定。

（3）按照组成计税价格确定。组成计税价格的公式为：

$$组成计税价格=成本\times(1+成本利润率)$$

成本利润率由国家税务总局确定。

不具有合理商业目的，是指以谋取税收利益为主要目的，通过人为安排，减少、免除、推迟缴纳增值税税款，或者增加退还增值税税款。

（三）特殊销售方式下销售额的确定

注意自查以下几种特殊销售方式下销售额的确定是否合法：

1.折扣方式销售

折扣方式销售是指销货方在销售货物时，因购货方购货数量较大等原因而给予购货方的价格优惠。纳税人采取折扣方式销售货物，如果销售额和折扣额在同一张发票上分别注明，可以按折扣后的销售额征收增值税；如果将折扣额另开发票，不论其在财务上如何处理，均不得从销售额中减除折扣额。

2.以旧换新方式销售

以旧换新方式销售是指纳税人在销售货物时，折价收回同类旧货物，并以折价款部分冲减新货物价款的一种销售方式。纳税人采取以旧换新方式销售货物的，应按新货物的同期销售价格确定销售额，不得扣减旧货物的收购价格。但是对金银首饰以旧换新业务，可以按销售方实际收取的不含增值税的全部价款征收增值税。

3.还本销售方式销售

还本销售方式销售是指纳税人在销售货物后，到一定期限将货款一次或分次退还给购货方全部或部分价款的一种销售方式。这种方式实际上是一种筹资，是以货物换取资金的使用价值，到期还本不付息的方法。纳税人采取还本销售方式销售货物，其销售额就是货物的销售价格，不得从销售额中减除还本支出。

4.以物易物方式销售

以物易物方式销售是指购销双方不是以货币结算，而是以同等价款的货物相互结算，实现货物购销的一种方式。以物易物双方都应作购销处理，以各自发出的货物核算销售额并计算销项税额，以各自收到的货物按规定核算购货额并计算进项税额。在以物易物活动中，应分别开具合法的票据，如收到的货物不能取得相应的增值税专用发票或其他合法票据的，不能抵扣进项税额。

5.直销方式销售

直销企业先将货物销售给直销员，直销员再将货物销售给消费者的，直销企业的销售额为其向直销员收取的全部价款和价外费用。直销员将货物销售给消费者时，应按照现行规定缴纳增值税。直销企业通过直销员向消费者销售货物，直接向消费者收取货款，直销企业的销售额为其向消费者收取的全部价款和价外费用。

（四）包装物押金的自查

包装物是指纳税人包装本单位货物的各种物品。一般情况下，销货方向购货方收取包装物押金，购货方在规定时间内返还包装物，销货方再将收取的包装物押金返还。纳税人为销售货物而出租、出借包装物收取的押金，单独记账核算的，且时间在1年以内，又未过期的，不并入销售额征税；但对因逾期未收回包装物不再退还的押金，应按所包装货物的适用税率计算增值税款。

实践中，应注意以下具体规定：

（1）"逾期"是指按合同约定实际逾期或以1年为期限，对收取1年以上的押金，无论是否退还均并入销售额征税。

（2）包装物押金是含税收入，在并入销售额征税时，需要先将该押金换算为不含税收入，再计算应纳增值税款。

（3）包装物押金不同于包装物租金，包装物租金属于价外费用，在销售货物时随同货款一并计算增值税款。

（4）自1995年6月1日起，对销售除啤酒、黄酒外的其他酒类产品而收取的包装物押金，无论是否返还以及会计上如何核算，均应并入当期销售额征收增值税。

（五）"营改增"行业销售额的自查

注意自查以下"营改增"行业销售额的确定是否合法：

（1）贷款服务，以提供贷款服务取得的全部利息和利息性质的收入为销售额。

（2）直接收费金融服务，以提供直接收费金融服务收取的手续费、佣金、酬金、管理费、服务费、经手费、开户费、过户费、结算费、转托管费等各类费用为销售额。

（3）金融商品转让，按照卖出价扣除买入价后的余额为销售额。转让金融商品出现的正负差，按盈亏相抵后的余额为销售额。若相抵后出现负差，可结转下一纳税期与下期转让金融商品销售额相抵，但年末时仍出现负差的，不得转入下一个会计年度。金融商品的买入价，可以选择按照加权平均法或者移动加权平均法进行核算，选择后36个月内不得变更。纳税人无偿转让股票时，转出方以该股票的买入价为卖出价，按照"金融商品转让"计算缴纳增值税；在转入方将上述股票再转让时，以原转出方的卖出价为买入价，按照"金融商品转让"计算缴纳增值税。金融商品转让，不得开具增值税专用发票。

（4）经纪代理服务，以取得的全部价款和价外费用，扣除向委托方收取并代为支付的政府性基金或者行政事业性收费后的余额为销售额。向委托方收取的政府性基金或者行政事业性收费，不得开具增值税专用发票。

（5）航空运输企业的销售额，不包括代收的民航发展基金（原机场建设费）和代售其他航空运输企业客票而代收转付的价款。

（6）试点纳税人中的一般纳税人提供客运场站服务，以其取得的全部价款和价外费用，扣除支付给承运方运费后的余额为销售额。

（7）试点纳税人提供旅游服务，可以选择以取得的全部价款和价外费用，扣除向旅游服务购买方收取并支付给其他单位或者个人的住宿费、餐饮费、交通费、签证费、门票费和支付给其他接团旅游企业的旅游费用后的余额为销售额。选择上述办法计算销售额的试点纳税人，向旅游服务购买方收取并支付的上述费用，不得开具增值税专用发票，可以开具普通发票。

（8）试点纳税人提供建筑服务适用简易计税方法的，以取得的全部价款和价外费用扣除支付的分包款后的余额为销售额。

（9）房地产开发企业中的一般纳税人销售其开发的房地产项目（选择简易计税方法的房地产老项目除外），以取得的全部价款和价外费用，扣除受让土地时向政府部门支付的土地价款后的余额为销售额。房地产老项目，是指《建筑工程施工许可证》注明的合同开工日期在2016年4月30日前的房地产项目。

【税务稽查风险案例3-2】

2019年某市税务局对所辖骨干企业——该市某化工厂进行日常税收稽查，依法查处该公司将价外费用计入代垫运费逃税的违法事实。

该公司是一家具有一定规模的化工企业，主要生产甲醇、浓硝酸、硝酸、钠、甲醛等化工产品，年销售收入8 000多万元，年纳税额700多万元，被某市国税局确定为重点税源企业。

2019年6月，稽查人员根据稽查要求对该公司财务报表和资料进行初步检查。从账面上看，该公司财务制度健全，账面逻辑关系严密，每个月按时申报纳税，似乎没什么问题。但在翻阅企业往来账时，一个小小的异常情况引起了稽查人员的注意。在该公司与该市火车站的一笔往来账摘要栏上，清楚地写着收"车皮费"，而且数额不小。稽查人员在继续查阅后，又发现一笔往来账，上面同样记载着收"车皮费"。

通过查找记账凭证，稽查人员发现记账凭证附件只有一张，是该公司开出的收款收据，内容为：收C公司（该公司客户）代垫运费，借方为现金，贷方写的是其他应付款——宜城市火车站。稽查人员感到蹊跷，既然收了C公司的钱，为何不冲减C公司的账，却把账挂在该市火车站的账上？

稽查人员询问企业财务人员，其回答干脆："那是替该市火车站收的铁路运费。"稽查人员继续追问："为什么要替火车站收运费？"企业财务人员笑着解释道："客户从我们这里进货，由于我们跟火车站关系熟，就把运费给我们，让我们代结运费，他们也省事，公司就同意了。"

于是，稽查人员对企业往来账进行了重点核对。经核实，2018年该公司共有两笔代收车皮费款项，一笔是30万元，另一笔是35万元。凭着多年的稽查经验，稽查人员初步认为，这里面涉嫌藏有"猫腻"。

第三章 增值税政策执行情况自查及稽查风险应对策略

为了进一步摸清事情的来龙去脉，第二天，稽查人员来到该市火车站核实情况。但是火车站财务人员提供的数据与该公司的数据有很大出入：2018年的确有两笔业务，3月该公司代收车皮费30万元，而火车站只收到该公司交来的运费20万元。5月该公司代收运费35万元，而火车站只收到24万元。当稽查人员就此提出疑问时，财务人员解释说："火车站的款可能是未付完，以后有钱再付清。"事实果真如此，还是另有隐情？

稽查人员经过认真分析，明确了检查思路和方向，把火车站作为检查的突破口。稽查人员直接找到火车站负责人，向他说明情况并要求提供相关账务资料。该负责人开始试图隐瞒，后来不得不承认说，几年来他们只与该公司有业务往来，跟其客户没有任何业务关系，也从未听说代垫运费之事。他们跟该公司每次发生业务都签有协议。协议规定，火车站为该公司发运货物，该公司付运费，每季度一结算，一季度一开票，不存在未结运费问题。该负责人还拿出了与该公司货物托运协议书和货运单存根。从货运单上可以清楚地看到，托运单位写明该公司。细心的稽查人员一算，果不其然，2018年有两笔业务清清楚楚：一笔运费是20万元，另一笔运费是24万元。

根据在火车站调查了解的情况，稽查人员心里已经明白几分，断定该公司设下收取代垫运费的骗局，隐瞒收取的价外费用，不计销售收入，以达到逃税的目的。

带着在火车站收集到的资料，稽查人员马上赶到该公司进行调查核实。该公司法定代表人此时仍然百般狡辩，说他们只是火车站和C公司的中间人，仅仅是代收代缴而已。对此，稽查人员依据税收法律法规，对该公司这种违反税收政策现象，进行了宣传和解释。根据《中华人民共和国增值税暂行条例实施细则》的相关规定，他们收取的代垫运费不属于价外费用。价外费用必须同时具备两个条件：一是承运部门的运费发票开具给购货方，二是纳税人将该项发票转交给购货方。同时，稽查人员还向该公司出示了火车站提供的协议书复印件和开具的发票，上面清清楚楚地写着购货方是该公司，明显不符合代垫运费的条件。

在证据面前，该公司法定代表人哑口无言，低头承认了逃税事实。原来，车皮费实际上是98万元，由于车皮紧俏，客户C公司购货难于发运，企业便利用与火车站关系熟的机会，替C公司联系上了车皮，运费由C公司交给该公司，该公司再付给火车站。不过，他们在收取运费时，还多收了45%的"辛苦费"，即多出的21万元。由于给C公司开具的是收据，因此收取的全部运费均未入账，也未作收入和计提税金。该公司仅将付给火车站的44万元运费入账，并抵扣进项税3.08万元。至此，案情真相大白：该公司借倒车皮之机，收取价外费用，并将价外费挂在往来账上不记收入，逃避缴纳增值税、所得税。

针对该公司的违法事实，该局依法作出处理：对该公司收取的65万元价外费用，补缴增值税9.44万元、所得税13.89万元，并对企业的逃税行为处1.5倍的罚款，合计34.995万元。

第三节 增值税进项税额抵扣项目自查及风险应对策略

一、增值税进项税额抵扣制度

（一）准予从销项税额中抵扣的进项税额

进项税额，是指纳税人购进货物、劳务、服务、无形资产或者不动产，支付或者负担的增值税额。

下列进项税额允许从销项税额中抵扣：

（1）从销售方取得的增值税专用发票（含税控机动车销售统一发票）上注明的增值税额。

（2）从海关取得的海关进口增值税专用缴款书上注明的增值税额。

（3）购进农产品，取得一般纳税人开具的增值税专用发票或者海关进口增值税专用缴款书的，以增值税专用发票或海关进口增值税专用缴款书上注明的增值税额为进项税额；从按照简易计税方法依照3%征收率计算缴纳增值税的小规模纳税人取得增值税专用发票的，以增值税专用发票上注明的金额和9%的扣除率计算进项税额；取得（开具）农产品销售发票或收购发票的，以农产品收购发票或销售发票上注明的农产品买价和9%的扣除率计算进项税额；纳税人购进用于生产或者委托加工13%税率货物的农产品，按照10%的扣除率计算进项税额。进项税额计算公式为：

$$进项税额 = 买价 \times 扣除率$$

（4）纳税人购进国内旅客运输服务未取得增值税专用发票的，暂按照以下规定确定进项税额：

取得增值税电子普通发票的，为发票上注明的税额。

取得注明旅客身份信息的航空运输电子客票行程单的，按照下列公式计算进项税额：

$$航空旅客运输进项税额 = （票价 + 燃油附加费） \div （1 + 9\%） \times 9\%$$

取得注明旅客身份信息的铁路车票的，按照下列公式计算进项税额：

$$铁路旅客运输进项税额 = 票面金额 \div （1 + 9\%） \times 9\%$$

取得注明旅客身份信息的公路、水路等其他客票的，按照下列公式计算进项税额：

$$公路、水路等其他旅客运输进项税额 = 票面金额 \div （1 + 3\%） \times 3\%$$

（5）自境外单位或者个人购进劳务、服务、无形资产或者境内的不动产，从税务机关或者扣缴义务人取得的代扣代缴税款的完税凭证上注明的增值税额。

（6）原增值税一般纳税人购进货物或者接受劳务，用于《销售服务、无形资产或者不动产注释》所列项目的，不属于《中华人民共和国增值税暂行条例》第十条规定不得抵扣进项税额的项目，其进项税额准予从销项税额中抵扣。

（7）原增值税一般纳税人购进服务、无形资产或者不动产，取得的增值税专用发票上注明的增值税额为进项税额，准予从销项税额中抵扣。

（8）原增值税一般纳税人自用的应征消费税的摩托车、汽车、游艇，其进项税额准予从销项税额中抵扣。

（二）不得从销项税额中抵扣的进项税额

下列进项税额不得从销项税额中抵扣：

（1）用于简易计税方法计税项目、免征增值税项目、集体福利或者个人消费的购进货物、劳务、服务、无形资产和不动产。其中涉及的固定资产、无形资产、不动产，仅指专用于上述项目的固定资产、无形资产（不包括其他权益性无形资产）、不动产。如果是既用于上述不允许抵扣项目又用于抵扣项目的，该进项税额准予全部抵扣。自2018年1月1日起，纳税人租入固定资产、不动产，既用于一般计税方法计税项目，又用于简易计税方法计税项目、免征增值税项目、集体福利或者个人消费的，其进项税额准予从销项税额中全额抵扣。

（2）非正常损失的购进货物，以及相关的劳务和交通运输服务。

（3）非正常损失的在产品、产成品所耗用的购进货物（不包括固定资产）、劳务和交通运输服务。

（4）非正常损失的不动产，以及该不动产所耗用的购进货物、设计服务和建筑服务。

（5）非正常损失的不动产在建工程所耗用的购进货物、设计服务和建筑服务。

（6）购进的贷款服务、餐饮服务、居民日常服务和娱乐服务。

（7）纳税人接受贷款服务向贷款方支付的与该笔贷款直接相关的投融资顾问费、手续费、咨询费等费用，其进项税额不得从销项税额中抵扣。

（8）财政部和国家税务总局规定的其他情形。

上述第（4）项、第（5）项所称货物，是指构成不动产实体的材料和设备，包括建筑装饰材料和给排水、采暖、卫生、通风、照明、通信、煤气、消防、中央空调、电梯、电气、智能化楼宇设备及配套设施。

二、增值税进项税额抵扣执行情况自查及风险应对

（一）准予从销项税额中抵扣的进项税额

关于允许抵扣的进项税额，应注意自查以下情况：

（1）购进农产品，按照《农产品增值税进项税额核定扣除试点实施办法》抵扣进

项税额的，不允许再按发票或者其他凭证抵扣进项税额。

（2）纳税人购进货物、劳务、服务、无形资产、不动产，取得的增值税扣税凭证不符合法律、行政法规或者国务院税务主管部门有关规定的，其进项税额不得从销项税额中抵扣。

（3）增值税扣税凭证，是指增值税专用发票、海关进口增值税专用缴款书、农产品收购发票、农产品销售发票、完税凭证和符合规定的国内旅客运输发票。

（4）纳税人凭完税凭证抵扣进项税额的，应当具备书面合同、付款证明和境外单位的对账单或者发票。资料不全的，其进项税额不得从销项税额中抵扣。

（二）不得从销项税额中抵扣的进项税额

关于不得抵扣的进项税额，应注意自查以下情况：

（1）纳税人的交际应酬消费属于个人消费，其进项税额不允许抵扣。

（2）纳税人新建、改建、扩建、修缮、装饰不动产，均属于不动产在建工程。

（3）不动产、无形资产的具体范围，按照《销售服务、无形资产或者不动产注释》执行。固定资产，是指使用期限超过12个月的机器、机械、运输工具以及其他与生产经营有关的设备、工具、器具等有形动产。

（4）非正常损失，是指因管理不善造成货物被盗、丢失、霉烂变质，以及因违反法律法规造成货物或者不动产被依法没收、销毁、拆除的情形。

（三）进项税额抵扣的特殊规定

应注意自查下列进项税额抵扣的特殊规定：

（1）适用一般计税方法的纳税人，兼营简易计税方法计税项目、免征增值税项目而无法划分不得抵扣的进项税额，按照下列公式计算不得抵扣的进项税额：

不得抵扣的进项税额＝当期无法划分的全部进项税额×（当期简易计税方法计税项目销售额＋免征增值税项目销售额）÷当期全部销售额

税务机关可以按照上述公式依据年度数据对不得抵扣的进项税额进行清算。

（2）一般纳税人当期购进的货物或劳务用于生产经营，其进项税额在当期销项税额中予以抵扣。但已抵扣进项税额的购进货物或劳务如果事后改变用途，用于集体福利或者个人消费、购进货物发生非正常损失、在产品或产成品发生非正常损失等，应当将该项购进货物或者劳务的进项税额从当期的进项税额中扣减；无法确定该项进项税额的，按当期外购项目的实际成本计算应扣减的进项税额。

（3）已抵扣进项税额的固定资产，发生不得从销项税额中抵扣情形的，应在当月按下列公式计算不得抵扣的进项税额：

不得抵扣的进项税额＝固定资产净值×适用税率

固定资产净值，是指纳税人按照财务会计制度计提折旧后计算的固定资产净值。

（4）已抵扣进项税额的购进服务，发生不得从销项税额中抵扣情形（简易计税方法计税项目、免征增值税项目除外）的，应当将该进项税额从当期进项税额中扣减；无法确定该进项税额的，按照当期实际成本计算应扣减的进项税额。

（5）已抵扣进项税额的无形资产，发生不得从销项税额中抵扣情形的，按照下列公式计算不得抵扣的进项税额：

$$不得抵扣的进项税额 = 无形资产净值 × 适用税率$$

无形资产净值，是指纳税人根据财务会计制度摊销后的余额。

（6）已抵扣进项税额的不动产，发生非正常损失，或者改变用途，专用于简易计税方法计税项目、免征增值税项目、集体福利或者个人消费的，按照下列公式计算不得抵扣的进项税额，并从当期进项税额中扣减：

$$不得抵扣的进项税额 = 已抵扣进项税额 × 不动产净值率$$

$$不动产净值率 = （不动产净值 ÷ 不动产原值）× 100\%$$

（7）纳税人适用一般计税方法计税的，因销售折让、中止或者退回而退还给购买方的增值税额，应当从当期的销项税额中扣减；因销售折让、中止或者退回而收回的增值税额，应当从当期的进项税额中扣减。

（8）自2019年4月1日起，增值税一般纳税人取得不动产或者不动产在建工程的进项税额不再分2年抵扣。此前按照规定尚未抵扣完毕的待抵扣进项税额，可自2019年4月税款所属期起从销项税额中抵扣。取得不动产，包括以直接购买、接受捐赠、接受投资入股、自建以及抵债等各种形式取得不动产。

（9）不得抵扣且未抵扣进项税额的固定资产、无形资产，发生用途改变，用于允许抵扣进项税额的应税项目，可在用途改变的次月按照下列公式计算可以抵扣的进项税额：

$$可以抵扣的进项税额 = 固定资产、无形资产净值 ÷ （1 + 适用税率）× 适用税率$$

上述可以抵扣的进项税额应取得合法有效的增值税扣税凭证。

（10）按照规定不得抵扣进项税额的不动产，发生改变用途，用于允许抵扣进项税额项目的，按照下列公式在改变用途的次月计算可抵扣进项税额：

$$可抵扣进项税额 = 增值税扣税凭证注明或计算的进项税额 × 不动产净值率$$

（四）特殊一般纳税人不允许抵扣进项税额

有下列情形之一者，应当按照销售额和增值税税率计算应纳税额，不得抵扣进项税额，也不得使用增值税专用发票：

（1）一般纳税人会计核算不健全，或者不能够提供准确税务资料的。

（2）应当办理一般纳税人资格登记而未办理的。

（五）一般纳税人选择简易计税方法

一般纳税人发生下列应税行为可以选择适用简易计税方法计税，不允许抵扣进项税额：

（1）公共交通运输服务，包括轮客渡、公交客运、地铁、城市轻轨、出租车、长途客运、班车。

（2）经认定的动漫企业为开发动漫产品提供的动漫脚本编撰、形象设计、背景设计、动画设计、分镜、动画制作、摄制、描线、上色、画面合成、配音、配乐、音效合成、剪辑、字幕制作、压缩转码（面向网络动漫、手机动漫格式适配）服务，以及在境内转让动漫版权（包括动漫品牌、形象或者内容的授权及再授权）。

（3）电影放映服务、仓储服务、装卸搬运服务、收派服务和文化体育服务。

（4）以纳入"营改增"试点之日前取得的有形动产为标的物提供的经营租赁服务。

（5）在纳入"营改增"试点之日前签订的尚未执行完毕的有形动产租赁合同。

（6）一般纳税人发生财政部和国家税务总局规定的特定应税行为，可以选择适用简易计税方法计税，但一经选择，36个月内不得变更。

【税务稽查风险案例3-3】

国家税务总局吉林省税务局稽查局税务处理决定书（节选）

（吉税稽处〔2021〕22号）

长春××汽车零部件股份有限公司：（纳税人识别号：91××××××××××××8L）

我局于2020年11月26日至2021年9月28日对你单位（地址：×××）2017年1月1日至2019年12月31日增值税情况进行了检查，违法事实及处理决定如下：

一、违法事实

（1）你单位与子公司之间发生购销业务，未作销售处理，未计提销项税额。

你单位根据子公司扬州××汽车内饰件有限公司、广东××机械科技有限公司（以下简称两个子公司）的物料需求，由其采购计划部门统一制订采购计划，统一组织采购，所采购原材料由该单位统一付款，并将取得的增值税专用发票申报抵扣进项税额，货物由供应商直接发给两个子公司，由子公司对货物办理验收入库。其实质是你单位（母公司）将统一采购的材料销售给子公司，应按规定计提增值税销项税额。2017年至2019年你单位共向两个子公司销售原材料53 668 966.72元，未作销售处理，未计提销项税额。其中2017年26 823 034.26元；2018年16 443 026.09元未作销售处理；2019年10 402 906.37元。

（2）2018年7月你单位部分原材料遭雨水浸泡，相关人员管理不善，长时间未对被雨水浸泡的原材料处理，造成原材料损失，相关已经申报抵扣的进项税额未按规定转出。共应转出进项税额1 262 108.84元，其中2018年7月当月确定的损失部分应转出进项税额477 536.32元，2019年6月确定的损失部分应转出进项税额784 572.52元。

（3）你单位将部分固定资产处置，合计金额为12 410 514.32元，其中2018年10 470 859.16元，2019年度1 939 655.16元。上述行为未按规定计提销项税额。

（4）你单位2018年7月向辽源市××造革有限责任公司提供借款服务，取得利息收入798 150.00元，未计提销项税额。

（5）你单位2017年以长春市××车用气有限公司开具的燃气费普通发票申报抵扣进项税额9 171.99元。其中2017年4月份4 852.56元，8月份4 319.43元，未作进项税额转出。

（6）你单位在2019年以取得的非为本单位发生费用（个人房产、扬州和佛山房产土地评估费）的发票，申报抵扣进项税额3 640.77元，其中2月份582.52元，7月份3 058.25元，未作进项税额转出。

二、处理意见及依据

根据《中华人民共和国增值税暂行条例》（1993年12月13日中华人民共和国国务院令第134号公布，2008年11月5日国务院第34次常务会议修订通过，根据2016年2月6日《国务院关于修改部分行政法规的决定》第一次修订，根据2017年11月19日《国务院关于废止〈中华人民共和国营业税暂行条例〉和修改〈中华人民共和国增值税暂行条例〉的决定》第二次修订）第一条、第二条、第四条、第五条、第七条、第八条、第十条第二项、第十九条、第二十八条，《中华人民共和国增值税暂行条例实施细则》（中华人民共和国财政部　国家税务总局令第65号发布）、《关于修改〈中华人民共和国增值税暂行条例实施细则〉和〈中华人民共和国营业税暂行条例实施细则〉的决定》第四条第八项第十六条、第三十八条，《关于调整增值税税率的通知》（财税〔2018〕32号）第一条"纳税人发生增值税应税销售行为或者进口货物，原适用17%和11%税率的，税率分别调整为16%、10%"，《关于深化增值税改革有关政策的公告》（财政部　税务总局　海关总署公告2019年第39号）第一条"增值税一般纳税人（以下称纳税人）发生增值税应税销售行为或者进口货物，原适用16%税率的，税率调整为13%；原适用10%税率的，税率调整为9%"，《财政部　国家税务总局关于全面推开营业税改征增值税试点的通知》（财税〔2016〕36号）附件1"《营业税改征增值税试点实施办法》"第一条、第十条、第十一条、第十五条第二十一条、第十二条、第二十三条、第二十七条第二项、第三十四条、第三十五条、第四十五条第（一）项、第四十七条之规定，经计算，你单位应补缴2017年增值税4 569 087.82元，其中应补缴1月份增值税526 247.93元，应补缴2月份增值税248 435.45元，应补缴3月份增值税243 468.51元，应补缴4月份增值税299 788.32元，应补缴5月份增值税395 188.26元，应补缴6月份增值税342 884.15元，应补缴7月份增值税335 362.93元，应补缴8月份增值税451 206.65元，应补缴9月份增值税481 387.42元，应补缴10月份增值税211 786.56元，应补缴11月份增值税381 035.75元，应补缴12月份增值税652 295.89元。

你单位应补缴2018年增值税4 932 183.59元，其中应补缴1月份增值税670 273.41元，应补缴2月份增值税275 674.66元，应补缴3月份增值税520 195.59元，应补缴4月份增值税289 060.79元，应补缴5月份增值税1 632 505.94元，应补缴6月份增值税88 104.80元，应补缴7月份增值税498 100.46元，应补缴8月份增值税98 574.78元，应补缴11月份增值税

331 028.84元，应补缴12月份增值税528 664.32元。

你单位应补缴2019年增值税2 446 710.58元，其中应补缴1月份增值税161 373.72元，应补缴2月份增值税87 075.47元，应补缴3月份增值税39 942.93元，应补缴5月份增值税47 449.63元，应补缴6月份增值税1 194 772.40元，应补缴7月份增值税396 968.49元，应补缴8月份增值税150 896.88元，应补缴9月份增值税36 433.51元，应补缴10月份增值税120 048.67元，应补缴11月份增值税111 132.91元，应补缴12月份增值税100 615.97元。

你单位应补缴增值税共计11 947 981.99元。

第四节 增值税纳税义务发生时间自查及风险应对策略

一、增值税纳税义务发生时间制度

（一）发生应税销售行为增值税纳税义务发生时间

纳税人发生应税销售行为，为收讫销售款项或者取得索取销售款项凭据的当天；先开具发票的，为开具发票的当天。

纳税人发生相关视同销售货物行为，为货物移送的当天。

纳税人发生视同销售劳务、服务、无形资产、不动产情形的，其纳税义务发生时间为劳务、服务、无形资产转让完成的当天或者不动产权属变更的当天。

（二）进口货物增值税纳税义务发生时间

纳税人进口货物，其纳税义务发生时间为报关进口的当天。

（三）增值税扣缴义务发生时间

增值税扣缴义务发生时间为纳税人增值税纳税义务发生的当天。

二、增值税纳税期限制度

增值税的纳税期限分别为1日、3日、5日、10日、15日、1个月或者1个季度。

纳税人的具体纳税期限，由税务机关根据纳税人应纳税额的大小分别核定；不能按照固定期限纳税的，可以按次纳税。以1个季度为纳税期限的规定适用于小规模纳税人、银行、财务公司、信托投资公司、信用社，以及财政部和国家税务总局规定的其他纳税人。

纳税人以1个月或者1个季度为1个纳税期的,自期满之日起15日内申报纳税;以1日、3日、5日、10日或者15日为1个纳税期的,自期满之日起5日内预缴税款,于次月1日起15日内申报纳税并结清上月应纳税款。

扣缴义务人解缴税款的期限,依照上述规定执行。

纳税人进口货物,应当自海关填发进口增值税专用缴款书之日起15日内缴纳税款。

三、增值税纳税义务发生时间执行情况自查及风险应对

纳税人发生应税销售行为,关于增值税纳税义务发生时间应注意审查以下情况:

(1)是否已经开具发票,如果已经开具发票,增值税纳税义务发生时间不迟于开具发票的当天。

(2)采取直接收款方式销售货物,不论货物是否发出,均为收到销售款或者取得索取销售款凭据的当天。纳税人生产经营活动中采取直接收款方式销售货物,已将货物移送对方并暂估销售收入入账,但既未取得销售款或取得索取销售款凭据也未开具销售发票的,其纳税义务发生时间为取得销售款或取得索取销售款凭据的当天;先开具发票的,为开具发票的当天。

(3)采取托收承付和委托银行收款方式销售货物,为发出货物并办妥托收手续的当天。

(4)采取赊销和分期收款方式销售货物,为书面合同约定的收款日期的当天,无书面合同的或者书面合同没有约定收款日期的,为货物发出的当天。

(5)采取预收货款方式销售货物,为货物发出的当天,但生产销售生产工期超过12个月的大型机械设备、船舶、飞机等货物,为收到预收款或者书面合同约定的收款日期的当天。

(6)委托其他纳税人代销货物,为收到代销单位的代销清单或者收到全部或部分货款的当天。未收到代销清单及货款的,为发出代销货物满180天的当天。

(7)纳税人提供租赁服务采取预收款方式的,其纳税义务发生时间为收到预收款的当天。

(8)纳税人从事金融商品转让的,为金融商品所有权转移的当天。

【税务稽查风险案例3-4】

申请人于2020年2月份通过淘宝网拍受得台州市路桥区某小区房产及地下室(原产权登记日为2018年5月17日),法院于2020年2月27日下达裁定书及协助执行书。由于疫情防控等原因,申请人于2020年6月底去台州市路桥区不动产登记中心办理产权登记,路桥区税务部门以房产过户从2018年5月份起算截止到2020年2月27日不满二年为由,征纳增值税55 152.96元。申请人认为,房产过户应从2018年5月份起算,截至2020年6月底,已满二年,不需征纳增值税。

被申请人国家税务总局台州市路桥区税务局第一税务所认为对该房产过户作出的

征收增值税及附加税费行为事实清楚、证据充分、适用法律依据正确、程序合法,提请复议机关依法予以维持。

本案中,申请人与被申请人的争议焦点为:原产权人是否符合个人将购买2年以上的住房对外销售免征增值税的条件。复议机关认为,因销售不动产而产生申报缴纳增值税及附加税费纳税义务的系原产权人。原产权人购入该不动产的时间为2018年5月17日。2020年2月,原产权人通过司法拍卖的方式销售不动产并收讫销售款,其增值税纳税义务已经发生,该不动产所有权自裁定送达买受人时起已经转移,此时购房时间未满两年,因此不适用免征增值税政策。申请人根据法院拍卖公告代原产权人承担增值税及附加税费,其将2020年6月底办理房产过户的时间认定为不动产销售时间,缺乏明确依据。

综上,国家税务总局台州市路桥区税务局第一税务所的征收税款行为事实清楚、证据确凿、适用依据正确、程序合法、内容适当,根据《中华人民共和国行政复议法》第二十八条第一款第(一)项的规定,作出如下决定:维持被申请人对申请人作出的征收税款行为。申请人对本行政复议决定不服,可以在收到本复议决定书之日起15日内向台州市路桥区人民法院提起行政诉讼。

根据申请人在办理该房产过户手续时提供的《拍卖成交确认书》(〔2019〕路法网拍字第314号)和台州市路桥区人民法院于2020年2月17日作出的《执行裁定书》(〔2019〕浙1004执3209号之二),表明申请人已于2020年2月17日前支付了房屋拍卖成交的全部款项。同时,《执行裁定书》中也明确"被执行人共同所有的坐落于台州市路桥区某小区的不动产所有权归买受人所有",表明该不动产所有权自裁定送达买受人时起即为转移。

依照《财政部 国家税务总局关于全面推开营业税改征增值税试点的通知》(财税〔2016〕36号)附件1《营业税改征增值税试点实施办法》第五章第四十五条第一款之规定,增值税纳税义务发生时间为,纳税人发生应税行为并收讫销售款项或者取得索取销售款项凭据的当天;先开具发票的,为开具发票的当天。收讫销售款项,是指纳税人销售服务、无形资产、不动产过程中或者完成后收到款项。被申请人认为,2020年2月份通过法院司法拍卖的方式,原产权人发生了销售房屋的应税行为,并收讫销售款,其增值税纳税义务已经产生。

根据《财政部 国家税务总局关于全面推开营业税改征增值税试点的通知》(财税〔2016〕36号)附件3《营业税改征增值税试点过渡政策的规定》第五条"个人将购买不足2年的住房对外销售的,按照5%的征收率全额缴纳增值税;个人将购买2年以上(含2年)的住房对外销售的,免征增值税"之规定,被申请人认为,自原产权取得该产权的2018年5月17日起,至2020年2月17日法院裁定产权归买受人所有,其转让的住房购买时间未满2年,不符合免征增值税的条件,对原产权人征收增值税符合法规规定。

司法拍卖不动产,增值税征纳满2年的时间截止点认定应当以法院的裁定时间为准。若以实际过户登记为准,对怠于履行纳税义务的纳税人却以时间已满2年为理由免征增值税,显示公平,亦不符合政策内涵。

第五节 增值税发票开具自查及风险应对策略

一、增值税专用发票使用规定

（一）专用发票的概念

增值税专用发票，是增值税一般纳税人发生应税销售行为开具的发票，是购买方支付增值税税额并可按照增值税有关规定据以抵扣增值税进项税额的凭证。

一般纳税人应通过增值税防伪税控系统使用专用发票。使用，包括领购、开具、缴销、认证、稽核比对专用发票及其相应的数据电文。

（二）专用发票的联次及用途

专用发票由基本联次或者基本联次附加其他联次构成，基本联次为三联，分别为：

（1）发票联，作为购买方核算采购成本和增值税进项税额的记账凭证。

（2）抵扣联，作为购买方报送主管税务机关认证和留存备查的扣税凭证。

（3）记账联，作为销售方核算销售收入和增值税销项税额的记账凭证。

其他联次用途，由一般纳税人自行确定。

（三）专用发票的领购

税务机关将一般纳税人的下列信息载入空白金税盘和IC卡的行为称为初始发行：企业名称、纳税人识别号、开票限额、购票限量、购票人员姓名、密码、开票机数量、国家税务总局规定的其他信息。一般纳税人凭《发票领购簿》、金税盘（或IC卡）和经办人身份证明领购专用发票。

（四）专用发票的使用管理

1.专用发票开票限额

专用发票实行最高开票限额管理。最高开票限额，是指单份专用发票开具的销售额合计数不得达到的上限额度。

最高开票限额由一般纳税人申请，区县税务机关依法审批。一般纳税人申请最高开票限额时，需填报《增值税专用发票最高开票限额申请单》。主管税务机关受理纳税人申请以后，根据需要进行实地查验，实地查验的范围和方法由各省税务机关确定。自2014年5月1日起，一般纳税人申请增值税专用发票最高开票限额不超过10万元的，主管税务机关不需要事前进行实地查验。

2.专用发票开具范围

一般纳税人发生应税销售行为，应当向索取增值税专用发票的购买方开具专用发票。

（五）新办纳税人实行增值税电子专用发票

（1）自2020年12月21日起，在天津、河北、上海、江苏、浙江、安徽、广东、重庆、四川以及宁波、深圳等11个地区的新办纳税人中实行专票电子化，受票方范围为全国。其中，宁波、石家庄和杭州等3个地区已试点纳税人开具增值税电子专用发票（以下简称电子专票）的受票方范围扩至全国。

（2）自2021年1月21日起，在北京、山西、内蒙古、辽宁、吉林、黑龙江、福建、江西、山东、河南、湖北、湖南、广西、海南、贵州、云南、西藏、陕西、甘肃、青海、宁夏、新疆以及大连、厦门、青岛等25个地区的新办纳税人中实行专票电子化，受票方范围为全国。

（3）电子专票由各省（区、市）税务局监制，采用电子签名代替发票专用章，属于增值税专用发票，其法律效力、基本用途、基本使用规定等与增值税纸质专用发票（以下简称纸质专票）相同。

（4）自各地专票电子化实行之日起，本地区需要开具增值税纸质普通发票、增值税电子普通发票、纸质专票、电子专票、纸质机动车销售统一发票和纸质二手车销售统一发票的新办纳税人，统一领取税务UKey开具发票。税务机关向新办纳税人免费发放税务UKey，并依托增值税电子发票公共服务平台，为纳税人提供免费的电子专票开具服务。

（5）税务机关按照电子专票和纸质专票的合计数，为纳税人核定增值税专用发票领用数量。电子专票和纸质专票的增值税专用发票（增值税税控系统）最高开票限额应当相同。

（6）纳税人开具增值税专用发票时，既可以开具电子专票，也可以开具纸质专票。受票方索取纸质专票的，开票方应当开具纸质专票。

二、增值税专用发票执行情况自查及风险应对

（一）不得领购开具专用发票的情形

一般纳税人有下列情形之一的，不得领购开具专用发票，纳税人应自查是否具备以下情形：

（1）会计核算不健全，不能向税务机关准确提供增值税销项税额、进项税额、应

纳税额数据及其他有关增值税税务资料的。

（2）有《中华人民共和国税收征收管理法》规定的税收违法行为，拒不接受税务机关处理的。

（3）有下列行为之一，经税务机关责令限期改正而仍未改正的：①虚开增值税专用发票；②私自印制专用发票；③向税务机关以外的单位和个人买取专用发票；④借用他人专用发票。⑤未按规定开具专用发票；⑥未按规定保管专用发票和专用设备；⑦未按规定申请办理防伪税控系统变更发行；⑧未按规定接受税务机关检查。

有上列情形的，如已领购专用发票，税务机关应暂扣其结存的专用发票和IC卡。

【税务稽查风险案例3-5】

2017年12月，大连税警联合行动，成功破获"5·03"虚开增值税专用发票案。经查，犯罪团伙通过设立"空壳公司"的方式对外虚开增值税专用发票35 217份，虚开金额达38.58亿元。2020年6月，该案主犯因犯虚开增值税专用发票罪被判处无期徒刑，其余13名涉案人员分别依法判处4~15年的有期徒刑，并处罚金。

2018年11月，山东省济南市税警协作打掉3个"暴力虚开"犯罪团伙，捣毁窝点5个，抓获犯罪嫌疑人10人，查获身份证、营业执照、印章、税控装置、U盾等作案工具。经查，犯罪团伙利用463户"空壳公司"，向全国30个省（区、市）11 000多家企业虚开增值税专用发票等2万余份，虚开金额达64.4亿余元。2020年10月，该案主犯因犯虚开增值税专用发票罪被判处有期徒刑10年6个月。

2019年4月，江西省吉安市税警协作成功打掉了一个利用"黄金票"虚开团伙，抓获犯罪嫌疑人4人，网上追逃1人，查封犯罪用的生产设备、电脑、银行卡若干。经查，该团伙伪造生产假象、拉长资金链条掩盖虚开轨迹，通过票货分离的方式，向9个省的25户企业虚开增值税专用发票2 496份，虚开金额达25.49亿元。2021年5月，该案主犯因犯虚开增值税专用发票罪被判处有期徒刑15年。

2019年6月，安徽省池州市税警成功破获铜陵某公司池州分公司虚开发票案。经查，该公司虚设交易环节，虚开增值税专用发票1 764份、普通发票22份，虚开金额达3.68亿元。2021年1月，该案主犯因犯虚开增值税专用发票罪和虚开发票罪被判处有期徒刑12年，并处罚金。

2019年7月，广西壮族自治区桂林市税警协作成功打掉一个虚开发票犯罪团伙，捣毁窝点1个，抓获犯罪嫌疑人4人，查获身份证、印章、银行卡、手机、税控装置等作案工具一批。经查，犯罪团伙在没有提供真实劳务派遣服务的情况下，通过签订虚假的"劳务合同"和"劳务派遣合同"，虚构劳务派遣业务，虚开增值税普通发票501份，虚开金额8 041万元。2021年1月，该案4名犯罪嫌疑人因犯虚开发票罪，分别被判处1年6个月至2年6个月不等的有期徒刑，并处罚金。

2020年9月，青海省西宁市税务部门在工作中运用增值税发票数据分析发现，有多家汽车销售公司涉嫌虚开机动车销售统一发票，随即会同公安部门组成警税联合专案组开展查办工作。2020年10月，警税联合开展抓捕行动，抓获犯罪嫌疑人6名。经查，犯罪嫌疑人利用虚假身份信息注册成立空壳企业21户，向汽车购买人虚开机动车销售统一发票839份，虚开金额1.7亿余元。

（二）不得开具增值税专用发票的情形

属于下列情形之一的，不得开具增值税专用发票，纳税人应自查是否具备以下情形：

（1）商业企业一般纳税人零售烟、酒、食品、服装、鞋帽（不包括劳保专用部分）、化妆品等消费品的。

（2）应税销售行为的购买方为消费者个人的。

（3）发生应税销售行为适用免税规定的。

（三）专用发票开具要求

专用发票应按下列要求开具，纳税人应自查是否遵守以下规定：

（1）项目齐全，与实际交易相符。

（2）字迹清楚，不得压线、错格。

（3）发票联和抵扣联加盖财务专用章或者发票专用章。

（4）按照增值税纳税义务的发生时间开具。

第六节 增值税优惠政策享受自查及风险应对策略

一、增值税主要税收优惠政策

（一）增值税免税项目

（1）农业生产者销售的自产农产品。

（2）避孕药品和用具。

（3）古旧图书。古旧图书，是指向社会收购的古书和旧书。

（4）直接用于科学研究、科学试验和教学的进口仪器、设备。

（5）外国政府、国际组织无偿援助的进口物资和设备。

(6)由残疾人的组织直接进口供残疾人专用的物品。

(7)销售自己使用过的物品。自己使用过的物品，是指其他个人自己使用过的物品。

(二)"营改增"试点税收优惠

1.免征增值税项目

(1)托儿所、幼儿园提供的保育和教育服务。

(2)养老机构提供的养老服务。

(3)残疾人福利机构提供的育养服务。

(4)婚姻介绍服务。

(5)殡葬服务。

(6)残疾人员本人为社会提供的服务。

(7)医疗机构提供的医疗服务。

(8)从事学历教育的学校提供的教育服务。

(9)学生勤工俭学提供的服务。

(10)农业机耕、排灌、病虫害防治、植物保护、农牧保险以及相关技术培训业务，家禽、牲畜、水生动物的配种和疾病防治。

(11)纪念馆、博物馆、文化馆、文物保护单位管理机构、美术馆、展览馆、书画院、图书馆在自己的场所提供文化体育服务取得的第一道门票收入。

(12)寺院、宫观、清真寺和教堂举办文化、宗教活动的门票收入。

(13)行政单位之外的其他单位收取的符合《营业税改征增值税试点实施办法》第十条规定条件的政府性基金和行政事业性收费。

(14)个人转让著作权。

(15)个人销售自建自用住房。

(16)台湾航运公司、航空公司从事海峡两岸海上直航、空中直航业务在大陆取得的运输收入。

(17)纳税人提供的直接或者间接国际货物运输代理服务。

(18)符合规定条件的贷款、债券利息收入。

(19)被撤销金融机构以货物、不动产、无形资产、有价证券、票据等财产清偿债务。

(20)保险公司开办的一年期以上人身保险产品取得的保费收入。

(21)符合规定条件的金融商品转让收入。

(22)金融同业往来利息收入。

(23)同时符合规定条件的担保机构从事中小企业信用担保或者再担保业务取得的收入(不含信用评级、咨询、培训等收入)3年内免征增值税。

(24)国家商品储备管理单位及其直属企业承担商品储备任务，从中央或者地方财政取得的利息补贴收入和价差补贴收入。

（25）纳税人提供技术转让、技术开发和与之相关的技术咨询、技术服务。

（26）同时符合规定条件的合同能源管理服务。

（27）政府举办的从事学历教育的高等、中等和初等学校（不含下属单位），举办进修班、培训班取得的全部归该学校所有的收入。

（28）政府举办的职业学校设立的主要为在校学生提供实习场所并由学校出资自办、由学校负责经营管理、经营收入归学校所有的企业，从事《销售服务、无形资产或者不动产注释》中"现代服务"（不含融资租赁服务、广告服务和其他现代服务）、"生活服务"（不含文化体育服务、其他生活服务和桑拿、氧吧）业务活动取得的收入。

（29）家政服务企业由员工制家政服务员提供家政服务取得的收入。

（30）福利彩票、体育彩票的发行收入。

（31）军队空余房产租赁收入。

（32）为了配合国家住房制度改革，企业、行政事业单位按房改成本价、标准价出售住房取得的收入。

（33）将土地使用权转让给农业生产者用于农业生产。

（34）涉及家庭财产分割的个人无偿转让不动产、土地使用权。

（35）土地所有者出让土地使用权和土地使用者将土地使用权归还给土地所有者。

（36）县级以上地方人民政府或自然资源行政主管部门出让、转让或收回自然资源使用权（不含土地使用权）。

（37）随军家属就业。

（38）军队转业干部就业。

（39）提供社区养老、托育、家政等服务取得的收入。

2.增值税即征即退

（1）一般纳税人提供管道运输服务，对其增值税实际税负超过3%的部分实行增值税即征即退政策。

（2）经中国人民银行、中国银行监会或者商务部批准从事融资租赁业务的试点纳税人中的一般纳税人，提供有形动产融资租赁服务和有形动产融资性售后回租服务，对其增值税实际税负超过3%的部分实行增值税即征即退政策。

（3）增值税实际税负，是指纳税人当期提供应税服务实际缴纳的增值税额占纳税人当期提供应税服务取得的全部价款和价外费用的比例。

3.扣减增值税

（1）退役士兵创业就业。自2023年1月1日至2027年12月31日，自主就业退役士兵从事个体经营的，自办理个体工商户登记当月起，在3年（36个月，下同）内按每户每年20 000元为限额依次扣减其当年实际应缴纳的增值税、城市维护建设税、教育费附加、地方教育附加和个人所得税。限额标准最高可上浮20%，各省、自治区、直辖市人民政府可根据本地区实际情况在此幅度内确定具体限额标准。

纳税人年度应缴纳税款小于上述扣减限额的，减免税额以其实际缴纳的税款为限；大于上述扣减限额的，以上述扣减限额为限。纳税人的实际经营期不足1年的，应当按月换算其减免税限额。换算公式为：减免税限额=年度减免税限额÷12×实际经营月数。城市维护建设税、教育费附加、地方教育附加的计税依据是享受本项税收优惠政策前的增值税应纳税额。

自2023年1月1日至2027年12月31日，企业招用自主就业退役士兵，与其签订1年以上期限劳动合同并依法缴纳社会保险费的，自签订劳动合同并缴纳社会保险当月起，在3年内按实际招用人数予以定额依次扣减增值税、城市维护建设税、教育费附加、地方教育附加和企业所得税优惠。定额标准为每人每年6 000元，最高可上浮50%，各省、自治区、直辖市人民政府可根据本地区实际情况在此幅度内确定具体定额标准。企业按招用人数和签订的劳动合同时间核算企业减免税总额，在核算减免税总额内每月依次扣减增值税、城市维护建设税、教育费附加和地方教育附加。企业实际应缴纳的增值税、城市维护建设税、教育费附加和地方教育附加小于核算减免税总额的，以实际应缴纳的增值税、城市维护建设税、教育费附加和地方教育附加为限；实际应缴纳的增值税、城市维护建设税、教育费附加和地方教育附加大于核算减免税总额的，以核算减免税总额为限。纳税年度终了，如果企业实际减免的增值税、城市维护建设税、教育费附加和地方教育附加小于核算减免税总额，企业在企业所得税汇算清缴时以差额部分扣减企业所得税。当年扣减不完的，不再结转以后年度扣减。自主就业退役士兵在企业工作不满1年的，应当按月换算减免税限额。计算公式为：企业核算减免税总额=Σ每名自主就业退役士兵本年度在本单位工作月份÷12×具体定额标准。城市维护建设税、教育费附加、地方教育附加的计税依据是享受本项税收优惠政策前的增值税应纳税额。

（2）重点群体创业就业。自2023年1月1日至2027年12月31日，脱贫人口（含防止返贫监测对象，下同）、持《就业创业证》（注明"自主创业税收政策"或"毕业年度内自主创业税收政策"）或《就业失业登记证》（注明"自主创业税收政策"）的人员，从事个体经营的，自办理个体工商户登记当月起，在3年（36个月，下同）内按每户每年20 000元为限额依次扣减其当年实际应缴纳的增值税、城市维护建设税、教育费附加、地方教育附加和个人所得税。限额标准最高可上浮20%，各省、自治区、直辖市人民政府可根据本地区实际情况在此幅度内确定具体限额标准。

纳税人年度应缴纳税款小于上述扣减限额的，减免税额以其实际缴纳的税款为限；大于上述扣减限额的，以上述扣减限额为限。上述人员具体包括：纳入全国防止返贫监测和衔接推进乡村振兴信息系统的脱贫人口；在人力资源社会保障部门公共就业服务机构登记失业半年以上的人员；零就业家庭、享受城市居民最低生活保障家庭劳动年龄内的登记失业人员；毕业年度内高校毕业生。高校毕业生是指实施高等学历教育的普通高等学校、成人高等学校应届毕业的学生；毕业年度是指毕业所在自然年，即1月1日至12月31日。

自2023年1月1日至2027年12月31日，企业招用脱贫人口，以及在人力资源社会保障部门公共就业服务机构登记失业半年以上且持《就业创业证》或《就业失业登记证》（注明"企业吸纳税收政策"）的人员，与其签订1年以上期限劳动合同并依法缴纳社会保险费的，自签订劳动合同并缴纳社会保险当月起，在3年内按实际招用人数予以定额依次扣减增值税、城市维护建设税、教育费附加、地方教育附加和企业所得税优惠。定额标准为每人每年6 000元，最高可上浮30%，各省、自治区、直辖市人民政府可根据本地区实际情况在此幅度内确定具体定额标准。城市维护建设税、教育费附加、地方教育附加的计税依据是享受本项税收优惠政策前的增值税应纳税额。按上述标准计算的税收扣减额应在企业当年实际应缴纳的增值税、城市维护建设税、教育费附加、地方教育附加和企业所得税税额中扣减，当年扣减不完的，不得结转下年使用。上述所称企业是指属于增值税纳税人或企业所得税纳税人的企业等单位。

4.金融企业发放贷款利息税收优惠

金融企业发放贷款后，自结息日起90日内发生的应收未收利息按现行规定缴纳增值税，自结息日起90日后发生的应收未收利息暂不缴纳增值税，待实际收到利息时按规定缴纳增值税。

5.个人销售住房税收优惠

北京市、上海市、广州市和深圳市之外的地区，个人将购买不足2年的住房对外销售的，按照5%的征收率全额缴纳增值税；个人将购买2年以上（含2年）的住房对外销售的，免征增值税。

北京市、上海市、广州市和深圳市的个人将购买不足2年的住房对外销售的，按照5%的征收率全额缴纳增值税；个人将购买2年以上（含2年）的非普通住房对外销售的，以销售收入减去购买住房价款后的差额按照5%的征收率缴纳增值税；个人将购买2年以上（含2年）的普通住房对外销售的，免征增值税。

深圳市自2020年7月15日起、上海市自2021年1月22日起、广州市9个区自2021年4月21日起，将个人住房转让增值税征免年限由2年调整到5年。

自2024年12月1日起，北京市、上海市、广州市和深圳市，凡取消普通住宅和非普通住宅标准的，取消普通住宅和非普通住宅标准后，与全国其他地区适用统一的个人销售住房增值税政策，对该城市个人将购买2年以上（含2年）的住房对外销售的，免征增值税。《财政部　国家税务总局关于全面推开营业税改征增值税试点的通知》（财税〔2016〕36号）附件3《营业税改征增值税试点过渡政策的规定》第五条第一款有关内容和第二款相应停止执行。

（三）跨境行为免征增值税的政策规定

境内的单位和个人销售的下列服务和无形资产免征增值税，但财政部和国家税务总局规定适用增值税零税率的除外：

（1）境内的单位和个人销售提供的下列服务：①工程项目在境外的建筑服务。②工程项目在境外的工程监理服务。③工程、矿产资源在境外的工程勘察勘探服务。④会议展览地点在境外的会议展览服务。⑤存储地点在境外的仓储服务。⑥标的物在境外使用的有形动产租赁服务。⑦在境外提供的广播影视节目（作品）的播映服务。⑧在境外提供的文化体育服务、教育医疗服务、旅游服务。

（2）为出口货物提供的邮政服务、收派服务、保险服务。为出口货物提供的保险服务，包括出口货物保险和出口信用保险。

（3）向境外单位提供的完全在境外消费的下列服务和无形资产：①电信服务。②知识产权服务。③物流辅助服务（仓储服务、收派服务除外）。④鉴证咨询服务。⑤专业技术服务。⑥商务辅助服务。⑦广告投放地在境外的广告服务。⑧无形资产。

（4）以无运输工具承运方式提供的国际运输服务。

（5）为境外单位之间的货币资金融通及其他金融业务提供的直接收费金融服务，且该服务与境内的货物、无形资产和不动产无关。

（6）财政部和国家税务总局规定的其他服务。

（四）起征点

纳税人发生应税销售行为的销售额未达到增值税起征点的，免征增值税；达到起征点的，全额计算缴纳增值税。

增值税起征点的适用范围限于个人，且不适用于登记为一般纳税人的个体工商户。起征点的幅度规定如下：①按期纳税的，为月销售额5 000~20 000元（含本数）。②按次纳税的，为每次（日）销售额300~500元（含本数）。

起征点的调整由财政部和国家税务总局规定。省、自治区、直辖市财政厅（局）和税务局应当在规定的幅度内，根据实际情况确定本地区适用的起征点，并报财政部和国家税务总局备案。

（五）小规模纳税人减免税规定

（1）自2023年1月1日至2027年12月31日，增值税小规模纳税人适用3%征收率的应税销售收入，减按1%征收率征收增值税；适用3%预征率的预缴增值税项目，减按1%预征率预缴增值税。

（2）自2023年1月1日至2027年12月31日，对月销售额10万元以下（含本数）的增值税小规模纳税人，免征增值税。

二、增值税主要税收优惠政策执行情况自查及风险应对

（一）增值税免税项目

关于增值税免税项目应注意自查以下情况：

（1）农业生产者销售的自产农产品免税，非自产农产品不能免税。

（2）古旧图书免税。古旧图书是指向社会收购的古书和旧书，自己持有的新书存放陈旧以后不能免税。

（3）销售自己使用过的物品免税。自己使用过的物品是指其他个人自己使用过的物品，企业以及个体工商户销售使用过的物品不能免税。

（二）"营改增"试点税收优惠

1.免征增值税项目

免征增值税项目，注意审查是否满足以下条件：

1）托儿所、幼儿园提供的保育和教育服务

托儿所、幼儿园，是指经县级以上教育部门审批成立、取得办园许可证的实施0~6岁学前教育的机构，包括公办和民办的托儿所、幼儿园、学前班、幼儿班、保育院、幼儿院。

公办托儿所、幼儿园免征增值税的收入是指，在省级财政部门和价格主管部门审核报省级人民政府批准的收费标准以内收取的教育费、保育费。

民办托儿所、幼儿园免征增值税的收入是指，在报经当地有关部门备案并公示的收费标准范围内收取的教育费、保育费。

超过规定收费标准的收费，以开办实验班、特色班和兴趣班等为由另外收取的费用以及与幼儿入园挂钩的赞助费、支教费等超过规定范围的收入，不属于免征增值税的收入。

2）养老机构提供的养老服务

养老机构，是指依照《养老机构设立许可办法》（民政部令第48号发布）设立并依法办理登记的为老年人提供集中居住和照料服务的各类养老机构；养老服务，是指上述养老机构按照民政部《养老机构管理办法》（民政部令第49号发布）的规定，为收住的老年人提供的生活照料、康复护理、精神慰藉、文化娱乐等服务。

3）医疗机构提供的医疗服务

医疗机构，是指依据《医疗机构管理条例》（国务院令第149号发布）及《医疗机构管理条例实施细则》（原卫生部令第35号发布）的规定，经登记取得《医疗机构执业许可证》的机构，以及军队、武警部队各级各类医疗机构。具体包括：各级各类医院、门诊部（所）、社区卫生服务中心（站）、急救中心（站）、城乡卫生院、护理院（所）、疗养院、临床检验中心，各级政府及有关部门举办的卫生防疫站（疾病控制中心）、各种专科疾病防治站（所），各级政府举办的妇幼保健所（站）、母婴保健机构、儿童保健机构，各级政府举办的血站（血液中心）等医疗机构。

本项所称的医疗服务，是指医疗机构按照不高于地（市）级以上价格主管部门会同同级卫生主管部门及其他相关部门制定的医疗服务指导价格（包括政府指导价和按照规定由供需双方协商确定的价格等）为就医者提供《全国医疗服务价格项目规范》

所列的各项服务，以及医疗机构向社会提供卫生防疫、卫生检疫的服务。

4）从事学历教育的学校提供的教育服务

（1）学历教育，是指受教育者经过国家教育考试或者国家规定的其他入学方式，进入国家有关部门批准的学校或者其他教育机构学习，获得国家承认的学历证书的教育形式。具体包括以下几类：

初等教育：普通小学、成人小学。

初级中等教育：普通初中、职业初中、成人初中。

高级中等教育：普通高中、成人高中和中等职业学校（包括普通中专、成人中专、职业高中、技工学校）。

高等教育：普通本专科、成人本专科、网络本专科、研究生（博士、硕士）、高等教育自学考试、高等教育学历文凭考试。

（2）从事学历教育的学校，是指以下几类：①普通学校。②经地（市）级以上人民政府或者同级政府的教育行政部门批准成立、国家承认其学员学历的各类学校。③经省级及以上人力资源社会保障行政部门批准成立的技工学校、高级技工学校。④经省级人民政府批准成立的技师学院。

上述学校均包括符合规定的从事学历教育的民办学校，但不包括职业培训机构等国家不承认学历的教育机构。

（3）提供教育服务免征增值税的收入，是指对列入规定招生计划的在籍学生提供学历教育服务取得的收入，具体包括经有关部门审核批准并按规定标准收取的学费、住宿费、课本费、作业本费、考试报名费收入，以及学校食堂提供餐饮服务取得的伙食费收入。除此之外的收入，包括学校以各种名义收取的赞助费、择校费等，不属于免征增值税的范围。

学校食堂是指依照《学校食堂与学生集体用餐卫生管理规定》（教育部令第14号发布）管理的学校食堂。

5）农业机耕、排灌、病虫害防治、植物保护、农牧保险以及相关技术培训业务，家禽、牲畜、水生动物的配种和疾病防治

农业机耕，是指在农业、林业、牧业中使用农业机械进行耕作（包括耕耘、种植、收割、脱粒、植物保护等）的业务；排灌，是指对农田进行灌溉或者排涝的业务；病虫害防治，是指从事农业、林业、牧业、渔业的病虫害测报和防治的业务；农牧保险，是指为种植业、养殖业、牧业种植和饲养的动植物提供保险的业务；相关技术培训，是指与农业机耕、排灌、病虫害防治、植物保护业务相关以及为使农民获得农牧保险知识的技术培训业务；家禽、牲畜、水生动物的配种和疾病防治业务的免税范围，包括与该项服务有关的提供药品和医疗用具的业务。

2.退役士兵创业就业扣减增值税

退役士兵创业就业扣减增值税注意审查是否满足以下条件：

（1）纳税人应当按照《财政部　税务总局　退役军人事务部关于进一步扶持自主

就业退役士兵创业就业有关税收政策的公告》（财政部 税务总局 退役军人事务部公告2023年第14号）第四条的规定留存相关资料备查。自主就业退役士兵的退役证件遗失的，应当留存退役军人事务管理部门出具的其他能够证明其退役信息的材料（含电子信息）。

（2）同一自主就业退役士兵开办多家个体工商户的，应当选择其中一户作为政策享受主体。除该个体工商户依法办理注销登记、变更经营者或转型为企业外，不得调整政策享受主体。

（3）同一自主就业退役士兵在多家企业就业的，应当由与其签订1年以上劳动合同并依法为其缴纳养老、工伤、失业保险的企业作为政策享受主体。

（4）企业同时招用多个不同身份的就业人员（包括脱贫人口、登记失业半年以上人员、自主就业退役士兵、自主择业军队转业干部、随军家属、残疾人等），可按照规定分别适用对应的政策。企业招用的同一就业人员如同时具有多重身份（包括脱贫人口、登记失业半年以上人员、自主就业退役士兵、自主择业军队转业干部、随军家属、残疾人等），应当选定一个身份享受政策，不得重复享受。

（5）为更好促进自主就业退役士兵就业，对于企业因以前年度招用自主就业退役士兵就业符合政策条件但未及时申报享受的，可依法申请退税；如申请时该自主就业退役士兵已从企业离职，不再追溯执行。

（三）小规模纳税人减免税规定

关于小规模纳税人免税规定，应注意审查以下情形：

（1）小规模纳税人取得应税销售收入，适用减按1%征收率征收增值税政策的，应按照1%征收率开具增值税发票。纳税人可就该笔销售收入选择放弃减税并开具增值税专用发票。

（2）小规模纳税人取得应税销售收入，纳税义务发生时间在2022年12月31日前并已开具增值税发票，如发生销售折让、中止或者退回等情形需要开具红字发票，应开具对应征收率红字发票或免税红字发票；开票有误需要重新开具的，应开具对应征收率红字发票或免税红字发票，再重新开具正确的蓝字发票。

（3）小规模纳税人发生增值税应税销售行为，合计月销售额未超过10万元的，免征增值税的销售额等项目应填写在《增值税及附加税费申报表（小规模纳税人适用）》"小微企业免税销售额"或者"未达起征点销售额"相关栏次；减按1%征收率征收增值税的销售额应填写在《增值税及附加税费申报表（小规模纳税人适用）》"应征增值税不含税销售额（3%征收率）"相应栏次，对应减征的增值税应纳税额按销售额的2%计算填写在《增值税及附加税费申报表（小规模纳税人适用）》"本期应纳税额减征额"及《增值税减免税申报明细表》减税项目相应栏次。

（4）2022年3月24日前已按照《财政部 税务总局关于统一增值税小规模纳税人标准的通知》（财税〔2018〕33号）第二条、《国家税务总局关于小规模纳税人免征增值税政策有关征管问题的公告》(国家税务总局2019年第4号)第五条、《国家税务总局关于明确二手车经销等若干增值税征管问题的公告》(国家税务总局2020年第9号)第六条规定转登记的纳税人,根据《国家税务总局关于统一小规模纳税人标准等若干增值税问题的公告》(国家税务总局2018年第18号)相关规定计入"应交税费——待抵扣进项税额"科目核算、截至2022年3月31日的余额,在2022年度可分别计入固定资产、无形资产、投资资产、存货等相关科目,按规定在企业所得税或个人所得税税前扣除,对此前已税前扣除的折旧、摊销不再调整;对无法划分的部分,在2022年度可一次性在企业所得税或个人所得税税前扣除。

(5)已经使用金税盘、税控盘等税控专用设备开具增值税发票的小规模纳税人,可以继续使用现有设备开具发票,也可以自愿向税务机关免费换领税务UKey开具发票。

(四)其他减免税规定

关于增值税减免税规定,应注意自查以下情形:

(1)纳税人兼营免税、减税项目的,应当分别核算免税、减税项目的销售额;未分别核算销售额的,不得免税、减税。

(2)纳税人发生应税销售行为适用免税规定的,可以放弃免税,依照《中华人民共和国增值税暂行条例》或者《营业税改征增值税试点实施办法》的规定缴纳增值税。放弃免税后,36个月内不得再申请免税。

(3)纳税人发生应税销售行为同时适用免税和零税率规定的,纳税人可以选择适用免税或者零税率。

【税务稽查风险案例3-6】

根据江苏省常州市中级人民法院(2020)苏04行终187号行政判决书,上诉人常州某污水处理有限公司(以下简称T公司)因税务行政复议一案,不服常州市新北区人民法院(2019)苏0411行初64号行政判决,向常州市中级人民法院提起上诉。

一审法院经审理查明,2013年5月28日,原常州市武进区国家税务局第四税务分局(以下简称武进区国税四分局)作出原税务事项通知书,内容为:取消T公司自2009年1月1日起的增值税税收优惠资格,并停止T公司享受增值税税收优惠,依法追缴申请人自2009年1月1日以来已经享受税收优惠的增值税税款;停止T公司享受"环境保护、节能节水项目的所得,自项目取得第一笔生产经营收入所属年度起,第一至第三年免征企业所得税,第四至第六年减半征收企业所得税"的税收优惠政策,并按照规定追缴2008年度以来已享受优惠的税款。原税务事项通知书告知了救济权利,T公司收件后未在法定期限内申请复议和诉讼。

2018年1月,T公司向原常州市国家税务局第三税务分局(以下简称原常州国税三分局)更正申报2009—2011年增值税申报表和企业所得税申报表。2018年7月份缴纳2009—

2011年度企业所得税及相应的滞纳金总计2 261 672.12元。（税款1 130 836.06元，滞纳金1 130 836.06元。）2018年10月，原常州市国家税务局与原常州地方税务局进行税务机构改革，原常州国税三分局变更为国家税务总局常州经济开发区税务局（以下简称经开区税务局）。2019年1月24日，T公司向经开区税务局提交了2009年、2010年、2011年企业所得税申报表进行更正申报。同日，经开区税务局窗口工作人员受理申报表后按照工作职责和征管规范查询征管系统中T公司的税收优惠认定信息，征管系统显示T公司无企业所得税税收优惠认定资格，故在T公司提交的《企业所得税年度纳税申报表》（A类）"主管税务机关受理专用章"一栏下方签注"机内无所得税优惠资格，更正无法录入"的意见并予以告知。T公司收到告知后不服，遂向国家税务总局常州市税务局（以下简称国税常州市局）申请行政复议，要求撤销经开区税务局于2019年1月24日作出的T公司企业所得税不具有"三免三减半"税收优惠资格，并请求确认T公司依法享受企业所得税三免三减半税收优惠。

2019年1月24日，国税常州市局收到复议申请。2019年1月30日，国税常州市局向T公司发送了行政复议申请材料补正通知书。经补正，国税常州市局于2019年2月15日依法受理该行政复议申请，并向T公司送达受理复议通知书。2019年2月21日，国税常州市局书面通知经开区税务局提交书面答复。经审查，国税常州市局于2019年4月12日以T亚公司的复议请求已经超过法定期限为由，依据《中华人民共和国行政复议法实施条例》（以下简称实施条例）第四十八条第一款第二项、《税务行政复议规则》（以下简称复议规则）第七十八条第一款第二项的规定，作出常税复驳字〔2019〕1号驳回行政复议申请决定书（以下简称驳回决定书），驳回了T公司的行政复议申请。

一审法院认为，根据《中华人民共和国税收征收管理法》第五条、第十四条，复议法第十二条，《税务行政复议规则》（国家税务总局令第21号）第三条及《国家税务总局关于做好国税地税征管体制改革过渡期有关税收征管工作的通知》（税总发〔2018〕68号）第二条第十六项的规定，国税常州市局具有对本辖区内涉税案件进行行政复议的主体资格和法定职权。

行政行为是行政机关行使行政职权、进行行政管理的行为。根据行政法一般原理，行政行为一经成立，即产生行政法律效果，具有公定力、确定力、拘束力和执行力。虽然行政行为的作出是单方面的，但约束力却是双方面的。对于当事人而言，一旦寻求法律救济的期限届满、自我放弃法律救济手段，或者因其他情形导致法律救济途径穷尽，行政行为即具备不可撤销性。行政行为在其存续期间，对于行政机关同样具有约束力，这是由行政行为的处理性特征所决定的，过于随意的处理是不理智和没有意义的。从法的安定性角度考量，亦不允许行政机关非因法定事由并经法定程序恣意撤销或废止已经作出的行政行为。但通常认为，行政行为的约束力只存在于行政行为的存续期间。行政机关虽然受行政行为的约束，但在特定条件下可以在法律救济程序之外自行撤销或者废止行政行为。当事人虽因法律救济期限届满等原因，不能再通过诉讼途径请求撤销或者废止行政行为，但可以请求行政机关重开行政程序，对行政行为自行撤销或者废止。不过，行政程序的重开应当受到严格的条件限制。这些条件包括，作为行政行为根据的事实或法律状态发生变化，行政行为作出后出现足以推翻行政行为的新的证据。本案中，在相关案件审理中，法院判定环保局作出的《情况说明》为内部行政行为，并不是对《情况说明》证明事实的否定，只是表明不直接针对行政相对人所作，或者是税务行政行为的前置行为，抑或是不成熟的准行政行为。因T公司未在法定期限内提出复议和诉讼，原税务事项通知书亦未被撤销或确认无效，其法律状态未变，原税务事项通知书依然有效存在。时隔6年，T公司于2019年的企业所得税申报和复议请求都还仅仅是沿袭之前的主张，经开区税务局作出的拒绝性告知，国税常州市局认为不符合行政复议受理条件，所作的程序性驳回决定并无不当。故T公司的意见，法院不予采纳，其主张法院不予支持。综上，国税常州市局作出的驳回决定书程序合法，事实清楚，适用法律正确。依照《中华人民共和国行政诉讼法》第六十九条的规定，判决驳回T公司的诉讼请求。案件受理费50元，由T公司负担。

T公司上诉请求：撤销原判，撤销复议决定，并由被上诉人承担本案诉讼费用。事实和理由：①一审认定"法院判定环保局作出的《情况说明》为内部行政行为，并不是对《情况说明》证明事实的否定"，属于认定事实错误。②经开区税务局作出不予更正行为，符合复议受理条件，不是拒绝性告知。③T公司申请经开区税务局履行的是更正行政行为，国税常州市局认定为复议请求超过法定期限，适用法律错误。

国税常州市局辩称，一审判决正确，应予维持。

二审法院经审理查明的事实与一审判决认定的事实一致，二审法院对一审判决认定的事实予以确认。

另，为查明案件事实，二审法院依法调取了生效的（2018）苏04行终179号行政裁定书，进一步查明：2010年5月31日，武进区环保局向T公司出具《关于常州某污水处理有限公司"一期工程"项目竣工环境保护验收意见》。该意见载明，T公司于2005年4月26日由区环保局审批的"日处理污水1.5万吨新建"项目环保手续齐全，污染防治设施配置到位，达到了环评报告书和批复要求，同意该项目一期工程通过竣工环境保护验收。同日，T公司向武进区环保局出具承诺书一份，该承诺书载明因提标改造工程尚未完成，尚不具备竣工验收条件，环保竣工验收意见仅提供给税务部门使用，不作他用。2011年4月8日，武进区环保局向T公司发出环境违法行为限期改正通知书一份，要求T公司于2011年4月20日前向其申请"日处理污水1.5万吨新建项目"的环境保护设施竣工验收，嗣后，T公司仍未能通过该项目的竣工验收。2012年12月11日，武进区环保局向原常州市武进区国家税务局出具《情况说明》一份，该情况说明载明，T公司于2012年8月23日向武进区国税局出具的《环保竣工验收意见》系T公司为保持污水厂连续运行申请发票为由取得，但之后该公司未办理环保竣工验收，故该《环保竣工验收意见》已属无效。T公司对武进区环保局出具《情况说明》提起行政诉讼，一二审法院均裁定驳回其起诉。

二审法院认为，一审判决正确，应予维持。理由如下：

T公司向国税常州市局申请行政复议，要求撤销经开区税务局于2019年1月24日作出的T公司企业所得税不具有三免三减半税收优惠资格的行为，并请求确认T公司依法享受企业所得税三免三减半税收优惠。T公司的上述复议请求，其实质是不服2013年5月28日武进区国税四分局作出"取消T公司自2009年1月1日起的增值税税收优惠资格，并停止T公司享受增值税税收优惠"的原税务事项通知；但，T公司并未在法律规定的期限内对原税务事项通知行使救济权，原税务事项通知书一经作出即具有法律效力。故国税常州市局认为T公司的复议申请已经超过法定期限并驳回T公司复议请求，程序合法，适用法律正确。

综上，一审认定基本事实清楚，适用法律正确，审判程序合法，上诉人的上诉理由不能成立。

2020年8月13日，二审法院依照《中华人民共和国行政诉讼法》第八十九条第一款第一项的规定，判决如下：驳回上诉，维持原判决。上诉案件受理费50元，由T公司负担。

第四章

企业所得税政策执行情况自查及稽查风险应对策略

> **导读**
>
> 本章介绍企业所得税政策执行情况自查及稽查风险应对策略,分为五节,第一节是企业收入确认自查及风险应对策略,包括企业收入确认制度、企业收入确认执行情况自查及风险应对。第二节是企业成本费用税前扣除项目自查及风险应对策略,包括企业成本费用税前扣除制度、企业成本费用税前扣除项目执行情况自查及风险应对。第三节是企业所得税税前扣除凭证自查及风险应对策略,包括企业所得税税前扣除凭证管理、企业所得税税前扣除凭证执行情况自查及风险应对。第四节是企业资产税务处理自查及风险应对策略,包括企业资产税务处理制度、企业资产税务处理执行情况自查及风险应对。第五节是企业所得税优惠政策自查及风险应对策略,包括企业所得税税收优惠制度、企业所得税税收优惠执行情况自查及风险应对。

第一节 企业收入确认自查及风险应对策略

一、企业收入确认制度

(一)收入总额的定义和形式

企业收入总额是指以货币形式和非货币形式从各种来源取得的收入。

企业取得收入的货币形式,包括现金、存款、应收账款、应收票据、准备持有至到期的债券投资以及债务的豁免等。

企业取得收入的非货币形式,包括固定资产、生物资产、无形资产、股权投资、存货、不准备持有至到期的债券投资、劳务以及有关权益等。非货币形式收入应当按照公允价值确定收入额。

企业取得的收入包括销售货物收入，提供劳务收入，转让财产收入，股息、红利等权益性投资收益，利息收入，租金收入，特许权使用费收入，接受捐赠收入，其他收入。

（二）销售货物收入

销售货物收入，是指企业销售商品、产品、原材料、包装物、低值易耗品以及其他存货取得的收入。

除法律法规另有规定，企业销售货物收入的确认，必须遵循权责发生制原则和实质重于形式原则。

（三）提供劳务收入

提供劳务收入，是指企业从事建筑安装、修理修配、交通运输、仓储租赁、金融保险、邮电通信、咨询经纪、文化体育、科学研究、技术服务、教育培训、餐饮住宿、中介代理、卫生保健、社区服务、旅游、娱乐、加工以及其他劳务服务活动取得的收入。

（四）转让财产收入

转让财产收入，是指企业转让固定资产、生物资产、无形资产、股权、债权等财产取得的收入。转让财产收入应当按照从财产受让方已收或应收的合同或协议价款确认收入。

（五）股息、红利等权益性投资收益

股息、红利等权益性投资收益，是指企业因权益性投资从被投资方取得的收入。股息、红利等权益性投资收益，除国务院财政、税务主管部门另有规定外，按照被投资方作出利润分配决定的日期确认收入的实现。

（六）利息收入

利息收入，是指企业将资金提供给他人使用但不构成权益性投资，或者因他人占用本企业资金取得的收入，包括存款利息、贷款利息、债券利息、欠款利息等收入。利息收入，按照合同约定的债务人应付利息的日期确认收入的实现。

（七）租金收入

租金收入，是指企业提供固定资产、包装物或者其他有形资产的使用权取得的收入。租金收入，按照合同约定的承租人应付租金的日期确认收入的实现。如果交易合同或协议中规定租赁期限跨年度，且租金提前一次性支付的，出租人可对上述已确认的收入,在租赁期内,分期均匀计入相关年度收入。

(八)特许权使用费收入

特许权使用费收入,是指企业提供专利权、非专利技术、商标权、著作权以及其他特许权的使用权取得的收入。特许权使用费收入,按照合同约定的特许权使用人应付特许权使用费的日期确认收入的实现。

(九)接受捐赠收入

接受捐赠收入,是指企业接受的来自其他企业、组织或者个人无偿给予的货币性资产、非货币性资产。接受捐赠收入,按照实际收到捐赠资产的日期确认收入的实现。

(十)其他收入

其他收入,是指企业取得《中华人民共和国企业所得税法》具体列举的收入外的其他收入,包括企业资产溢余收入、逾期未退包装物押金收入、确实无法偿付的应付款项、已作坏账损失处理后又收回的应收款项、债务重组收入、补贴收入、违约金收入、汇兑收益等。

(十一)不征税收入

下列收入为不征税收入。

1.财政拨款

财政拨款,是指各级人民政府对纳入预算管理的事业单位、社会团体等组织拨付的财政资金,但国务院和国务院财政、税务主管部门另有规定的除外。

2.依法收取并纳入财政管理的行政事业性收费、政府性基金

行政事业性收费,是指依照法律法规等有关规定,按照国务院规定程序批准,在实施社会公共管理,以及在向公民、法人或者其他组织提供特定公共服务的过程中,向特定对象收取并纳入财政管理的费用。

政府性基金,是指企业依照法律、行政法规等有关规定,代政府收取的具有专项用途的财政资金。

3.国务院规定的其他不征税收入

国务院规定的其他不征税收入,是指企业取得的,由国务院财政、税务主管部门规定专项用途并经国务院批准的财政性资金。

企业从县级以上各级人民政府财政部门及其他部门取得的应计入收入总额的财政性资金,凡同时符合以下条件的,可以作为不征税收入,在计算应纳税所得额时从收入总额中减除:

(1)企业能够提供规定资金专项用途的资金拨付文件。

(2)财政部门或其他拨付资金的政府部门对该资金有专门的资金管理办法或具体

管理要求。

（3）企业对该资金以及以该资金发生的支出单独进行核算。

上述不征税收入用于支出所形成的费用，不得在计算应纳税所得额时扣除；用于支出所形成的资产，其计算的折旧、摊销不得在计算应纳税所得额时扣除。

企业将符合上述规定条件的财政性资金作不征税收入处理后，在5年（60个月）内未发生支出且未缴回财政部门或其他拨付资金的政府部门的部分，应计入取得该资金第六年的应税收入总额；计入应税收入总额的财政性资金发生的支出，允许在计算应纳税所得额时扣除。

二、企业收入确认执行情况自查及风险应对

（一）销售货物收入

关于企业销售货物收入的确认，应注意审查是否符合以下规定：

（1）符合收入确认条件，采取下列商品销售方式的，应按以下规定确认收入实现时间：①销售商品采用托收承付方式的，在办妥托收手续时确认收入。②销售商品采用预收款方式的，在发出商品时确认收入。③销售商品需要安装和检验的，在购买方接受商品以及安装和检验完毕时确认收入。如果安装程序比较简单，可在发出商品时确认收入。④销售商品采用支付手续费方式委托代销的，在收到代销清单时确认收入。

（2）采用售后回购方式销售商品的，销售的商品按售价确认收入，回购的商品作为购进商品处理。有证据表明不符合销售收入确认条件的，如以销售商品方式进行融资，收到的款项应确认为负债，回购价格大于原售价的，差额应在回购期间确认为利息费用。

（3）销售商品以旧换新的，销售商品应当按照销售商品收入确认条件确认收入，回收的商品作为购进商品处理。

（4）企业为促进商品销售而在商品价格上给予的价格扣除属于商业折扣，商品销售涉及商业折扣的，应当按照扣除商业折扣后的金额确定销售商品收入金额。

（5）债权人为鼓励债务人在规定的期限内付款而向债务人提供的债务扣除属于现金折扣，销售商品涉及现金折扣的，应当按扣除现金折扣前的金额确定销售商品收入金额，现金折扣在实际发生时作为财务费用扣除。

（6）企业因售出商品的质量不合格等原因而在售价上给予的减让属于销售折让；企业因售出商品质量、品种不符合要求等原因而发生的退货属于销售退回。企业已经确认销售收入的售出商品发生销售折让和销售退回，应当在发生当期冲减当期销售商品收入。

（二）提供劳务收入

关于企业提供劳务收入的确认，应注意审查是否符合以下规定：

（1）企业在各个纳税期末，提供劳务交易的结果能够可靠估计的，应采用完工进

度（百分比）法确认提供劳务收入。

（2）企业应按照从接受劳务方已收或应收的合同或协议价款确定劳务收入总额，根据纳税期末提供劳务收入总额乘以完工进度扣除以前纳税年度累计已确认提供劳务收入后的金额，确认为当期劳务收入；同时，按照提供劳务估计总成本乘以完工进度扣除以前纳税期间累计已确认劳务成本后的金额，结转为当期劳务成本。

（三）特殊收入的确认

关于企业特殊收入的确认，应注意审查是否符合以下规定：

（1）以分期收款方式销售货物的，按照合同约定的收款日期确认收入的实现。

（2）企业受托加工制造大型机械设备、船舶、飞机，以及从事建筑、安装、装配工程业务或者提供其他劳务等，持续时间超过12个月的，按照纳税年度内完工进度或者完成的工作量确认收入的实现。

（3）采取产品分成方式取得收入的，按照企业分得产品的日期确认收入的实现，其收入额按照产品的公允价值确定。

（4）企业发生非货币性资产交换，以及将货物、财产、劳务用于捐赠、偿债、赞助、集资、广告、样品、职工福利或者利润分配等用途的，应当视同销售货物、转让财产或者提供劳务，但国务院财政、税务主管部门另有规定的除外。

（5）企业以买一赠一等方式组合销售本企业商品的，不属于捐赠，应将总的销售金额按各项商品的公允价值的比例来分摊确认各项的销售收入。

（四）不征税收入

关于不征税收入，应注意审查是否符合以下规定：

（1）县级以上人民政府将国有资产无偿划入企业，凡指定专门用途并按规定进行管理的，企业可作为不征税收入进行企业所得税处理。其中，该项资产属于非货币性资产的，应按政府确定的接收价值计算不征税收入。

（2）对全国社会保障基金理事会和基本养老保险基金投资管理机构在国务院批准的投资范围内，运用养老基金投资取得的归属于养老基金的投资收入，作为企业所得税不征税收入。

（3）对全国社会保障基金取得的直接股权投资收益、股权投资基金收益，作为企业所得税不征税收入。

【税务稽查风险案例4-1】

2019年10月，某市税务局第二稽查局通过选案系统筛选确定一稽查对象，所选企业是于2018年1月迁入第二稽查局管辖的一个区属工业园区，入驻的主要原因是被园区的优惠政策所吸引。该企业因住所、经营地点发生变动，涉及改变税务登记机关，已向原税务登记机关申报办理注销税务登记，并在迁入后重新办理了税务登记。

该企业成立于1998年1月，为私营企业，主要生产各种水泵。该企业为增值税一般纳税人，企业所得税采用查账方式征收，企业所得税税率为25%。

税务人员通过观察、询问了解到该企业成立时间较长，生产经营发展状况良好，逐渐成为当地知名企业，其生产的水泵属于节能节水专用设备，购置企业可以享受按投资额的10%抵免当年企业所得税应纳税额的税收优惠，因而水泵的销售情况一直较好。该企业会计核算比较规范，内部控制制度比较健全，企业的纳税筹划意识很强，非常关注各种税收优惠政策对企业的适用情况。

税务人员进一步检查企业入驻后2018年的纳税申报资料、会计报表、账簿和凭证资料，上述资料均反映出企业增值税业务的税务处理正确。企业所得税年度申报填写的是《企业所得税年度申报表（A类，2017年版）》，在检查该申报表时发现，该企业2018年度列示了多项免税收入和不征税收入，税务人员将其锁定为检查重点。

税务人员在检查《A105000纳税调整项目明细表》时发现，该表的第8行"不征税收入"和第9行"其中：专项用途财政性资金（填写A105040）"均列示了80万元。财务人员说明是企业收到工业园区发放的80万元项目资助资金，企业作为不征税收入处理，2018年7月收到时计入营业外收入，年末所得税汇算时按不征税收入处理，调减了应纳税所得额，该资金企业当年没有使用。税务人员指出，该资金不满足不征税收入的条件。企业财务人员提出，只要是政府部门拨付的财政性资金，企业单独进行核算就可以按不征税收入处理。

税务人员在检查《A107010免税、减计收入及加计扣除优惠明细表》时发现，该表的第3行"符合条件的居民企业之间的股息、红利等权益性投资收益免征企业所得税（填写A107011）"列示了60万元。财务人员说明是企业入驻工业园区后将原厂房投资给甲公司获得的投资收益，税务人员检查了投资协议及相关账务处理资料。

投资协议写明该企业于2018年1月1日将原厂房（原值900万元，已提折旧720万元，每年计提的折旧额为45万元）投资给甲企业，拥有其20%的股权，不参与甲公司的生产经营及利润分配，每年收取60万元的固定投资收益，甲企业分别于每年的3月30日和9月30日分两次等额支付。通过检查相关会计凭证，分析该企业的会计处理如下：

2018年1月1日投资时：

借：长期股权投资　　　　　　　　　　　　　　　　　1 800 000

　　累计折旧　　　　　　　　　　　　　　　　　　　7 200 000

　　贷：固定资产　　　　　　　　　　　　　　　　　　　　　9 000 000

3月30日和9月30日分两次等额收到投资收益时：

借：银行存款　　　　　　　　　　　　　　　　　　　300 000

　　贷：投资收益　　　　　　　　　　　　　　　　　　　　　300 000

税务人员通过外调了解到，被投资企业甲公司因房产过户需要缴纳契税而没有办理房产过户手续，也没有对该房产计提折旧，因要求其支付的固定投资收益，在支付

第四章　企业所得税政策执行情况自查及稽查风险应对策略

时无法确定甲公司当年实现利润情况，甲公司的会计处理如下：

3月30日和9月30日分两次等额支付投资收益时：

借：其他应付款——某企业　　　　　　　　　　　300 000
　　贷：银行存款　　　　　　　　　　　　　　　　　　300 000

通过对投资双方投资业务相关凭证和资料的检查，税务人员指出，该企业2018年取得的60万元投资收益，不属于免税收入，需要进行纳税调整，补缴企业所得税。

税务人员在检查《A107010免税、减计收入及加计扣除优惠明细表》时发现，该表的第16行"其他"列示了40万元。财务人员说明是企业研发的新型水泵，获得省政府的科技奖励，2018年9月企业收到时计入营业外收入，年末所得税汇算时按免税收入处理，调减了应纳税所得额。税务人员检查了省政府颁发科技奖励的文件，文件中只列示了奖励单位的名称，并没有对奖金的使用情况做任何要求。税务人员指出，企业收到的省政府科技奖励，不满足免税收入的条件，也不属于不征税收入，企业的税务处理错误，需要补缴企业所得税。

该企业取得的财政资金，是区属工业园区发放的项目资助资金，不满足"企业从县级以上各级人民政府财政部门及其他部门取得的应计入收入总额的财政性资金"的规定，该资金的发放部门不属于县级以上部门，即使满足不征税收入的其他条件也不能作不征税收入处理。应补缴企业所得税20万元（80×25%）。

该企业收到的投资收益其实质应为租金收入，由于甲公司没有办理资产所有权变更手续，原厂房的所有权实际上仍属于该企业。应补缴企业所得税15万元（60×25%）。即使甲公司办理了资产所有权变更手续，原厂房的所有权属于甲公司，只要该企业每年收取固定的投资收益，就不属于权益性投资，其收到的投资收益就不能按免税收入处理。

该企业获得省政府的科技奖励，省政府颁发科技奖励的文件，只列示了奖励单位的名称，并没有对奖金的使用情况做任何要求，不满足"拨付资金的政府部门对该资金有专门的资金管理办法或具体管理要求"，企业对该资金直接计入营业外收入，也没有对该资金单独进行核算，也不满足不征税收入规定的条件。该企业应补缴企业所得税10万元（40×25%）。

最终的稽查处理结果为：

（1）该企业错误适用免税收入和不征税收入政策，违反了税法的相关规定，税务机关根据《中华人民共和国企业所得税法》和《中华人民共和国企业所得税法实施条例》的相关规定，要求该企业补缴企业所得税45万元（20+15+10）。

（2）根据《中华人民共和国税收征收管理法》第三十二条的规定，从税款滞纳之日起至税款实际缴纳之日止，按日加收万分之五的滞纳金。

第二节　企业成本费用税前扣除项目自查及风险应对策略

一、企业成本费用税前扣除制度

（一）税前扣除项目

企业实际发生的与取得收入有关的、合理的支出，包括成本、费用、税金、损失和其他支出，准予在计算应纳税所得额时扣除。合理的支出，是指符合生产经营活动常规，应当计入当期损益或者有关资产成本的必要和正常的支出。除另有规定，企业实际发生的成本、费用、税金、损失和其他支出不得重复扣除。

（1）成本，是指企业在生产经营活动中发生的销售成本、销货成本、业务支出以及其他耗费。即企业销售商品（产品、材料、下脚料、废料、废旧物资等）、提供劳务、转让固定资产、无形资产的成本。

（2）费用，是指企业在生产经营活动中发生的销售费用、管理费用和财务费用。已经计入成本的有关费用除外。

销售费用，是指应由企业负担的为销售商品而发生的费用。

管理费用，是指企业的行政管理部门为管理组织经营活动提供各项支援性服务而发生的费用。

财务费用，是指企业筹集经营性资金而发生的费用。

（3）税金，是指企业发生的除企业所得税和允许抵扣的增值税以外的各项税金及其附加。即纳税人按照规定缴纳的消费税、资源税、土地增值税、关税、城市维护建设税、教育费附加及房产税、车船税、城镇土地使用税、印花税等。企业缴纳的增值税属于价外税，不计入企业收入总额，故不在扣除之列。

（4）损失，是指企业在生产经营活动中发生的固定资产和存货的盘亏、毁损、报废损失，转让财产损失，呆账损失，坏账损失，自然灾害等不可抗力因素造成的损失以及其他损失。

（5）其他支出，是指除成本、费用、税金、损失外，企业在生产经营活动中发生的与生产经营活动有关的、合理的支出。

（二）税前扣除标准

1.工资、薪金支出

企业发生的合理的工资、薪金支出，准予扣除。工资、薪金，是指企业每一纳税年度支付给在本企业任职或者受雇的员工的所有现金形式或者非现金形式的劳动报酬，包括基本工资、奖金、津贴、补贴、年终加薪、加班工资，以及与员工任职或者受雇有关的其他支出。

2.职工福利费、工会经费、职工教育经费

企业发生的职工福利费、工会经费、职工教育经费按标准扣除。未超过标准的按实际发生数额扣除，超过扣除标准的只能按标准扣除。

（1）企业发生的职工福利费支出，不超过工资薪金总额14%的部分，准予扣除。列入企业员工工资薪金制度、固定与工资薪金一起发放的福利性补贴，符合国家税务总局相关规定的，可作为企业发生的工资薪金支出，按规定在税前扣除；不能同时符合上述条件的福利性补贴，应按规定计算限额税前扣除。

企业的职工福利费，包括以下内容：

一是尚未实行分离办社会职能的企业，其内设福利部门所发生的设备、设施和人员费用，包括职工食堂、职工浴室、理发室、医务所、托儿所、疗养院等集体福利部门的设备、设施及维修保养费用和福利部门工作人员的工资薪金、社会保险费、住房公积金、劳务费等。

二是为职工卫生保健、生活、住房、交通等所发放的各项补贴和非货币性福利，包括企业向职工发放的因公外地就医费用、未实行医疗统筹企业职工医疗费用、职工供养直系亲属医疗补贴、供暖费补贴、职工防暑降温费、职工困难补贴、救济费、职工食堂经费补贴、职工交通补贴等。

三是按照其他规定发生的其他职工福利费，包括丧葬补助费、抚恤费、安家费、探亲假路费等。

企业发生的职工福利费，应该单独设置账册，进行准确核算。没有单独设置账册准确核算的，税务机关应责令企业在规定的期限内进行改正。逾期仍未改正的，税务机关可对企业发生的职工福利费进行合理的核定。

（2）企业拨缴的工会经费，不超过工资薪金总额2%的部分，准予扣除。

（3）企业发生的职工教育经费支出，不超过工资薪金总额8%的部分，准予在计算企业所得税应纳税所得额时扣除；超过部分，准予在以后纳税年度结转扣除。

3.社会保险费

（1）企业依照国务院有关主管部门或者省级人民政府规定的范围和标准为职工缴纳的基本养老保险费、基本医疗保险费、失业保险费、工伤保险费等基本社会保险费和住房公积金，准予扣除。

（2）企业根据国家有关政策规定，为在本企业任职或者受雇的全体员工支付的补充养老保险费、补充医疗保险费，分别在不超过职工工资总额5%标准内的部分，在计算应纳税所得额时准予扣除；超过的部分，不予扣除。

4.借款费用

（1）企业在生产经营活动中发生的合理的不需要资本化的借款费用，准予扣除。

（2）企业为购置、建造固定资产、无形资产和经过12个月以上的建造才能达到预定可销售状态的存货发生借款的，在有关资产购置、建造期间发生的合理的借款费用，应当作为资本性支出计入有关资产的成本，并依照《中华人民共和国企业所得税法实施条例》的有关规定扣除。

5.利息费用

企业在生产经营活动中发生的下列利息支出，准予扣除：

（1）非金融企业向金融企业借款的利息支出、金融企业的各项存款利息支出和同业拆借利息支出、企业经批准发行债券的利息支出可据实扣除。

（2）非金融企业向非金融企业借款的利息支出，不超过按照金融企业同期同类贷款利率计算的数额的部分可据实扣除，超过部分不许扣除。

6.汇兑损失

企业在货币交易中，以及纳税年度终了时将人民币以外的货币性资产、负债按照期末即期人民币汇率中间价折算为人民币时产生的汇兑损失，除已经计入有关资产成本以及与向所有者进行利润分配相关的部分外，准予扣除。

7.公益性捐赠

公益性捐赠，是指企业通过公益性社会组织或者县级以上人民政府及其部门，用于符合法律规定的慈善活动、公益事业的捐赠。

企业当年发生以及以前年度结转的公益性捐赠支出，不超过年度利润总额12%的部分，在计算应纳税所得额时准予扣除；超过年度利润总额12%的部分，准予结转以后3年内在计算应纳税所得额时扣除。企业在对公益性捐赠支出计算扣除时，应先扣除以前年度结转的捐赠支出，再扣除当年发生的捐赠支出。

8.业务招待费

企业发生的与生产经营活动有关的业务招待费支出，按照发生额的60%扣除，但最高不得超过当年销售（营业）收入的5‰。

9.广告费和业务宣传费

企业发生的符合条件的广告费和业务宣传费支出，除国务院财政、税务主管部门另有规定外，不超过当年销售（营业）收入15%的部分，准予扣除；超过部分，准予在以后纳税年度结转扣除。企业在筹建期间，发生的广告费和业务宣传费，可按实际发生额计入企业筹办费，并按有关规定在税前扣除。

10.环境保护专项资金

企业依照法律、行政法规有关规定提取的用于环境保护、生态恢复等方面的专项资金，准予扣除。上述专项资金提取后改变用途的，不得扣除。

11.保险费

（1）企业参加财产保险，按照规定缴纳的保险费，准予扣除。

（2）企业依照国家有关规定为特殊工种职工支付的人身安全保险费和国务院财

政、税务主管部门规定可以扣除的其他商业保险费，准予扣除。

12.租赁费

企业根据生产经营活动的需要租入固定资产支付的租赁费，按照以下方法扣除：

（1）以经营租赁方式租入固定资产发生的租赁费支出，按照租赁期限均匀扣除。经营性租赁是指所有权不转移的租赁。

（2）以融资租赁方式租入固定资产发生的租赁费支出，按照规定构成融资租入固定资产价值的部分应当提取折旧费用分期扣除。融资租赁是指在实质上转移与一项资产所有权有关的全部风险和报酬的一种租赁。

13.劳动保护支出

企业发生的合理的劳动保护支出，准予扣除。

14.有关资产的费用

企业转让各类固定资产发生的费用，允许扣除。企业按规定计算的固定资产折旧费、无形资产和递延资产的摊销费，准予扣除。

15.总机构分摊的费用

非居民企业在中国境内设立的机构、场所，就其中国境外总机构发生的与该机构、场所生产经营有关的费用，能够提供总机构出具的费用汇集范围、定额、分配依据和方法等证明文件，并合理分摊的，准予扣除。

16.其他支出项目

依照有关法律、行政法规和国家有关税法规定准予扣除的其他项目。如会员费、合理的会议费、差旅费、违约金、诉讼费用等。

（三）亏损弥补

亏损，是指企业将每一纳税年度的收入总额减除不征税收入、免税收入和各项扣除后小于零的数额。税法规定，企业某一纳税年度发生的亏损可以用下一年度的所得弥补，下一年度的所得不足以弥补的，可以逐年延续弥补，但最长不得超过5年。企业在汇总计算缴纳企业所得税时，其境外营业机构的亏损不得抵减境内营业机构的盈利。

自2018年1月1日起，当年具备高新技术企业或科技型中小企业资格的企业，其具备资格年度之前5个年度发生的尚未弥补完的亏损，准予结转以后年度弥补，最长结转年限由5年延长至10年。

二、企业成本费用税前扣除项目执行情况自查及风险应对

（一）税前扣除项目

关于企业所得税税前扣除项目，企业应注意审查以下情形：

（1）企业发生的支出应当区分收益性支出和资本性支出。收益性支出在发生当期直

接扣除；资本性支出应当分期扣除或者计入有关资产成本，不得在发生当期直接扣除。

（2）企业的不征税收入用于支出所形成的费用或者财产，不得扣除或者计算对应的折旧、摊销扣除。

（3）企业发生的损失，减除责任人赔偿和保险赔款后的余额，依照国务院财政、税务主管部门的规定扣除。企业已经作为损失处理的资产，在以后纳税年度又全部收回或者部分收回时，应当计入当期收入。

（二）税前扣除标准

1. 工资、薪金支出

合理工资、薪金，是指企业按照股东大会、董事会、薪酬委员会或相关管理机构制订的工资、薪金制度规定实际发放给员工的工资、薪金。企业在对工资、薪金进行合理性确认时，应注意把握以下原则：

（1）企业制定了较为规范的员工工资、薪金制度。

（2）企业所制定的工资、薪金制度符合行业及地区水平。

（3）企业在一定时期所发放的工资、薪金是相对固定的，工资、薪金的调整是有序进行的。

（4）企业对实际发放的工资、薪金，已依法履行了代扣代缴个人所得税义务。

（5）有关工资、薪金的安排，不以减少或逃避税款为目的。

2. 职工福利费、工会经费、职工教育经费

关于企业发生的职工福利费、工会经费、职工教育经费，应注意审查以下情况：

（1）列入企业员工工资、薪金制度，与工资、薪金一起固定发放的福利性补贴，符合国家税务总局相关规定的，可作为企业发生的工资、薪金支出，按规定在税前扣除；不能同时符合上述条件的福利性补贴，应按规定计算限额税前扣除。

（2）企业的职工福利费，包括以下内容：

一是尚未实行分离办社会职能的企业，其内设福利部门所发生的设备、设施和人员费用，包括职工食堂、职工浴室、理发室、医务所、托儿所、疗养院等集体福利部门的设备、设施及维修保养费用和福利部门工作人员的工资、薪金、社会保险费、住房公积金、劳务费等。

二是为职工卫生保健、生活、住房、交通等所发放的各项补贴和非货币性福利，包括企业向职工发放的因公外地就医费用、未实行医疗统筹企业职工医疗费用、职工供养直系亲属医疗补贴、供暖费补贴、职工防暑降温费、职工困难补贴、救济费、职工食堂经费补贴、职工交通补贴等。

三是按照其他规定发生的其他职工福利费，包括丧葬补助费、抚恤费、安家费、探亲假路费等。

（3）企业发生的职工福利费，应该单独设置账册，进行准确核算。没有单独设置账册准确核算的，税务机关应责令企业在规定的期限内进行改正。逾期仍未改正的，税务机关可对企业发生的职工福利费进行合理的核定。

（4）工资、薪金总额，是指企业按照规定实际发放的工资、薪金总和，不包括企业的职工福利费、职工教育经费、工会经费以及养老保险费、医疗保险费、失业保险费、工伤保险费、生育保险费等社会保险费和住房公积金。属于国有性质的企业，其工资、薪金，不得超过政府有关部门给予的限定数额；超过部分，不得计入企业工资、薪金总额，也不得在计算企业应纳税所得额时扣除。

3. 利息费用

企业在生产经营活动中发生的下列利息支出，应注意审查以下情况：

（1）金融企业，是指各类银行、保险公司及经中国人民银行批准从事金融业务的非银行金融机构。

（2）非金融企业向非金融企业借款的利息支出，不超过按照金融企业同期同类贷款利率计算的数额的部分，准予税前扣除。鉴于目前我国对金融企业利率要求的具体情况，企业在按照合同要求首次支付利息并进行税前扣除时，应提供"金融企业的同期同类贷款利率情况说明"，以证明其利息支出的合理性。"金融企业的同期同类贷款利率情况说明"中，应包括在签订该借款合同当时，本省任何一家金融企业提供同期同类贷款利率情况。该金融企业应为经政府有关部门批准成立的可以从事贷款业务的企业，包括银行、财务公司、信托公司等金融机构。"同期同类贷款利率"是指在贷款期限、贷款金额、贷款担保以及企业信誉等条件基本相同下，金融企业提供贷款的利率，其既可以是金融企业公布的同期同类平均利率，也可以是金融企业对某些企业提供的实际贷款利率。

（3）凡企业投资者在规定期限内未缴足其应缴资本额的，该企业对外借款所发生的利息，相当于投资者实缴资本额与在规定期限内应缴资本额的差额应计付的利息，其不属于企业合理的支出，应由企业投资者负担，不得在计算企业应纳税所得额时扣除。

（4）企业向股东或其他与企业有关联关系的自然人借款的利息支出，应根据《中华人民共和国企业所得税法》和《财政部　国家税务总局关于企业关联方利息支出税前扣除标准有关税收政策问题的通知》（财税〔2008〕121号）规定的条件，计算企业所得税扣除额。

企业向除股东或其他与企业有关联关系的自然人以外的内部职工或其他人员借款的利息支出，其借款情况同时符合以下条件的，其利息支出在不超过按照金融企业同期同类贷款利率计算的数额的部分，准予扣除：①企业与个人之间的借贷是真实、合法、有效的，并且不具有非法集资目的或其他违反法律、法规的行为；②企业与个人之间签订了借款合同。

4.公益性捐赠

在计算公益性捐赠扣除时,企业应注意审查以下情况:

(1)年度利润总额,是指企业依照国家统一会计制度的规定计算的年度会计利润。

(2)公益性捐赠具体范围包括:①救助灾害、救济贫困、扶助残疾人等困难的社会群体和个人的活动;②教育、科学、文化、卫生、体育事业;③环境保护、社会公共设施建设;④促进社会发展和进步的其他社会公共和福利事业。

(3)自2021年1月1日起,企业或个人通过公益性群众团体用于符合法律规定的公益慈善事业捐赠支出,准予按税法规定在计算应纳税所得额时扣除。公益性群众团体,包括依照《社会团体登记管理条例》规定不需进行社团登记的人民团体以及经国务院批准免予登记的社会团体,且按规定条件和程序已经取得公益性捐赠税前扣除资格。

(4)自2019年1月1日至2025年12月31日,企业通过公益性社会组织或者县级(含县级)以上人民政府及其组成部门和直属机构,用于目标脱贫地区的扶贫捐赠支出,准予在计算企业所得税应纳税所得额时据实扣除。在政策执行期限内,目标脱贫地区实现脱贫的,可继续适用上述政策。企业同时发生扶贫捐赠支出和其他公益性捐赠支出,在计算公益性捐赠支出年度扣除限额时,符合条件的扶贫捐赠支出不计算在内。

(5)企业在非货币性资产捐赠过程中发生的运费、保险费、人工费用等相关支出,凡纳入国家机关、公益性社会组织开具的公益捐赠票据记载的数额中的,作为公益性捐赠支出按照规定在税前扣除;上述费用未纳入公益性捐赠票据记载的数额中的,作为企业相关费用按照规定在税前扣除。

5.业务招待费

关于业务招待费支出,企业应注意审查以下情况:

(1)企业在筹建期间,发生的与筹办活动有关的业务招待费支出,可按实际发生额的60%计入企业筹办费,并按有关规定在税前扣除。

(2)对从事股权投资业务的企业(包括集团公司总部、创业投资企业等),其从被投资企业所分配的股息、红利以及股权转让收入,可以按规定的比例计算业务招待费扣除限额。

6.广告费和业务宣传费

关于广告费和业务宣传费支出,企业应注意审查以下情况:

(1)自2021年1月1日至2025年12月31日,对化妆品制造或销售、医药制造和饮料制造(不含酒类制造)企业发生的广告费和业务宣传费支出,不超过当年销售(营业)收入30%的部分,准予扣除;超过部分,准予在以后纳税年度结转扣除。

(2)对签订广告费和业务宣传费分摊协议的关联企业,其中一方发生的不超过当年销售(营业)收入税前扣除限额比例内的广告费和业务宣传费支出可以在本企业扣除，也可以将其中的部分或全部按照分摊协议归集至另一方扣除。另一方在计算本企业广告费和业务宣传费支出企业所得税税前扣除限额时，可将按照上述办法归集至本企业的广告费和业务宣传费不计算在内。

（3）烟草企业的烟草广告费和业务宣传费支出，一律不得在计算应纳税所得额时扣除。

7.保险费

关于保险费支出，企业应注意审查以下情况：

（1）企业为投资者或职工支付的商业保险费，不得扣除。

（2）企业参加雇主责任险、公众责任险等责任保险，按照规定缴纳的保险费，准予在企业所得税税前扣除。

（3）企业职工因公出差乘坐交通工具发生的人身意外保险费支出，准予企业在计算应纳税所得额时扣除。

8.手续费及佣金支出

关于手续费及佣金支出，企业应注意审查以下情况：

（1）自2019年1月1日起，保险企业发生与其经营活动有关的手续费及佣金支出，不超过当年全部保费收入扣除退保金等后余额的18%（含本数）的部分，在计算应纳税所得额时准予扣除；超过部分，允许结转以后年度扣除。

（2）其他企业：按与具有合法经营资格的中介服务机构或个人（不含交易双方及其雇员、代理人和代表人等）所签订服务协议或合同确认的收入金额的5%计算限额。

（3）从事代理服务、主营业务收入为手续费、佣金的企业（如证券、期货、保险代理等企业），其为取得该类收入而实际发生的营业成本（包括手续费和佣金支出），准予在企业所得税前据实扣除。

（4）企业应与具有合法经营资格的中介服务企业或个人签订代办协议或合同，并按规定支付手续费及佣金。

（5）除委托个人代理外，企业以现金等非转账方式支付的手续费和佣金不得在税前扣除。

（6）企业为发行权益性证券支付给有关证券承销机构的手续费和佣金不得在税前扣除。

（7）企业不得将手续费及佣金支出计入回扣、业务提成、返利、进场费等费用。

（8）企业已计入固定资产、无形资产等相关资产的手续费及佣金支出，应当通过折旧、摊销等方式分期扣除，不得在发生当期直接扣除。

（9）企业支付的手续费和佣金不得直接冲减服务协议或合同金额，并如实入账。

（10）保险企业应建立健全手续费和佣金的相关管理制度，并加强手续费及佣金结转扣除的台账管理。

9.党组织工作经费

关于党组织工作经费支出，企业应注意审查以下情况：

（1）国有企业（包括国有独资、全资和国有资本绝对控股、相对控股企业）纳入管理费用的党组织工作经费，实际支出不超过职工年度工资薪金总额1%的部分，可以据实在企业所得税前扣除。

（2）非公有制企业党组织工作经费纳入企业管理费列支，不超过职工年度工资、薪金总额1%的部分，可以据实在企业所得税前扣除。

（三）不得税前扣除项目

在计算应纳税所得额时，下列支出不得扣除，企业应注意审查是否违规进行了扣除：

（1）向投资者支付的股息、红利等权益性投资收益款项。

（2）企业所得税税款。

（3）税收滞纳金，具体是指纳税人违反税收法规，被税务机关处以的滞纳金。

（4）罚金、罚款和被没收财物的损失，具体是指纳税人违反国家有关法律、法规规定，被有关部门处以的罚款，以及被司法机关处以的罚金和被没收的财物。

（5）超过规定标准的捐赠支出。

（6）赞助支出，具体是指企业发生的与生产经营活动无关的各种非广告性质支出。

（7）未经核定的准备金支出，具体是指不符合国务院财政、税务主管部门规定的各项资产减值准备、风险准备等准备金支出。

（8）企业之间支付的管理费、企业内营业机构之间支付的租金和特许权使用费，以及非银行企业内营业机构之间支付的利息。

（9）与取得收入无关的其他支出。

【税务稽查风险案例4-2】

国家税务总局吉林省税务局稽查局税务处理决定书（节选）

（吉税稽处〔2021〕22号）

长春××汽车零部件股份有限公司：（纳税人识别号：91××××××××××××××8L）

我局于2020年11月26日至2021年9月28日对你单位（地址：×××）2017年1月1日至2019年12月31日企业所得税情况进行了检查，违法事实及处理决定如下：

一、违法事实

（1）你单位2017年至2019年向子公司销售原材料未作销售处理，应税收入53 668 966.72元，其中2017年26 823 034.26元，2018年16 906 871.20元，

2019年10 402 906.37元；成本54 132 811.83元，其中2017年26 823 034.26元，2018年16 443 026.09元，2019年10 402 906.37元，未作纳税调整。

（2）你单位2017年至2018年4月与下属两个子公司间未独立核算，在此期间，销售购自子公司的产品收入共计79 108 170.72元，扣除子公司成本共计67 830 487.50元，其中2017年销售购自扬州××汽车内饰件有限公司产品的收入为16 877 309.99元，扣除成本16 345 432.66元；销售购自广东××机械科技有限公司产品的收入为41 332 081.65元，扣除成本32 481 620.16元；2018年1月至4月销售购自扬州××汽车内饰件有限公司产品收入为7 411 023.73元，扣除成本7 406 106.23元；销售购自广东××机械科技有限公司产品收入为13 487 755.35元，扣除成本11 597 328.45元。由于该单位扣除的是子公司发生的成本，而子公司未给母公司开具发票，该单位已发生的成本不能可靠地计算，不符合企业销售商品确认收入的条件，上述收入与成本应作纳税调整。

（3）你单位2019年8月向辽源市××造革有限责任公司销售原材料，结转其他业务成本12 076 999.29元，其中含2018年7月因管理不善造成原材料损失8 604 918.22元；洋麻、亚麻损失20 862.75元、33 796.72元，上述其他业务成本在企业所得税前进行了扣除。经查，上述损失未向主管税务机关进行专项申报，应作纳税调整。经计算，2018年调增应纳税所得额48 154.99元，2019年调增应纳税所得额8 610 932.26元。

（4）你单位与长春市××旅游汽车服务有限公司签订班车租赁合同，由其提供交通服务，但取得的是长春市××车用气有限公司开具的天然气发票，作为管理费用在企业所得税前扣除。金额合计为1 598 248.01元，其中2017年度505 348.01元，2018年度538 100.00元，2019年度554 800.00元。

（5）你单位在管理费用中核算无原始票据费用、个人费用、其他单位费用，以上述不符合规定的发票、其他外部凭证在企业所得税前扣除，未作纳税调整。金额合计1 857 639.41元，其中2017年度50 109.59元，2018年度440 475.67元，2019年度1 367 054.15元。

（6）你单位在财务费用中核算委托贷款利息、个人利息、无原始票据利息等，以上述不符合规定的发票、其他外部凭证在企业所得税前扣除，未作纳税调整。金额合计58 702 252.65元，其中2017年度8 930 737.21元，2018年度23 748 306.33元，2019年度26 023 209.11元。

（7）你单位在销售费用核算无原始票据支出，并在企业所得税前扣除，未作纳税调整。金额合计964 407.41元，其中2018年度9 780.00元，2019年度954 627.41元。

（8）你单位在营业外支出中列支无票据支出在企业所得税前扣除，未作纳税调整。金额合计358 881.20元，其中2017年度339 756.20元，2018年度19 125.00元。

（9）你单位2019年2月该单位将购入的固定资产液压机进行销售，企业未计应税收入，金额387 931.03元。

二、处理意见及依据

根据《中华人民共和国企业所得税法》（2007年3月16日第十届全国人民代表大会第五次会议通过，根据2017年2月24日第十二届全国人民代表大会常务委员会第二十六次会议《关于修改〈中华人民共和国企业所得税法〉的决定》第一次修正，根据2018年12月29日第十三届全国人民代表大会常务委员会第七次会议《关于修改〈中华人民共和国电力法〉等四部法律的决定》第二次修正）第一条第一款、第三条第一款、第四条第一款、第五条、第六条、第八条、第十条、第十五条、第十八条、第二十二条、第二十八条、第五十三条、第五十四条，《中华人民共和国企业所得税法实施条例》（2007年12月6日中华人民共和国国务院令第512号公布，根据2019年4月23日《国务院关于修改部分行政法规的决定》修订）第十二条、第十四条、第二十七条、第二十九条、第三十条、第三十一条、第七十六条，以及《国家税务总局关于确认企业所得税收入若干问题的通知》（国税函〔2008〕875号）第一条第（一）项第4目"企业销售商品同时满足下列条件的，应确认收入的实现：4.已发生或将发生的销售方的成本能够可靠地核算"之规定，你单位2017年度申报应纳税所得额为1 236 324.67元，统一核算收入成本中收入应调减应纳税所得额58 209 391.64元，成本应调增应纳税所得额48 827 052.82元；统一采购原材料未作销售处理应收入调增应纳税所得额26 823 034.26元，成本应调减应纳税所得额26 823 034.26元；费用、营业外支出调增应纳税所得额9 825 951.01元，本次检查需补缴城市维护建设税、教育费附加、地方教育附加、房产税、印花税合计949 772.49元，调整后应纳税所得额733 150.94元，2013年度尚未弥补亏损23 171 059.53元，弥补后亏损22 437 908.59元。

2018年度申报应纳税所得额为8 116 226.75元，统一核算收入成本期间收入应调减应纳税所得额20 898 779.08元，成本调增应纳税所得额19 003 434.68元；统一采购原材料未作销售处理收入应调增应纳税所得额16 906 871.20元，成本应调减应纳税所得额16 906 871.20元；费用、营业外支出调增应纳税所得额24 755 787.00元，原材料损失调增应纳税所得额48 154.99元，本次检查需补缴城市维护建设税、教育费附加、地方教育附加、房产税、印花税调减应纳税所得额1 049 461.88元，调整后应纳税所得额29 975 362.46元，弥补2013年尚未弥补亏损22 437 908.59元，弥补2014年亏损7 537 453.87元，弥补后2014年仍亏损4 515 099.59元。

2019年申报应纳税所得额为－61 970 559.76元，统一采购原材料未作销售处理收入应调增应纳税所得额10 402 906.37元，成本应调减应纳税所得额10 402 906.37元；费用调增应纳税所得额28 899 690.67元，原材料损失调增应纳税所得额8 610 932.26元，营业外收入调增应纳税所得额387 931.03元，本次检查需补缴城市维护建设税、教育费附加、地方教育附加、房产税、印花税合计791 852.40元，调整后应纳税所得额－26 165 209.30元。

第三节 企业所得税税前扣除凭证自查及风险应对策略

一、企业所得税税前扣除凭证管理

(一) 税前扣除凭证的含义与管理原则

税前扣除凭证, 是指企业在计算企业所得税应纳税所得额时, 证明与取得收入有关的、合理的支出实际发生, 并据以税前扣除的各类凭证。

税前扣除凭证在管理中遵循真实性、合法性、关联性原则。真实性是指税前扣除凭证反映的经济业务真实, 且支出已经实际发生; 合法性是指税前扣除凭证的形式、来源符合国家法律、法规等相关规定; 关联性是指税前扣除凭证与其反映的支出相关联且有证明力。

(二) 取得税前扣除凭证的时间与相关资料

企业发生支出, 应取得税前扣除凭证, 作为计算企业所得税应纳税所得额时扣除相关支出的依据。

企业应在当年度《中华人民共和国企业所得税法》规定的汇算清缴期结束前取得税前扣除凭证。

企业应将与税前扣除凭证相关的资料, 包括合同协议、支出依据、付款凭证等留存备查, 以证实税前扣除凭证的真实性。

(三) 税前扣除凭证的分类

税前扣除凭证按照来源分为内部凭证和外部凭证。

内部凭证是指企业自制用于成本、费用、损失和其他支出核算的会计原始凭证。内部凭证的填制和使用应当符合国家会计法律、法规等相关规定。

外部凭证是指企业发生经营活动和其他事项时, 从其他单位、个人取得的用于证明其支出发生的凭证, 包括但不限于发票（包括纸质发票和电子发票）、财政票据、完税凭证、收款凭证、分割单等。

（四）增值税应税项目支出凭证

企业在境内发生的支出项目属于增值税应税项目（以下简称"应税项目"）的，对方为已办理税务登记的增值税纳税人，其支出以发票（包括按照规定由税务机关代开的发票）作为税前扣除凭证；对方为依法无需办理税务登记的单位或者从事小额零星经营业务的个人，其支出以税务机关代开的发票或者收款凭证及内部凭证作为税前扣除凭证，收款凭证应载明收款单位名称、个人姓名及身份证号、支出项目、收款金额等相关信息。

小额零星经营业务的判断标准是个人从事应税项目经营业务的销售额不超过增值税相关政策规定的起征点。

国家税务总局对应税项目开具发票另有规定的，以规定的发票或者票据作为税前扣除凭证。

（五）非增值税应税项目支出凭证

企业在境内发生的支出项目不属于应税项目的，对方为单位的，以对方开具的发票以外的其他外部凭证作为税前扣除凭证；对方为个人的，以内部凭证作为税前扣除凭证。

企业在境内发生的支出项目虽不属于应税项目，但按国家税务总局规定可以开具发票的，可以发票作为税前扣除凭证。

企业从境外购进货物或者劳务发生的支出，以对方开具的发票或者具有发票性质的收款凭证、相关税费缴纳凭证作为税前扣除凭证。

二、企业所得税税前扣除凭证执行情况自查及风险应对

（一）不合规发票和凭证

企业在税前扣除时，应注意审查相关凭证是否存在以下情形：

企业取得私自印制、伪造、变造、作废、开票方非法取得、虚开、填写不规范等不符合规定的发票（以下简称"不合规发票"），以及取得不符合国家法律、法规等相关规定的其他外部凭证（以下简称"不合规其他外部凭证"），不得作为税前扣除凭证。

【税务稽查风险案例4-3】

国家税务总局深圳市税务局第二稽查局税务事项通知书
深税二稽通〔2022〕677号

深圳市×××机械设备有限公司：（纳税人识别号：91××××××××××××26）

事由：企业所得税税前扣除确认

第四章 企业所得税政策执行情况自查及稽查风险应对策略

依据：《中华人民共和国企业所得税法》第八条，《企业所得税税前扣除凭证管理办法》（国家税务总局公告2018年第28号）第十三条、第十四条。

通知内容：国家税务总局深圳市税务局第三稽查局于2022年8月23日的协查函（协查编号：1000000421111027149）显示，你司（单位）接受深圳市×××实业有限公司等开具的2份增值税发票已确定虚开，发票代码：4403202130，发票号码：31043840，开票日期：2020年12月29日，发票代码：4403202130，发票号码：31206583，开票日期：2020年12月29日，发票金额合计：1 861 386.14元，税额合计：18 613.86元。请你司（单位）自查核实上述发票对应的支出是否已在企业所得税税前扣除。

如你司（单位）未在税前扣除的请在收到本通知书后15日内向我局提供《未在税前扣除的书面声明》，未在规定时间内向我局提供《未在税前扣除的书面声明》的，我局将视为已在税前扣除处理。

如你司（单位）提供了《未在税前扣除的书面声明》，后续税务机关检查发现你司（单位）实际上已在税前扣除的，将按虚假纳税申报处理，符合《中华人民共和国税收征收管理法》偷税条件的，将按偷税处理。

联系人：李某某

联系电话：86×××91

国家总局深圳市税务局第二稽查局

2022年8月26日

（二）补充取得凭证的时限

企业在补充取得凭证时，应注意审查是否符合以下时限规定：

（1）企业应当取得而未取得发票、其他外部凭证或者取得不合规发票、不合规其他外部凭证的，若支出真实且已实际发生，应当在当年度汇算清缴期结束前，要求对方补开、换开发票、其他外部凭证。

（2）补开、换开后的发票、其他外部凭证符合规定的，可以作为税前扣除凭证。

（三）无法取得发票等凭证的处理

企业在无法取得发票等凭证时，应注意审查是否按照以下规定取得了相关证明和资料。

企业在补开、换开发票、其他外部凭证过程中，因对方注销、撤销、依法被吊销营业执照、被税务机关认定为非正常户等特殊原因无法补开、换开发票、其他外部凭证的，可凭以下资料证实支出真实性后，其支出允许税前扣除：

（1）无法补开、换开发票、其他外部凭证原因的证明资料（包括工商注销、机构撤销、列入非正常经营户、破产公告等证明资料）。

（2）相关业务活动的合同或者协议。
（3）采用非现金方式支付的付款凭证。
（4）货物运输的证明资料。
（5）货物入库、出库内部凭证。
（6）企业会计核算记录以及其他资料。
上述第一项至第三项为必备资料。

（四）税务机关责令补充取得凭证

在税务机关责令补充取得凭证时，企业应注意审查是否遵守了以下规定：

（1）汇算清缴期结束后，税务机关发现企业应当取得而未取得发票、其他外部凭证或者取得不合规发票、不合规其他外部凭证并且告知企业的，企业应当自被告知之日起60日内补开、换开符合规定的发票、其他外部凭证。其中，因对方特殊原因无法补开、换开发票、其他外部凭证的，企业应当按照规定，自被告知之日起60日内提供可以证实其支出真实性的相关资料。

（2）企业在规定的期限未能补开、换开符合规定的发票、其他外部凭证，并且未能按照规定提供相关资料证实其支出真实性的，相应支出不得在发生年度税前扣除。

（五）追补扣除

在需要追补扣除时，企业应注意审查是否遵守了以下规定：除发生税务机关责令补充取得凭证的情形，企业以前年度应当取得而未取得发票、其他外部凭证，且相应支出在该年度没有税前扣除的，在以后年度取得符合规定的发票、其他外部凭证或者按照规定提供可以证实其支出真实性的相关资料，相应支出可以追补至该支出发生年度税前扣除，但追补年限不得超过5年。

（六）税前扣除凭证的分割

在需要分割税前扣除凭证时，企业应注意审查是否遵守了以下规定：

（1）企业与其他企业（包括关联企业）、个人在境内共同接受应纳增值税劳务（以下简称"应税劳务"）发生的支出，采取分摊方式的，应当按照独立交易原则进行分摊，企业以发票和分割单作为税前扣除凭证，共同接受应税劳务的其他企业以企业开具的分割单作为税前扣除凭证。

（2）企业与其他企业、个人在境内共同接受非应税劳务发生的支出，采取分摊方式的，企业以发票外的其他外部凭证和分割单作为税前扣除凭证，共同接受非应税劳务的其他企业以企业开具的分割单作为税前扣除凭证。

（七）租用场所的扣除凭证

在企业租用他人场所需要税前扣除凭证时，应注意审查是否遵守了以下规定：

（1）企业租用（包括企业作为单一承租方租用）办公、生产用房等资产发生的水、电、燃气、冷气、暖气、通信线路、有线电视、网络等费用，出租方作为应税项目开具发票的，企业以发票作为税前扣除凭证。

（2）出租方采取分摊方式的，企业以出租方开具的其他外部凭证作为税前扣除凭证。

【税务稽查风险案例4-4】

根据广州铁路运输中级法院（2020）粤71行终1279号行政判决书，上诉人广州市NQ科技实业有限公司（以下简称NQ科技公司）因与被上诉人国家税务总局广州市税务局第一稽查局（以下简称市税务局第一稽查局）、国家税务总局广州市税务局（以下简称市税务局）税务处理及行政复议决定一案，不服广州铁路运输法院（2019）粤7101行初5475号行政判决，向广州铁路运输中级法院提起上诉。

原审法院经审理查明：2017年9月19日，原安徽省马鞍山市国家税务局稽查局向原广州市国家税务局南区稽查局出具《已证实虚开通知单》及发票明细单，证实马鞍山佳荣物流有限公司、马鞍山福瑞物流有限公司在2013年至2014年，在无实际货物运输业务行为的情况下，向NQ科技公司虚开发票。

2018年3月30日，原广州市国家税务局南区稽查局出具穗国税南稽检通〔2018〕167号《税务检查通知书》，通知NQ科技公司，该局将自2018年4月2日起对其2013年1月1日至2014年12月31日涉税情况进行检查，该通知书于2018年4月16日直接送达NQ科技公司。

2018年5月11日，原广州市国家税务局南区稽查局向中国银行发出穗国税南稽许〔2018〕191号《检查存款账户许可证明》，要求其协助查询NQ科技公司的相关支票的支付交易情况。在案证据中的9张出票人为NQ科技公司的中国银行支票复印件记载的收款人分别为上饶市信江运输有限公司、江西伟兴物流有限公司。NQ科技公司于2018年7月16日在上述支票复印件上盖章确认与原件核对无误，原件存于其处。

2018年7月2日，原广州市国家税务局南区稽查局出具穗国税南稽税通〔2018〕479号《税务事项通知书》，根据《中华人民共和国税收征收管理法》第五十四条第（三）项，《企业所得税税前扣除凭证管理办法》（国家税务总局公告2018年第28号）第十四条、第十五条的规定，通知NQ科技公司自收到通知书之日起60日内补开、换开符合规定的货物运输业增值税专用发票，因对方特殊原因无法补开、换开货物运输业增值税专用发票的，应当自收到通知书之日起60日内提供可以证实相关真实性的资料。该通知书于2018年7月4日直接送达NQ科技公司。NQ科技公司于2018年8月31日出具《情况说明》，提出由于马鞍山佳荣物流有限公司、马鞍山福瑞物流有限公司已被列入工商经营异常名录，NQ科技公司无法在期限内补开、换开发票、其他外部凭证，现向该局提供证实真实性的相关资料，包括原始发货托运凭证，收款凭证。NQ科技公司于2019年1月23日出具《关于无法补开合法发票的情况说明》，提出其根据税务通知书的要求，要求三鑫运业物流有限公司补开具合法正规的运输发票，但是三鑫运业物流有限公司没有进行工商登记，没有经营执照，无法补开合法正规的发票给NQ科技公司。

2018年7月31日，因税务机构改革，国家税务总局广州市税务局稽查局出具穗税稽税通〔2018〕129431号《税务事项通知书》，通知NQ科技公司对其税务检查相关工作暂以国家税务总局广州市税务局稽查局名义开展。该通知书于同日直接送达NQ科技公司。

2018年11月30日，因税务机构改革，市税务局第一稽查局出具穗税一稽税通〔2018〕90324号《税务事项通知书》，通知NQ科技公司对其税务检查相关工作，执法主体由国家税务总局广州市税务局稽查局变更为国家税务总局广州市税务局第一稽查局以及检查人员变更等事项。该通知书于同日直接送达NQ科技公司。NQ科技公司于2018年12月20日向市税务局第一稽查局出具《情况说明》，提出该公司货物由三鑫运业物流有限公司承运，三鑫运业物流有限公司称其将货物转至马鞍山佳荣物流有限公司、马鞍山福瑞物流有限公司，三鑫运业物流有限公司并向NQ科技公司出具上述马鞍山两家公司开具的增值税发票。NQ科技公司称，号码为00208439的发票于2013年10月收到并进行抵扣认证，号码为00209270的发票于2013年11月收到并进行抵扣认证，号码分别为00468117、00468118的发票于2014年1月收到并进行抵扣认证，号码分别为00473405、00473406、00473407的发票于2014年4月收到并进行抵扣认证，号码分别为00822107、00822108的发票于2014年6月收到并进行抵扣认证，号码分别为00823765、00823766的发票于2014年7月收到并抵扣认证。NQ科技公司称已经将上述11张增值税发票通过国税前台人工扫描认证进行抵扣，至今没作进项税转出，款项分别于2013年10月、11月、12月，2014年1月、4月、5月、6月累计结清。上述11张增值税专用发票涉及的成本合计669 168.47元，已经分别在2013年10月、11月，2014年1月、4月、6月、7月，结转本年利润，并在企业所得税税前扣除，至检查日止未作企业所得税纳税调整，未足额缴纳企业所得税。此外，由于三鑫运业物流有限公司有时在对账时会把一些杂小的运费漏记，在收款时就产生了应付款与支票金额不符的情况，从而产生了少量的现金支付。

2019年1月9日，市税务局第一稽查局出具穗税一稽询〔2019〕3号《询问通知书》，通知NQ科技公司法定代表人黄某军于2019年1月11日到该局就涉税事宜接受询问。该通知书于同日直接送达NQ科技公司，NQ科技公司于2019年1月11日向市税务局第一稽查局出具《补充说明》，并分别于2019年1月11日、1月25日、2月22日向市税务局第一稽查局提交了《承运合同》《采购合同》收据、送货单、货物托运单、对账单、银行流水、记账凭证、会计账簿、《增值税纳税申报表》《企业所得税纳税申报表》等材料。

第四章　企业所得税政策执行情况自查及稽查风险应对策略

2019年1月19日，市税务局第一稽查局向NQ科技公司的法定代表人黄某军进行调查，并制作《询问（调查）笔录》。NQ科技公司于2019年1月31日向市税务局第一稽查局出具《税务稽查情况说明》，再次说明其货物运输及收款情况，提出其公司没有接受第三方开具的发票以及主观或客观的偷税、逃税。

2019年1月25日，市税务局第一稽查局制作《税务稽查工作底稿（二）》，记载了涉案增值税发票的代码、号码、金额、涉及的税额以及涉及的成本数额，NQ科技公司未缴纳增值税、城市维护建设税、教育费附加、地方教育附加以及企业所得税的情况。同日，NQ科技公司陈述上述底稿记载的数据准确，其与三鑫运业物流有限公司的交易属实，三鑫运业物流有限公司与其签订的合同有合同章，收据有财务章开具的发票，已由税务前台抵扣认证。事发后2019年1月24日，NQ科技公司去查证三鑫运业物流有限公司，发现其无工商登记，故无法补开发票。

2019年5月8日，市税务局第一稽查局出具穗税一稽罚告〔2019〕150022号《税务行政处罚事项告知书》，书面告知NQ科技公司处罚依据、金额以及依法享受的陈述、申辩、听证等权利。该《处罚事项告知书》于2019年5月14日直接送达NQ科技公司。2019年5月16日，NQ科技公司向市税务局第一稽查局提出《听证申请》和《关于举行听证会的说明》，书面提出陈述申辩意见和听证申请。市税务局第一稽查局受理后于2019年5月29日举行听证，并制作《听证笔录》。

2019年7月16日，市税务局第一稽查局向NQ科技公司作出穗税一稽处〔2019〕150414号《税务处理决定书》。该《税务处理决定书》的主要内容如下：

"我局于2018年4月2日起至2019年5月7日对你单位2013年1月1日至2014年12月31日缴纳税费情况进行检查。违法事实及处理决定如下：

一、违法事实

（一）你单位向三鑫运业物流有限公司购进运输服务，但从销售方取得第三方马鞍山佳荣物流有限公司开具的9份货物运输业增值税专用发票，发票代码3400131730，发票号码00208439、00209270、00468117、00468118、00473405、00473406、00473407、00823765、00823766，金额共547 686.49元，税额共计60 245.51元，价税合计共607 932.00元；你单位向三鑫运业物流有限公司购进运输服务，从销售方取得第三方马鞍山福瑞物流有限公司开具的货物运输业增值税专用发票2份，发票代码3400131730，发票号码00822107、00822108，金额共计121 481.98元，税额共计13 363.02元，价税合计共134 845.00元。以上11份发票经原安徽省马鞍山市国家税务局稽查局证实，上述发票为虚开的增值税专用发票。上述发票涉及的进项税额合计73 608.53元，你单位于2013年10月、11月和2014年1月、4月、6月、7月（税款所属时期）向税务机关申报抵扣，至我局检查之日止未作进项转出处理，少缴增值税及相关城市维护建设税、教育费附加及地方教育附加。

（二）上述2013年取得的2张发票涉及的金额107 525.22元，2014年取得的9张发票涉

213

及的金额561 643.25元，合计669 168.47元，你单位分别于2013年、2014年当年企业所得税税前扣除669 168.47元……至我局检查之日止未作纳税调整。经原广州市国家税务局南区稽查局发出《税务事项通知书》（穗国税南稽税通〔2018〕479号）后，你单位未能在规定的期限内从销售方补开、换开发票，也无法提供涉及金额669 168.47元支出真实性的相关资料，造成少计企业所得税应纳税所得额。……

二、处理决定

（一）追缴增值税及附加税费。根据《中华人民共和国税收征收管理法》第六十三条第一款，《财政部 国家税务总局关于将铁路运输和邮政业纳入营业税改征增值税试点的通知》（财税〔2013〕106号）附件1《营业税改征增值税试点实施办法》第一条、第八条、第十八条、第二十三条、第五十一条及《国家税务总局关于纳税人虚开增值税专用发票征补税款问题的公告》（2012年第33号）'纳税人取得虚开的增值税专用发票，不得作为增值税合法有效的扣税凭证抵扣其进项税额'的规定，你单位取得上述虚开的货物运输业增值税专用发票11份，其进项税额不予抵扣，对你单位追缴增值税73 608.53元，其中2013年11 827.78元，2014年61 780.75元。根据《中华人民共和国城市维护建设税暂行条例》（2011年1月8日修订）第二条、第三条、第四条的规定，对你单位追缴纳城市维护建设税5 152.61元，其中2013年827.95元，2014年4 324.66元。根据《征收教育费附加的暂行规定》（2011年1月8日修订）第二条、第三条的规定，对你单位追缴教育费附加2 208.26元，其中2013年354.83元，2014年1 853.43元。根据《关于贯彻落实广东省地方教育附加征收使用管理暂行办法的意见》（粤财综〔2011〕58号）和《广东省地方教育附加征收使用管理暂行办法》第六条、第十条的规定，对你单位追缴地方教育附加1 472.16元，其中2013年236.55元，2014年1 235.61元。

（二）追缴企业所得税。根据《中华人民共和国税收征收管理法》第十九条，《中华人民共和国企业所得税法》第一条第一款、第二条第二款、第三条第一款、第五条、第八条，《中华人民共和国发票管理办法》第二十一条和《企业所得税税前扣除凭证管理办法》（国家税务总局公告2018年第28号）第十六条'企业在规定的期限未能补开、换开符合规定的发票、其他外部凭证，并且未能按照本办法第十四条的规定提供相关资料证实其支出真实性的，相应支出不得在发生年度税前扣除'的规定，上述发票是不符合规定的发票，不得作为税前扣除的凭据。应调增你单位2013年度应纳税所得额106 105.89元（成本107 525.22－城市维护建设税827.95－教育费附加354.83－地方教育附加236.55），年度原申报应纳税所得额1 109 434.04元，调整后年度应纳税所得额为1 215 539.93元，应按25%的税率应缴纳企业所得税303 884.98元，原申报年度应缴企业所得税277 358.51元，应补缴2013年度企业所得税26 526.47元；应调增你单位2014年度应纳税所得额554 229.55元（成本561 643.25－城市维护建设税4 324.66－教育费附加1 853.43－地方教育附加1 235.61），年度原申报应纳税所得额1 183 033.85元，调整后年度应纳税所得额为1 737 263.40元，应按25%的税率应缴纳企业所得税434 315.85元，原申报年度应缴企业所得税295 758.46元，应补缴2014年度企业所得税138 557.39元。合计应补缴企业所得税165 083.86元。

（三）加收滞纳金。根据《中华人民共和国税收征收管理法》第三十二条、《中华人民共和国税收征收管理法实施细则》第七十五条的规定，对你单位上述少缴增值税73 608.53元、城市维护建设税5 152.61元、企业所得税165 083.86元从滞纳税款之日起，至实际缴纳之日止按日加收万分之五的滞纳金。综上所述，你单位应补缴增值税73 608.53元、城市维护建设税5 152.61元、教育费附加2 208.26元、地方教育附加1 472.16元、企业所得税165 083.86元，并从税款滞纳之日起至实际缴纳或者解缴税款之日止，按日加收滞纳税款万分之五的滞纳金。……"

上述《税务处理决定书》于2019年7月22日直接送达NQ科技公司。

2019年8月13日，NQ科技公司不服上述《税务处理决定书》，向市税务局申请行政复议。市税务局于同日受理后，于2019年8月20日向市税务局第一稽查局发出《行政复议答复通知书》。市税务局第一稽查局于2019年8月27日作出《行政复议答复书》，并提交了相关证据材料。2019年9月29日，市税务局作出《行政复议延期审理通知书》，决定行政复议决定延期至2019年11月11日之前作出。2019年10月15日，市税务局作出穗税行复〔2019〕27号《行政复议决定书》，根据《中华人民共和国行政复议法》第二十八条第一款第（一）项和《中华人民共和国行政复议法实施条例》第四十三条的规定，决定维持市税务局第一稽查局作出的穗税一稽处〔2019〕150414号《税务处理决定书》。NQ科技公司仍不服，诉至原审法院。

原审另查明，《国家税务总局广州市税务局关于设立国家税务总局广州市税务局第一稽查局、国家税务总局广州市税务局第二稽查局、国家税务总局广州市税务局第三稽查局的公告》（国家税务总局广州市税务局公告2018年第5号）规定："一、国家税务总局广州市税务局第一稽查局主要职责：承担广州市税务局列名大企业的税务稽查、税收高风险事项应对和协查等工作；负责广州市越秀区、白云区、花都区、从化区区域内的税收、社会保险费和有关非税收入违法案件的查处以及查办案件的执行工作，承接广州市税务局稽查局指定案件的查处以及执行工作。"

经稽查局局长审批，市税务局第一稽查局办理税收违法案件审理时限延长至2019年7月22日。

原审法院认为：市税务局第一稽查局的职权有相应的法律、法规予以规定，有权作出涉案税务处理决定。NQ科技公司对市税务局第一稽查局的职权并无异议，原审法院不予赘述。本案中，涉案税务处理决定认定的11份增值税发票的代码、号码、金额、涉及的成本数额以及税额，NQ科技公司将涉案11份增值税发票涉及的进项税额73 608.53元向税务机关申报抵扣，至市税务局第一稽查局检查之日止未作进项转出处理以及NQ科技公司将涉案11份增值税发票涉及的成本669 168.47元在当年企业所得税税前扣除，至市税务局第一稽查局检查之日止未作纳税调整的事实有相应证据证实，且NQ科技公司对此均没有异议，原审法院予以确认。根据本案的案件事实和各方当事人的诉辩意见，本案的争议焦点是：一是NQ科技公司是否具有《中华人民共和国税收征收管理法》第六十三条第一款规定的偷税行为和主观故意；二是市税务局第一稽查局适用《企业所得税税前扣除凭证管理办法》（国家税务总局公告2018年第28号）的第十六条适用法律是否正确；三是涉案稽查程序是否合法；四是涉案《税务处理决定书》计算加收滞纳金的期限是否符合法律规定。

一、NQ科技公司是否具有《中华人民共和国税收征收管理法》第六十三条第一款规定的偷税行为和主观故意。《中华人民共和国税收征收管理法》第六十三条第一款规定："纳税人伪造、变造、隐匿、擅自销毁账簿、记账凭证，或者在账簿上多列支出或者不列、少列收入，或者经税务机关通知申报而拒不申报或者进行虚假的纳税申报，不缴或者少缴应纳税款的，是偷税。对纳税人偷税的，由税务机关追缴其不缴或者少缴的税款、滞纳金，并处不缴或者少缴的税款百分之五十以上五倍以下的罚款；构成犯罪的，依法追究刑事责任。"《国家税务总局关于纳税人虚开增值税专用发票征补税款问题的公告》（国家税务总局公告2012年第33号）规定："纳税人取得虚开的增值税专用发票，不得作为增值税合法有效的扣税凭证抵扣其进项税额。"本案中，涉案11份增值税发票系由马鞍山佳荣物流有限公司、马鞍山福瑞物流有限公司公司开具，根据安徽省马鞍山市国家税务局稽查局2017年9月19日向原广州市国家税务局南区稽查局出具的《已证实虚开通知单》和发票明细单，证实马鞍山佳荣物流有限公司、马鞍山福瑞物流有限公司在2013年至2014年，在无实际货物运输业务行为的情况下，向NQ科技公司虚开发票。NQ科技公司明知其与开票单位不具有真实的业务往来的情况下，进行虚假的纳税申报，将取得的涉案11份增值税发票用于抵扣进项税额违反相关法律规定，少缴增值税、城市维护建设税、教育费附加、地方教育附加，符合《中华人民共和国税收征收管理法》第六十三条第一款规定的偷税行为和偷税的主观故意。NQ科技公司主张其不知道开票单位提供的涉案发票属于虚开的发票以及没有偷税的故意，与事实不符，原审法院不予采纳。NQ科技公司取得的涉案11份增值税发票为虚开的发票，依法不得作为增值税合法有效的抵扣凭证抵扣其进项税额。NQ科技公司将涉案取得虚开的11份增值税发票用于抵扣进项税额违反相关法律规定，少缴增值税、城市维护建设税、教育费附加、地方教育附加，市税务局第一稽查局依法追缴相应的增值税、城市维护建设税、教育费附加、地方教育附加认定事实清楚，适用法律正确，处理结果适当。

二、市税务局第一稽查局适用《企业所得税税前扣除凭证管理办法》（国家税务总局公告2018年第28号）第十六条适用法律是否正确。《企业所得税税前扣除凭证管理办法》第十四条规定："企业在补开、换开发票、其他外部凭证过程中，因对方注销、撤销、依法被吊销营业执照、被税务机关认定为非正常户等特殊原因无法补开、换开发票、其他外部凭证的，可凭以下资料证实支出真实性后，其支出允许税前扣除：（一）无法补开、换开发票、其他外部凭证原因的证明资料（包括工商注销、机构撤销、列入非正常经营户、破产公告等证明资料）；（二）相关业务活动的合同或者协议；（三）采用非现金方式支付的付款凭证；（四）货物运输的证明资料；（五）货物入库、出库内部凭证；（六）企业会计核算记录以及其他资料。前款第一项至第三项为必备资料。"第十六条规定："企业在规定的期限未能补开、换开符合规定的发票、其他外部凭证，并且未能按照本办法第十四条的规定提供相关资料证实其支出真实性的，相应支出不得在发生年度税前扣除。"其一，在实施时间上，《企业所得税税前扣除凭证管理办法》自2018年7月1日起实施，原广州市国家税务局南区稽查局于2018年7月2日出具穗国税南稽税通〔2018〕479号《税务事项通知书》时，该管理办法已经实施。其二，在制定依据上，《企业所得税税前扣除凭证管理办法》系根据《中华人民共和国企业所得税法》及其实施条例、《中华人民共和国税收征收管理法》及其实施细则、《中华人民共和国发票管理办法》及其实施细则等规定而制定的，具有充分的上位法依据。其三，在内容上，《企业所得税税前扣除凭证管理办法》第十四条是针对企业未取得外部凭证或取得不合规外部凭证的情况下，规定企业可以采取的补救措施，有利于企业及时改正相应的不合法或不合规的纳税行为。本案中，NQ科技公司申报企业所得税使用了涉案11份增值税发票作为抵扣凭证，市税务局第一稽查局适用《企业所得税税前扣除凭证管理办法》第十四条规定，要求NQ科技公司采取相应的补救措施，并无不当。NQ科技公司并未提供符合《企业所得税税前扣除凭证管理办法》第十四条规定的证实其支出真实性相关资料，市税务局第一稽查局则适用该管理办法第十六条的规定予以处理，亦并无不当。市税务局第一稽查局向NQ科技公司追缴其少缴的企业所得税165 083.86元，认定事实清楚，适用法律正确，处理结果适当。关于NQ科技公司认为其货物运输业务真实，因此其实际发生的运输费应当在税前扣除的主张。经查，NQ科技公司向市税务局第一稽查局提交的《承运合同》中承运方盖章为"三鑫运业物流有限公司业务专用章"，提交的《收款收据》中的收款单位为"三鑫物流有限公司财务专用章"，《承运合同》中的业务专用章与《收款收据》中的财务专用章指向的单位名称明显不一致。经NQ科技公司盖章确认无误的中国银行支票复印件的收款人为"上饶市信江运输有限公司""江西伟兴物流有限公司"，亦与前述的《承运合同》中的业务专用章与《收款收据》中的财务专用章指向的单位名称明显不一致。现NQ科技公司不能举证证实其支出真实性的合法、合规的凭证，其认为涉案运输费应当在税前扣除的主张不能成立，原审法院不予支持。

三、涉案稽查程序是否合法。《税务稽查工作规程》第二十二条第四款规定："检查应当自实施检查之日起60日内完成；确需延长检查时间的，应当经稽查局局长批准。"本案中，原广州市国家税务局南区稽查局于2018年3月30日对NQ科技公司立案调查，因执法机构改革，国家税务总局广州市税务局稽查局、市税务局第一稽查局分别向NQ科技公司告知了执法主体和相应的变更情况，并经稽查局局长审批，依法延长本案的检查时间,并未违反上述法律规定。NQ科技公司提出市税务局第一稽查局违反法定办理时限的主张不能成立,原审法院不予支持。NQ科技公司主张市税务局第一稽查局关于涉案9张中国银行支票复印件取证程序违法,其提出执法主体将调取的涉案9张中国银行支票复印件交由NQ科技公司确认后,作为NQ科技公司提供的证据。经查,涉案9张中国银行支票复印件经NQ科技公司于2018年7月16日盖章确认与原件核对无误,原件存于其处。涉案9张中国银行支票复印件具有真实性,可以作为市税务局第一稽查局作出涉案《税务处理决定书》的证据。NQ科技公司提出上述主张,不能成立,原审法院不予支持。

四、涉案《税务处理决定书》计算加收滞纳金的期限是否符合法律规定。《中华人民共和国税收征收管理法》第三十二条规定:"纳税人未按照规定期限缴纳税款的,扣缴义务人未按照规定期限解缴税款的,税务机关除责令限期缴纳外,从滞纳税款之日起,按日加收滞纳税款万分之五的滞纳金。"《中华人民共和国税收征收管理法实施细则》第七十五条规定:"税收征管法第三十二条规定的加收滞纳金的起止时间,为法律、行政法规规定或者税务机关依照法律、行政法规的规定确定的税款缴纳期限届满次日起至纳税人、扣缴义务人实际缴纳或者解缴税款之日止。"本案中,涉案税务处理决定认定NQ科技公司少缴增值税73 608.53元、城市维护建设税5 152.61元、企业所得税165 083.86元事实清楚,根据上述规定,责令NQ科技公司自滞纳税款之日起,至实际缴纳或者解缴税款之日止,按日加收滞纳税款万分之五的滞纳金,并无不当。NQ科技公司称市税务局第一稽查局超过法定检查期限缺乏事实和法律依据,NQ科技公司主张该期间的滞纳金不应由其承担,理由不能成立,原审法院不予支持。

《中华人民共和国行政复议法》第十二条第二款规定:"对海关、金融、国税、外汇管理等实行垂直领导的行政机关和国家安全机关的具体行政行为不服的,向上一级主管部门申请行政复议。"本案中,NQ科技公司不服市税务局第一稽查局作出的涉案《税务处理决定书》,市税务局依法有权进行行政复议。《中华人民共和国行政复议法》第二十八条规定:"行政复议机关负责法制工作的机构应当对被申请人作出的具体行政行为进行审查,提出意见,经行政复议机关的负责人同意或者集体讨论通过后,按照下列规定作出行政复议决定:(一)具体行政行为认定事实清楚,证据确凿,适用依据正确,程序合法,内容适当的,决定维持……"市税务局第一稽查局作出涉案《税务处理决定书》合法,市税务局作出穗税行复〔2019〕27号《行政复议决定书》,决定维持上述《税务处理决定书》,符合法律规定。经审查,市税务局作出上述行政复议决定程序合法。

综上所述,市税务局第一稽查局作出的穗税一稽处〔2019〕150414号《税务处理决定书》和市税务局作出的穗税行复〔2019〕27号《行政复议决定书》,认定事实清楚,适用法律正确,程序合法,符合法定权限。NQ科技公司请求撤销上述《税务处理决定书》和《行政复议决定书》，理由不充分，原审法院不予支持。依照《中华人民共和国行政诉讼法》第六十九条、第七十九条的规定，判决驳回NQ科技公司的诉讼请求。

上诉人NQ科技公司不服原审判决，向二审法院提起上诉称：一、NQ科技公司相关运费已真实发生，不具有偷税行为和主观故意，原审判决认定事实错误。原审判决认定的仅仅是增值税及其附加税费的追缴合法适当，但增值税进项税额不能抵扣，不等于相关支出不能在企业所得税税前扣除，少缴增值税和少缴企业所得税是不同的问题。换言之，虚开的增值税发票虽不得抵扣进项税额，但相关支出如真实发生，且符合《中华人民共和国企业所得税法》等相关规定，可以在企业所得税税前扣除，不属于偷税。NQ科技公司的《货物采购合同》《承运合同》、对账单、货物托运单、送货单，以及运费支付的收据、支票存根、银行交易明细等，证明运输业务真实存在，运输费用已经真实支付。根据《中华人民共和国企业所得税法》第八条的规定，除了发票之外，能够证明业务真实的相关资料，同样是有效的税前扣除凭证。因此，NQ科技公司将相关运费支出在企业所得税税前扣除的行为，符合法律规定，不具有偷税行为和主观故意。二、原审判决未核实NQ科技公司与龚某钦之间业务和支出的真实性，且对市税务局第一稽查局改变证据来源导致认定事实不清的情况未予重视，原审判决认定事实错误。1."三鑫运业物流有限公司"是龚某钦虚拟的公司，NQ科技公司是与龚某钦发生业务。NQ科技公司提交的证据足以形成证据链，证明NQ科技公司与龚某钦之间运输业务客观存在，运输费用真实。2.对于原审法院提及的"中国银行支票复印件"，NQ科技公司在原审庭审和代理词中均反复强调其证据来源存在问题，但原审判决未作回应。三、原审法院对稽查时间超期的问题和NQ科技公司提出的补充质证意见未作回应，错误采纳市税务局第一稽查局逾期提交的证据，认定本案适用《企业所得税税前扣除凭证管理办法》，适用法律错误。原审判决实质上认可了市税务局第一稽查局在原审庭审结束后两个多月才补充提交的证据《延长税收违法案件检查时限审批表》和《延长税收违法案件审理时限审批表》。由于反复延长检查时限多达8次，其中4次延长时限理由仅为"该案正在资料审核中"，并非基于"确需延长检查时间"的合理事由，导致检查在《企业所得税税前扣除凭证管理办法》施行后才完成，并据此作出对NQ科技公司不利的处理决定，不符合"从旧兼从轻"的法律适用原则，属于适用法律错误。退一步说，即使适用《企业所得税税前扣除凭证管理办法》，NQ科技公司已按照该办法第十四条第（一）至（三）款的规定，提供了相关证明资料，因此，相应支出在发生年度税前扣除于法有据。据此，请求判决：①撤销原审判决；②撤销市税务局第一稽查局作出的穗税一稽处〔2019〕150414号《税务处理决定书》；④撤销市税务局作出的穗税行复〔2019〕27号《行政复议决定书》；④本案全部诉讼费用由市税务局第一稽查局、市税务局承担。

被上诉人市税务局第一稽查局二审期间提交答辩意见称：一、原审判决认定事实清楚，适用法律正确，请求予以维持。1.NQ科技公司在明知其与开票单位之间不存在真实货物运输业务的情况下，仍以开票单位虚开的增值税专用发票向税务机关申报抵扣，造成少缴增值税、城市维护建设税、教育费附加、地方教育附加，市税务局第一稽查局依法予以追缴具有事实和法律依据。2.鉴于NQ科技公司的11份增值税专用发票是虚开的发票，不能证实该公司的运输费用真实发生，不能作为企业所得税税前扣除的凭证，原广州市国家税务局南区稽查局已依法通知NQ科技公司在指定期限内补开、换开发票，或提供资料证实其支出的真实性，NQ科技公司在指定期限内既不能补开、换开发票，提供的资料也不能证实其支出的真实性，市税务局第一稽查局依法追缴企业所得税具有事实和法律依据。3.NQ科技公司少缴增值税、城市维护建设税、企业所得税，根据《中华人民共和国税收征收管理法》第三十二条、《中华人民共和国税收征收管理法实施细则》第七十五条的规定，市税务局第一稽查局依法对NQ科技公司少缴的税款加收滞纳金具有事实和法律依据。二、对NQ科技公司上诉事实和理由的回应意见。1.NQ科技公司以开票单位虚开的增值税专用发票向税务机关申报抵扣，原审判决认定NQ科技公司具有偷税行为和主观故意具有事实和法律依据。2.NQ科技公司在诉讼过程中对中国银行支票联的来源提出异议，但该中国银行支票联已经NQ科技公司盖章确认，可以作为认定事实的依据。3.市税务局第一稽查局已根据《税务稽查工作规程》的规定延长案件办理期限，不存在超期办案的情形。4.本案适用《企业所得税税前扣除凭证管理办法》更有利于保护行政相对人的合法权益，且根据"实体从旧，程序从新"的法律适用原则，市税务局第一稽查局的具体行政行为未违反"从旧兼从轻"的法律适用原则。综上，市税务局第一稽查局作出的被诉税务处理决定认定事实清楚，证据充分，程序合法，适用法律正确，原审判决具有事实和法律依据，请求驳回NQ科技公司的上诉请求，维持原审判决。

被上诉人市税务局二审期间提交答辩意见称：市税务局收到NQ科技公司复议申请后依法进行审查，作出被诉行政复议决定并告知NQ科技公司，认定事实清楚，适用法律正确，程序合法。NQ科技公司取得并使用不合规发票的事实清楚，且其不能提交符合要求的证明资料。市税务局第一稽查局作出的被诉税务处理决定认定事实清楚，证据确凿，适用依据正确，程序合法，内容适当，市税务局作出被诉行政复议决定予以维持符合法律规定。综上，原审法院认定事实清楚，适用法律正确，请求驳回上诉，维持原判。

经审查，原审法院查明事实清楚，且有相应证据证实，二审法院予以确认。

二审法院认为，根据查明的案件事实及各方当事人的诉辩意见，本案争议焦点主要在于：一、被诉《税务处理决定书》追缴企业所得税是否符合法律规定。二、被诉稽查程序是否合法。

一、被诉《税务处理决定书》追缴企业所得税是否符合法律规定。《中华人民共和国企业所得税法》第八条规定："企业实际发生的与取得收入有关的、合理的支出，包括成本、费用、税金、损失和其他支出，准予在计算应纳税所得额时扣除。"《中华人民共和国税收征收管理法》第十九条规定："纳税人、扣缴义务人按照有关法律、行政法规和国务院财政、税务主管部门的规定设置账簿，根据合法、有效凭证记账，进行核算。"第六十三条第一款规定："纳税人伪造、变造、隐匿、擅自销毁账簿、记账凭证，或者在账簿上多列支出或者不列、少列收入，或者经税务机关通知申报而拒不申报或者进行虚假的纳税申报，不缴或者少缴应纳税款的，是偷税。对纳税人偷税的，由税务机关追缴其不缴或者少缴的税款、滞纳金，并处不缴或者少缴的税款百分之五十以上五倍以下的罚款；构成犯罪的，依法追究刑事责任。"《中华人民共和国发票管理办法》第二十一条规定："不符合规定的发票，不得作为财务报销凭证，任何单位和个人有权拒收。"《企业所得税税前扣除凭证管理办法》第十四条规定："企业在补开、换开发票、其他外部凭证过程中，因对方注销、撤销、依法被吊销营业执照、被税务机关认定为非正常户等特殊原因无法补开、换开发票、其他外部凭证的，可凭以下资料证实支出真实性后，其支出允许税前扣除：（一）无法补开、换开发票、其他外部凭证原因的证明资料（包括工商注销、机构撤销、列入非正常经营户、破产公告等证明资料）；（二）相关业务活动的合同或者协议；（三）采用非现金方式支付的付款凭证；（四）货物运输的证明资料；（五）货物入库、出库内部凭证；（六）企业会计核算记录以及其他资料。前款第一项至第三项为必备资料。"第十六条规定："企业在规定的期限未能补开、换开符合规定的发票、其他外部凭证，并且未能按照本办法第十四条的规定提供相关资料证实其支出真实性的，相应支出不得在发生年度税前扣除。"根据上述规定，企业在申请企业所得税税前扣除时，扣除的支出应为企业实际发生的与取得收入有关的合理支出，且支出的真实性具有相关资料予以证实。对于企业进行虚假纳税申报、少缴应纳税款的，由税务机关追缴其少缴的税款。本案中，NQ科技公司使用涉案11份虚开的货物运输业增值税专用发票进行企业所得税税前扣除，其税前扣除支出的发票不具有真实性，相应支出不应作为企业所得税税前扣除。因此，市税务局第一稽查局要求NQ科技公司采取相应的补救措施证明其支出真实性，并无不当。因NQ科技公司未能提交符合《企业所得税税前扣除凭证管理办法》第十四条规定的证实支出真实性的相关资料，市税务局第一稽查局认定其税前扣除不符合上述法律法规的规定，据此作出被诉税务处理决定追缴其少缴的企业所得税，认定事实清楚，适用法律正确，处理结果适当，依法应予维持。关于NQ科技公司认为其货物运输业务真实，实际发生的运输费应当在税前扣除，以及市税务局第一稽查局适用《企业所得税税前扣除凭证管理办法》导致适用法律错误的主张，原审判决已作出详细评述，二审法院予以认可，不再赘述。

二、涉案稽查程序是否合法。《税务稽查工作规程》第二十二条第四款规定："检查应当自实施检查之日起60日内完成；确需延长检查时间的，应当经稽查局局长批准。"本案中，原广州市国家税务局南区稽查局自2018年4月2日对NQ科技公司进行税务检查，其后因执法机构改革，国家税务总局广州市税务局稽查局、市税务局第一稽查局分别向NQ科技公司告知了执法主体及相应的变更情况。因需延长检查时间，经稽查局局长审批，市税务局第一稽查局依法延长本案的检查时间，并未违反上述规定。因此，NQ科技公司上诉主张市税务局第一稽查局违反法定办理时限，于法无据，二审法院不予采纳。

市税务局受理NQ科技公司的行政复议申请后，经审查市税务局第一稽查局作出的被诉税务处理决定，认定事实清楚，适用依据正确，程序合法，遂根据《中华人民共和国行政复议法》第二十八条规定在法定期限内作出被诉行政复议决定，复议程序合法。

综上所述，原审判决认定事实清楚，适用法律正确，程序合法，二审法院予以维持。NQ科技公司的上诉请求不能成立，二审法院予以驳回。

2020年8月3日，二审法院依照《中华人民共和国行政诉讼法》第八十九条第一款第（一）项规定，判决如下：驳回上诉，维持原判。二审案件受理费50元，由上诉人广州市NQ科技实业有限公司负担。

第四节　企业资产税务处理自查及风险应对策略

一、企业资产税务处理制度

（一）资产的计税基础与净值

企业的各项资产，包括固定资产、生产性生物资产、无形资产、长期待摊费用、投资资产、存货等，以历史成本为计税基础。历史成本，是指企业取得该项资产时实际发生的支出。企业持有各项资产期间资产增值或者减值，除国务院财政、税务主管部门规定可以确认损益外，不得调整该资产的计税基础。

企业转让资产，该项资产的净值，准予在计算应纳税所得额时扣除。资产的净值，是指有关资产、财产的计税基础减除已经按照规定扣除的折旧、折耗、摊销、准备金等后的余额。除另有规定，企业在重组过程中，应当在交易发生时确认有关资产的转让所得或者损失，相关资产应当按照交易价格重新确定计税基础。

（二）固定资产的税务处理

1.固定资产的定义

固定资产，是指企业为生产产品、提供劳务、出租或者经营管理而持有的、使用时间超过12个月的非货币性资产，包括房屋、建筑物、机器、机械、运输工具以及其他与生产经营活动有关的设备、器具、工具等。

在计算应纳税所得额时，企业按照规定计算的固定资产折旧，准予扣除。

2.固定资产计税基础的确定

固定资产按照以下方法确定计税基础：

（1）外购的固定资产，以购买价款和支付的相关税费以及直接归属于使该资产达到预定用途发生的其他支出为计税基础。

（2）自行建造的固定资产，以竣工结算前发生的支出为计税基础。

（3）融资租入的固定资产，以租赁合同约定的付款总额和承租人在签订租赁合同过程中发生的相关费用为计税基础，租赁合同未约定付款总额的，以该资产的公允价值和承租人在签订租赁合同过程中发生的相关费用为计税基础。

（4）盘盈的固定资产，以同类固定资产的重置完全价值为计税基础。

（5）通过捐赠、投资、非货币性资产交换、债务重组等方式取得的固定资产，以该资产的公允价值和支付的相关税费为计税基础。

（6）改建的固定资产，除法定的支出外，以改建过程中发生的改建支出增加计税基础。

3.固定资产折旧的计算方法

固定资产按照直线法计算的折旧，准予扣除。企业应当自固定资产投入使用月份的次月起计算折旧；停止使用的固定资产，应当自停止使用月份的次月起停止计算折旧。企业应当根据固定资产的性质和使用情况，合理确定固定资产的预计净残值。固定资产的预计净残值一经确定，不得变更。

（三）生产性生物资产的税务处理

1.生产性生物资产的定义

生产性生物资产，是指企业为生产农产品、提供劳务或者出租等而持有的生物资产，包括经济林、薪炭林、产畜和役畜等。

2.生产性生物资产计税基础的确定

生产性生物资产按照以下方法确定计税基础：

（1）外购的生产性生物资产，以购买价款和支付的相关税费为计税基础。

（2）通过捐赠、投资、非货币性资产交换、债务重组等方式取得的生产性生物资产，以该资产的公允价值和支付的相关税费为计税基础。

3.生产性生物资产折旧的计算方法

生产性生物资产按照直线法计算的折旧，准予扣除。企业应当自生产性生物资产投入使用月份的次月起计算折旧；停止使用的生产性生物资产，应当自停止使用月份的次月起停止计算折旧。企业应当根据生产性生物资产的性质和使用情况，合理确定生产性生物资产的预计净残值。生产性生物资产的预计净残值一经确定，不得变更。

（四）无形资产的税务处理

1.无形资产的定义

无形资产，是指企业为生产产品、提供劳务、出租或者经营管理而持有的、没有实物形态的非货币性长期资产，包括专利权、商标权、著作权、土地使用权、非专利技术、商誉等。

在计算应纳税所得额时，企业按照规定计算的无形资产摊销费用，准予扣除。

2.无形资产计税基础的确定

无形资产按照以下方法确定计税基础：

（1）外购的无形资产，以购买价款和支付的相关税费以及直接归属于使该资产达到预定用途发生的其他支出为计税基础。

（2）自行开发的无形资产，以开发过程中该资产符合资本化条件后至达到预定用途前发生的支出为计税基础。

（3）通过捐赠、投资、非货币性资产交换、债务重组等方式取得的无形资产，以该资产的公允价值和支付的相关税费为计税基础。

3.无形资产摊销费用的计算方法

无形资产按照直线法计算的摊销费用，准予扣除。

（五）长期待摊费用的税务处理

1.长期待摊费用的定义

长期待摊费用，是指企业发生的应在1个年度以上进行摊销的费用。

2.长期待摊费用的扣除

在计算应纳税所得额时，企业发生的下列支出作为长期待摊费用，按照规定摊销的，准予扣除：

（1）已足额提取折旧的固定资产的改建支出，按照固定资产预计尚可使用年限分期摊销。

（2）租入固定资产的改建支出，按照合同约定的剩余租赁期限分期摊销。固定资产的改建支出，是指改变房屋或者建筑物结构、延长使用年限等发生的支出。改建的固定资产延长使用年限的，除前述规定外，应当适当延长折旧年限。

（3）固定资产的大修理支出，按照固定资产尚可使用年限分期摊销。固定资产的大修理支出，是指同时符合下列条件的支出：①修理支出达到取得固定资产时的计税基础50%以上；②修理后固定资产的使用年限延长2年以上。

（4）其他应当作为长期待摊费用的支出，自支出发生月份的次月起，分期摊销，摊销年限不得低于3年。

（六）投资资产的税务处理

1.投资资产的定义

投资资产，是指企业对外进行权益性投资和债权性投资形成的资产。

2.投资资产成本的确定

投资资产按照以下方式确定成本：

（1）通过支付现金方式取得的投资资产，以购买价款为成本。

（2）通过支付现金以外的方式取得的投资资产，以该资产的公允价值和支付的相关税费为成本。

（七）存货的税务处理

1.存货的定义

存货，是指企业持有以备出售的产品或者商品、处在生产过程中的在产品、在生产或者提供劳务过程中耗用的材料和物料等。

2.存货成本的确定

存货按照以下方法确定成本：

（1）通过支付现金方式取得的存货，以购买价款和支付的相关税费为成本。

（2）通过支付现金以外的方式取得的存货，以该存货的公允价值和支付的相关税费为成本。

（3）生产性生物资产收获的农产品，以产出或者采收过程中发生的材料费、人工费和分摊的间接费用等必要支出为成本。

3.存货成本的扣除及计算方法

企业使用或者销售存货，按照规定计算的存货成本，准予在计算应纳税所得额时扣除。

企业使用或者销售的存货的成本计算方法，可以在先进先出法、加权平均法、个别计价法中选用一种。计价方法一经选用，不得随意变更。

（八）资产损失的税务处理

1.资产损失的定义

资产损失，是指企业在生产经营活动中实际发生的、与取得应税收入有关的资产损失，包括现金损失，存款损失，坏账损失，贷款损失，股权投资损失，固定资产和存货的盘亏、毁损、报废、被盗损失，自然灾害等不可抗力因素造成的损失以及其他损失。

2.资产损失的扣除

企业发生上述资产损失，应在按税法规定实际确认或者实际发生的当年申报扣除。

企业以前年度发生的资产损失未能在当年税前扣除的，可以按照规定，向税务机关说明并进行专项申报扣除。其中，属于实际资产损失，准予追补至该项损失发生年度扣除，其追补确认期限一般不得超过5年。企业因以前年度实际资产损失未在税前扣除而多缴的企业所得税税款，可在追补确认年度企业所得税应纳税款中予以抵扣，不足抵扣的，向以后年度递延抵扣。

二、企业资产税务处理执行情况自查及风险应对

（一）固定资产的税务处理

1.不得计算折旧扣除的固定资产

企业在计算固定资产折旧时，应注意下列固定资产不得计算折旧扣除：

（1）房屋、建筑物以外未投入使用的固定资产。

（2）以经营租赁方式租入的固定资产。

（3）以融资租赁方式租出的固定资产。

（4）已足额提取折旧仍继续使用的固定资产。

（5）与经营活动无关的固定资产。

（6）单独估价作为固定资产入账的土地。

（7）其他不得计算折旧扣除的固定资产。

2.固定资产计算折旧的最低年限

企业在计算固定资产折旧时，应注意满足固定资产计算折旧的最低年限。除国务院财政、税务主管部门另有规定外，固定资产计算折旧的最低年限如下：

（1）房屋、建筑物，为20年。

（2）飞机、火车、轮船、机器、机械和其他生产设备，为10年。

（3）与生产经营活动有关的器具、工具、家具等，为5年。

（4）飞机、火车、轮船以外的运输工具，为4年。

（5）电子设备，为3年。

（二）生产性生物资产的税务处理

企业在计算生产性生物资产折旧时，应注意遵守生产性生物资产计算折旧的最低年限。生产性生物资产计算折旧的最低年限如下：

（1）林木类生产性生物资产，为10年。

（2）畜类生产性生物资产，为3年。

（三）无形资产的税务处理

1.不得计算摊销费用的无形资产

企业在计算固定资产折旧时，应注意下列无形资产不得计算摊销费用扣除：

（1）自行开发的支出已在计算应纳税所得额时扣除的无形资产。

第四章 企业所得税政策执行情况自查及稽查风险应对策略

（2）自创商誉。
（3）与经营活动无关的无形资产。
（4）其他不得计算摊销费用扣除的无形资产。

2.无形资产摊销费用的计算方法

关于无形资产摊销费用的计算方法，企业应注意审查以下情形：

（1）无形资产的摊销年限不得低于10年。

（2）作为投资或者受让的无形资产，有关法律规定或者合同约定了使用年限的，可以按照规定或者约定的使用年限分期摊销。

（3）外购商誉的支出，在企业整体转让或者清算时，准予扣除。

（四）投资资产的税务处理

关于投资资产成本的扣除，企业应注意审查以下规定：

（1）企业对外投资期间，投资资产的成本在计算应纳税所得额时不得扣除。

（2）企业在转让或者处置投资资产时，投资资产的成本准予扣除。

（五）资产损失的税务处理

1.资产损失的一般规定

关于资产损失的税务处理，企业应注意审查是否符合以下规定：

（1）企业清查出的现金短缺减除责任人赔偿后的余额，作为现金损失在计算应纳税所得额时扣除。

（2）企业将货币性资金存入法定具有吸收存款职能的机构，因该机构依法破产、清算，或者政府责令停业、关闭等原因，确实不能收回的部分，作为存款损失在计算应纳税所得额时扣除。

（3）对企业盘亏的固定资产或存货，以该固定资产的账面净值或存货的成本减除责任人赔偿后的余额，作为固定资产或存货盘亏损失在计算应纳税所得额时扣除。

（4）对企业毁损、报废的固定资产或存货，以该固定资产的账面净值或存货的成本减除残值、保险赔款和责任人赔偿后的余额，作为固定资产或存货毁损、报废损失在计算应纳税所得额时扣除。

（5）对企业被盗的固定资产或存货，以该固定资产的账面净值或存货的成本减除保险赔款和责任人赔偿后的余额，作为固定资产或存货被盗损失在计算应纳税所得额时扣除。

（6）企业因存货盘亏、毁损、报废、被盗等原因不得从增值税销项税额中抵扣的进项税额，可以与存货损失一起在计算应纳税所得额时扣除。

2.应收、预付账款损失扣除

关于应收、预付账款损失扣除，企业应注意审查是否符合以下规定：

企业除贷款类债权外的应收、预付账款符合下列条件之一的，减除可收回金额后

确认的无法收回的应收、预付款项,可以作为坏账损失在计算应纳税所得额时扣除:

(1)债务人依法宣告破产、关闭、解散、被撤销,或者被依法注销、吊销营业执照,其清算财产不足清偿的。

(2)债务人死亡,或者依法被宣告失踪、死亡,其财产或者遗产不足清偿的。

(3)债务人逾期3年以上未清偿,且有确凿证据证明已无力清偿债务的。

(4)与债务人达成债务重组协议或法院批准破产重整计划后,无法追偿的。

(5)因自然灾害、战争等不可抗力导致无法收回的。

(6)国务院财政、税务主管部门规定的其他条件。

3.贷款类债权损失扣除

关于贷款类债权损失扣除,企业应注意审查是否符合以下规定:

企业经采取所有可能的措施和实施必要的程序之后,符合下列条件之一的贷款类债权,可以作为贷款损失在计算应纳税所得额时扣除:

(1)借款人和担保人依法宣告破产、关闭、解散、被撤销,并终止法人资格,或者已完全停止经营活动,被依法注销、吊销营业执照,对借款人和担保人进行追偿后,未能收回的债权。

(2)借款人死亡,或者依法被宣告失踪、死亡,依法对其财产或者遗产进行清偿,并对担保人进行追偿后,未能收回的债权。

(3)借款人遭受重大自然灾害或者意外事故,损失巨大且不能获得保险补偿,或者以保险赔偿后,确实无力偿还部分或者全部债务,对借款人财产进行清偿和对担保人进行追偿后,未能收回的债权。

(4)借款人触犯刑律,依法受到制裁,其财产不足归还所借债务,又无其他债务承担者,经追偿后确实无法收回的债权。

(5)由于借款人和担保人不能偿还到期债务,企业诉诸法律,经法院对借款人和担保人强制执行,借款人和担保人均无财产可执行,法院裁定执行程序终结或终止(中止)后,仍无法收回的债权。

(6)由于借款人和担保人不能偿还到期债务,企业诉诸法律后,经法院调解或经债权人会议通过,与借款人和担保人达成和解协议或重整协议,在借款人和担保人履行完还款义务后,无法追偿的剩余债权。

(7)由于上述(1)至(6)项原因借款人不能偿还到期债务,企业依法取得抵债资产,抵债金额小于贷款本息的差额,经追偿后仍无法收回的债权。

(8)开立信用证、办理承兑汇票、开具保函等发生垫款时,凡开证申请人和保证人由于上述(1)至(7)项原因,无法偿还垫款,金融企业经追偿后仍无法收回的垫款。

(9)银行卡持卡人和担保人由于上述(1)至(7)项原因,未能还清透支款项,金融企业经追偿后仍无法收回的透支款项。

(10)助学贷款逾期后,在金融企业确定的有效追索期限内,依法处置助学贷款抵押物(质押物),并向担保人追索连带责任后,仍无法收回的贷款。

（11）经国务院专案批准核销的贷款类债权。

（12）国务院财政、税务主管部门规定的其他条件。

4.股权投资损失扣除

关于股权投资损失扣除，企业应注意审查是否符合以下规定：

企业的股权投资符合下列条件之一的，减除可收回金额后确认的无法收回的股权投资，可以作为股权投资损失在计算应纳税所得额时扣除。

（1）被投资方依法宣告破产、关闭、解散、被撤销，或者被依法注销、吊销营业执照的。

（2）被投资方财务状况严重恶化，累计发生巨额亏损，已连续停止经营3年以上，且无重新恢复经营改组计划的。

（3）对被投资方不具有控制权，投资期限届满或者投资期限已超过10年，且被投资单位因连续3年经营亏损导致资不抵债的。

（4）被投资方财务状况严重恶化，累计发生巨额亏损，已完成清算或清算期超过3年的。

（5）国务院财政、税务主管部门规定的其他条件。

5.企业资产损失扣除的特殊制度

关于资产损失扣除的特殊制度，企业应注意审查是否符合以下规定：

（1）企业在计算应纳税所得额时已经扣除的资产损失，在以后纳税年度全部或者部分收回时，其收回部分应当作为收入计入收回当期的应纳税所得额。

（2）企业境内、境外营业机构发生的资产损失应分开核算，对境外营业机构由于发生资产损失而产生的亏损，不得在计算境内应纳税所得额时扣除。

（3）企业对其扣除的各项资产损失，应当提供能够证明资产损失确属已实际发生的合法证据，包括具有法律效力的外部证据、具有法定资质的中介机构的经济鉴证证明、具有法定资质的专业机构的技术鉴定证明等。

【税务稽查风险案例4-5】

国家税务总局镇江市税务局稽查局税务处理决定书
（镇税稽处〔2022〕21号）

江苏××投资管理有限公司：（纳税人识别号：91××××××××××××××XB）

我局（所）于2021年11月10日至2022年6月21日对你（单位）（地址：××××）2018年1月1日至2020年12月31日发票违法及其他涉税问题情况进行了检查，违法事实及处理决定如下：

一、违法事实

经查，你单位存在以下违法事实：

（一）增值税方面

检查人员发现你单位在2016年6月30日与杨某东（上海永邦投资有限公司的控股股东，上海永邦投资有限公司简称上海永邦）确认的欠款凭证，杨某东确认2014年从江苏伟伦投资管理有限公司借款48 000 000元，截至2016年6月30日尚欠你单位本金33 000 000元，借款利息按月息壹分另计，承诺其33 000 000元分三次还清本息，2017年12月20日前偿还13 000 000元本金，2018年12月20日前偿还20 000 000元本金，2019年12月20日前还清全部借款利息，如果杨某东有一次不按以上还款时间足额偿还欠款，则视为全部欠款到期，杨某东即构成违约。截至检查期你单位仍未收到上述欠款和利息，你单位提供了其向扬中市人民法院起诉要求杨某东和上海永邦就上述欠款还本付息的民事判决书（2019苏1182民初4020号）。你单位一审胜诉，但杨某东随后上诉，经镇江市中级人民法院二审裁定（2021苏11民终1409号）原审基本事实不清，发回扬中市人民法院重审，扬中市人民法院传票通知开庭时间为2022年6月20日。

根据证监会〔2016〕32号行政处罚决定书查明的事实，"杨某东实际代持管理朱某洪持有的宏达新材料股票……足以证明朱某洪与上海永邦之间发生的行为是约定式购回证券交易，4 800万元的款项不是简单的借款关系"，"上述事实和证据足以证明朱某洪与上海永邦合作，利用信息优势合谋操纵'宏达新材'股价"。朱某洪与杨某东因此受到相应行政处罚和刑事处罚。

尽管司法机关对你单位与杨某东未偿还的33 000 000元往来情况的法律关系未予定性，但从现有证据来看，你单位截至目前仍然在主张返还33 000 000元本金并按双方约定借款之日起至实际还款之日按月息1%支付借款利息。你单位明确表示，尽管案件被发回重审，但并未提交新的民事诉状，仍沿用原来的诉讼请求。因此，你单位一直按照借款性质主张对33 000 000元本金还本付息。你单位虽然未收到上述的本金和利息，但按照双方协议约定，目前能够确定你单位在2019年12月20日有权收取自2016年6月30日至2019年12月20日上述33 000 000元本金产生的利息合计13 767 780.82元，应补缴2019年12月"贷款服务"增值税401 003.32元。

上述行为违反的法律、法规和税收规范性文件如下：

（1）《财政部　国家税务总局关于全面推开营业税改征增值税试点的通知》（财税〔2016〕36号）附件1《营业税改征增值税试点实施办法》第十四条："下列情形视同销售服务、无形资产或者不动产：（一）单位或者个体工商户向其他单位或者个人无偿提供服务，但用于公益事业或者以社会公众为对象的除外。"第四十五条："增值税纳税义务、扣缴义务发生时间为：（一）纳税人发生应税行为并收讫销售款项或者取得索取销售款项凭据的当天；先开具发票的，为开具发票的当天。收讫销售款项，是指纳税人销售服务、无形资产、不动产过程中或者完成后收到款项。取得索取销售款项凭据的当天，是指书面合同确定的付款日期；未签订书面合同或者书面合同未确定付款日期的，为服务、无形资产转让完成的当天或者不动产权属变更的当天。"

（2）《财政部　国家税务总局关于全面推开营业税改征增值税试点的通知》（财

税〔2016〕36号）附《销售服务、无形资产、不动产注释》："（五）金融服务。金融服务，是指经营金融保险的业务活动。包括贷款服务、直接收费金融服务、保险服务和金融商品转让。1.贷款服务。贷款，是指将资金贷与他人使用而取得利息收入的业务活动。各种占用、拆借资金取得的收入，包括金融商品持有期间（含到期）利息（保本收益、报酬、资金占用费、补偿金等）收入、信用卡透支利息收入、买入返售金融商品利息收入、融资融券收取的利息收入，以及融资性售后回租、押汇、罚息、票据贴现、转贷等业务取得的利息及利息性质的收入，按照贷款服务缴纳增值税。"

（3）《财政部 税务总局关于支持个体工商户复工复业增值税政策的公告》（财政部 税务总局公告2020年第13号）："自2020年3月1日至5月31日，对湖北省增值税小规模纳税人，适用3%征收率的应税销售收入，免征增值税；适用3%预征率的预缴增值税项目，暂停预缴增值税。除湖北省外，其他省、自治区、直辖市的增值税小规模纳税人，适用3%征收率的应税销售收入，减按1%征收率征收增值税；适用3%预征率的预缴增值税项目，减按1%预征率预缴增值税。"

（4）《财政部 税务总局关于延长小规模纳税人减免增值税政策执行期限的公告》（财政部 税务总局公告2020年第24号）："为进一步支持广大个体工商户和小微企业全面复工复业，现将有关税收政策公告如下：《财政部 税务总局关于支持个体工商户复工复业增值税政策的公告》（财政部 税务总局公告2020年第13号）规定的税收优惠政策实施期限延长到2020年12月31日。"

（二）城市维护建设税、教育费附加、地方教育附加

你单位是小规模纳税人，根据上述补缴的增值税，同时应补缴2019年城市维护建设税10 025.08元，教育费附加6 015.05元，地方教育附加4 010.03元。

上述行为违反的法律、法规和税收规范性文件如下：

（1）《中华人民共和国城市维护建设税暂行条例》（国发〔1985〕19号）第二条："凡缴纳产品税、增值税、营业税的单位和个人，都是城市维护建设税的纳税义务人（以下简称纳税人），都应当依照本条例的规定缴纳城市维护建设税。"第三条："城市维护建设税，以纳税人实际缴纳的产品税、增值税、营业税税额为计税依据，分别与产品税、增值税、营业税同时缴纳。"第四条："城市维护建设税税率如下：纳税人所在地在县城、镇的，税率为5%。"第五条："城市维护建设税的征收、管理、纳税环节、奖罚等事项，比照产品税、增值税、营业税的有关规定办理。"

（2）《江苏省人民政府关于调整教育费附加等政府性基金征收办法的通知》（苏政发〔2003〕66号）："一、关于教育费附加及教育地方附加费（一）取消对农村乡（镇）、村办企业和私营企业等按销售收入的4‰征收教育费附加的计征办法，对缴纳增值税、营业税、消费税（以下简称'三税'）的单位和个人，按其实际缴纳'三税'税额的3%征收教育费附加。（四）对缴纳'三税'的单位和个人，按其实际缴纳'三税'税额的1%征收地方教育附加。"

（3）《江苏省人民政府关于调整地方教育附加等政府性基金有关政策的通知》

（苏政发〔2011〕3号）："（二）调整征收标准。地方教育附加征收标准由实际缴纳'三税'税额的1%提高到2%。"

（4）《关于实施小微企业普惠性税收减免政策的通知》（财税〔2019〕13号）："三、由省、自治区、直辖市人民政府根据本地区实际情况，以及宏观调控需要确定，对增值税小规模纳税人可以在50%的税额幅度内减征资源税、城市维护建设税、房产税、城镇土地使用税、印花税（不含证券交易印花税）、耕地占用税和教育费附加、地方教育附加。本通知执行期限为2019年1月1日至2021年12月31日。《财政部 税务总局关于延续小微企业增值税政策的通知》（财税〔2017〕76号）、《财政部 税务总局关于进一步扩大小型微利企业所得税优惠政策范围的通知》（财税〔2018〕77号）同时废止。"

（三）印花税

检查人员发现你单位在2019年签订的部分股权转让协议未缴纳印花税，其中，2019年4月29日你单位受让北京城市之光生态环境有限公司（以下简称"城市之光"）15.57%股权，股权转让价款为60 255 400元，应缴纳印花税（产权转移书据）15 063.9元（60 255 400×0.05%×50%）；2019年4月29日你单位受让城市之光10.27%股权，股权转让价款为39 744 600元，应缴纳印花税（产权转移书据）9 936.2元（39 744 600×0.05%×50%）；2019年12月20日你单位转让其持有的城市之光48.84%股权，股权转让价款为23 443 200元，应缴纳印花税（产权转移书据）5 860.8元（23 443 200×0.05%×50%）。综上，你单位2019年应缴纳印花税（产权转移书据）30 860.9元（15 063.9+9 936.2+5 860.8）。

上述行为违反的法律、法规和税收规范性文件如下：

（1）《中华人民共和国印花税暂行条例》（国务院令第11号发布）第一条："在中华人民共和国境内书立、领受本条例所列举凭证的单位和个人，都是印花税的纳税义务人（以下简称纳税人），应当按照本条例规定缴纳印花税。"第二条："下列凭证为应纳税凭证：1.购销、加工承揽、建设工程承包、财产租赁、货物运输、仓储保管、借款、财产保险、技术合同或者具有合同性质的凭证；2.产权转移书据；3.营业账簿；4.权利、许可证照；5.经财政部确定征税的其他凭证。"第三条："纳税人根据应纳税凭证的性质，分别按比例税率或者按件定额计算应纳税额。具体税率、税额的确定，依照本条例所附《印花税税目税率表》执行。"第五条："印花税实行由纳税人根据规定自行计算应纳税额，购买并一次贴足印花税票（以下简称贴花）的缴纳办法。"第七条："应纳税凭证应当于书立或者领受时贴花。"第八条："同一凭证，由两方或者两方以上当事人签订并各执一份的，应当由各方就所执的一份各自全额贴花。"

（2）《关于实施小微企业普惠性税收减免政策的通知》（财税〔2019〕13号）："三、由省、自治区、直辖市人民政府根据本地区实际情况，以及宏观调控需要确定，对增值税小规模纳税人可以在50%的税额幅度内减征资源税、城市维护建设税、房产税、城镇土地使用税、印花税（不含证券交易印花税）、耕地占用税和教育费附加、地方教育附加。"

综上，追缴你单位2019年印花税30 860.9元。

（四）企业所得税

1.取得虚开增值税普通发票用以虚列费用

根据镇江市公安局经侦支队函，2019年10月至2020年6月，你单位实际经营人及控制人朱某洪为冲抵成本从而偷逃税款，指使公司员工找人注册成立22家空壳企业，再以这22家空壳企业的名义为其实际控制的你单位虚开增值税普通发票1 162份，不存在真实交易。

2020年6月至2020年10月，在上述22家企业开完发票后，朱某洪又让员工孙某通过陈某为你单位再虚开增值税普通发票233份，不存在真实货物交易。

检查人员对你单位的前财务人员施某制作了询问笔录，据其所述，从2019年开始，朱某洪让其和江苏明珠硅橡胶材料有限公司（朱某洪实际控制的另一家公司，以下简称"明珠硅橡胶"）员工蒲某梅负责注册公司，郭某香（你单位财务经理）负责开票，共注册了21家公司，主要开具咨询费、中介费的发票，上述开票公司与你单位没有真实的业务往来。经检查人员核实，结合经侦提供的讯问笔录，施某等人实际注册了22家公司，实际开票并入账增值税普通发票1 156份，价税合计金额106 350 000元，上述企业均已注销。

检查人员通过梳理镇江市公安局经侦支队提供的你单位的对公账户银行流水，结合经侦提供的江苏你单位管理有限公司涉案发票资金流水明细表，发现上述22家公司中，除了扬中市东利科技信息咨询服务有限公司与你单位之间没有资金流转，其余21家公司都与你单位存在资金流转。你单位于2019年12月开始支付款项，通过其对公账户（中国农业银行股份有限公司扬中市支行：103×××388）将发票价税合计金额总款项分别转至上述21家公司的对公账户，这21家开票公司每次收到款项后将所收款项转至龚某娣（朱某洪妻子）个人的银行账户（中国农业银行股份有限公司：622×××378、622×××610），部分公司会留下部分款项用于缴纳税款，龚某娣将所收款项转至你单位对公账户循环使用。

检查人员对明珠硅橡胶前财务经理孙某制作了询问笔录，据其所述，2020年朱某洪让其与开票公司联系，让对方开具大约42 000 000元咨询费普通发票入账。孙某联系了开票单位负责人陈某彬，找了六七家企业，共开具了增值税普通发票31 290 000元，约定的6%开票费是通过陈某彬开票给明珠硅橡胶，从明珠硅橡胶对公账户转账给对应的开票企业过账时与明珠的开票费一并扣除，将剩余的款项转给朱某洪控制的个人银行卡，你单位与上述企业没有真实的业务往来。经检查人员核实，结合经侦提供的证据，孙某等人通过陈某彬控制的8家企业开具并入账的增值税普通发票为239份，价税合计金额31 290 000元，上述企业均已注销。

根据镇江市公安局经侦支队函，你单位接受虚开发票1 395份，检查人员经核查企业账簿发现上述1 395份发票中，有45份发票并未实际入账，价税合计-100 000元。另外，检查人员经核查发现有45份发票不在公安函中但企业已入账，价税合计4 050 000元。综上，你单位实际接受虚开发票1 440份，价税合计137 540 000元，实际入账发票共计1 395份，价税合计137 640 000元。

检查人员经核查，上述虚开的发票存在提前入账的情况。2018年12月，你单位实际入账发票为270份，价税合计为25 000 000元，计入管理费用——其他，实际结转管理费用25 000 000元，应调增2018年企业所得税应纳税所得额25 000 000元。

2019年1月至2019年12月，你单位实际入账发票为886份，价税合计为81 350 000元，计入管理费用——其他、管理费用——律师费，于当年全部结转（当年管理费用合计83 649 287.8元），已在2020年5月汇算清缴期申报。你单位于2021年10月变更2019年度所得税申报表，变更管理费用为76 549 287.8元，其中，调减管理费用7 100 000元，全部为上述886份发票中的80份。应调增应纳税所得额74 250 000元。

2020年1月至2020年12月，你单位实际入账发票为239份，价税合计为31 290 000元，计入管理费用——咨询管理费、管理费用——服务费，实际结转管理费用31 290 000元，应调增2020年企业所得税应纳税所得额31 290 000元。

综上，应调增你单位2018年企业所得税应纳税所得额25 000 000元，调增2019年企业所得税应纳税所得额74 250 000元，调增2020年企业所得税应纳税所得额31 290 000元。

上述行为违反的法律、法规和税收规范性文件如下：

（1）《中华人民共和国发票管理办法》第二十二条："开具发票应当按照规定的时限、顺序、栏目，全部联次一次性如实开具，并加盖发票专用章。任何单位和个人不得有下列虚开发票行为：……（二）让他人为自己开具与实际经营业务情况不符的发票；"

（2）《中华人民共和国企业所得税法》第八条："企业实际发生的与取得收入有关的、合理的支出，包括成本、费用、税金、损失和其他支出，准予在计算应纳税所得额时扣除。"

（3）《中华人民共和国企业所得税法实施条例》第二十七条："企业所得税法第八条所称有关的支出，是指与取得收入直接相关的支出。企业所得税法第八条所称合理的支出，是指符合生产经营活动常规，应当计入当期损益或者有关资产成本的必要和正常的支出。"第三十条："企业所得税法第八条所称费用，是指企业在生产经营活动中发生的销售费用、管理费用和财务费用，已经计入成本的有关费用除外。"

2.多笔其他应收款直接计入营业外支出作为资产损失税前扣除

经检查，你单位在检查期间内存在其他应收款尚未追偿或追偿尚未结束，直接计入营业外支出。根据企业提供的营业外支出情况说明，你单位于2019年3月31日将转给刘某根和陈某平的款项计入营业外支出，其中，2015年5月25日转给陈某平6 000 000元，2015年2月10日转给刘某根1 000 000元；你单位于2019年10月31日将转给何某祥的20 000 000元计入营业外支出，此笔款项于2014年12月12日转出；你单位于2019年

第四章　企业所得税政策执行情况自查及稽查风险应对策略

12月31日将转给杨某楠的15 000 000元计入营业外支出,此笔借款于2016年6月8日和12月2日分别转出5 000 000元和10 000 000元。上述款项均无借款协议、专项申报等备查资料,且截至本次检查企业仍未追偿,直接将上述款项计入营业外支出,不符合税法规定,应调增2019年企业所得税应纳税所得额=6 000 000+1 000 000+20 000 000+15 000 000=42 000 000元。

你单位于2019年10月列支营业外支出125 020 000元(记6号凭证)。据企业所述,该营业外支出对应两个部分,分别为与上海永邦33 000 000元的往来和与杨某东(上海永邦的控股股东)92 020 000元的往来。

其中,上述与上海永邦33 000 000元的往来,具体情况如下:2014年6月,上海永邦和杨某东向伟伦投资出具借条(此借条已作废),借款48 000 000元,2014年6月4日和7月14日伟伦投资分别转给上海永邦28 000 000元和杨某东20 000 000元。截至2016年6月,已还款15 000 000元。2016年6月30日,杨某东与伟伦投资重新签订了欠款凭证,约定33 000 000元分三次还清本息,2017年12月20日前偿还13 000 000元本金,2018年12月20日前偿还20 000 000元本金,2019年12月20日前还清全部借款利息(月息壹分),如果杨某东有一次不按以上还款时间足额偿还欠款,则视为全部欠款到期,杨某东即构成违约(该应收款项其他情况详见增值税1.借款利息收入未缴纳增值税)。杨某东未按上述约定履约,且企业未能提供确凿证据证明上海永邦及杨某东已无力清偿债务,企业将33 000 000元于2019年提前计入营业外支出且未出具专项报告于税前扣除,不符合税法规定,应调增2019年企业所得税应纳税所得额33 000 000元。企业出具情况说明明确表示,截至2022年4月18日仍无法提供进一步相关资料以备查,如后续确实符合税前扣除的条件,建议你单位自行按照国家税务总局2011年第25号公告、国家税务总局2012年第15号公告相关规定进行调整。

其中,上述与杨某东(上海永邦的控股股东)92 020 000元的往来,具体情况如下:检查人员核查了上述92 020 000元对应的记账凭证及其附件,发现2014年7月7日朱某伟个人账户转出的12 020 000元,但你单位无法提供从其对公账户转出至朱某伟个人账户的银行记录。检查人员发现你单位于2014年11月4日转账至朱某伟个人账户40 000 000元,你单位于2014年11月30日记001号凭证将其计入其他应收款——朱某伟;2014年11月18日转账至蓝某(朱某伟妻子)个人账户19 200 000元,你单位于2014年11月30日记003号凭证将其计入其他应收款——朱某伟(借给杨某东),凭证还反映将朱某伟其他往来800 000元计入其他应收款——朱某伟;2014年12月5日转账至高某英个人账户20 000 000元,你单位于2014年12月30日记004号凭证将其计入其他应收款——朱某伟。企业直接将上述92 020 000元作为应收杨某东款项于2019年10月记6号计入营业外支出。

你单位提供了2016年6月30日杨某东签字的欠款凭证"本人杨某东在2014年承诺朱某伟投资深圳美谷佳网络医院股权投资项目捌千万至壹亿元资金的,本人答应先借款后转股的。本人总共向朱某伟借款玖仟贰佰万元(有借款借据),此借款朱某伟全部是股票质押借给我的……在此之前本人写给朱某伟项目欠款凭证作废，以此凭据为准"。你单位提供了委托付款协议，表示上述款项是你单位委托朱某伟、蓝某、高某英转付杨某东用以收购深圳美谷佳项目的投资款。后续杨某东不执行2016年6月30日签订的欠款凭证，朱某伟作为被害人以涉嫌诈骗罪向上海市徐汇分局报案。经上海公安查实后，2019年1月14日向上海市徐汇区人民检察院移送审查起诉，2020年4月13日作出不起诉决定书（沪徐检三部刑不诉〔2020〕1号），2020年4月21日，朱某伟提出申诉，上海市人民检察院第一分院于2021年7月9日作出维持原不起诉决定（沪检一分二审刑申通〔2021〕Z10号）。

综上，根据你单位提供的杨某东签字的欠款凭证、深圳美股佳股权合作协议以及相关刑事案件文书，综合反映出上述92 020 000元支出与你单位的经营管理活动无关，且无企业相关追偿催收记录，同时你单位也不能提供该部分应收款项损失的专项备查资料。企业将上述款项92 020 000元于2019年10月记6号计入企业的营业外支出于税前扣除，不符合税法规定，应调增2019年企业所得税应纳税所得额92 020 000元。

综上，应调增你单位2019年企业所得税应纳税所得额=42 000 000+33 000 000+92 020 000=167 020 000元。

上述行为违反的法律、法规和税收规范性文件如下：

（1）《国家税务总局关于发布〈企业资产损失所得税税前扣除管理办法〉的公告》（国家税务总局公告〔2011〕25号）第四条："企业实际资产损失，应当在其实际发生且会计上已作损失处理的年度申报扣除；法定资产损失，应当在企业证明该项资产已符合法定资产损失确认条件，且会计上已作损失处理的年度申报扣除。"第二十二条："企业应收及预付款项坏账损失应依据以下相关证据材料确认：（一）相关事项合同、协议或说明；（二）属于债务人破产清算的，应有人民法院的破产、清算公告；（三）属于诉讼案件的，应出具人民法院的判决书或裁决书或仲裁机构的仲裁书，或者被法院裁定终（中）止执行的法律文书；（四）属于债务人停止营业的，应有工商部门注销、吊销营业执照证明；（五）属于债务人死亡、失踪的，应有公安机关等有关部门对债务人个人的死亡、失踪证明；（六）属于债务重组的，应有债务重组协议及其债务人重组收益纳税情况说明；（七）属于自然灾害、战争等不可抗力而无法收回的，应有债务人受灾情况说明以及放弃债权申明。"第二十三条："企业逾期三年以上的应收款项在会计上已作为损失处理的，可以作为坏账损失，但应说明情况，并出具专项报告。"

（2）《中华人民共和国企业所得税法》第八条："企业实际发生的与取得收入有关的、合理的支出，包括成本、费用、税金、损失和其他支出，准予在计算应纳税所得额时扣除。"

（3）《中华人民共和国企业所得税法实施条例》第二十七条："企业所得税法第八条所称有关的支出，是指与取得收入直接相关的支出。企业所得税法第八条所称合理的支出，是指符合生产经营活动常规，应当计入当期损益或者有关资产成本的必要和正常的支出。"

（4）《国家税务总局关于企业所得税应纳税所得额若干税务处理问题的公告》（国家税务总局公告2012年第15号）："六、关于以前年度发生应扣未扣支出的税务处理问题 根据《中华人民共和国税收征收管理法》的有关规定，对企业发现以前年度实际发生的、按照税收规定应在企业所得税前扣除而未扣除或者少扣除的支出，企业做出专项申报及说明后，准予追补至该项目发生年度计算扣除，但追补确认期限不得超过5年。"

（5）《财政部 国家税务总局关于企业资产损失税前扣除政策的通知》（财税〔2009〕57号）："四、企业除贷款类债权外的应收、预付账款符合下列条件之一的，减除可收回金额后确认的无法收回的应收、预付款项，可以作为坏账损失在计算应纳税所得额时扣除：（三）债务人逾期3年以上未清偿，且有确凿证据证明已无力清偿债务的。"

3.与生产经营无关的支出计入企业营业外支出

你单位于2019年4月列支营业外支出6 144 932元（记9号凭证），经与企业确认，该笔支出无法确定来源，且凭证后无任何协议、银行回单等可以证明支出真实性的证据资料，企业直接将其列支在营业外支出科目并于税前扣除，不符合税法规定，应调增2019年企业所得税应纳税所得额6 144 932元。

上述行为违反的法律、法规和税收规范性文件如下：

（1）《中华人民共和国企业所得税法》第八条："企业实际发生的与取得收入有关的、合理的支出，包括成本、费用、税金、损失和其他支出，准予在计算应纳税所得额时扣除。"

（2）《中华人民共和国企业所得税法实施条例》第二十七条："企业所得税法第八条所称有关的支出，是指与取得收入直接相关的支出。企业所得税法第八条所称合理的支出，是指符合生产经营活动常规，应当计入当期损益或者有关资产成本的必要和正常的支出。"第三十条："企业所得税法第八条所称费用，是指企业在生产经营活动中发生的销售费用、管理费用和财务费用，已经计入成本的有关费用除外。"

4.计提工资并于当年企业所得税纳税申报时税前扣除，但并未实际发放

你单位于2019年计提了应付职工薪酬600 000元，账面显示发放550 000元，凭证后附件为工资表。经核查，企业无法提供发放工资的银行支出证据以及与相关员工的雇佣协议、社保缴费记录，无法证明该笔支出的真实性，应调增2019年企业所得税应纳税所得额600 000元。

上述行为违反的法律、法规和税收规范性文件如下：

（1）《中华人民共和国企业所得税法》第八条："企业实际发生的与取得收入有关的、合理的支出，包括成本、费用、税金、损失和其他支出，准予在计算应纳税所得额时扣除。"

（2）《中华人民共和国企业所得税法实施条例》第二十七条："企业所得税法

第八条所称有关的支出，是指与取得收入直接相关的支出。企业所得税法第八条所称合理的支出，是指符合生产经营活动常规，应当计入当期损益或者有关资产成本的必要和正常的支出。"第三十条："企业所得税法第八条所称费用，是指企业在生产经营活动中发生的销售费用、管理费用和财务费用，已经计入成本的有关费用除外。"第三十四条："企业发生的合理的工资、薪金支出，准予扣除。前款所称工资、薪金，是指企业每一纳税年度支付给在本企业任职或者受雇的员工的所有现金形式或者非现金形式的劳动报酬，包括基本工资、奖金、津贴、补贴、年终加薪、加班工资，以及与员工任职或者受雇有关的其他支出。"

5.福利费列支不符合税法规定，不予税前扣除

你单位2019年账面显示福利费为14 414.57元，因你单位2019年工资并未实际发放，所以其列支的福利费不予税前扣除，其中，2019年4月列支的医疗费8 414.57元（记13号凭证）在朱某伟的个人支出中另行调整，此处需调增2019年应纳税所得额6 000元。

上述行为违反的法律、法规和税收规范性文件：

（1）《中华人民共和国企业所得税法》第八条："企业实际发生的与取得收入有关的、合理的支出，包括成本、费用、税金、损失和其他支出，准予在计算应纳税所得额时扣除。"

（2）《中华人民共和国企业所得税法实施条例》第二十七条："企业所得税法第八条所称有关的支出，是指与取得收入直接相关的支出。企业所得税法第八条所称合理的支出，是指符合生产经营活动常规，应当计入当期损益或者有关资产成本的必要和正常的支出。"第三十条："企业所得税法第八条所称费用，是指企业在生产经营活动中发生的销售费用、管理费用和财务费用，已经计入成本的有关费用除外。"第四十条："企业发生的职工福利费支出，不超过工资、薪金总额14%的部分，准予扣除。"

6.非生产经营的个人支出计入企业管理费用

经检查，你单位存在部分报销属于股东朱某伟的个人消费，与企业生产经营无关，企业将这部分支出计入管理费用在税前列支，不符合税法规定。具体为2019年4月列支管理费用8 414.57元（记13号凭证），为北京儿童医院的发票以及非公司员工的检查费用，该支出不能在税前列支，应调增2019年企业所得税应纳税所得额8 414.57元。

上述行为违反的法律、法规和税收规范性文件如下：

（1）《中华人民共和国企业所得税法》第八条："企业实际发生的与取得收入有关的、合理的支出，包括成本、费用、税金、损失和其他支出，准予在计算应纳税所得额时扣除。"

（2）《中华人民共和国企业所得税法实施条例》第二十七条："企业所得税法第八条所称有关的支出，是指与取得收入直接相关的支出。企业所得税法第八条所称合理的支出，是指符合生产经营活动常规，应当计入当期损益或者有关资产成本的必

要和正常的支出。"第三十条："企业所得税法第八条所称费用，是指企业在生产经营活动中发生的销售费用、管理费用和财务费用，已经计入成本的有关费用除外。"

7.借款利息应调增应纳税所得额

上述借款本金33 000 000元应在2019年12月收取自2016年6月30日至2019年12月20日借款利息收入13 767 780.82元（含税，详见增值税1.占用资金的利息收入未缴纳增值税），应调增2019年度应纳税所得额13 366 777.50元。

你单位出具情况说明明确表示，截至2022年4月18日仍无法提供进一步相关资料以备查，如后续相关利息损失确实符合税前扣除的条件，建议自行按照国家税务总局2011年第25号公告、国家税务总局2012年第15号公告相关规定进行调整。

上述行为违反的法律、法规和税收规范性文件如下：

（1）《中华人民共和国企业所得税法》第六条："企业以货币形式和非货币形式从各种来源取得的收入，为收入总额。包括：（一）销售货物收入；（二）提供劳务收入；（三）转让财产收入；（四）股息、红利等权益性投资收益；（五）利息收入；（六）租金收入；（七）特许权使用费收入；（八）接受捐赠收入；（九）其他收入。"

（2）《中华人民共和国企业所得税法实施条例》第十八条："企业所得税法第六条第（五）项所称利息收入，是指企业将资金提供他人使用但不构成权益性投资，或者因他人占用本企业资金取得的收入，包括存款利息、贷款利息、债券利息、欠款利息等收入。利息收入，按照合同约定的债务人应付利息的日期确认收入的实现。"

8.补缴的城市维护建设税、教育费附加、地方教育附加应调减应纳税所得额

经查，2019年应补缴城市维护建设税10 025.08元，补缴教育费附加6 015.05元，补缴地方教育附加4 010.03元，应计入税金及附加，调减当期应纳税所得额20 050.16元。

上述行为违反的法律、法规和税收规范性文件如下：

（1）《中华人民共和国企业所得税法》第八条："企业实际发生的与取得收入有关的、合理的支出，包括成本、费用、税金、损失和其他支出，准予在计算应纳税所得额时扣除。"

（2）《中华人民共和国企业所得税法实施条例》第三十一条："企业所得税法第八条所称税金，是指企业发生的除企业所得税和允许抵扣的增值税以外的各项税金及其附加。"

9.补缴的印花税应调减应纳税所得额

2019年应补缴印花税30 860.9元，应计入税金及附加，调减当期应纳税所得额30 860.9元。

上述行为违反的法律、法规和税收规范性文件如下：

（1）《中华人民共和国企业所得税法》第八条："企业实际发生的与取得收入有关的、合理的支出，包括成本、费用、税金、损失和其他支出，准予在计算应纳税所得额时扣除。"

（2）《中华人民共和国企业所得税法实施条例》第三十一条："企业所得税法第八条所称税金，是指企业发生的除企业所得税和允许抵扣的增值税以外的各项税金及其附加。"

综上，调增你单位2018年企业所得税应纳税所得额25 000 000元，追缴2018年企业所得税6 250 000元；调增你单位2019年企业所得税应纳税所得额261 345 213.01元，追缴2019年企业所得税65 336 303.25元；调增你单位2020年企业所得税应纳税所得额31 290 000元，你单位2020年申报的纳税调整后所得为-27 279 419.32元，应调增你单位2020年企业所得税应纳税所得额＝31 290 000-27 279 419.32＝4 010 580.68元，追缴2020年企业所得税1 002 645.17元。

（五）个人所得税

经检查，你单位存在部分报销费用属于法人朱某伟的个人消费，与企业生产经营无关，具体为2019年4月列支管理费用8 414.57元（记13号凭证），为北京儿童医院的发票以及非公司员工的检查费用，未按规定代扣代缴个人所得税，按利息、股息、红利所得20%税率责成你单位补扣补缴个人所得税＝8 414.57×20%＝1 682.91元。

上述行为违反的法律、法规和税收规范性文件如下：

（1）《财政部　国家税务总局关于规范个人投资者个人所得税征收管理的通知》（财税〔2003〕158号）："除个人独资企业、合伙企业以外的其他企业的个人投资者，以企业资金为本人、家庭成员及其相关人员支付与企业生产经营无关的消费性支出及购买汽车、住房等财产性支出，视为企业对个人投资者的红利分配，依照'利息、股息、红利所得'项目计征个人所得税。"

（2）《中华人民共和国个人所得税法》第三条："个人所得税的税率：（三）利息、股息、红利所得，财产租赁所得，财产转让所得和偶然所得，适用比例税率，税率为百分之二十。"

（3）《国家税务总局关于贯彻〈中华人民共和国税收征收管理法〉及其实施细则若干具体问题的通知》："扣缴义务人违反征管法及其实施细则规定应扣未扣、应收未收税款的，税务机关除按征管法及其实施细则的有关规定对其给予处罚外，应当责成扣缴义务人限期将应扣未扣、应收未收的税款补扣或补收。"

二、处理决定及依据

本案经国家税务总局镇江市税务局稽查局集体审理，作出税务处理决定如下：

（1）根据《财政部　国家税务总局关于全面推开营业税改征增值税试点的通知》（财税〔2016〕36号）附件《销售服务、无形资产、不动产注释》《财政部　国家税务总局关于明确金融　房地产开发　教育辅助服务等增值税政策的通知》（财税〔2016〕140号）的规定，追缴你单位2019年12月"贷款服务"增值税401 003.32元。

（2）根据《中华人民共和国城市维护建设税暂行条例》（国发〔1985〕19号）第二条、第三条、第四条、第五条，《江苏省人民政府关于调整教育费附加等政府性基金征收办法的通知》（苏政发〔2003〕66号），《江苏省人民政府关于调整地方教育附加等政府性基金有关政策的通知》(苏政发〔2011〕3号),《关于实施小微企业普惠性税收减免政策的通知》(财税〔2019〕13号)的规定,追缴你单位2019年城市维护建设税10 025.08元,教育费附加6 015.05元,地方教育附加4 010.03元。

(3)根据《中华人民共和国印花税暂行条例》(国务院令第11号发布)第一条、第二条、第三条、第五条、第七条、第八条,《关于实施小微企业普惠性税收减免政策的通知》(财税〔2019〕13号)的规定,追缴你单位2019年印花税30 860.9元。

(4)根据《财政部 国家税务总局关于规范个人投资者个人所得税征收管理的通知》(财税〔2003〕158号),《中华人民共和国个人所得税法》第三条的规定,责成你单位代扣代缴2019年股息红利个人所得税1 682.91元。

(5)根据《中华人民共和国企业所得税法》第八条,《中华人民共和国企业所得税法实施条例》第二十七条、第三十条、第三十一条、第三十二条、第三十四条、第四十条,《国家税务总局关于发布〈企业资产损失所得税税前扣除管理办法〉的公告》(国家税务总局公告〔2011〕25号)第二十二条、第二十三条的规定,追缴2018年企业所得税6 250 000元,2019年企业所得税65 336 303.25元,2020年企业所得税1 002 645.17元,合计72 588 948.42元。

其中,你单位通过虚开发票多列支出的方式,少缴2018年度应纳企业所得税合计6 250 000元(25 000 000×25%);通过虚开发票多列支出和列支无真实性营业外支出的方式,少缴2019年度应纳企业所得税合计21 873 733元〔(81 350 000+6 144 932)×25%〕;通过虚开发票多列支出的方式,少缴2020年度应纳企业所得税合计1 002 645.17元〔(31 290 000-27 279 419.32)×25%〕。根据《中华人民共和国税收征收管理法》第六十三条第一款"纳税人伪造、变造、隐匿、擅自销毁账簿、记账凭证,或者在账簿上多列支出或者不列、少列收入,或者经税务机关通知申报而拒不申报或者进行虚假的纳税申报,不缴或者少缴应纳税款的,是偷税。对纳税人偷税的,由税务机关追缴其不缴或者少缴的税款、滞纳金……",确认2018年度偷税并应予追缴企业所得税为6 250 000元,确认2019年度偷税并应予以追缴企业所得税20 098 733元(21 873 733-1 775 000),确认2020年度偷税并应予以追缴企业所得税1 002 645.17元。

(6)根据《中华人民共和国税收征收管理法》第三十二条"纳税人未按照规定期限缴纳税款的,扣缴义务人未按照规定期限解缴税款的,税务机关除责令限期缴纳外,从滞纳税款之日起,按日加收滞纳税款万分之五的滞纳金"以及《中华人民共和国税收征收管理法实施细则》(国务院令第362号发布)第七十五条"税收征管法第三十二条规定的加收滞纳金的起止时间,为法律、行政法规规定或者税务机关依照法律、行政法规的规定确定的税款缴纳期限届满次日起至纳税人、扣缴义务人实际缴纳或者解缴税款之日止"的规定,对向你单位追缴的上述税款,从滞纳税款之日起,按日加收滞纳税款万分之五的滞纳金。

(7)因你单位对本案行政处罚事项申请听证,我局依法于2022年5月18日举行了听证会,会后经审议决定,虽然你单位虚开发票偷逃企业所得税行为、列支无真实性营业外支出用以偷逃企业所得税行为、应扣未扣个人所得税行为应予行政处罚,但根据《关于加强行政执法与刑事司法衔接工作的意见》(中办发〔2011〕8号)中"行政执法机关在移送案件时……未作出行政处罚决定的,原则上应当在公安机关决定不予立案或者撤销案件、人民检察院作出不起诉决定、人民法院作出无罪判决或者免予刑事处罚后,再决定是否给予行政处罚"的规定,你因涉嫌虚开发票罪(与本案属于同一违法事实)已被司法机关查处并进入刑事诉讼程序,对你单位上述应予处罚的违法行为暂不作出行政处罚,待公安机关决定不予立案或者撤销案件、人民检察院作出不起诉决定、人民法院作出无罪判决或者免予刑事处罚后,再按照《中华人民共和国行政处罚法》第三十五条的规定决定是否给予行政处罚并一并下达《税务行政处罚决定书》。

限你(单位)自收到本决定书之日起15日内到国家税务总局扬中市税务局将上述税款及滞纳金缴纳入库,并按照规定进行相关账务调整。逾期未缴清的,将依照《中华人民共和国税收征收管理法》第四十条规定强制执行。

你(单位)若同我局(所)在纳税上有争议,必须先依照本决定的期限缴纳税款及滞纳金或者提供相应的担保,然后可自上述款项缴清或者提供相应担保被税务机关确认之日起60日内依法向国家税务总局镇江市税务局申请行政复议。

国家税务总局镇江市税务局稽查局

二〇二二年七月十三日

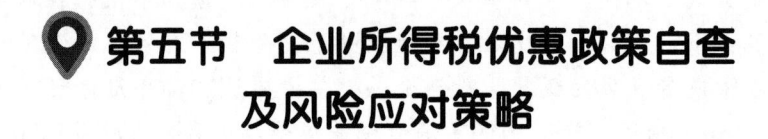

第五节　企业所得税优惠政策自查及风险应对策略

一、企业所得税税收优惠制度

我国企业所得税的税收优惠包括免税收入、所得减免、减低税率、民族自治地方的减免税、加计扣除、抵扣应纳税所得额、加速折旧、减计收入、税额抵免和其他专项优惠政策。

(一)免税收入

企业的免税收入包括以下几项:
(1)国债利息收入。

第四章 企业所得税政策执行情况自查及稽查风险应对策略

（2）符合条件的居民企业之间的股息、红利等权益性投资收益。

（3）在中国境内设立机构、场所的非居民企业从居民企业取得与该机构、场所有实际联系的股息、红利等权益性投资收益。

（4）符合条件的非营利组织的收入。

（二）所得减免

1. 免征企业所得税的项目

企业从事下列项目的所得，免征企业所得税：

（1）蔬菜、谷物、薯类、油料、豆类、棉花、麻类、糖料、水果、坚果的种植。

（2）农作物新品种的选育。

（3）中药材的种植。

（4）林木的培育和种植。

（5）牲畜、家禽的饲养。

（6）林产品的采集。

（7）灌溉、农产品初加工、兽医、农技推广、农机作业和维修等农、林、牧、渔服务业项目。

（8）远洋捕捞。

2. 减半征收企业所得税的项目

企业从事下列项目的所得，减半征收企业所得税：

（1）花卉、茶以及其他饮料作物和香料作物的种植。

（2）海水养殖、内陆养殖。

3. 从事国家重点扶持的公共基础设施项目投资经营的所得

国家重点扶持的公共基础设施项目，是指《公共基础设施项目企业所得税优惠目录》规定的港口码头、机场、铁路、公路、城市公共交通、电力、水利等项目。

企业从事上述国家重点扶持的公共基础设施项目的投资经营的所得，自项目取得第1笔生产经营收入所属纳税年度起，第1年至第3年免征企业所得税，第4年至第6年减半征收企业所得税。

4. 从事符合条件的环境保护、节能节水项目的所得

符合条件的环境保护、节能节水项目，包括公共污水处理、公共垃圾处理、沼气综合开发利用、节能减排技术改造、海水淡化等。项目的具体条件和范围由国务院财政、税务主管部门会商国务院有关部门制定，报国务院批准后公布施行。

企业从事上述规定的符合条件的环境保护、节能节水项目的所得，自项目取得第1笔生产经营收入所属纳税年度起，第1年至第3年免征企业所得税，第4年至第6年减半征收企业所得税。

5. 符合条件的技术转让所得

符合条件的技术转让所得免征、减征企业所得税，是指一个纳税年度内，居民企业技术转让所得不超过500万元的部分，免征企业所得税；超过500万元的部分，减

243

半征收企业所得税。其计算公式为：

技术转让所得=技术转让收入-技术转让成本-相关税费

6.非居民企业减免税所得

在中国境内未设立机构、场所的，或者虽设立机构、场所但取得的所得与其所设机构、场所没有实际联系的非居民企业，其取得的来源于中国境内的所得，减按10%的税率征收企业所得税。

下列所得可以免征企业所得税：

（1）外国政府向中国政府提供贷款取得的利息所得。

（2）国际金融组织向中国政府和居民企业提供优惠贷款取得的利息所得。

（3）经国务院批准的其他所得。

7.境外机构投资者免税所得

从2014年11月17日起，对合格境外机构投资者（QFII）、人民币合格境外机构投资者（RQFII）取得来源于中国境内的股票等权益性投资资产转让所得，暂免征收企业所得税。

（三）减低税率与定期减免税

1.小型微利企业

自2023年1月1日至2027年12月31日，对小型微利企业年应纳税所得额不超过300万元的部分，减按25%计入应纳税所得额，按20%的税率缴纳企业所得税。

2.高新技术企业

国家需要重点扶持的高新技术企业，减按15%的税率征收企业所得税。

3.技术先进型服务企业及第三方防治企业

自2018年1月1日起，对经认定的技术先进型服务企业（服务贸易类），减按15%的税率征收企业所得税。

自2024年1月1日起至2027年12月31日，对符合条件的从事污染防治的第三方企业（以下称第三方防治企业）减按15%的税率征收企业所得税。第三方防治企业是指受排污企业或政府委托，负责环境污染治理设施（包括自动连续监测设施，下同）运营维护的企业。

4.集成电路生产企业或项目

自2020年1月1日起，国家鼓励的集成电路线宽小于28纳米（含），且经营期在15年以上的集成电路生产企业或项目，第1年至第10年免征企业所得税；国家鼓励的集成电路线宽小于65纳米（含），且经营期在15年以上的集成电路生产企业或项目，第1年至第5年免征企业所得税，第6年至第10年按照25%的法定税率减半征收企业所得税；国家鼓励的集成电路线宽小于130纳米（含），且经营期在10年以上的集成电路生产企业或项目，第1年至第2年免征企业所得税，第3年至第5年按照25%的法定税率减半征收企业所得税。

对于按照集成电路生产企业享受税收优惠政策的，优惠期自获利年度起计算；对于按照集成电路生产项目享受税收优惠政策的，优惠期自项目取得第1笔生产经营收入所属纳税年度起计算，集成电路生产项目需单独进行会计核算、计算所得，并合理分摊期间费用。

国家鼓励的线宽小于130纳米（含）的集成电路生产企业，属于国家鼓励的集成电路生产企业清单年度之前5个纳税年度发生的尚未弥补完的亏损，准予向以后年度结转，总结转年限最长不得超过10年。

5.集成电路相关企业和软件企业

国家鼓励的集成电路设计、装备、材料、封装、测试企业和软件企业，自获利年度起，第1年至第2年免征企业所得税，第3年至第5年按照25%的法定税率减半征收企业所得税。

国家鼓励的重点集成电路设计企业和软件企业，自获利年度起，第1年至第5年免征企业所得税，接续年度减按10%的税率征收企业所得税。

6.经营性文化事业单位转制为企业

自2019年1月1日至2027年12月31日，经营性文化事业单位转制为企业，自转制注册之日起5年内免征企业所得税。2018年12月31日之前已完成转制的企业，自2019年1月1日起可继续免征5年企业所得税。经营性文化事业单位是指从事新闻出版、广播影视和文化艺术的事业单位。

7.生产和装配伤残人员专门用品企业

自2021年1月1日至2027年12月31日，符合下列条件的居民企业，免征企业所得税：

（1）生产和装配伤残人员专门用品，且在民政部发布的《中国伤残人员专门用品目录》范围之内。

（2）以销售本企业生产或者装配的伤残人员专门用品为主，其所取得的年度伤残人员专门用品销售收入（不含出口取得的收入）占企业收入总额60%以上。收入总额，是指《中华人民共和国企业所得税法》第六条规定的收入总额。

（3）企业账证健全，能够准确、完整地向主管税务机关提供纳税资料，且本企业生产或者装配的伤残人员专门用品所取得的收入能够单独、准确核算。

（4）企业拥有假肢制作师、矫形器制作师资格证书的专业技术人员不得少于1人；其企业生产人员如超过20人，则其拥有假肢制作师、矫形器制作师资格证书的专业技术人员不得少于全部生产人员的1/6。

（5）具有与业务相适应的测量取型、模型加工、接受腔成型、打磨、对线组装、功能训练等生产装配专用设备和工具。

（6）具有独立的接待室、假肢或者矫形器（辅助器具）制作室和假肢功能训练室，使用面积不少于115平方米。

（四）民族自治地方的减免税

民族自治地方的自治机关对本民族自治地方的企业应缴纳的企业所得税中属于地方分享的部分，可以决定减征或者免征。自治州、自治县决定减征或者免征的，须报省、自治区、直辖市人民政府批准。

对民族自治地方内国家限制和禁止行业的企业，不得减征或者免征企业所得税。

（五）加计扣除

企业的下列支出，可以在计算应纳税所得额时加计扣除：

1.研究开发费用

研究开发费用的加计扣除，是指企业为开发新技术、新产品、新工艺发生的研究开发费用，未形成无形资产计入当期损益的，在按照规定据实扣除的基础上，按照研究开发费用的50%加计扣除；形成无形资产的，按照无形资产成本的150%摊销。

企业开展研发活动中实际发生的研发费用，未形成无形资产计入当期损益的，在按规定据实扣除的基础上，在2018年1月1日至2023年12月31日，再按照实际发生额的75%在税前加计扣除；形成无形资产的，在上述期间按照无形资产成本的175%在税前摊销。

制造业企业开展研发活动中实际发生的研发费用，未形成无形资产计入当期损益的，在按规定据实扣除的基础上，自2021年1月1日起，再按照实际发生额的100%在税前加计扣除；形成无形资产的，自2021年1月1日起，按照无形资产成本的200%在税前摊销。

科技型中小企业开展研发活动中实际发生的研发费用，未形成无形资产计入当期损益的，在按规定据实扣除的基础上，自2022年1月1日起，再按照实际发生额的100%在税前加计扣除；形成无形资产的，自2022年1月1日起，按照无形资产成本的200%在税前摊销。

下列行业不适用税前加计扣除政策：烟草制造业；住宿和餐饮业；批发和零售业；房地产业；租赁和商务服务业；娱乐业；财政部和国家税务总局规定的其他行业。

集成电路企业和工业母机企业开展研发活动中实际发生的研发费用，未形成无形资产计入当期损益的，在按规定据实扣除的基础上，在2023年1月1日至2027年12月31日期间，再按照实际发生额的120%在税前扣除；形成无形资产的，在上述期间按照无形资产成本的220%在税前摊销。

2.安置国家鼓励就业人员所支付的工资

企业安置残疾人员所支付的工资的加计扣除，是指企业安置残疾人员的，在按照支付给残疾职工工资据实扣除的基础上，按照支付给残疾职工工资的100%加计扣除。企业安置国家鼓励安置的其他就业人员所支付的工资的加计扣除办法，由国务院另行规定。

（六）抵扣应纳税所得额

创业投资企业采取股权投资方式投资于未上市的中小高新技术企业2年以上的，可以按照其投资额的70%在股权持有满2年的当年抵扣该创业投资企业的应纳税所得额；当年不足抵扣的，可以在以后纳税年度结转抵扣。

公司制创业投资企业采取股权投资方式直接投资于种子期、初创期科技型企业满2年（24个月）的，可以按照投资额的70%在股权持有满2年的当年抵扣该公司制创业投资企业的应纳税所得额；当年不足抵扣的，可以在以后纳税年度结转抵扣。

有限合伙制创业投资企业采取股权投资方式直接投资于初创科技型企业满2年的，该合伙创投企业的法人合伙人可以按照对初创科技型企业投资额的70%抵扣法人合伙人从合伙创投企业分得的所得；当年不足抵扣的，可以在以后纳税年度结转抵扣。

有限合伙制创业投资企业采取股权投资方式投资于未上市的中小高新技术企业满2年（24个月）的，其法人合伙人可按照对未上市中小高新技术企业投资额的70%抵扣该法人合伙人从该有限合伙制创业投资企业分得的应纳税所得额，当年不足抵扣的，可以在以后纳税年度结转抵扣。

（七）加速折旧

企业的固定资产由于技术进步等原因，确需加速折旧的，可以缩短折旧年限或者采取加速折旧的方法。可以采取缩短折旧年限或者采取加速折旧的方法的固定资产，包括：

（1）由于技术进步，产品更新换代较快的固定资产。

（2）常年处于强震动、高腐蚀状态的固定资产。

采取缩短折旧年限方法的，最低折旧年限不得低于税法规定折旧年限的60%；采取加速折旧方法的，可以采取双倍余额递减法或者年数总和法。

对符合相关条件的生物药品制造业，专用设备制造业，铁路、船舶、航空航天和其他运输设备制造业，计算机、通信和其他电子设备制造业，仪器仪表制造业，信息传输、软件和信息技术服务业等行业企业，2014年1月1日后购进的固定资产（包括自行建造），对符合相关条件的轻工、纺织、机械、汽车等四个领域重点行业的企业，2015年1月1日后新购进的固定资产，允许按不低于《中华人民共和国企业所得税法》规定折旧年限的60%缩短折旧年限，或选择采取双倍余额递减法或年数总和法进行加速折旧。上述重点行业企业是指以上述行业业务为主营业务，其固定资产投入使用当年的主营业务收入占企业收入总额50%（不含）以上的企业。

自2019年1月1日起，适用固定资产加速折旧优惠相关规定的行业范围，扩大至全部制造业领域。

企业在2018年1月1日至2023年12月31日新购进（包括自行建造）的设备、器具，单位价值不超过500万元的，允许一次性计入当期成本费用在计算应纳税所得额时扣除，不再分年度计算折旧。

中小微企业在2022年1月1日至2022年12月31日新购置的设备、器具（是指除房屋、建筑物以外的固定资产），单位价值在500万元以上的，按照单位价值的一定比例自愿选择在企业所得税税前扣除。其中，《中华人民共和国企业所得税法实施条例》规定最低折旧年限为3年的设备器具，单位价值的100%可在当年一次性税前扣除；最低折旧年限为4年、5年、10年的，单位价值的50%可在当年一次性税前扣除，其余50%按规定在剩余年度计算折旧进行税前扣除。企业选择适用上述政策当年不足扣除形成的亏损，可在以后5个纳税年度结转弥补，享受其他延长亏损结转年限政策的企业可按现行规定执行。

企业在2024年1月1日至2027年12月31日期间新购进的设备、器具，单位价值不超过500万元的，允许一次性计入当期成本费用在计算应纳税所得额时扣除，不再分年度计算折旧；单位价值超过500万元的，仍按《中华人民共和国企业所得税法实施条例》、《财政部 国家税务总局关于完善固定资产加速折旧企业所得税政策的通知》（财税〔2014〕75号）、《财政部 国家税务总局关于进一步完善固定资产加速折旧企业所得税政策的通知》（财税〔2015〕106号）等相关规定执行。设备、器具，是指除房屋、建筑物以外的固定资产。

（八）减计收入

（1）企业以《资源综合利用企业所得税优惠目录》规定的资源作为主要原材料，生产国家非限制和禁止并符合国家和行业相关标准的产品取得的收入，减按90%计入收入总额。原材料占生产产品材料的比例不得低于优惠目录规定的标准。

（2）自2019年6月1日至2025年12月31日，社区提供养老、托育、家政等服务的机构，提供社区养老、托育、家政服务取得的收入，在计算应纳税所得额时，减按90%计入收入总额。社区包括城市社区和农村社区。

（九）税额抵免

企业购置并实际使用《环境保护专用设备企业所得税优惠目录》《节能节水专用设备企业所得税优惠目录》《安全生产专用设备企业所得税优惠目录》规定的环境保护、节能节水、安全生产等专用设备的，该专用设备的投资额的10%可以从企业当年的应纳税额中抵免；当年不足抵免的，可以在以后5个纳税年度结转抵免。享受上述规定的企业所得税优惠的企业，应当实际购置并自身实际投入使用上述规定的专用设备；企业购置上述专用设备在5年内转让、出租的，应当停止享受企业所得税优惠，并补缴已经抵免的企业所得税税款。

购置并实际使用的环境保护、节能节水和安全生产专用设备，包括承租方企业以融资租赁方式租入的并在融资租赁合同中约定租赁期届满时租赁设备所有权转移给承租方企业，且符合规定条件的上述专用设备。凡融资租赁期届满后租赁设备所有权未转移至承租方企业的，承租方企业应停止享受抵免企业所得税优惠，并补缴已经抵免的企业所得税税款。

（十）西部地区减免税

自2021年1月1日至2030年12月31日，对设在西部地区的鼓励类产业企业减按15%的税率征收企业所得税。鼓励类产业企业是指以《西部地区鼓励类产业目录》中规定的产业项目为主营业务，且其主营业务收入占企业收入总额60%以上的企业。

西部地区包括内蒙古、广西、重庆、四川、贵州、云南、西藏、陕西、甘肃、青海、宁夏、新疆、新疆生产建设兵团。湖南湘西土家族苗族自治州、湖北恩施土家族苗族自治州、吉林延边朝鲜族自治州和江西赣州市，可以比照执行。

（十一）海南自由贸易港企业所得税优惠

自2020年1月1日至2024年12月31日，对海南自由贸易港实行以下企业所得税优惠政策：

（1）对注册在海南自由贸易港并实质性运营的鼓励类产业企业，减按15%的税率征收企业所得税。

（2）对在海南自由贸易港设立的旅游业、现代服务业、高新技术产业企业新增境外直接投资取得的所得，免征企业所得税。

（3）对在海南自由贸易港设立的企业，新购置（含自建、自行开发）固定资产或无形资产，单位价值不超过500万元（含）的，允许一次性计入当期成本费用在计算应纳税所得额时扣除，不再分年度计算折旧和摊销；新购置（含自建、自行开发）固定资产或无形资产，单位价值超过500万元的，可以缩短折旧、摊销年限或采取加速折旧、摊销的方法。固定资产，是指除房屋、建筑物以外的固定资产。

（十二）债券利息减免税

（1）对企业取得的2012年及以后年度发行的地方政府债券利息收入，免征企业所得税。

（2）自2018年11月7日至2025年12月31日，对境外机构投资境内债券市场取得的债券利息收入暂免征收企业所得税。暂免征收企业所得税的范围不包括境外机构在境内设立的机构、场所取得的与该机构、场所有实际联系的债券利息。

（3）对企业投资者持有2019—2023年发行的铁路债券取得的利息收入，减半征收企业所得税。铁路债券是指以国家铁路集团有限公司为发行和偿还主体的债券，包括中国铁路建设债券、中期票据、短期融资券等债务融资工具。

（4）对企业投资者持有2024—2027年发行的铁路债券取得的利息收入，减半征收企业所得税。对个人投资者持有2024—2027年发行的铁路债券取得的利息收入，减按50%计入应纳税所得额计算征收个人所得税。税款由兑付机构在向个人投资者兑付利息时代扣代缴。铁路债券是指以中国国家铁路集团有限公司为发行和偿还主体的债券，包括中国铁路建设债券、中期票据、短期融资券等债务融资工具。

二、企业所得税税收优惠执行情况自查及风险应对

（一）免税收入

1.一般制度

关于免税收入，企业应注意审查是否满足以下规定：

（1）国债利息收入，是指企业持有国务院财政部门发行的国债取得的利息收入。

（2）符合条件的居民企业之间的股息、红利等权益性投资收益，是指居民企业直接投资于其他居民企业取得的投资收益。

（3）股息、红利等权益性投资收益，不包括连续持有居民企业公开发行并上市流通的股票不足12个月取得的投资收益。

（4）符合条件的非营利组织的收入，不包括非营利组织从事营利性活动取得的收入，但国务院财政、税务主管部门另有规定的除外。对非营利组织从事非营利性活动取得的收入给予免税，但从事营利性活动取得的收入则要征税。

2.非营利组织的免税收入

非营利组织的下列收入为免税收入，企业应注意审查是否符合以下范围：

（1）接受其他单位或者个人捐赠的收入。

（2）除《中华人民共和国企业所得税法》第七条规定的财政拨款以外的其他政府补助收入，但不包括因政府购买服务取得的收入。

（3）按照省级以上民政、财政部门规定收取的会费。

（4）不征税收入和免税收入孳生的银行存款利息收入。

（5）财政部、国家税务总局规定的其他收入。

3.非营利组织免税资格认定管理

符合条件的非营利组织，必须同时满足以下条件，企业应注意审查是否符合以下条件：

（1）依照国家有关法律法规设立或登记的事业单位、社会团体、基金会、社会服务机构、宗教活动场所、宗教院校以及财政部、国家税务总局认定的其他非营利组织。

（2）从事公益性或者非营利性活动。

（3）取得的收入除用于与该组织有关的、合理的支出外，全部用于登记核定或者章程规定的公益性或者非营利性事业。

（4）财产及其孳息不用于分配，但不包括合理的工资薪金支出。

（5）按照登记核定或者章程规定，该组织注销后的剩余财产用于公益性或者非营利性目的，或者由登记管理机关采取转赠给与该组织性质、宗旨相同的组织等处置方式，并向社会公告。

（6）投入人对投入该组织的财产不保留或者享有任何财产权利，本款所称投入人是指除各级人民政府及其部门外的法人、自然人和其他组织。

（7）工作人员工资福利开支控制在规定的比例内，不变相分配该组织的财产，其中：工作人员平均工资薪金水平不得超过税务登记所在地的地市级（含地市级）以上地区的同行业同类组织平均工资水平的两倍，工作人员福利按照国家有关规定执行。

（8）对取得的应纳税收入及其有关的成本、费用、损失应与免税收入及其有关的成本、费用、损失分别核算。

（二）所得减免

1.从事国家重点扶持的公共基础设施项目投资经营的所得

关于从事国家重点扶持的公共基础设施项目投资经营的所得，企业应注意审查是否符合以下条件：

（1）对居民企业（以下简称企业）经有关部门批准，从事符合《公共基础设施项目企业所得税优惠目录》（以下简称《目录》）规定范围、条件和标准的公共基础设施项目的投资经营所得，自该项目取得第一笔生产经营收入所属纳税年度起，第1年至第3年免征企业所得税，第4年至第6年减半征收企业所得税。企业从事承包经营、承包建设和内部自建自用《目录》规定项目的所得，不得享受上述企业所得税优惠。

（2）第一笔生产经营收入，是指公共基础设施项目建成并投入运营（包括试运营）后所取得的第一笔主营业务收入。

（3）承包经营，是指与从事该项目经营的法人主体相独立的另一法人经营主体，通过承包该项目的经营管理而取得劳务性收益的经营活动。

（4）承包建设，是指与从事该项目经营的法人主体相独立的另一法人经营主体，通过承包该项目的工程建设而取得建筑劳务收益的经营活动。

（5）内部自建自用，是指项目的建设仅作为本企业主体经营业务的设施，满足本企业自身的生产经营活动需要，而不属于向他人提供公共服务业务的公共基础设施建设项目。

（6）企业同时从事不在《目录》范围的生产经营项目取得的所得，应与享受优惠的公共基础设施项目经营所得分开核算，并合理分摊企业的期间共同费用；没有单独核算的，不得享受上述企业所得税优惠。期间共同费用的合理分摊比例可以按照投资额、销售收入、资产额、人员工资等参数确定。上述比例一经确定，不得随意变更。凡特殊情况需要改变的，需报主管税务机关核准。

（7）企业因生产经营发生变化或因《目录》调整，不再符合减免税条件的，企业应当自发生变化15日内向主管税务机关提交书面报告并停止享受优惠，依法缴纳企业所得税。

（8）企业在减免税期限内转让所享受减免税优惠的项目，受让方承续经营该项目的，可自受让之日起，在剩余优惠期限内享受规定的减免税优惠；减免税期限届满后转让的，受让方不得就该项目重复享受减免税优惠。

（9）企业实际经营情况不符合企业所得税减免税规定条件的或采取虚假申报等手段获取减免税的、享受减免税条件发生变化未及时向税务机关报告的，以及未按本办法规定程序报送备案资料而自行减免税的，企业主管税务机关应按照《中华人民共和国税收征收管理法》有关规定进行处理。

2.符合条件的技术转让所得

关于符合条件的技术转让所得，企业应注意审查是否符合以下条件：

享受减免企业所得税优惠的技术转让应符合以下条件：

（1）享受优惠的技术转让主体是《中华人民共和国企业所得税法》规定的居民企业。

（2）技术转让属于财政部、国家税务总局规定的范围。

（3）境内技术转让经省级以上科技部门认定。

（4）向境外转让技术经省级以上商务部门认定。

（5）国务院税务主管部门规定的其他条件。

符合条件的技术转让所得应按以下方法计算：

技术转让所得＝技术转让收入－技术转让成本－相关税费

技术转让收入是指当事人履行技术转让合同后获得的价款，不包括销售或转让设备、仪器、零部件、原材料等非技术性收入。不属于与技术转让项目密不可分的技术咨询、技术服务、技术培训等收入，不得计入技术转让收入。

技术转让成本是指转让的无形资产的净值，即该无形资产的计税基础减除在资产使用期间按照规定计算的摊销扣除额后的余额。

相关税费是指技术转让过程中实际发生的有关税费，包括除企业所得税和允许抵扣的增值税以外的各项税金及其附加、合同签订费用、律师费等相关费用及其他支出。

享受技术转让所得减免企业所得税优惠的企业，应单独计算技术转让所得，并合理分摊企业的期间费用；没有单独计算的，不得享受技术转让所得企业所得税优惠。

可以计入技术转让收入的技术咨询、技术服务、技术培训收入，是指转让方为使受让方掌握所转让的技术投入使用、实现产业化而提供的必要的技术咨询、技术服务、技术培训所产生的收入，并应同时符合以下条件：①在技术转让合同中约定的与该技术转让相关的技术咨询、技术服务、技术培训；②技术咨询、技术服务、技术培训收入与该技术转让项目收入一并收取价款。

第四章 企业所得税政策执行情况自查及稽查风险应对策略

自2015年10月1日起,全国范围内的居民企业转让5年(含,下同)以上非独占许可使用权取得的技术转让所得,纳入享受企业所得税优惠的技术转让所得范围。居民企业的年度技术转让所得不超过500万元的部分,免征企业所得税;超过500万元的部分,减半征收企业所得税。

技术包括专利(含国防专利)、计算机软件著作权、集成电路布图设计专有权、植物新品种权、生物医药新品种,以及财政部和国家税务总局确定的其他技术。其中,专利是指法律授予独占权的发明、实用新型以及非简单改变产品图案和形状的外观设计。

企业转让符合条件的5年以上非独占许可使用权的技术,限于其拥有所有权的技术。技术所有权的权属由国务院行政主管部门确定。其中,专利由国家知识产权局确定权属;国防专利由原总装备部(今中央军委装备发展部)确定权属;计算机软件著作权由国家版权局确定权属;集成电路布图设计专有权由国家知识产权局确定权属;植物新品种权由农业农村部确定权属;生物医药新品种由原国家食品药品监督管理总局确定权属。

符合条件的5年以上非独占许可使用权技术转让所得应按以下方法计算:

技术转让所得=技术转让收入-无形资产摊销费用-相关税费-应分摊期间费用

技术转让收入是指转让方履行技术转让合同后获得的价款,不包括销售或转让设备、仪器、零部件、原材料等非技术性收入。不属于与技术转让项目密不可分的技术咨询、服务、培训等收入,不得计入技术转让收入。技术许可使用权转让收入,应按转让协议约定的许可使用权人应付许可使用权使用费的日期确认收入的实现。

无形资产摊销费用是指该无形资产按税法规定当年计算摊销的费用。涉及自用和对外许可使用的,应按照受益原则合理划分。

相关税费是指技术转让过程中实际发生的有关税费,包括除企业所得税和允许抵扣的增值税以外的各项税金及其附加、合同签订费用、律师费等相关费用。

应分摊期间费用(不含无形资产摊销费用和相关税费)是指技术转让按照当年销售收入占比分摊的期间费用。

(三)减低税率与定期减免税

1.小型微利企业

享受小型微利企业税收优惠,企业应当审查是否满足以下条件:

(1)小型微利企业是指从事国家非限制和禁止行业,且同时符合年度应纳税所得额不超过300万元、从业人数不超过300人、资产总额不超过5 000万元3个条件的企业。

(2)从业人数,包括与企业建立劳动关系的职工人数和企业接受的劳务派遣用工人数。

（3）从业人数和资产总额指标，应按企业全年的季度平均值确定。具体计算公式如下：

$$季度平均值=（季初值+季末值）÷2$$

$$全年季度平均值=全年各季度平均值之和÷4$$

年度中间开业或者终止经营活动的，以其实际经营期作为1个纳税年度确定上述相关指标。

（4）小型微利企业无论是按查账征收方式还是按核定征收方式缴纳企业所得税，均可享受优惠政策。

（5）企业设立不具有法人资格分支机构的，应当汇总计算总机构及其各分支机构的从业人数、资产总额、年度应纳税所得额，依据合计数判断是否符合小型微利企业条件。

（5）小型微利企业在预缴和汇算清缴企业所得税时，通过填写纳税申报表，即可享受小型微利企业所得税优惠政策。

（6）小型微利企业预缴企业所得税时，资产总额、从业人数、年度应纳税所得额指标，暂按当年度截至本期预缴申报所属期末的情况进行判断。

（7）原不符合小型微利企业条件的企业，在年度中间预缴企业所得税时，按照相关政策标准判断符合小型微利企业条件的，应按照截至本期预缴申报所属期末的累计情况，计算减免税额。当年度此前期间如因不符合小型微利企业条件而多预缴的企业所得税税款，可在以后季度应预缴的企业所得税税款中抵减。

（8）企业预缴企业所得税时享受了小型微利企业所得税优惠政策，但在汇算清缴时发现不符合相关政策标准的，应当按照规定补缴企业所得税税款。

（9）小型微利企业所得税统一实行按季度预缴。按月度预缴企业所得税的企业，在当年度4月、7月、10月预缴申报时，若按相关政策标准判断符合小型微利企业条件的，下一个预缴申报期起调整为按季度预缴申报，一经调整，当年度内不再变更。

2.高新技术企业

企业在享受高新技术企业税收优惠时，应当审查是否满足以下条件：

国家需要重点扶持的高新技术企业，是指拥有核心自主知识产权，并同时符合下列条件的企业：

（1）产品（服务）属于《国家重点支持的高新技术领域》规定的范围。

（2）研究开发费用占销售收入的比例不低于规定比例。

（3）高新技术产品（服务）收入占企业总收入的比例不低于规定比例。

（4）科技人员占企业职工总数的比例不低于规定比例。

（5）高新技术企业认定管理办法规定的其他条件。

3.技术先进型服务企业

企业在享受技术先进型服务企业税收优惠时，应当审查是否满足以下条件：

（1）在中国境内（不包括港、澳、台地区）注册的法人企业。

（2）从事《技术先进型服务业务认定范围（试行）》中的一种或多种技术先进型服务业务，采用先进技术或具备较强的研发能力。

（3）具有大专以上学历的员工占企业职工总数的50%以上。

（4）从事《技术先进型服务业务认定范围（试行）》中的技术先进型服务业务取得的收入占企业当年总收入的50%以上。

（5）从事离岸服务外包业务取得的收入不低于企业当年总收入的35%。

从事离岸服务外包业务取得的收入，是指企业根据境外单位与其签订的委托合同，由本企业或其直接转包的企业为境外单位提供《技术先进型服务业务认定范围（试行）》中所规定的信息技术外包服务（ITO）、技术性业务流程外包服务（BPO）和技术性知识流程外包服务（KPO），而从上述境外单位取得的收入。

4.经营性文化事业单位转制为企业

"经营性文化事业单位"，是指从事新闻出版、广播影视和文化艺术的事业单位。转制包括整体转制和剥离转制。其中，整体转制包括：（图书、音像、电子）出版社、非时政类报刊出版单位、新华书店、艺术院团、电影制片厂、电影（发行放映）公司、影剧院、重点新闻网站等整体转制为企业；剥离转制包括：新闻媒体中的广告、印刷、发行、传输网络等部分，以及影视剧等节目制作与销售机构，从事业体制中剥离出来转制为企业。

享受税收优惠政策的转制文化企业应同时符合以下条件：

（1）根据相关部门的批复进行转制。

（2）转制文化企业已进行企业法人登记。

（3）整体转制前已进行事业单位法人登记的，转制后已核销事业编制、注销事业单位法人；整体转制前未进行事业单位法人登记的，转制后已核销事业编制。

（4）已同在职职工全部签订劳动合同，按企业办法参加社会保险。

（5）转制文化企业引入非公有资本和境外资本的，须符合国家法律法规和政策规定；变更资本结构依法应经批准的，需经行业主管部门和国有文化资产监管部门批准。

5.生产和装配伤残人员专门用品企业

企业在享受生产和装配伤残人员专门用品企业税收优惠时，应当审查是否满足以下条件：

（1）生产和装配伤残人员专门用品，且在民政部发布的《中国伤残人员专门用品目录》范围之内。

（2）以销售本企业生产或者装配的伤残人员专门用品为主，其所取得的年度伤残人员专门用品销售收入（不含出口取得的收入）占企业收入总额60%以上。收入总额，是指《中华人民共和国企业所得税法》第六条规定的收入总额。

（3）企业账证健全，能够准确、完整地向主管税务机关提供纳税资料，且本企业生产或者装配的伤残人员专门用品所取得的收入能够单独、准确核算。

（4）企业拥有假肢制作师、矫形器制作师资格证书的专业技术人员不得少于1人；其企业生产人员如超过20人，则其拥有假肢制作师、矫形器制作师资格证书的专业技术人员不得少于全部生产人员的1/6。

（5）具有与业务相适应的测量取型、模型加工、接受腔成型、打磨、对线组装、功能训练等生产装配专用设备和工具。

（6）具有独立的接待室、假肢或者矫形器（辅助器具）制作室和假肢功能训练室，使用面积不少于115平方米。

（五）加计扣除

1.研究开发费用

研发活动，是指企业为获得科学与技术新知识，创造性运用科学技术新知识，或实质性改进技术、产品（服务）、工艺而持续进行的具有明确目标的系统性活动。企业在享受研究开发费用加计扣除税收优惠时，应注意审查是否符合以下条件：

（1）企业开展研发活动中实际发生的研发费用，未形成无形资产计入当期损益的，在按规定据实扣除的基础上，按照本年度实际发生额的50%，从本年度应纳税所得额中扣除；形成无形资产的，按照无形资产成本的150%在税前摊销。研发费用的具体范围包括：①人员人工费用。直接从事研发活动人员的工资薪金、基本养老保险费、基本医疗保险费、失业保险费、工伤保险费、生育保险费和住房公积金，以及外聘研发人员的劳务费用。②直接投入费用。该费用具体包括研发活动直接消耗的材料、燃料和动力费用；用于中间试验和产品试制的模具、工艺装备开发及制造费，不构成固定资产的样品、样机及一般测试手段购置费，试制产品的检验费；用于研发活动的仪器、设备的运行维护、调整、检验、维修等费用，以及通过经营租赁方式租入的用于研发活动的仪器、设备租赁费。③折旧费用。折旧费用是指用于研发活动的仪器、设备的折旧费。④无形资产摊销费用。用于研发活动的软件、专利权、非专利技术（包括许可证、专有技术、设计和计算方法等）的摊销费用。⑤新产品设计费、新工艺规程制定费、新药研制的临床试验费、勘探开发技术的现场试验费。⑥其他相关费用。与研发活动直接相关的其他费用，如技术图书资料费、资料翻译费、专家咨询费、高新科技研发保险费，研发成果的检索、分析、评议、论证、鉴定、评审、评估、验收费用，知识产权的申请费、注册费、代理费，差旅费、会议费等。此项费用

第四章　企业所得税政策执行情况自查及稽查风险应对策略

总额不得超过可加计扣除研发费用总额的10%。⑦财政部和国家税务总局规定的其他费用。

（2）下列活动不适用税前加计扣除政策：①企业产品（服务）的常规性升级。②对某项科研成果的直接应用，如直接采用公开的新工艺、材料、装置、产品、服务或知识等。③企业在商品化后为顾客提供的技术支持活动。④对现存产品、服务、技术、材料或工艺流程进行的重复或简单改变。⑤市场调查研究、效率调查或管理研究。⑥作为工业（服务）流程环节或常规的质量控制、测试分析、维修维护。⑦社会科学、艺术或人文学方面的研究。

（3）企业委托外部机构或个人进行研发活动所发生的费用，按照费用实际发生额的80%计入委托方研发费用并计算加计扣除，受托方不得再进行加计扣除。委托外部研究开发费用实际发生额应按照独立交易原则确定。委托方与受托方存在关联关系的，受托方应向委托方提供研发项目费用支出明细情况。

（4）企业共同合作开发的项目，由合作各方就自身实际承担的研发费用分别计算加计扣除。

（5）企业集团根据生产经营和科技开发的实际情况，对技术要求高、投资数额大，需要集中研发的项目，其实际发生的研发费用，可以按照权利和义务相一致、费用支出和收益分享相配比的原则，合理确定研发费用的分摊方法，在受益成员企业之间进行分摊，由相关成员企业分别计算加计扣除。

（6）企业为获得创新性、创意性、突破性的产品进行创意设计活动而发生的相关费用，可按照本通知规定进行税前加计扣除。创意设计活动是指多媒体软件、动漫游戏软件开发，数字动漫、游戏设计制作；房屋建筑工程设计（绿色建筑评价标准为三星）、风景园林工程专项设计；工业设计、多媒体设计、动漫及衍生产品设计、模型设计等。

（7）企业应按照国家财务会计制度要求，对研发支出进行会计处理；同时，对享受加计扣除的研发费用按研发项目设置辅助账，准确归集核算当年可加计扣除的各项研发费用实际发生额。企业在一个纳税年度内进行多项研发活动的，应按照不同研发项目分别归集可加计扣除的研发费用。

（8）企业应对研发费用和生产经营费用分别核算，准确、合理归集各项费用支出，对划分不清的，不得实行加计扣除。

（9）企业委托境外进行研发活动所发生的费用，按照费用实际发生额的80%计入委托方的委托境外研发费用。委托境外研发费用不超过境内符合条件的研发费用三分之二的部分，可以按规定在企业所得税前加计扣除。上述费用实际发生额应按照独立交易原则确定。委托方与受托方存在关联关系的，受托方应向委托方提供研发项目费用支出明细情况。

（10）企业委托境外进行研发活动应签订技术开发合同，并由委托方到科技行政主管部门进行登记。相关事项按技术合同认定登记管理办法及技术合同认定规则执行。

（11）企业应在年度申报享受优惠时，按照《国家税务总局关于发布修订后的〈企业所得税优惠政策事项办理办法〉的公告》（国家税务总局公告2018年第23号）的规定办理有关手续，并留存备查以下资料：①企业委托研发项目计划书和企业有权部门立项的决议文件；②委托研究开发专门机构或项目组的编制情况和研发人员名单；③经科技行政主管部门登记的委托境外研发合同；④"研发支出"辅助账及汇总表；⑤委托境外研发银行支付凭证和受托方开具的收款凭据；⑥当年委托研发项目的进展情况等资料。

（12）企业如果已取得地市级（含）以上科技行政主管部门出具的鉴定意见，应作为资料留存备查。企业对委托境外研发费用以及留存备查资料的真实性、合法性承担法律责任。委托境外进行研发活动不包括委托境外个人进行的研发活动。

2.安置国家鼓励就业人员所支付的工资

企业在享受安置残疾人员工资加计扣除税收优惠时，应注意审查是否符合以下规定：

（1）企业安置残疾人员的，在按照支付给残疾职工工资据实扣除的基础上，可以在计算应纳税所得额时按照支付给残疾职工工资的100%加计扣除。

（2）企业就支付给残疾职工的工资，在进行企业所得税预缴申报时，允许据实计算扣除；在年度终了进行企业所得税年度申报和汇算清缴时，再依照本条第一款的规定计算加计扣除。

（3）残疾人员的范围适用《中华人民共和国残疾人保障法》的有关规定。

（4）企业享受安置残疾职工工资100%加计扣除应同时具备如下条件：

第一，依法与安置的每位残疾人签订了1年以上（含1年）的劳动合同或服务协议，并且安置的每位残疾人在企业实际上岗工作。

第二，为安置的每位残疾人按月足额缴纳了企业所在区县人民政府根据国家政策规定的基本养老保险、基本医疗保险、失业保险和工伤保险等社会保险。

第三，定期通过银行等金融机构向安置的每位残疾人实际支付了不低于企业所在区县适用的经省级人民政府批准的最低工资标准的工资。

第四，具备安置残疾人上岗工作的基本设施。

（5）企业应在年度终了进行企业所得税年度申报和汇算清缴时，向主管税务机关报送本通知第四条规定的相关资料、已安置残疾职工名单及其《中华人民共和国残疾人证》或《中华人民共和国残疾军人证（1至8级）》复印件和主管税务机关要求提供的其他资料，办理享受企业所得税加计扣除优惠的备案手续。

（6）在企业汇算清缴结束后，主管税务机关在对企业进行日常管理、纳税评估和纳税检查时，应对安置残疾人员企业所得税加计扣除优惠的情况进行核实。

第四章　企业所得税政策执行情况自查及稽查风险应对策略

（六）抵扣应纳税所得额

1.初创科技型企业

企业在投资于初创科技型企业时，应注意审查初创科技型企业是否同时符合以下条件：

（1）在中国境内（不包括港、澳、台地区）注册成立、实行查账征收的居民企业。

（2）接受投资时，从业人数不超过200人，其中具有大学本科以上学历的从业人数不低于30%；资产总额和年销售收入均不超过3 000万元。

（3）接受投资时设立时间不超过5年（60个月）。

（4）接受投资时以及接受投资后2年内未在境内外证券交易所上市。

（5）接受投资当年及下一纳税年度，研发费用总额占成本费用支出的比例不低于20%。

2.创业投资企业

企业在享受创业投资税收优惠时，应注意审查创业投资企业是否同时符合以下条件：

（1）在中国境内（不含港、澳、台地区）注册成立、实行查账征收的居民企业或合伙创投企业，且不属于被投资初创科技型企业的发起人。

（2）符合《创业投资企业管理暂行办法》（国家发展改革委等10部门令第39号发布）规定或者《私募投资基金监督管理暂行办法》（证监会令第105号）关于创业投资基金的特别规定，按照上述规定完成备案且规范运作。

（3）投资后2年内，创业投资企业及其关联方持有被投资初创科技型企业的股权比例合计应低于50%。

（七）减计收入

企业在享受提供社区养老、托育、家政服务减计收入税收优惠时，应注意审查是否满足以下条件：

（1）社区是指聚居在一定地域范围内的人们所组成的社会生活共同体，包括城市社区和农村社区。

（2）为社区提供养老服务的机构，是指在社区依托固定场所设施，采取全托、日托、上门等方式，为社区居民提供养老服务的企业、事业单位和社会组织。社区养老服务是指为老年人提供的生活照料、康复护理、助餐助行、紧急救援、精神慰藉等服务。

（3）为社区提供托育服务的机构，是指在社区依托固定场所设施，采取全日托、半日托、计时托、临时托等方式，为社区居民提供托育服务的企业、事业单位和社会组织。社区托育服务是指为3周岁（含）以下婴幼儿提供的照料、看护、膳食、保育等服务。

（4）为社区提供家政服务的机构，是指以家庭为服务对象，为社区居民提供家政服务的企业、事业单位和社会组织。社区家政服务是指进入家庭成员住所或医疗机构为孕产妇、婴幼儿、老人、病人、残疾人提供的照护服务，以及进入家庭成员住所提供的保洁、烹饪等服务。

（八）税额抵免

企业享受购置环境保护、节能节水、安全生产等专用设备税额抵免税收优惠时，应注意审查以下情形：

（1）购置并实际使用的环境保护、节能节水和安全生产专用设备，包括承租方企业以融资租赁方式租入的、并在融资租赁合同中约定租赁期届满时租赁设备所有权转移给承租方企业，且符合规定条件的上述专用设备。

（2）凡融资租赁期届满后租赁设备所有权未转移至承租方企业的，承租方企业应停止享受抵免企业所得税优惠，并补缴已经抵免的企业所得税税款。

（九）企业所得税税收优惠的管理

企业同时从事适用不同企业所得税待遇的项目的，其优惠项目应当单独计算所得，并合理分摊企业的期间费用；没有单独计算的，不得享受企业所得税优惠。

【税务稽查风险案例4-6】

根据北京市第一中级人民法院（2018）京01行终80号行政判决书，上诉人北京某图数据技术有限公司（以下简称某图公司）不服北京市海淀区人民法院（2017）京0108行初514号行政判决，向北京市第一中级人民法院提起上诉。

一审法院查明如下事实：2015年6月15日，北京市海淀区国家税务局稽查局（以下简称海淀国税稽查局）经对某图公司2013年1月1日至2013年12月31日涉税情况进行检查，对该公司作出海国税稽处〔2015〕41号《税务处理决定书》（以下简称41号处理决定）及海国税稽罚〔2015〕28号《税务行政处罚决定书》（以下简称28号处罚决定），决定追缴该公司2013年9月和10月的增值税及滞纳金，并决定对某图公司处以偷税数额一倍罚款，对该公司虚开发票行为处罚款。某图公司在法定期限内对上述处理决定及处罚决定未申请行政复议，亦未提起行政诉讼。

2011年10月11日，某图公司取得高新技术企业证书（编号为：GF201111000951），有效期为三年。2014年10月30日，某图公司取得高新技术企业证书（编号为：GR201411002054），有效期为3年。2017年2月4日，北京市科学技术委员会、北京市财政局、北京市国家税务局及北京市地方税务局作出《关于取消北京炎炎互动数码科技有限公司等高新技术企业资格的公告》（京科发〔2017〕21号）（以下简称21号公告），取消了某图公司2013—2015年的高新技术企业资格。2017年2月28日，北京市海淀区国家税务局第十税务所(以下简称第十税务所)依据《国家税务总局关于实施高新技术企业所得税优惠有关问题的通知》(国税函〔2009〕203号)(以下简称203号通知)第六条规定作出海十国税通〔2017〕69号税务事项通知书(以下简称69号通知书),主要包括以下内容:"事由:因北京某图数据技术有限公司被取消2013—2015年的高新技术企业资格,需补缴已减免的企业所得税款。依据:国科发火〔2008〕172号;国税函〔2009〕203号第六条;京科发〔2017〕21号。通知内容:税务机关在对你(单位)2013年1月1日起至2015年12月31日的纳税申报情况进行纳税评估后,发现以下涉税问题:根据京科发〔2017〕21号公告,北京某图数据技术有限公司被取消2013—2015年的高新技术企业资格。按照国税函〔2009〕203号第六条规定,应补缴已减免的企业所得税款,请于7个工作日内自行到税务机关补缴,现提请你(单位)于2017年3月9日前自行改正并于改正后5日内提交自行改正的书面说明。"并于同年3月1日向某图公司送达。

某图公司不服,在按照69号通知书要求补缴相应税款及滞纳金后,于2017年4月26日向北京市海淀区国家税务局(以下简称海淀区国税局)提出行政复议申请,因被申请人行政主体有误,海淀区国税局于当日作出《行政复议申请补正通知书》,要求某图公司于10日内补正申请材料。2017年5月4日,某图公司再次提交补正后的行政复议申请。同年5月10日,海淀区国税局作出《受理行政复议申请通知书》,决定自收到行政复议申请书之日(2017年5月4日)起予以受理。同日,海淀区国税局作出《行政复议答复通知书》并向第十税务所送达。2017年5月10日,第十税务所依法提交了《行政复议答辩书》、相关证据及法律依据等有关材料。同年6月23日,海淀区国税局作出海国税复决字〔2017〕1号税务行政复议决定书(以下简称1号复议决定),维持第十税务所作出的69号通知书,并于2017年6月30日送达给某图公司。某图公司亦不服,于2017年7月11日向一审法院提起行政诉讼,请求撤销第十税务所作出的69号通知书以及海淀区国税局作出的1号复议决定,本案诉讼费用由第十税务所、海淀区国税局承担。

另查,某图公司已补缴的2013—2015年度因享受国家需要重点扶持的高新技术企业税收优惠税款及滞纳金共计4 057 982.14元,其中企业税收优惠税款为3 060 782.68元,滞纳金为997 199.46元。庭审中,各方当事人对上述数额均无异议。

一审法院认为,《中华人民共和国税收征收管理法》(以下简称《税收征收管理法》)第五条第一款规定,国务院税务主管部门主管全国税收征收管理工作。各地国家税务局和地方税务局应当按照国务院规定的税收征收管理范围分别进行征收管理。该法第十四条规定,本法所称税务机关是指各级税务局、税务分局、税务所和按照国务院规定设立的并向社会公告的税务机构。参照《北京市国家税务局关于海淀区国家税务局机构调整的批复》,第十税务所具有对本行政区域内科学研究和技术服务业等行业的重点税源进行管理的法定职责。《中华人民共和国企业所得税法》(以下简称《企业所得税法》)第二十八条第二款规定,国家需要重点扶持的高新技术企业,减按15%的税率征收企业所得税。《中华人民共和国税收征收管理法实施细则》(以下简称《税收征收管理法实施细则》)第四十三条第二款规定,享受减税、免税优惠的纳税人,减税、免税条件发生变化的,应当自发生变化之日起15日内向税务机关报告;不再符合减税、免税条件的,应当依法履行纳税义务;未依法纳税的,税务机关应当予以追缴。本案中,根据21号公告,某图公司被取消2013—2015年的高新技术企业资格,其减税条件发生变化,不再符合高新技术企业减税条件,应当向税务机关报告,并依法履行纳税义务,未依法纳税的,税务机关应当予以追缴,故第十税务所要求某图公司补交已减免的企业所得税款并无不当。

关于某图公司认为其补缴税款应适用三年追征期的主张,一审法院认为,目前并无相关法律法规对本案所涉高新技术企业被取消资格后的税款追征期问题有明确规定,故某图公司认为适用三年追征期限的主张缺乏法律依据,一审法院不予支持。

关于某图公司认为无需缴纳滞纳金的主张,一审法院认为,依据适时有效的《高新技术企业认定管理办法》(国科发火〔2008〕172号)(以下简称172号文件)第十五条第一款第(二)项规定,已认定的高新技术企业有偷、骗税等行为的,应取消其资格。某图公司因偷税行为被海淀国税稽查局作出处理及处罚,且该公司并未通过行政复议或行政诉讼对处理处罚行为提出异议,故某图公司因偷税未依法履行纳税义务,给国家税收收入造成损失的事实客观存在,该公司应当因占用税款对国家作出经济补偿,并以滞纳金形式向国家承担经济赔偿责任,故一审法院对于某图公司的上述主张不予支持。

同时,海淀区国税局在法定复议期限内履行了受理、审查、决定、送达等程序,复议程序符合法律规定。综上所述,依照《中华人民共和国行政诉讼法》第六十九条、《最高人民法院关于适用〈中华人民共和国行政诉讼法〉若干问题的解释》第十条第一款的规定,判决驳回某图公司的诉讼请求。

上诉人某图公司上诉称:一、适用已经失效的行政法规认定上诉人应补缴企业所得税,一审判决依据《税收征收管理法实施细则》第四十三条已于2016年2月6日修改,第十税务所作出69号通知的时间为2017年2月28日,应当依据修改后的《税收征收管理法实施细则》第四十三条,如果依据修改前的第四十三条第二款规定,无论上诉人哪一年度的减税条件发生变化,都应在发生之日起15日内报告税务机关,但由此产生的问题是,如果此时已过纳税申报时间,企业将无法申报并汇算清缴,税务机关能否追缴就会产生歧义,所以对于2013—2015年度,虽然上诉人被取消了高新技术企业资格,但由于早已过了纳税申报时间,上诉人并无义务报告,更无法进行汇算清缴,税务机关当然也无权力追缴。二、对追征期适用法律错误,一审法院认为上诉人主张适用三年追征期的主张缺乏事实和法律依据,但是一审法院并没有审查第十税务所主张的五年追征期是否适用法律正确,根据法无授权不可为的行政法原则,第十税务所当然不能适用其他追征期的规定对上诉人进行追征。三、依据已经作废的规范性文件认定事实,上诉人反复强调172号文件已经于2016年1月被废止,上诉人被取消高新技术企业资格应适用2016年1月1日开始实施的修订后的《高新技术企业认定管理办

第四章 企业所得税政策执行情况自查及稽查风险应对策略

法》(国科发火〔2016〕32号)(以下简称32号文件),该办法第十九条第一款中,删除了对企业有偷、骗税等行为的应取消其资格的规定,一审法院认为做出行政行为时已经被废止的规范性文件为"适时有效",属于错误适用法律,据此认定上诉人因偷税给国家税收收入造成损失当然也是错误的。四、在无法律依据的情况下认可应追缴滞纳金,一审判决认为上诉人"应当因占用税款对国家作出经济补偿,并以滞纳金形式向国家承担经济赔偿责任",却没有说明使用哪一条法律、法规,也没有对被上诉人主张所适用的法律依据是否正确作出认定,一审法院还偷换概念,将国家税收收入损失的原因归于上诉人偷税,实际上本案之所以被第十税务所决定追缴税款,是因为上诉人被取消税收优惠,而不是偷税,一审法院再次认定上诉人因偷税导致国家税收的损失,将产生逻辑混乱并导致同一违法行为会被追究多次的结果。五、对第十税务所作出行政行为的基础行政决定没有审查有效性,本案中,69号通知书的事实依据是21号文件,21号文件应当是一个已经生效而且具有确定力、拘束力和执行力的行政行为,否则不能作为第十税务所作出行政行为的依据。上诉人认为21号文件未生效,首先,172号文件认定取消资格的性质是行政处罚,根据《中华人民共和国行政处罚法》(以下简称《行政处罚法》)的规定,即使是部委规章,也只能设定警告或者一定数量罚款的行政处罚,而不能设定其他类型的行政处罚,172号文件只是其他规范性文件,不能设定任何行政处罚,且作出69号通知书时,172号文件已经被废止,32号文件取消了这一规定,因此有关部门取消上诉人的高新技术企业资格并无法律依据,应认定无效;其次作出21号公告,没有根据《行政处罚法》第三十一条、第三十二条的规定向当事人告知给予行政处罚的事实、理由和依据并听取当事人的陈述和申辩,因此行政处罚决定不能成立;再次,行政处罚决定未当场交付,也没有采取直接送达、留置送达、邮寄送达等方式进行送达,虽然北京市科学技术委员会在其网站上进行了公布,显然不是在用上述送达方式无法送达后才进行的公告,而是直接公告,即使是公告送达,也应该经过60日,视为送达,第十税务所作出行政行为时,还不满60日。综上,第十税务所行政行为依据还没有生效、不具有确定力的行政决定作出本案争议行政行为,显然不具有合法性。六、对滞纳金的性质认定错误,一审法院对第十税务所是否程序违法没有作出认定,等于默认其提出的答辩理由合法,但是《国家税务总局关于税收优先权包括滞纳金问题的批复》(国税函〔2008〕1084号)(以下简称1084号批复)仅仅是一个规范性文件,不能作为认定行政行为合法的依据,且该批复确定的是滞纳金在征缴时视同税款管理,而不是说加收滞纳金不需要作出决定,补缴税款和加收滞纳金不属于同一行为,因此69号通知书中未告知加收滞纳金却收取滞纳金的行为明显违反正当程序,应当撤销。七、法律适用的问题,上诉人认为,本案应当适用32号文件,不应适用172号文件,最高人民法院确定的是从旧兼从轻的原则,本案上诉人所谓被认定偷税行为是2015年,按照从旧兼从轻的原则,应适用32号文件来认定上诉人的高新技术企业资格。八、上诉人的信赖利益应该予以保护,即使上诉人高新技术企业资格被撤销,上诉人获得的信赖利益也不应被剥夺。综上,请求判决撤销一审判决,改判支持上诉人的全部诉讼请求。

被上诉人第十税务所、海淀区国税局辩称：一审判决事实清楚，适用法律正确，请求维持一审判决。

在一审法院指定的证据交换期限内，某图公司向一审法院提交如下证据并当庭出示：1.69号通知书，证明该税务事项通知书不符合国家税务总局制定的统一税收执法文书样式要求，在文中没有落款及日期，形式上不符合法律规定，且系由第十税务所超越职权作出，该税务事项通知书告知某图公司需补缴2013—2015年度已减免的企业所得税，对滞纳金并未书面通知，征收滞纳金程序违法，且无法律规定，不应支付滞纳金，某图公司不存在应追缴已减免的企业所得税税款的情形，且该通知书已过追征期限，应依法返还某图公司缴纳的企业所得税及滞纳金，第十税务所作出被诉行政行为没有依法履行调查、告知等程序，没有给某图公司陈述、申辩权等属于程序违法；2.银行转账凭证，证明某图公司补缴了2013—2015年度已减免的企业所得税并且第十税务所还违法征收了滞纳金，应返还某图公司，且银行转账凭单中显示的税种均为企业所得税，明显存在违规操作。

在法定举证期限内，第十税务所向一审法院提交如下证据并当庭出示：1.高新技术企业证书及企业所得税年度纳税申报表（2013—2015年），证明某图公司在2013—2015年度因取得高新技术企业资格享受企业所得税税收优惠；2.41号处理决定及送达回证、28号处罚决定及送达回证，证明某图公司存在偷税行为，海淀国税稽查局已对其作出处理、处罚；3.21号公告，证明某图公司的高新技术企业技术资格被取消；4.69号通知书的送达回证，证明第十税务所作出税务事项通知书并依法送达给某图公司。同时，第十税务所提交并出示了《税收征收管理法》《税收征收管理法实施细则》《企业所得税法》、172号文件、203号通知、《纳税评估管理办法（试行）》、1084号批复、《北京市国家税务局关于海淀区国家税务局机构调整的批复》作为其法律规范依据。

在法定举证期限内，海淀区国税局提交如下证据并当庭出示：1.《行政复议申请书》（2017年4月26日提供）及所附资料、《行政复议申请补正通知书》及送达回证、《行政复议申请书》（2017年5月4日提供），证明海淀区国税收到某图公司提交的行政复议申请，并依法告知某图公司补正；2.《受理行政复议申请通知书》及送达回证，证明海淀区国税局依法受理某图公司的复议申请；3.《行政复议答复通知书》及送达回证，证明海淀区国税局依法通知第十税务所答复和提交证据、依据等；4.《行政复议答辩书》、事实证据、程序证据清单及引用文件目录，证明第十税务所提交书面答复和证据、依据等；5.1号复议决定的送达回证，证明海淀区国税局作出复议决定并送达给某图公司和第十税务所。同时，海淀区国税局提交并出示《中华人民共和国行政复议法》《中华人民共和国行政复议法实施条例》《税务行政复议规则》作为其法律规范依据。

上述证据一审法院经庭审质证，认证意见是：第十税务所提交的全部证据形式上符合《最高人民法院关于行政诉讼证据若干问题的规定》中规定的提供证据的要求，

第四章　企业所得税政策执行情况自查及稽查风险应对策略

内容真实，与本案具有关联性，一审法院予以采信。海淀区国税局提交的全部证据形式上符合《最高人民法院关于行政诉讼证据若干问题的规定》中规定的提供证据的要求，内容真实，与本案具有关联性，一审法院予以采信。某图公司提交的证据1系本案被诉行政行为，不能作为证据使用；某图公司提交的其他证据真实性一审法院予以认可，但不能证明第十税务所行政行为违法。

二审法院经审查，同意一审法院的认证意见。

二审法院经审理查明的事实与一审法院认定的事实一致，二审法院予以确认。

二审法院认为，《企业所得税法》第二十八条第二款规定，国家需要重点扶持的高新技术企业，减按15%的税率征收企业所得税。《税收征收管理法实施细则》（2012年修订）第四十三条第二款规定，享受减税、免税优惠的纳税人，减税、免税条件发生变化的，应当自发生变化之日起15日内向税务机关报告；不再符合减税、免税条件的，应当依法履行纳税义务；未依法纳税的，税务机关应当予以追缴。203号通知第六条规定，未取得高新技术企业资格，或虽取得高新技术企业资格但不符合《企业所得税法》及其实施条例以及本通知有关规定条件的企业，不得享受高新技术企业的优惠；已享受优惠的，应追缴其已减免的企业所得税税款。本案中，根据21号公告，上诉人被取消2013—2015年的高新技术企业资格后，不再符合高新技术企业减税条件，上诉人应当向税务机关报告，并依法履行纳税义务，未依法纳税的，税务机关应当予以追缴，故第十税务所要求上诉人补交已减免的企业所得税款同时加收滞纳金并无不当。上诉人认为一审法院应适用新修订的《税收征收管理法实施细则》第四十三条第二款的规定以及不应适用172号文的主张，二审法院认为，对于行政行为，应适用行政行为所针对事项发生时的法律、法规、规章、规范性文件等的规定予以调整，上诉人的该项上诉主张二审法院不予支持；关于追征期的适用问题，本案上诉人因为高新技术企业资格被取消，导致需要补缴税款的情形，均不符合《税收征收管理法》第五十二条中规定追征期所对应的情形，鉴于《税收征收管理法实施细则》以及203号通知中均有减税、免税条件发生变化时，税务机关应予以追缴减免税款的规定，且现有法律、法规、规章、规范性文件等未对该种追缴行为设定追征期限的限制，因此上诉人主张应适用三年追征期限的上诉理由，二审法院不予支持；关于上诉人认为追缴滞纳金没有法律依据的主张，由于上诉人不符合现有法律、法规、规章、规范性文件等中不得加收滞纳金规定的条件，上诉人的该项上诉主张，二审法院不予支持；关于上诉人要求审查21号公告的主张，二审法院认为21号公告的效力等问题，不是本案审理的范畴。鉴于本案审理过程中，上诉人对于对1号复议决定的程序不持异议，二审法院经审查，对复议程序的合法性予以确认。

上诉人的其他上诉理由均缺乏事实和法律依据，二审法院对其上诉请求不予支持。

2018年2月24日，二审法依照《中华人民共和国行政诉讼法》第八十九条第一款第（一）项之规定，判决如下：驳回上诉，维持一审判决。二审案件受理费50元，由上诉人北京某图数据技术有限公司负担（已缴纳）。

第五章

个人所得税政策执行情况自查及稽查风险应对策略

导 读

　　本章介绍个人所得税政策执行情况自查及稽查风险应对策略，分为七节。第一节是工资、薪金所得政策执行自查及风险应对策略，包括纳税人身份及其纳税义务的判断、工资薪金所得的判断、居民个人综合所得的税前扣除、个人所得税专项附加扣除办法、个人所得税专项附加扣除操作办法、个人所得税代扣代缴义务。第二节是劳务报酬所得政策执行自查及风险应对策略，包括劳务报酬所得的判断、劳务报酬的预扣预缴、个人所得税反避税制度。第三节是股息红利与偶然所得政策执行自查及风险应对策略，包括股息红利所得的判断、股息红利所得的计算与征管、偶然所得的判断。第四节是财产转让所得政策执行自查及风险应对策略，包括财产转让所得的判断、财产转让所得应纳税所得额的计算、个人转让上市公司限售股所得应纳税额的计算、非货币性资产投资应纳税额的计算、股权转让所得个人所得税的征管。第五节是经营所得政策执行自查及风险应对策略，包括经营所得的判断、经营所得应纳税所得额的计算、个人独资企业和合伙企业经营所得应纳税所得额的计算。第六节是个人所得税汇算清缴自查及风险应对策略，包括纳税人自行纳税申报、2023年度个人所得税汇算清缴的办理、公益性捐赠的税前扣除。第七节是个人所得税优惠政策自查及风险应对策略，包括个人所得税特殊计算政策、个人所得税税收优惠、涉外个人优惠政策。

第一节　工资、薪金所得政策执行自查及风险应对策略

一、纳税人身份及其纳税义务的判断

（一）居民个人的判断

在中国境内有住所，或者无住所而一个纳税年度内在中国境内居住累计满183天的个人，为居民个人。

在中国境内无住所又不居住，或者无住所而一个纳税年度内在中国境内居住累计不满183天的个人，为非居民个人。

纳税年度，自公历1月1日起至12月31日止。

【例5—1】 王先生在中国境内有住所，2019年7月去日本留学，2024年1月毕业回国。王先生2023年度是否属于中国居民个人？

解析：因王先生在中国境内有住所，因此王先生一直属于中国居民个人，无论其是否居住在中国境内。即使其全年居住在境外，只要其住所位于中国境内，就属于中国居民个人。因此，王先生2023年度属于中国居民个人。

【例5—2】 布朗先生为英国人，2023年7月10日来中国旅行，一直居住到2024年6月20日离境。布朗先生是否属于2023年度或2024年度中国居民个人？

解析：布朗先生在中国停留时间虽然已经远远超过180天，但居民个人的判断是以纳税年度为单位的。2023年度，布朗先生在中国居住的时间不足183天，不属于中国居民个人。2024年度，布朗先生在中国居住的时间也不足183天，同样不属于中国居民个人。

（二）对住所的判断

在中国境内有住所，是指因户籍、家庭、经济利益关系而在中国境内习惯性居住。

【例5—3】 2021年8月至2024年7月，韩国留学生小李在中国留学三年，期间购买了住房。该三年期间，小李仍保留韩国国籍，大部分时间居住在中国。留学结束后，小李回到韩国工作。在该三年期间，小李是否在中国境内有住所？

267

解析： 该三年期间，属于小李因留学而在中国短暂停留，其并未有长期定居中国的意思。其户籍在韩国，家庭在韩国，主要经济利益关系也在韩国。在中国购买的住房仅为其短暂居住使用或者仅用于投资。因此，在该三年期间，小李在中国没有住所。

（三）对习惯性居住的判断

习惯性居住，是判定纳税义务人是居民还是非居民的一个法律意义上的标准，不是指实际居住或在某一个特定时期内的居住地。如因学习、工作、探亲、旅游等而在中国境外居住的，在其原因消除之后，必须回到中国境内居住的个人，则中国即为该纳税人习惯性居住地。

【例5-4】 小刘自15岁起即去美国读高中，随后读大学和研究生，一直到27岁才回到中国工作。在这一期间，小刘每年仅利用寒暑假回国两次，总天数不超过30天。在该期间，小刘在中国境内也没有住房，但小刘一直保留中国国籍。在该12年留学期间，是否能认为小刘的习惯性居住地在中国？

解析： 住所不等于住房，住所与居住时间也没有必然联系。小刘在美国停留12年的主要目的是求学，而非长期定居美国。留学结束后，小刘仍需返回中国工作。主观意愿是判断习惯性居住地的重要标准，从小刘的国籍、家庭、经济利益关系均在中国来看，其主观意愿仍是以中国为习惯性居住地。因此，在小刘留学的12年期间，其习惯性居住地仍为中国。

（四）对所得来源地的判断

1. 来源于中国境内的所得

除国务院、财政部、税务局主管部门另有规定，下列所得，不论支付地点是否在中国境内，均为来源于中国境内的所得：

（1）因任职、受雇、履约等在中国境内提供劳务取得的所得。
（2）将财产出租给承租人在中国境内使用而取得的所得。
（3）许可各种特许权在中国境内使用而取得的所得。
（4）转让中国境内的不动产等财产或者在中国境内转让其他财产取得的所得；
（5）从中国境内企业、事业单位、其他组织以及居民个人取得的利息、股息、红利所得。

2. 来源于中国境外的所得

下列所得，为来源于中国境外的所得：

（1）因任职、受雇、履约等在中国境外提供劳务取得的所得。
（2）中国境外企业以及其他组织支付且负担的稿酬所得。
（3）许可各种特许权在中国境外使用而取得的所得。

（4）在中国境外从事生产、经营活动而取得的与生产、经营活动相关的所得。

（5）从中国境外企业、其他组织以及非居民个人取得的利息、股息、红利所得。

（6）将财产出租给承租人在中国境外使用而取得的所得。

（7）转让中国境外的不动产、转让对中国境外企业以及其他组织投资形成的股票、股权以及其他权益性资产（以下称权益性资产）或者在中国境外转让其他财产取得的所得。但转让对中国境外企业以及其他组织投资形成的权益性资产，该权益性资产被转让前三年（连续36个公历月份）内的任一时间，被投资企业或其他组织的资产公允价值50%以上直接或间接来自位于中国境内的不动产的，取得的所得为来源于中国境内的所得。

（8）中国境外企业、其他组织以及非居民个人支付且负担的偶然所得。

（9）财政部、国家税务总局另有规定的，按照相关规定执行。

【例5—5】 玛丽女士为2024纳税年度中国非居民个人，其取得以下四类所得：①被英国公司派遣到中国工作一个月取得的工资50 000元；②其在中国停留期间收到的英国一所住房的租金30 000元；③因持有在伦敦证交所上市的中国某公司的股票而取得的股息15 000元；④在伦敦证交所转让其持有的中国某上市公司的股票而取得的财产转让所得23 000元。请判断上述所得中，哪些所得来源于中国境内？

解析： 第一项所得为"因任职、受雇、履约等在中国境内提供劳务取得的所得"，属于来源于中国境内的所得；第二项所得为"将财产出租给承租人在中国境外使用而取得的所得"，属于来源于中国境外的所得；第三项所得为"从中国境内企业、事业单位、其他组织以及居民个人取得的利息、股息、红利所得"，属于来源于中国境内的所得；第四项所得为"在中国境外转让其他财产取得的所得"，属于来源于中国境外的所得。

二、工资、薪金所得的判断

（一）工资、薪金所得的种类

工资、薪金所得，是指个人因任职或者受雇取得的工资、薪金、奖金、年终加薪、劳动分红、津贴、补贴以及与任职或者受雇有关的其他所得。

（二）不属于工资、薪金所得的收入

下列不属于工资、薪金性质的补贴、津贴或者不属于纳税人本人工资、薪金所得项目的收入，不征税：

（1）独生子女补贴。

（2）执行公务员工资制度未纳入基本工资总额的补贴、津贴差额和家属成员的副

食品补贴。

（3）托儿补助费。

（4）差旅费津贴、误餐补助。

不征税的误餐补助，是指按财政部门规定，个人因公在城区、郊区工作，不能在工作单位或返回就餐，确实需要在外就餐的，根据实际误餐顿数，按规定的标准领取的误餐费。一些单位以误餐补助名义发给职工的补贴、津贴，应当并入当月工资、薪金所得计征个人所得税。

（三）属于工资、薪金所得的收入

雇员为本企业提供非有形商品推销、代理等服务活动取得佣金、奖励和劳务费等名目的收入，无论该收入采用何种计取方法和支付方式，均应计入该雇员的当期工资、薪金所得，按照《中华人民共和国个人所得税法》及其实施条例和其他有关规定计算征收个人所得税。

企业以现金形式发给个人的住房补贴、医疗补助费，应全额计入领取人的当期工资、薪金收入计征个人所得税。

任职、受雇于报社、杂志社等单位的记者、编辑等专业人员，因在本单位的报刊、杂志上发表作品取得的所得，属于因任职、受雇而取得的所得，应与其当月工资收入合并，按"工资、薪金所得"项目征收个人所得税。除上述专业人员以外，其他人员在本单位的报刊、杂志上发表作品取得的所得，应按"稿酬所得"项目征收个人所得税。

个人因在医疗机构（包括营利性医疗机构和非营利性医疗机构）任职而取得的所得，依据《中华人民共和国个人所得税法》的规定，应按照"工资、薪金所得"应税项目计征个人所得税。

单位为职工个人购买商业性补充养老保险等，在办理投保手续时应作为个人所得税的"工资、薪金所得"项目，按税法规定缴纳个人所得税；因各种原因退保，个人未取得实际收入的，已缴纳的个人所得税应予以退回。

对企业为员工支付各项免税之外的保险金，应在企业向保险公司缴付时（即该保险落到被保险人的保险账户）并入员工当期的工资收入，按"工资、薪金所得"项目计征个人所得税，税款由企业负责代扣代缴。

退休人员再任职取得的收入，在减除按《中华人民共和国个人所得税法》规定的费用扣除标准后，按"工资、薪金所得"应税项目缴纳个人所得税。

【税务稽查风险案例5-1】

2022年3月，根据税收监管中的线索，上海市税务局第四稽查局经税收大数据进一步分析，发现邓某涉嫌偷逃税款，依法对其开展了全面深入的税务检查。

经查，邓某在2019年至2020年，通过虚构业务转换收入性质进行虚假申报，偷逃个人所得税4 765.82万元，其他少缴个人所得税1 399.32万元。

第五章 个人所得税政策执行情况自查及稽查风险应对策略

在税务检查过程中，邓某能够积极配合检查并主动补缴税款4 455.03万元，同时主动报告税务机关尚未掌握的涉税违法行为。综合考虑上述情况，上海市税务局第四稽查局依据《中华人民共和国个人所得税法》《中华人民共和国税收征收管理法》《中华人民共和国行政处罚法》等相关法律法规规定，按照《上海市税务行政处罚裁量基准》，对邓某追缴税款、加收滞纳金并处罚款，共计1.06亿元。其中，对其虚构业务转换收入性质虚假申报偷税但主动自查补缴的4 455.03万元，处0.5倍罚款计2 227.52万元；对其虚构业务转换收入性质虚假申报偷税但未主动自查补缴的310.79万元，处4倍罚款计1 243.16万元。目前，上海市税务局第四稽查局已依法向邓某送达税务行政处理处罚决定书。

上海市税务局第四稽查局有关负责人表示，税务部门将持续加强对文娱领域从业人员的税收监管，并对协助偷逃税款的相关经纪公司及经纪人、中介机构等进行联动检查，依法严肃查处涉税违法行为，不断提升文娱领域从业人员及企业的税法遵从度，进一步营造法治公平的税收环境。

【税务稽查风险案例5-2】

行政处罚决定书（简易）（节选）

主体名称：浙江××律师事务所
处罚决定书文号：杭税一稽罚〔2021〕363号
处罚类别：罚款
处罚决定时间：2021-10-22
处罚内容：对以上未按规定代扣的个人所得税处以50%的罚款计6 189.73元。
违法行为类型：浙江××律师事务所涉嫌其他违法案
处罚依据：《中华人民共和国税收征收管理法》第六十九条之规定。
违法事实：浙江××律师事务所在与诸暨××酒店管理有限公司、诸暨市××酒店管理有限公司、诸暨市××酒店管理有限公司没有发生业务往来的情况下取得由其开具的发票，以上3份发票对应成本共计150 000.00元，已全部在2018年度结转到主营业务成本科目。其中2018年9月列支100 000.00元，2018年12月列支50 000.00元。
处罚机关：杭州市税务局

三、居民个人综合所得的税前扣除

（一）税法规定的税前扣除标准

居民个人的综合所得，以每一纳税年度的收入额减除费用60 000元以及专项扣除、专项附加扣除和依法确定的其他扣除后的余额,为应纳税所得额。

专项扣除,包括居民个人按照国家规定的范围和标准缴纳的基本养老保险、基本医疗保险、失业保险等社会保险费和住房公积金等;专项附加扣除,包括子女教育、继续教育、大病医疗、住房贷款利息或者住房租金、赡养老人、3岁以下婴幼儿照护等支出,具体范围、标准和实施步骤由国务院确定,并报全国人民代表大会常务委员会备案。

劳务报酬所得、稿酬所得、特许权使用费所得以收入减除20%的费用后的余额为收入额。稿酬所得的收入额减按70%计算。

【例5-6】 李女士2024年取得工资薪金11.2万元,缴纳"三险一金"2万元,有一个上小学的儿子,其子女教育费用由李女士扣除。同时,李女士还取得一笔5万元的劳务报酬和一笔0.3万元的稿酬。请计算李女士各项所得的收入、收入额以及应纳税所得额。

解析:在《中华人民共和国个人所得税法》中,收入、收入额、应纳税所得额是三个不同的概念,收入范围最广,数额最大,收入额是收入做某些调整或扣除之后的金额,而应纳税所得额是收入额进一步调整或扣除之后的金额。李女士工资薪金所得的收入和收入额均为11.2万元;劳务报酬的收入为5万元,收入额为4万元(5-5×20%);稿酬所得的收入为0.3万元,收入额为0.154万元[(0.3-0.08)×70%]。李女士的专项扣除为2万元,专项附加扣除为2.4万元。李女士综合所得的收入额=11.2+4+0.154=15.354(万元),应纳税所得额为=15.354-6-2-2.4=4.954(万元)。

(二)其他扣除项目

依法确定的其他扣除,包括个人缴付符合国家规定的企业年金、职业年金,个人购买符合国家规定的商业健康保险、税收递延型商业养老保险的支出,以及国务院规定可以扣除的其他项目。

专项扣除、专项附加扣除和依法确定的其他扣除,以居民个人一个纳税年度的应纳税所得额为限额;一个纳税年度扣除不完的,不结转以后年度扣除。

【税务稽查风险案例5-3】

广州市税务部门根据舆情线索核查发现,刘某某在未购买符合扣除条件的商业健康险的情况下,在2020年度个人所得税综合所得汇算清缴中虚假填报了商业健康险2 400元,还在网络社交平台传播"退税秘籍",诱导其他人员虚假填报。后经主管税务机关广州市税务局第三税务分局提醒,刘某某更正了汇算清缴申报,并补缴了税款和滞纳金。考虑到刘某某在税务机关提示提醒后能够纠正补税,认错态度良好,税务部门对其进行了批评教育,不予处罚。

（三）专项附加扣除的方法

居民个人取得工资、薪金所得时，可以向扣缴义务人提供专项附加扣除有关信息，由扣缴义务人扣缴税款时减除专项附加扣除。

纳税人同时从两处以上取得工资、薪金所得，并由扣缴义务人减除专项附加扣除的，对同一专项附加扣除项目，在一个纳税年度内只能选择从一处取得的所得中减除。

居民个人取得劳务报酬所得、稿酬所得、特许权使用费所得，应当在汇算清缴时向税务机关提供有关信息，减除专项附加扣除。

【例5-7】 2024年度，张先生每月从甲公司取得工资10 000元，缴纳"三险一金"1 000元，从乙公司取得工资6 000元，不缴纳"三险一金"。张先生是独生子女，其父母已经年满60周岁。请计算张先生的专项附加扣除应在何时扣除？

解析：张先生每月可以扣除3 000元专项附加扣除，该项扣除由张先生选择在甲公司或者乙公司扣除，但不能同时扣除。假设在甲公司扣除，则甲公司每月应为张先生扣除5 000元的费用、1 000元的"三险一金"以及3 000元的专项附加扣除，就剩下的1 000元代扣代缴个人所得税。乙公司应按照6 000元的工资代扣代缴个人所得税。2024年度结束之后，由张先生本人就其全部工资薪金所得以及其他综合所得进行汇算清缴。

【例5-8】 赵先生没有固定工作，在2024年度从甲公司取得一笔劳务报酬20 000元。赵先生是独生子女，其父母已经年满60周岁。请计算张先生的专项附加扣除应在何时扣除？

解析：赵先生每月可以扣除3 000元专项附加扣除，该项扣除可以在汇算清缴时扣除。甲公司在向赵先生支付劳务报酬时，应依法代扣代缴个人所得税：20 000×（1-20%）×20%=3 200（元）。2025年3月1日至6月30日，赵先生可以办理2024纳税年度个人所得税汇算清缴，如果其仅有这一笔收入，可以从20 000元劳务报酬中扣除60 000元费用和36 000元专项附加扣除，由于结果为负数，赵先生不需要缴纳个人所得税，可以申请退税3 200元。

（四）"三险一金"的扣除

企事业单位按照国家或省（自治区、直辖市）人民政府规定的缴费比例或办法实际缴付的基本养老保险费、基本医疗保险费和失业保险费，免征个人所得税；个人按照国家或省（自治区、直辖市）人民政府规定的缴费比例或办法实际缴付的基本养老保险费、基本医疗保险费和失业保险费，允许在个人应纳税所得额中扣除。企事业单位和个人超过规定的比例和标准缴付的基本养老保险费、基本医疗保险费和失业保险费，应将超过部分并入个人当期的工资、薪金收入，计征个人所得税。

单位和个人分别在不超过职工本人上一年度月平均工资12%的幅度内，实际缴存的住房公积金，允许在个人应纳税所得额中扣除。单位和职工个人缴存住房公积金的月平均工资不得超过职工工作地所在设区城市上一年度职工月平均工资的3倍，具体标准按照各地有关规定执行。单位和个人超过上述规定比例和标准缴付的住房公积金，应将超过部分并入个人当期的工资、薪金收入，计征个人所得税。

个人实际领（支）取原提存的基本养老保险金、基本医疗保险金、失业保险金和住房公积金时，免征个人所得税。

述职工工资口径按照国家统计局规定列入工资总额统计的项目计算。

四、个人所得税专项附加扣除办法

（一）子女教育

纳税人的子女接受全日制学历教育的相关支出，按照每个子女每月1 000元的标准定额扣除。

学历教育包括义务教育（小学、初中教育）、高中阶段教育（普通高中、中等职业、技工教育）、高等教育（大学专科、大学本科、硕士研究生、博士研究生教育）。年满3岁至小学入学前处于学前教育阶段的子女，也按上述规定执行。

父母可以选择由其中一方按扣除标准的100%扣除，也可以选择由双方分别按扣除标准的50%扣除，具体扣除方式在一个纳税年度内不能变更。

纳税人子女在中国境外接受教育的，纳税人应当留存境外学校录取通知书、留学签证等相关教育的证明资料备查。

【例5-9】 刘先生与刘太太有两个孩子，一个4岁，上幼儿园，一个8岁，上小学三年级。刘先生和刘太太可以享受多少子女教育扣除？扣除额如何分配？

解析：两个孩子均属于允许扣除的范围之内，每月可以扣4 000元专项附加扣除。该4 000元可以全部由刘先生扣除，也可以全部由刘太太扣除，也可以刘先生每月扣除2 000元、刘太太每月扣除2 000元。三种扣除方式可以任意选择，每年度只能选择一种方式，一旦选择，该年度不允许变更，但下一个年度可以变更。

（二）继续教育

纳税人在中国境内接受学历（学位）继续教育的支出，在学历（学位）教育期间按照每月400元定额扣除。

同一学历（学位）继续教育的扣除期限不能超过48个月。纳税人接受技能人员职业资格继续教育、专业技术人员职业资格继续教育的支出,在取得相关证书的当年,按照3 600元定额扣除。

个人接受本科及以下学历(学位)继续教育,符合本办法规定扣除条件的,可以选择由其父母扣除,也可以选择由本人扣除。

纳税人接受技能人员职业资格继续教育、专业技术人员职业资格继续教育的,应当留存相关证书等资料备查。

【税务稽查风险案例5-4】

厦门市税务部门在进行2021年度个税综合所得汇算清缴退税审核时,发现纳税人刘某在仅取得单位内部培训证书、不符合职业资格继续教育专项附加扣除填报条件的情况下,错误填报了每年3 600元的职业资格继续教育专项附加扣除。厦门市税务局进一步审核发现,该纳税人在父母健在但不满足赡养老人专项附加扣除填报条件的情况下,仍将祖父母添加为被赡养老人填报专项附加扣除。经税务机关提醒,刘某承认错误并已按规定更正申报。考虑到该纳税人在提示提醒后能够纠正补税,认错态度良好,税务部门对其进行了批评教育,不予处罚。

(三)大病医疗

在一个纳税年度内,纳税人发生的与基本医保相关的医药费用支出,扣除医保报销后个人负担(即医保目录范围内的自付部分)累计超过15 000元的部分,由纳税人在办理年度汇算清缴时,在80 000元限额内据实扣除。

纳税人发生的医药费用支出可以选择由本人或者其配偶扣除;未成年子女发生的医药费用支出可以选择由其父母一方扣除。纳税人及其配偶、未成年子女发生的医药费用支出,按上述规定分别计算扣除额。

纳税人应当留存医药服务收费和医保报销相关票据原件(或者复印件)等资料备查。医疗保障部门应当向患者提供在医疗保障信息系统记录的本人年度医药费用信息查询服务。

【例5-10】 秦先生2024年生病住院,花费医疗费10万元,医保报销8万元,自费2万元。秦先生2024年度可以扣除的大病医疗专项附加扣除是多少?

解析: 秦先生自费2万元,超过1.5万元的部分为0.5万元,因此,秦先生可以扣除的大病医疗专项附加扣除为0.5万元。

【例5-11】 孙女士2024年生病住院,花费医疗费20万元,医保报销10万元,自费10万元。孙女士2024年度可以扣除的大病医疗专项附加扣除是多少?

解析: 孙女士自费10万元,超过1.5万元的部分为8.5万元,但大病医疗扣除的限额为8万元，因此，孙女士可以扣除的大病医疗专项附加扣除为8万元。

（四）住房贷款利息

纳税人本人或者配偶单独或者共同使用商业银行或者住房公积金个人住房贷款为本人或者其配偶购买中国境内住房，发生的首套住房贷款利息支出，在实际发生贷款利息的年度，按照每月1 000元的标准定额扣除，扣除期限最长不超过240个月。纳税人只能享受一次首套住房贷款的利息扣除。首套住房贷款是指购买住房享受首套住房贷款利率的住房贷款。

经夫妻双方约定，可以选择由其中一方扣除，具体扣除方式在一个纳税年度内不能变更。夫妻双方婚前分别购买住房发生的首套住房贷款，其贷款利息支出，婚后可以选择其中一套购买的住房，由购买方按扣除标准的100%扣除，也可以由夫妻双方对各自购买的住房分别按扣除标准的50%扣除，具体扣除方式在一个纳税年度内不能变更。纳税人应当留存住房贷款合同、贷款还款支出凭证备查。

（五）住房租金

纳税人在主要工作城市没有自有住房而发生的住房租金支出，可以按照以下标准定额扣除：

（1）直辖市、省会（首府）城市、计划单列市以及国务院确定的其他城市，扣除标准为每月1 500元。

（2）除第一项所列城市以外，市辖区户籍人口超过100万人的城市，扣除标准为每月1 100元；市辖区户籍人口不超过100万人的城市，扣除标准为每月800元。

纳税人的配偶在纳税人的主要工作城市有自有住房的，视同纳税人在主要工作城市有自有住房。市辖区户籍人口，以国家统计局公布的数据为准。

主要工作城市是指纳税人任职受雇的直辖市、计划单列市、副省级城市、地级市（地区、州、盟）全部行政区域范围；纳税人无任职受雇单位的，为受理其综合所得汇算清缴的税务机关所在城市。夫妻双方主要工作城市相同的，只能由一方扣除住房租金支出。

住房租金支出由签订租赁住房合同的承租人扣除。纳税人及其配偶在一个纳税年度内不能同时分别享受住房贷款利息和住房租金专项附加扣除。纳税人应当留存住房租赁合同、协议等有关资料备查。

（六）赡养老人

纳税人赡养一位及一位以上被赡养人的赡养支出，统一按照以下标准定额扣除：

（1）纳税人为独生子女的，按照每月3 000元的标准定额扣除。

（2）纳税人为非独生子女的，由其与兄弟姐妹分摊每月3 000元的扣除额度，每人分摊的额度不能超过每月1 500元。

可以由赡养人均摊或者约定分摊,也可以由被赡养人指定分摊。约定或者指定分摊的须签订书面分摊协议,指定分摊优先于约定分摊。具体分摊方式和额度在一个纳税年度内不能变更。

被赡养人是指年满60岁的父母,以及子女均已去世的年满60岁的祖父母、外祖父母。

【例5-12】 钱先生已经年满60岁,每月领取3 000元退休金,其有三个子女,分别为钱一、钱二和钱三。2024年度,三个子女的赡养老人专项附加扣除应如何分配?

解析: 共有三种方案可供选择。方案一:钱一扣除1 500元、钱二扣除1 500元、钱三扣除0。方案二:钱一扣除1 500元、钱二扣除750元、钱三扣除750元。方案三:钱一、钱二、钱三分别扣除1 000元。但是不能采取以下方案:钱一扣除2 000元、钱二和钱三分别扣除500元。

(七)3岁以下婴幼儿照护

纳税人照护3岁以下婴幼儿子女的相关支出,按照每个婴幼儿每月1 000元的标准定额扣除。

父母可以选择由其中一方按扣除标准的100%扣除,也可以选择由双方分别按扣除标准的50%扣除,具体扣除方式在一个纳税年度内不能变更。

父母,是指生父母、继父母、养父母;子女,是指婚生子女、非婚生子女、继子女、养子女;父母之外的其他人担任未成年人的监护人的,比照上述规定执行。

(八)保障措施

纳税人向收款单位索取发票、财政票据、支出凭证,收款单位不能拒绝提供。

纳税人首次享受专项附加扣除,应当将专项附加扣除相关信息提交扣缴义务人或者税务机关,扣缴义务人应当及时将相关信息报送税务机关,纳税人对所提交信息的真实性、准确性、完整性负责。专项附加扣除信息发生变化的,纳税人应当及时向扣缴义务人或税务机关提供相关信息。专项附加扣除相关信息,包括纳税人本人、配偶、子女、被赡养人等个人身份信息,以及国务院税务主管部门规定的其他与专项附加扣除相关的信息。纳税人需要留存备查的相关资料应当留存5年。

有关部门和单位有责任和义务向税务部门提供或者协助核实以下与专项附加扣除有关的信息:

(1)公安部门有关户籍人口基本信息、户成员关系信息、出入境证件信息、相关出国人员信息、户籍人口死亡标识等信息。

（2）卫生健康部门有关出生医学证明信息、独生子女信息。

（3）民政部门、外交部门、法院有关婚姻状况信息。

（4）教育部门有关学生学籍信息（包括学历继续教育学生学籍、考籍信息）、在相关部门备案的境外教育机构资质信息。

（5）人力资源社会保障等部门有关技工院校学生学籍信息、技能人员职业资格继续教育信息、专业技术人员职业资格继续教育信息。

（6）住房城乡建设部门有关房屋（含公租房）租赁信息、住房公积金管理机构有关住房公积金贷款还款支出信息。

（7）自然资源部门有关不动产登记信息。

（8）人民银行、金融监督管理部门有关住房商业贷款还款支出信息。

（9）医疗保障部门有关在医疗保障信息系统记录的个人负担的医药费用信息。

（10）国务院税务主管部门确定需要提供的其他涉税信息。

上述数据信息的格式、标准、共享方式，由国务院税务主管部门及各省、自治区、直辖市和计划单列市税务局会商有关部门确定。有关部门和单位拥有专项附加扣除涉税信息，但未按规定要求向税务部门提供的，拥有涉税信息的部门或者单位的主要负责人及相关人员承担相应责任。

扣缴义务人发现纳税人提供的信息与实际情况不符的，可以要求纳税人修改。纳税人拒绝修改的，扣缴义务人应当报告税务机关，税务机关应当及时处理。税务机关核查专项附加扣除情况时，纳税人任职受雇单位所在地、经常居住地、户籍所在地的公安派出所、居民委员会或者村民委员会等有关单位和个人应当协助核查。

【税务稽查风险案例5-5】

2022年6月，湖南省娄底市税务局在2021年度个人所得税汇算清缴退税审核时发现并查处了14名纳税人虚假填报大病医疗专项附加扣除案件。

经查，某服务管理公司14名纳税人误信网络虚假填报视频，在未实际发生大病医疗支出费用的情况下，虚假填报大病医疗专项附加扣除。主管税务机关发现后立即走访该单位，约谈公司法人代表和财务人员，要求该单位加强政策宣传辅导，逐一辅导错误填报员工并尽快更正。目前，上述14名纳税人已全部更正。考虑到上述纳税人在税务机关提示提醒后认错态度良好，及时纠正错误，税务部门对其进行了批评教育，不予处罚。

湖南省娄底市税务局有关负责人提醒广大纳税人，要依法依规办理个人所得税综合所得汇算清缴，如实填报收入、扣除等信息，切勿听信网络等各类小道消息，避免虚假填报影响纳税信用。对虚假填报收入、扣除等申请退税的，以及不依法办理汇算清缴补税的，税务机关将依法追缴税款、滞纳金，并纳入税收监管重点人员名单，对其以后3个纳税年度申报情况加强审核，情节严重的，将依法进行处罚。

五、个人所得税专项附加扣除操作办法

（一）享受扣除及办理时间

纳税人享受符合规定的专项附加扣除的计算时间分别如下：

（1）子女教育。学前教育阶段，为子女年满3周岁当月至小学入学前一月。学历教育，为子女接受全日制学历教育入学的当月至全日制学历教育结束的当月。

（2）继续教育。学历（学位）继续教育，为在中国境内接受学历（学位）继续教育入学的当月至学历（学位）继续教育结束的当月，同一学历（学位）继续教育的扣除期限最长不得超过48个月。技能人员职业资格继续教育、专业技术人员职业资格继续教育，为取得相关证书的当年。

（3）大病医疗。为医疗保障信息系统记录的医药费用实际支出的当年。

（4）住房贷款利息。为贷款合同约定开始还款的当月至贷款全部归还或贷款合同终止的当月，扣除期限最长不得超过240个月。

（5）住房租金。为租赁合同（协议）约定的房屋租赁期开始的当月至租赁期结束的当月。提前终止合同（协议）的，以实际租赁期限为准。

（6）赡养老人。为被赡养人年满60周岁的当月至赡养义务终止的年末。

（7）3岁以下婴幼儿照护。为婴幼儿出生的当月至年满3周岁的前一个月。

上述第一项、第二项规定的学历教育和学历（学位）继续教育的期间，包含因病或其他非主观原因休学但学籍继续保留的休学期间，以及施教机构按规定组织实施的寒暑假等假期。

享受子女教育、继续教育、住房贷款利息或者住房租金、赡养老人、3岁以下婴幼儿照护专项附加扣除的纳税人，自符合条件开始，可以向支付工资、薪金所得的扣缴义务人提供上述专项附加扣除有关信息，由扣缴义务人在预扣预缴税款时，按其在本单位本年可享受的累计扣除额办理扣除；也可以在次年3月1日至6月30日内，向汇缴地主管税务机关办理汇算清缴申报时扣除。

纳税人同时从两处以上取得工资、薪金所得，并由扣缴义务人办理上述专项附加扣除的，对同一专项附加扣除项目，一个纳税年度内，纳税人只能选择从其中一处扣除。

享受大病医疗专项附加扣除的纳税人，由其在次年3月1日至6月30日内，自行向汇缴地主管税务机关办理汇算清缴申报时扣除。

扣缴义务人办理工资、薪金所得预扣预缴税款时，应当根据纳税人报送的《个人所得税专项附加扣除信息表》（以下简称《扣除信息表》）为纳税人办理专项附加扣除。

纳税人年度中间更换工作单位的，在原单位任职、受雇期间已享受的专项附加扣

除金额，不得在新任职、受雇单位扣除。原扣缴义务人应当自纳税人离职不再发放工资薪金所得的当月起，停止为其办理专项附加扣除。

纳税人未取得工资、薪金所得，仅取得劳务报酬所得、稿酬所得、特许权使用费所得需要享受专项附加扣除的，应当在次年3月1日至6月30日内，自行向汇缴地主管税务机关报送《扣除信息表》，并在办理汇算清缴申报时扣除。

一个纳税年度内，纳税人在扣缴义务人预扣预缴税款环节未享受或未足额享受专项附加扣除的，可以在当年内向支付工资、薪金的扣缴义务人申请在剩余月份发放工资、薪金时补充扣除，也可以在次年3月1日至6月30日内，向汇缴地主管税务机关办理汇算清缴时申报扣除。

【税务稽查风险案例5-6】

2022年2月，深圳市税务部门经税收大数据分析，发现深圳市某企业管理咨询有限公司（以下简称深圳某公司）涉嫌偷逃税款，遂依法进行立案检查。

经查，深圳某公司在2020年至2021年，通过隐匿营业收入偷逃税款以及未按法律规定履行个人所得税代扣代缴义务。税务部门依据《中华人民共和国企业所得税法》《中华人民共和国增值税暂行条例》《中华人民共和国税收征收管理法》等相关法律法规规定，对深圳某公司追缴税款、加收滞纳金并处罚款，计74.82万元。

深圳市税务局有关负责人表示，下一步，税务部门将强化对涉税中介机构的引导和管理，严肃查处涉税违规违法行为，切实维护正常税收秩序。

（二）报送信息及留存备查资料

纳税人选择在扣缴义务人发放工资、薪金所得时享受专项附加扣除的，首次享受时应当填写并向扣缴义务人报送《扣除信息表》；纳税年度中间相关信息发生变化的，纳税人应当更新《扣除信息表》相应栏次，并及时报送给扣缴义务人。更换工作单位的纳税人，需要由新任职、受雇扣缴义务人办理专项附加扣除的，应当在入职的当月，填写并向扣缴义务人报送《扣除信息表》。

纳税人次年需要由扣缴义务人继续办理专项附加扣除的，应当于每年12月份对次年享受专项附加扣除的内容进行确认，并报送至扣缴义务人。纳税人未及时确认的，扣缴义务人于次年1月起暂停扣除，待纳税人确认后再行办理专项附加扣除。扣缴义务人应当将纳税人报送的专项附加扣除信息，在次月办理扣缴申报时一并报送至主管税务机关。

纳税人选择在汇算清缴申报时享受专项附加扣除的，应当填写并向汇缴地主管税务机关报送《扣除信息表》。

纳税人将需要享受的专项附加扣除项目信息填报至《扣除信息表》相应栏次。填报要素完整的，扣缴义务人或者主管税务机关应当受理；填报要素不完整的，扣缴义务人或者主管税务机关应当及时告知纳税人补正或重新填报。纳税人未补正或重新填报的，暂不办理相关专项附加扣除，待纳税人补正或重新填报后再行办理。

纳税人享受子女教育专项附加扣除，应当填报配偶及子女的姓名、身份证件类型及号码、子女当前受教育阶段及起止时间、子女就读学校以及本人与配偶之间扣除分配比例等信息。纳税人需要留存备查资料包括子女在境外接受教育的，应当留存境外学校录取通知书、留学签证等境外教育佐证资料。

纳税人享受继续教育专项附加扣除，接受学历（学位）继续教育的，应当填报教育起止时间、教育阶段等信息；接受技能人员或者专业技术人员职业资格继续教育的，应当填报证书名称、证书编号、发证机关、发证（批准）时间等信息。纳税人需要留存备查资料包括纳税人接受技能人员职业资格继续教育、专业技术人员职业资格继续教育的，应当留存职业资格相关证书等资料。

纳税人享受住房贷款利息专项附加扣除，应当填报住房权属信息、住房坐落地址、贷款方式、贷款银行、贷款合同编号、贷款期限、首次还款日期等信息；纳税人有配偶的，填写配偶姓名、身份证件类型及号码。纳税人需要留存备查资料包括住房贷款合同、贷款还款支出凭证等资料。

纳税人享受住房租金专项附加扣除，应当填报主要工作城市、租赁住房坐落地址、出租人姓名及身份证件类型和号码或者出租方单位名称及纳税人识别号（统一社会信用代码）、租赁起止时间等信息；纳税人有配偶的，填写配偶姓名、身份证件类型及号码。纳税人需要留存备查资料包括住房租赁合同或协议等资料。

纳税人享受赡养老人专项附加扣除，应当填报纳税人是否为独生子女、月扣除金额、被赡养人姓名及身份证件类型和号码、与纳税人关系；有共同赡养人的，需填报分摊方式、共同赡养人姓名及身份证件类型和号码等信息。纳税人需要留存备查资料包括约定或指定分摊的书面分摊协议等资料。

纳税人享受大病医疗专项附加扣除，应当填报患者姓名、身份证件类型及号码、与纳税人关系、与基本医保相关的医药费用总金额、医保目录范围内个人负担的自付金额等信息。纳税人需要留存备查资料包括大病患者医药服务收费及医保报销相关票据原件或复印件，或者医疗保障部门出具的纳税年度医药费用清单等资料。

纳税人享受3岁以下婴幼儿照护专项附加扣除，应当填报配偶及子女的姓名、身份证件类型（如居民身份证、子女出生医学证明等）及号码以及本人与配偶之间扣除分配比例等信息。纳税人需要留存备查资料包括子女的出生医学证明等资料。

纳税人应当对报送的专项附加扣除信息的真实性、准确性、完整性负责。

（三）信息报送方式

纳税人可以通过远程办税端、电子或者纸质报表等方式，向扣缴义务人或者主管税务机关报送个人专项附加扣除信息。

纳税人选择纳税年度内由扣缴义务人办理专项附加扣除的，按下列规定办理：

（1）纳税人通过远程办税端选择扣缴义务人并报送专项附加扣除信息的，扣缴义务人根据接收的扣除信息办理扣除。

（2）纳税人通过填写电子或者纸质《扣除信息表》直接报送扣缴义务人的，扣缴义务人将相关信息导入或者录入扣缴端软件，并在次月办理扣缴申报时提交给主管税务机关。《扣除信息表》应当一式两份，纳税人和扣缴义务人签字（章）后分别留存备查。

纳税人选择年度终了后办理汇算清缴申报时享受专项附加扣除的，既可以通过远程办税端报送专项附加扣除信息，也可以将电子或纸质《扣除信息表》（一式两份）报送给汇缴地主管税务机关。

报送电子《扣除信息表》的，主管税务机关受理打印，交由纳税人签字后，一份由纳税人留存备查，一份由税务机关留存；报送纸质《扣除信息表》的，纳税人签字确认、主管税务机关受理签章后，一份退还纳税人留存备查，一份由税务机关留存。

扣缴义务人和税务机关应当告知纳税人办理专项附加扣除的方式和渠道，鼓励并引导纳税人采用远程办税端报送信息。

（四）后续管理

纳税人应当将《扣除信息表》及相关留存备查资料，自法定汇算清缴期结束后保存5年。纳税人报送给扣缴义务人的《扣除信息表》，扣缴义务人应当自预扣预缴年度的次年起留存5年。

纳税人向扣缴义务人提供专项附加扣除信息的，扣缴义务人应当按照规定予以扣除，不得拒绝。扣缴义务人应当为纳税人报送的专项附加扣除信息保密。

扣缴义务人应当及时按照纳税人提供的信息计算办理扣缴申报，不得擅自更改纳税人提供的相关信息。扣缴义务人发现纳税人提供的信息与实际情况不符，可以要求纳税人修改。纳税人拒绝修改的，扣缴义务人应当向主管税务机关报告，税务机关应当及时处理。除纳税人另有要求，扣缴义务人应当于年度终了后两个月内，向纳税人提供已办理的专项附加扣除项目和金额等信息。

税务机关定期对纳税人提供的专项附加扣除信息开展抽查。

税务机关核查时，纳税人无法提供留存备查资料，或者留存备查资料不能支持相关情况的，税务机关可以要求纳税人提供其他佐证；不能提供其他佐证材料，或者佐证材料仍不足以支持的，不得享受相关专项附加扣除。

税务机关核查专项附加扣除情况时，可以提请有关单位和个人协助核查，相关单位和个人应当协助。

纳税人有下列情形之一的，主管税务机关应当责令其改正；情形严重的，应当纳入有关信用信息系统，并按照国家有关规定实施联合惩戒；涉及违反《中华人民共和国税收征收管理法》等法律法规的，税务机关依法进行处理：

（1）报送虚假专项附加扣除信息。

（2）重复享受专项附加扣除。

（3）超范围或标准享受专项附加扣除。

（4）拒不提供留存备查资料。

（5）国家税务总局规定的其他情形。

纳税人在任职、受雇单位报送虚假扣除信息的，税务机关责令改正的同时，通知扣缴义务人。

【税务稽查风险案例5-7】

2022年6月，辽宁省沈阳市税务局在2021年度个人所得税汇算清缴退税审核时发现并查处了纳税人徐某虚假填报子女教育专项附加扣除案件。

经查，纳税人徐某1998年出生，24岁，在自身尚无子女不符合子女教育专项附加扣除填报条件的情况下，听信网络所谓"退税秘籍"，将一名出生于2011年的外地亲属子女作为自己的子女，虚假填报了子女教育专项附加扣除。在税务部门提醒后，徐某按规定更正了申报，并补缴了税款。考虑到该纳税人在提示提醒后能够及时更正申报，认错态度良好，税务部门对其进行了批评教育，不予处罚。

辽宁省沈阳市税务局有关负责人提醒广大纳税人，依法如实办理个人所得税综合所得汇算清缴是纳税人的法定义务，请如实填报收入、扣除等信息，切勿听信网络等各类小道消息，避免虚假填报影响纳税信用。税务部门将定期对退税申请开展抽查，并会同公安、教育、卫生健康等部门对纳税人填报专项附加扣除涉及的家庭成员身份信息进行核验。对虚假填报收入、扣除等申请退税的，税务机关将依法不予退税、追缴税款及滞纳金，并纳入税收监管重点人员名单，对其以后3个纳税年度申报情况加强审核；情节严重的，将依法进行处罚。

六、个人所得税代扣代缴义务

（一）纳税人与扣缴义务人

个人所得税以所得人为纳税人，以支付所得的单位或者个人为扣缴义务人。纳税人有中国居民身份证号码的，以中国居民身份证号码为纳税人识别号；纳税人没有中国居民身份证号码的，由税务机关赋予其纳税人识别号。扣缴义务人扣缴税款时，纳税人应当向扣缴义务人提供纳税人识别号。

（二）代扣代缴义务

居民个人向扣缴义务人提供专项附加扣除信息的，扣缴义务人按月预扣预缴税款时应当按照规定予以扣除，不得拒绝。非居民个人取得工资、薪金所得，劳务报酬所得，稿酬所得和特许权使用费所得，有扣缴义务人的，由扣缴义务人按月或者按次代扣代缴税款，不办理汇算清缴。

扣缴义务人每月或者每次预扣、代扣的税款，应当在次月15日内缴入国库，并向税务机关报送扣缴个人所得税申报表。纳税人办理汇算清缴退税或者扣缴义务人为纳税人办理汇算清缴退税的，税务机关审核后，按照国库管理的有关规定办理退税。

扣缴义务人向个人支付应税款项时，应当依照《中华人民共和国个人所得税法》规定预扣或者代扣税款，按时缴库，并专项记载备查。支付，包括现金支付、汇拨支付、转账支付和以有价证券、实物以及其他形式的支付。

扣缴义务人应当按照纳税人提供的信息计算办理扣缴申报，不得擅自更改纳税人提供的信息。纳税人发现扣缴义务人提供或者扣缴申报的个人信息、所得、扣缴税款等与实际情况不符的，有权要求扣缴义务人修改。扣缴义务人拒绝修改的，纳税人应当报告税务机关，税务机关应当及时处理。纳税人、扣缴义务人应当按照规定保存与专项附加扣除相关的资料。税务机关可以对纳税人提供的专项附加扣除信息进行抽查，具体办法由国务院税务主管部门另行规定。税务机关发现纳税人提供虚假信息的，应当责令改正并通知扣缴义务人；情节严重的，有关部门应当依法予以处理，纳入信用信息系统并实施联合惩戒。

（三）扣缴义务人手续费

对扣缴义务人按照所扣缴的税款，付给2%的手续费。

税务机关按照《中华人民共和国个人所得税法》第十七条的规定付给扣缴义务人手续费，应当填开退还书；扣缴义务人凭退还书，按照国库管理有关规定办理退库手续。

纳税人申请代扣代缴个人所得税的手续费需要填写《代扣代缴手续费申请表》。

（四）个人所得税扣缴申报管理办法

扣缴义务人，是指向个人支付所得的单位或者个人。扣缴义务人应当依法办理全员全额扣缴申报。全员全额扣缴申报，是指扣缴义务人应当在代扣税款的次月15日内，向主管税务机关报送其支付所得的所有个人的有关信息、支付所得数额、扣除事项和数额、扣缴税款的具体数额和总额以及其他相关涉税信息资料。

扣缴义务人每月或者每次预扣、代扣的税款，应当在次月15日内缴入国库，并向税务机关报送《个人所得税扣缴申报表》。

实行个人所得税全员全额扣缴申报的应税所得包括：

（1）工资、薪金所得。

（2）劳务报酬所得。

（3）稿酬所得。

（4）特许权使用费所得。

（5）利息、股息、红利所得。

（6）财产租赁所得。

（7）财产转让所得。

（8）偶然所得。

扣缴义务人首次向纳税人支付所得时，应当按照纳税人提供的纳税人识别号等基础信息，填写《个人所得税基础信息表（A表）》，并于次月扣缴申报时向税务机关报送。扣缴义务人对纳税人向其报告的相关基础信息变化情况，应当于次月扣缴申报时向税务机关报送。

【税务稽查风险案例5-8】

国家税务总局吉林省税务局稽查局税务处理决定书（节选）
（吉税稽处〔2021〕22号）

长春××汽车零部件股份有限公司：（纳税人识别号：91××××××××××××8L）

我局于2020年11月26日至2021年9月28日对你单位（地址：×××）2017年1月1日至2019年12月31日个人所得税情况进行了检查，违法事实及处理决定如下：

一、违法事实

你单位支付工资薪金所得，利息、股息、红利所得等应税项目未扣缴个人所得税。

2017年度支付个人借款利息合计2 194 769.00元，其中2月份99 000.00元，4月份154 560.00元，6月份150 750.00元，7月份142 800.00元，10月份69 075.00元，11月份930 584.00元，12月份648 000.00元，未扣缴个人所得税；12月份支付马某某工资薪金所得112 413.90元，未足额扣缴个人所得税。

2018年支付个人借款利息合计9 318 970.00元，其中1月份814 680.00元，2月份682 000.00元，3月份849 932.00元，4月份550 588.00元，5月份952 550.00元，6月份2 158 720.00元，7月份1 225 950.00元，8月份46 000.00元，9月份249 250.00元，10月份36 000.00元，11月份399 500.00元，12月份1 353 800.00元，未扣缴个人所得税；2018年2月、4月、5月、6月、7月、8月分别支付马某某工资薪金所得66 131.95元、66 043.00元、66 004.75元、66 030.25元、66 030.25元，66 030.25元未足额扣缴个人所得税。

2019年支付个人借款利息共计6 010 476.18元，其中1月份273 500.00元，2月份125 000.00元，3月份441 500.00元，4月份219 000.00元，5月份583 500.00元，6月份412 500.00元，7月份844 500.00元，8月份448 500.00元，9月份735 000.00元，10月份226 500.00元，11月份435 000.00元，12月份1 265 976.18元，未扣缴个人所得税。

二、处理意见及依据

根据《中华人民共和国个人所得税法》（1980年9月10日第五届全国人民代表大会第三次会议通过，根据1993年10月31日第八届全国人民代表大会常务委员会第四次会议《关于修改〈中华人民共和国个人所得税法〉的决定》第一次修正，根据1999年8月30日第九届全国人民代表大会常务委员会第十一次会议《关于修改〈中华人民共和国个人所得税法〉的决定》第二次修正，根据2005年10月27日第十届全国人民代表大会常务委员会第十八次会议《关于修改〈中华人民共和国个人所得税法〉的决定》第三次修正，根据2007年6月29日第十届全国人民代表大会常务委员会第二十八次会议《关于修改〈中华人民共和国个人所得税法〉的决定》第四次修正，根据2007年12月29日第十届全国人民代表大会常务委员会第三十一次会议《关于修改〈中华人民共和国个人所得税法〉的决定》第五次修正，根据2011年6月30日第十一届全国人民代表大会常务委员会第二十一次会议《关于修改〈中华人民共和国个人所得税法〉的决定》第六次修正）第一条、第二条、第三条、第六条、第八条、第九条、第十三条，《中华人民共和国个人所得税法实施条例》（1994年1月28日中华人民共和国国务院令第142号发布，根据2005年12月19日《国务院关于修改〈中华人民共和国个人所得税法实施条例〉的决定》第一次修订，根据2008年2月18日《国务院关于修改〈中华人民共和国个人所得税法实施条例〉的决定》第二次修订，根据2011年7月19日《国务院关于修改〈中华人民共和国个人所得税法实施条例〉的决定》第三次修订）第二十一条、第二十五条、第三十五条，根据《国家税务总局关于贯彻〈中华人民共和国税收征收管理法〉及其实施细则若干具体问题的通知》（国税发〔2003〕47号）第二条第三款扣缴义务人违反征管法及其实施细则规定应扣未扣、应收未收税款的，税务机关除按征管法及其实施细则的有关规定对其给予处罚外，应当责成扣缴义务人限期将应扣未扣、应收未收的税款补扣或补收之规定，你单位应补扣2017年个人所得税471 564.41元，其中2月份个人所得税19 800.00元 4月份个人所得税30 912.00元，6月份个人所得税30 150.00元，7月份个人所得税28 560.00元，10月份个人所得税13 815.00元，11月份个人所得税186 116.80元，12月份个人所得税162 210.61元。

你单位应补扣2018年个人所得税1 945 069.08元，其中1月份个人所得税162 936.00元，2月份个人所得税149 975.18元，3月份个人所得税169 986.40元，4月份个人所得税123 665.90元，5月份个人所得税204 044.91元，6月份个人所得税445 287.84元，7月份个人所得税258 733.84元，8月份个人所得税22 729.01元，9月份个人所得税49 850.00元，10月份个人所得税7 200.00元；11月份个人所得税79 900.00元，12月份个人所得税270 760.00元。

你单位应补扣2019年个人所得税1 202 095.24元，其中1月份个人所得税54 700.00元，2月份个人所得税25 000.00元 3月份个人所得税88 300.00元，4月份个人所得税43 800.00元，5月份个人所得税116 700.00元，6月份个人所得税82 500.00元，7月份个人所得税168 900.00元，8月份个人所得税89 700.00元，9月份个人所得税147 000.00元，10月份个人所得税45 300.00元，11月份个人所得税87 000.00元，12月份个人所得税253 195.24元。

（五）工资薪金所得的预扣预缴

扣缴义务人向居民个人支付工资、薪金所得时，应当按照累计预扣法计算预扣税款，并按月办理扣缴申报。累计预扣法，是指扣缴义务人在一个纳税年度内预扣预缴税款时，以纳税人在本单位截至当前月份工资、薪金所得累计收入减除累计免税收入、累计减除费用、累计专项扣除、累计专项附加扣除和累计依法确定的其他扣除后的余额为累计预扣预缴应纳税所得额，适用个人所得税预扣率表一（表5-1），计算累计应预扣预缴税额，再减除累计减免税额和累计已预扣预缴税额，其余额为本期应预扣预缴税额。余额为负值时，暂不退税。纳税年度终了后余额仍为负值时，由纳税人通过办理综合所得年度汇算清缴，税款多退少补。

表5-1　个人所得税预扣率表一

（居民个人工资、薪金所得预扣预缴适用）

级数	累计预扣预缴应纳税所得额	预扣率	速算扣除数
1	不超过36 000元的	3%	0
2	超过36 000元至144 000元的部分	10%	2 520
3	超过144 000元至300 000元的部分	20%	16 920
4	超过300 000元至420 000元的部分	25%	31 920
5	超过420 000元至660 000元的部分	30%	52 920
6	超过660 000元至960 000元的部分	35%	85 920
7	超过960 000元的部分	45%	181 920

具体计算公式如下：

本期应预扣预缴税额=（累计预扣预缴应纳税所得额×预扣率-速算扣除数）-累计减免税额-累计已预扣预缴税额

累计预扣预缴应纳税所得额=累计收入-累计免税收入-累计减除费用-累计专项扣除-累计专项附加扣除-累计依法确定的其他扣除

其中，累计减除费用，按照5 000元/月乘以纳税人当年截至本月在本单位的任职受雇月份数计算。

【例5-13】2024年1月份孙先生工资明细如下：①工资15 000元；②缴纳社保金1 000元；③缴纳公积金1 000元；④附加扣除2 000元。那么，孙先生2024年1月工资所得应预扣税款=（15 000-5 000-1 000-1 000-2 000）×3%=180（元），该笔个人所得税在2024年2月15日之前申报缴纳。

2024年2月份孙先生工资明细如下：①工资16 000元；②缴纳社保金1 100元；③缴纳公积金1 000元；④附加扣除3 000元。那么，孙先生2024年2月工资所得应预扣税款=（15 000+16 000-5 000×2-1 000-1 100-1 000×2-2 000-3 000）×3%-

180=177（元），该笔个人所得税在2024年3月15日之前申报缴纳。

2024年3月及以后月份预扣税款的计算依此类推，如果中间计算的余额为负值时，暂不退税，在孙先生办理2024年度综合所得年度汇算清缴时，再多退少补。

居民个人向扣缴义务人提供有关信息并依法要求办理专项附加扣除的，扣缴义务人应当按照规定在工资、薪金所得按月预扣预缴税款时予以扣除，不得拒绝。

支付工资、薪金所得的扣缴义务人应当于年度终了后2个月内，向纳税人提供其个人所得和已扣缴税款等信息。纳税人年度中间需要提供上述信息的，扣缴义务人应当提供。纳税人取得除工资、薪金所得以外的其他所得，扣缴义务人应当在扣缴税款后，及时向纳税人提供其个人所得和已扣缴税款等信息。

扣缴义务人应当按照纳税人提供的信息计算税款、办理扣缴申报，不得擅自更改纳税人提供的信息。扣缴义务人发现纳税人提供的信息与实际情况不符的，可以要求纳税人修改。纳税人拒绝修改的，扣缴义务人应当报告税务机关，税务机关应当及时处理。纳税人发现扣缴义务人提供或者扣缴申报的个人信息、支付所得、扣缴税款等信息与实际情况不符的，有权要求扣缴义务人修改。扣缴义务人拒绝修改的，纳税人应当报告税务机关，税务机关应当及时处理。

扣缴义务人对纳税人提供的《个人所得税专项附加扣除信息表》，应当按照规定妥善保存备查。扣缴义务人应当依法对纳税人报送的专项附加扣除等相关涉税信息和资料保密。

对扣缴义务人按照规定扣缴的税款，按年付给2%的手续费，不包括税务机关、司法机关等查补或者责令补扣的税款。扣缴义务人领取的扣缴手续费可用于提升办税能力、奖励办税人员。

扣缴义务人依法履行代扣代缴义务，纳税人不得拒绝。纳税人拒绝的，扣缴义务人应当及时报告税务机关。扣缴义务人有未按照规定向税务机关报送资料和信息、未按照纳税人提供信息虚报虚扣专项附加扣除、应扣未扣税款、不缴或少缴已扣税款、借用或冒用他人身份等行为的，依照《中华人民共和国税收征收管理法》等相关法律、行政法规处理。

（六）完善调整部分纳税人个人所得税预扣预缴方法

自2020年7月1日起，对一个纳税年度内首次取得工资、薪金所得的居民个人，扣缴义务人在预扣预缴个人所得税时，可按照5 000元/月乘以纳税人当年截至本月月份数计算累计减除费用。首次取得工资、薪金所得的居民个人，是指自纳税年度首月起至新入职时，未取得工资、薪金所得或者未按照累计预扣法预扣预缴过连续性劳务报酬所得个人所得税的居民个人。

正在接受全日制学历教育的学生因实习取得劳务报酬所得的，扣缴义务人预扣预缴个人所得税时，可按照《国家税务总局关于发布〈个人所得税扣缴申报管理办法

（试行）〉的公告》（国家税务总局2018年第61号）规定的累计预扣法计算并预扣预缴税款。

符合上述规定并可按上述条款预扣预缴个人所得税的纳税人，应当及时向扣缴义务人申明并如实提供相关佐证资料或承诺书，并对相关资料和承诺书的真实性、准确性、完整性负责。相关资料或承诺书，纳税人和扣缴义务人需留存备查。

【例5-14】 纳税人小赵2024年1月到8月份一直未找到工作，没有取得过工资、薪金所得，仅有过一笔8 000元的劳务报酬且按照单次收入适用20%的预扣率预扣预缴了税款，9月初找到新工作并开始领薪，那么新入职单位在为小赵计算并预扣9月份工资、薪金所得个人所得税时，可以扣除自年初开始计算的累计减除费用45 000元（9个月×5 000元/月）。

【例5-15】 李先生2024年7月1日到甲公司工作，月工资4万元，社保与住房公积金为3 000元，没有专项附加扣除。按照旧政策，甲公司应为李先生7月工资预扣预缴个人所得税=（40 000-5 000-3 000）×3%=960（元）；甲公司应为李先生8月工资预扣预缴个人所得税=（40 000×2-5 000×2-3 000×2）×10%-2 520-960=2 920（元）。按照新政策，甲公司应为李先生7月工资预扣预缴个人所得税=（40 000-5 000×7-3 000）×3%=60（元）；甲公司应为李先生8月工资预扣预缴个人所得税=（40 000×2-5 000×8-3 000×2）×3%-60=960（元）。李先生7月工资少预扣预缴个人所得税900元，李先生8月工资少预扣预缴个人所得税1 960元。

【例5-16】 学生小张2024年7月份在某公司实习取得劳务报酬3 000元。扣缴单位在为其预扣预缴劳务报酬所得个人所得税时，可采取累计预扣法预扣预缴税款。如采用该方法，那么小张7月份劳务报酬扣除5 000元减除费用后则无需预缴税款，比预扣预缴方法完善调整前少预缴440元。如小张年内再无其他综合所得，也就无需办理年度汇算退税。

纳税人可根据自身情况判断是否符合公告规定的条件。符合条件并按照公告规定的方法预扣预缴税款的，应及时向扣缴义务人申明并如实提供相关佐证资料或者承诺书。例如，新入职的毕业大学生，可以向单位出示毕业证或者派遣证等佐证资料；实习生取得实习单位支付的劳务报酬所得，如采取累计预扣法预扣税款的，可以向单位出示学生证等佐证资料；其他在年中首次取得工资、薪金所得的纳税人，如确实没有其他佐证资料的，可以提供承诺书。扣缴义务人收到相关佐证资料或承诺书后，即可按照完善调整后的预扣预缴方法为纳税人预扣预缴个人所得税。同时，纳税人需就向扣缴义务人提供的佐证资料及承诺书的真实性、准确性、完整性负责。相关佐证资料和承诺书的原件或复印件，纳税人和扣缴义务人需留存备查。

【例5-17】 正在接受全日制学历教育的学生小王2024年7月到甲公司实习，每月取得劳务报酬5 000元。按照旧政策，甲公司应每月为小王预扣预缴个人所得税=5 000×（1-20%）×20%=800（元）。按照新政策，小王每月的应纳税所得额=5 000-5 000=0（元），甲公司每月为小王预扣预缴个人所得税0。

方法一：在一个纳税年度内首次取得工资的居民个人，应及时向所在单位提供相应证明以享受上述预扣预缴个人所得税方法。

方法二：在与用人单位协商工资福利待遇时，尽量将货币工资转化为福利待遇。如月工资8 000元，与月工资6 000元但提供住宿相比，即使劳动者每月需要支付的住宿费也是2 000元，也应选择后者。因为前者有可能需要缴纳720元个人所得税（假设社保为1 000元，无其他扣除项目），而后者基本上不需要缴纳个人所得税。

方法三：如用人单位能够报销一些日常开支的费用，可以选择将工资转化为报销费用。如月工资2万元与月工资1.5万元加0.5万元的费用报销（交通费、通信费、快递费、办公用品、油费、过路费等），应尽量选择后者。假设劳动者每月社保为2 000元，专项附加扣除为每月2 000元。前者应纳个人所得税：（2-0.9）×12×10%-0.252=1.068（万元）。后者应纳个人所得税：（1.5-0.9）×12×3%=0.216（万元）。节税8 520元。

方法四：在工资总额一定的前提下，劳动者可尽量要求用人单位设置适当年终奖。如工资总额为20万元，各项扣除为8.4万元，应纳税所得额为11.6万元，应纳个人所得税：11.6×10%-0.252=0.908（万元）。如能设置适用最低档税率的年终奖即3.6万元，工资应纳个人所得税：（11.6-3.6）×10%-0.252=0.548（万元）。年终奖纳税：3.6×3%=0.108（万元）。合计纳税6 560元，节税2 520元。

（七）进一步简便优化部分纳税人个人所得税预扣预缴方法

自2021年1月1日起，对上一完整纳税年度内每月均在同一单位预扣预缴工资、薪金所得个人所得税且全年工资、薪金收入不超过6万元的居民个人，扣缴义务人在预扣预缴本年度工资、薪金所得个人所得税时，累计减除费用自1月份起直接按照全年6万元计算扣除，即在纳税人累计收入不超过6万元的月份，暂不预扣预缴个人所得税；在其累计收入超过6万元的当月及年内后续月份，再预扣预缴个人所得税。扣缴义务人应当按规定办理全员全额扣缴申报，并在《个人所得税扣缴申报表》相应纳税人的备注栏注明"上年各月均有申报且全年收入不超过6万元"字样。对按照累计预扣法预扣预缴劳务报酬所得个人所得税的居民个人，扣缴义务人比照上述规定执行。

第二节 劳务报酬所得政策执行自查及风险应对策略

一、劳务报酬所得的判断

（一）劳务报酬所得的范围

劳务报酬所得，是指个人从事劳务取得的所得，包括从事设计、装潢、安装、制图、化验、测试、医疗、法律、会计、咨询、讲学、翻译、审稿、书画、雕刻、影视、录音、录像、演出、表演、广告、展览、技术服务、介绍服务、经纪服务、代办服务以及其他劳务取得的所得。

（二）董事费收入的判断

个人由于担任董事职务所取得的董事费收入，属于劳务报酬所得性质，按照劳务报酬所得项目征收个人所得税。

董事费按劳务报酬所得项目征税方法，仅适用于个人担任公司董事、监事，且不在公司任职、受雇的情形。个人在公司（包括关联公司）任职、受雇，同时兼任董事、监事的，应将董事费、监事费与个人工资收入合并，统一按工资、薪金所得项目缴纳个人所得税。

（三）工资与劳务报酬的区分

工资、薪金所得是属于非独立个人劳务活动，即在机关、团体、学校、部队、企事业单位及其他组织中任职、受雇而得到的报酬；劳务报酬所得则是个人独立从事各种技艺、提供各项劳务取得的报酬。两者的主要区别在于，前者存在雇佣与被雇佣关系，后者则不存在这种关系。

（四）个人提供非有形商品推销、代理等服务活动取得的收入

非本企业雇员为企业提供非有形商品推销、代理等服务活动取得的佣金、奖励和劳务费等名目的收入，无论该收入采用何种计取方法和支付方式，均应计入个人的劳务报酬所得，按照《中华人民共和国个人所得税法》及其实施条例和其他有关规定计算征收个人所得税。

（五）在校学生参与勤工俭学活动取得的收入

在校学生因参与勤工俭学活动（包括参与学校组织的勤工俭学活动）而取得属于《中华人民共和国个人所得税法》规定的应税所得项目的所得，应依法缴纳个人所得税。

（六）以免费旅游方式提供对营销人员个人奖励

按照我国现行个人所得税法律法规有关规定，对企业和单位向在商品营销活动中业绩突出的人员以培训班、研讨会、工作考察等名义组织旅游活动，通过免收差旅费、旅游费对个人实行的营销业绩奖励（包括实物、有价证券等），应根据所发生费用全额计入营销人员应税所得，依法征收个人所得税，并由提供上述费用的企业和单位代扣代缴。其中，对企业雇员享受的此类奖励，应与当期的工资薪金合并，按照"工资、薪金所得"项目征收个人所得税；对其他人员享受的此类奖励，应作为当期的劳务收入，按照"劳务报酬所得"项目征收个人所得税。

（七）个人兼职取得的收入

个人兼职取得的收入应按照"劳务报酬所得"应税项目缴纳个人所得税。

【税务稽查风险案例5-9】

2022年2月，广东省广州市税务部门通过税收大数据分析，发现网络主播平某涉嫌偷逃税款，对其依法开展了全面深入的税务检查。

经查，平某在2019—2020年，通过隐匿直播带货佣金收入偷逃个人所得税1 926.05万元，未依法申报其他生产经营收入，少缴有关税款1 450.72万元。

在税务检查过程中，平某能够积极配合检查并主动补缴税款。综合考虑上述情况，广州市税务局稽查局依据《中华人民共和国个人所得税法》《中华人民共和国税收征收管理法》《中华人民共和国行政处罚法》等相关法律法规规定，按照《广东省税务系统税务行政处罚裁量基准》，对平某追缴税款、加收滞纳金并处0.6倍罚款，共计6 200.3万元。目前，广州市税务局稽查局已依法向平某送达税务行政处理处罚决定书。

广州市税务局有关负责人表示，税务部门将持续加强对税收大数据的分析运用，有针对性地完善网络直播行业税收监管措施，严厉打击涉税违法行为，促进行业在发展中规范，在规范中发展。

【税务稽查风险案例5-10】

2022年6月，厦门市税务局稽查局通过税收大数据分析，发现网络主播范某峰涉嫌偷逃税款，在相关税务机关协作配合下，依法对其开展了税务检查。

经查，范某峰在2017年7月至2021年12月，以直播带货方式取得销售收入，未依法办理纳税申报，少缴个人所得税167.89万元，少缴其他税费100.56万元。

厦门市税务局稽查局依据《中华人民共和国个人所得税法》《中华人民共和国税收征收管理法》《中华人民共和国行政处罚法》等相关法律法规规定，对范某峰追缴税款、加收滞纳金并处罚款共计649.5万元。其中，对其配合检查且主动补缴的税款72.68万元，处0.6倍罚款计43.61万元；对其未依法办理纳税申报且未主动补缴的税款11.37万元，处1倍罚款计11.37万元；对其隐匿收入虚假申报偷税且未主动补缴的税款182.01万元，处1.5倍罚款计273.02万元。目前，厦门市税务局稽查局已依法向范某峰送达税务行政处理处罚决定书。

二、劳务报酬的预扣预缴

（一）居民个人劳务报酬的预扣预缴

扣缴义务人向居民个人支付劳务报酬所得时，应当按照以下方法按次或者按月预扣预缴税款：

（1）劳务报酬所得以收入减除费用后的余额为收入额。

（2）减除费用：预扣预缴税款时，劳务报酬所得每次收入不超过4 000元的，减除费用按800元计算；每次收入4 000元以上的，减除费用按收入的20%计算。

（3）应纳税所得额：劳务报酬所得以每次收入额为预扣预缴应纳税所得额，计算应预扣预缴税额。劳务报酬所得适用个人所得税预扣率表二（表5-2）。

（4）居民个人办理年度综合所得汇算清缴时，应当依法计算劳务报酬所得的收入额，并入年度综合所得计算应纳税款，税款多退少补。

表5-2　个人所得税预扣率表二

（居民个人劳务报酬所得预扣预缴适用）

级数	预扣预缴应纳税所得额	预扣率	速算扣除数
1	不超过20 000元的	20%	0
2	超过20 000元至50 000元的部分	30%	2 000
3	超过50 000元的部分	40%	7 000

【例5-18】　王先生在甲公司上班，每月领取工资，同时在乙公司兼职，每月领取800元劳务报酬，乙公司每月发放劳务报酬时，应预扣预缴多少个人所得税？

解析：劳务报酬预扣预缴个人所得税时，每次收入不超过4 000元的，减除费用按800元计算，因此，每次取得收入不超过800元的，不需要预扣预缴个人所得税。但年度结束后，王先生应将其取得的全部劳务报酬并入综合所得，重新计算个人所得税并多退少补。

（二）非居民个人相关所得的预扣预缴

扣缴义务人向非居民个人支付工资、薪金所得，劳务报酬所得，稿酬所得和特许权使用费所得时，应当按照以下方法按月或者按次代扣代缴税款：

非居民个人的工资、薪金所得，以每月收入额减除费用5 000元后的余额为应纳税所得额；劳务报酬所得、稿酬所得、特许权使用费所得，以每次收入额为应纳税所得额，适用个人所得税税率表三（表5-3）计算应纳税额。

表5-3 个人所得税税率表三

（非居民个人工资、薪金所得，劳务报酬所得，稿酬所得，特许权使用费所得适用）

级数	应纳税所得额	税率	速算扣除数
1	不超过3 000元的	3%	0
2	超过3 000元至12 000元的部分	10%	210
3	超过12 000元至25 000元的部分	20%	1 410
4	超过25 000元至35 000元的部分	25%	2 660
5	超过35 000元至55 000元的部分	30%	4 410
6	超过55 000元至80 000元的部分	35%	7 160
7	超过80 000元的部分	45%	15 160

劳务报酬所得、稿酬所得、特许权使用费所得以收入减除20%的费用后的余额为收入额；其中，稿酬所得的收入额减按70%计算。

非居民个人在一个纳税年度内税款扣缴方法保持不变，达到居民个人条件时，应当告知扣缴义务人基础信息变化情况，年度终了后按照居民个人有关规定办理汇算清缴。

纳税人需要享受税收协定待遇的，应当在取得应税所得时主动向扣缴义务人提出，并提交相关信息、资料，扣缴义务人代扣代缴税款时按照享受税收协定待遇有关办法办理。

三、个人所得税反避税制度

（一）一般反避税制度

有下列情形之一的，税务机关有权按照合理方法进行纳税调整：

（1）个人与其关联方之间的业务往来不符合独立交易原则而减少本人或者其关联

方应纳税额，且无正当理由。

（2）居民个人控制的，或者居民个人和居民企业共同控制的设立在实际税负明显偏低的国家（地区）的企业，无合理经营需要，对应当归属于居民个人的利润不作分配或者减少分配。

（3）个人实施其他不具有合理商业目的的安排而获取不当税收利益。

税务机关依照上述规定作出纳税调整，需要补征税款的，应当补征税款，并依法加收利息。

（二）加收利息的计算

利息，应当按照税款所属纳税申报期最后一日中国人民银行公布的与补税期间同期的人民币贷款基准利率计算，自税款纳税申报期满次日起至补缴税款期限届满之日止按日加收。纳税人在补缴税款期限届满前补缴税款的，利息加收至补缴税款之日。

第三节 股息红利与偶然所得政策执行自查及风险应对策略

一、股息红利所得的判断

（一）利息、股息、红利所得的含义

利息、股息、红利所得，是指个人拥有债权、股权等而取得的利息、股息、红利所得。

（二）转增股本和派发红股

股份制企业用资本公积金转增股本不属于股息、红利性质的分配，对个人取得的转增股本数额，不作为个人所得，不征收个人所得税。股份制企业用盈余公积金派发红股属于股息、红利性质的分配，对个人取得的红股数额，应作为个人所得征税。

上述"资本公积金"是指股份制企业股票溢价发行收入所形成的资本公积金。将此转增股本由个人取得的数额，不作为应税所得征收个人所得税。而与此不相符合的其他资本公积金分配个人所得部分，应当依法征收个人所得税。

在城市信用社改制为城市合作银行过程中，个人以现金或股份及其他形式取得的资产评估增值数额，应当按"利息、股息、红利所得"项目计征个人所得税，税款由城市合作银行负责代扣代缴。

【例5-19】 青岛路邦石油化工有限公司将从税后利润中提取的法定公积金和任意公积金转增注册资本,是否应当缴纳个人所得税?

解析: 青岛路邦石油化工有限公司将从税后利润中提取的法定公积金和任意公积金转增注册资本,实际上是该公司将盈余公积金向股东分配了股息、红利,股东再以分得的股息、红利增加注册资本。因此,对属于个人股东分得再投入公司(转增注册资本)的部分应按照"利息、股息、红利所得"项目征收个人所得税,税款由股份有限公司在有关部门批准增资、公司股东会决议通过后代扣代缴。

(三)个人取得量化资产

对职工个人以股份形式取得的仅作为分红依据,不拥有所有权的企业量化资产,不征收个人所得税。对职工个人以股份形式取得的企业量化资产参与企业分配而获得的股息、红利,应按"利息、股息、红利"项目征收个人所得税。

(四)个人投资者以企业资金为本人支付消费性支出

除个人独资企业、合伙企业以外的其他企业的个人投资者,以企业资金为本人、家庭成员及其相关人员支付与企业经营无关的消费性支出及购买汽车、住房等财产性支出,视为企业对个人投资者的红利分配,依照"利息、股息、红利所得"项目计征个人所得税。企业的上述支出不允许在所得税前扣除。

(五)个人投资者从其投资的企业借款长期不还

纳税年度内个人投资者从其投资企业(个人独资企业、合伙企业除外)借款,在该纳税年度终了后既不归还,又未用于企业生产经营的,其未归还的借款可视为企业对个人投资者的红利分配,依照"利息、股息、红利所得"项目计征个人所得税。

【税务稽查风险案例5-11】

国家税务总局吉林省税务局稽查局税务处理决定书(节选)
(吉税稽处〔2021〕22号)

长春××汽车零部件股份有限公司:(纳税人识别号:91××××××××××××8L)

我局于2020年11月26日至2021年9月28日对你单位(地址:×××)2017年1月1日至2019年12月31日个人所得税情况进行了检查,违法事实及处理决定如下:

一、违法事实

你单位股东向单位借款,年度终了未归还又未用于生产经营,你单位未代收个人所得税。

第五章 个人所得税政策执行情况自查及稽查风险应对策略

你单位法定代表人马某某持有你单位58%的股份,其于2017年度至2018年度向公司借款,在年度终了未归还。2017年度"长期应付款——其他(马某某)"借方余额3 291 790.61元;2018年度"长期应付款——其他(马某某)"借方余额6 071 838.52元。上述借款在纳税年度终了既未归还又未用于生产经营,你单位未按规定代收个人所得税。

二、处理意见及依据

根据《中华人民共和国个人所得税法》(1980年9月10日第五届全国人民代表大会第三次会议通过,根据1993年10月31日第八届全国人民代表大会常务委员会第四次会议《关于修改〈中华人民共和国个人所得税法〉的决定》第一次修正,根据1999年8月30日第九届全国人民代表大会常务委员会第十一次会议《关于修改〈中华人民共和国个人所得税法〉的决定》第二次修正,根据2005年10月27日第十届全国人民代表大会常务委员会第十八次会议《关于修改〈中华人民共和国个人所得税法〉的决定》第三次修正,根据2007年6月29日第十届全国人民代表大会常务委员会第二十八次会议《关于修改〈中华人民共和国个人所得税法〉的决定》第四次修正,根据2007年12月29日第十届全国人民代表大会常务委员会第三十一次会议《关于修改〈中华人民共和国个人所得税法〉的决定》第五次修正,根据2011年6月30日第十一届全国人民代表大会常务委员会第二十一次会议《关于修改〈中华人民共和国个人所得税法〉的决定》第六次修正)第一条、第二条、第三条、第九条、第十三条,根据《财政部 国家税务总局关于规范个人投资者个人所得税征收管理的通知》(财税〔2003〕158号)第二条纳税年度内个人投资者从其投资企业(个人独资企业、合伙企业除外)借款,在该纳税年度终了后既不归还,又未用于企业生产经营的,其未归还的借款可视为企业对个人投资者的红利分配,依照利息、股息、红利所得项目计征个人所得税,根据《国家税务总局关于贯彻〈中华人民共和国税收征收管理法〉及其实施细则若干具体问题的通知》(国税发〔2003〕47号)第二条第三款扣缴义务人违反征管法及其实施细则规定应扣未扣、应收未收税款的,税务机关除按征管法及其实施细则的有关规定对其给予处罚外,应当责成扣缴义务人限期将应扣未扣、应收未收的税款补扣或补收之规定,应补收个人所得税合计1 872 725.82元,其中2017年12月份个人所得税658 358.12元,2018年12月份个人所得税1 214 367.70元。

【税务稽查风险案例5-12】

行政处罚决定书(简易)(节选)

(通税稽二罚〔2022〕30号)

案件名称:江苏×××房地产开发有限公司——其他违法

处罚事由

个人所得税:

你单位共开发×××富通苑1、2、3号楼,其中:住宅236套,面积5 649.02平方米,应代收代缴住房维修基金1 896 915.15元。在236套住宅中其中：未售16套；已售，未交房，未收到维修基金84套；已售，已交房，因迟交房等纠纷，未收到维修基金66套，已售，已交房，已到维修基金70套，共收取维修基金558 172.55元。截至2021年8月31日，你单位共收取住房维修基金558 172.55元，其中记入公司账91 773.50元，其余466 399.05元，未入公司账，存入了股东周某个人账户。以上行为应视为公司对股东的分红，公司未代扣代缴周某个人所得税93 279.81元。

处罚依据：《中华人民共和国税收征收管理法》第六十三条第一款规定。

纳税人名称：江苏×××房地产开发有限公司

纳税人识别号：913206××××215530E

处罚结果：根据《中华人民共和国税收征收管理法》六十九条之规定，决定对你单位应扣未扣个人所得税（利息、股息、红利所得）的行为，处应扣未扣个人所得税税款50%倍的罚款计46 639.91元。

违法行为登记日期：2022-08-31

处罚机关：国家税务总局南通市税务局第二稽查局

【税务稽查风险案例5-13】

根据《安徽省黄山市中级人民法院行政判决书》〔（2015）黄中法行终字第00007号〕显示的案情，上诉人黄山市甲投资咨询有限公司（以下简称甲公司）诉黄山市地方税务局稽查局税务处理决定一案，不服安徽省黄山市屯溪区人民法院于2014年12月5日作出的（2014）屯行初字第00021号行政判决向黄山市中级人民法院提起上诉。

一审法院查明事实：

甲公司（原黄山市甲房地产开发有限公司）系由宁波甲投资控股有限公司、苏某滨、倪某某、洪某某共同投资成立的有限责任公司。截至2010年年初，甲公司借款给其股东苏某滨300万元、洪某某265万元、倪某某305万元，以上共计借款870万元，在2012年5月归还，该借款未用于甲公司的生产经营。2013年2月28日，黄山市地方税务局稽查局对甲公司涉嫌税务违法行为立案稽查，于2014年2月20日对甲公司作出黄地税稽处〔2014〕5号税务处理决定，其中认定甲公司少代扣代缴174万元个人所得税，责令甲公司补扣、补缴。甲公司向黄山市人民政府提出行政复议申请，黄山市人民政府作出黄政复决〔2014〕41号行政复议决定，维持了黄地税稽处（2014）5号税务处理决定中第（七）项第3目的决定。甲公司不服，在法定期限内提起行政诉讼。

一审法院观点：

甲公司借给投资者，未用于企业的生产经营的事实清楚。三名投资者的借款虽然有归还的事实，但显然已超出该纳税年度，符合《财政部 国家税务总局关于规范个人投资者个人所得税征收管理的通知》对个人投资者征收个人所得税的相关规定，甲公司应履行代扣、代缴义务，黄山市地方税务局稽查局责令其补扣、补缴并无不当。

第五章 个人所得税政策执行情况自查及稽查风险应对策略

一审法院依照《中华人民共和国行政诉讼法》(以下简称《行政诉讼法》)第五十四条第(一)项判决维持黄山市地方税务局稽查局的黄地税稽处(2014)5号税务处理决定中第二条第(七)项的决定。案件受理费50元由甲公司承担。

甲公司上诉：

宣判后，甲公司不服，上诉称：①一审法院错误地理解了《财政部 国家税务总局关于规范个人投资者个人所得税征收管理的通知》，投资者借款归还后，借款人已无所得，在借款人还款后仍然按借款数额征收借款者个人所得税显然是错误的。②《财政部 国家税务总局关于规范个人投资者个人所得税征收管理的通知》并没有规定纳税年度终了后多少时间内还款，稽查时已确认三个投资者还清了所有借款，该借款不能视作企业对投资者的红利分配。甲公司请求撤销一审法院判决和错误的税务处理决定书。

甲公司向一审法院提交了以下主要证据：①营业执照；②组织机构代码；③法定代表人身份证明书；④税务行政处罚决定书；⑤行政复议决定书；⑥银行支付凭证。

黄山市地方税务局稽查局答辩称：①一审法院认定事实清楚，该事实甲公司在庭审中都予以认可。根据《财政部 国家税务总局关于规范个人投资者个人所得税征收管理的通知》第二条规定，甲公司借给股东870万元，在2011年年末都未归还，此借款也未用于甲公司经营，因此上述借款应视作企业对个人的红利分配。②答辩人在税务专项检查中发现甲公司涉嫌税务违法，遂进行立案稽查，处理程序合法。③甲公司未履行扣缴义务人的法定义务，要求甲公司限期补扣补缴的行政处理有法律依据。黄山市地方税务局稽查局请求二审法院依法维持一审法院判决。

黄山市地方税务局向一审法院提交了以下主要证据：

第一，事实方面的证据：①组织机构代码；②营业执照及税务登记证；③企业基本信息；④税务稽查工作底稿（一）（二）及其他应收款明细账；⑤支付系统专用凭证；⑥稽查反馈陈述意见笔录；⑦竣工验收备案表。

第二，程序方面的证据：①税务稽查立案审批表；②税务稽查任务通知书；③税收行政执法审批表、税务检查通知书、税务检查告知书、税务文书送达回证；④税收行政执法审批表、税务询问通知书、税务文书送达回证；⑤税收行政执法审批表、税务检查通知书、税务文书送达回证；⑥延长税收违法案件检查时限审批表；⑦稽查意见反馈书、税务文书送达回证；⑧稽查反馈陈述意见笔录；⑨税务稽查报告；⑩税务稽查审理报告、税务稽查审理审批表、稽查局审理纪要；k重大税务案件审理提请书、黄山市地税局审理纪要；l税务行政执法审批表；m税务处理决定书及税务文书送达回证。

第三，法律依据：①《中华人民共和国税收征收管理法》(以下简称《税收征收管理法》)；②《中华人民共和国税收征收管理法实施细则》(以下简称《税收征收管理法实施细则》)；③《中华人民共和国个人所得税法》(以下简称《个人所得税法》)；④《财政部 国家税务总局关于规范个人投资者个人所得税征收管理的通知》；⑤《国家税务局关于贯彻〈中华人民共和国税收征收管理法〉及其实施细则若干具体问题的通知》；⑥《税务稽查工作规程》。

当事人向一审法院提交的以上证据已随案移送二审法院，案经庭审质证，双方的质辩理由与一审无异。一审法院认定的案件事实二审法院予以确认。

二审法院观点：

黄山市地方税务局稽查局依法实施税务稽查，查处税收违法行为，有权对甲公司涉税事项进行检查处理。黄山市地方税务局稽查局查明甲公司股东从甲公司借款超过一个纳税年度，该借款又未用于甲公司经营。黄山市地方税务局稽查局将甲公司股东在超过一个纳税年度内未归还的借款视为甲公司对个人投资者的红利分配，依照《财政部 国家税务总局关于规范个人投资者个人所得税征收管理的通知》第二条规定决定计征个人所得税，该决定符合财政部、国家税务总局关于个人投资者从投资的企业借款长期不还的处理问题的意见。

二审法院认为，黄山市地方税务局稽查局认定事实清楚，处理程序合法，责令甲公司补扣补缴174万元个人所得税的处理决定适当，一审法院判决维持黄山市地方税务局稽查局处理决定正确，甲公司的上诉理由不能成立，二审法院不予采纳。

2015年4月2日，二审法院依据《行政诉讼法》第六十一条第（一）项的规定，判决如下：驳回上诉，维持原判。二审案件受理费50元，由上诉人黄山市甲投资咨询有限公司负担。

甲公司申请再审：

根据《安徽省高级人民法院行政裁定书》[（2017）皖行申246号]显示的案情，再审申请人黄山市甲投资咨询有限公司（以下简称甲公司）因与被申请人黄山市地方税务局稽查局税务处理决定一案，不服黄山市中级人民法院（2015）黄中法行终字第00007号行政判决，向安徽省高级人民法院申请再审。

甲公司申请再审称：①黄山市地方税务局稽查局没有税务行政处理决定权，对外不能作为补扣补缴税务处理决定主体。②本案的三个股东虽向其投资的企业借款，但在税务机关税务检查前就已经归还了借款，投资人将其借款归还后已没有所得，不产生个人所得税。黄山市地方税务局稽查局依据《财政部 国家税务总局关于规范个人投资者个人所得税征收管理的通知》第二条的规定对申请人作出的税务处理决定，系适用法律错误。故请求撤销一、二审判决，撤销黄山市人民政府黄政复决字〔2014〕41号行政复议决定和黄山市地方税务局稽查局黄地税稽处〔2014〕5号税务处理决定。

再审法院观点：

《税收征收管理法》第十四条规定，税务机关是指各级税务局、税务分局、税务所和按照国务院规定设立的并向社会公告的税务机构。《税收征收管理法实施细则》第九条第一款规定，《税收征收管理法》第十四条所称按照国务院规定设立的并向社会公告的税务机构，是指省以下税务局的稽查局。稽查局专司偷税、逃避追缴欠税、骗税、抗税案件的查处。从以上法律法规的规定来看，黄山市地方税务局稽查局具有查处税收违法行为，作出处理决定的权力。《财政部 国家税务总局关于规范个人投资者个人所得税征收管理的通知》第二条规定，纳税年度内个人投资者从其投资企业（个人独资企业、合伙企业除外）借款，在该纳税年度终了后既不归还，又未用于企业生产经营的，其未归还的借款可视为企业对个人投资者的红利分配，依照"利息、股息、红利所得"项目计征个人所得税。该规定的目的是防止个人投资者以借款的形式掩盖红利分配，其征税对象是纳税年度终了后未归还且未用于企业生产经营的借款。从本案的情形来看，2010年年初，甲公司分别借款给其股东苏某滨300万元、洪某某265万元、倪某某305万元，以上借款未用于甲公司的生产经营。虽然该三人于2012年5月归还了借款，但该借款显然超过了一个纳税年度未归还，符合上述通知规定的征税情形，甲公司应当履行代扣代缴税款义务。黄山市地方税务局稽查局责令甲公司补扣补缴174万元个人所得税的处理决定并无不当，二审法院维持黄山市地方税务局稽查局黄地税稽处〔2014〕5号税务处理决定中责令甲公司补扣补缴174万元个人所得税的决定正确。

安徽省高级人民法院认为，甲公司再审申请理由不能成立，其再审申请不符合《行政诉讼法》第九十一条规定的情形。

2018年7月24日，安徽省高级人民法院依照《最高人民法院关于适用〈中华人民共和国行政诉讼法〉的解释》第一百一十六条第二款的规定，裁定驳回黄山市甲投资咨询有限公司的再审申请。

二、股息红利所得的计算与征管

（一）源泉扣缴

利息、股息、红利所得实行源泉扣缴的征收方式，其扣缴义务人应是直接向纳税义务人支付利息、股息、红利的单位。

利息、股息、红利所得，以支付利息、股息、红利时取得的收入为一次。

（二）派发红股的征税问题

股份制企业在分配股息、红利时，以股票形式向股东个人支付应得的股息、红利（即派发红股），应以派发红股的股票票面金额为收入额，按利息、股息、红利项目计征个人所得税。

（三）证券投资基金征税问题

对投资者从基金分配中获得的股票的股息、红利收入以及企业债券的利息收入，由上市公司和发行债券的企业在向基金派发股息、红利、利息时代扣代缴20%的个人所得税，基金向个人投资者分配股息、红利、利息时，不再代扣代缴个人所得税。对个人投资者从基金分配中获得的企业债券差价收入，应按税法法规对个人投资者征收个人所得税，税款由基金在分配时依法代扣代缴。

（四）个人投资者收购企业股权后将原盈余积累转增股本

一名或多名个人投资者以股权收购方式取得被收购企业100%股权，股权收购前，被收购企业原账面金额中的"资本公积、盈余公积、未分配利润"等盈余积累未转增股本，而在股权交易时将其一并计入股权转让价格并履行了所得税纳税义务。股权收购后，企业将原账面金额中的盈余积累向个人投资者（新股东，下同）转增股本，有关个人所得税问题，区分以下情形进行处理：

（1）新股东以不低于净资产价格收购股权的，企业原盈余积累已全部计入股权交易价格，新股东取得盈余积累转增股本的部分，不征收个人所得税。

（2）新股东以低于净资产价格收购股权的，企业原盈余积累中，对于股权收购价格减去原股本的差额部分已经计入股权交易价格，新股东取得盈余积累转增股本的部分，不征收个人所得税；对于股权收购价格低于原所有者权益的差额部分未计入股权交易价格，新股东取得盈余积累转增股本的部分，应按照"利息、股息、红利所得"项目征收个人所得税。新股东以低于净资产价格收购企业股权后转增股本，应按照下列顺序进行，即先转增应税的盈余积累部分，再转增免税的盈余积累部分。

新股东将所持股权转让时，其财产原值为其收购企业股权实际支付的对价及相关税费。企业发生股权交易及转增股本等事项后，应在次月15日内，将股东及其股权变化情况、股权交易前原账面记载的盈余积累数额、转增股本数额及扣缴税款情况报告主管税务机关。

【例5-20】 甲企业原账面资产总额8 000万元，负债3 000万元，所有者权益5 000万元，其中：实收资本（股本）1 000万元，资本公积、盈余公积、未分配利润等盈余积累合计4 000万元。假定多名自然人投资者（新股东）向甲企业原股东购买该企业100%股权，股权收购价4 500万元，新股东收购企业后，甲企业将资本公积、盈余公积、未分配利润等盈余积累4 000万元向新股东转增实收资本。如何缴纳个人所得税？

解析：在新股东4 500万元股权收购价格中，除了实收资本1 000万元，实际上相当于以3 500万元购买了原股东4 000万元的盈余积累，即4 000万元盈余积累中，有3 500万元计入了股权交易价格，剩余500万元未计入股权交易价格。甲企业向新股东转增实收资本时，其中所转增的3 500万元不征收个人所得税，所转增的500万元应按"利息、股息、红利所得"项目缴纳个人所得税。

（五）内地个人投资者通过深港通投资H股取得的股息红利

对内地个人投资者通过深港股票市场交易互联互通机制试点（深港通）投资香港联交所上市H股取得的股息红利，H股公司应向中国证券登记结算有限责任公司（以下简称中国结算）提出申请，由中国结算向H股公司提供内地个人投资者名册，H股公司按照20%的税率代扣个人所得税。内地个人投资者通过深港通投资香港联交所上市的非H股取得的股息红利，由中国结算按照20%的税率代扣个人所得税。个人投资者在国外已缴纳的预提税，可持有效扣税凭证到中国结算的主管税务机关申请税收抵免。对内地证券投资基金通过深港通投资香港联交所上市股票取得的股息红利所得，按照上述规定计征个人所得税。

三、偶然所得的判断

（一）偶然所得的种类

偶然所得，是指个人得奖、中奖、中彩以及其他偶然性质的所得。个人取得的所得，难以界定应纳税所得项目的，由国务院税务主管部门确定。

（二）个人提供担保获得的收入

个人为单位或他人提供担保获得收入，按照"偶然所得"项目计算缴纳个人所得税。

（三）受赠人因无偿受赠房屋取得的受赠收入

房屋产权所有人将房屋产权无偿赠与他人的，受赠人因无偿受赠房屋取得的受赠收入，按照"偶然所得"项目计算缴纳个人所得税。

（四）外单位个人取得礼品

企业在业务宣传、广告等活动中，随机向本单位以外的个人赠送礼品（包括网络红包，下同），以及企业在年会、座谈会、庆典以及其他活动中向本单位以外的个人赠送礼品，个人取得的礼品收入，按照"偶然所得"项目计算缴纳个人所得税，但企业赠送的具有价格折扣或折让性质的消费券、代金券、抵用券、优惠券等礼品除外。

（五）个人取得有奖发票奖金

个人取得单张有奖发票奖金所得不超过800元（含800元）的，暂免征收个人所得税；个人取得单张有奖发票奖金所得超过800元的，应全额按照《中华人民共和国个人所得税法》规定的"偶然所得"项目征收个人所得税。税务机关或其指定的有奖发票兑奖机构，是有奖发票奖金所得个人所得税的扣缴义务人，应依法认真做好个人所得税代扣代缴工作。

【例5-21】 李先生和张先生各自取得一张有奖发票，其中，李先生获得奖金800元，张先生获得奖金900元。二人各自的税后所得是多少？

解析：根据税法规定，李先生可以直接兑取800元奖金，不需要缴纳个人所得税。张先生在兑取奖金时，兑付单位应代扣代缴个人所得税180元（900×20%），张先生实际取得奖金720元。

【税务稽查风险案例5-14】

2022年6月，北京市税务局第二稽查局通过税收大数据分析，发现网络主播孙某烜涉嫌偷逃税款，在相关税务机关协作配合下，对其开展了全面深入的税务检查。

经查，孙某烜在2019年至2020年，未依法办理纳税申报少缴个人所得税197.86万元，通过借助中间公司隐匿个人取得的直播打赏收入偷逃个人所得税220.12万元，少缴其他税费34.76万元。税务部门立案后，孙某烜仍存在侥幸心理，不如实提供有关情况，在税务部门掌握相关证据后，才承认存在的问题并补缴了税款。综合考虑上述情况，北京市税务局第二稽查局依据《中华人民共和国个人所得税法》《中华人民共和国税收征收管理法》《中华人民共和国行政处罚法》等相关法律法规规定，对孙某烜追缴税款、加收滞纳金并拟处罚款，共计1171.45万元。其中，对其未依法办理纳税申报少缴的个人所得税197.86万元，拟处1倍罚款计197.86万元；对其借助中间公司隐匿个人收入偷逃的个人所得税220.12万元，拟处2倍罚款计440.24万元。目前，北京市税务局第二稽查局已依法履行税务行政处罚告知程序。

北京市税务局第二稽查局有关负责人表示，税务部门将认真落实各项税费优惠政策，持续优化税费服务，切实加强对网络直播行业从业人员的税收监管，依法严肃查处涉税违法行为，积极营造公平竞争的税收环境，促进网络直播行业在发展中规范，在规范中发展。

第四节　财产转让所得政策执行自查及风险应对策略

一、财产转让所得的判断

（一）财产转让所得的种类

财产转让所得，是指个人转让有价证券、股权、合伙企业中的财产份额、不动产、机器设备、车船以及其他财产取得的所得。

（二）财产转让收入不含增值税

自2016年5月1日起，个人转让房屋的个人所得税应税收入不含增值税，其取得房屋时所支付价款中包含的增值税计入财产原值，计算转让所得时可扣除的税费不包括本次转让缴纳的增值税。

【例5-22】 2024年11月，李先生转让一套二手房，转让价格为500万元（含增值税），该套住房的购买价格为300万元（含增值税），购房时缴纳契税9万元。李先生转让该套二手房计算个人所得税时的应纳税所得额为多少？

解析： 李先生转让二手房的不含增值税收入为：500÷（1+5%）=476.19（万元）。李先生转让二手房计算个人所得税时的应纳税所得额为：476.19-300-9=167.19（万元）。

（三）个人取得量化资产

对职工个人以股份形式取得的拥有所有权的企业量化资产，暂缓征收个人所得税；待个人将股份转让时，就其转让收入额，减除个人取得该股份时实际支付的费用支出和合理转让费用后的余额，按"财产转让所得"项目计征个人所得税。

（四）纳税人收回转让的股权

股权转让合同履行完毕、股权已作变更登记，且所得已经实现的，转让人取得的股权转让收入应当依法缴纳个人所得税。转让行为结束后，当事人双方签订并执行解除原股权转让合同、退回股权的协议，是另一次股权转让行为，对前次转让行为征收的个人所得税款不予退回。股权转让合同未履行完毕，因执行仲裁委员会作出的解除股权转让合同及补充协议的裁决、停止执行原股权转让合同，并原价收回已转让股权的，由于其股权转让行为尚未完成、收入未完全实现，随着股权转让关系的解除，股权收益不复存在，根据《中华人民共和国个人所得税法》和《中华人民共和国税收征收管理法》的有关规定，以及从行政行为合理性原则出发，纳税人不应缴纳个人所得税。

（五）个人股权转让过程中取得违约金收入

股权成功转让后，转让方个人因受让方个人未按规定期限支付价款而取得的违约金收入，属于因财产转让而产生的收入。转让方个人取得的该违约金应并入财产转让收入，按照"财产转让所得"项目计算缴纳个人所得税，税款由取得所得的转让方个人向主管税务机关自行申报缴纳。

（六）个人取得拍卖收入

个人拍卖除文字作品原稿和复印件外的其他财产，应以其转让收入额减除财产原值和合理费用后的余额为应纳税所得额，按照"财产转让所得"项目适用20%税率缴纳个人所得税。对个人财产拍卖所得征收个人所得税时，以该项财产最终拍卖成交价格为其转让收入额。

二、财产转让所得应纳税所得额的计算

（一）一般规定

财产转让所得，以转让财产的收入额减除财产原值和合理费用后的余额，为应纳税所得额。

（二）财产原值与合理费用

财产原值，按照下列方法确定：
（1）有价证券，为买入价以及买入时按照规定缴纳的有关费用。
（2）建筑物，为建造费或者购进价格以及其他有关费用。
（3）土地使用权，为取得土地使用权所支付的金额、开发土地的费用以及其他有关费用。
（4）机器设备、车船，为购进价格、运输费、安装费以及其他有关费用。
（5）其他财产，参照上述规定的方法确定财产原值。纳税人未提供完整、准确的财产原值凭证，不能按照上述规定的方法确定财产原值的，由主管税务机关核定财产原值。

合理费用，是指卖出财产时按照规定支付的有关税费。

（三）转让债权原值和费用的确定

转让债权，采用"加权平均法"确定其应予减除的财产原值和合理费用，即以纳税人购进的同一种类债券买入价和买进过程中缴纳的税费总和，除以纳税人购进的该种类债券数量之和，乘以纳税人卖出的该种类债券数量，再加上卖出的该种类债券过程中缴纳的税费。用公式表示为：

$$一次卖出某一种类债券允许扣除的买入价和费用 = \frac{纳税人购进的该种类债券买入价和买进过程中交纳的税费总和}{纳税人购进的该种类债券总数量} \times 一次卖出的该种类债券的数量 + 卖出该种类债券过程中缴纳的税费$$

（四）个人因购买和处置债权取得所得

个人通过招标、竞拍或其他方式购置债权以后，通过相关司法或行政程序主张债权而取得的所得，应按照"财产转让所得"项目缴纳个人所得税。

个人通过上述方式取得"打包"债权，只处置部分债权的，其应纳税所得额按以下方式确定。

（1）以每次处置部分债权的所得，作为一次财产转让所得征税。

第五章　个人所得税政策执行情况自查及稽查风险应对策略

（2）其应税收入按照个人取得的货币资产和非货币资产的评估价值或市场价值的合计数确定。

（3）所处置债权成本费用（即财产原值），按下列公式计算：

$$\text{当次处置债权成本费用} = \frac{\text{个人购置"打包"债权实际支出} \times \text{当次处置债权账面价值（或拍卖机构公布价值）}}{\text{"打包"债权账面价值（或拍卖机构公布价值）}}$$

（4）个人购买和处置债权过程中发生的拍卖招标手续费、诉讼费、审计评估费以及缴纳的税金等合理税费，在计算个人所得税时允许扣除。

（五）个人出售自有住房

1.个人出售自有住房的应纳税所得额确定的原则

个人出售自有住房的应纳税所得额，按下列原则确定：

（1）个人出售除已购公有住房以外的其他自有住房，其应纳税所得额按照《中华人民共和国个人所得税法》的有关规定确定。

（2）个人出售已购公有住房，其应纳税所得额为个人出售已购公有住房的销售价，减除住房面积标准的经济适用住房价款、原支付超过住房面积标准的房价款、向财政或原产权单位缴纳的所得收益以及税法规定的合理费用后的余额。已购公有住房是指城镇职工根据国家和县级（含县级）以上人民政府有关城镇住房制度改革政策规定，按照成本价（或标准价）购买的公有住房。经济适用住房价格按县级（含县级）以上地方人民政府规定的标准确定。

（3）职工以成本价（或标准价）出资的集资合作建房、安居工程住房、经济适用住房以及拆迁安置住房，比照已购公有住房确定应纳税所得额。

对住房转让所得征收个人所得税时，以实际成交价格为转让收入。纳税人申报的住房成交价格明显低于市场价格且无正当理由的，征收机关依法有权根据有关信息核定其转让收入，但必须保证各税种计税价格一致。

2.房屋原值的核定

对转让住房收入计算个人所得税应纳税所得额时，纳税人可凭原购房合同、发票等有效凭证，经税务机关审核后，允许从其转让收入中减除房屋原值、转让住房过程中缴纳的税金及有关合理费用。

房屋原值的核定方式如下：

商品房，其原值为购置该房屋时实际支付的房价款及交纳的相关税费。

自建住房，其原值为实际发生的建造费用及建造和取得产权时实际交纳的相关税费。

经济适用房（含集资合作建房、安居工程住房），其原值为原购房人实际支付的房价款及相关税费，以及按规定交纳的土地出让金。

已购公有住房，其原值为原购公有住房标准面积按当地经济适用房价格计算的房价款，加上原购公有住房超标准面积实际支付的房价款以及按规定向财政部门（或原产权单位）缴纳的所得收益及相关税费。已购公有住房是指城镇职工根据国家和县级（含县级）以上人民政府有关城镇住房制度改革政策规定，按照成本价（或标准价）购买的公有住房。经济适用房价格按县级（含县级）以上地方人民政府规定的标准确定。

城镇拆迁安置住房，根据《城市房屋拆迁管理条例》（国务院令第305号发布）和《建设部关于印发〈城市房屋拆迁估价指导意见〉的通知》（建住房〔2003〕234号）等有关规定，其原值分别如下：

（1）房屋拆迁取得货币补偿后购置房屋的，为购置该房屋实际支付的房价款及缴纳的相关税费。

（2）房屋拆迁采取产权调换方式的，所调换房屋原值为《房屋拆迁补偿安置协议》注明的价款及缴纳的相关税费。

（3）房屋拆迁采取产权调换方式，被拆迁人既取得所调换房屋，又取得部分货币补偿的，所调换房屋原值为《房屋拆迁补偿安置协议》注明的价款和缴纳的相关税费，减去货币补偿后的余额。

（4）房屋拆迁采取产权调换方式，被拆迁人取得所调换房屋，又支付部分货币的，所调换房屋原值为《房屋拆迁补偿安置协议》注明的价款，加上所支付的货币及缴纳的相关税费。

转让住房过程中缴纳的税金是指纳税人在转让住房时实际缴纳的营业税、城市维护建设税、教育费附加、土地增值税、印花税等税金。

合理费用是指纳税人按照规定实际支付的住房装修费用、住房贷款利息、手续费、公证费等费用。

支付的住房装修费用，是指纳税人能提供实际支付装修费用的税务统一发票，并且发票上所列付款人姓名与转让房屋产权人一致的，经税务机关审核，其转让的住房在转让前实际发生的装修费用。该费用可在以下规定比例内扣除：

一是已购公有住房、经济适用房：最高扣除限额为房屋原值的15%；

二是商品房及其他住房：最高扣除限额为房屋原值的10%。

纳税人原购房为装修房，即合同注明房价款中含有装修费（铺装了地板，装配了洁具、厨具等）的，不得再重复扣除装修费用。

支付的住房贷款利息，是指纳税人出售以按揭贷款方式购置的住房，其向贷款银行实际支付的住房贷款利息。该利息可凭贷款银行出具的有效证明据实扣除。

纳税人按照有关规定实际支付的手续费、公证费等，凭有关部门出具的有效证明据实扣除。

纳税人未提供完整、准确的房屋原值凭证，不能正确计算房屋原值和应纳税额的，税务机关可根据《中华人民共和国税收征收管理法》的规定，对其实行核定征税，即按纳税人住房转让收入的一定比例核定应纳个人所得税额。具体比例由省级地方税务局或者省级地方税务局授权的地市级地方税务局根据纳税人出售住房的所处区域、地理位置、建造时间、房屋类型、住房平均价格水平等因素，在住房转让收入1%～3%的幅度内确定。

（六）个人终止投资经营收回款项

个人因各种原因终止投资、联营、经营合作等行为，从被投资企业或合作项目、被投资企业的其他投资者以及合作项目的经营合作人取得股权转让收入、违约金、补偿金、赔偿金及以其他名目收回的款项等，均属于个人所得税应税收入，应按照"财产转让所得"项目适用的规定计算缴纳个人所得税。

应纳税所得额的计算公式如下：

$$应纳税所得额 = 个人取得的股权转让收入、违约金、补偿金、赔偿金及以其他名目收回款项合计数 - 原实际出资额（投入额）及相关税费$$

（七）个人取得拍卖收入

个人财产拍卖所得适用"财产转让所得"项目计算应纳税所得额时，纳税人凭合法有效凭证（税务机关监制的正式发票、相关境外交易单据或海关报关单据、完税证明等），从其转让收入额中减除相应的财产原值、拍卖财产过程中缴纳的税金及有关合理费用。

财产原值，是指售出方个人取得该拍卖品的价格（以合法有效凭证为准）。具体为：

（1）通过商店、画廊等途径购买的，为购买该拍卖品时实际支付的价款。
（2）通过拍卖行拍得的，为拍得该拍卖品实际支付的价款及缴纳的相关税费。
（3）通过祖传收藏的，为其收藏该拍卖品而发生的费用。
（4）通过赠送取得的，为其受赠该拍卖品时发生的相关税费。
（5）通过其他形式取得的，参照以上原则确定财产原值。

拍卖财产过程中缴纳的税金，是指在拍卖财产时纳税人实际缴纳的相关税金及附加。

有关合理费用，是指拍卖财产时纳税人按照规定实际支付的拍卖费（佣金）、鉴定费、评估费、图录费、证书费等费用。

纳税人如不能提供合法、完整、准确的财产原值凭证，不能正确计算财产原值的，按转让收入额的3%征收率计算缴纳个人所得税；拍卖品为经文物部门认定是海外回流文物的，按转让收入额的2%征收率计算缴纳个人所得税。

纳税人的财产原值凭证内容填写不规范，或者一份财产原值凭证包括多件拍卖品且无法确认每件拍卖品一一对应的原值的，不得将其作为扣除财产原值的计算依据，应视为不能提供合法、完整、准确的财产原值凭证，并按上述规定的征收率计算缴纳个人所得税。

纳税人能够提供合法、完整、准确的财产原值凭证，但不能提供有关税费凭证的，不得按征收率计算纳税，应当就财产原值凭证上注明的金额据实扣除，并按照税法规定计算缴纳个人所得税。

个人财产拍卖所得应缴纳的个人所得税税款，由拍卖单位负责代扣代缴，并按规定向拍卖单位所在地主管税务机关办理纳税申报。

拍卖单位代扣代缴个人财产拍卖所得应缴纳的个人所得税税款时，应给纳税人填开完税凭证，并详细标明每件拍卖品的名称、拍卖成交价格、扣缴税款额。

主管税务机关应加强对个人财产拍卖所得的税收征管工作，在拍卖单位举行拍卖活动期间派工作人员进入拍卖现场，了解拍卖的有关情况，宣传辅导有关税收政策，审核鉴定原值凭证和费用凭证，督促拍卖单位依法代扣代缴个人所得税。

（八）个人取得房屋拍卖收入

个人通过拍卖市场取得的房屋拍卖收入在计征个人所得税时，其房屋原值应按照纳税人提供的合法、完整、准确的凭证予以扣除；不能提供完整、准确的房屋原值凭证，不能正确计算房屋原值和应纳税额的，统一按转让收入全额的3%计算缴纳个人所得税。

（九）个人通过网络买卖虚拟货币取得收入

个人通过网络收购玩家的虚拟货币，加价后向他人出售取得的收入，属于个人所得税应税所得，应按照"财产转让所得"项目计算缴纳个人所得税。个人销售虚拟货币的财产原值为其收购网络虚拟货币所支付的价款和相关税费。对于个人不能提供有关财产原值凭证的，由主管税务机关核定其财产原值。

三、个人转让上市公司限售股所得应纳税额的计算

（一）财税〔2009〕167号文件的规定

根据《财政部 国家税务总局 证监会关于个人转让上市公司限售股所得征收个人所得税有关问题的通知》（财税〔2009〕167号）的规定，自2010年1月1日起，对个人转让限售股取得的所得，按照"财产转让所得"，适用20%的比例税率征收个人所得税。

上述所称限售股，包括：

（1）上市公司股权分置改革完成后股票复牌日之前股东所持原非流通股股份，以及股票复牌日至解禁日期间由上述股份孳生的送、转股（以下统称"股改限售股"）。

（2）2006年股权分置改革新老划断后，首次公开发行股票并上市的公司形成的限售股，以及上市首日至解禁日期间由上述股份孳生的送、转股（以下统称"新股限售股"）。

（3）财政部、国家税务总局、国务院法制办和中国证监会共同确定的其他限售股。

第五章 个人所得税政策执行情况自查及稽查风险应对策略

个人转让限售股，以每次限售股转让收入，减除股票原值和合理税费后的余额，为应纳税所得额。即：

$$应纳税所得额 = 限售股转让收入 - （限售股原值 + 合理税费）$$

$$应纳税额 = 应纳税所得额 \times 20\%$$

上述所称的限售股转让收入，是指转让限售股股票实际取得的收入。限售股原值，是指限售股买入时的买入价和按照规定缴纳的有关费用。合理税费，是指转让限售股过程中发生的印花税、佣金、过户费等与交易相关的税费。如果纳税人未能提供完整、真实的限售股原值凭证的，不能准确计算限售股原值的，主管税务机关一律按限售股转让收入的15%核定限售股原值和合理税费。

限售股转让所得个人所得税，以限售股持有者为纳税义务人，以个人股东开户的证券机构为扣缴义务人。限售股个人所得税由证券机构所在地主管税务机关负责征收管理。

限售股转让所得个人所得税，采取证券机构预扣预缴、纳税人自行申报清算和证券机构直接扣缴相结合的方式征收。证券机构预扣预缴的税款，于次月7日内以纳税保证金形式向主管税务机关缴纳。主管税务机关在收取纳税保证金时，应向证券机构开具《中华人民共和国纳税保证金收据》，并纳入专户存储。根据证券机构技术和制度准备完成情况，对不同阶段形成的限售股，采取不同的征收管理办法。

证券机构技术和制度准备完成前形成的限售股，证券机构按照股改限售股股改复牌日收盘价，或新股限售股上市首日收盘价计算转让收入，按照计算出的转让收入的15%确定限售股原值和合理税费，以转让收入减去原值和合理税费后的余额，适用20%税率，计算预扣预缴个人所得税额。纳税人按照实际转让收入与实际成本计算出的应纳税额，与证券机构预扣预缴税额有差异的，纳税人应自证券机构代扣并解缴税款的次月1日起3个月内，持加盖证券机构印章的交易记录和相关完整、真实凭证，向主管税务机关提出清算申报并办理清算事宜。主管税务机关审核确认后，按照重新计算的应纳税额办理退（补）税手续。纳税人在规定期限内未到主管税务机关办理清算事宜的，税务机关不再办理清算事宜，已预扣预缴的税款从纳税保证金账户全额缴入国库。

证券机构技术和制度准备完成后新上市公司的限售股，按照证券机构事先植入结算系统的限售股成本原值和发生的合理税费，以实际转让收入减去原值和合理税费后的余额，适用20%税率，计算直接扣缴个人所得税额。

纳税人同时持有限售股和该股流通股的，其股票转让所得，按照限售股优先原则，即转让股票视同为先转让限售股，按规定计算缴纳个人所得税。

证券机构等应积极配合税务机关做好各项征收管理工作，并于每月15日前，将上月限售股减持的有关信息传递至主管税务机关。限售股减持信息包括股东姓名、居民身份证号码、开户证券公司名称及地址、限售股股票代码、本期减持股数及减持取得的收入总额。证券机构有义务向纳税人提供加盖印章的限售股交易记录。

对个人在上海证券交易所、深圳证券交易所转让从上市公司公开发行和转让市场取得的上市公司股票所得，继续免征个人所得税。

（二）财税〔2010〕70号文件的规定

1.财税〔2010〕70号文件规定的限售股范围

根据《财政部　国家税务总局　证监会关于个人转让上市公司限售股所得征收个人所得税有关问题的补充通知》（财税〔2010〕70号）的规定，限售股包括：

（1）财税〔2009〕167号文件规定的限售股。

（2）个人从机构或其他个人受让的未解禁限售股。

（3）个人因依法继承或家庭财产依法分割取得的限售股。

（4）个人持有的从代办股份转让系统转到主板市场（或中小板、创业板市场）的限售股。

（5）上市公司吸收合并中，个人持有的原被合并方公司限售股所转换的合并方公司股份。

（6）上市公司分立中，个人持有的被分立方公司限售股所转换的分立后公司股份。

（7）其他限售股。

2.限售股转让过程中，应按规定征收个人所得税的情形

个人转让限售股或发生具有转让限售股实质的其他交易，取得现金、实物、有价证券和其他形式的经济利益均应缴纳个人所得税。限售股在解禁前被多次转让的，转让方对每一次转让所得均应按规定缴纳个人所得税。

对具有下列情形的，应按规定征收个人所得税：

（1）个人通过证券交易所集中交易系统或大宗交易系统转让限售股。

（2）个人用限售股认购或申购交易型开放式指数基金（ETF）份额。

（3）个人用限售股接受要约收购。

（4）个人行使现金选择权将限售股转让给提供现金选择权的第三方。

（5）个人协议转让限售股。

（6）个人持有的限售股被司法扣划。

（7）个人因依法继承或家庭财产分割让渡限售股所有权。

（8）个人用限售股偿还上市公司股权分置改革中由大股东代其向流通股股东支付的对价。

（9）其他具有转让实质的情形。

3.转化限售股时，个人应纳税所得额的计算方法

应纳税所得额的计算方法如下：

（1）个人转让限售股，限售股所对应的公司在证券机构技术和制度准备完成前上市的，应纳税所得额的计算按照财税〔2009〕167号文件第五条第（1）项规定执行；在证券机构技术和制度准备完成后上市的，应纳税所得额的计算按照财税〔2009〕

167号文件第五条第（2）项规定执行。

（2）个人发生上述第（1）、第（2）、第（3）、第（4）项转让情形、由证券机构扣缴税款的，扣缴税款的计算按照财税〔2009〕167号文件规定执行。纳税人申报清算时，实际转让收入按照下列原则计算：第（1）项的转让收入以转让当日该股份实际转让价格计算，证券公司在扣缴税款时，佣金支出统一按照证券主管部门规定的行业最高佣金费率计算；第（2）项的转让收入，通过认购ETF份额方式转让限售股的，以股份过户日的前一交易日该股份收盘价计算，通过申购ETF份额方式转让限售股的，以申购日的前一交易日该股份收盘价计算；第（3）项的转让收入以要约收购的价格计算；第（4）项的转让收入以实际行权价格计算。

（3）个人发生上述第（5）、第（6）、第（7）、第（8）项转让情形，需向主管税务机关申报纳税的，转让收入按照下列原则计算：第（5）项的转让收入按照实际转让收入计算，转让价格明显偏低且无正当理由的，主管税务机关可以依据协议签订日的前一交易日该股收盘价或其他合理方式核定其转让收入；第（6）项的转让收入以司法执行日的前一交易日该股收盘价计算；第（7）、第（8）项的转让收入以转让方取得该股时支付的成本计算。

（4）个人转让因协议受让、司法扣划等情形取得未解禁限售股的，成本按照主管税务机关认可的协议受让价格、司法扣划价格核定，无法提供相关资料的，按照财税〔2009〕167号文件第五条第（1）项规定执行；个人转让因依法继承或家庭财产依法分割取得的限售股的，按财税〔2009〕167号文件规定缴纳个人所得税，成本按照该限售股前一持有人取得该股时实际成本及税费计算。

（5）在证券机构技术和制度准备完成后形成的限售股，自股票上市首日至解禁日期间发生送、转、缩股的，证券登记结算公司应依据送、转、缩股比例对限售股成本原值进行调整；而对于其他权益分派的情形（如现金分红、配股等），不对限售股的成本原值进行调整。

（6）因个人持有限售股中存在部分限售股成本原值不明确，导致无法准确计算全部限售股成本原值的，证券登记结算公司一律以实际转让收入的15%作为限售股成本原值和合理税费。

纳税人发生上述第（1）、第（2）、第（3）、第（4）项转让情形的，对其应纳个人所得税按照财税〔2009〕167号文件规定，采取证券机构预扣预缴、纳税人自行申报清算和证券机构直接扣缴相结合的方式征收。上述所称的证券机构，包括证券登记结算公司、证券公司及其分支机构。其中，证券登记结算公司以证券账户为单位计算个人应纳税额，证券公司及其分支机构依据证券登记结算公司提供的数据负责对个人应缴纳的个人所得税以证券账户为单位进行预扣预缴。纳税人对证券登记结算公司计算的应纳税额有异议的，可持相关完整、真实凭证，向主管税务机关提出清算申报并办理清算事宜。主管税务机构审核确认后，按照重新计算的应纳税额，办理退（补）税手续。

纳税人发生上述第（5）、第（6）、第（7）、第（8）项转让情形的，采取纳税人自行申报纳税的方式。纳税人转让限售股后，应在次月7日内到主管税务机关填报《限售股转让所得个人所得税清算申报表》，自行申报纳税。主管税务机关审核确认后应开具完税凭证，纳税人应持完税凭证、《限售股转让所得个人所得税清算申报表》复印件到证券登记结算公司办理限售股过户手续。纳税人未提供完税凭证和《限售股转让所得个人所得税清算申报表》复印件的，证券登记结算公司不予办理过户。

纳税人自行申报的，应一次办结相关涉税事宜，不再执行财税〔2009〕167号文件中有关纳税人自行申报清算的规定。对上述第（6）项转让情形，如国家有权机关要求强制执行的，证券登记结算公司在履行告知义务后予以协助执行，并报告相关主管税务机关。

个人持有在证券机构技术和制度准备完成后形成的拟上市公司限售股，在公司上市前，个人应委托拟上市公司向证券登记结算公司提供有关限售股成本原值详细资料，以及会计师事务所或税务师事务所对该资料出具的鉴证报告。逾期未提供的，证券登记结算公司以实际转让收入的15%核定限售股原值和合理税费。

个人转让限售股所得需由证券机构预扣预缴税款的，应在客户资金账户留足资金供证券机构扣缴税款，依法履行纳税义务。证券机构应采取积极、有效措施依法履行扣缴税款义务，对纳税人资金账户暂无资金或资金不足的，证券机构应当及时通知个人投资者补足资金，并扣缴税款。个人投资者未补足资金的，证券机构应当及时报告相关主管税务机关，并依法提供纳税人相关资料。

（三）财税〔2011〕108号文件的规定

根据《财政部 国家税务总局关于证券机构技术和制度准备完成后个人转让上市公司限售股有关个人所得税问题的通知》（财税〔2011〕108号）的规定，自2012年3月1日起，网上发行资金申购日在2012年3月1日（含）之后的首次公开发行上市公司（以下简称"新上市公司"）按照证券登记结算公司业务规定做好各项资料准备工作，在向证券登记结算公司申请办理股份初始登记时一并申报由个人限售股股东提供的有关限售股成本原值详细资料，以及会计师事务所或税务师事务所对该资料出具的鉴证报告。限售股成本原值，是指限售股买入时的买入价和按照规定缴纳的有关税费。

新上市公司提供的成本原值资料和鉴证报告中应包括但不限于以下内容：证券持有人名称、有效身份证照号码、证券账户号码、新上市公司全称、持有新上市公司限售股数量、持有新上市公司限售股每股成本原值等。新上市公司每位持有限售股的个人股东应仅申报一个成本原值。个人取得的限售股有不同成本的，应对所持限售股以每次取得股份数量为权重进行成本加权平均以计算出每股的成本原值，即：

分次取得限售股的加权平均成本=第一次取得限售股的每股成本原值×第一次取得限售股的股份数量+…+第n次取得限售股的每股成本原值×第n次取得限售股的股份数量÷累计取得限售股的股份数量

证券登记结算公司收到新上市公司提供的相关资料后,应及时将有关成本原值数据植入证券结算系统。个人转让新上市公司限售股的,证券登记结算公司根据实际转让收入和植入证券结算系统的标的限售股成本原值,以实际转让收入减去成本原值和合理税费后的余额,适用20%税率,直接计算需扣缴的个人所得税额。合理税费是指转让限售股过程中发生的印花税、佣金、过户费等与交易相关的税费。

新上市公司在申请办理股份初始登记时,确实无法提供有关成本原值资料和鉴证报告的,证券登记结算公司在完成股份初始登记后,将不再接受新上市公司申报有关成本原值资料和鉴证报告,并按规定以实际转让收入的15%核定限售股成本原值和合理税费。

个人在证券登记结算公司以非交易过户方式办理应纳税未解禁限售股过户登记的,受让方所取得限售股的成本原值按照转让方完税凭证、《限售股转让所得个人所得税清算申报表》等材料确定的转让价格进行确定;如转让方证券账户为机构账户,在受让方再次转让该限售股时,以受让方实际转让收入的15%核定其转让限售股的成本原值和合理税费。

对采取自行纳税申报方式的纳税人,其个人转让限售股不需要纳税或应纳税额为零的,纳税人应持经主管税务机关审核确认并加盖受理印章的《限售股转让所得个人所得税清算申报表》原件,到证券登记结算公司办理限售股过户手续。未提供原件的,证券登记结算公司不予办理过户手续。

对于个人持有的新上市公司未解禁限售股被司法扣划至其他个人证券账户,如国家有权机关要求强制执行但未能提供完税凭证等材料,证券登记结算公司在履行告知义务后予以协助执行,并在受让方转让该限售股时,以其实际转让收入的15%核定其转让限售股的成本原值和合理税费。

证券公司应将每月所扣个人所得税款,于次月15日内缴入国库,并向当地主管税务机关报送《限售股转让所得扣缴个人所得税报告表》和税务机关要求报送的其他资料。对个人转让新上市公司限售股,按财税〔2010〕70号文件规定,需纳税人自行申报纳税的,继续按照原规定和上述相关规定执行。

四、非货币性资产投资应纳税额的计算

（一）财税〔2015〕41号文件的规定

根据《财政部 国家税务总局关于个人非货币性资产投资有关个人所得税政策的通知》（财税〔2015〕41号）的规定,个人以非货币性资产投资,属于个人转让非货币性资产和投资同时发生。对个人转让非货币性资产的所得,应按照"财产转让所得"项目,依法计算缴纳个人所得税。

个人以非货币性资产投资,应按评估后的公允价值确认非货币性资产转让收入。非货币性资产转让收入减除该资产原值和合理税费后的余额为应纳税所得额。个人以

非货币性资产投资，应于非货币性资产转让、取得被投资企业股权时，确认非货币性资产转让收入的实现。

个人应在发生上述应税行为的次月15日内向主管税务机关申报纳税。纳税人一次性缴税有困难的，可合理确定分期缴纳计划并报主管税务机关备案后，自发生上述应税行为之日起不超过5个公历年度内（含）分期缴纳个人所得税。

个人以非货币性资产投资交易过程中取得现金补价的，现金部分应优先用于缴税；现金不足以缴纳的部分，可分期缴纳。个人在分期缴税期间转让其持有的上述全部或部分股权，并取得现金收入的，该现金收入应优先用于缴纳尚未缴清的税款。

上述所称非货币性资产，是指现金、银行存款等货币性资产以外的资产，包括股权、不动产、技术发明成果以及其他形式的非货币性资产。上述所称非货币性资产投资，包括以非货币性资产出资设立新的企业，以及以非货币性资产出资参与企业增资扩股、定向增发股票、股权置换、重组改制等投资行为。

上述规定的分期缴税政策自2015年4月1日起施行。对2015年4月1日之前发生的个人非货币性资产投资，尚未进行税收处理且自发生上述应税行为之日起期限未超过5年的，可在剩余的期限内分期缴纳其应纳税款。

【例5-23】 郑先生将一套商铺投资设立甲有限责任公司，已知该套商铺的购置成本为300万元，评估后的公允价值为500万元，不考虑其他税费，郑先生应如何缴纳个人所得税？

解析：郑先生应在办理不动产过户手续后的15日内向不动产所在地的税务机关办理纳税申报，缴纳个人所得税：（500-300）×20%=40（万元）。如郑先生一次性缴税有困难，可合理确定分期缴纳计划并报主管税务机关备案后，在不超过5个公历年度内分期缴纳个人所得税，比如，第一年至第四年每年纳税1万元，第五年纳税36万元。

（二）国家税务总局2015年第20号公告的规定

根据《国家税务总局关于个人非货币性资产投资有关个人所得税征管问题的公告》（国家税务总局公告2015年第20号）的规定，非货币性资产投资个人所得税以发生非货币性资产投资行为并取得被投资企业股权的个人为纳税人。非货币性资产投资个人所得税由纳税人向主管税务机关自行申报缴纳。

纳税人以不动产投资的，以不动产所在地地税机关为主管税务机关；纳税人以其持有的企业股权对外投资的，以该企业所在地地税机关为主管税务机关；纳税人以其他非货币资产投资的，以被投资企业所在地地税机关为主管税务机关。

纳税人非货币性资产投资应纳税所得额为非货币性资产转让收入减除该资产原值与合理税费后的余额。非货币性资产原值为纳税人取得该项资产时实际发生的支出。纳税人无法提供完整、准确的非货币性资产原值凭证，不能正确计算非货币性资产原值的,主管税务机关可依法核定其非货币性资产原值。合理税费是指纳税人在非货币性资产投资过程中发生的与资产转移相关的税金及合理费用。纳税人以股权投资的,该股权原值确认等相关问题依照《股权转让所得个人所得税管理办法(试行)》(国家税务总局公告2014年第67号)有关规定执行。

纳税人非货币性资产投资需要分期缴纳个人所得税的,应于取得被投资企业股权之日的次月15日内,自行制订缴税计划并向主管税务机关报送《非货币性资产投资分期缴纳个人所得税备案表》、纳税人身份证明、投资协议、非货币性资产评估价格证明材料、能够证明非货币性资产原值与合理税费的相关资料。

纳税人分期缴税期间提出变更原分期缴税计划的,应重新制订分期缴税计划并向主管税务机关重新报送《非货币性资产投资分期缴纳个人所得税备案表》。纳税人按分期缴税计划向主管税务机关办理纳税申报时,应提供已在主管税务机关备案的《非货币性资产投资分期缴纳个人所得税备案表》和本期之前各期已缴纳个人所得税的完税凭证。纳税人在分期缴税期间转让股权的,应于转让股权之日的次月15日内向主管税务机关申报纳税。被投资企业应将纳税人以非货币性资产投入本企业取得股权和分期缴税期间纳税人股权变动情况,分别于相关事项发生后15日内向主管税务机关报告,并协助税务机关执行公务。纳税人和被投资企业未按规定备案、缴税和报送资料的,按照《中华人民共和国税收征收管理法》及有关规定处理。

五、股权转让所得个人所得税的征管

(一)基本制度

股权是指自然人股东(以下简称个人)投资于在中国境内成立的企业或组织(以下统称被投资企业,不包括个人独资企业和合伙企业)的股权或股份。

股权转让是指个人将股权转让给其他个人或法人的行为,包括以下情形:

(1)出售股权。

(2)公司回购股权。

(3)发行人首次公开发行新股时,被投资企业股东将其持有的股份以公开发行方式一并向投资者发售。

(4)股权被司法或行政机关强制过户。

(5)以股权对外投资或进行其他非货币性交易。

(6)以股权抵偿债务。

(7)其他股权转移行为。

个人转让股权,以股权转让收入减除股权原值和合理费用后的余额为应纳税所得额,按"财产转让所得"缴纳个人所得税。合理费用是指股权转让时按照规定支付的有关税费。

个人股权转让所得个人所得税,以股权转让方为纳税人,以受让方为扣缴义务人。扣缴义务人应于股权转让相关协议签订后5个工作日内，将股权转让的有关情况报告主管税务机关。被投资企业应当详细记录股东持有本企业股权的相关成本，如实向税务机关提供与股权转让有关的信息，协助税务机关依法执行公务。

个人在上海证券交易所、深圳证券交易所转让从上市公司公开发行和转让市场取得的上市公司股票，转让限售股，以及其他有特别规定的股权转让，不适用上述政策。上述政策自2015年1月1日起施行。

（二）股权转让收入的确认

股权转让收入是指转让方因股权转让而获得的现金、实物、有价证券和其他形式的经济利益。转让方取得与股权转让相关的各种款项，包括违约金、补偿金以及其他名目的款项、资产、权益等，均应当并入股权转让收入。纳税人按照合同约定，在满足约定条件后取得的后续收入，应当作为股权转让收入。

股权转让收入应当按照公平交易原则确定。符合下列情形之一的，主管税务机关可以核定股权转让收入：①申报的股权转让收入明显偏低且无正当理由的；②未按照规定期限办理纳税申报，经税务机关责令限期申报，逾期仍不申报的；③转让方无法提供或拒不提供股权转让收入的有关资料；④其他应核定股权转让收入的情形。

符合下列情形之一，视为股权转让收入明显偏低：①申报的股权转让收入低于股权对应的净资产份额的。其中，被投资企业拥有土地使用权、房屋、房地产企业未销售房产、知识产权、探矿权、采矿权、股权等资产的，申报的股权转让收入低于股权对应的净资产公允价值份额的。②申报的股权转让收入低于初始投资成本或低于取得该股权所支付的价款及相关税费的。③申报的股权转让收入低于相同或类似条件下同一企业同一股东或其他股东股权转让收入的。④申报的股权转让收入低于相同或类似条件下同类行业的企业股权转让收入的。⑤不具合理性地无偿让渡股权或股份。⑥主管税务机关认定的其他情形。

符合下列条件之一的股权转让收入明显偏低，视为有正当理由：①能出具有效文件，证明被投资企业因国家政策调整，生产经营受到重大影响，导致低价转让股权；②继承或将股权转让给其能提供具有法律效力身份关系证明的配偶、父母、子女、祖父母、外祖父母、孙子女、外孙子女、兄弟姐妹以及对转让人承担直接抚养或者赡养义务的抚养人或者赡养人；③相关法律、政府文件或企业章程规定，并有相关资料充分证明转让价格合理且真实的本企业员工持有的不能对外转让股权的内部转让；④股权转让双方能够提供有效证据证明其合理性的其他合理情形。

主管税务机关应依次按照下列方法核定股权转让收入：①净资产核定法。股权转让收入按照每股净资产或股权对应的净资产份额核定。被投资企业的土地使用权、房屋、房地产企业未销售房产、知识产权、探矿权、采矿权、股权等资产占企业总资产比例超过20%的，主管税务机关可参照纳税人提供的具有法定资质的中介机构出具的资产评估报告核定股权转让收入。6个月内再次发生股权转让且被投资企业净资产未发生重大变化的，主管税务机关可参照上一次股权转让时被投资企业的资产评估报告核定此次股权转让收入。②类比法。参照相同或类似条件下同一企业同一股东或其他股东股权转让收入核定；参照相同或类似条件下同类行业企业股权转让收入核定。③其他合理方法。主管税务机关采用以上方法核定股权转让收入存在困难的，可以采取其他合理方法核定。

（三）股权原值的确认

个人转让股权的原值依照以下方法确认：

（1）以现金出资方式取得的股权，按照实际支付的价款与取得股权直接相关的合理税费之和确认股权原值。

（2）以非货币性资产出资方式取得的股权，按照税务机关认可或核定的投资入股时非货币性资产价格与取得股权直接相关的合理税费之和确认股权原值。

（3）通过无偿让渡方式取得股权，具备《股权转让所得个人所得税管理办法（试行）》第十三条第二项所列情形的，按取得股权发生的合理税费与原持有人的股权原值之和确认股权原值。

（4）被投资企业以资本公积、盈余公积、未分配利润转增股本，个人股东已依法缴纳个人所得税的，以转增额和相关税费之和确认其新转增股本的股权原值。

（5）除以上情形外，由主管税务机关按照避免重复征收个人所得税的原则合理确认股权原值。

股权转让人已被主管税务机关核定股权转让收入并依法征收个人所得税的，该股权受让人的股权原值以取得股权时发生的合理税费与股权转让人被主管税务机关核定的股权转让收入之和确认。个人转让股权未提供完整、准确的股权原值凭证，不能正确计算股权原值的，由主管税务机关核定其股权原值。对个人多次取得同一被投资企业股权的，转让部分股权时，采用"加权平均法"确定其股权原值。

（四）纳税申报

个人股权转让所得个人所得税以被投资企业所在地税务机关为主管税务机关。具有下列情形之一的，扣缴义务人、纳税人应当依法在次月15日内向主管税务机关申报纳税：①受让方已支付或部分支付股权转让价款的；②股权转让协议已签订生效的；③受让方已经实际履行股东职责或者享受股东权益的；④国家有关部门判决、登记或公告生效的；⑤股权被司法或行政机关强制过户已完成的；⑥以股权对外投资或进行其他非货币性交易已完成的；⑦以股权抵偿债务已完成的；⑧其他股权转移行为已完成的；⑨税务机关认定的其他有证据表明股权已发生转移的情形。

纳税人、扣缴义务人向主管税务机关办理股权转让纳税（扣缴）申报时，还应当报送以下资料：①股权转让合同（协议）；②股权转让双方身份证明；③按规定需要进行资产评估的，需提供具有法定资质的中介机构出具的净资产或土地房产等资产价值评估报告；④计税依据明显偏低但有正当理由的证明材料；⑤主管税务机关要求报送的其他材料。

被投资企业应当在董事会或股东会结束后5个工作日内，向主管税务机关报送与股权变动事项相关的董事会或股东会决议、会议纪要等资料。被投资企业发生个人股东变动或者个人股东所持股权变动的，应当在次月15日内向主管税务机关报送含有股东变动信息的《个人所得税基础信息表（A表）》和股东变更情况说明。主管税务机关应当及时向被投资企业核实其股权变动情况，并确认相关转让所得，及时督促扣缴义务人和纳税人履行法定义务。

转让的股权以人民币以外的货币结算的，按照结算当日人民币汇率中间价，折算成人民币计算应纳税所得额。

（五）征收管理

税务机关应加强与工商部门合作，落实和完善股权信息交换制度，积极开展股权转让信息共享工作。税务机关应当建立股权转让个人所得税电子台账，将个人股东的相关信息录入征管信息系统，强化对每次股权转让间股权转让收入和股权原值的逻辑审核，对股权转让实施链条式动态管理。

税务机关应当落实好国税部门、地税部门之间的信息交换与共享制度，不断提升股权登记信息应用能力。税务机关应当加强对股权转让所得个人所得税的日常管理和税务检查，积极推进股权转让各税种协同管理。

纳税人、扣缴义务人及被投资企业未按照规定期限办理纳税（扣缴）申报和报送相关资料的，依照《中华人民共和国税收征收管理法》及其实施细则有关规定处理。各地可以通过政府购买服务的方式，引入中介机构参与股权转让过程中相关资产的评估工作。

【税务稽查风险案例5-15】

2021年2月，安徽省淮南市税务稽查部门根据举报线索，查实安徽某药业公司股东鲍某与殷某签订《股权转让协议》，将其实际持有的该药业公司51.09%的股权转让给殷某，实际转让价格为7 000万元。后鲍某为偷逃相关税款另行伪造《股权转让协议》进行纳税申报，少缴税款合计1 175.48万元。

淮南市税务稽查部门依法作出对鲍某追缴税款、加收滞纳金并处罚款的处理处罚决定后，鲍某未按期补缴税款、滞纳金和罚款。税务部门随即依法将该案移送公安机关立案侦查，后鲍某被检察院提起公诉。进入司法程序后，鲍某补缴全部税款。

2021年3月，安徽省某区人民法院判决认定，鲍某将其持有的某公司股权转让他人后采取欺骗、隐瞒手段进行虚假纳税申报，且涉及金额巨大，其行为已构成逃税罪，依法判处鲍某有期徒刑4年，并处罚金人民币50万元。

第五节　经营所得政策执行自查及风险应对策略

一、经营所得的判断

（一）经营所得的种类

经营所得，包括以下几种：

（1）个体工商户从事生产、经营活动取得的所得，个人独资企业投资人、合伙企业的个人合伙人来源于境内注册的个人独资企业、合伙企业生产、经营的所得。

（2）个人依法从事办学、医疗、咨询以及其他有偿服务活动取得的所得。

（3）个人对企业、事业单位承包经营、承租经营以及转包、转租取得的所得。

（4）个人从事其他生产、经营活动取得的所得。

（二）个人举办各类学习班取得的收入

个人经政府有关部门批准并取得执照举办学习班、培训班的，其取得的办班收入属于"经营所得"应税项目，应按《中华人民共和国个人所得税法》规定计征个人所得税。个人无需经政府有关部门批准并取得执照举办学习班、培训班的，其取得的办班收入属于"劳务报酬所得"应税项目，应按《中华人民共和国个人所得税法》规定计征个人所得税。其中，办班者每次收入按以下方法确定：一次收取学费的，以一期取得的收入为一次；分次收取学费的，以每月取得的收入为一次。

（三）个人因从事彩票代销业务而取得所得

个人因从事彩票代销业务而取得所得，应按照"经营所得"项目计征个人所得税。

（四）个人投资开设医院而取得的收入

个人投资或个人合伙投资开设医院（诊所）而取得的收入，应依据《中华人民共和国个人所得税法》规定，按照"经营所得"应税项目计征个人所得税。

医生或其他个人承包、承租经营医疗机构，经营成果归承包人所有的，依据《中华人民共和国个人所得税法》规定，承包人取得的所得，应按照"经营所得"应税项目计征个人所得税。

（五）个人投资者以企业资金为本人支付消费性支出

个人独资企业、合伙企业的个人投资者以企业资金为本人、家庭及其相关人员支付与企业生产经营无关的消费性支出及购买汽车、住房等财产性支出，视为企业对个人投资者的利润分配，并入投资者个人的生产经营所得，依照"经营所得"项目计征个人所得税。企业的上述支出不允许在所得税前扣除。

符合以下情形的房屋或其他财产，不论所有权人是否将财产无偿或有偿交付企业使用，其实质均为企业对个人进行了实物性质的分配，应依法计征个人所得税：

（1）企业出资购买房屋和其他财产，将所有权登记为投资者个人、投资者家庭成员或企业其他人员的。

（2）企业投资者个人、投资者家庭成员或企业其他人员向企业借款用于购买房屋和其他财产，将所有权登记为投资者、投资者家庭成员或企业其他人员，且借款年度终了后未归还借款的。

对个人独资企业、合伙企业的个人投资者或其家庭成员取得的上述所得，视为企业对个人投资者的利润分配，按照"经营所得"项目计征个人所得税；对除个人独资企业、合伙企业以外其他企业的个人投资者或其家庭成员取得的上述所得，视为企业对个人投资者的红利分配，按照"利息、股息、红利所得"项目计征个人所得税；对企业其他人员取得的上述所得，按照"工资、薪金所得"项目计征个人所得税。

【税务稽查风险案例5-16】

2022年6月，江西省抚州市税务局通过税收大数据分析，发现网络主播徐某豪涉嫌偷逃税款，在相关税务机关配合下，依法对其开展了税务检查。

经查，徐某豪在2019年至2020年，取得直播打赏收入，未依法办理纳税申报少缴个人所得税1 755.57万元，通过虚构业务转换收入性质等方式虚假申报偷逃个人所得税1 914.19万元，少缴其他税费218.96万元。

江西省抚州市税务局稽查局依据《中华人民共和国个人所得税法》《中华人民共和国税收征收管理法》《中华人民共和国行政处罚法》等相关法律法规规定，按照《江西省税务行政处罚裁量权执行标准》，对徐某豪追缴税款、加收滞纳金并处罚款共计1.08亿元。其中，对其未依法办理纳税申报少缴的个人所得税1 755.57万元，处1倍罚款计1 755.57万元；对其虚构业务转换收入性质虚假申报偷逃的个人所得税1 914.19万元，处2倍罚款计3 828.38万元。目前，江西省抚州市税务局稽查局已依法向徐某豪送达税务行政处理处罚决定书。

江西省抚州市税务局有关负责人表示，税务部门将进一步依法加强对网络直播行业从业人员的税费服务和税收监管，依托税收大数据分析，对存在涉税风险的，按照"提示提醒、督促整改、约谈警示、立案稽查、公开曝光"的"五步工作法"进行处置，不断提升网络直播行业从业人员税法遵从度，促进行业长期规范健康发展。

二、经营所得应纳税所得额的计算

（一）一般规定

经营所得，以每一纳税年度的收入总额减除成本、费用以及损失后的余额，为应纳税所得额。

成本、费用，是指生产、经营活动中发生的各项直接支出和分配计入成本的间接费用以及销售费用、管理费用、财务费用；损失，是指生产、经营活动中发生的固定资产和存货的盘亏、毁损、报废损失，转让财产损失，坏账损失，自然灾害等不可抗力因素造成的损失以及其他损失。

取得经营所得的个人，没有综合所得的，计算其每一纳税年度的应纳税所得额时，应当减除费用6万元、专项扣除、专项附加扣除以及依法确定的其他扣除。专项附加扣除在办理汇算清缴时减除。

从事生产、经营活动，未提供完整、准确的纳税资料，不能正确计算应纳税所得额的，由主管税务机关核定应纳税所得额或者应纳税额。

【例5-24】 周先生经营一家个体工商户，2024年度的收入总额为50万元，根据税法规定允许扣除的成本、费用以及损失为30万元。周先生2024年度未取得其他所得，其本人为独生子女，其父母均已年满60岁。周先生2024年度的应纳税所得额是多少？

解析：因周先生没有综合所得，因此，可以减除费用6万元以及专项附加扣除3.6万元。周先生在预缴个人所得税时的应纳税所得额为：50-30-6=14（万元）。在汇算清缴时可以扣除专项附加扣除3.6万元，其应纳税所得额为：14-3.6=10.4（万元）。

（二）不得扣除的支出

个体工商户的下列支出不得扣除：
（1）个人所得税税款。
（2）税收滞纳金。
（3）罚金、罚款和被没收财物的损失。
（4）不符合扣除规定的捐赠支出。
（5）赞助支出。
（6）用于个人和家庭的支出。

（7）与取得生产经营收入无关的其他支出。

（8）个体工商户代其从业人员或者他人负担的税款。

（9）国家税务总局规定不准扣除的支出。

（三）业主及从业人员相关支出的扣除

个体工商户实际支付给从业人员的、合理的工资薪金支出，准予扣除。个体工商户业主的工资薪金支出不得税前扣除。

个体工商户按照国务院有关主管部门或者省级人民政府规定的范围和标准为其业主和从业人员缴纳的基本养老保险费、基本医疗保险费、失业保险费、工伤保险费和住房公积金，准予扣除。

个体工商户为从业人员缴纳的补充养老保险费、补充医疗保险费，分别在不超过从业人员工资总额5%标准内的部分据实扣除；超过部分，不得扣除。

个体工商户业主本人缴纳的补充养老保险费、补充医疗保险费，以当地（地级市）上年度社会平均工资的3倍为计算基数，分别在不超过该计算基数5%标准内的部分据实扣除；超过部分，不得扣除。

除个体工商户依照国家有关规定为特殊工种从业人员支付的人身安全保险费和财政部、国家税务总局规定可以扣除的其他商业保险费，个体工商户业主本人或者为从业人员支付的商业保险费，不得扣除。

个体工商户向当地工会组织拨缴的工会经费、实际发生的职工福利费支出、职工教育经费支出分别在工资薪金总额的2%、14%、2.5%的标准内据实扣除。工资薪金总额是指允许在当期税前扣除的工资薪金支出数额。职工教育经费的实际发生数额超出规定比例当期不能扣除的数额，准予在以后纳税年度结转扣除。个体工商户业主本人向当地工会组织缴纳的工会经费、实际发生的职工福利费支出、职工教育经费支出，以当地（地级市）上年度社会平均工资的3倍为计算基数，在规定比例内据实扣除。

个体工商户发生的合理的劳动保护支出，准予扣除。

（四）借款费用与利息支出的扣除

个体工商户在生产经营活动中发生的合理的不需要资本化的借款费用，准予扣除。

个体工商户在生产经营活动中发生的下列利息支出，准予扣除：

（1）向金融企业借款的利息支出。

（2）向非金融企业和个人借款的利息支出，不超过按照金融企业同期同类贷款利率计算的数额的部分。

（五）业务招待费与广告宣传费支出的扣除

个体工商户发生的与生产经营活动有关的业务招待费，按照实际发生额的60%扣除，但最高不得超过当年销售（营业）收入的5‰。业主自申请营业执照之日起至开始生产经营之日止所发生的业务招待费，按照实际发生额的60%计入个体工商户的开办费。

个体工商户每一纳税年度发生的与其生产经营活动直接相关的广告费和业务宣传费不超过当年销售（营业）收入15%的部分，可以据实扣除；超过部分，准予在以后纳税年度结转扣除。

（六）开办费及研发费支出的扣除

个体工商户自申请营业执照之日起至开始生产经营之日止所发生符合规定的费用，除为取得固定资产、无形资产的支出，以及应计入资产价值的汇兑损益、利息支出，作为开办费，个体工商户可以选择在开始生产经营的当年一次性扣除，也可以自生产经营月份起在不短于3年期限内摊销扣除，但一经选定，不得改变。开始生产经营之日为个体工商户取得第1笔销售（营业）收入的日期。

个体工商户研究开发新产品、新技术、新工艺所发生的开发费用，以及研究开发新产品、新技术而购置单台价值在10万元以下的测试仪器和试验性装置的购置费准予直接扣除；单台价值在10万元以上（含10万元）的测试仪器和试验性装置，按固定资产管理，不得在当期直接扣除。

（七）其他支出的扣除

个体工商户按照规定缴纳的摊位费、行政性收费、协会会费等，按实际发生数额扣除。

个体工商户参加财产保险，按照规定缴纳的保险费，准予扣除。

个体工商户生产经营活动中，应当分别核算生产经营费用和个人、家庭费用。对于生产经营与个人、家庭生活混用难以分清的费用，其40%视为与生产经营有关的费用，准予扣除。

（八）亏损结转

个体工商户纳税年度发生的亏损，准予向以后年度结转，用以后年度的生产经营所得弥补，但结转年限最长不得超过5年。

三、个人独资企业和合伙企业经营所得应纳税所得额的计算

（一）"先分后税"的原则

合伙企业是指依照中国法律、行政法规成立的合伙企业。合伙企业以每一个合伙人为纳税义务人。合伙企业合伙人是自然人的，缴纳个人所得税；合伙人是法人和其他组织的，缴纳企业所得税。

合伙企业生产经营所得和其他所得采取"先分后税"的原则。生产经营所得和其他所得，包括合伙企业分配给所有合伙人的所得和企业当年留存的所得（利润）。

（二）应纳税所得额的确定

个人独资企业的投资者以全部生产经营所得为应纳税所得额。

投资者兴办2个或2个以上企业，并且企业性质全部是个人独资的，年度终了后汇算清缴时，应汇总其投资兴办的所有企业的经营所得作为应纳税所得额，以此确定适用税率，计算出全年经营所得的应纳税额，再根据每个企业的经营所得占所有企业经营所得的比例，分别计算出每个企业的应纳税额和应补缴税额。

合伙企业的投资者按照下列原则确定应纳税所得额：

（1）合伙企业的合伙人以合伙企业的生产经营所得和其他所得，按照合伙协议约定的分配比例确定应纳税所得额。

（2）合伙协议未约定或者约定不明确的，以全部生产经营所得和其他所得，按照合伙人协商决定的分配比例确定应纳税所得额。

（3）协商不成的，以全部生产经营所得和其他所得，按照合伙人实缴出资比例确定应纳税所得额。

（4）无法确定出资比例的，以全部生产经营所得和其他所得，按照合伙人数量平均计算每个合伙人的应纳税所得额。

（三）应纳税所得额的调整

个人独资企业和合伙企业与其关联企业之间的业务往来，应当按照独立企业之间的业务往来收取或者支付价款、费用。不按照独立企业之间的业务往来收取或者支付价款、费用，而减少其应纳税所得额的，主管税务机关有权进行合理调整。

（四）查账征收企业各项支出的扣除

查账征收的个人独资企业和合伙企业（以下简称企业）的扣除项目比照个体工商户经营所得应纳税所得额计算的具体规定确定。

投资者兴办2个或2个以上企业的，其投资者个人费用扣除标准由投资者选择在其中一个企业的生产经营所得中扣除。

企业计提的各种准备金不得扣除。

（五）个人独资企业和合伙企业的核定征收

国家对下列情形的个人独资企业和合伙企业实行核定征收个人所得税：

（1）依照国家有关规定应当设置但未设置账簿的。

（2）虽设置账簿，但账目混乱或者成本资料、收入凭证、费用凭证残缺不全，难以查账的。

（3）纳税人发生纳税义务，未按照规定的期限办理纳税申报，经税务机关责令限期申报，逾期仍不申报的。

核定征收方式包括定额征收、核定应税所得率征收以及其他合理的征收方式。

自2022年1月1日起，持有股权、股票、合伙企业财产份额等权益性投资的个人独资企业、合伙企业（以下简称独资合伙企业），一律适用查账征收方式计征个人所得税。独资合伙企业应自持有上述权益性投资之日起30日内，主动向税务机关报送持有权益性投资的情况；2022年1月1日前独资合伙企业已持有权益性投资的，应当在2022年1月30日前向税务机关报送持有权益性投资的情况。税务机关接到核定征收独资合伙企业报送持有权益性投资情况的，调整其征收方式为查账征收。

【例5-25】 甲合伙企业共有赵先生、钱先生和乙公司三个合伙人，各占三分之一份额。甲合伙企业2024年度的总收入为800万元，按税法规定减除成本、费用、税金、损失、其他支出以及允许弥补的以前年度亏损后的余额为300万元，已知赵先生未取得其他形式的所得且有一个上初中的儿子，钱先生从其工作单位取得了工资薪金所得。乙公司本身取得应纳税所得额（未考虑甲合伙企业利润分配）300万元。请计算三位合伙人从合伙企业取得的利润如何缴纳所得税？

解析：赵先生从甲合伙企业取得100万元利润，由于其没有取得其他形式的综合所得，可以扣除6万元的费用，如果赵先生选择由其本人扣除全部子女教育费用，赵先生的应纳税所得额为：100-6-2.4=91.6（万元）。应纳个人所得税：91.6×35%-6.55=25.51（万元）。

钱先生从甲合伙企业取得100万元利润，由于其取得了工资薪金所得性质的综合所得，无法扣除6万元的费用。钱先生的应纳税所得额为100万元，应纳个人所得税：100×35%-6.55=28.45（万元）。

乙公司从甲合伙企业取得100万元利润，应并入其他所得之中合并缴纳企业所得税。乙公司应纳企业所得税：（100+300）×25%=100（万元）。

第六节 个人所得税汇算清缴自查及风险应对策略

一、纳税人自行纳税申报

（一）取得综合所得

取得综合所得需要办理汇算清缴的，纳税人应当依法办理纳税申报。

居民个人取得综合所得，按年计算个人所得税；有扣缴义务人的，由扣缴义务人按月或者按次预扣预缴税款；需要办理汇算清缴的，应当在取得所得的次年3月1日至6月30日内办理汇算清缴。预扣预缴办法由国务院税务主管部门制定。

扣缴义务人应当按照国家规定办理全员全额扣缴申报，并向纳税人提供其个人所得和已扣缴税款等信息。全员全额扣缴申报，是指扣缴义务人在代扣税款的次月15日内，向主管税务机关报送其支付所得的所有个人的有关信息、支付所得数额、扣除事项和数额、扣缴税款的具体数额和总额以及其他相关涉税信息资料。

纳税人申请退税时提供的汇算清缴信息有错误的，税务机关应当告知其更正；纳税人更正的，税务机关应当及时办理退税。扣缴义务人未将扣缴的税款解缴入库的，不影响纳税人按照规定申请退税，税务机关应当凭纳税人提供的有关资料办理退税。

取得综合所得且符合下列情形之一的纳税人，应当依法办理汇算清缴：

（1）从两处以上取得综合所得，且综合所得年收入额减除专项扣除后的余额超过6万元。

（2）取得劳务报酬所得、稿酬所得、特许权使用费所得中一项或者多项所得，且综合所得年收入额减除专项扣除的余额超过6万元。

（3）纳税年度内预缴税额低于应纳税额。

（4）纳税人申请退税。需要办理汇算清缴的纳税人，应当在取得所得的次年3月1日至6月30日内，向任职、受雇单位所在地主管税务机关办理纳税申报，并报送《个人所得税年度自行纳税申报表（A表）》《个人所得税年度自行纳税申报表（简易版）》或者《个人所得税年度自行纳税申报表（问答版）》。

纳税人有两处以上任职、受雇单位的，选择向其中一处任职、受雇单位所在地主管税务机关办理纳税申报；纳税人没有任职、受雇单位的，向户籍所在地或经常居住地主管税务机关办理纳税申报。纳税人办理综合所得汇算清缴，应当准备与收入、专项扣除、专项附加扣除、依法确定的其他扣除、捐赠、享受税收优惠等相关的资料，并按规定留存备查或报送。

（二）没有扣缴义务人

纳税人取得经营所得，按年计算个人所得税，由纳税人在月度或者季度终了后15日内向税务机关报送纳税申报表，并预缴税款；在取得所得的次年3月31日前办理汇算清缴。纳税人取得利息、股息、红利所得，财产租赁所得，财产转让所得和偶然所得，按月或者按次计算个人所得税，有扣缴义务人的，由扣缴义务人按月或者按次代扣代缴税款。

纳税人取得应税所得没有扣缴义务人的，应当在取得所得的次月15日内向税务机关报送纳税申报表，并缴纳税款。

个体工商户业主、个人独资企业投资者、合伙企业个人合伙人、承包承租经营者个人以及其他从事生产、经营活动的个人取得经营所得，包括以下情形。

第五章　个人所得税政策执行情况自查及稽查风险应对策略

（1）个体工商户从事生产、经营活动取得的所得，个人独资企业投资人、合伙企业的个人合伙人来源于境内注册的个人独资企业、合伙企业生产、经营的所得。

（2）个人依法从事办学、医疗、咨询以及其他有偿服务活动取得的所得。

（3）个人对企业、事业单位承包经营、承租经营以及转包、转租取得的所得。

（4）个人从事其他生产、经营活动取得的所得。

纳税人取得经营所得，按年计算个人所得税，由纳税人在月度或季度终了后15日内，向经营管理所在地主管税务机关办理预缴纳税申报，并报送《个人所得税经营所得纳税申报表（A表）》。在取得所得的次年3月31日前，向经营管理所在地主管税务机关办理汇算清缴，并报送《个人所得税经营所得纳税申报表（B表）》；从两处以上取得经营所得的，选择向其中一处经营管理所在地主管税务机关办理年度汇总申报，并报送《个人所得税经营所得纳税申报表（C表）》。

（三）未扣缴税款

纳税人取得应税所得，扣缴义务人未扣缴税款的，纳税人应当在取得所得的次年6月30日前，缴纳税款；税务机关通知限期缴纳的，纳税人应当按照期限缴纳税款。

纳税人取得应税所得，扣缴义务人未扣缴税款的，应当区别以下情形办理纳税申报：

（1）居民个人取得综合所得的，按照相关规定办理。

（2）非居民个人取得工资、薪金所得，劳务报酬所得，稿酬所得，特许权使用费所得的，应当在取得所得的次年6月30日前，向扣缴义务人所在地主管税务机关办理纳税申报，并报送《个人所得税自行纳税申报表（A表）》。有两个以上扣缴义务人均未扣缴税款的，选择向其中一处扣缴义务人所在地主管税务机关办理纳税申报。非居民个人在次年6月30日前离境（临时离境除外）的，应当在离境前办理纳税申报。

（3）纳税人取得利息、股息、红利所得，财产租赁所得，财产转让所得和偶然所得的，应当在取得所得的次年6月30日前，按相关规定向主管税务机关办理纳税申报，并报送《个人所得税自行纳税申报表（A表）》。税务机关通知限期缴纳的，纳税人应当按照期限缴纳税款。

（四）取得境外所得

取得境外所得的，纳税人应当依法办理纳税申报。

居民个人从中国境外取得所得的，应当在取得所得的次年3月1日至6月30日，向中国境内任职、受雇单位所在地主管税务机关办理纳税申报；在中国境内没有任职、受雇单位的，向户籍所在地或中国境内经常居住地主管税务机关办理纳税申报；户籍所在地与中国境内经常居住地不一致的，选择其中一地主管税务机关办理纳税申报；在中国境内没有户籍的，向中国境内经常居住地主管税务机关办理纳税申报。

纳税人取得境外所得，应报送《个人所得税年度自行纳税申报表（B表）》以及

《境外所得个人所得税抵免明细表》。

（五）移居境外注销中国户籍

纳税人因移居境外注销中国户籍的，应当在注销中国户籍前办理税款清算。

纳税人因移居境外注销中国户籍的，应当在申请注销中国户籍前，向户籍所在地主管税务机关办理纳税申报，进行税款清算。

（1）纳税人在注销户籍年度取得综合所得的，应当在注销户籍前，办理当年综合所得的汇算清缴，并报送《个人所得税年度自行纳税申报表》。尚未办理上一年度综合所得汇算清缴的，应当在办理注销户籍纳税申报时一并办理。

（2）纳税人在注销户籍年度取得经营所得的，应当在注销户籍前，办理当年经营所得的汇算清缴，并报送《个人所得税经营所得纳税申报表（B表）》。从两处以上取得经营所得的，还应当一并报送《个人所得税经营所得纳税申报表（C表）》。尚未办理上一年度经营所得汇算清缴的，应当在办理注销户籍纳税申报时一并办理。

（3）纳税人在注销户籍当年取得利息、股息、红利所得，财产租赁所得，财产转让所得和偶然所得的，应当在注销户籍前，申报当年上述所得的完税情况，并报送《个人所得税自行纳税申报表（A表）》。

（4）纳税人有未缴或者少缴税款的，应当在注销户籍前，结清欠缴或未缴的税款。纳税人存在分期缴税且未缴纳完毕的，应当在注销户籍前，结清尚未缴纳的税款。

（5）纳税人办理注销户籍纳税申报时，需要办理专项附加扣除、依法确定的其他扣除的，应当向税务机关报送《个人所得税专项附加扣除信息表》《商业健康保险税前扣除情况明细表》《个人税收递延型商业养老保险税前扣除情况明细表》等。

（六）非居民个人从两处以上取得工资

非居民个人在中国境内从两处以上取得工资、薪金所得的，应当在取得所得的次月15日内，向其中一处任职、受雇单位所在地主管税务机关办理纳税申报，并报送《个人所得税自行纳税申报表（A表）》。

【税务稽查风险案例5-17】

2022年11月，北京市税务局第二稽查局根据有关方面线索和税收大数据分析，依法对加拿大籍艺人吴某某2019年至2020年涉嫌偷逃税问题开展了税务检查。由于吴某某大量经营信息、资金往来涉及多家境内外关联企业，案情较为复杂，北京市税务部门会同相关税务机关进行了认真细致的调查，目前案情已经查清。

经查，吴某某在2019年至2020年，采取虚构业务转换收入性质虚假申报、通过境内外多个关联企业隐匿个人收入等方式偷逃税款0.95亿元，其他少缴税款0.84亿元。北京市税务局第二稽查局依据《中华人民共和国个人所得税法》《中华人民共和国税收征收管理法》《中华人民共和国行政处罚法》等相关法律法规规定，对吴某某追缴税款、加收滞纳金并处罚款,共计6.00亿元。其中,对其虚构业务转换收入性质虚假申报偷逃税款的部分处4倍罚款计3.45亿元;对其隐匿个人收入偷逃税款的部分处5倍罚款计0.42亿元。目前,北京市税务局第二稽查局已依法向吴某某送达税务行政处理处罚决定书。

北京市税务局第二稽查局对吴某某涉嫌偷逃税问题进行了查处。该局有关负责人就案件查处情况回答了记者提问。

(1)为什么北京市税务局第二稽查局要对吴某某进行检查?

答:北京市税务部门高度重视并持续加强文娱领域税收监管,不断加大日常监管力度,深入开展税收综合治理,提示辅导相关从业人员依法纳税并督促整改。北京市税务局第二稽查局根据有关方面线索和税收大数据分析,依法对吴某某2019年至2020年涉嫌偷逃税问题进行立案并开展了税务检查。

(2)吴某某的违法事实有哪些?

答:吴某某虽是加拿大国籍,但2019年和2020年在中国境内停留时间均超过183天,按照《中华人民共和国个人所得税法》规定,属于中国税收居民个人,应就其来自中国境内外所得依法缴纳个人所得税。

经查,吴某某在2019年至2020年,虚构业务转换收入性质进行虚假申报、通过境内外多个关联企业隐匿个人收入,偷逃税款,同时存在其他少缴税款的行为。我局依据《中华人民共和国个人所得税法》《中华人民共和国税收征收管理法》等规定,依法认定其偷逃税款0.95亿元,其他少缴税款0.84亿元。

(3)请问本案中不同的罚款倍数是如何确定的?

答:《中华人民共和国税收征收管理法》第六十三条第一款规定,对纳税人偷税的,由税务机关追缴其不缴或者少缴的税款、滞纳金,并处不缴或者少缴的税款百分之五十以上5倍以下的罚款。

我局坚持依法依规、过罚相当的原则,充分考虑了违法行为的事实、性质、情节和社会危害程度等因素对吴某某进行处罚。

一方面,对其虚构业务转换收入性质虚假申报偷税部分,依据《中华人民共和国税收征收管理法》《中华人民共和国行政处罚法》等有关规定,处4倍罚款。

另一方面,对其隐匿个人收入偷税部分,由于情节更加恶劣,依据《中华人民共和国税收征收管理法》《中华人民共和国行政处罚法》等有关规定,予以从重处罚,"顶格"处5倍罚款。

本案中,吴某某首次被税务机关按偷税予以行政处罚且此前未因逃避缴纳税款受过刑事处罚,若其能在规定期限内缴清税款、滞纳金和罚款,则依法不予追究逃避缴纳税款的刑事责任;若其在规定期限内未缴清税款、滞纳金和罚款,税务机关将依法移送公安机关处理。

(4)本案的偷税手法有什么特点?

答:本案中吴某某偷税行为的一个特点是利用境外企业隐瞒个人收入、转换收入性质。

调查发现，吴某某在我国境内从事演艺活动时，利用其外籍身份并凭借其在演艺圈的流量优势，要求境内企业或境内企业设立的境外机构将其个人劳务报酬支付给其境外注册的企业，将境内个人收入"包装"成境外企业收入，以此隐匿其个人从我国境内取得应税收入的事实，或转换收入性质进行虚假申报，企图逃避我国税收监管，从而达到偷逃税款的目的。与已公布的其他偷逃税案件相比，吴某某案件的偷税手法更加隐蔽，并严重危害我国税收主权。

随着跨境交易和资金往来越来越频繁，少数不法分子企图借机利用跨境交易和国际避税地来逃避中国境内纳税义务。对此，税务部门将不断完善税收监管手段，提升税收监管能力，切实加强对新型偷逃税行为的查处曝光，坚决维护国家税收安全。

二、2023年度个人所得税汇算清缴的办理

（一）汇算的主要内容

2023年度终了后，居民个人（以下称纳税人）需要汇总2023年1月1日至12月31日取得的工资薪金、劳务报酬、稿酬、特许权使用费等四项综合所得的收入额，减除费用6万元以及专项扣除、专项附加扣除、依法确定的其他扣除和符合条件的公益慈善事业捐赠后，适用综合所得个人所得税税率并减去速算扣除数，计算最终应纳税额，再减去2023年已预缴税额，得出应退或应补税额，向税务机关申报并办理退税或补税。具体计算公式如下：

应退或应补税额=[（综合所得收入额-60 000元-"三险一金"等专项扣除-子女教育等专项附加扣除-依法确定的其他扣除-符合条件的公益慈善事业捐赠）×适用税率-速算扣除数]-已预缴税额

汇算不涉及纳税人的财产租赁等分类所得，以及按规定不并入综合所得计算纳税的所得。

（二）无需办理汇算的情形

纳税人在2023纳税年度内已依法预缴个人所得税且符合下列情形之一的，无需办理汇算：

（1）汇算需补税但综合所得收入全年不超过12万元的。
（2）汇算需补税金额不超过400元的。
（3）已预缴税额与年度汇算应纳税额一致的。
（4）符合汇算退税条件但不申请退税的。

（三）需要办理汇算的情形

符合下列情形之一的，纳税人需办理汇算：

（1）已预缴税额大于汇算应纳税额且申请退税的。

（2）2023年度内取得的综合所得收入超过12万元且需要补税金额超过400元的。

因适用所得项目错误或者扣缴义务人未依法履行扣缴义务，造成2023年度内少申报或者未申报综合所得的，纳税人应当依法据实办理年度汇算。

【税务稽查风险案例5-18】

2022年9月，湖北省恩施州税务部门在对个人所得税综合所得汇算清缴办理情况开展事后抽查时，发现湖北省恩施州某网络公司负责人陈某未据实办理2021年度个人所得税综合所得汇算清缴，遂依法对其立案检查。

经查，纳税人陈某在办理2021年度个人所得税综合所得汇算清缴时，虚假填报综合所得收入，少缴个人所得税。经税务部门提示提醒、督促整改、约谈警示，陈某拒不办理更正申报。税务部门对其立案检查后，陈某申报补缴了税款。依据《中华人民共和国个人所得税法》《中华人民共和国税收征收管理法》《中华人民共和国行政处罚法》等相关法律法规规定，恩施州税务局稽查局对陈某追缴税款、加收滞纳金并处罚款共计393 624.99元。目前，税务部门已依法送达《税务处理决定书》和《税务行政处罚决定书》，陈某已按规定缴清税款、滞纳金和罚款。

恩施州税务局相关负责人再次提醒纳税人，请及时核查是否存在应当办理汇算清缴而未办理、申报缴税不规范、取得应税收入未申报等情形并抓紧补正。税务机关发现存在涉税问题的，会通过提示提醒、督促整改和约谈警示等方式，提醒督促纳税人整改，对于拒不整改或整改不彻底的纳税人，税务机关将依法依规进行立案检查。

（四）可享受的税前扣除

下列在2023年发生的税前扣除，纳税人可在汇算期间填报或补充扣除：

（1）减除费用6万元，以及符合条件的基本养老保险、基本医疗保险、失业保险等社会保险费和住房公积金等专项扣除。

（2）符合条件的3岁以下婴幼儿照护、子女教育、继续教育、大病医疗、住房贷款利息或住房租金、赡养老人专项附加扣除。

（3）符合条件的企业年金和职业年金、商业健康保险、个人养老金等其他扣除。

（4）符合条件的公益慈善事业捐赠。

同时取得综合所得和经营所得的纳税人，可在综合所得或经营所得中申报减除费用6万元、专项扣除、专项附加扣除以及依法确定的其他扣除，但不得重复申报减除。

纳税人与其配偶共同填报3岁以下婴幼儿照护、子女教育、大病医疗、住房贷款利息及住房租金等专项附加扣除的，以及与兄弟姐妹共同填报赡养老人专项附加扣除的，需要与其他填报人沟通填报扣除金额，避免超过规定额度或比例填报专项附加扣除。纳税人填报不符合规定的，一经发现，税务机关将通过手机个人所得税App、自然人电子税务局网站或者扣缴义务人等渠道进行提示提醒。根据《财政部 税务总局关于个人所得税综合所得汇算清缴涉及有关政策问题的公告》（财政部 税务总局公告2019年第94号）有关规定，对于拒不更正或者不说明情况的纳税人，税务机关将暂停其享受专项附加扣除。纳税人按规定更正相关信息或者说明情况后，可继续享受专项附加扣除。

【税务稽查风险案例5-19】

2022年9月，广西壮族自治区南宁市税务部门在对个人所得税综合所得汇算清缴办理情况开展事后抽查时，发现南宁市某地产经纪公司负责人朱某婷未据实办理2019年度和2020年度个人所得税综合所得汇算清缴，遂依法对其进行立案检查。

经查，纳税人朱某婷在办理2019年度和2020年度个人所得税综合所得汇算清缴时，通过虚假填报扣除项目、虚增已缴税额等方式，少缴个人所得税。经税务部门提醒督促，朱某婷拒不如实办理更正申报。依据《中华人民共和国个人所得税法》《中华人民共和国税收征收管理法》《中华人民共和国行政处罚法》等相关法律法规规定，南宁市税务局第一稽查局对朱某婷追缴税款、加收滞纳金并处罚款共计422 607.39元。目前，税务部门已依法送达《税务处理决定书》和《税务行政处罚决定书》，朱某婷已按规定缴清税款、滞纳金和罚款。

南宁市税务局相关负责人再次提醒纳税人，请及时核查是否存在应当办理汇算清缴而未办理、申报缴税不规范、取得应税收入未申报等情形并抓紧补正。税务机关发现存在涉税问题的，会通过提示提醒、督促整改和约谈警示等方式，提醒督促纳税人整改，对于拒不整改或整改不彻底的纳税人，税务机关将依法依规进行立案检查。

（五）办理时间

2023年度汇算办理时间为2024年3月1日至6月30日。在中国境内无住所的纳税人在3月1日前离境的，可以在离境前办理。

（六）办理方式

纳税人可自主选择下列办理方式：

（1）自行办理。

（2）通过任职受雇单位（含按累计预扣法预扣预缴其劳务报酬所得个人所得税的单位）代为办理。

纳税人提出代办要求的，单位应当代为办理，或者培训、辅导纳税人通过自然人电子税务局（含手机个人所得税App、网页端，下同）完成汇算申报和退（补）税。

由单位代为办理的，纳税人应提前与单位以书面或者电子等方式进行确认，补充提供2023年在本单位以外取得的综合所得收入、相关扣除、享受税收优惠等信息资料，并对所提交信息的真实性、准确性、完整性负责。纳税人未与单位确认请其代为办理的，单位不得代办。

（3）委托涉税专业服务机构或其他单位及个人（以下称受托人）办理，纳税人与受托人需签订授权书。

单位或受托人为纳税人办理年度汇算后，应当及时将办理情况告知纳税人。纳税人发现汇算申报信息存在错误的，可以要求单位或受托人办理更正申报，也可自行办理更正申报。

（七）办理渠道

为便利纳税人，税务机关为纳税人提供高效、快捷的网络办税渠道。纳税人可优先通过自然人电子税务局办理年度汇算，税务机关将为纳税人提供申报表项目预填服务；不方便通过上述方式办理的，也可以通过邮寄方式或到办税服务厅办理。

选择邮寄申报的，纳税人需将申报表寄送至按本公告第九条确定的主管税务机关所在省、自治区、直辖市和计划单列市税务局公告的地址。

（八）申报信息及资料留存

纳税人办理年度汇算的，适用个人所得税年度自行纳税申报表，如需修改本人相关基础信息，新增享受扣除或者税收优惠的，还应按规定一并填报相关信息。纳税人需仔细核对，确保所填信息真实、准确、完整。

纳税人、代办汇算的单位，需各自将专项附加扣除、税收优惠材料等年度汇算相关资料，自年度汇算期结束之日起留存5年。

存在股权（股票）激励（含境内企业以境外企业股权为标的对员工进行的股权激励）、职务科技成果转化现金奖励等情况的单位，应当按照相关规定进行报告、备案。同时，纳税人在一个纳税年度内从同一单位多次取得股权激励的，由该单位合并计算扣缴税款。纳税人在一个纳税年度内从不同单位取得股权激励的，可将之前单位取得的股权激励有关信息提供给现单位并由其合并计算扣缴税款，也可在次年3月1日至6月30日自行向税务机关办理合并申报。

（九）受理汇算申报的税务机关

按照方便就近原则，纳税人自行办理或受托人为纳税人代为办理汇算的，向纳税人任职受雇单位的主管税务机关申报；有两处及以上任职受雇单位的，可自主选择向其中一处申报。

纳税人没有任职受雇单位的，向其户籍所在地、经常居住地或者主要收入来源地的主管税务机关申报。主要收入来源地，是指2023年度内向纳税人累计发放劳务报酬、稿酬及特许权使用费金额最大的扣缴义务人所在地。

单位为纳税人代办汇算的，向单位的主管税务机关申报。

为方便纳税服务和征收管理，年度汇算期结束后，税务部门将为尚未办理申报的纳税人确定主管税务机关。

为方便纳税服务和征收管理，汇算期结束后，税务部门为尚未办理汇算申报、多次股权激励合并申报的纳税人确定其主管税务机关。

（十）退（补）税

1. 办理退税

纳税人申请年度汇算退税，应当提供其在中国境内开设的符合条件的银行账户。税务机关按规定审核后，在依法确定的受理年度汇算申报的税务机关所在地（即年度汇算地），按照国库管理有关规定就地办理税款退库。纳税人未提供本人有效银行账户，或者提供的信息资料有误的，税务机关将通知纳税人更正，纳税人按要求更正后依法办理退税。

为方便办理退税，2023年综合所得全年收入额不超过6万元且已预缴个人所得税的纳税人，可选择使用个人所得税App或网站提供的简易申报功能，便捷办理汇算退税。

申请2023年度汇算退税及其他退税的纳税人，如存在应当办理2022年及以前年度汇算补税但未办理，或者经税务机关通知2022年及以前年度汇算申报存在疑点但未更正或说明情况的，需在办理2022年及以前年度汇算申报补税、更正申报或者说明有关情况后依法申请退税。

2. 办理补税

纳税人办理年度汇算补税的，可以通过网上银行、办税服务厅POS机刷卡、银行柜台、非银行支付机构等方式缴纳。邮寄申报并补税的，纳税人需要通过自然人电子税务局或者主管税务机关办税服务厅及时关注申报进度并缴纳税款。

汇算需补税的纳税人，汇算期结束后未申报补税或未足额补税的，一经发现，税务机关将依法责令限期改正并向纳税人送达有关税务文书，对已签订《税务文书电子送达确认书》的，通过个人所得税App及网站等渠道进行电子文书送达；对未签订《税务文书电子送达确认书》的，以其他方式送达。同时，税务机关将依法加收滞纳金，并在其个人所得税《纳税记录》中予以标注。

纳税人因申报信息填写错误造成年度汇算多退或少缴税款的，纳税人主动或经税务机关提醒后及时改正的，税务机关可以按照"首违不罚"原则免予处罚。

【税务稽查风险案例5-20】

江苏省苏州市税务部门在对个人所得税综合所得汇算清缴办理情况开展事后抽查时，发现苏州某交通公司员工王某亮未办理2019年度、2020年度和2021年度个人所得税综合所得汇算清缴，遂依法对其进行立案检查。

经查，纳税人王某亮未在法定期限办理2019年度、2020年度和2021年度个人所得税综合所得汇算清缴，少缴个人所得税。经税务部门提醒督促，王某亮拒不申报。税务部门对其立案检查后，王某亮申报补缴了税款。依据《中华人民共和国个人所得税法》《中华人民共和国税收征收管理法》《中华人民共和国行政处罚法》等相关法律法规规定，苏州市税务局稽查局对王某亮追缴税款、加收滞纳金并处罚款共计303 362.85元。目前，税务部门已经依法送达《税务处理决定书》《税务行政处罚决定书》，王某亮已按规定缴清税款、滞纳金和罚款。

苏州市税务局相关负责人再次提醒纳税人，请及时核查是否存在应当办理汇算清缴而未办理、申报缴税不规范、取得应税收入未申报等情形并抓紧补正。税务机关发现存在涉税问题的，会通过提示提醒、督促整改和约谈警示等方式，提醒督促纳税人整改，对于拒不整改或整改不彻底的纳税人，税务机关将依法依规进行立案检查。

（十一）汇算服务

税务机关推出系列优化服务措施，加强汇算的政策解读和操作辅导力度，分类编制办税指引，通俗解释政策口径、专业术语和操作流程，多渠道、多形式开展提示提醒服务，并通过个税App及网站、12366纳税缴费服务平台等渠道提供涉税咨询，帮助纳税人解决疑难问题，积极回应纳税人诉求。

汇算开始前，纳税人可登录个税App及网站，查看自己的综合所得和纳税情况，核对银行卡、专项附加扣除涉及人员身份信息等基础资料，为汇算做好准备。

为合理有序引导纳税人办理汇算，提升纳税人办理体验，主管税务机关将分批分期通知提醒纳税人在确定的时间段内办理。同时，税务部门推出预约办理服务，有汇算初期（3月1日至3月20日）办理需求的纳税人，可以根据自身情况，在2月21日后通过个税App预约上述时间段中的任意一天办理。3月21日至6月30日，纳税人无需预约，可以随时办理。

对符合汇算退税条件且生活负担较重的纳税人，税务机关提供优先退税服务。独立完成汇算存在困难的年长、行动不便等特殊人群提出申请，税务机关可提供个性化便民服务。

【税务稽查风险案例5-21】

2022年6月，浙江省杭州市税务局稽查局根据群众举报，立案查处了蓝某某未依法办理个人所得税综合所得汇算清缴案件。

经查，蓝某某未依法办理2020年度个人所得税综合所得汇算清缴，少缴个人所得税2.44万元。税务部门对其立案检查后，蓝某某主动申报补缴了部分税款。综合考虑上述情况，杭州市税务局稽查局依据《中华人民共和国个人所得税法》《中华人民共和国税收征收管理法》《中华人民共和国行政处罚法》等相关法律法规规定，按照《浙江省税务行政处罚裁量基准》，对蓝某某追缴税款、加收滞纳金并处罚款共计4.67万元。

杭州市税务局有关负责人提醒广大纳税人，要依法依规办理个人所得税综合所得汇算清缴，需要补税的纳税人应在法定期限内办理申报并补缴税款。对不依法办理个人所得税综合所得汇算清缴的，除依法追缴税款、滞纳金并处罚款外，还将在其《个人所得税纳税记录》上进行标注，纳入税收监管重点人员名单，对其以后3个纳税年度申报情况加强审核。

三、公益性捐赠的税前扣除

（一）一般规定

个人将其所得对教育、扶贫、济困等公益慈善事业进行捐赠，捐赠额未超过纳税人申报的应纳税所得额30%的部分，可以从其应纳税所得额中扣除；国务院规定对公益慈善事业捐赠实行全额税前扣除的，从其规定。

个人将其所得对教育、扶贫、济困等公益慈善事业进行捐赠，是指个人将其所得通过中国境内的公益性社会组织、国家机关向教育、扶贫、济困等公益慈善事业的捐赠。应纳税所得额，是指计算扣除捐赠额之前的应纳税所得额。

【例5-26】 吴先生2024年度的应纳税所得额为100万元，其通过教育局向自己的母校捐赠40万元，根据税法规定可以扣除的限额为应纳税所得额的30%，请计算吴先生个人所得税的应纳税所得额。

解析：吴先生的公益性捐赠超过了扣除限额，只能按限额扣除，因此，吴先生个人所得税的应纳税所得额为：100－100×30%＝70（万元）。

（二）向红十字事业捐赠的税前扣除

个人通过非营利性的社会团体和国家机关（包括中国红十字会）向红十字事业的捐赠，在计算缴纳个人所得税时准予全额扣除。

接受捐赠的红十字会应按照财务隶属关系分别使用由中央或省级财政部门统一印（监）制的捐赠票据，并加盖接受捐赠或转赠的红十字会的财务专用印章。

（三）向教育事业捐赠的税前扣除

纳税人通过中国境内非营利的社会团体、国家机关向教育事业的捐赠，准予在个人所得税前全额扣除。

（四）公益慈善事业捐赠个人所得税操作规定

自2019年1月1日起，个人通过中国境内公益性社会组织、县级以上人民政府及其部门等国家机关，向教育、扶贫、济困等公益慈善事业的捐赠（以下简称公益捐赠），发生的公益捐赠支出，可以按照《中华人民共和国个人所得税法》有关规定在计算应纳税所得额时扣除。境内公益性社会组织，包括依法设立或登记并按规定条件和程序取得公益性捐赠税前扣除资格的慈善组织、其他社会组织和群众团体。

个人发生的公益捐赠支出金额，按照以下规定确定：①捐赠货币性资产的，按照实际捐赠金额确定；②捐赠股权、房产的，按照个人持有股权、房产的财产原值确定；③捐赠除股权、房产以外的其他非货币性资产的，按照非货币性资产的市场价格确定。

居民个人按照以下规定扣除公益捐赠支出：①居民个人发生的公益捐赠支出可以在财产租赁所得、财产转让所得、利息股息红利所得、偶然所得（以下统称分类所得）、综合所得或者经营所得中扣除。在当期一个所得项目扣除不完的公益捐赠支出，可以按规定在其他所得项目中继续扣除。②居民个人发生的公益捐赠支出，在综合所得、经营所得中扣除的，扣除限额分别为当年综合所得、当年经营所得应纳税所得额的30%；在分类所得中扣除的，扣除限额为当月分类所得应纳税所得额的30%。③居民个人根据各项所得的收入、公益捐赠支出、适用税率等情况，自行决定在综合所得、分类所得、经营所得中扣除的公益捐赠支出的顺序。

居民个人在综合所得中扣除公益捐赠支出的，应按照以下规定处理：①居民个人取得工资薪金所得的，可以选择在预扣预缴时扣除，也可以选择在年度汇算清缴时扣除。居民个人选择在预扣预缴时扣除的，应按照累计预扣法计算扣除限额，其捐赠当月的扣除限额为截至当月累计应纳税所得额的30%（全额扣除的从其规定，下同）。个人从两处以上取得工资薪金所得，选择其中一处扣除，选择后当年不得变更。②居民个人取得劳务报酬所得、稿酬所得、特许权使用费所得的，预扣预缴时不扣除公益捐赠支出，统一在汇算清缴时扣除。③居民个人取得全年一次性奖金、股权激励等所得，且按规定采取不并入综合所得而单独计税方式处理的，公益捐赠支出扣除比照本公告分类所得的扣除规定处理。

居民个人发生的公益捐赠支出，可在捐赠当月取得的分类所得中扣除。当月分类所得应扣除未扣除的公益捐赠支出，可以按照以下规定追补扣除：①扣缴义务人已经代扣但尚未解缴税款的，居民个人可以向扣缴义务人提出追补扣除申请，退还已扣税款。②扣缴义务人已经代扣且解缴税款的，居民个人可以在公益捐赠之日起90日内提请扣缴义务人向征收税款的税务机关办理更正申报追补扣除，税务机关和扣缴义务人应当予以办理。③居民个人自行申报纳税的，可以在公益捐赠之日起90日内向主管税务机关办理更正申报追补扣除。

居民个人捐赠当月有多项多次分类所得的，应先在其中一项一次分类所得中扣除。已经在分类所得中扣除的公益捐赠支出，不再调整到其他所得中扣除。

在经营所得中扣除公益捐赠支出，应按以下规定处理：①个体工商户发生的公益捐赠支出，在其经营所得中扣除。②个人独资企业、合伙企业发生的公益捐赠支出，其个人投资者应当按照捐赠年度合伙企业的分配比例（个人独资企业分配比例为

100%），计算归属于每一个人投资者的公益捐赠支出，个人投资者应将其归属的个人独资企业、合伙企业公益捐赠支出和本人需要在经营所得扣除的其他公益捐赠支出合并，在其经营所得中扣除。③在经营所得中扣除公益捐赠支出的，可以选择在预缴税款时扣除，也可以选择在汇算清缴时扣除。④经营所得采取核定征收方式的，不扣除公益捐赠支出。

非居民个人发生的公益捐赠支出，未超过其在公益捐赠支出发生的当月应纳税所得额30%的部分，可以从其应纳税所得额中扣除。扣除不完的公益捐赠支出，可以在经营所得中继续扣除。非居民个人按规定可以在应纳税所得额中扣除公益捐赠支出而未实际扣除的，可按照规定追补扣除。

国务院规定对公益捐赠全额税前扣除的，按照规定执行。个人同时发生按30%扣除和全额扣除的公益捐赠支出，自行选择扣除次序。

公益性社会组织、国家机关在接受个人捐赠时，应当按照规定开具捐赠票据；个人索取捐赠票据的，应予以开具。

个人发生公益捐赠时不能及时取得捐赠票据的，可以暂时凭公益捐赠银行支付凭证扣除，并向扣缴义务人提供公益捐赠银行支付凭证复印件。个人应在捐赠之日起90日内向扣缴义务人补充提供捐赠票据，如果个人未按规定提供捐赠票据的，扣缴义务人应在30日内向主管税务机关报告。

机关、企事业单位统一组织员工开展公益捐赠的，纳税人可以凭汇总开具的捐赠票据和员工明细单扣除。

个人通过扣缴义务人享受公益捐赠扣除政策，应当告知扣缴义务人符合条件可扣除的公益捐赠支出金额，并提供捐赠票据的复印件，其中捐赠股权、房产的还应出示财产原值证明。扣缴义务人应当按照规定在预扣预缴、代扣代缴税款时予以扣除，并将公益捐赠扣除金额告知纳税人。

个人自行办理或扣缴义务人为个人办理公益捐赠扣除的，应当在申报时一并报送《个人所得税公益慈善事业捐赠扣除明细表》。个人应留存捐赠票据，留存期限为5年。

（六）通过公益性群众团体的公益性捐赠税前扣除

自2021年1月1日起，企业或个人通过公益性群众团体用于符合法律规定的公益慈善事业捐赠支出，准予按税法规定在计算应纳税所得额时扣除。

上述公益慈善事业，应当符合《中华人民共和国公益事业捐赠法》第三条对公益事业范围的规定或者《中华人民共和国慈善法》第三条对慈善活动范围的规定。

上述所称公益性群众团体，包括依照《社会团体登记管理条例》规定不需进行社团登记的人民团体以及经国务院批准免予登记的社会团体（以下统称群众团体），且按规定条件和程序已经取得公益性捐赠税前扣除资格。

群众团体取得公益性捐赠税前扣除资格应当同时符合以下条件：①符合《中华人民共和国企业所得税法实施条例》第五十二条第一项至第八项规定的条件；②县

级以上各级机构编制部门直接管理其机构编制；③对接受捐赠的收入以及用捐赠收入进行的支出单独进行核算，且申报前连续3年接受捐赠的总收入中用于公益慈善事业的支出比例不低于70%。

公益性捐赠税前扣除资格的确认按以下规定执行：①由中央机构编制部门直接管理其机构编制的群众团体，向财政部、税务总局报送材料。②由县级以上地方各级机构编制部门直接管理其机构编制的群众团体，向省、自治区、直辖市和计划单列市财政、税务部门报送材料。③对符合条件的公益性群众团体，按照上述管理权限，由财政部、税务总局和省、自治区、直辖市、计划单列市财政、税务部门分别联合公布名单。企业和个人在名单所属年度内向名单内的群众团体进行的公益性捐赠支出，可以按规定进行税前扣除。④公益性捐赠税前扣除资格的确认对象包括公益性捐赠税前扣除资格将于当年末到期的公益性群众团体；已被取消公益性捐赠税前扣除资格但又重新符合条件的群众团体；尚未取得或资格终止后未取得公益性捐赠税前扣除资格的群众团体。⑤每年年底前，省级以上财政、税务部门按权限完成公益性捐赠税前扣除资格的确认和名单发布工作，并按上述第四项规定的不同审核对象，分别列示名单及其公益性捐赠税前扣除资格起始时间。

上述规定需报送的材料，应在申报年度6月30日前报送，包括：①申报报告；②县级以上各级党委、政府或机构编制部门印发的"三定"（定职能、定机构、定编制）规定；③组织章程；④申报前3个年度的受赠资金来源、使用情况，财务报告，公益活动的明细，注册会计师的审计报告或注册会计师、（注册）税务师、律师的纳税审核报告（或鉴证报告）。

公益性捐赠税前扣除资格在全国范围内有效，有效期为3年。

公益性群众团体前3年接受捐赠的总收入中用于公益慈善事业的支出比例低于70%的，应当取消其公益性捐赠税前扣除资格。

公益性群众团体存在以下情形之一的，应当取消其公益性捐赠税前扣除资格，且被取消资格的当年及之后3个年度内不得重新确认资格：①违反规定接受捐赠的，包括附加对捐赠人构成利益回报的条件、以捐赠为名从事营利性活动、利用慈善捐赠宣传烟草制品或法律禁止宣传的产品和事项、接受不符合公益目的或违背社会公德的捐赠等情形；②开展违反组织章程的活动，或者接受的捐赠款项用于组织章程规定用途之外的；③在确定捐赠财产的用途和受益人时，指定特定受益人，且该受益人与捐赠人或公益性群众团体管理人员存在明显利益关系的；④受到行政处罚（警告或单次1万元以下罚款除外）的。

对存在上述前三项情形的公益性群众团体，应对其接受捐赠收入和其他各项收入依法补征企业所得税。

公益性群众团体存在以下情形之一的，应当取消其公益性捐赠税前扣除资格且不得重新确认资格：①从事非法政治活动的；②从事、资助危害国家安全或者社会公共利益活动的。

获得公益性捐赠税前扣除资格的公益性群众团体，应自不符合上述规定条件之一或存在上述规定情形之一之日起15日内向主管税务机关报告。对应当取消公益性捐赠税前扣除资格的公益性群众团体，由省级以上财政、税务部门核实相关信息后，按权限及时向社会发布取消资格名单公告。自发布公告的次月起，相关公益性群众团体不再具有公益性捐赠税前扣除资格。

公益性群众团体在接受捐赠时，应按照行政管理级次分别使用由财政部或省、自治区、直辖市财政部门监（印）制的公益事业捐赠票据，并加盖本单位的印章；对个人索取捐赠票据的，应予以开具。企业或个人将符合条件的公益性捐赠支出进行税前扣除，应当留存相关票据备查。

除另有规定外，公益性群众团体在接受企业或个人捐赠时，按以下原则确认捐赠额：①接受的货币性资产捐赠，以实际收到的金额确认捐赠额；②接受的非货币性资产捐赠，以其公允价值确认捐赠额。捐赠方在向公益性群众团体捐赠时，应当提供注明捐赠非货币性资产公允价值的证明；不能提供证明的，接受捐赠方不得向其开具捐赠票据。

为方便纳税主体查询，省级以上财政、税务部门应当及时在官方网站上发布具备公益性捐赠税前扣除资格的公益性群众团体名单公告。企业或个人可通过上述渠道查询群众团体公益性捐赠税前扣除资格及有效期。

第七节　个人所得税优惠政策自查及风险应对策略

一、个人所得税特殊计算政策

（一）个人取得全年一次性奖金

居民个人取得全年一次性奖金，符合《国家税务总局关于调整个人取得全年一次性奖金等计算征收个人所得税方法问题的通知》（国税发〔2005〕9号）规定的，在2027年12月31日前，不并入当年综合所得，以全年一次性奖金收入除以12个月得到的数额，按照月度税率表，确定适用税率和速算扣除数，单独计算纳税。计算公式为：

应纳税额=全年一次性奖金收入×适用税率-速算扣除数

居民个人取得全年一次性奖金，也可以选择并入当年综合所得计算纳税。

自2028年1月1日起，居民个人取得全年一次性奖金，应并入当年综合所得计算缴纳个人所得税。

（二）个人领取企业年金、职业年金

个人达到国家规定的退休年龄，领取的企业年金、职业年金，符合相关规定的，不并入综合所得，全额单独计算应纳税款。其中按月领取的，适用月度税率表计算纳税；按季领取的，平均分摊计入各月，按每月领取额适用月度税率表计算纳税；按年领取的，适用综合所得税率表计算纳税。

个人因出境定居而一次性领取的年金个人账户资金，或个人死亡后，其指定的受益人或法定继承人一次性领取的年金个人账户余额，适用综合所得税率表计算纳税。对个人除上述特殊原因外一次性领取年金个人账户资金或余额的，适用月度税率表计算纳税。

（三）解除劳动关系一次性补偿收入

个人与用人单位解除劳动关系取得一次性补偿收入（包括用人单位发放的经济补偿金、生活补助费和其他补助费），在当地上年职工平均工资3倍数额以内的部分，免征个人所得税；超过3倍数额的部分，不并入当年综合所得，单独适用综合所得税率表，计算纳税。

（四）提前退休一次性补贴收入

个人办理提前退休手续而取得的一次性补贴收入，应按照办理提前退休手续至法定离退休年龄之间实际年度数平均分摊，确定适用税率和速算扣除数，单独适用综合所得税率表，计算纳税。计算公式为：

应纳税额={［（一次性补贴收入÷办理提前退休手续至法定退休年龄的实际年度数）-费用扣除标准］×适用税率-速算扣除数}×办理提前退休手续至法定退休年龄的实际年度数

（五）内部退养一次性收入

实行内部退养的个人在其办理内部退养手续后至法定离退休年龄之间从原任职单位取得的工资、薪金，不属于离退休工资，应按"工资、薪金所得"项目计征个人所得税。个人在办理内部退养手续后从原任职单位取得的一次性收入，应按办理内部退养手续后至法定离退休年龄之间的所属月份进行平均，并与领取当月的工资、薪金所得合并后减除当月费用扣除标准，以余额为基数确定适用税率，再将当月工资、薪金加上取得的一次性收入，减去费用扣除标准，按适用税率计征个人所得税。

个人在办理内部退养手续后至法定离退休年龄之间重新就业取得的工资、薪金所得，应与其从原任职单位取得的同一月份的工资、薪金所得合并，并依法自行向主管税务机关申报缴纳个人所得税。

（六）单位低价向职工售房

单位按低于购置或建造成本价格出售住房给职工，职工因此而少支出的差价部分，符合相关规定的，不并入当年综合所得，以差价收入除以12个月得到的数额，按照月度税率表确定适用税率和速算扣除数，单独计算纳税。计算公式为：

应纳税额=职工实际支付的购房价款低于该房屋的购置或建造成本价格的差额×适用税率-速算扣除数

（七）保险营销员、证券经纪人佣金收入

保险营销员、证券经纪人取得的佣金收入，属于"劳务报酬所得"，以不含增值税的收入减除20%的费用后的余额为收入额，收入额减去展业成本以及附加税费后，并入当年综合所得，计算缴纳个人所得税。保险营销员、证券经纪人展业成本按照收入额的25%计算。

扣缴义务人向保险营销员、证券经纪人支付佣金收入时，应按照规定的累计预扣法计算预扣税款。

（八）出租车驾驶员收入

出租汽车经营单位对出租车驾驶员采取单车承包或承租方式运营，出租车驾驶员从事客货营运取得的收入，按"工资、薪金所得"项目征税。

出租车属于个人所有，但挂靠出租汽车经营单位或企事业单位，驾驶员向挂靠单位缴纳管理费的，或出租汽车经营单位将出租车所有权转移给驾驶员的，出租车驾驶员从事客货运营取得的收入，比照"经营所得"项目征税。

从事个体出租车运营的出租车驾驶员取得的收入，按"经营所得"项目缴纳个人所得税。

二、个人所得税税收优惠

（一）免税项目

（1）省级人民政府、国务院部委和中国人民解放军军以上单位，以及外国组织、国际组织颁发的科学、教育、技术、文化、卫生、体育、环境保护等方面的奖金。

（2）国债和国家发行的金融债券利息。其中，国债利息，是指个人持有中华人民共和国财政部发行的债券而取得的利息；国家发行的金融债券利息，是指个人持有经国务院批准发行的金融债券而取得的利息。

（3）按照国家统一规定发给的补贴、津贴，是指按照国务院规定发给的政府特殊津贴、院士津贴，以及国务院规定免纳个人所得税的其他补贴、津贴。

（4）福利费、抚恤金、救济金。其中，福利费，是指根据国家有关规定，从

企业、事业单位、国家机关、社会组织提留的福利费或者工会经费中支付给个人的生活补助费；救济金，是指各级人民政府民政部门支付给个人的生活困难补助费。

（5）保险赔款。

（6）军人的转业费、复员费、退役金。

（7）按照国家统一规定发给干部、职工的安家费、退职费、基本养老金或者退休费、离休费、离休生活补助费。

离退休人员除按规定领取离退休工资或养老金外，另从原任职单位取得的各类补贴、奖金、实物，不属于《中华人民共和国个人所得税法》规定可以免税的退休工资、离休工资、离休生活补助费。根据《中华人民共和国个人所得税法》及其实施条例的有关规定，离退休人员从原任职单位取得的各类补贴、奖金、实物，应在减除费用扣除标准后，按"工资、薪金所得"应税项目缴纳个人所得税。

机关、企事业单位对未达到法定退休年龄、正式办理提前退休手续的个人，按照统一标准向提前退休工作人员支付一次性补贴，不属于免税的离退休工资收入，应按照"工资、薪金所得"项目征收个人所得税。

（8）依照有关法律规定应予免税的各国驻华使馆、领事馆的外交代表、领事官员和其他人员的所得。该所得是指依照《中华人民共和国外交特权与豁免条例》和《中华人民共和国领事特权与豁免条例》规定免税的所得。

（9）中国政府参加的国际公约、签订的协议中规定免税的所得。

（二）减税项目

（1）残疾、孤老人员和烈属的所得。

（2）因自然灾害造成重大损失的。

上述减税项目的减征幅度和期限，由省、自治区、直辖市人民政府规定，并报同级人民代表大会常务委员会备案。

（三）其他减免税项目

（1）对个人在上海证券交易所、深圳证券交易所转让从上市公司公开发行和转让市场取得的上市公司股票所得，继续免征个人所得税。

（2）自2018年11月1日起，对个人转让全国中小企业股份转让系统（新三板）挂牌公司非原始股取得的所得，暂免征收个人所得税。非原始股是指个人在新三板挂牌公司挂牌后取得的股票，以及由上述股票孳生的送、转股。

（3）个人举报、协查各种违法、犯罪行为而获得的奖金暂免征收个人所得税。

（4）个人办理代扣代缴手续，按规定取得的扣缴手续费暂免征收个人所得税。

（5）个人转让自用达5年以上，并且是唯一的家庭生活用房取得的所得，暂免征收个人所得税。

（6）对个人购买福利彩票、体育彩票，一次中奖收入在1万元以下（含1万元）的暂免征收个人所得税，超过1万元的，全额征收个人所得税。

（7）个人取得单张有奖发票奖金所得不超过800元（含800元）的，暂免征收个人所得税。

（8）达到离休、退休年龄，但确因工作需要，适当延长离休、退休年龄的高级专家（指享受国家发放的政府特殊津贴的专家、学者），其在延长离休、退休期间的工资、薪金所得，视同离休、退休工资免征个人所得税。

（9）个人领取原提存的住房公积金、基本医疗保险金、基本养老保险金，以及失业保险金，免予征收个人所得税。

（10）对工伤职工及其近亲属按照《工伤保险条例》规定取得的工伤保险待遇，免征个人所得税。

（11）企事业单位按照国家或省（自治区、直辖市）人民政府规定的缴费比例或办法实际缴付的基本养老保险费、基本医疗保险费和失业保险费，免征个人所得税；个人按照国家或省（自治区、直辖市）人民政府规定的缴费比例或办法实际缴付的基本养老保险费、基本医疗保险费和失业保险费，允许在个人应纳税所得额中扣除。

（12）企业和事业单位根据国家有关政策规定的办法和标准，为在本单位任职或者受雇的全体职工缴付的企业年金或职业年金单位缴费部分，在计入个人账户时，个人暂不缴纳个人所得税。个人根据国家有关政策规定缴付的年金个人缴费部分，在不超过本人缴费工资计税基数的4%标准内的部分，暂从个人当期的应纳税所得额中扣除。年金基金投资运营收益分配计入个人账户时，个人暂不缴纳个人所得税。

（13）企业依照国家有关法律规定宣告破产，企业职工从该破产企业取得的一次性安置费收入，免征个人所得税。

（14）自2008年10月9日起，对储蓄存款利息所得暂免征收个人所得税。

（15）自2015年9月8日起，个人从公开发行和转让市场取得的上市公司股票，持股期限超过1年的，股息红利所得暂免征收个人所得税。

（16）自2019年7月1日至2027年12月31日，个人持有全国中小企业股份转让系统挂牌公司的股票，持股期限超过1年的，对股息红利所得暂免征收个人所得税。

（17）对被拆迁人按照国家有关城镇房屋拆迁管理办法规定的标准取得的拆迁补偿款，免征个人所得税。

（18）以下情形的房屋产权无偿赠与的，对当事人双方不征收个人所得税：①房屋产权所有人将房屋产权无偿赠与配偶、父母、子女、祖父母、外祖父母、孙子女、外孙子女、兄弟姐妹；②房屋产权所有人将房屋产权无偿赠与对其承担直接抚养或者赡养义务的抚养人或者赡养人；③房屋产权所有人死亡，依法取得房屋产权的法定继承人、遗嘱继承人或者受遗赠人。

（19）个体工商户、个人独资企业和合伙企业或个人从事种植业、养殖业、饲养业、捕捞业取得的所得，暂不征收个人所得税。

（20）企业在销售商品（产品）和提供服务过程中向个人赠送礼品，属于下列情形之一的，不征收个人所得税：①企业通过价格折扣、折让方式向个人销售商品（产品）和提供服务；②企业在向个人销售商品（产品）和提供服务的同时给予赠品，如通信企业对个人购买手机赠话费、入网费，或者购话费赠手机等；③企业对累积消费达到一定额度的个人按消费积分反馈礼品。

（21）自2022年1月1日起，对法律援助人员按照《中华人民共和国法律援助法》规定获得的法律援助补贴，免征个人所得税。

（22）自2022年10月1日至2025年12月31日，对出售自有住房并在现住房出售后1年内在市场重新购买住房的纳税人，对其出售现住房已缴纳的个人所得税予以退税优惠。其中，新购住房金额大于或等于现住房转让金额的，全部退还已缴纳的个人所得税；新购住房金额小于现住房转让金额的，按新购住房金额占现住房转让金额的比例退还出售现住房已缴纳的个人所得税。现住房转让金额为该房屋转让的市场成交价格。

新购住房为新房的，购房金额为纳税人在住房城乡建设部门网签备案的购房合同中注明的成交价格；新购住房为二手房的，购房金额为房屋的成交价格。纳税人出售和重新购买的住房应在同一城市范围内。同一城市范围是指同一直辖市、副省级城市、地级市（地区、州、盟）所辖全部行政区划范围。出售自有住房的纳税人与新购住房之间须直接相关，应为新购住房产权人或产权人之一。

三、涉外个人优惠政策

（一）短期居民个人优惠政策

在中国境内无住所的个人，在中国境内居住累计满183天的年度连续不满6年的，经向主管税务机关备案，其来源于中国境外且由境外单位或者个人支付的所得，免予缴纳个人所得税；在中国境内居住累计满183天的任一年度中有一次离境超过30天的，其在中国境内居住累计满183天的年度的连续年限重新起算。

【例5-27】 布朗先生为美国人，在中国境内无住所，因长期在中国投资经营而居住在中国，自2019年1月1日起，其每年在中国停留的时间为200天左右。其每年从中国境内取得所得约1 000万元，从中国境外取得境外主体支付的所得约500万元。布朗先生自2019年度起，哪些所得应当在中国缴纳个人所得税？

解析： 布朗先生每年在中国境内居住200天，属于中国居民个人，其来自中国境内的1 000万元应当在中国缴纳个人所得税。布朗先生因构成中国居民个人的时间尚不足6年，可以享受短期居民个人的税收优惠，即2019年度至2024年度，布朗先生从中国境外取得境外主体支付的500万元不需要在中国缴纳个人所得税。自2025年度开始，布朗先生从中国境外取得的500万元也需要在中国缴纳个人所得税。

如果布朗先生在2024年一次离境达到31天，则连续6年期限重新计算，即2024年度至2029年度，布朗先生均可以享受短期居民个人的税收优惠，也就是说，布朗先生可以享受2019年度至2029年度的短期居民个人税收优惠。

（二）在中国境内无住所的个人居住时间判定标准

无住所个人一个纳税年度在中国境内累计居住满183天的，如果此前6年在中国境内每年累计居住天数都满183天而且没有任何一年单次离境超过30天，该纳税年度来源于中国境内、境外所得应当缴纳个人所得税；如果此前6年的任一年在中国境内累计居住天数不满183天或者单次离境超过30天，该纳税年度来源于中国境外且由境外单位或者个人支付的所得，免予缴纳个人所得税。

上述所称此前6年，是指该纳税年度的前1年至前6年的连续6个年度，此前6年的起始年度自2019年（含）以后年度开始计算。

无住所个人一个纳税年度内在中国境内累计居住天数，按照个人在中国境内累计停留的天数计算。在中国境内停留的当天满24个小时的，计入中国境内居住天数，在中国境内停留的当天不足24个小时的，不计入中国境内居住天数。

【例5-28】 马先生为中国香港永久居民，在中国内地无住所，2024年度每周周一早上6点从香港到深圳工作，每周周五下午6点从深圳返回香港度周末，假设2024年度共52个整周，请判断马先生2024年度是否构成中国居民个人。

解析：马先生周一早上6点入境，周一在境内停留不足24个小时，不计算境内居住天数；周五下午6点离境，周五在境内停留不足24小时，不计算境内居住天数。马先生每周在中国境内居住天数为3天（周二、周三、周四），52周合计为156天，未达到183天的标准。因此，马先生2024年度不属于中国居民个人。

（三）短期非居民个人税收优惠

在中国境内无住所的个人，在一个纳税年度内在中国境内居住累计不超过90天的，其来源于中国境内的所得，由境外雇主支付并且不由该雇主在中国境内的机构、场所负担的部分，免予缴纳个人所得税。

【例5-29】 美国甲公司派遣一位工程师到甲公司位于中国的分公司进行技术指导一个月，该工程师的工资由美国甲公司支付。该工程师的工资是否需要在中国缴纳个人所得税？

解析： 该工程师属于中国短期非居民个人，其取得的该一个月的工资来源于中国境内，但根据中国税法，可以享受免予缴纳中国个人所得税的优惠政策。

（四）其他税收优惠

下列所得，暂免征收个人所得税。

（1）外籍个人以非现金形式或实报实销形式取得的住房补贴、伙食补贴、搬迁费、洗衣费。

（2）外籍个人按合理标准取得的境内、外出差补贴。

（3）外籍个人取得的探亲费、语言训练费、子女教育费等，经当地税务机关审核批准为合理的部分。

（4）外籍个人从外商投资企业取得的股息、红利所得。

（5）凡符合下列条件之一的外籍专家取得的工资、薪金所得可免征个人所得税：①根据世界银行专项贷款协议由世界银行直接派往我国工作的外国专家；②联合国组织直接派往我国工作的专家；③为联合国援助项目来华工作的专家；④援助国派往我国专为该国无偿援助项目工作的专家；⑤根据两国政府签订文化交流项目来华工作2年以内的文教专家，其工资、薪金所得由该国负担的；⑥根据我国大专院校国际交流项目来华工作2年以内的文教专家，其工资、薪金所得由该国负担的；⑦通过民间科研协定来华工作的专家，其工资、薪金所得由该国政府机构负担的。

2027年12月31日前，外籍个人符合居民个人条件的，可以选择享受个人所得税专项附加扣除，也可以选择按照《财政部 国家税务总局关于个人所得税若干政策问题的通知》（财税字〔1994〕020号）、《国家税务总局关于外籍个人取得有关补贴征免个人所得税执行问题的通知》（国税发〔1997〕54号）和《财政部 国家税务总局关于外籍个人取得港澳地区住房等补贴征免个人所得税的通知》（财税〔2004〕29号）规定，享受住房补贴、语言训练费、子女教育费等津补贴免税优惠政策，但不得同时享受。外籍个人一经选择，在一个纳税年度内不得变更。

第六章

房产税与土地增值税政策执行情况自查及稽查风险应对策略

> **导读**
>
> 本章介绍房产税与土地增值税政策执行情况自查及稽查风险应对策略,分为两节。第一节是房产税政策执行自查及稽查风险应对策略,包括房产税的纳税人与征税范围、房产税的税率与计税依据、房产税应纳税额的计算、房产税的优惠政策、房产税的征收管理。第二节是土地增值税政策执行自查及稽查风险应对策略,包括土地增值税的纳税人和征税范围、土地增值税的税率、土地增值税的计税依据、土地增值税应纳税额的计算、土地增值税的优惠政策、土地增值税的纳税申报、土地增值税的清算、土地增值税的纳税地点。

第一节 房产税政策执行自查及稽查风险应对策略

一、房产税的纳税人与征税范围

房产税在纳税人和征税范围上都有一些特殊规定,纳税人应结合自身情形认真判断是否属于房产税的纳税人以及是否属于房产税的征税范围,以免出现税务风险。

(一)房产税的纳税人

房产税,是以房产为征税对象,按照房产的计税价值或计税租金向产权所有人或管理人征收的一种税。房产税的纳税人,是指在我国城市、县城、建制镇和工矿区内拥有房屋产权的单位和个人。单位，包括国有企业、集体企业、私营企业、股份制企业、外商投资企业、外国企业、其他企事业单位、社会团体、国家机关、军队以及其他单位。个人，包括个体工商户以及其他个人。

房产税的纳税人具体包括产权所有人、承典人、房产代管人或者使用人。

（1）产权属于国家所有的，其经营管理的单位为纳税人；产权属于集体和个人所有的，集体单位和个人为纳税人。

（2）产权出典的，承典人为纳税人。在房屋的管理和使用中，产权出典，是指产权所有人为了某种需要，将自己房屋的产权在一定期限内转让（出典）给他人使用而取得出典价款的一种融资行为。产权所有人（房主）称为房屋出典人；支付现金或实物取得房屋支配权的人称为房屋的承典人。承典人向出典人交付一定的典价后，在质典期内获取抵押物品的支配权，并可转典。产权的典价一般要低于卖价。出典人在规定期间内须归还典价的本金和利息，方可赎回出典房屋的产权。因为在房屋出典期间，产权所有人已无权支配房屋，所以税法规定对房屋具有支配权的承典人为纳税人。

（3）产权所有人、承典人均不在房产所在地的，房产代管人或者使用人为纳税人。

（4）产权未确定以及租典纠纷未解决的，房产代管人或者使用人为纳税人。租典纠纷，是指产权所有人在房产出典和租赁关系上，与承典人、租赁人发生各种争议，特别是有关权利和义务的争议悬而未决的。此外，还有一些产权归属不清的问题，也都属于租典纠纷。

（5）纳税单位和个人无租使用房产管理部门、免税单位及纳税单位的房产，由使用人代为缴纳房产税。

（二）房产税的征税范围

房产税的征税对象是房屋。所谓房屋，是指有屋面和围护结构（有墙或两边有柱），能够遮风避雨，可供人们在其中生产、工作、学习、娱乐、居住或储藏物资的场所。独立于房屋之外的建筑物，如围墙、烟囱、水塔、菜窖、室外游泳池等不属于房产税的征税对象。

房地产开发企业建造的商品房，在出售前，不征收房产税，但对出售前房地产开发企业已使用或出租、出借的商品房应按规定征收房产税。

房产税的征税范围为城市、县城、建制镇和工矿区的房屋。其中：城市是指国务院批准设立的市，其征税范围为市区、郊区和市辖县城，不包括农村；县城是指未设立建制镇的县人民政府所在地的地区；建制镇是指经省、自治区、直辖市人民政府批准设立的建制镇；工矿区是指工商业比较发达，人口比较集中，符合国务院规定的建制镇的标准，但尚未设立建制镇的大中型工矿企业所在地。在工矿区开征房产税必须经省、自治区、直辖市人民政府批准。

【税务稽查风险案例6-1】

行政处罚决定书（简易）（节选）
（通税稽二罚〔2022〕30号）

案件名称：江苏×××房地产开发有限公司——其他违法

处罚事由：房产税

（1）2018年1月—2021年6月，你单位以其开发的×××富通苑1、2号楼一楼112号商铺作为售楼处，该售楼处的房产原值959 826.16元（其测绘建筑面积面积177.16平方米，中博富通苑项目可售单位成本为4 232.48元，2017年8月账面发生该售楼处装修费210 000.00元），未申报缴纳房产税28 218.96元。

（2）2018—2019年，你单位收取南通顺风速递有限公司房租收入78 571.43元，未申报缴纳房产税9 428.57元。

处罚依据：《中华人民共和国税收征收管理法》第六十三条第一款规定

纳税人名称：江苏×××房地产开发有限公司

纳税人识别号：913206××××215530E

处罚结果：对你单位少缴的房产税处0.5倍罚款计18 823.77元。

违法行为登记日期：2022-08-31

处罚机关：国家税务总局南通市税务局第二稽查局

二、房产税的税率与计税依据

（一）房产税的税率

我国现行房产税采用比例税率。从价计征和从租计征实行不同标准的比例税率。从价计征的，房产税税率为1.2%。从租计征的，房产税税率为12%。

（二）从价计征房产税的计税依据

房产税的计税依据有房产余值和房租两种，前者比较复杂，纳税人应认真核算所拥有房产的计税余值，以免出现少纳房产税的风险。

1.房产余值

从价计征的房产税，是以房产余值为计税依据。房产余值，是房产的原值减除规定比例后的剩余价值。房产税依照房产原值一次减除10%~30%后的余值计算缴纳。具体扣减比例由省、自治区、直辖市人民政府确定。

2.房产原值

房产原值，是指纳税人按照会计制度规定，在账簿固定资产科目中记载的房屋原价。自2009年1月1日起,对依照房产原值计税的房产,不论是否记载在会计账簿固定资产科目中,均应按照房屋原价计算缴纳房产税。房屋原价应根据国家有关会计制度规定进行核算。对纳税人未按国家会计制度核算并记载的,应按规定予以调整或重新评估。

3.*房屋附属设备和配套设施的计税规定*

房产原值应包括与房屋不可分割的各种附属设备或一般不单独计算价值的配套设施。主要有:暖气、卫生、通风、照明、煤气等设备;各种管线,如蒸汽、压缩空气、石油、给水、排水等管道及电力、电讯、电缆导线;电梯、升降机、过道、晒台等。

凡以房屋为载体,不可随意移动的附属设备和配套设施,如给排水、采暖、消防、中央空调、电气及智能化楼宇设备等,无论在会计核算中是否单独记账与核算,都应计入房产原值,计征房产税。

纳税人对原有房屋进行改建、扩建的,要相应增加房屋的原值。对更换房屋附属设备和配套设施的,在将其价值计入房产原值时,可扣减原来相应设备和设施的价值;对附属设备和配套设施中易损坏、需要经常更换的零配件,更新后不再计入房产原值。

4.*投资联营房产的计税规定*

对以房产投资联营、投资者参与投资利润分红、共担风险的,按房产余值作为计税依据计缴房产税。对以房产投资收取固定收入、不承担经营风险的,实际上是以联营名义取得房屋租金,应以出租方取得的租金收入为计税依据计缴房产税。

5.*融资租赁房屋的计税规定*

对融资租赁房屋的情况,由于租赁费包括购进房屋的价款、手续费、借款利息等,与一般房屋出租的"租金"内涵不同,且租赁期满后,当承租方偿还最后一笔租赁费时,房屋产权要转移到承租方。这实际上是一种变相的分期付款购买固定资产的形式,所以在计征房产税时应以房产余值计算征收,由承租人自融资租赁合同约定开始日的次月起依照房产余值缴纳房产税。合同未约定开始日的,由承租人自合同签订的次月起依照房产余值缴纳房产税。

6.*居民住宅区内业主共有的经营性房产的计税规定*

从2007年1月1日起,对居民住宅区内业主共有的经营性房产,由实际经营(包括自营和出租)的代管人或使用人缴纳房产税。其中:自营的依照房产原值减除10%至30%后的余值计征,没有房产原值或不能将业主共有房产与其他房产的原值准确划分开的,由房产所在地税务机关参照同类房产核定房产原值;出租房产的,按照租金收入计征。

(三)从租计征房产税的计税依据

房产出租的,以房屋出租取得的租金收入为计税依据,计缴房产税。计征房产税的租金收入不含增值税。免征增值税的,确定计税依据时,租金收入不扣减增值税额。

房产的租金收入，是指房屋产权所有人出租房产使用权所取得的报酬，包括货币收入和实物收入。对以劳务或其他形式为报酬抵付房租收入的，应根据当地同类房产的租金水平，确定一个标准租金额从租计征。

纳税人对个人出租房屋的租金收入申报不实或申报数与同一地段同类房屋的租金收入相比明显不合理的，税务部门可以按照《中华人民共和国税收征收管理法》的有关规定，采取科学合理的方法核定其应纳税额。

【税务稽查风险案例6-2】

国家税务总局吉林省税务局稽查局税务处理决定书（节选）

（吉税稽处〔2021〕22号）

长春××汽车零部件股份有限公司：（纳税人识别号：91××××××××××××8L）

我局于2020年11月26日至2021年9月28日对你单位（地址：×××）2017年1月1日至2019年12月31日房产税情况进行了检查，违法事实及处理决定如下：

一、违法事实

你单位在汽车经济技术开发区长春汽车产业开发区拥有土地一宗，在该宗土地上建有两处厂房。2017年年初计入无形资产的土地面积为66 919.00平方米，账面价值为7 498 893.00元，2018年6月30日更正后期初无形资产账面价值为7 146 272.43元，土地面积为66 919.00平方米；两处厂房，一处是2015年取得的产权证号为201505280197号联合厂房，建筑面积为20 573.60平方米，2017年年初房产原值为29 510 547.73元，2018年9月19日增加房产原值4 150 570.33元；另一处是2011年主体建成完工投入使用，建筑面积为26 019.19平方米，由于没有得到安全部门验收认可，因此一直没有取得房屋产权证书。2017年年初在建工程余额为29 510 547.73元，2017年3月31日增加房产原值978 508.58元，2017年9月30日增加房产原值19 669.77元，2017年10月31日增加原值56 353.00元，2017年11月30日增加房产原值26 300.00元；2018年2月28日增加原值2 000.00元，2018年7月31日增加房产原值4 927 084元，2018年9月19日将该厂房由在建工程转入固定资产金额为40 186 459.22元，2016年将其中的10 000.00平方米出租给辽源市××造革有限责任公司，年租金1 800 000.00元（含税）；与该新建厂房同时自建L型附房、喷漆房各一处，2017年年初在建工程账面价值分别为2 590 679.15元、70 000元，2018年9月19日转入固定资产入账价值分别为2 590 679.15元、70 000元。2017年第一季度申报缴纳房产税82 266.72元，第二季度申报缴纳房产税82 492.40元，第三季度申报缴纳房产税82 492.40元，第四季度申报缴纳房产税82 492.40元；2018年第一季度申报缴纳房产税82 492.40元，第二季度申报缴纳房产税82 492.40元，第三季度申报缴纳房产税82 492.40元，第四季度申报缴纳房产税82 492.40元，2019年第一季度申报缴纳房产税82 492.40元，第二季度申报缴纳房产税82 492.40元，第三季度申报缴纳房产税82 492.40元，第四季度申报缴纳房产税82 492.40元。上述房产出租部分未申报缴纳房产税，原值部分及后续增加部分未足额申报缴纳房产税。

二、处理意见及依据

根据《中华人民共和国房产税暂行条例》（1986年9月15日国务院发布，根据2011年1月8日《国务院关于废止和修改部分行政法规的决定》修改）第一条、第二条、第三条、第四条、第七条、第八条、第九条，《吉林省房产税实施细则》（吉政发〔1987〕163号）第二条、第三条、第四条、第六条、第七条，《财政部 国家税务总局关于房产税若干具体问题的解释和暂行规定》（财税地字〔1986〕008号）第十九条规定："关于新建的房屋如何征税纳税人自建的房屋，自建成之次月起征收房产税。纳税人委托施工企业建设的房屋，从办理验收手续之次月起征收房产税。纳税人在办理验收手续前已使用或出租，出借的新建房屋，应按规定征收房产税。"

你单位应补缴2017年房产税387 295.35元，其中应补缴第一季度房产税96 016.10元，应补缴第二季度房产税97 064.44元，应补缴第三季度房产税97 064.44元，应补缴第四季度房产税97 150.37元。

你单位应补缴2018年房产税411 320.43元，其中应补缴第一季度房产税96 458.03元，应补缴第二季度房产税96 459.77元，应补缴第三季度房产税100 736.48元，应补缴第四季度房产税117 666.15元。

你单位应补缴2019年房产税470 664.60元，其中应补缴第一季度房产税117 666.15元，应补缴第二季度房产税117 666.15元，应补缴第三季度房产税117 666.15元，应补缴第四季度房产税117 666.15元。

你单位应补房产税共计1 269 280.38元。

三、房产税应纳税额的计算

房产税有两种计算方法，从租计征优先，未出租的，从价计征。纳税人应准确判断自身情形，选择正确的计征方法。

（一）从价计征房产税应纳税额的计算

从价计征是按房产的原值减除一定比例后的余值计征，其计算公式为：

从价计征的房产税应纳税额＝应税房产原值×（1－扣除比例）×1.2%

公式中，扣除比例幅度为10%～30%，具体减除幅度由省、自治区、直辖市人民政府规定。

（二）从租计征房产税应纳税额的计算

从租计征是按房产的租金收入计征，其计算公式为：

从租计征的房产税应纳税额＝租金收入×12%

四、房产税的优惠政策

房产税有以下优惠政策,纳税人应严格对照相关条件和自身情形来判断是否符合以下优惠政策及其条件:

(1)国家机关、人民团体、军队自用的房产免征房产税。上述免税单位的出租房产以及非自身业务使用的生产、营业用房,不属于免税范围。自2004年8月1日起,对军队空余房产租赁收入暂免征收房产税。

(2)由国家财政部门拨付事业经费(全额或差额)的单位(学校、医疗卫生单位、托儿所、幼儿园、敬老院以及文化、体育、艺术类单位)所有的、本身业务范围内使用的房产免征房产税。上述单位所属的附属工厂、商店、招待所等不属于单位公务、业务的用房,应照章纳税。

(3)宗教寺庙、公园、名胜古迹自用的房产免征房产税。宗教寺庙自用的房产,是指举行宗教仪式等的房屋和宗教人员使用的生活用房屋。公园、名胜古迹自用的房产,是指供公共参观游览的房屋及其管理单位的办公用房屋。宗教寺庙、公园、名胜古迹中附设的营业单位,如影剧院、饮食部、茶社、照相馆等所使用的房产及出租的房产,不属于免税范围,应照章征税。

(4)个人所有非营业用的房产免征房产税。个人所有的非营业用房,主要是指居民住房,不分面积多少,一律免征房产税。对个人拥有的营业用房或者出租的房产,不属于免税房产,应照章征税。

(5)毁损不堪居住的房屋和危险房屋,经有关部门鉴定,在停止使用后,可免征房产税。

(6)纳税人因房屋大修导致连续停用半年以上的,在房屋大修期间免征房产税,免征税额由纳税人在申报缴纳房产税时自行计算扣除,并在申报表附表或备注栏中作相应说明。纳税人房屋大修停用半年以上需要免征房产税的,应在房屋大修前向主管税务机关报送相关的证明材料,包括大修房屋的名称、坐落地点、产权证编号、房产原值、用途、房屋大修的原因、大修合同及大修的起止时间等信息和资料,以备税务机关查验。

(7)在基建工地为基建工地服务的各种工棚、材料棚、休息棚和办公室、食堂、茶炉房、汽车房等临时性房屋,施工期间一律免征房产税。工程结束后,施工企业将这种临时性房屋交还或估价转让给基建单位的,应从基建单位接收的次月起,照章纳税。

(8)对房管部门经租的居民住房,在房租调整改革之前收取租金偏低的,可暂缓征收房产税。对房管部门经租的其他非营业用房,是否给予照顾,由各省、自治区、直辖市根据当地具体情况按税收管理体制的规定办理。

(9)对高校学生公寓免征房产税。

(10)对非营利性医疗机构、疾病控制机构和妇幼保健机构等卫生机构自用的房

第六章　房产税与土地增值税政策执行情况自查及稽查风险应对策略

产,免征房产税。

（11）对老年服务机构自用的房产免征房产税。老年服务机构是指专门为老年人提供生活照料、文化、护理、健身等多方面服务的福利性、非营利性的机构,主要包括老年社会福利院、敬老院（养老院）、老年服务中心、老年公寓（含老年护理院、康复中心、托老所）等。

（12）对公共租赁住房免征房产税。公共租赁住房经营单位应单独核算公共租赁住房租金收入,未单独核算的,不得享受免征房产税优惠政策。对廉租住房经营管理单位按照政府规定价格向规定保障对象出租廉租住房的租金收入,免征房产税。对个人出租住房,不区分用途,按4%的税率征收房产税;对企事业单位、社会团体以及其他组织按市场价格向个人出租用于居住的住房,减按4%的税率征收房产税。

（13）对国家机关、军队、人民团体、财政补助事业单位、居民委员会、村民委员会拥有的体育场馆,用于体育活动的房产,免征房产税。对经费自理事业单位、体育社会团体、体育基金会、体育类民办非企业单位拥有并运营管理的体育场馆,符合相关条件的,其用于体育活动的房产,免征房产税。对企业拥有并运营管理的大型体育场馆,其用于体育活动的房产,减半征收房产税。享受上述税收优惠体育场馆的运动场地,用于体育活动的天数不得低于全年自然天数的70%。

（14）自2019年1月1日至2027年12月31日,对农产品批发市场、农贸市场（包括自有和承租）专门用于经营农产品的房产、土地,暂免征收房产税。对同时经营其他产品的,按其他产品与农产品交易场地面积的比例确定征免房产税。对农产品批发市场、农贸市场的行政办公区、生活区,以及商业餐饮娱乐等非直接为农产品交易提供服务的房产、土地,应按规定征收房产税。

（15）自2019年1月1日至2027年12月31日,对国家级、省级科技企业孵化器、大学科技园和国家备案众创空间自用以及无偿或通过出租等方式提供给在孵对象使用的房产、土地,免征房产税。

（16）自2019年1月1日至2027年供暖期结束,对向居民供热收取采暖费的供热企业,为居民供热所使用的厂房免征房产税;对供热企业其他厂房,应当按照规定征收房产税。对专业供热企业,按其向居民供热取得的采暖费收入占全部采暖费收入的比例,计算免征的房产税。

（17）自2021年10月1日起,对企事业单位、社会团体以及其他组织向个人、专业化规模化住房租赁企业出租住房的,减按4%的税率征收房产税。专业化规模化住房租赁企业的标准为：企业在开业报告或者备案城市内持有或者经营租赁住房1 000套（间）及以上或者建筑面积3万平方米及以上。各省、自治区、直辖市住房城乡建设部门会同同级财政、税务部门,可根据租赁市场发展情况,对本地区全部或者部分城市在50%的幅度内下调标准。

（18）自2023年1月1日至2027年12月31日,对增值税小规模纳税人、小型微利企业和个体工商户减半征收房产税。

五、房产税的征收管理

（一）房产税纳税义务发生时间

房产税纳税义务发生时间有很多特殊规定，在执行中应认真对应纳税人自身的情形，根据以下规定来判断：

（1）纳税人将原有房产用于生产经营，从生产经营之月起，缴纳房产税。

（2）纳税人自行新建房屋用于生产经营，从建成之次月起，缴纳房产税。

（3）纳税人委托施工企业建设的房屋，从办理验收手续之次月起，缴纳房产税。

（4）纳税人购置新建商品房，自房屋交付使用之次月起，缴纳房产税。

（5）纳税人购置存量房，自办理房屋权属转移、变更登记手续，房地产权属登记机关签发房屋权属证书之次月起，缴纳房产税。

（6）纳税人出租、出借房产，自交付出租、出借本企业房产之次月起，缴纳房产税。

（7）房地产开发企业自用、出租、出借本企业建造的商品房，自房屋使用或交付之次月起，缴纳房产税。

（8）纳税人因房产的实物或权利状态发生变化而依法终止房产税纳税义务的，其应纳税款的计算截至房产的实物或权利状态发生变化的当月末。

（二）房产税的纳税地点

房产税在房产所在地缴纳。房产不在同一地方的纳税人，应按房产的坐落地点分别向房产所在地的税务机关申报纳税。

（三）房产税的纳税期限

房产税实行按年计算、分期缴纳的征收方法，具体纳税期限由省、自治区、直辖市人民政府确定。

【税务稽查风险案例6-3】

根据辽宁省高级人民法院（2020）辽行再12号行政判决书，再审申请人丹东甲驾驶培训有限公司（以下简称甲驾驶培训公司）诉被申请人国家税务总局丹东市元宝区税务局（以下简称元宝区税务局）、国家税务总局丹东市税务局（以下简称丹东市税务局）限期缴纳税款通知及行政复议决定一案，原经辽宁省丹东市元宝区人民法院于2017年12月25日作出（2017）辽0602行初34号行政判决，甲驾驶培训公司不服，向辽宁省丹东市中级人民法院提起上诉。辽宁省丹东市中级人民法院于2018年3月16日作出（2018）辽06行终13号行政判决，甲驾驶培训公司仍不服，向辽宁省高级人民法院申请再审。

第六章 房产税与土地增值税政策执行情况自查及稽查风险应对策略

原一审法院经审理查明，2014年10月9日，甲驾驶培训公司以变更工商登记的形式自然承接丹东乙驾驶员培训有限公司（以下简称乙驾驶培训公司）的相应资产。2017年1月18日，丹东市警察协会与丹东甲汽车交易市场有限公司（以下简称甲汽车交易公司）签订协议书，购买甲汽车交易公司和甲驾驶培训公司的全部资产，包括位于元宝区炮守营路原交警支队驾校的相关附属设施。在转让期间，丹东市公安局委托北京正和国际资产评估有限公司（以下简称正和评估公司）对转让资产进行评估，正和评估公司于2017年1月4日出具的资产评估报告书记载，委估的驾驶培训校及维护中心的资产中包括278平方米房屋和2 817.27平方米土地，房屋和土地均无权属凭证且处于正常经营状态。协议书签订后，甲驾驶培训公司与丹东市警察协会就上述涉案房屋和土地完成了转让。后元宝区税务局发现甲驾驶培训公司自2014年10月至2017年1月涉案房屋和土地归其所有和使用期间存在应缴税款而未缴的情形，故于2017年5月5日对甲驾驶培训公司作出丹地税元限字〔2017〕5001号限期缴纳税款通知，要求甲驾驶培训公司在2017年5月12日前缴纳2014年10月至2017年1月应缴税款64 970.60元及应缴未缴税款期间加收的滞纳金18 034.48元，并于2017年7月16日送达。甲驾驶培训公司不服，在缴纳了上述税款及滞纳金后向丹东市税务局申请行政复议。丹东市税务局于2017年11月9日作出丹地税复决字〔2017〕第1号行政复议决定，维持元宝区税务局作出的限期缴纳税款通知。甲驾驶培训公司不服，向法院提起行政诉讼。

原一审法院认为，依据《中华人民共和国税收征收管理法》（以下简称《税收征收管理法》）第五条的规定，元宝区税务局具有作出限期缴纳税款通知的法定职权；依据《中华人民共和国行政复议法》（以下简称《行政复议法》）第十二条第一款的规定，丹东市税务局具有作出行政复议决定的法定职权。本案的争议焦点是：甲驾驶培训公司是否为涉案房屋和土地的实际使用人。根据各方提供的证据可以认定，2014年10月至2017年1月甲驾驶培训公司取得了涉案房屋及土地的使用权并在此经营，且已向元宝区税务局申报缴纳了部分营业税、房产税和土地使用税，但未完全申报房产税和土地使用税。甲驾驶培训公司未如实履行申报纳税义务，存在少缴和未缴的事实，应承担法律后果。丹东市公安局和丹东市公安交通警察支队（以下简称丹东市交警支队）出具的证明没有其他证据加以佐证，不能作为甲驾驶培训公司免除纳税义务的依据。元宝区税务局作出限期缴纳税款通知并不适用《税务稽查工作规程》的相关规定。被诉限期缴纳税款通知要求甲驾驶培训公司在2017年5月12日前缴纳应缴税款及滞纳金，甲驾驶培训公司虽于2017年7月16日签收该通知书，但元宝区税务局并未因其超出通知书规定时间缴纳税款而对其加重负担或予以处罚，故未对其造成额外损失。关于甲驾驶培训公司提出元宝区税务局在送达回执上记载的送达人与受送达人时间相差一天的主张，应以甲驾驶培训公司收到之日为准，送达程序虽存在瑕疵，但不应认定为违法。因元宝区税务局提供的证据能够证明涉案房屋和土地在纳税期间的纳税义务人为甲驾驶培训公司，故其所适用的法律、法规、规章及规范性文件正确。丹东市税务局作出行政复议决定的程序合法，对甲驾驶培训公司要求元宝区税务局返还缴纳税款及滞纳金并赔偿损失的请求不予支持。综上，判决驳回甲驾驶培训公司的诉讼请求。案件受理费50元，由甲驾驶培训公司负担。

原二审法院认定的事实与原一审法院一致。

原二审法院认为，原一审法院对元宝区税务局及丹东市税务局具有作出限期缴纳税款通知及行政复议决定法定职权的认定正确。现有证据足以证明2014年10月至2017年1月，甲驾驶培训公司对涉案房屋及土地享有使用权并在此经营，且其已向元宝区税务局申报缴纳了部分营业税、房产税和城镇土地使用税。由于甲驾驶培训公司未履行如实申报纳税义务，存在少缴、未缴税款情形，元宝区税务局对其作出限期缴纳税款通知符合法律规定。根据《中华人民共和国房产税暂行条例》（以下简称《房产税暂行条例》）第三条第二款之规定，没有房产原值作为依据的，由房产所在地税务机关参考同类房产核定。元宝区税务局参照并低于甲汽车交易公司框架结构二层楼房的单价核定涉案房屋原值，计税依据并无不当。关于本案存在两份征税数额不同但文号相同的限期缴纳税款通知是否违法的问题，因制发限期缴纳税款通知的目的在于催缴税款，甲驾驶培训公司持通知书缴纳税款时，元宝区税务局发现原限期缴纳税款通知计算错误，其重新作出限期缴纳税款通知实际上是对原限期缴纳税款通知进行更正。原涉税金额为62 962.67元的限期缴纳税款通知已被涉税金额为64 970.60元的限期缴纳税款通知所替代，并未实际产生法律后果，此系法律允许的自我纠错行为，不能据此认定重新作出的限期缴纳税款通知违法，但元宝区税务局在自我纠错时程序不严谨，应认定为程序瑕疵。元宝区税务局未及时向法院提供据以作出限期缴纳税款通知所依据的辽宁省相关法规确有不当，鉴于相关法规在作出限期缴纳税款通知时已客观存在，故不能据此认定被诉限期缴纳税款通知无法律依据。综上，元宝区税务局作出的限期缴纳税款通知认定事实清楚，证据确实充分，适用法律正确，程序合法；丹东市税务局作出的行政复议决定履行了立案、审查、决定等程序，符合法律规定。一审判决认定事实清楚，适用法律正确，依法应予维持。甲驾驶培训公司提出的上诉理由不能成立，依法不予支持。综上，判决驳回上诉，维持原判。二审案件受理费50元，由甲驾驶培训公司负担。

甲驾驶培训公司申请再审称：①原审法院依据协议书和评估报告书认定申请人在2014年10月至2017年1月对涉案房屋及土地享有使用权并在此经营的事实系主要证据不足。协议书仅载明"位于丹东市元宝区炮××路××支队驾校及相关附属设施"，但并未载明具体的数量、名称、内容、价值等，即不能证明申请人对涉案房屋及土地拥有产权或为实际使用人。针对同一评估机构于同一时间作出的评估范围不同、评估结论却一致的两份评估报告书，原审法院既未要求评估人员出庭说明情况，亦未对两份评估报告书的真实性予以审查判断，即依据元宝区税务局提供的评估报告书认定申请人系涉案房屋及土地的实际使用人显属不当。②原审法院依据征管系统申报信息认定申请人申报缴纳了部分营业税、房产税和土地使用税亦属主要证据不足。征管系统申报信息系元宝区税务局单方作出，不具有真实性和关联性，申请人提供的土地批复、

第六章 房产税与土地增值税政策执行情况自查及稽查风险应对策略

书面证明以及评估报告书等证据能够形成完整有效的证据链条,足以证明涉案土地系丹东市人民政府、原丹东市振安区土地管理局批复给丹东市交警支队新建交通检查站、停车场使用,丹东市道路交通安全协会于2014年9月转让给甲汽车交易公司的资产为乙驾驶培训公司的工商执照、资质许可、全部车辆以及相关合法有效证件等,并不包括涉案的房屋和土地。甲汽车交易公司于2017年1月转让给丹东市警察协会的全部资产中也不包括涉案房屋和土地。综上,申请人并非涉案房屋及土地的实际使用人,亦不是法定的纳税义务主体。被诉限期缴纳税款通知及行政复议决定均存在认定事实不清、主要证据不足的问题。原审法院判决驳回申请人的诉讼请求错误,请求再审法院撤销原一审、二审判决,撤销被诉限期缴纳税款通知及行政复议决定,判令元宝区税务局返还已经缴纳的税款及滞纳金并依法支付利息损失。

元宝区税务局答辩称:①被申请人向原审法院提供的变更工商登记手续、协议书、评估报告书以及征管系统申报信息已经形成完整的证据链条,充分证明涉案房屋及土地虽没有权属证书,但乙驾驶培训公司和再审申请人一直是实际使用人。涉案房屋和土地作为申请人的必备配套设施,一直都是整体打包转入和转出。评估报告书系丹东市交警支队申报纳税时提交,再审申请人在行政程序中一直未对该证据的真实性提出异议,却在诉讼期间提交一份内容不同的评估报告书,缺乏客观真实性。纳税申报信息形成于2014年以来连续自行申报缴纳部分房产税和土地使用税的历史记录,足以证明再审申请人自认实际使用涉案房屋和土地。根据"产权未确定,房产税由使用人缴纳;土地使用权未确定,由实际使用人纳税"的规定,被申请人认定再审申请人为涉案房屋及土地的实际使用人即法定纳税义务主体并无不当。被诉限期缴纳税款通知有充分的事实根据和法律依据,程序合法,原一审、二审判决认定事实清楚,适用法律正确,请求再审法院依法予以维持。

丹东市税务局答辩称:元宝区税务局作出的限期缴纳税款通知认定事实清楚,证据确凿,适用法律正确,程序合法;被申请人作出行政复议决定的程序亦合法。原一审、二审法院判决驳回再审申请人的诉讼请求正确,请求再审法院依法予以维持。

再审法院经审理查明,2014年9月28日,丹东市道路交通安全协会与甲汽车交易公司签订协议书,约定将协会下属企业乙驾驶培训公司的全部资产所有权及经营权一次性转让给乙汽车交易公司,包括办公场所、办公物品、车辆及资质许可(地上物由丹东市交警支队转让),转让价款为40万元。2014年10月9日,丹东市工商局作出核准变更登记通知书,将乙驾驶培训公司的企业名称变更为甲驾驶培训公司、法定代表人由徐某变更为王某,同时还对经营范围、董事会成员以及股东作出变更登记,甲汽车交易公司系甲驾驶培训公司的全资股东。2017年1月18日,丹东市警察协会与甲汽车交易公司签订协议书,约定甲汽车交易公司将原来从交警支队转让接收的资产,按照原值5 315 671元转让给丹东市警察协会,包括土地使用权证书为丹元国用(2015)第063301038号的炮守营路39—1号土地使用权、房屋所有权证书为丹房权证元宝区字第××的炮守营路39—1号综合办公楼、炮守营路原交警支队驾校和相关附属设施的所有权（转让价格572 320元）以及其他从交警支队接收的检测线相关设施、设备的所有权。该协议书还约定甲汽车交易公司将其于2015—2016年自行出资新建、新增的固定资产按照评估价值6 664 329元转让给丹东市警察协会，双方按照正和评估公司出具的（2017）第3—001号评估报告书确定的评估总价值1 198万元完成交易，并办理相关资产的过户更名手续。元宝区税务局于2017年5月5日针对甲驾驶培训公司作出丹地税元限字〔2017〕5001号限期缴纳税款通知书，主要内容为：根据《税收征收管理法》第三十二条、第六十二条的规定，限你单位在2017年5月12日前缴纳2014年10月至2017年1月应缴税款62 962.67元及应缴未缴税款期间加收的滞纳金。逾期不缴，根据《税收征收管理法》第六十八条的规定，处不缴或少缴税款50%以上5倍以下的罚款。2017年7月16日，甲驾驶培训公司持该通知书缴纳税款及滞纳金时，元宝区税务局又以该通知书载明的应缴税款数额有误为由，于当日重新作出被诉限期缴纳税款通知，将应缴税款更正为64 970.60元，并明确加收的滞纳金为18 034.48元，其他内容与原限期缴纳税款通知一致。甲驾驶培训公司于7月17日缴纳上述应缴税款及滞纳金后，于9月12日向丹东市税务局申请行政复议。丹东市税务局于2017年11月9日作出丹地税复决字〔2017〕第1号行政复议决定，维持元宝区税务局作出的限期缴纳税款通知。甲驾驶培训公司不服，向法院提起行政诉讼。

另查明，丹东市人民政府于1987年作出丹政地字〔1987〕102号征用土地批复，批准征用蛤蟆塘镇偏坎村旱田一亩五分（约1 000平方米），用于丹东市交警支队新建交通检查站。原丹东市振安区土地管理局于1988年作出丹安土字〔88〕1号批复，同意丹东市交警支队使用蛤蟆塘镇偏坎村四组旱地2.5亩（约1 666.7平方米）用于新建停车场。丹东市交警支队于2017年5月15日出具书面证明，证实乙驾驶培训公司院内的土地用途为元宝区交警偏坎子大队检查站、停车场，房屋为临时建筑，该支队与甲汽车交易公司之间没有转让上述房屋及土地的事实，院内房屋及土地一直由偏坎子大队使用，甲驾驶培训公司并未经营使用。

再审法院认为，甲驾驶培训公司提起本案的诉讼请求为：①撤销元宝区税务局作出的丹地税元限字〔2017〕5001号限期缴纳税款通知；②撤销丹东市税务局作出的丹地税复决字〔2017〕第1号行政复议决定；③判令元宝区税务局返还其已缴纳的税款64 970.60元及滞纳金18 034.48元；④判令元宝区税务局按照中国人民银行同期存款利率赔偿其利息损失。元宝区税务局作出被诉限期缴纳税款通知系用于追缴甲驾驶培训公司在2014年10月至2017年1月应缴税款64 970.60元及应缴未缴税款期间加收的滞纳金18 034.48元，但该限期缴纳税款通知的内容过于简单，既没有载明应缴税款的种类、计税的具体标的物，也没有载明未缴税款明细及滞纳金明细。元宝区税务局在诉讼程序中答辩称，被诉限期缴纳税款通知追缴的税款系甲驾驶培训公司在2014年10月至2017年1月因实际使用乙驾驶培训公司院内的278平方米房屋及2 817.27平方米土地所应缴纳的房产税和土地使用税。甲驾驶培训公司在再审法院庭审中明确表示对元宝区税务局作出被诉限期缴纳税款通知的法定职权、适用法律以及执法程序均无异议，对

第六章 房产税与土地增值税政策执行情况自查及稽查风险应对策略

丹东市税务局作出被诉行政复议决定的程序合法性亦无异议,仅对被诉限期缴纳税款通知的认定事实及主要证据、被诉行政复议决定的结果提出异议,故本案的焦点问题是被诉限期缴纳税款通知认定甲驾驶培训公司系涉案房屋和土地的实际使用人,应为房产税和土地使用税的纳税义务主体的主要证据是否充分。《中华人民共和国行政诉讼法》(以下简称《行政诉讼法》)第八十七条规定,人民法院审理上诉案件,应当对原审人民法院的判决、裁定和被诉行政行为进行全面审查。据此,虽然甲驾驶培训公司对元宝区税务局作出被诉限期缴纳税款通知的法定职权、适用法律以及执法程序未提出异议,但法院亦应依法对被诉限期缴纳税款通知的合法性进行全面审查,以实现行政诉讼法监督行政机关依法行使职权的立法目的。

关于元宝区税务局作出被诉限期缴纳税款通知的事实及证据问题。《行政诉讼法》第三十四条第一款、第三十六条第二款、第三十七条规定,被告对作出的行政行为负有举证责任,应当提供作出该行政行为的证据和所依据的规范性文件。原告或者第三人提出了其在行政处理程序中没有提出的理由或者证据的,经人民法院准许,被告可以补充证据。原告可以提供证明行政行为违法的证据。原告提供的证据不成立的,不免除被告的举证责任。《税收征收管理法》第四条第一款规定,法律、行政法规规定负有纳税义务的单位和个人为纳税人。《房产税暂行条例》第二条第一款规定,房产税由产权所有人缴纳。产权属于全民所有的,由经营管理的单位缴纳。产权出典的,由承典人缴纳。产权所有人、承典人不在房产所在地的,或者产权未确定及租典纠纷未解决的,由房产代管人或者使用人缴纳。《中华人民共和国城镇土地使用税暂行条例》第二条第一款规定,在城市、县城、建制镇、工矿区范围内使用土地的单位和个人,为城镇土地使用税的纳税人,应当依照本条例的规定缴纳土地使用税。原国家税务局《关于土地使用税若干具体问题的解释和暂行规定》第四条规定,土地使用税由拥有土地使用权的单位或个人缴纳。拥有土地使用权的纳税人不在土地所在地的,由代管人或实际使用人纳税;土地使用权未确定或权属纠纷未解决的,由实际使用人纳税;土地使用权共有的,由共有各方分别纳税。本案中,元宝区税务局主张其向原审法院提供的变更工商登记手续、征管系统申报信息、转让资产协议书以及评估报告书可以证明2014年10月甲汽车交易公司从乙驾驶培训公司转让接收的资产中以及2017年1月甲汽车交易公司整体转让给丹东市警察协会的资产中均包括涉案未办理权属登记的278平方米房屋及2 817.27平方米土地;依据前述法律规定,在此期间应由涉案房屋及土地的实际使用人甲驾驶培训公司作为纳税义务主体缴纳房产税及土地使用税。经查,元宝区税务局向原审法院提供的上述证据中只有作为2017年协议书附件的评估报告书在第6页载明委估的驾驶培训公司及维护中心的资产中包括涉案的278平方米房屋和2 817.27平方米土地,其他证据均未显示涉案房屋和土地的内容,而甲驾驶培训公司向原审法院提供的评估报告书中却并无此部分内容。由于元宝区税务局在作出被诉限期缴纳税款通知时并未告知甲驾驶培训公司系依据评估报告书认定该公司为涉案土地和房屋的实际使用人,故甲驾驶培训公司未在行政程序中及时提供其所持有的评估报告书予以反驳具有正当理由，并不存在怠于履行举证义务的情形，而元宝区税务局在得知两份评估报告书内容不一致后并未在诉讼过程中补充证据证明其所持有的评估报告书合法有效。双方提供的两份内容不一致的评估报告书均为正和评估公司出具，且均有评估机构盖章、评估师签字及盖章，但仅有甲驾驶培训公司提供的评估报告书加盖了骑缝章，原审法院在既未要求评估机构作出合理说明也未对两份评估报告书的真实性、合法性作出认定的情况下，迳行采信元宝区税务局提供的评估报告书作为认定案件事实的依据显属不当。2014年和2017年签订的两份协议均未具体载明转让的资产中包括涉案的房屋及土地，相反，2017年签订的协议书显示甲汽车交易公司转出的资产中除了"炮守营路原交警支队驾校及相关附属设施的所有权"，还包括有证土地使用权、有证综合办公楼所有权以及甲汽车交易公司自行出资新建、新增的固定资产，全部转出资产的评估价值为1 198万元，而涉及乙驾驶培训公司资产部分的价值仅为572 320元，故上述两份协议书的资产转让内容并不完全一致。丹东市工商局作出的核准变更登记通知并未载明乙驾驶培训公司原有资产的转移和承继情况，亦不能证明甲汽车交易公司从乙驾驶培训公司转让接收的资产中包括涉案房屋及土地。甲驾驶培训公司则主张虽然2014年签订的协议书中载明地上物由丹东市交警支队转让，房产交易由该支队协助办理，但该部分内容并未实际履行，并提供了涉案土地使用权人和房屋所有权×××支队出具的书面证明，证实双方对涉案房屋及土地并没有进行转让，涉案房屋及土地一直由偏坎子大队作为检查站、停车场使用。而元宝区税务局向原审法院提供的征管系统申报信息以及向法院提供的《关于两份限期缴纳税款通知书补税数额不同的说明》则记载，乙驾驶培训公司在存续期间曾对150平方米的无产权证房产按月申报并缴纳房产税56元，并对200平方米的无使用权证土地按月申报并缴纳土地使用税150元。元宝区税务局在法院庭审中亦自认，乙驾驶培训公司在经营期间从未针对涉案的278平方米房屋和2 817.27平方米土地缴纳过税款，该局亦从未进行过追缴。另外，元宝区税务局提供的征管系统申报信息中并不包括2016年营业税改为增值税后，甲驾驶培训公司申报缴纳增值税的相关情况，故不能证明甲驾驶培训公司在2014年10月至2017年1月一直处于正常经营状态的事实。综上，元宝区税务局并未向原审法院提供能够直接证明涉案房屋及土地为甲驾驶培训公司实际使用的有效证据，实际上其是以记载了涉案房屋及土地内容的评估报告书为主、以2014年和2017年的资产转让协议书等为辅推定甲汽车交易公司整体打包转入转出的资产中包括涉案的房屋及土地，并将涉案房屋及土地交由甲驾驶培训公司实际使用的事实。基于以上对元宝区税务局提供证据的分析认定，上述证据显然不足以支持元宝区税务局所推定的结论，被诉限期缴纳税款通知认定甲驾驶培训公司系涉案房屋和土地的实际使用人，应为纳税义务主体的主要证据不足。

  关于元宝区税务局作出被诉限期缴纳税款通知的法定职权及适用法律问题。根据《税收征收管理法》第五条的规定，元宝区税务局具有作出被诉限期缴纳税款通知的法定职权，原审法院对此认定正确。《税收征收管理法》第三十二条、第六十二条

第六章 房产税与土地增值税政策执行情况自查及稽查风险应对策略

规定,纳税人未按照规定期限缴纳税款的,扣缴义务人未按照规定期限解缴税款的,税务机关除责令限期缴纳外,从滞纳税款之日起,按日加收滞纳税款万分之五的滞纳金。纳税人未按照规定的期限办理纳税申报和报送纳税资料的,或者扣缴义务人未按照规定的期限向税务机关报送代扣代缴、代收代缴税款报告表和有关资料的,由税务机关责令限期改正,可以处2 000元以下的罚款;情节严重的,可以处2 000元以上10 000元以下的罚款。本案中,元宝区税务局并未针对甲驾驶培训公司未按照规定期限办理纳税申报和报送纳税资料的行为责令限期改正或者处以罚款,故其适用《税收征收管理法》第六十二条的规定与其处理结果明显不一致,属于适用法律不当。被诉限期缴纳税款通知还载明,逾期不缴,根据《税收征收管理法》第六十八条的规定,处不缴或少缴税款50%以上5倍以下的罚款。此系行政处罚内容,只有在具备逾期不缴的前提条件时才能作出,元宝区税务局在限期缴纳税款通知中一并作出行政处罚决定,且没有确定具体的罚款数额,明显不当。根据《税收征收管理法》第八十八条的规定,限期缴纳税款通知属于复议前置的行政行为,被诉限期缴纳税款通知虽然交代了复议期限和起诉期限,但未告知对限期缴纳税款及滞纳金的部分应先申请行政复议,而且交代的3个月起诉期限也不符合行政诉讼法的规定,属于告知权利有误。

关于元宝区税务局作出被诉限期缴纳税款通知的执法程序问题。根据《税收征收管理法》第五十四条、第五十七条、第五十九条的规定,税务机关有权检查纳税人的账簿、记账凭证、报表和有关资料,有权到纳税人的生产、经营场所和货物存放地检查纳税人应纳税的商品、货物或者其他财产,有权责成纳税人提供与纳税有关的文件、证明材料和有关资料,有权询问纳税人与纳税有关的问题和情况,有权向有关单位和个人调查纳税人与纳税有关的情况。税务机关派出的人员进行税务检查时,应当出示税务检查证和税务检查通知书。本案中,元宝区税务局在一审庭审中陈述,发现有不依法纳税行为时,需履行检查、通知申报、调查收集证据、作出通知并告知权利义务以及送达的法定程序;但其未能向原审法院提供税务检查通知书及到涉案房屋和土地进行实地检查、向甲驾驶培训公司进行询问、向丹东市交警支队等有关单位进行调查的相关证据,不能证明其已履行上述法定程序。元宝区税务局于2017年5月5日首次作出限期缴纳税款通知,认定应缴税款为62 962.67元,但未明确加收滞纳金的具体数额,亦未附具体欠税明细及滞纳金明细。甲驾驶培训公司于7月16日持该通知书缴纳税款时,元宝区税务局以该通知书存在计算错误为由于当日重新作出被诉限期缴纳税款通知,认定应缴税款为64 970.60元,加收滞纳金的具体数额为18 034.48元,但仍未附具体欠税明细与滞纳金明细,亦未说明增加税款数额的理由与依据。重新作出的限期缴纳税款通知仍以2017年5月5日为落款日期并仍载明要求在5月12日前缴纳税款和滞纳金明显与实际情况不符。综上,元宝区税务局作出被诉限期缴纳税款通知不符合法定程序。

《最高人民法院关于适用〈中华人民共和国行政诉讼法〉的解释》第一百三十五条第一款规定,复议机关决定维持原行政行为的,人民法院应当在审查原行政行为合法性的同时，一并审查复议决定的合法性。甲驾驶培训公司对丹东市税务局作出行政复议决定的法定职权和复议程序的合法性均无异议，再审法院经审查认定丹东市税务局具有作出被诉行政复议决定的法定职权，复议程序亦符合《行政复议法》规定的受理、审查、决定、送达的法定程序。丹东市税务局在法院庭审中自认被诉行政复议决定对原行政行为的认定事实、主要证据以及适用法律方面均未作改变，由于被诉限期缴纳税款通知存在认定事实的主要证据不足、适用法律不当以及不符合法定程序的问题，故被诉行政复议决定维持原行政行为亦存在同样的错误，依法亦应予以撤销。

《中华人民共和国国家赔偿法》（以下简称《国家赔偿法》）第四条第（四）项、第九条第二款、第三十六条第（一）项、第（七）项规定，行政机关及其工作人员在行使行政职权时有造成财产损害的其他违法行为的，受害人有取得赔偿的权利。赔偿请求人要求赔偿，应当先向赔偿义务机关提出，也可以在申请行政复议或者提起行政诉讼时一并提出。侵犯公民、法人和其他组织的财产权造成损害的，按照下列规定处理：处罚款、罚金、追缴、没收财产或者违法征收、征用财产，返还财产；返还执行的罚款或者罚金、追缴或者没收的金钱，解除冻结的存款或者汇款的，应当支付银行同期存款利息。本案中，甲驾驶培训公司已依据被诉限期缴纳税款通知缴纳税款64 970.60元以及滞纳金18 034.48元，其关于撤销被诉行政行为后返还已缴纳的税款及滞纳金，并支付银行同期存款利息的赔偿请求符合上述法律规定，依法应予支持。

综上所述，被诉限期缴纳税款通知认定事实不清、主要证据不足，适用法律、法规不当，违反法定程序，依法应予撤销。被诉行政复议决定维持被诉限期缴纳税款通知的结论错误，依法应予撤销。原一审、二审判决认定事实不清、裁判结果不当，依法亦应予以撤销。再审申请人甲驾驶培训公司的再审理由成立，法院对其再审请求依法予以支持。

2020年11月16日，再审法院依照《行政诉讼法》第八十九条第一款第（二）项、第七十条第（一）项、第（二）项、第（三）项，《最高人民法院关于适用〈中华人民共和国行政诉讼法〉的解释》第一百一十九条第一款、第一百二十二条、第一百三十六条第一款、第六款，《国家赔偿法》第三十六条第（一）项、第（七）项的规定，判决如下：一、撤销辽宁省丹东市中级人民法院作出的（2018）辽06行终13号行政判决；二、撤销辽宁省丹东市元宝区人民法院作出的（2017）辽0602行初34号行政判决；三、撤销被申请人国家税务总局丹东市元宝区税务局作出的丹地税元限字〔2017〕5001号限期缴纳税款通知；四、撤销被申请人国家税务总局丹东市税务局作出的丹地税复决字〔2017〕第1号行政复议决定；五、判令被申请人国家税务总局丹东市元宝区税务局于本判决生效之日起30日内返还再审申请人丹东甲驾驶培训有限公司已缴纳的税款64 970.60元及滞纳金18 034.48元，并支付上述款项自实际缴纳之日起至实际返还之日止按照中国人民银行同期存款利率计算的利息。一审、二审案件受理费共计100元，由被申请人国家税务总局丹东市元宝区税务局和国家税务总局丹东市税务局共同负担。

第二节　土地增值税政策执行自查及稽查风险应对策略

一、土地增值税的纳税人和征税范围

土地增值税是对转让国有土地使用权、地上建筑物及其附着物并取得收入的单位和个人，就其转让房地产所取得的增值额征收的一种税。土地增值税有特定的征税范围，还有一些特殊规定，纳税人应当根据自身业务准确判断是否属于土地增值税的征税范围，必要时可以向主管税务机关咨询，以免因错误理解政策而带来税务风险。

（一）土地增值税的纳税人

土地增值税的纳税人为转让国有土地使用权、地上建筑物及其附着物（以下简称转让房地产）并取得收入的单位和个人。

单位包括各类企业单位、事业单位、国家机关和社会团体及其他组织。个人包括个体经营者和其他个人。外商投资企业、外国企业、外国驻华机构及海外华侨、港澳台同胞和外国公民也需要缴纳土地增值税。

（二）土地增值税的征税范围

（1）土地增值税只对转让国有土地使用权的行为征税，对出让国有土地的行为不征税。

国有土地使用权，是指土地使用人根据国家法律、合同等规定，对国家所有的土地享有的使用权利。土地增值税只对企业、单位和个人转让国有土地使用权的行为征税。

国有土地出让，是指国家以土地所有者的身份将土地使用权在一定年限内让与土地使用者，并由土地使用者向国家支付土地出让金的行为。因为土地使用权的出让方是国家，出让收入在性质上属于政府凭借所有权在土地一级市场上收取的租金，所以，政府出让土地的行为及取得的收入也不在土地增值税的征税之列。

（2）土地增值税既对转让国有土地使用权的行为征税，也对转让地上建筑物及其他附着物产权的行为征税。

地上建筑物，是指建于土地上的一切建筑物，包括地上、地下的各种附属设施，如厂房、仓库、商店、医院、住宅、地下室、围墙、烟囱、电梯、中央空调、管道等。所谓附着物是指附着于土地上、不能移动，一经移动即遭损坏的种植物、养殖物

及其他物品。上述建筑物和附着物的所有者对自己的财产依法享有占有、使用、收益和处置的权利，即拥有排他性的全部产权。

纳税人转让地上建筑物和其他附着物的产权，取得的增值额，也应计算缴纳土地增值税。换言之，纳入土地增值税征税范围的增值额，是纳税人转让房地产所取得的全部增值额，而非仅仅是转让土地使用权的增值额。

（3）土地增值税只对有偿转让的房地产征税，对以继承、赠与等方式无偿转让的房地产，不予征税。

不征土地增值税的房地产赠与行为包括以下两种情况：房产所有人、土地使用权所有人将房屋产权、土地使用权赠与直系亲属或承担直接赡养义务人的行为；房产所有人、土地使用权所有人通过中国境内非营利的社会团体、国家机关将房屋产权、土地使用权赠与教育、民政和其他社会福利、公益事业的行为。社会团体是指中国青少年发展基金会、希望工程基金会、宋庆龄基金会、减灾委员会、中国红十字会、中国残疾人联合会、全国老年基金会、老区促进会，以及经民政部门批准成立的其他非营利的公益性组织。

（三）土地增值税征税范围的特殊规定

1.房地产转为自用或出租

房地产开发企业将开发的部分房地产转为企业自用或用于出租等商业用途时，如果产权未发生转移，不征收土地增值税。

2.房地产的交换

房地产的交换，是指一方以房地产与另一方的房地产进行交换的行为。由于这种行为既发生了房产产权、土地使用权的转移，交换双方又取得了实物形态的收入，属于土地增值税的征税范围，但对个人之间互换自有居住用房地产的，经当地税务机关核实，可以免征土地增值税。

3.合作建房

对于一方出地，另一方出资金，双方合作建房，建成后按比例分房自用的，暂免征收土地增值税；建成后转让的，应征收土地增值税。

4.房地产出租

房地产的出租，是指房产所有者或土地使用者将房产或土地使用权租赁给承租人使用，由承租人向出租人支付租金的行为。房地产出租，出租人虽取得了收入，但没有发生房产产权、土地使用权的转让，因此，不属于土地增值税的征税范围。

5.房地产抵押

房地产的抵押，是指房产所有者或土地使用者作为债务人或第三人向债权人提供不动产作为清偿债务的担保而不转移权属的法律行为。这种情况下房产的产权、土地使用权在抵押期间并没有发生权属的变更，因此，对房地产的抵押，在抵押期间不征收土地增值税。待抵押期满后，视该房地产是否转移而确定是否征收土地增值税。对于以房地产抵债而发生房地产权属转让的,应列入土地增值税的征税范围。

6.房地产代建

房地产的代建行为,是指房地产开发公司代客户进行房地产的开发,开发完成后向客户收取代建收入的行为。对于房地产开发公司而言,虽然取得了收入,但没有发生房地产权属的转移,其收入属于劳务收入性质,故不属于土地增值税的征税范围。

7.房地产的重新评估

国有企业在清产核资时对房地产进行重新评估而产生的评估增值,因其既没有发生房地产权属的转移,房产产权、土地使用权人也未取得收入,所以不属于土地增值税的征税范围。

8.土地使用者处置土地使用权

土地使用者转让、抵押或置换土地,无论其是否取得了该土地的使用权属证书,也无论其在转让、抵押或置换土地过程中是否与对方当事人办理了土地使用权属证书变更登记手续,只要土地使用者享有占有、使用、收益或处分该土地的权利,且有合同等证据表明其实质转让、抵押或置换了土地并取得了相应的经济利益,土地使用者及其对方当事人就应当依照税法规定缴纳增值税、土地增值税和契税等。

二、土地增值税的税率

土地增值税的税率比较复杂,纳税人可以根据下文介绍的公式来计算土地增值税。

土地增值税实行四级超率累进税率:

(1)增值额未超过扣除项目金额50%的部分,税率为30%。

(2)增值额超过扣除项目金额50%、未超过扣除项目金额100%的部分,税率为40%。

(3)增值额超过扣除项目金额100%、未超过扣除项目金额200%的部分,税率为50%。

(4)增值额超过扣除项目金额200%的部分,税率为60%。

上述所列四级超率累进税率,每级"增值额未超过扣除项目金额"的比例,均包括本比例数。四级超率累进税率及速算扣除系数见表6-1。

表6-1 土地增值税四级超率累进税率表

级数	增值额与扣除项目金额的比率	税率	速算扣除系数
1	不超过50%的部分	30%	0%
2	超过50%至100%的部分	40%	5%
3	超过100%至200%的部分	50%	15%
4	超过200%的部分	60%	35%

三、土地增值税的计税依据

土地增值税的计税依据计算起来非常复杂，纳税人应严格按照税法规定的标准来计算，如果没有能力准确核算土地增值税，可以聘请专业机构协助核算，或者咨询主管税务机关，以免产生税务风险。

（一）土地增值税的增值额

土地增值税的计税依据是纳税人转让房地产所取得的增值额。转让房地产的增值额，是纳税人转让房地产的收入减除税法规定的扣除项目金额后的余额。土地增值额的大小，取决于转让房地产的收入额和扣除项目金额两个因素。

（二）土地增值税的应税收入

根据《中华人民共和国土地增值税暂行条例》及其实施细则的规定，纳税人转让房地产取得的应税收入，应包括转让房地产的全部价款及有关的经济收益。从收入的形式来看，包括货币收入、实物收入和其他收入。纳税人转让房地产取得的收入为不含增值税收入。

1. 货币收入

货币收入，是指纳税人转让房地产而取得的现金、银行存款和国库券、金融债券、企业债券、股票等有价证券。

2. 实物收入

实物收入，是指纳税人转让房地产而取得的各种实物形态的收入，如钢材、水泥等建材，房屋、土地等不动产。对于这些实物收入一般要按照公允价值确认应税收入。

3. 其他收入

其他收入，是指纳税人转让房地产而取得的无形资产收入或具有财产价值的权利，如专利权、商标权、著作权、专有技术使用权、土地使用权、商誉权等。对于这些无形资产收入一般要进行专门的评估，按照评估价确认应税收入。

4. 外币的折算

纳税人取得的收入为外国货币的，应当以取得收入当天或当月1日国家公布的市场汇价折合成人民币，据以计算土地增值税税额。当月以分期收款方式取得的外币收入，也应按实际收款日或收款当月1日国家公布的市场汇价折合成人民币。

（三）土地增值税的扣除项目

依照《中华人民共和国土地增值税暂行条例》的规定，准予纳税人从房地产转让收入额减除的扣除项目金额具体包括以下内容：

1. 取得土地使用权所支付的金额

取得土地使用权所支付的金额包括以下两方面的内容：

（1）纳税人为取得土地使用权所支付的地价款。地价款的确定有三种方式：如果是以协议、招标、拍卖等出让方式取得土地使用权的，地价款为纳税人所支付的土地出让金；如果是以行政划拨方式取得土地使用权的，地价款为按照国家有关规定补缴的土地出让金；如果是以转让方式取得土地使用权的，地价款为向原土地使用权人实际支付的地价款。

（2）纳税人在取得土地使用权时按国家统一规定缴纳的有关费用和税金。有关费用和税金是指纳税人在取得土地使用权过程中为办理有关手续，必须按国家统一规定缴纳的有关登记、过户手续费和契税。

2. 房地产开发成本

房地产开发成本，是指纳税人开发房地产项目实际发生的成本，包括土地的征用及拆迁补偿费、前期工程费、建筑安装工程费、基础设施费、公共配套设施费、开发间接费用等。

（1）土地征用及拆迁补偿费，包括土地征用费、耕地占用税、劳动力安置费及有关地上、地下附着物拆迁补偿的净支出、安置动迁用房支出等。

（2）前期工程费，包括规划、设计、项目可行性研究和水文、地质、勘察、测绘、"三通一平"等支出。

（3）建筑安装工程费，是指以出包方式支付给承包单位的建筑安装工程费和以自营方式发生的建筑安装工程费。

（4）基础设施费，包括开发小区内道路、供水、供电、供气、排污、排洪、通信、照明、环卫、绿化等工程发生的支出。

（5）公共配套设施费，包括不能有偿转让的开发小区内公共配套设施发生的支出。

（6）开发间接费用，是指直接组织、管理开发项目发生的费用，包括工资、职工福利费、折旧费、修理费、办公费、水电费、劳动保护费、周转房摊销等。

3. 房地产开发费用

房地产开发费用，是指与房地产开发项目有关的销售费用、管理费用和财务费用。根据现行财务会计制度的规定，这三项费用作为期间费用，按照实际发生额直接计入当期损益。但是，在计算土地增值税时，房地产开发费用并不是按照纳税人实际发生额进行扣除，应分别按以下两种情况进行扣除：

（1）财务费用中的利息支出，凡能够按转让房地产项目计算分摊并提供金融机构证明的，允许据实扣除，但最高不能超过按商业银行同类同期贷款利率计算的金额。其他房地产开发费用，按规定计算的金额（即取得土地使用权所支付的金额和房地产开发成本，下同）之和的5%以内计算扣除。计算扣除的具体比例，由各省、自治区、直辖市人民政府规定。计算公式为：

$$\text{允许扣除的房地产开发费用} = \text{利息} + （\text{取得土地使用权所支付的金额} + \text{房地产开发成本}） \times \text{省级政府确定的比例}$$

（2）财务费用中的利息支出，凡不能按转让房地产项目计算分摊利息支出或不能提供金融机构证明的，房地产开发费用按规定计算的金额之和的10%以内计算扣除。计算扣除的具体比例，由各省、自治区、直辖市人民政府规定。计算公式为：

$$\text{允许扣除的房地产开发费用} = （\text{取得土地使用权所支付的金额} + \text{房地产开发成本}） \times \text{省级政府确定的比例}$$

4.与转让房地产有关的税金

与转让房地产有关的税金，是指在转让房地产时缴纳的城市维护建设税、印花税。因转让房地产缴纳的教育费附加，也可视同税金予以扣除。《中华人民共和国土地增值税暂行条例》等规定的土地增值税扣除项目涉及的增值税进项税额，允许在销项税额中计算抵扣的，不计入扣除项目，不允许在销项税额中计算抵扣的，可以计入扣除项目。

5.财政部确定的其他扣除项目

对从事房地产开发的纳税人可按规定计算的金额之和，加计20%的扣除。该项优惠只适用于从事房地产开发的纳税人，其他纳税人不适用。

6.旧房及建筑物的扣除金额

（1）按评估价格扣除。旧房及建筑物的评估价格是指在转让已使用的房屋及建筑物时，由政府批准设立的房地产评估机构评定的重置成本价乘以成新度折扣率后的价格。评估价格须经当地税务机关确认。

重置成本价的含义是对旧房及建筑物，按转让时的建材价格及人工费用计算建造同样面积、同样层次、同样结构、同样建设标准的新房及建筑物所需花费的成本费用。成新度折扣率的含义是按旧房的新旧程度作一定比例的折扣。因此，转让旧房应按房屋及建筑物的评估价格、取得土地使用权所支付的地价款和按国家统一规定缴纳的有关费用，以及在转让环节缴纳的税金作为扣除项目金额计征土地增值税。对取得土地使用权时未支付地价款或不能提供已支付的地价款凭据的，在计征土地增值税时不允许扣除。

（2）按购房发票金额计算扣除。纳税人转让旧房及建筑物，凡不能取得评估价格，但能提供购房发票的，经当地税务部门确认，《中华人民共和国土地增值税暂行条例》规定的扣除项目的金额，可按发票所载金额并从购买年度起至转让年度止每年加计5%计算。对于纳税人购房时缴纳的契税，凡能够提供契税完税凭证的，准予作为"与转让房地产有关的税金"予以扣除，但不作为加计5%的基数。

【税务稽查风险案例6-4】

2014年2月，X市国土资源局与甲公司签订《国有建设用地使用权出让合同》，将M地块出让给甲公司，甲公司受让该土地用于建设M项目。

第六章 房产税与土地增值税政策执行情况自查及稽查风险应对策略

2014年7月，X市国土资源局与甲公司签订《补充协议》，约定"由X市国土资源局委托X市土地收购储备中心将M项目场地平整土石方工程直接包干给甲公司自行建设"，"本工程按X市人民政府2015年第6次常务会议纪要精神，经双方协商，工程造价以37 592 000元包干"。2017年12月，X市国土资源局作出《闲置土地认定书》（X国土资〔2017〕800号），指出因政府原因导致M地块闲置，认定上述土地为闲置土地。2018年1月，甲公司与X市土地收购储备中心签订《土石方工程终止协议书》，约定"自本协议生效之日起，双方同意终止《补充协议书》的履行，确认土石方工程造价结算款为2 107.685 8万元"。当月，X市政府作出《关于收储M地块国有土地使用权的批复》（X政文〔2018〕24号），载明"同意收储甲公司坐落M地块的64 337.9平方米国有土地使用权，收储价格8 409.116 66万元，土石方工程结算款2 107.685 8万元"。其后，X市土地收购储备中心与甲公司签订《国有土地使用权收储合同》，约定甲公司同意将上述地块的国有土地使用权由X市土地收购储备中心按8 409.116 66万元的价格收储。

2019年9月，X市税务局Y分局作出《税务事项通知书》（Y税通〔2019〕6号），通知甲公司M项目应补非住宅土地增值税4 754 540.94元。《税务事项通知书》同时认定，X政府委托包干的土石方工程款为开发成本，在计算增值税时允许扣除。甲公司认为X市土地收购储备中心收储M地块属于土地征收行为，应当免征土增税，故提起行政复议。

2019年12月，X市税务局作出《行政复议决定书》（X税复决字〔2019〕1号），认为土地收储不属于土地征收，不能免征土增税，但《税务事项通知书》认定X市政府委托包干的土石方工程款为开发成本，在计算增值税时，允许扣除，属认定事实不清，适用依据错误，遂决定撤销Y分局作出的《税务事项通知书》，责令Y分局重新作出具体行政行为。

甲公司不服，提起行政诉讼。法院认为：根据《中华人民共和国土地增值税暂行条例实施细则》，房地产开发，是指纳税人房地产开发项目实际发生的成本。甲公司与X市土地收购储备中心于2014年7月签订《补充协议书》，约定M地块土石方场地平整工程由X市土地收购储备中心改为甲公司实施。故上述土石方工程系甲公司通过包干工程款的方式组织施工，甲公司本身并没有为此而发生实际成本支出。

实践中，土石方工程费用应当根据实际情况作不同处理。通常情况下，土石方工程属于政府在交地前需要完成的"三通一平"工程，房地产企业拿地时，土石方工程已经完成，故土石方工程费不属于房地产开发费用。特殊情况下，土石方工程由房地产开发企业自行完成，根据《关于印发〈企业产品成本核算制度（试行）〉的通知》（财会〔2013〕17号），前期工程费，包括项目开发前期发生的场地通平等前期支出。故此种情况下，土石方工程可以计入前期工程费。

本案中，土石方工程本应由X市土地收购储备中心完成，根据2014年7月签订的《补充协议》，土石方工程委托给甲公司包干，且X市政府最终以包干费用的形式支付了土石方工程结算款。虽然甲公司具体实施了土石方工程，但土石方工程费最终由X市政府承担，甲公司的投入得到了补偿。从土石方工程尾款2 107.685 8万元的来源来看,是X市政府为满足交地条件而支付的款项,而非甲公司通过市场交易支出的开发费用。且甲公司自始至终未取得施工许可证,同时其申报的数据中涉及建筑安装工程费、基础设施费等会计核算科目归集为零,进一步证实其没有进行房地产开发,故土石方工程费不应作为甲公司的开发成本。

(四)土地增值税计税依据的特殊规定

1.隐瞒、虚报房地产成交价格

隐瞒、虚报房地产成交价格,是指纳税人不报或有意低报转让土地使用权、地上建筑物及其附着物价款的行为。对于纳税人隐瞒、虚报房地产成交价格的,应由评估机构参照同类房地产的市场交易价格进行评估,税务机关根据评估价格确定转让房地产的收入。

2.提供扣除项目金额不实

提供扣除项目金额不实,是指纳税人在纳税申报时,不据实提供扣除项目金额,而是虚增被转让房地产扣除项目的内容或金额,使税务机关无法从纳税人方面了解计征土地增值税所需的正确的扣除项目金额,以达到虚增成本偷税的目的。对于纳税人申报扣除项目金额不实的,应由评估机构按照房屋重置成本价乘以房屋的陈新度折扣率计算的房屋成本价和取得土地使用权时的基准地价进行评估。税务机关根据评估价格确定房产的扣除项目金额,并用该房产所坐落土地取得时的基准地价或标准地价来确定土地的扣除项目金额,房产和土地的扣除项目金额之和即为该房地产的扣除项目金额。

3.转让房地产的成交价格低于房地产评估价格,又无正当理由

转让房地产的成交价格低于房地产评估价格且无正当理由,是指纳税人申报的转让房地产的成交价低于房地产评估机构采用市场比较法评估的正常市场交易价,纳税人又无正当理由进行解释的行为。对于这种情况,应按评估的市场交易价确定其实际成交价,并以此作为转让房地产的收入计算征收土地增值税。

4.非直接销售和自用房地产收入的确定

房地产开发企业将开发产品用于职工福利、奖励、对外投资、分配给股东或投资人、抵偿债务、换取其他单位和个人的非货币性资产等,发生所有权转移时应视同销售房地产,其收入按下列方法和顺序确认:一是按本企业在同一地区、同一年度销售的同类房地产的平均价格确定;二是由主管税务机关参照当地当年同类房地产的市场价格或评估价值确定。

【税务稽查风险案例6-5】

1997年9月,甲公司开始在M地块上开发建设M项目。

2016年8月,X省Y市Z区地税局作出《土地增值税清算通知书》,认定甲公司"已符合土地增值税清算条件","自收到本通知之日起90日内"办理土地增值税清算手续。2016年12月,因甲公司超期未作清算,Y市税务局对甲公司展开税务检查,并委托乙税务师事务所对X项目的转让房地产收入总额进行涉税鉴证。同月,甲公司委托丙会计师事务所进行土增税清算鉴证,并出具《土地增值税清算鉴证报告》。

2018年6月,甲公司向Y市税务局评估分局提交《关于确认M项目土地增值税清算结果的报告》。其认为:其根据税务机关发出的土地增值税清算通知和要求,已聘请中介机构丙会计师事务所作出了土地增值税清算鉴证报告,并按鉴证报告结果申报缴纳土地增值税1 111万元。

2019年7月,Y市税务局向甲公司送达《土地增值税清算核实意见书》,称涉案项目已初核完毕,请于接到通知书之日起5日内对以下内容进行核实:……销售收入拟调增1 346 817.64元……,应补缴土地增值税。甲公司不服,先后提起行政复议和行政诉讼。

X省税务局认为:《X省税务局关于土地增值税清算有关问题的通知》第三条规定,"对商品房销售价格明显偏低的,其收入按下列方法和顺序确认:(一)按本企业同期、同类商品房的平均价格确定;(二)按本企业近期、同类商品房的平均销售价格确定"。本项目中,乙税务师事务所对售价偏低的房屋按同月同类型均价进行调整,但由于存在一月只售一套房情况,无参考价格。Y市税务局遂按当年同季度同类型均价下调20%为标准,对该项目整个收入重新计算调整。

X省Y市中级人民法院认为,Y市税务局对售价偏低收入调整合法、合理,判决驳回甲公司的诉讼请求。X省高级人民法院判决驳回甲公司再审申请。

四、土地增值税应纳税额的计算

土地增值税的计算比较复杂,应严格按照以下介绍的公式和步骤来计算。

1. 应纳税额的计算公式

土地增值税按照纳税人转让房地产所取得的增值额和规定的税率计算征收。土地增值税的计算公式如下:

$$应纳税额 = \sum(每级距的增值额 \times 适用税率)$$

由于分步计算比较烦琐,土地增值税应纳税额也可按增值额乘以适用的税率减去扣除项目金额乘以速算扣除系数的简便方法计算。具体公式如下:

(1) 增值额未超过扣除项目金额50%:

$$土地增值税应纳税额 = 增值额 \times 30\%$$

(2) 增值额超过扣除项目金额50%,未超过100%:

$$土地增值税应纳税额 = 增值额 \times 40\% - 扣除项目金额 \times 5\%$$

(3) 增值额超过扣除项目金额100%,未超过200%:

$$土地增值税应纳税额 = 增值额 \times 50\% - 扣除项目金额 \times 15\%$$

（4）增值额超过扣除项目金额200%：

$$土地增值税应纳税额=增值额\times 60\%-扣除项目金额\times 35\%$$

2.应纳税额的计算步骤

根据上述计算公式，土地增值税应纳税额的计算可分为以下四步：

（1）计算增值额：

$$增值额=房地产转让收入-扣除项目金额$$

（2）计算增值率：

$$增值率=增值额\div 扣除项目金额\times 100\%$$

（3）确定适用税率。按照计算出的增值率，从土地增值税税率表中确定适用税率。

（4）计算应纳税额：

$$土地增值税应纳税额=增值额\times 适用税率-扣除项目金额\times 速算扣除系数$$

五、土地增值税的优惠政策

土地增值税的优惠政策并不多，纳税人应严格按照税法规定和自身业务特点来判断是否可以享受相关优惠政策，在无法确定时，应先咨询主管税务机关再开展相关业务，以免增加税收负担或者带来税务风险。

（1）纳税人建造普通标准住宅出售，增值额未超过扣除项目金额20%的，予以免税；超过20%的，应按全部增值额缴纳土地增值税。普通标准住宅，是指按所在地一般民用住宅标准建造的居住用住宅。高级公寓、别墅、度假村等不属于普通标准住宅。自2005年6月1日起，普通标准住宅应同时满足：住宅小区建筑容积率在1.0以上；单套建筑面积在120平方米以下；实际成交价格低于同级别土地上住房平均交易价格1.2倍以下。各省、自治区、直辖市根据实际情况，制定本地区享受优惠政策普通住房具体标准。允许单套建筑面积和价格标准适当浮动，但向上浮动的比例不得超过上述标准的20%。对于纳税人既建普通标准住宅又进行其他房地产开发的，应分别核算增值额。不分别核算增值额或不能准确核算增值额的，其建造的普通标准住宅不能适用这一免税规定。自2024年12月1日起，取消普通住宅和非普通住宅标准的城市，根据《中华人民共和国土地增值税暂行条例》第八条第一项，纳税人建造普通标准住宅出售，增值额未超过扣除项目金额20%的，继续免征土地增值税。根据《中华人民共和国土地增值税暂行条例实施细则》第十一条，有关城市的具体执行标准由各省、自治区、直辖市人民政府规定。具体执行标准公布后，税务机关新受理清算申报的项目，以及在具体执行标准公布前已受理清算申报但未出具清算审核结论的项目，按新公布的标准执行。具体执行标准公布前出具清算审核结论的项目，仍按原标准执行。

（2）因国家建设需要依法征收、收回的房地产，免征土地增值税。因国家建设需要依法征收、收回的房地产，是指因城市实施规划、国家建设的需要而被政府批准征收的房产或收回的土地使用权。因城市实施规划、国家建设的需要而搬迁，由纳税人自行转让原房地产的，免征土地增值税。

（3）企事业单位、社会团体以及其他组织转让旧房作为公共租赁住房房源且增值额未超过扣除项目金额20%的，免征土地增值税。

（4）自2008年11月1日起，对个人转让住房暂免征收土地增值税。

六、土地增值税的纳税申报

纳税人应在转让房地产合同签订后7日内，到房地产所在地主管税务机关办理纳税申报，并向税务机关提交房屋及建筑物产权、土地使用权证书，土地转让、房产买卖合同、房地产评估报告及其他与转让房地产有关的资料，然后在税务机关规定的期限内缴纳土地增值税。

纳税人因经常发生房地产转让而难以在每次转让后申报的，经税务机关审核同意后，可以定期进行纳税申报，具体期限由主管税务机关根据情况确定。

纳税人采取预售方式销售房地产的，对在项目全部竣工结算前转让房地产取得的收入，税务机关可以预征土地增值税。具体办法由各省、自治区、直辖市税务局根据当地情况制定。

对于纳税人预售房地产所取得的收入，凡当地税务机关规定预征土地增值税的，纳税人应当到主管税务机关办理纳税申报，并按规定比例预缴，待办理完纳税清算后，多退少补。

七、土地增值税的清算

土地增值税的清算比较复杂，通常情况下，纳税人需要聘请具有土地增值税清算资质的中介机构进行土地增值税的清算鉴定，依据中介机构出具的土地增值税清算报告向主管税务机关办理土地增值税清算。

（一）土地增值税的清算单位

土地增值税以国家有关部门审批的房地产开发项目为单位进行清算，对于分期开发的项目，以分期项目为单位清算。开发项目中同时包含普通住宅和非普通住宅的，应分别计算增值额。

（二）土地增值税的清算条件

（1）符合下列情形之一的，纳税人应进行土地增值税的清算：①房地产开发项目全部竣工、完成销售的。②整体转让未竣工决算房地产开发项目的。③直接转让土地使用权的。

（2）符合下列情形之一的，主管税务机关可要求纳税人进行土地增值税清算：①已竣工验收的房地产开发项目，已转让的房地产建筑面积占整个项目可售建筑面积的比例在85%以上，或该比例虽未超过85%，但剩余的可售建筑面积已经出租或自用的。②取得销售（预售）许可证满3年仍未销售完毕的。③纳税人申请注销税务登记但未办理土增值税清算手续的。④省级税务机关规定的其他情况。

（三）土地增值税清算应报送的资料

纳税人办理土地增值税清算应报送以下资料：

（1）房地产开发企业清算土地增值税书面申请、土地增值税纳税申报表。

（2）项目竣工决算报表、取得土地使用权所支付的地价款凭证、国有土地使用权出让合同、银行贷款利息结算通知单、项目工程合同结算单、商品房购销合同统计表等与转让房地产的收入、成本和费用有关的证明资料。

（3）主管税务机关要求报送的其他与土地增值税清算有关的证明资料等。

（4）纳税人委托税务中介机构审核鉴证的清算项目，还应报送中介机构出具的《土地增值税清算税款鉴证报告》。

（四）清算后再转让房地产的处理

在土地增值税清算时未转让的房地产，清算后销售或有偿转让的，纳税人应按规定进行土地增值税的纳税申报，扣除项目金额按清算时的单位建筑面积成本费用乘以销售或转让面积计算。

单位建筑面积成本费用=清算时的扣除项目总金额÷清算的总建筑面积

（五）土地增值税的核定征收

房地产开发企业有下列情形之一的，税务机关可以实行核定征收土地增值税：

（1）依照法律、行政法规的规定应当设置但未设置账簿的。

（2）擅自销毁账簿或者拒不提供纳税资料的。

（3）虽设置账簿，但账目混乱或者成本资料、收入凭证、费用凭证残缺不全，难以确定转让收入或扣除项目金额的。

（4）符合土地增值税清算条件，未按照规定的期限办理清算手续，经税务机关责令限期清算，逾期仍不清算的。

（5）申报的计税依据明显偏低，又无正当理由的。

【税务稽查风险案例6-6】

国家税务总局福州市台江区税务局第二税务分局税务事项通知书

（榕台税二通〔2022〕177号）

福州甲房地产开发有限公司：913××××××××××××08N

事由：你司未在规定期限内提供会计账簿资料，未按规定期限进行土地增值税清算申报。

第六章　房产税与土地增值税政策执行情况自查及稽查风险应对策略

依据：《中华人民共和国税收征收管理法》第三十五条及其实施细则第四十七条。

通知内容：你司开发的文××邑大楼（台江广场）项目，2016年11月取得《预售许可证》。截至2019年11月底，满3年仍未销售完毕，属于《国家税务总局关于房地产开发企业土地增值税清算管理有关问题的通知》（国税发〔2006〕187号）、《国家税务总局关于印发〈土地增值税清算管理规程〉的通知》（国税发〔2009〕91号）规定的可清算情形。

我局于2019年12月11日向你司发放限期进行土地增值税清算申报的《税务事项通知书》（榕台税通〔2019〕6039号），限你司于2019年12月11日起90日内办理土地增值税清算手续，你司未按规定期限办理土地增值税清算申报。

鉴于你司开发的文××邑大楼（台江广场）项目已达可清算条件，且你司拒不提供纳税资料、会计资料，"符合土地增值税清算条件，未按照规定的期限办理清算手续，经税务机关责令限期清算，逾期仍不清算"。根据《中华人民共和国税收征收管理法》第三十五条及其实施细则第四十七条、《国家税务总局关于房地产开发企业土地增值税清算管理有关问题的通知》（国税发〔2006〕187号）、《国家税务总局关于印发〈土地增值税清算管理规程〉的通知》（国税发〔2009〕91号）等有关规定。我局对你司开发的文××邑大楼（台江广场）项目的土地增值税采取核定征收方式，核定土地增值税征收率为19%。

对你司截至2021年12月31日取得的不动产销售收入（不含税）622 433 345.71元按19%征收率，应缴土地增值税118 262 335.68元，已申报37 658 100.42元，应补80 604 235.26元。

限你司自收到本通知书之日起15日内到国家税务总局福州市台江区税务局第一税务分局将上述税款80 604 235.26元缴纳入库。逾期未缴清的，将依《中华人民共和国税收征收管理法》第三十二条的规定，从税款滞纳之日起至缴纳或解缴之日止，按日加收滞纳税款万分之五的滞纳金，同时依照《中华人民共和国税收征收管理法》有关规定处理。

你司若同我局在纳税上有争议，必须先依照本通知的期限缴纳税款及滞纳金或者提供相应的担保，然后可自上述款项缴清或者提供相应担保被税务机关确认之日起60日内依法向国家税务总局福州市台江区税务局申请行政复议。

我局2022年8月24日作出的《税务事项通知书》（榕台税二通〔2022〕172号）予以作废。

国家税务总局福州市台江区税务局第二税务分局
二〇二二年九月五日

【税务稽查风险案例6-7】

国家税务总局海口市美兰区税务局第二税务分局税务事项通知书

（海口美兰税二局　通〔2022〕2232号）

海南甲房地产开发有限公司（纳税人识别号91××××××××××××45）：

事由：土地增值税清算核定通知。

依据：《中华人民共和国税收征收管理法》第三十五条，《国家税务总局关于印发〈土地增值税清算管理规则〉的通知》（国税发〔2009〕91号）第三十三条、第三十四条，《国家税务总局海南省税务局关于发布〈国家税务总局海南省税务局土地增值税清算工作规程〉的公告》（2021年第8号）的规定。

通知内容：你（单位）开发的"×××（二期）"项目未在规定的期限内办理土地增值税清算申报，经责令限期清算申报，逾期仍不申报，我局按规定采取核定征收方式对该项目进行清算，结果如下：

（一）土地增值税核定结果

审定普通住宅应税收入447 601 873.93元，扣除项目金额297 538 293.74元，增值额150 063 580.19元，增值额与扣除项目金额之比为50.44%，适用税率为40.00%，速算扣除数5.00%，核定普通住宅应缴土地增值税45 148 517.39元，已缴土地增值税379 296.58元，应补缴土地增值税44 769 220.81元。

审定非普通住宅应税收入750 000.00元，扣除项目金额592 187.95元，增值额157 812.05元，增值额与扣除项目金额之比为26.65%，适用税率为30.00%，速算扣除数为0，核定非普通住宅应缴土地增值税47 343.62元，已缴土地增值税83 581.44元，应补缴土地增值税-36 237.82元。

审定其他类型房地产应税收入41 545 248.00元，扣除项目金额16 122 161.14元，增值额25 423 086.86元，增值额与扣除项目金额之比为157.69%，适用税率为50.00%，速算扣除数15.00%，核定其他类型房地产应缴土地增值税10 293 219.26元，已缴土地增值税0，应补缴土地增值税10 293 219.26元。

综上所述，本次清算应缴土地增值税55 489 080.27元，已缴土地增值税462 878.02元，应补缴土地增值税55 026 202.25元。若后续企业可提供相关完税凭证佐证该项目已预征的税款，税务机关核实后可调整企业应补缴的税款。

（二）单位扣除成本

普通住宅后续销售单位可扣除成本费用3 477.36元/平方米（不含税金）、非普通住宅后续销售单位可扣除成本费用3 477.36元/平方米（不含税金）、其他类型房地产后续销售单位可扣除成本费用3 477.36元/平方米（不含税金）。

你单位应补缴土地增值税额为55 026 202.25元，缴纳期限为2022年10月10日。

第六章　房产税与土地增值税政策执行情况自查及稽查风险应对策略

请根据本通知书办理清算申报事宜。

国家税务总局海口市美兰区税务局第二税务分局
二〇二二年七月十四日

八、土地增值税的纳税地点

纳税人发生土地增值税应税行为应向房地产所在地主管税务机关缴纳税款。

这里所称的房地产所在地，是指房地产的坐落地。纳税人转让的房地产坐落在两个或两个以上地区的，应按房地产所在地分别申报纳税。

第七章

消费税与印花税政策执行情况自查及稽查风险应对策略

导读

本章介绍消费税与印花税政策执行情况自查及稽查风险应对策略,分为两节,第一节是消费税政策执行自查及稽查风险应对策略,包括消费税的纳税人与征税范围、消费税的税目、消费税的税率、消费税的销售额、消费税应纳税额的计算、消费税的征收管理。第二节是印花税政策执行自查及稽查风险应对策略,包括印花税的纳税人、印花税的征税范围、印花税的税率、印花税的计税依据、印花税应纳税额的计算、印花税的优惠政策、印花税的征收管理。

第一节 消费税政策执行自查及稽查风险应对策略

一、消费税的纳税人与征税范围

消费税是对特定的某些消费品和消费行为征收的一种间接税。消费税仅在特定环节、针对特定消费品征收,因此,纳税人在开展相关经营之前应根据相关规定判断自己是否属于消费税纳税人。

(一)消费税的纳税人

在中华人民共和国境内生产、委托加工和进口《消费税暂行条例》规定的消费品的单位和个人,以及国务院确定的销售《消费税暂行条例》规定的消费品的其他单位

第七章 消费税与印花税政策执行情况自查及稽查风险应对策略

和个人,为消费税的纳税人。

在中华人民共和国境内,是指生产、委托加工和进口属于应当缴纳消费税的消费品的起运地或者所在地在境内。单位,是指企业、行政单位、事业单位、军事单位、社会团体及其他单位。个人,是指个体工商户及其他个人。

电子烟生产环节纳税人,是指取得烟草专卖生产企业许可证,并取得或经许可使用他人电子烟产品注册商标(以下称持有商标)的企业。通过代加工方式生产电子烟的,由持有商标的企业缴纳消费税。电子烟批发环节纳税人,是指取得烟草专卖批发企业许可证并经营电子烟批发业务的企业。电子烟进口环节纳税人,是指进口电子烟的单位和个人。

由于消费税是在对所有货物普遍征收增值税的基础上选择部分消费品征收的,因此,消费税纳税人同时也是增值税纳税人。

(二)消费税的征税范围

1. 生产应税消费品

(1)生产销售应税消费品。纳税人生产的应税消费品,于纳税人销售时纳税。

(2)自产自用应税消费品。纳税人自产自用的应税消费品,用于连续生产应税消费品的,不纳税;用于其他方面的,于移送使用时纳税。

用于连续生产应税消费品,是指纳税人将自产自用应税消费品作为直接材料生产最终应税消费品,自产自用应税消费品构成最终应税消费品的实体。

用于其他方面,是指纳税人将自产自用的应税消费品用于生产非应税消费品、在建工程、管理部门、非生产机构、提供劳务、馈赠、赞助、集资、广告、样品、职工福利、奖励等方面。

(3)视为生产销售应税消费品。工业企业以外的单位和个人的下列行为视为应税消费品的生产行为,按规定征收消费税:①将外购的消费税非应税产品以消费税应税产品对外销售的;②将外购的消费税低税率应税产品以高税率应税产品对外销售的。

2. 委托加工应税消费品

(1)委托加工应税消费品的含义。委托加工应税消费品,是指由委托方提供原料和主要材料,受托方只收取加工费和代垫部分辅助材料加工的应税消费品。对于由受托方提供原材料生产的应税消费品,或者受托方先将原材料卖给委托方,然后接受加工的应税消费品,以及由受托方以委托方名义购进原材料生产的应税消费品,不论在财务上是否作为销售处理,都不得作为委托加工应税消费品,而应当按照销售自制应税消费品缴纳消费税。

(2)委托加工应税消费品的纳税人与扣缴义务人。委托加工的应税消费品,除受托方为个人外,由受托方在向委托方交货时代收代缴消费税。委托个人加工的应税消费品,由委托方收回后缴纳消费税。

(3)委托加工应税消费品的纳税义务。委托加工的应税消费品,委托方用于连续生产应税消费品的,所纳税款准予按规定抵扣。

383

委托方将收回的应税消费品,以不高于受托方的计税价格出售的,为直接出售,不再缴纳消费税;委托方以高于受托方的计税价格出售的,不属于直接出售,需按照规定申报缴纳消费税,在计税时准予扣除受托方已代收代缴的消费税。

3.进口应税消费品

单位和个人进口应税消费品,于报关进口时缴纳消费税。为了减少征税成本,进口环节缴纳的消费税由海关代征。

4.零售应税消费品

(1)商业零售金银首饰。自1995年1月1日起,金银首饰消费税由生产销售环节征收改为零售环节征收。改在零售环节征收消费税的金银首饰仅限于金基、银基合金首饰以及金、银和金基、银基合金的镶嵌首饰。自2002年1月1日起,对钻石及钻石饰品消费税的纳税环节由生产环节、进口环节后移至零售环节。自2003年5月1日起,铂金首饰消费税改为零售环节征税。

下列业务视同零售业,在零售环节缴纳消费税:①为经营单位以外的单位和个人加工金银首饰。加工包括带料加工、翻新改制、以旧换新等业务,不包括修理和清洗。②经营单位将金银首饰用于馈赠、赞助、集资、广告样品、职工福利、奖励等方面。③未经中国人民银行总行批准,经营金银首饰批发业务的单位将金银首饰销售给经营单位。

(2)零售超豪华小汽车。自2016年12月1日起,对超豪华小汽车,在生产(进口)环节按现行税率征收消费税的基础上,在零售环节加征消费税,将超豪华小汽车销售给消费者的单位和个人为超豪华小汽车零售环节纳税人。

5.批发销售卷烟

自2015年5月10日起,将卷烟批发环节从价税税率由5%提高至11%,并按0.005元/支加征从量税。

烟草批发企业将卷烟销售给其他烟草批发企业的,不缴纳消费税。

卷烟消费税改为在生产和批发两个环节征收后,批发企业在计算应纳税额时不得扣除已含的生产环节的消费税税款。

纳税人兼营卷烟批发和零售业务的,应当分别核算批发和零售环节的销售额、销售数量;未分别核算批发和零售环节销售额、销售数量的,按照全部销售额、销售数量计征批发环节消费税。

二、消费税的税目

根据《消费税暂行条例》的规定,消费税共有15个税目,纳税人对照如下规定,可以准确判断自己生产的产品是否属于消费税的征税对象。

(一)烟

凡是以烟叶为原料加工生产的产品,不论使用何种辅料,均属于本税目的征收范围。具体包括4个子目,分别如下:

1.卷烟

卷烟，包括甲类卷烟和乙类卷烟。

甲类卷烟，是指每标准条（200支）调拨价格在70元（不含增值税）以上（含70元）的卷烟。

乙类卷烟，是指每标准条（200支）调拨价格在70元（不含增值税）以下的卷烟。

2.雪茄烟

雪茄烟的征收范围包括各种规格、型号的雪茄烟。

3.烟丝

烟丝的征收范围包括以烟叶为原料加工生产的不经卷制的散装烟。

4.电子烟

电子烟是指用于产生气溶胶供人抽吸等的电子传输系统，包括烟弹、烟具以及烟弹与烟具组合销售的电子烟产品。烟弹是指含有雾化物的电子烟组件。烟具是指将雾化物雾化为可吸入气溶胶的电子装置。

（二）酒

酒，包括白酒、黄酒、啤酒和其他酒。

1.白酒

白酒，包括粮食白酒和薯类白酒。

粮食白酒，是指以高粱、玉米、大米、糯米、大麦、小麦、青稞等各种粮食为原料，经过糖化、发酵后，采用蒸馏方法酿制的白酒。

薯类白酒，是指以白薯（红薯、地瓜）、木薯、马铃薯、芋头、山药等各种干鲜薯类为原料，经过糖化、发酵后，采用蒸馏方法酿制的白酒。用甜菜酿制的白酒，比照薯类白酒征税。

2.黄酒

黄酒，是指以糯米、粳米、籼米、大米、黄米、玉米、小麦、薯类等为原料，经加温、糖化、发酵、压榨酿制的酒。黄酒包括各种原料酿制的黄酒和酒度超过12%vol（含12%vol）的土甜酒。

3.啤酒

啤酒，分为甲类啤酒和乙类啤酒，是指以大麦或其他粮食为原料，加入啤酒花，经糖化、发酵、过滤酿制的含有二氧化碳的酒。

对饮食业、商业、娱乐业举办的啤酒屋（啤酒坊）利用啤酒生产设备生产的啤酒，应当征收消费税。

4.其他酒

其他酒，是指除粮食白酒、薯类白酒、黄酒、啤酒以外的各种酒，包括糠麸白酒、其他原料白酒、土甜酒、复制酒、果木酒、汽酒、药酒、葡萄酒等。

对以黄酒为酒基生产的配制或泡制酒，按其他酒征收消费税。调味料酒不征消费税。

（三）高档化妆品

本税目征收范围包括高档美容、修饰类化妆品、高档护肤类化妆品和成套化妆品。

高档美容、修饰类化妆品和高档护肤类化妆品是指生产（进口）环节销售（完税）价格（不含增值税）在10元/毫升（克）或15元/片（张）及以上的美容、修饰类化妆品和护肤类化妆品。

舞台、戏剧、影视演员化妆用的上妆油、卸妆油、油彩，不属于本税目的征收范围。

（四）贵重首饰及珠宝玉石

本税目的征税范围包括各种金银珠宝首饰和经采掘、打磨、加工的各种珠宝玉石。

1.金银首饰、铂金首饰和钻石及钻石饰品

金银首饰、铂金首饰和钻石及钻石饰品，包括凡以金、银、白金、宝石、珍珠、钻石、翡翠、珊瑚、玛瑙等高贵稀有物质以及其他金属、人造宝石等制作的各种纯金银首饰及镶嵌首饰（含人造金银、合成金银首饰）等。

2.其他贵重首饰和珠宝玉石

其他贵重首饰和珠宝玉石，包括钻石、珍珠、松石、青金石、欧泊石、橄榄石、长石、玉、石英、玉髓、石榴石、锆石、尖晶石、黄玉、碧玺、金禄玉、绿柱石、刚玉、琥珀、珊瑚、煤玉、龟甲、合成刚玉、合成玉石、双合石以及玻璃仿制品等。

宝石坯是经采掘、打磨、初级加工的珠宝玉石半成品，对宝石坯应按规定征收消费税。

（五）鞭炮、焰火

本税目征收范围包括各种鞭炮、焰火，具体包括喷花类、旋转类、旋转升空类、火箭类、吐珠类、线香类、小礼花类、烟雾类、造型玩具类、炮竹类、摩擦炮类、组合烟花类、礼花弹类等。

体育上用的发令纸、鞭炮药引线，不按本税目征收。

（六）成品油

本税目包括汽油、柴油、石脑油、溶剂油、航空煤油、润滑油、燃料油7个子目。

1.汽油

汽油是指用原油或其他原料加工生产的辛烷值不小于66的可用作汽油发动机燃料的各种轻质油。

以汽油、汽油组分调和生产的甲醇汽油、乙醇汽油也属于本税目征收范围。

2.柴油

柴油是指用原油或其他原料加工生产的凝点或倾点在-50℃～30℃的可用作柴油发动机燃料的各种轻质油和以柴油组分为主、经调和精制可用作柴油发动机燃料的非标油。

以柴油、柴油组分调和生产的生物柴油也属于本税目征收范围。

3.石脑油

石脑油又叫化工轻油，是以石油加工生产的或二次加工汽油经加氢精制而得的用于化工原料的轻质油。

石脑油的征收范围包括除汽油、柴油、航空煤油、溶剂油以外的各种轻质油。

4.溶剂油

溶剂油是以石油加工生产的用于涂料、油漆生产、食用油加工、印刷油墨、皮革、农药、橡胶、化妆品生产的轻质油。

5.航空煤油

航空煤油也叫喷气燃料，是以石油加工生产的用于喷气发动机和喷气推进系统中作为能源的石油燃料。

6.润滑油

润滑油是用于内燃机、机械加工过程的润滑产品。润滑油分为矿物性润滑油、植物性润滑油、动物性润滑油和化工原料合成润滑油。

润滑油的征收范围包括矿物性润滑油、矿物性润滑油基础油、植物性润滑油、动物性润滑油和化工原料合成润滑油。

7.燃料油

燃料油也称重油、渣油。燃料油征收范围包括用于电厂发电、船舶锅炉燃料、加热炉燃料、冶金和其他工业炉燃料的各类燃料油。

自2012年11月1日起，催化料、焦化料属于燃料油的征收范围，应当征收消费税。

（七）摩托车

本税目征税范围包括气缸容量为250毫升的摩托车和气缸容量在250毫升（不含）以上的摩托车两种。

对最大设计车速不超过50千米/小时，发动机气缸总工作容量不超过50毫升的三轮摩托车不征收消费税。

（八）小汽车

汽车是指由动力驱动，具有4个或4个以上车轮的非轨道承载的车辆。

本税目包括乘用车、中轻型商用客车和超豪华小汽车3个子目。分别如下：

1.乘用车

乘用车，是在设计和技术特性上用于载运乘客和货物的汽车，包括含驾驶员座位在内最多不超过9个座位（含）。

用排气量小于1.5升（含）的乘用车底盘（车架）改装、改制的车辆属于乘用车征收范围。

2.中轻型商用客车

中轻型商用客车，是在设计和技术特性上用于载运乘客和货物的汽车，包括含驾驶员座位在内的座位数在10～23座（含23座）。

用排气量大于1.5升的乘用车底盘（车架）或用中轻型商用客车底盘（车架）改装、改制的车辆属于中轻型商用客车征收范围。

含驾驶员人数（额定载客）为区间值的（如8～10人、17～26人）小汽车，按其区间值下限人数确定征收范围。

3.超豪华小汽车

超豪华小汽车，是每辆零售价格为130万元（不含增值税）及以上的乘用车和中轻型商用客车，即乘用车和中轻型商用客车子税目中的超豪华小汽车。

电动汽车不属于本税目征收范围。

车身长度大于7米（含），并且座位在10～23座（含）以下的商用客车，不属于中轻型商用客车征税范围，不征收消费税。

沙滩车、雪地车、卡丁车、高尔夫车不属于消费税征收范围，不征收消费税。

对于企业购进货车或厢式货车改装生产的商务车、卫星通信车等专用汽车不属于消费税征收范围，不征收消费税。

对于购进乘用车和中轻型商用客车整车改装生产的汽车，应按规定征收消费税。

（九）高尔夫球及球具

本税目征税范围包括高尔夫球、高尔夫球杆及高尔夫球包（袋）、高尔夫球杆的杆头、杆身和握把。

（十）高档手表

高档手表是指销售价格（不含增值税）每只在10 000元（含）以上的各类手表。

本税目征收范围包括符合以上标准的各类手表。

（十一）游艇

游艇是指长度大于8米小于90米，船体由玻璃钢、钢、铝合金、塑料等多种材料制作，可以在水上移动的水上浮载体。按照动力划分，游艇分为无动力艇、帆艇和机动艇。

本税目征收范围包括艇身长度大于8米（含）小于90米（含），内置发动机，可以在水上移动，一般为私人或团体购置，主要用于水上运动和休闲娱乐等非牟利活动的各类机动艇。

（十二）木制一次性筷子

木制一次性筷子，又称卫生筷子，是指以木材为原料经过锯段、浸泡、旋切、刨切、烘干、筛选、打磨、倒角、包装等环节加工而成的各类一次性使用的筷子。

本税目征收范围包括各种规格的木制一次性筷子和未经打磨、倒角的木制一次性筷子。

（十三）实木地板

实木地板是指以木材为原料，经锯割、干燥、刨光、截断、开榫、涂漆等工序加工而成的块状或条状的地面装饰材料。实木地板按生产工艺不同，可分为独板（块）实木地板、实木指接地板和实木复合地板三类；按表面处理状态不同，可分为未涂饰地板（白坯板、素板）和漆饰地板两类。

本税目征收范围包括各类规格的实木地板、实木指接地板、实木复合地板及用于装饰墙壁、天棚的侧端面为榫、槽的实木装饰板以及未经涂饰的素板。

（十四）电池

电池，是一种将化学能、光能等直接转换为电能的装置，一般由电极、电解质、容器、极端，通常还有隔离层组成的基本功能单元，以及用一个或多个基本功能单元装配成的电池组。范围包括原电池、蓄电池、燃料电池、太阳能电池和其他电池。

对无汞原电池、金属氢化物镍蓄电池（又称"氢镍蓄电池"或"镍氢蓄电池"）、锂原电池、锂离子蓄电池、太阳能电池、燃料电池和全钒液流电池免征消费税。

自2016年1月1日起，对铅蓄电池按4%税率征收消费税。

（十五）涂料

涂料是指涂于物体表面能形成具有保护、装饰或特殊性能的固态涂膜的一类液体或固体材料的总称。涂料由主要成膜物质、次要成膜物质等构成。按主要成膜物质涂料可分为油脂类、天然树脂类、酚醛树脂类、沥青类、醇酸树脂类、氨基树脂类、硝基类、过滤乙烯树脂类、烯类树脂类、丙烯酸酯类树脂类、聚酯树脂类、环氧树脂类、聚氨酯树脂类、元素有机类、橡胶类、纤维素类、其他成膜物类等。

对施工状态下挥发性有机物（volatile organic compounds，VOC）含量低于420克/升（含）的涂料免征消费税。

【税务稽查风险案例7-1】

2021年年初，辽宁省税务局稽查局根据有关信息和反映以及税收大数据分析发现，辽宁省盘锦市部分企业存在数额巨大的涉嫌虚开发票偷逃成品油消费税问题。随后，在国家税务总局、辽宁省人民政府的指导督办下，辽宁省税务局稽查局会同有关部门开展深入调查。

经查，盘锦某沥青燃料有限公司、辽宁某生物能源有限公司、盘锦某化工有限公司以篡改生产设备名称等方式为掩护，以虚开增值税专用发票为手段，通过将应税成品油变名为非应税化工品销售等方式，偷逃成品油消费税。辽宁省税务局稽查局依法对涉案企业进行查处，其在规定期限内未能缴清税款、滞纳金和罚款，相关人员涉嫌构成虚开增值税专用发票罪和逃避缴纳税款罪，已依法移送司法机关。公安机关已对涉案企业实际控制人及相关犯罪嫌疑人抓捕归案并采取强制措施，检察机关正依法审查起诉。有关部门依纪依规依法对涉嫌违纪违法、失职失责的政府部门公职人员进行了严肃处理，对涉嫌犯罪的移送司法机关。

在案件查处过程中，有关部门和地方政府始终坚持把严厉打击违法犯罪分子与维持企业正常生产经营区分开来，积极采取系列有效措施，确保企业生产经营稳定。目前，涉案企业职工队伍稳定，生产运行平稳。

辽宁省税务局有关负责人表示，下一步将坚决依法严查严处各种偷逃税行为，坚决维护国家税法权威，促进社会公平正义，持续营造良好税收营商环境，促进相关企业和行业长期规范健康发展。

三、消费税的税率

消费税的税率形式较多，税率差别较大，纳税人应根据自身经营业务准确判断具体适用的税率，以免产生税务风险。

（一）消费税税率的形式

消费税税率采取比例税率、定额税率和混合税率三种形式，以适应不同应税消费品的实际情况。

（二）消费税的具体税率

消费税根据不同的税目或子目确定相应的税率或单位税额，消费税税目、税率见表7-1。

表7-1 消费税税目、税率

税目	税率
一、烟	
1.卷烟	
（1）甲类卷烟	56%加0.003元/支（生产环节）
（2）乙类卷烟	36%加0.003元/支（生产环节）
（3）批发环节	11%加0.005元/支
2.雪茄烟	36%
3.烟丝	30%
4.电子烟	

第七章 消费税与印花税政策执行情况自查及稽查风险应对策略

（续表）

税目	税率
（1）生产（进口）环节	36%
（2）批发环节	11%
二、酒	
1.白酒	20%加0.5元/500克（或者500毫升）
2.黄酒	240元/吨
3.啤酒	
（1）甲类啤酒	250元/吨
（2）乙类啤酒	220元/吨
4.其他酒	10%
三、高档化妆品	15%
四、贵重首饰及珠宝玉石	
1.金银首饰、铂金首饰和钻石及钻石饰品	5%
2.其他贵重首饰和珠宝玉石	10%
五、鞭炮、焰火	15%
六、成品油	
1.汽油	1.52元/升
2.柴油	1.20元/升
3.航空煤油	1.20元/升
4.石脑油	1.52元/升
5.溶剂油	1.52元/升
6.润滑油	1.52元/升
7.燃料油	1.20元/升
七、摩托车	
1.气缸容量（排气量，下同）250毫升的	3%
2.气缸容量在250毫升（不含）以上的	10%
八、小汽车	
1.乘用车	
（1）气缸容量（排气量，下同）在1.0升（含1.0升）以下的	1%
（2）气缸容量在1.0升至1.5升（含1.5升）的	3%

（续表）

税目	税率
（3）气缸容量在1.5升至2.0升（含2.0升）的	5%
（4）气缸容量在2.0升至2.5升（含2.5升）的	9%
（5）气缸容量在2.5升至3.0升（含3.0升）的	12%
（6）气缸容量在3.0升至4.0升（含4.0升）的	25%
（7）气缸容量在4.0升以上的	40%
2.中轻型商用客车	5%
3.超豪华小汽车	10%（零售环节）
九、高尔夫球及球具	10%
十、高档手表	20%
十一、游艇	10%
十二、木制一次性筷子	5%
十三、实木地板	5%
十四、电池	4%
十五、涂料	4%

（三）消费税具体适用税率的确定

消费税采取列举法按具体应税消费品设置税目税率，征税界限清楚，一般不易发生错用税率的情况。但是，存在下列情况时，纳税人应按照相关规定确定适用税率：

（1）纳税人兼营不同税率的应税消费品，应当分别核算不同税率应税消费品的销售额、销售数量。未分别核算销售额、销售数量，或者将不同税率的应税消费品组成成套消费品销售的，从高适用税率。

（2）配制酒适用税率的确定。配制酒（露酒）是指以发酵酒、蒸馏酒或食用酒精为酒基，加入可食用或药食两用的辅料或食品添加剂，进行调配、混合或再加工制成的并改变了其原酒基风格的饮料酒。

以蒸馏酒或食用酒精为酒基，同时，符合以下条件的配制酒，按其他酒税率征收消费税：①具有国家相关部门批准的国食健字或卫食健字文号；②酒精度低于38%vol（含）。

以发酵酒为酒基，酒精度低于20%vol（含）的配制酒，按其他酒税率征收消费税。

其他配制酒，按白酒税率征收消费税。

上述蒸馏酒或食用酒精为酒基是指酒基中蒸馏酒或食用酒精的比重超过80%（含）；发酵酒为酒基是指酒基中发酵酒的比重超过80%（含）。

（3）纳税人自产自用的卷烟应当按照纳税人生产的同牌号规格的卷烟销售价格确定征税类别和适用税率。

（4）卷烟由于接装过滤嘴、改变包装或其他原因提高销售价格后，应按照新的销售价格确定征税类别和适用税率。

（5）委托加工的卷烟按照受托方同牌号规格卷烟的征税类别和适用税率征税。没有同牌号规格卷烟的，一律按卷烟最高税率征税。

（6）残次品卷烟应当按照同牌号规格正品卷烟的征税类别确定适用税率。

（7）下列卷烟不分征税类别一律按照56%卷烟税率征税，并按照定额每标准箱150元计算征税：①白包卷烟；②手工卷烟；③未经国务院批准纳入计划的企业和个人生产的卷烟。

四、消费税的销售额

消费税应纳税额的计算分为从价计征、从量计征和从价从量复合计征三种方法。销售额的确定是计算消费税的核心，也是最容易出现税务风险的领域，因此，纳税人应按照以下规定准确核算相关业务的销售额。

（一）从价计征销售额的确定

1.销售额的范围

销售额，是指纳税人销售应税消费品向购买方收取的全部价款和价外费用，不包括应向购买方收取的增值税税款。价外费用，是指价外向购买方收取的手续费、补贴、基金、集资费、返还利润、奖励费、违约金、滞纳金、延期付款利息、赔偿金、代收款项、代垫款项、包装费、包装物租金、储备费、优质费、运输装卸费以及其他各种性质的价外收费。但下列项目不包括在销售额内：

（1）同时符合以下条件的代垫运输费用：承运部门的运输费用发票开具给购买方的；纳税人将该项发票转交给购买方的。

（2）同时符合以下条件代为收取的政府性基金或者行政事业性收费：由国务院或者财政部批准设立的政府性基金，由国务院或者省级人民政府及其财政、价格主管部门批准设立的行政事业性收费；收取时开具省级以上财政部门印制的财政票据；所收款项全额上缴财政。

2.含增值税销售额的换算

应税消费品在缴纳消费税的同时，与一般货物一样，还应缴纳增值税。应税消费品的销售额，不包括应向购货方收取的增值税税款。如果纳税人应税消费品的销售额中未扣除增值税税款或者因不得开具增值税专用发票而发生价款和增值税税款合并收取的，在计算消费税时，应将含增值税的销售额换算为不含增值税税款的销售额。其换算公式为：

应税消费品的销售额=含增值税的销售额÷（1+增值税税率或征收率）

在使用换算公式时，应根据纳税人的具体情况分别使用增值税税率或征收率。如果消费税的纳税人同时是增值税一般纳税人的，应适用13%的增值税税率；如果消费税的纳税人是增值税小规模纳税人的，应适用3%的征收率。

（二）从量计征销售数量的确定

1.销售数量的具体规定

销售数量，是指纳税人生产、加工和进口应税消费品的数量。具体规定如下：

（1）销售应税消费品的，为应税消费品的销售数量。

（2）自产自用应税消费品的，为应税消费品的移送使用数量。

（3）委托加工应税消费品的，为纳税人收回的应税消费品数量。

（4）进口应税消费品的，为海关核定的应税消费品进口征税数量。

2.计量单位的换算标准

为了规范不同产品的计量单位，以准确计算应纳税额，《消费税暂行条例实施细则》规定了吨与升两个计量单位的换算标准，具体标准见表7-2。

表7-2 计量单位换算表

应税消费品	单位换算
黄酒	1吨=962升
啤酒	1吨=988升
汽油	1吨=1 388升
柴油	1吨=1 176升
航空煤油	1吨=1 246升
石脑油	1吨=1 385升
溶剂油	1吨=1 282升
润滑油	1吨=1 126升
燃料油	1吨=1 015升

（三）复合计征销售额和销售数量的确定

卷烟和白酒实行从价定率和从量定额相结合的复合计征办法征收消费税。

销售额为纳税人生产销售卷烟、白酒向购买方收取的全部价款和价外费用。销售数量为纳税人生产销售、进口、委托加工、自产自用卷烟、白酒的销售数量、海关核定数量、委托方收回数量和移送使用数量。

（四）特殊情形下销售额和销售数量的确定

（1）纳税人应税消费品的计税价格明显偏低并无正当理由的，由税务机关核定计税价格。其核定权限规定如下：①卷烟、白酒和小汽车的计税价格由国家税务总局核定，送财政部备案。②其他应税消费品的计税价格由省、自治区和直辖市税务局核定。③进口的应税消费品的计税价格由海关核定。

（2）纳税人通过自设非独立核算门市部销售的自产应税消费品，应当按照门市部对外销售额或者销售数量征收消费税。

（3）纳税人用于换取生产资料和消费资料、投资入股和抵偿债务等方面的应税消费品，应当以纳税人同类应税消费品的最高销售价格作为计税依据计算消费税。

（4）白酒生产企业向商业销售单位收取的"品牌使用费"是随着应税白酒的销售而向购货方收取的，属于应税白酒销售价款的组成部分，因此，不论企业采取何种方式或以何种名义收取价款，均应并入白酒的销售额中缴纳消费税。

（5）实行从价计征办法征收消费税的应税消费品连同包装销售的，无论包装物是否单独计价、会计上如何核算，均应并入应税消费品的销售额中缴纳消费税。

如果包装物不作价随同产品销售，而是收取押金，此项押金则不应并入应税消费品的销售额中征税。但对因逾期未收回的包装物不再退还的或者已收取的时间超过12个月的押金，应并入应税消费品的销售额，缴纳消费税。

对包装物既作价随同应税消费品销售，又另外收取押金的包装物的押金，凡纳税人在规定的期限内没有退还的，均应并入应税消费品的销售额，按照应税消费品的适用税率缴纳消费税。

对酒类生产企业销售酒类产品而收取的包装物押金，无论押金是否返还、会计上如何核算，均应并入酒类产品销售额，征收消费税。

（6）纳税人采用以旧换新（含翻新改制）方式销售的金银首饰，应按实际收取的不含增值税的全部价款确定计税依据征收消费税。

对既销售金银首饰，又销售非金银首饰的生产、经营单位，应将两类商品划分清楚，分别核算销售额。凡划分不清楚或不能分别核算的并在生产环节销售的，一律从高适用税率征收消费税；在零售环节销售的，一律按金银首饰征收消费税。

金银首饰与其他产品组成成套消费品销售的，应按销售额全额征收消费税。

金银首饰连同包装物销售的，无论包装是否单独计价，也无论会计上如何核算，均应并入金银首饰的销售额计征消费税。

带料加工的金银首饰，应按受托方销售同类金银首饰的销售价格确定计税依据征收消费税。没有同类金银首饰销售价格的，按照组成计税价格计算纳税。

（7）纳税人生产、批发电子烟的，按照生产、批发电子烟的销售额计算纳税。电子烟生产环节纳税人采用代销方式销售电子烟的，按照经销商（代理商）销售给电子烟批发企业的销售额计算纳税。纳税人进口电子烟的，按照组成计税价格计算纳税。电子烟生产环节纳税人从事电子烟代加工业务的，应当分开核算持有商标电子烟的销售额和代加工电子烟的销售额；未分开核算的，一并缴纳消费税。

（8）纳税人销售的应税消费品，以人民币以外的货币结算销售额的，其销售额的人民币折合率可以选择销售额发生的当天或者当月1日的人民币汇率中间价。纳税人应在事先确定采取何种折合率，确定后1年内不得变更。

五、消费税应纳税额的计算

不同环节，计算消费税的公式各不相同，还有部分业务可以抵扣上一个环节已经缴纳的消费税，纳税人应根据自身业务准确选择适用的公式以及准确判断是否可以抵扣已经缴纳的消费税。

（一）生产销售环节应纳消费税的计算

（1）实行从价定率计征消费税的，其计算公式为：

$$应纳税额=销售额×比例税率$$

（2）实行从量定额计征消费税的，其计算公式为：

$$应纳税额=销售数量×定额税率$$

（3）实行从价定率和从量定额复合方法计征消费税的，其计算公式为：

$$应纳税额=销售额×比例税率+销售数量×定额税率$$

现行消费税的征税范围中，只有卷烟、白酒采用复合计算方法。

（二）自产自用环节应纳消费税的计算

纳税人自产自用的应税消费品，用于连续生产应税消费品的，不纳税；凡用于其他方面的，于移送使用时，按照纳税人生产的同类消费品的销售价格计算纳税；没有同类消费品销售价格的，按照组成计税价格计算纳税。

（1）实行从价定率办法计征消费税的，其计算公式为：

$$组成计税价格=（成本+利润）÷（1-比例税率）$$

$$应纳税额=组成计税价格×比例税率$$

（2）实行复合计税办法计征消费税的，其计算公式为：

$$组成计税价格=（成本+利润+自产自用数量×定额税率）÷（1-比例税率）$$

$$应纳税额=组成计税价格×比例税率+自产自用数量×定额税率$$

上述公式中所说的"成本"，是指应税消费品的产品生产成本。

上述公式中所说的"利润"，是指根据应税消费品的全国平均成本利润率计算的利润。应税消费品全国平均成本利润率由国家税务总局确定，具体标准见表7-3。

表7-3 应税消费品全国平均成本利润率

货物名称	利润率	货物名称	利润率
1.甲类卷烟、电子烟	10%	11.摩托车	6%
2.乙类卷烟	5%	12.高尔夫球及球具	10%
3.雪茄烟	5%	13.高档手表	20%
4.烟丝	5%	14.游艇	10%
5.粮食白酒	10%	15.木制一次性筷子	5%
6.薯类白酒	5%	16.实木地板	5%
7.其他酒	5%	17.乘用车	8%
8.高档化妆品	5%	18.中轻型商用客车	5%
9.鞭炮、焰火	5%	19.电池	4%
10.贵重首饰及珠宝玉石	6%	20.涂料	7%

同类消费品的销售价格是指纳税人或者代收代缴义务人当月销售的同类消费品的销售价格，如果当月同类消费品各期销售价格高低不同，应按销售数量加权平均计算。但销售的应税消费品有下列情况之一的，不得列入加权平均计算：①销售价格明显偏低又无正当理由的；②无销售价格的。

如果当月无销售或者当月未完结，应按照同类消费品上月或者最近月份的销售价格计算纳税。

（三）委托加工环节应纳消费税的计算

委托加工的应税消费品，按照受托方的同类消费品的销售价格计算纳税，没有同类消费品销售价格的，按照组成计税价格计算纳税。

（1）实行从价定率办法计征消费税的，其计算公式为：

组成计税价格=（材料成本+加工费）÷（1-比例税率）

应纳税额=组成计税价格×比例税率

（2）实行复合计税办法计征消费税的，其计算公式为：

组成计税价格=（材料成本+加工费+委托加工数量×定额税率）÷（1-比例税率）

应纳税额=组成计税价格×比例税率+委托加工数量×定额税率

材料成本，是指委托方所提供加工材料的实际成本。委托加工应税消费品的纳税人，必须在委托加工合同上如实注明（或以其他方式提供）材料成本，凡未提供材料成本的，受托方税务机关有权核定其材料成本。

加工费，是指受托方加工应税消费品向委托方所收取的全部费用（包括代垫辅助材料的实际成本），不包括增值税税款。

（四）进口环节应纳消费税的计算

纳税人进口应税消费品，按照组成计税价格和规定的税率计算应纳税额。

（1）从价定率计征消费税的，其计算公式为：

组成计税价格=（关税完税价格+关税）÷（1－消费税比例税率）

应纳税额=组成计税价格×消费税比例税率

公式中所称"关税完税价格"，是指海关核定的关税计税价格。

（2）实行复合计税办法计征消费税的，其计算公式为：

组成计税价格=（关税完税价格+关税+进口数量×定额税率）÷（1－消费税比例税率）

应纳税额=组成计税价格×消费税比例税率+进口数量×定额税率

进口环节消费税除国务院另有规定外，一律不得给予减税、免税。

（五）外购应税消费品已纳消费税的扣除

由于某些应税消费品是用外购已缴纳消费税的应税消费品连续生产出来的，在对这些连续生产出来的应税消费品计算征税时，税法规定应按当期生产领用数量计算准予扣除外购的应税消费品已纳的消费税税款。扣除范围包括：

（1）外购已税烟丝生产的卷烟。

（2）外购已税高档化妆品原料生产的高档化妆品。

（3）外购已税珠宝、玉石原料生产的贵重首饰及珠宝、玉石。

（4）外购已税鞭炮、焰火原料生产的鞭炮、焰火。

（5）外购已税杆头、杆身和握把为原料生产的高尔夫球杆。

（6）外购已税木制一次性筷子原料生产的木制一次性筷子。

（7）外购已税实木地板原料生产的实木地板。

（8）外购已税石脑油、润滑油、燃料油为原料生产的成品油。

（9）外购已税汽油、柴油为原料生产的汽油、柴油。

上述当期准予扣除外购应税消费品已纳消费税税款的计算公式为：

当期准予扣除的外购应税消费品已纳税款=当期准予扣除的外购应税消费品买价×外购应税消费品适用税率

当期准予扣除的外购应税消费品买价=期初库存的外购应税消费品的买价+当期购进的应税消费品的买价－期末库存的外购应税消费品的买价

外购已税消费品的买价是指购货发票上注明的销售额（不包括增值税税款）。

纳税人用外购的已税珠宝、玉石原料生产的改在零售环节征收消费税的金银首饰（镶嵌首饰），在计税时一律不得扣除外购珠宝、玉石的已纳税款。

对自己不生产应税消费品，而只是购进后再销售应税消费品的工业企业，其销售的粮食白酒、薯类白酒、酒精、化妆品、护肤护发品、鞭炮焰火和珠宝玉石，凡不能构成最终消费品直接进入消费品市场，而需进一步生产加工的（如需进一步加浆降度的白酒及食用酒精，需进行调香、调味和勾兑的白酒，需进行深加工、包装、贴标、组合的珠宝玉石、化妆品、酒、鞭炮焰火等），应当征收消费税，同时允许扣除上述外购应税消费品的已纳税款。

允许扣除已纳税款的应税消费品只限于从工业企业购进的应税消费品和进口环节已缴纳消费税的应税消费品，对从境内商业企业购进应税消费品的已纳税款一律不得扣除。

（六）委托加工收回的应税消费品已纳消费税的扣除

委托加工的应税消费品因为已由受托方代收代缴消费税，因此，委托方收回货物后用于连续生产应税消费品的，其已纳税款准予按照规定从连续生产的应税消费品应纳消费税税额中抵扣。下列连续生产的应税消费品准予从应纳消费税税额中按当期生产领用数量计算扣除委托加工收回的应税消费品已纳消费税税款：

（1）以委托加工收回的已税烟丝为原料生产的卷烟。
（2）以委托加工收回的已税高档化妆品为原料生产的高档化妆品。
（3）以委托加工收回的已税珠宝、玉石为原料生产的贵重首饰及珠宝、玉石。
（4）以委托加工收回的已税鞭炮、焰火为原料生产的鞭炮、焰火。
（5）以委托加工收回的已税杆头、杆身和握把为原料生产的高尔夫球杆。
（6）以委托加工收回的已税木制一次性筷子为原料生产的木制一次性筷子。
（7）以委托加工收回的已税实木地板为原料生产的实木地板。
（8）以委托加工收回的已税石脑油、润滑油、燃料油为原料生产的成品油。
（9）以委托加工收回的已税汽油、柴油为原料生产的汽油、柴油。

上述当期准予扣除委托加工收回的应税消费品已纳消费税税款的计算公式为：

当期准予扣除的委托加工应税消费品已纳税款＝期初库存的委托加工应税消费品已纳税款＋当期收回的委托加工应税消费品已纳税款－期末库存的委托加工应税消费品已纳税款

纳税人用委托加工收回的已税珠宝、玉石原料生产的改在零售环节征收消费税的金银首饰，在计税时一律不得扣除委托加工收回的珠宝、玉石原料的已纳消费税税款。

【税务稽查风险案例7-2】

国家税务总局泰州市税务局稽查局税务行政处罚事项告知书
泰税稽罚告〔2022〕42号

泰州市×××商贸有限公司（纳税人识别号：91××××××××××××00U）：
对你（单位）（地址：泰州市×××楼）的税收违法行为拟于2022年9月30日

之前作出行政处罚决定，根据《中华人民共和国税收征收管理法》第八条，《中华人民共和国行政处罚法》第四十四条、第六十三条、第六十四条规定，现将有关事项告知如下：

一、税务行政处罚的事实、理由、依据及拟作出的处罚决定：你单位在2016年6月至2017年4月，购进品名为原油、原料油、重质油的非消费税应税产品，最终以品名为重油、燃料油的消费税应税产品对外销售，数量合计152 170.53吨。根据《国家税务总局关于消费税有关政策问题的公告》（国家税务总局公告2012年第47号）第三条、《中华人民共和国消费税暂行条例》（国务院令539号）第五条、《中华人民共和国消费税暂行条例实施细则》（财政部 国家税务总局第51号令）第十条、《财政部 国家税务总局关于继续提高成品油消费税的通知》（财税〔2015〕11号）第一条之规定，追缴你单位消费税185 343 705.54元。根据《中华人民共和国税收征收管理法》第六十三条第一款，拟对你单位少缴的消费税185 343 705.54元处50%的罚款，计92 671 852.77元。

二、你（单位）有陈述、申辩的权利。请在我局（所）作出税务行政处罚决定之前，到我局（所）进行陈述、申辩或自行提供陈述、申辩材料；逾期不进行陈述、申辩的，视同放弃权利。

三、若拟对你单位罚款10 000元（含10 000元）以上，或符合《中华人民共和国行政处罚法》第六十三条规定的其他情形的，你（单位）有要求听证的权利。可自收到本告知书之日起5个工作日内向我局（所）书面提出听证申请；逾期不提出，视为放弃听证权利。

二〇二二年八月三日

六、消费税的征收管理

（一）消费税纳税义务发生时间

（1）纳税人销售应税消费品的，按不同的销售结算方式确定，分别如下：①采取赊销和分期收款结算方式的，为书面合同约定的收款日期的当天；书面合同没有约定收款日期或者无书面合同的，为发出应税消费品的当天。②采取预收货款结算方式的，为发出应税消费品的当天。③采取托收承付和委托银行收款方式的，为发出应税消费品并办妥托收手续的当天。④采取其他结算方式的，为收讫销售款或者取得索取销售款凭据的当天。

（2）纳税人自产自用应税消费品的，为移送使用的当天。

（3）纳税人委托加工应税消费品的，为纳税人提货的当天。

（4）纳税人进口应税消费品的，为报关进口的当天。

（二）消费税的纳税地点

（1）纳税人销售的应税消费品，以及自产自用的应税消费品，除国务院财政、税务主管部门另有规定外，应当向纳税人机构所在地或者居住地的税务机关申报纳税。

（2）委托加工的应税消费品，除受托方为个人，由受托方向机构所在地或者居住地的税务机关解缴消费税税款。受托方为个人的，由委托方向机构所在地的税务机关申报纳税。

（3）进口的应税消费品，由进口人或者其代理人向报关地海关申报纳税。

（4）纳税人到外县（市）销售或者委托外县（市）代销自产应税消费品的，于应税消费品销售后，向机构所在地或者居住地税务机关申报纳税。

（5）纳税人的总机构与分支机构不在同一县（市）的，应当分别向各自机构所在地的税务机关申报纳税。纳税人的总机构与分支机构不在同一县（市），但在同一省（自治区、直辖市）范围内，经省（自治区、直辖市）财政厅（局）、税务局审批同意，可以由总机构汇总向总机构所在地的税务机关申报缴纳消费税。省（自治区、直辖市）财政厅（局）、税务局应将审批同意的结果，上报财政部、国家税务总局备案。

（6）纳税人销售的应税消费品，如因质量等原因由购买者退回时，经机构所在地或者居住地税务机关审核批准后，可退还已缴纳的消费税税款。

（7）出口的应税消费品办理退税后，发生退关，或者国外退货进口时予以免税的，报关出口者必须及时向其机构所在地或者居住地税务机关申报补缴已退还的消费税税款。纳税人直接出口的应税消费品办理免税后，发生退关或者国外退货，进口时已予以免税的，经机构所在地或者居住地税务机关批准，可暂不办理补税，待其转为国内销售时，再申报补缴消费税。

（8）个人携带或者邮寄进境的应税消费品的消费税，连同关税一并计征，具体办法由国务院关税税则委员会会同有关部门制定。

（三）消费税的纳税期限

消费税的纳税期限分别为1日、3日、5日、10日、15日、1个月或者1个季度；纳税人的具体纳税期限，由税务机关根据纳税人应纳税额的大小分别核定；不能按照固定期限纳税的，可以按次纳税。

纳税人以1个月或者1个季度为1个纳税期的，自期满之日起15日内申报纳税；以1日、3日、5日、10日或者15日为1个纳税期的，自期满之日起5日内预缴税款，于次月1日起至15日内申报纳税并结清上月应纳税款。

纳税人进口应税消费品，应当自海关填发海关进口消费税专用缴款书之日起15日内缴纳税款。

【税务稽查风险案例7-3】

根据南昌铁路运输中级法院（2020）赣71行终189号行政判决书，上诉人江西第某极能源发展有限公司（以下简称第某极能源公司）因与被上诉人国家税务总局江西赣江新区税务局稽查局（以下简称赣江新区税务稽查局）行政处罚一案，不服南昌铁路运输法院（2019）赣7101行初898号行政判决，向南昌铁路运输中级法院提起上诉。

一审法院查明，原告第某极能源公司成立于2018年9月4日。公司组成人员7人。2018年10月22日，工商登记机关核准原告变更经营范围，经营范围增设第11项为"易燃液体（甲醇、乙醇、丁烷、石脑油、异辛烷、燃料油、乙醇汽油、生物柴油的批发）"。金税三期税收管理系统平台显示原告行业为原油加工及石油制品制造，征收方式为查账征收。2018年12月4日，成品油消费税纳税申报平台提示原告所属期2018年11月1日至2018年11月30日，销售的应税消费品燃料油7 137 480升，应纳税额为8 564 976元。2018年12月25日，原告在国家税务总局南昌经济技术开发区税务局（以下简称经开区税务局）税务大厅前台以直接上门申报方式，对上述应税消费品进行消费税纳税申报，在成品油消费税申报表中"本期准予扣除税额、本期应抵扣税额、本期实际抵扣税额"项下填入8 564 976元，实际造成原告应缴消费税8 564 976元被抵扣。2019年1月15日，成品油消费税纳税申报平台提示原告所属期2018年12月1日至2018年12月31日，销售的应税消费品燃料油1 049 733.3升、汽油47 289 160升，应纳税额合计73 139 203.16元。同日，原告在经开区税务局税务大厅前台以直接上门申报方式，对上述应税消费品进行成品油消费税纳税申报，原告在成品油消费税申报表中"本期减免税额"项下填入73 139 203.16元，实际造成原告应缴消费税73 139 203.16元被减免。2019年1月18日，经开区税务局作出经税通〔2019〕0002号《税务事项通知书》，通知原告更正2018年12月消费税申报表，原告于同日签收。2019年1月21日，经开区税务局作出经税通〔2019〕0003号《税务事项通知书》，通知限原告在2019年1月22日前如实申报2018年11月和12月的消费税申报表，并提供纳税担保，原告拒收。2019年2月1日，经开区税务局作出经税通〔2019〕0004号《税务事项通知书》，通知原告2018年11月申报消费税扣除税额8 564 976元和2018年12月申报消费税减免数额73 139 203.16元，没有企业备案信息，限原告在2019年2月15日之前缴纳上述消费税税款合计81 704 179.16元，原告拒收。2019年3月20日，经开区税务局作出赣新经税处〔2019〕011号《税务处理决定书》（以下简称《税务处理决定书》），根据《中华人民共和国消费税暂行条例》（以下简称《消费税暂行条例》）及实施细则，决定原告应当补缴税款合计81 704 179.16元，限原告自收到决定书之日起7日内，将上述税款及滞纳金缴纳入库。逾期未缴，依照《中华人民共和国税收征收管理法》（以下简称《税收征收管理法》）第四十条的规定强制执行，并告知原告若有纳税上的争议，可依法向国家税务总局江西赣江新区税务局申请行政复议，原告拒收。2019年4月10日，经开区税务局作出赣新经税强催（行）字〔2019〕001号《行政决定催告书》，催告原告于2019年4月11日前履行补缴消费税81 704 179.16元的义务，并告知原告有权进行陈述和申辩，原告于同日签收。2019年4月25日，经开区税务局再次作出赣新经税强催（行）字〔2019〕002号《行政决定催告书》，催告原告于2019年4月29日前履行纳税义务，并告知原告有权进行陈述和申辩，原告于同日拒收。原告未就纳税上的争议向税务机关申请行政复议。经开区税务局已于2019年4月30日对原告强制执行消费税8 249 410.15元，原告尚少缴消费税73 454 769.01元。2019年6月3日，被告赣江新区税务稽查局作出赣新税稽罚告〔2019〕50004号《税务行政处罚事项告知书》，依据《税收征收管理法》第六十三条的规定，拟依法追缴原告少申报缴纳的消费税81 704 179.16元、城建税5 719 292.55元、印花税129 489.02元，合计税款87 552 960.73元，并拟处1倍的罚款87 552 960.73元。告知原告有权陈述、申辩和申请听证，原告于2019年6月4日签收。2019年6月6日，原告申请听证。同日，被告作出赣新税稽税通〔2019〕50001号《税务事项通知书》和赣新税稽税通〔2019〕50002号《税务行政处罚听证通知书》，原告于同日签收。2019年6月14日，被告举行税务行政处罚听证会，听取原告陈述和申辩。2019年6月17日，被告作出赣新税稽罚〔2019〕50003号《税务行政处罚决定书》（以下简称《处罚决定书》），认定原告在消费税申报时，对不符合消费税抵免资格条件的采取抵扣和减免行为，通过虚假申报，非法抵免消费税81 704 179.16元，经主管税务机关催缴，仍拒绝缴纳，少缴纳消费税81 704 179.16元、城建税5 719 292.55元、印花税129 489.02元，合计税款87 552 960.73元。根据《税收征收管理法》第六十三条的规定，决定对原告少缴纳税款87 552 960.73元处1倍的罚款，即87 552 960.73元。

另查明，原告未在税务机关办理2018年11月申报消费税扣除税额8 564 976元和2018年12月申报消费税减免数额73 139 203.16元的纳税人减免备案登记。

一审法院归纳本案的争议焦点为：一是行政处罚事实是否清楚；二是行政处罚程序是否合法；三是行政处罚适用法律是否正确。

关于争议焦点一，一审法院认为，本案诉争的行政处罚的事实依据来源于经开区税务局作出的《税务处理决定书》。该决定载明根据《消费税暂行条例》及实施细则的规定，原告应当补缴税款合计81 704 179.16元。因原告未按照决定书关于"若纳税上有争议"可依法申请行政复议的告知，根据《税收征收管理法》第八十八条的规定，先行申请行政复议，《税务处理决定书》已发生法律效力，在《税务处理决定书》未被撤销和确认无效的情况下，应当确认被告行政处罚事实清楚。

关于争议焦点二，一审法院认为，被告作出行政处罚前，履行调查、事先告知、听证等程序，并依法送达，行政处罚程序符合法律规定。

关于争议焦点三，针对原告认为被告在本案存在纳税争议的情况下，仍适用《税收征收管理法》第六十三条，属于适用法律错误的意见。一审法院认为，《税收征收管理法》第六十三条规定,"纳税人伪造、变造、隐匿、擅自销毁账簿、记账凭证,或者在账簿上多列支出或者不列、少列收入,或者经税务机关通知申报而拒不申报或者进行虚假的纳税申报,不缴或者少缴应纳税款的,是偷税。对纳税人偷税的,由税务机关追缴其不缴或者少缴的税款、滞纳金,并处不缴或者少缴的税款百分之五十以上五倍以下的罚款;构成犯罪的,依法追究刑事责任。扣缴义务人采取前款所列手段,不缴或者少缴已扣、已收税款,由税务机关追缴其不缴或者少缴的税款、滞纳金,并处不缴或者少缴的税款百分之五十以上五倍以下的罚款;构成犯罪的,依法追究刑事责任"。《国家税务总局关于石脑油、燃料油退(免)消费税管理操作规程(试行)》(以下简称《规程》)规定,生产、使用企业就应税消费品成品油需要抵免税款的,应当将相关材料向税务机关备案,通过审核后方可抵免。《国家税务总局关于成品油消费税征收管理有关问题的公告》(国家税务总局公告2018年第1号,以下简称2018年1号公告)第三项规定,享受成品油消费税减免税优惠政策的纳税人,在纳税申报时应同时填写《国家税务总局关于调整消费税纳税申报有关事项的公告(国家税务总局公告2015年第32号)》公布的《本期减(免)税额明细表》。本案中,2018年12月25日和2019年1月15日,原告未经税务机关备案审核消费税抵免事项,即擅自将消费税抵免,事后经税务机关通知更正申报而拒绝申报,不缴税款,行为符合《税收征收管理法》第六十三条规定的情形,被告适用法律正确。原告在税务大厅通过税收管理员办理的抵免信息录入手续,并非《规程》规定的备案审核程序。综上,原告主张于法无据,该院不予支持。

  对于原告在开庭审理前一并请求审查《国家税务总局关于消费税有关政策问题的公告》(国家税务总局公告2012年第47号)(以下简称47号公告)的问题。一审法院认为,《中华人民共和国行政诉讼法》第五十三条规定,公民、法人或者其他组织认为行政行为所依据的国务院部门和地方人民政府及其部门制定的规范性文件不合法,在对行政行为提起诉讼时,可以一并请求对该规范性文件进行审查。本案诉争《处罚决定书》未引用47号公告作为处罚依据,原告请求对47号公告进行审查不符合法律规定。综上,被告行政行为证据确凿,适用法律、法规正确,符合法定程序,依照《中华人民共和国行政诉讼法》第六十九条的规定,并经一审法院审判委员会讨论决定,判决驳回原告第某极能源公司的诉讼请求。案件受理费50元(原告已预交),由原告负担。

  上诉人第某极能源公司不服一审判决,事实和理由主要如下:

  一、一审认定《处罚决定书》事实清楚是错误的。1.经开区税务局没有认定偷税的主体资格。《税收征收管理法实施细则》第九条规定,稽查局专司偷税、逃避追缴欠税、骗税、抗税案件的查处。按照上述规定,对偷税案件的立案查处主体只能是税务稽查局,其他税务机构均没有法律、法规授权。涉案争议是被上诉人认定上诉人存在偷税行为,被上诉人作出税务行政处罚所出具的税务法律文书均应由其作出,而不能以经开区税务局作出的赣新经税处〔2019〕011号《税务处理决定书》作为处罚依据。

第七章 消费税与印花税政策执行情况自查及稽查风险应对策略

2.《税务处理决定书》与《处罚决定书》既独立又有联系,如不需补税就不存在偷税,需补税但当不认定为偷税或超过处罚时效时也不应处罚。经开区税务局作出的《税务处理决定书》决定上诉人补缴消费税81704179.16元,没有城建税、印花税,而被上诉人作出的《处罚决定书》除消费税,增加了城建税、印花税。一审法院以《税务处理决定书》"未被撤销和确认无效",作为被上诉人作出的《处罚决定书》"应当确认被上诉人行政处罚事实清楚"的依据是错误的。3.被上诉人作出的《处罚决定书》认定"你(单位)通过在税务'金三系统'变更企业经营性质,将商贸企业变更为工业企业的手段,利用工业企业消费税的申报方式",意即被上诉人认定上诉人为商贸企业。但《消费税暂行条例》第一条规定,消费税纳税主体为中国境内生产、委托加工和进口本条例规定的消费品的单位及个人及国务院确定的销售本条例规定的消费品的单位和个人。根据上述规定,从事境内商业贸易的其他单位和个人需承担消费税纳税主体义务的,必须同时符合两个条件:①销售了《消费税暂行条例》规定的消费品;②必须由国务院确定。目前国务院批准的销售《消费税暂行条例》规定的消费品其他单位和个人仅有三个文件,即《关于调整金银首饰消费税纳税环节有关问题的通知》(财税〔1994〕95号)、《关于调整烟产品消费税政策的通知》(财税〔2009〕84号)和《关于对超豪华小汽车加征消费税有关事项的通知》(财税〔2016〕129号)。被上诉人认定上诉人是商贸企业,但没有列明上诉人销售成品油需缴纳消费税的法律依据。上诉人认为应否纳税是行政处罚的基础,一审法院将此问题归属于"纳税争议"范围,不予审查是错误的。4.2018年11月,上诉人开始实现销售收入,2019年1月,上诉人因经开区税务局停止供应发票而停止销售。上诉人公司财务会计账簿、凭证完好,没有采取"伪造、编造、隐匿、擅自销毁账簿、记账凭证"的手段,就两个月销售的成品油的金额、数量、品名已按税务机关规定如实向经开区税务局申报,不存在"在账簿上多列支出或不列、少列收入,或者经税务机关通知申报而拒不申报的"情形。需要说明的是,经开区税务局金税通〔2019〕002号《税务事项通知书》实际已经被一审法院(2019)赣7101行初405号生效判决确认是错误的,而本案一审仍将其作为认定上诉人经税务机关通知申报而拒不申报或者进行虚假纳税申报的证据。偷税必须存在主观故意,上诉人没有偷税的故意。上诉人销售成品油是否需缴纳消费税,经咨询经开区税管员陈某某及相关领导,得到不需要缴纳的答复,上诉人亦是在税管员陈某某的签字同意并陪同下到纳税大厅进行手工申报的。如法律、法规、规章规定上诉人需缴纳消费税,也应依据《关于进一步做好税收违法案件查处有关工作的通知》(国家税务总局〔2017〕30号)第一条第二款"对未采取欺骗、隐瞒手段,只是因理解税收政策不准确、计算错误等失误导致未缴、少缴税款的,依法追缴税款、滞纳金,不定性为偷税"的规定,追缴上诉人缴税款、滞纳金,不应报复性地认定上诉人偷税。

二、一审法院认定被上诉人作出的《处罚决定书》程序合法是错误的。1.《税收征收管理法实施细则》第八十五条规定,"税务机关应当建立科学的检查制度,统筹安排检查工作，严格控制对纳税人、扣缴义务人的检查次数。税务机关应当制定合理的税务稽查工作规程，负责选案、检查、审理、执行的人员的职责应当明确，并相互分离、相互制约，规范选案程序和检查行为。税务检查工作的具体办法，由国家税务总局制定"。《税务稽查工作规程》是税务稽查人员必须遵守的工作程序。税务稽查机关作出税务行政处罚决定，应当具备下列文书：《税务稽查立案审批表》《税务稽查任务通知书》《税务检查通知书》《廉政事项告知书》《税务稽查工作底稿》《税务稽查报告》《税务稽查审理报告》《案件审理委员会或重大案件审理委员会决议》《税务行政处罚听证告知书》《税务行政处罚听证会记录》《税务处理决定书》《税务行政处罚决定》。而本案中，被上诉人仅出示了《税务行政处罚听证告知书》《税务行政处罚听证会记录》和《税务行政处罚决定》。2.《税收征收管理法实施细则》第八十九条规定，"税务人员进行税务检查时，应当出示税务检查证和税务检查通知书；无税务检查证和税务检查通知书的，纳税人、扣缴义务人及其他当事人有权拒绝检查"。被上诉人在向一审法院提交的证据中没有《税务检查通知书》，也没有出示税务相关人员的《检查证》。3.《税收征收管理法实施细则》第一百零三条规定，"受送达人或者本细则规定的其他签收人拒绝签收税务文书的，送达人应当在送达回证上记明拒收理由和日期，并由送达人和见证人签名或者盖章，将税务文书留在受送达人处，即视为送达"。本案中，被上诉人向上诉人送达税务法律文书，没有见证人签名，直接写明"拒绝接收"，实际被上诉人没有送达成功。

三、一审法院认定被上诉人作出的《处罚决定书》适用法律正确是错误的。《中华人民共和国行政处罚法》（以下简称《行政处罚法》）第三十九条规定，"行政机关依照本法第三十八条的规定给予行政处罚，应当制作行政处罚决定书。行政处罚决定书应当载明下列事项：……（二）违反法律、法规或者规章的事实和证据；……"本案被上诉人作出《处罚决定书》没有引用必须载明的实体法律、法规或规章的具体规定，违反了《行政处罚法》的规定。另外，《处罚决定书》亦没有引用《规程》和2018年1号公告，一审法院将上述规范性文件作为被上诉人行政处罚适用的法律依据，是替代行政机关找法，有违居中裁判原则。综上，请求：1.撤销（2019）赣7101行初898号行政判决；2.撤销被上诉人作出的《处罚决定书》；3.判令被上诉人负担一审、二审诉讼费用。

被上诉人赣江新区税务稽查局辩称：

一、被上诉人作出《处罚决定书》事实清楚，证据充分、确凿。1.经稽查，被上诉人于2019年6月17日作出赣新税稽处〔2019〕50002号《税务处理决定书》，追缴上诉人补缴消费税81 704 179.16元，城建税5 719 292.55元，印花税129 489.02元，合计税款87 552 960.73元。在此基础上，被上诉人作出《处罚决定书》，对前述少缴税款处1倍罚款，不存在上诉人所称行政处罚除消费税外，额外增加城建税、印花税的情形。2.上诉人虽是商贸企业，但其销售成品油，应依法申报缴纳消费税。根据《消费税暂行条例》第一条及实施细则和47号公告，上诉人应当缴纳成品油消费税。3.上诉人是否

第七章 消费税与印花税政策执行情况自查及稽查风险应对策略

应当缴纳消费税及应缴纳多少属于纳税争议,已经前述《税务处理决定书》认定,上诉人未依法申请行政复议,该处理决定已经发生法律效力。根据《税收征收管理法》第八十八条、《税收征收管理法实施细则》第一百条的规定,行政复议是纳税争议的必经前置程序。被上诉人于2019年6月17日作出的赣新税稽处〔2019〕50002号《税务处理决定书》已经告知了上诉人若在纳税上有争议,有依法申请行政复议的权利和行使期限。而上诉人未在期限内提起行政复议,税务处理决定已生效,一审法院认定被诉行政处罚的事实清楚并无不当。4.根据《税收征收管理法》第二十五条第一款规定,纳税人必须依照法律、行政法规规定或者税务机关依照法律、行政法规的规定确定的申报期限、申报内容如实办理纳税申报。本案上诉人于2018年12月25日、2019年1月15日所提交的申报材料均未如实反映消费税,不符合消费税申报的内容要求,依法不应认定为纳税申报。后经主管税务机关经开区税务局多次通知,限其在规定的期限内如实申报并补缴税款,但上诉人至今未按通知要求如实申报消费税,符合《税收征收管理法》第六十三条"经税务机关通知申报而拒不申报"的情形。5.上诉人明知其销售成品油产生了消费税,未经税务机关审核消费税抵免,申报时擅自抵免消费税,构成虚假申报。根据《规程》和2018年1号公告的相关规定,生产、使用企业就应税消费品成品油需要抵免税款的,应将相关材料向税务机关备案通过后方可抵免,享受成品油消费税减免税优惠政策的纳税人,在纳税申报时应同时填写《国家税务总局关于调整消费税纳税申报有关事项的公告》(国家税务总局公告2015年第32号)公布的《本期减(免)税额明细表》。本案上诉人未经税务机关备案审核抵免,其明知销售成品油会产生消费税,仍采取欺骗隐瞒手段,擅自将未缴的税款填入已缴税款或减免税额栏抵免消费税,构成"虚假申报"。上诉人在税务大厅现场申报,税管人员审核通过抵免,但税管人员对现场申报材料仅作形式审查,并非法律规定的备案审核程序。6.上诉人存在"虚假申报""通知申报拒不申报"的行为,其主张无主观故意证据不足。

二、被上诉人作出《处罚决定书》,依法履行了立案审批、检查、审理、处罚听证、送达等程序,程序合法。

三、被上诉人作出《处罚决定书》适用法律正确。根据《行政处罚法》第三十九条的规定,行政决定书应载明违反法律、法规或者规章的事实和证据,本案《处罚决定书》已载明相关违法事实。上诉人所称应当载明的相关实体法律法规或规章涉及的是纳税争议问题,与纳税争议的认定有关,而非行政处罚作出的依据。一审法院援引《规程》和2018年第1号公告是用于分析是否构成偷税这一事实,而非将之作为行政处罚的依据。

综上,请求驳回上诉,维持原判。

双方当事人向一审法院提交的证据材料已全部随案卷向二审法院移送,法院经查证核实,对其证据效力,予以确认。

二审法院经审理查明的事实与一审判决认定的事实一致,二审法院予以确认。

二审法院认为,根据《规程》和2018年1号公告的相关规定,生产、使用企业就应税消费品成品油需要抵免税款的，应当将相关材料向税务机关备案通过审核后方可抵免，享受成品油消费税减免税优惠政策的纳税人，在纳税申报时应同时填写《国家税务总局关于调整消费税纳税申报有关事项的公告》（国家税务总局公告2015年第32号）公布的《本期减（免）税额明细表》。上诉人原登记性质为商贸企业，不具备连续生产成品油的资格和能力，其在税务金三系统中，利用将企业性质从商贸企业变更为工业企业，隐瞒其尚不具备连续生产成品油能力事实的手段，并通过前往税务机关大厅由税管员陈某某签字的方式，虽在客观上达到了涉案2018年11月、12月所属2期消费税抵免备案申报的目的，但因税管员陈某某的签字行为并非税务机关备案审核，并不产生其作为纳税义务人可抵免本应缴纳所属2期消费税的法律后果。经开区税务局作为税务主管机关，因事后发现上诉人不具备消费税抵免条件或资格，已分别于2019年1月18日、2019年1月21日、2019年2月1日，以《税务事项通知书》的方式，多次通知上诉人"更正申报""如实申报"，催促其缴纳涉案所属2期消费税，但上诉人并未按期履行"更正申报""如实申报"的法定义务，据此，经开区税务局经核实于2019年3月20日对上诉人作出《税务处理决定书》，决定对上诉人已经实际抵扣的涉案所属2期消费税予以补缴。上述过程事实清楚，程序合法。经开区税务局对上诉人作出《税务处理决定书》后，上诉人既未向经开区税务局缴纳税款，亦未提供相应担保。依据《税收征收管理法》第八十八条第一款"纳税人、扣缴义务人、纳税担保人同税务机关在纳税上发生争议时，必须先依照税务机关的纳税决定缴纳或者解缴税款及滞纳金或者提供相应的担保，然后可以依法申请行政复议；对行政复议决定不服的，可以依法向人民法院起诉"的规定，经开区税务局《税务处理决定书》已经发生法律效力，上诉人应当缴纳涉案消费税。被上诉人作为税务稽查机关，在审理上诉人违法纳税行为过程中，已按照《行政处罚法》第四十二条、《国家税务总局关于印发〈税务行政处罚听证程序实施办法〉（试行）、〈税务案件调查取证与处罚决定分开制度实施办法〉（试行）的通知》的规定，保障了上诉人的听证权和申辩权。被上诉人经调查审理后，认定上诉人在纳税过程中存在虚假申报、经税务主管机关通知后仍不履行如实申报的法定义务、不缴应纳税款的违法行为，并适用《税收征收管理法》第六十三条第一款的规定，作出涉案《处罚决定书》，决定对上诉人少缴消费税81 704 179.16元，城建税5 719 292.55元，印花税129 489.02元，合计税款87 552 960.73元处1倍的罚款，事实清楚，适用法律正确，程序合法，处罚适当。一审驳回上诉人有关撤销《处罚决定书》的诉讼请求，并无不当。

综上，上诉人的上诉理由不能成立，其有关撤销《处罚决定书》的上诉请求，二审法院不予支持。一审认定事实清楚，适用法律正确，应予维持。

2020年8月7日，二审法院依照《中华人民共和国行政诉讼法》第八十九条第一款第（一）项之规定，判决如下：驳回上诉，维持原判。二审案件受理费50元（上诉人已预交），由上诉人江西第某极能源发展有限公司负担。

第二节 印花税政策执行自查及稽查风险应对策略

一、印花税的纳税人

（一）印花税纳税人的种类

在中华人民共和国境内书立应税凭证、进行证券交易的单位和个人，为印花税的纳税人，应当依照《中华人民共和国印花税法》的规定缴纳印花税。在中华人民共和国境外书立在境内使用的应税凭证的单位和个人，应当依照《中华人民共和国印花税法》规定缴纳印花税。

应税凭证，是指《中华人民共和国印花税法》所附"印花税税目税率表"列明的合同、产权转移书据和营业账簿。

单位，是指企业、行政单位、事业单位、军事单位、社会团体及其他单位；个人，是指个体工商户和其他个人。

需要注意的是，如果一份合同或应税凭证由两方或两方以上当事人共同签订，签订合同或应税凭证的各方都是纳税人，应各就其所持合同或应税凭证的计税金额履行纳税义务。

根据书立、使用应税凭证的不同，纳税人可分为立合同人、立账簿人、立据人和使用人等。

（1）书立合同人，是指合同的当事人，即对凭证有直接权利义务关系的单位和个人，但不包括合同的担保人、证人、鉴定人。所谓合同，是指根据《中华人民共和国民法典》的规定订立的各类合同，包括买卖、借款、融资租赁、租赁、承揽、建设工程、运输、技术、保管、仓储、财产保险共11类合同。当事人的代理人有代理纳税义务。书立应税凭证的纳税人，为对应税凭证有直接权利义务关系的单位和个人。采用委托贷款方式书立的借款合同纳税人，为受托人和借款人，不包括委托人。按买卖合同或者产权转移书据税目缴纳印花税的拍卖成交确认书纳税人，为拍卖标的的产权人和买受人，不包括拍卖人。

（2）立账簿人，是指开立并使用营业账簿的单位和个人。如某企业因生产需要，设立了若干营业账簿，该企业即为印花税的纳税人。

（3）立据人，是指书立产权转移书据的单位和个人。

（4）使用人，是指在国外书立、领受，但在国内使用应税凭证的单位和个人。

同一应税凭证由两方以上当事人书立的，按照各自涉及的金额分别计算应纳税额。

（二）在境外书立在境内使用的应税凭证

需要注意的是，在中华人民共和国境外书立在境内使用的应税凭证，应当按规定缴纳印花税。其包括以下几种情形：

（1）应税凭证的标的为不动产的，该不动产在境内。

（2）应税凭证的标的为股权的，该股权为中国居民企业的股权。

（3）应税凭证的标的为动产或者商标专用权、著作权、专利权、专有技术使用权的，其销售方或者购买方在境内，但不包括境外单位或者个人向境内单位或者个人销售完全在境外使用的动产或者商标专用权、著作权、专利权、专有技术使用权。

（4）应税凭证的标的为服务的，其提供方或者接受方在境内，但不包括境外单位或者个人向境内单位或者个人提供完全在境外发生的服务。

二、印花税的征税范围

现行印花税采取正列举形式，只对法律规定中列举的凭证征收，没有列举的凭证不征税。纳税人应严格按照税法规定，对照自身相关凭证的性质，准确判断其是否应当缴纳印花税。

（一）应当缴纳印花税的凭证

应当缴纳印花税的凭证分为四类，即合同类、产权转移书据类、营业账簿类和证券交易类。

1. 合同类

合同是指平等主体的自然人、法人、其他组织之间设立、变更、终止民事权利义务关系的协议。印花税税目中的合同按照《中华人民共和国民法典》的规定进行分类，在税目税率表中列举了以下11大类合同。

（1）买卖合同，包括供应、预购、采购、购销结合及协作、调剂、补偿、易货等合同，还包括各出版单位与发行单位（不包括订阅单位和个人）之间订立的图书、报刊、音像征订凭证。

对于工业、商业、物资、外贸等部门经销和调拨商品、物资供应的调拨单（或其他名称的单、卡、书、表等），应当区分其性质和用途，即看其是作为部门内执行计划使用的，还是代替合同使用的，以确定是否贴花。凡属于明确双方供需关系，据以供货和结算，具有合同性质的凭证，应按规定缴纳印花税。

对纳税人以电子形式签订的各类应税凭证按规定征收印花税。

发电厂与电网之间、电网与电网之间书立的购售电合同，应当按买卖合同税目缴纳印花税。

企业之间书立的确定买卖关系、明确买卖双方权利义务的订单、要货单等单据，且未另外书立买卖合同的,应当按规定缴纳印花税。

（2）借款合同,包括银行及其他金融组织和借款人（不包括银行同业拆借）所签订的借款合同。

（3）融资租赁合同。

（4）租赁合同,包括租赁房屋、船舶、飞机、机动车辆、机械、器具、设备等合同,还包括企业、个人出租门店、柜台等所签订的合同,但不包括企业与主管部门签订的租赁承包合同。

（5）承揽合同,包括加工、定做、修缮、修理、印刷、广告、测绘、测试等合同。

（6）建设工程合同,包括勘察、设计、建筑、安装工程合同的总包合同、分包合同和转包合同。

（7）运输合同,包括民用航空运输、铁路运输、海上运输、内河运输、公路运输和联运合同。

（8）技术合同,包括技术开发、转让、咨询、服务等合同。

技术转让合同包括专利申请转让、非专利技术转让所书立的合同,但不包括专利权转让、专利实施许可所书立的合同。后者适用于"产权转移书据"。

技术咨询合同是合同当事人就有关项目的分析、论证、评价、预测和调查订立的技术合同,而一般的法律、会计、审计等方面的咨询不属于技术咨询,其所立合同不贴印花。

技术服务合同的征税范围包括技术服务合同、技术培训合同和技术中介合同。

（9）保管合同,包括保管合同或作为合同使用的仓单、栈单（入库单）。对某些使用不规范的凭证不便计税的,可就其结算单据作为计税贴花的凭证。

（10）仓储合同。

（11）财产保险合同,包括财产、责任、保证、信用等保险合同。

2.产权转移书据类

产权转移即财产权利关系的变更行为,表现为产权主体发生变更。产权转移书据是在产权的买卖、交换、继承、赠与、分割等产权主体变更过程中,由产权出让人与受让人之间所订立的民事法律文书。

我国印花税税目中的产权转移书据包括土地使用权出让书据,土地使用权、房屋等建筑物和构筑物所有权转让书据（不包括土地承包经营权和土地经营权转移）,股权转让书据（不包括应缴纳证券交易印花税的）以及商标专用权、著作权、专利权、专有技术使用权转让书据。

3.营业账簿类

印花税税目中的营业账簿归属于财务会计账簿,是按照财务会计制度的要求设置的,反映生产经营活动的账册。按照营业账簿反映的内容不同,在税目中分为记载资金的账簿（以下简称资金账簿）和其他营业账簿两类,对记载资金的营业账簿征收印花税,对其他营业账簿不征收印花税。

（1）资金账簿，是反映生产经营单位"实收资本"和"资本公积"金额增减变化的账簿。

（2）其他营业账簿，是反映除资金资产以外的其他生产经营活动内容的账簿，即除资金账簿以外的，归属于财务会计体系的其他生产经营用账册。

4.证券交易类

证券交易，是指转让在依法设立的证券交易所、国务院批准的其他全国性证券交易场所交易的股票和以股票为基础的存托凭证。证券交易印花税对证券交易的出让方征收，不对受让方征收。

（二）不属于印花税征收范围的凭证

下列情形的凭证，不属于印花税征收范围：

（1）人民法院的生效法律文书，仲裁机构的仲裁文书，监察机关的监察文书。

（2）县级以上人民政府及其所属部门按照行政管理权限征收、收回或者补偿安置房地产书立的合同、协议或者行政类文书；

（3）总公司与分公司、分公司与分公司之间书立的作为执行计划使用的凭证。

【税务稽查风险案例7-4】

甲公司是2018年设立的主营业务为室内外装饰装修、建筑幕墙、消防设施等工程的企业。因该公司预缴税款真实性存疑，税务人员对其涉税情况展开了风险核查。核查人员在查看纳税人2019—2021年的申报记录时，发现该纳税人在这3年中都没申报印花税，不符合常理，于是询问该企业财务人员签订的建设工程承包合同、财产租赁合同、购销合同等是否有按规定申报印花税。企业相关人员居然回复不知道这些合同需要申报印花税。最终甲公司根据相关规定补缴了2019—2021年的印花税、滞纳金及罚款。

【税务稽查风险案例7-5】

甲公司是2018年设立的主营业务为专业从事生产、销售预拌商品混凝土、干混砂浆和水泥稳定土的企业。税务人员在日常巡查管理过程中发现该纳税人在2018—2021年印花税缴税较少，在进一步比对印花税计税依据和增值税计税依据后，发现印花税计税依据明显偏低，不符合常理。

税务人员于是询问该企业签订的购销合同等是否按规定申报印花税。企业相关人员回复购销合同已申报印花税，同时表示因企业的经营模式问题，大部分业务都是通过订货单和发货单的形式进行交易，忽略了部分具有合同性质凭证的业务，误认为没有签订合同的业务都不需要缴纳印花税。

根据《中华人民共和国印花税暂行条例》（国务院令第11号发布）和《中华人民共和国印花税暂行条例施行细则》（财税字〔1988〕255号），具有合同性质的凭证，是指具有合同效力的协议、契约、合约、单据、确认书及其他各种名称的凭证。该企业已开具发票,虽未签订合同,但有相关的具有合同性质的要货成交单据,应按购销合同缴纳印花税。最终甲公司根据相关规定补缴了2018—2021年印花税及滞纳金。

因此,纳税人实际已发生购销业务并开具发票,虽未签订合同,但有相关的具有合同性质的要货成交单据,也应按购销合同缴纳印花税。

本案发生在《中华人民共和国印花税法》生效之前,应当适用当时有效的相关法律法规,由于《中华人民共和国印花税法》生效前后关于这一问题的政策并未发生变化,因此,按照最新的印花税政策,甲公司也需要补缴印花税及滞纳金。

三、印花税的税率

印花税实行比例税率,具体税率依照《中华人民共和国印花税法》所附"印花税税目税率表"(表7-4)执行,纳税人应准确判断相关凭证的性质,对照相应税率来计算印花税,以免因计算错误导致税务风险。

表7-4 印花税税目税率表

税目		税率	备注
合同(指书面合同)	借款合同	借款金额的万分之零点五	指银行业金融机构、经国务院银行业监督管理机构批准设立的其他金融机构与借款人(不包括同业拆借)的借款合同
	融资租赁合同	租金的万分之零点五	
	买卖合同	价款的万分之三	指动产买卖合同(不包括个人书立的动产买卖合同)
	承揽合同	报酬的万分之三	
	建设工程合同	价款的万分之三	
	运输合同	运输费用的万分之三	指货运合同和多式联运合同(不包括管道运输合同)
	技术合同	价款、报酬或者使用费的万分之三	不包括专利权、专有技术使用权转让书据
	租赁合同	租金的千分之一	
	保管合同	保管费的千分之一	
	仓储合同	仓储费的千分之一	
	财产保险合同	保险费的千分之一	不包括再保险合同

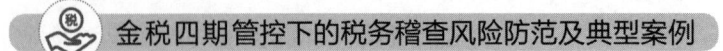

（续表）

税目		税率	备注
产权转移书据	土地使用权出让书据	价款的万分之五	转让包括买卖（出售）、继承、赠与、互换、分割
	土地使用权、房屋等建筑物和构筑物所有权转让书据（不包括土地承包经营权和土地经营权转移）	价款的万分之五	
	股权转让书据（不包括应缴纳证券交易印花税的）	价款的万分之五	
	商标专用权、著作权、专利权、专有技术使用权转让书据	价款的万分之三	
营业账簿		实收资本（股本）、资本公积合计金额的万分之二点五	
证券交易		成交金额的千分之一	

四、印花税的计税依据

印花税的计税依据通常是应税凭证上的金额，但也有一些特殊规定，纳税人应准确把握以下规定，以免多缴税或者少缴税。

（一）应税合同的计税依据

应税合同的计税依据，为合同所列的金额，不包括列明的增值税税款；合同中价款或者报酬与增值税税款未分开列明的，按照合计金额确定。具体包括买卖合同和建设工程合同中的支付价款、承揽合同中的支付报酬、租赁合同和融资租赁合同中的租金、运输合同中的运输费用、保管合同中的保管费、仓储合同中的仓储费、借款合同中的借款金额、财产保险合同中的保险费以及技术合同中的支付价款、报酬或者使用费等。

（二）应税产权转移书据的计税依据

应税产权转移书据的计税依据，为产权转移书据所列的金额，不包括列明的增值税税款；产权转移书据中价款与增值税税款未分开列明的，按照合计金额确定。

应税合同、产权转移书据未列明价款或者报酬的，按照下列方法确定计税依据：

（1）按照订立合同、产权转移书据时的市场价格确定；依法应当执行政府定价的，按照其规定确定。

（2）不能按照上述规定的方法确定的，按照实际结算的价款或者报酬确定。

（3）同一应税合同、应税产权转移书据中涉及两方以上纳税人，且未列明纳税人各自涉及金额的，以纳税人平均分摊的应税凭证所列金额（不包括列明的增值税税款）确定计税依据。

（4）应税合同、应税产权转移书据所列的金额与实际结算金额不一致，不变更应税凭证所列金额的，以所列金额为计税依据；变更应税凭证所列金额的，以变更后的所列金额为计税依据。已缴纳印花税的应税凭证，变更后所列金额增加的，纳税人应当就增加部分的金额补缴印花税；变更后所列金额减少的，纳税人可以就减少部分的金额向税务机关申请退还或者抵缴印花税。

（5）纳税人因应税凭证列明的增值税税款计算错误导致应税凭证的计税依据减少或者增加的，纳税人应当按规定调整应税凭证列明的增值税税款，重新确定应税凭证计税依据。已缴纳印花税的应税凭证，调整后计税依据增加的，纳税人应当就增加部分的金额补缴印花税；调整后计税依据减少的，纳税人可以就减少部分的金额向税务机关申请退还或者抵缴印花税。

（6）纳税人转让股权的印花税计税依据，按照产权转移书据所列的金额（不包括列明的认缴后尚未实际出资权益部分）确定。

（7）应税凭证金额为人民币以外的货币的，应当按照凭证书立当日的人民币汇率中间价折合人民币确定计税依据。

（8）境内的货物多式联运，采用在起运地统一结算全程运费的，以全程运费作为运输合同的计税依据，由起运地运费结算双方缴纳印花税；采用分程结算运费的，以分程的运费作为计税依据，分别由办理运费结算的各方缴纳印花税。

（9）未履行的应税合同、产权转移书据，已缴纳的印花税不予退还及抵缴税款。

（10）纳税人多贴的印花税票，不予退税及抵缴税款。

（三）应税营业账簿的计税依据

应税营业账簿的计税依据，为账簿记载的实收资本（股本）、资本公积合计金额。

（四）证券交易的计税依据

证券交易的计税依据，为成交金额。以非集中交易方式转让证券时无转让价格的，按照办理过户登记手续前一个交易日收盘价计算确定计税依据；办理过户登记手续前一个交易日无收盘价的，按照证券面值计算确定计税依据。

（五）未列明金额时的计税依据

应税合同、产权转移书据未列明金额的，印花税的计税依据按照实际结算的金额确定。计税依据按照上述规定仍不能确定的，按照书立合同、产权转移书据时的市场价格确定；依法应当执行政府定价或者政府指导价的，按照国家有关规定确定。

（六）核定印花税计税依据

纳税人有以下情形的，税务机关可以核定纳税人印花税计税依据：

（1）未按规定建立印花税应税凭证登记簿，或未如实登记和完整保存应税凭证的。

（2）拒不提供应税凭证或不如实提供应税凭证致使计税依据明显偏低的。

（3）采用按期汇总缴纳办法的，未按税务机关规定的期限报送汇总缴纳印花税情况报告，经税务机关责令限期报告，逾期仍不报告的或者税务机关在检查中发现纳税人有未按规定汇总缴纳印花税情况的。

五、印花税应纳税额的计算

印花税的应纳税额按照计税依据乘以适用税率计算，具体计算公式如下：

（1）应税合同的应纳税额计算公式为：

$$应纳税额 = 价款或者报酬 \times 适用税率$$

（2）应税产权转移书据的应纳税额计算公式为：

$$应纳税额 = 价款 \times 适用税率$$

（3）应税营业账簿的应纳税额计算公式为：

$$应纳税额 = 实收资本（股本）、资本公积合计金额 \times 适用税率$$

（4）证券交易的应纳税额计算公式为：

$$应纳税额 = 成交金额或者依法确定的计税依据 \times 适用税率$$

同一应税凭证载有两个以上税目事项并分别列明金额的，按照各自适用的税目税率分别计算应纳税额；未分别列明金额的，从高适用税率。

已缴纳印花税的营业账簿，以后年度记载的实收资本（股本）、资本公积合计金额比已缴纳印花税的实收资本（股本）、资本公积合计金额增加的，按照增加部分计算应纳税额。

六、印花税的优惠政策

印花税的优惠政策比较多，纳税人应当结合自身情形，准确判断是否符合以下减免税政策，以免多缴纳印花税，或者少缴纳印花税。

（一）法定凭证免税

下列凭证，免征印花税：

（1）应税凭证的副本或者抄本。

（2）依照法律规定应当予以免税的外国驻华使馆、领事馆和国际组织驻华代表机构为获得馆舍书立的应税凭证。

（3）中国人民解放军、中国人民武装警察部队书立的应税凭证。

（4）农民、家庭农场、农民专业合作社、农村集体经济组织、村民委员会购买农业生产资料或者销售农产品书立的买卖合同和农业保险合同；享受印花税免税优惠的家庭农场，具体范围为以家庭为基本经营单元，以农场生产经营为主业，以农场经营收入为家庭主要收入来源，从事农业规模化、标准化、集约化生产经营，纳入全国家

第七章 消费税与印花税政策执行情况自查及稽查风险应对策略

庭农场名录系统的家庭农场。

（5）无息或者贴息借款合同、国际金融组织向中国提供优惠贷款书立的借款合同。

（6）财产所有权人将财产赠与政府、学校、社会福利机构、慈善组织书立的产权转移书据；享受印花税免税优惠的学校，具体范围为经县级以上人民政府或者其教育行政部门批准成立的大学、中学、小学、幼儿园，实施学历教育的职业教育学校、特殊教育学校、专门学校，以及经省级人民政府或者其人力资源社会保障行政部门批准成立的技工院校。享受印花税免税优惠的社会福利机构，具体范围为依法登记的养老服务机构、残疾人服务机构、儿童福利机构、救助管理机构、未成年人救助保护机构。享受印花税免税优惠的慈善组织，具体范围为依法设立、符合《中华人民共和国慈善法》规定，以面向社会开展慈善活动为宗旨的非营利性组织。

（7）非营利性医疗卫生机构采购药品或者卫生材料书立的买卖合同。享受印花税免税优惠的非营利性医疗卫生机构，具体范围为经县级以上人民政府卫生健康行政部门批准或者备案设立的非营利性医疗卫生机构。

（8）个人与电子商务经营者订立的电子订单。享受印花税免税优惠的电子商务经营者，具体范围按《中华人民共和国电子商务法》有关规定执行。

对应税凭证适用印花税减免优惠的，书立该应税凭证的纳税人均可享受印花税减免政策，明确特定纳税人适用印花税减免优惠的除外。

（二）临时性减免税优惠

（1）对铁路、公路、航运、水路承运快件行李、包裹开具的托运单据，暂免贴花。

（2）各类发行单位之间，以及发行单位与订阅单位或个人之间书立的征订凭证，暂免征印花税。

（3）军事物资运输，凡附有军事运输命令或使用专用的军事物资运费结算凭证，免纳印花税。

（4）抢险救灾物资运输，凡附有县级以上（含县级）人民政府抢险救灾物资运输证明文件的运费结算凭证，免纳印花税。

（5）铁道部（今中国铁路总公司）层层下达的基建计划，不属应税合同，不应纳税；铁道部（今中国铁路总公司）所属各建设单位与施工企业之间签订的建筑安装工程承包合同属于应税合同，应按规定纳税；但企业内部签订的有关铁路生产经营设施基建、更新改造、大修、维修的协议或责任书，不在征收范围之内。

（6）铁道部（今中国铁路总公司）所属各企业之间签订的购销合同或作为合同使用的调拨单，应按规定贴花；属于企业内部的物资调拨单，不应贴花。

（7）凡在铁路内部无偿调拨的固定资产，其调拨单据不属于产权转移书据，不应贴花。

（8）对资产公司成立时设立的资金账簿免征印花税。对资产公司收购、承接和处置不良资产，免征购销合同和产权转移书据应缴纳的印花税。

417

（9）对中国石油天然气集团和中国石油化工集团之间、两大集团内部各子公司之间、中国石油天然气股份公司的各子公司之间、中国石油化工股份公司的各子公司之间、中国石油天然气股份公司的分公司与子公司之间、中国石油化工股份公司的分公司与子公司之间互供石油和石油制品所使用的"成品油配置计划表"（或其他名称的表、证、单、书），暂不征收印花税。

（10）金融资产管理公司按财政部核定的资本金数额，接收国有商业银行的资产，在办理过户手续时，免征印花税。

（11）国有商业银行按财政部核定的数额，划转给金融资产管理公司的资产，在办理过户手续时，免征印花税。

（12）对社保理事会委托社保基金投资管理人运用社保基金买卖证券应缴纳的印花税实行先征后返。

（13）对社保基金持有的证券，在社保基金证券账户之间的划拨过户，不属于印花税的征税范围，不征收印花税。

（14）对被撤销金融机构接收债权、清偿债务过程中签订的产权转移书据，免征印花税。

（15）自2024年10月1日至2027年12月31日，企业改制重组以及事业单位改制过程中成立的新企业，其新启用营业账簿记载的实收资本（股本）、资本公积合计金额，原已缴纳印花税的部分不再缴纳印花税，未缴纳印花税的部分和以后新增加的部分应当按规定缴纳印花税。企业债权转股权新增加的实收资本（股本）、资本公积合计金额，应当按规定缴纳印花税。对经国务院批准实施的重组项目中发生的债权转股权，债务人因债务转为资本而增加的实收资本（股本）、资本公积合计金额，免征印花税。

（16）自2024年10月1日至2027年12月31日，企业改制重组以及事业单位改制前书立但尚未履行完毕的各类应税合同，由改制重组后的主体承继原合同权利和义务且未变更原合同计税依据的，改制重组前已缴纳印花税的，不再缴纳印花税。

（17）自2024年10月1日至2027年12月31日，对企业改制、合并、分立、破产清算以及事业单位改制书立的产权转移书据，免征印花税。

（18）自2024年10月1日至2027年12月31日，对县级以上人民政府或者其所属具有国有资产管理职责的部门按规定对土地使用权、房屋等建筑物和构筑物所有权、股权进行行政性调整书立的产权转移书据，免征印花税。对同一投资主体内部划转土地使用权、房屋等建筑物和构筑物所有权、股权书立的产权转移书据，免征印花税。

（19）对东方资产管理公司在接收和处置港澳国际（集团）有限公司资产过程中签订的产权转移书据，免征东方资产管理公司应缴纳的印花税。

（20）对港澳国际（集团）内地公司在催收债权、清偿债务过程中签订的产权转移书据，免征港澳国际（集团）内地公司应缴纳的印花税。

（21）对港澳国际（集团）香港公司在中国境内催收债权、清偿债务过程中签订的产权转移书据，免征港澳国际（集团）香港公司应承担的印花税。

（22）对经国务院和省级人民政府决定或批准进行的国有（含国有控股）企业改组改制而发生的上市公司国有股权无偿转让行为，暂不征收证券（股票）交易印花税。对不属于上述情况的上市公司国有股权无偿转让行为，仍应征收证券（股票）交易印花税。

（23）股权分置改革过程中因非流通股股东向流通股股东支付对价而发生的股权转让，暂免征收印花税。

（24）发起机构、受托机构在信贷资产证券化过程中，与资金保管机构（指接受受托机构委托，负责保管信托项目财产账户资金的机构）、证券登记托管机构（指中央国债登记结算有限责任公司）以及其他为证券化交易提供服务的机构签订的其他应税合同，暂免征收发起机构、受托机构应缴纳的印花税。

（25）受托机构发售信贷资产支持证券以及投资者买卖信贷资产支持证券暂免征收印花税。

（26）发起机构、受托机构因开展信贷资产证券化业务而专门设立的资金账簿暂免征收印花税。

（27）对证券投资者保护基金有限责任公司（以下简称保护基金公司）新设立的资金账簿免征印花税。对保护基金公司与中国人民银行签订的再贷款合同、与证券公司行政清算机构签订的借款合同，免征印花税。对保护基金公司接收被处置证券公司财产签订的产权转移书据，免征印花税。对保护基金公司以证券投资者保护基金自有财产和接收的受偿资产与保险公司签订的财产保险合同，免征印花税。

（28）对发电厂与电网之间、电网与电网之间（国家电网公司系统、南方电网公司系统内部各级电网互供电量除外）签订的购售电合同按购销合同征收印花税。电网与用户之间签订的供用电合同不属于印花税列举征税的凭证，不征收印花税。

（29）对青藏铁路公司及其所属单位营业账簿免征印花税；对青藏铁路公司签订的货物运输合同免征印花税，对合同其他各方当事人应缴纳的印花税照章征收。

（30）外国银行分行改制为外商独资银行（或其分行）后，其在外国银行分行已经贴花的资金账簿、应税合同，在改制后的外商独资银行（或其分行）不再重新贴花。

（31）对经济适用住房经营管理单位与经济适用住房相关的印花税以及经济适用住房购买人涉及的印花税予以免征。开发商在商品住房项目中配套建造经济适用住房，如能提供政府部门出具的相关材料，可按经济适用住房建筑面积占总建筑面积的比例免征开发商应缴纳的印花税。

（32）对个人出租、承租住房签订的租赁合同，免征印花税。

（33）对个人销售或购买住房暂免征收印花税。

（34）对有关国有股东按照《境内证券市场转持部分国有股充实全国社会保障基金实施办法》（财企〔2009〕94号）向全国社会保障基金理事会转持国有股，免征证券（股票）交易印花税。

（35）中国海油集团与中国石油天然气集团、中国石油化工集团之间，中国海油集团内部各子公司之间，中国海油集团的各分公司和子公司之间互供石油和石油制品所使用的"成品油配置计划表"（或其他名称的表、证、单、书），暂不征收印花税。

（36）对改造安置住房建设用地免征城镇土地使用税。对改造安置住房经营管理单位、开发商与改造安置住房相关的印花税以及购买安置住房的个人涉及的印花税予以免征。在商品住房等开发项目中配套建造安置住房的，依据政府部门出具的相关材料、房屋征收（拆迁）补偿协议或棚户区改造合同（协议），按改造安置住房建筑面积占总建筑面积的比例免征印花税。

（37）在融资性售后回租业务中，对承租人、出租人因出售租赁资产和购回租赁资产所签订的合同，不征收印花税。

（38）对香港市场投资者通过沪股通和深股通参与股票担保卖空涉及的股票借入、归还，暂免征收证券（股票）交易印花税。

（39）对因农村集体经济组织以及代行集体经济组织职能的村民委员会、村民小组进行清产核资收回集体资产而签订的产权转移书据，免征印花税。

（40）对金融机构与小型企业、微型企业签订的借款合同免征印花税。

（41）对保险保障基金公司下列应税凭证，免征印花税：新设立的资金账簿；在对保险公司进行风险处置和破产救助过程中签订的产权转移书据；在对保险公司进行风险处置过程中与中国人民银行签订的再贷款合同；以保险保障基金自有财产和接收的受偿资产与保险公司签订的财产保险合同；对与保险保障基金公司签订上述产权转移书据或应税合同的其他当事人照章征收印花税。

（42）对社保基金会、社保基金投资管理人管理的社保基金转让非上市公司股权，免征社保基金会、社保基金投资管理人应缴纳的印花税。

（43）对社保基金会和养老基金投资管理机构运用养老基金买卖证券应缴纳的印花税实行先征后返；养老基金持有的证券，在养老基金证券账户之间的划拨过户，不属于印花税的征收范围，不征收印花税。对社保基金会和养老基金投资管理机构管理的养老基金转让非上市公司股权，免征社保基金会和养老基金投资管理机构应缴纳的印花税。

（44）对易地扶贫搬迁项目实施主体（以下简称项目实施主体）取得用于建设易地扶贫搬迁安置住房（以下简称安置住房）的土地，免征印花税。对安置住房建设和分配过程中应由项目实施主体、项目单位缴纳的印花税，予以免征。在商品住房等开发项目中配套建设安置住房的，按安置住房建筑面积占总建筑面积的比例，计算应予免征的项目实施主体、项目单位相关的印花税。对项目实施主体购买商品住房或者回购保障性住房作为安置住房房源的，免征契税、印花税。

（45）对与高校学生签订的高校学生公寓租赁合同，免征印花税。

（46）在国有股权划转和接收过程中，划转非上市公司股份的，对划出方与划入方签订的产权转移书据免征印花税；划转上市公司股份和全国中小企业股份转让系统挂牌公司股份的，免征证券交易印花税；对划入方因承接划转股权而增加的实收资本和资本公积，免征印花税。

（47）对公租房经营管理单位免征建设、管理公租房涉及的印花税。在其他住房项目中配套建设公租房，按公租房建筑面积占总建筑面积的比例免征建设、管理公租房涉及的印花税。对公租房经营管理单位购买住房作为公租房，免征印花税；对公租房租赁双方免征签订租赁协议涉及的印花税。

（48）对饮水工程运营管理单位为建设饮水工程取得土地使用权而签订的产权转移书据，以及与施工单位签订的建设工程承包合同，免征印花税。

（49）对商品储备管理公司及其直属库资金账簿免征印花税；对其承担商品储备业务过程中书立的购销合同免征印花税，对合同其他各方当事人应缴纳的印花税照章征收。

（50）自2023年1月1日至2027年12月31日，对增值税小规模纳税人、小型微利企业和个体工商户减半征收印花税。

（51）自2023年8月28日起，证券交易印花税实施减半征收。

【税务稽查风险案例7-6】

国家税务总局吉林省税务局稽查局税务处理决定书（节选）

（吉税稽处〔2021〕22号）

长春××汽车零部件股份有限公司：（纳税人识别号：91××××××××××××8L）

我局于2020年11月26日至2021年9月28日对你单位（地址：×××）2017年1月1日至2019年12月31日印花税情况进行了检查，违法事实及处理决定如下：

一、违法事实

你单位于2017年6月6日、7月25日、8月9日、9月26日与中国银行股份有限公司长春南湖大路支行书立金额分别为64 000 000.00元、77 000 000.00元、5 000 000.00元、48 000 000.00元的流动资金借款合同，未缴纳印花税；2017年12月13日与华夏银行股份有限公司长春分行书立委托贷款借款合同金额为30 000 000.00元，未缴纳印花税。

2018年9月28日你单位与武汉沌阳民营工业园有限公司签订厂房租赁合同，租期3年，月租金86 637.12元，租赁变压器，每年150元，未缴纳印花税；2018年12月31日与辽源市××造革有限责任公司签订厂房租赁合同，租期3年，月租金150 000.00元，金额总计5 400 000.00元，未缴纳印花税。2018年1月25日你单位与吉林九台农村商业银行股份有限公司书立金额为20 000 000元的流动资金借款合同，未缴纳印花税。2018年2月6日、5月7日你单位与华夏银行股份有限公司长春分行书立委托贷款借款合同，金额分别为30 000 000.00元、30 000 000.00元，未缴纳印花税。2018年4月12日、4月23日、6月14日、7月17日、8月3日、8月3日、9月13日、11月14日、11月28日、11月28日、12月19日你单位与中国银行股份有限公司长春南湖大路支行书立金额分别为16 000 000.00元、2 500 000.00元、64 000 000.00元、77 000 000.00元、40 000 000.00元、

8 000 000.00元、7 700 000.00元、11 000 000.00元、104 000 000.00元、99 900 000.00元、2 600 000.00的流动资金借款合同，未缴纳印花税。2018年6月5日你单位与中国进出口银行吉林省分行书立借款合同金额合计为170 000 000.00元，未缴纳印花税。2018年11月2日你单位与长春二道农商村镇银行书立委托贷款借款合同金额合计为50 000 000.00元，未缴纳印花税。

2019年1月14日你单位与吉林九台农村商业银行股份有限公司书立借款合同金额合计为17 000 000.00元，未缴纳印花税；2019年7月25日、2019年8月7日你单位与长春二道农商村镇银行股份有限公司书立委托贷款借款合同金额合计为170 000 000.00元，未缴纳印花税；4月9日、4月18日、4月25日、7月16日、7月18日、9月12日、9月17日、12月3日、12月17日你单位与中国银行股份有限公司长春南湖大路支行书立金额分别为13 000 000.00元、3 000 000.00元、25 000 000.00元、40 000 000.00元、37 000 000.00元、8 000 000.00元、7 700 000.00元、11 000 000.00元、49 950 000.00的流动资金借款合同，未缴纳印花税。

二、处理意见及依据

《中华人民共和国印花税暂行条例》（1988年8月6日中华人民共和国国务院令第11号发布，根据2011年1月8日《国务院关于废止和修改部分行政法规的决定》修订）第一条、第二条、第三条，《中华人民共和国印花税暂行条例施行细则》（财税字〔1988〕255号）第四条之规定，你单位应补缴2017年度印花税11 200.00元，其中应补缴6月份印花税3 200.00元，应补缴7月份印花税3 850.00元，应补缴8月份印花税250.00元，应补缴9月份印花税2 400.00元，应补缴12月份印花税1 500.00元。

你单位应补缴2018年印花税46 279.40元，其中应补缴1月份印花税1 000.00元，应补缴2月份印花税1 500.00元，应补缴4月份印花税2 050.00元，应补缴5月份印花税1 500.00元，应补缴6月份印花税11 700.00元，应补缴7月份印花税3 850.00元，应补缴8月份印花税2 400.00元，应补缴9月份印花税3 504.40元，应补缴11月份印花税13 245.00元，应补缴12月份印花税5 530.00元。

你单位应补缴2019年度印花税27 582.50元，其中应补缴1月份印花税850.00元，应补缴4月份印花税2 050.00元，应补缴7月份印花税12 350.00元，应补缴8月份印花税8 500.00元，应补缴9月份印花税785.00元，应补缴12月份印花税3 047.50元。

你单位应补印花税共计85 061.90元。

七、印花税的征收管理

（一）印花税纳税义务发生时间

印花税的纳税义务发生时间为纳税人书立应税凭证或者完成证券交易的当日。

证券交易印花税扣缴义务发生时间为证券交易完成的当日。

（二）印花税的纳税地点

纳税人为单位的，应当向其机构所在地的主管税务机关申报缴纳印花税；纳税人为个人的，应当向应税凭证书立地或者纳税人居住地的主管税务机关申报缴纳印花税。

不动产产权发生转移的，纳税人应当向不动产所在地的主管税务机关申报缴纳印花税。

纳税人为境外单位或者个人，在境内有代理人的，以其境内代理人为扣缴义务人；在境内没有代理人的，由纳税人自行申报缴纳印花税，具体办法由国务院税务主管部门规定。

证券登记结算机构为证券交易印花税的扣缴义务人，应当向其机构所在地的主管税务机关申报解缴税款和银行结算的利息。

（三）印花税的纳税期限

印花税按季、按年或者按次计征。实行按季、按年计征的，纳税人应当自季度、年度终了之日起15日内申报缴纳税款；实行按次计征的，纳税人应当自纳税义务发生之日起15日内申报缴纳税款。

证券交易印花税按周解缴。证券交易印花税扣缴义务人应当自每周终了之日起5日内申报解缴税款以及银行结算的利息。

（四）印花税的缴纳方式

印花税可以采用粘贴印花税票或者由税务机关依法开具其他完税凭证的方式缴纳。

印花税票粘贴在应税凭证上的，由纳税人在每枚税票的骑缝处盖戳注销或者画销。

第八章

税务稽查流程与纳税人权利救济典型案例

> **导读**
>
> 本章介绍税务稽查流程与纳税人权利救济应对策略,分为三节。第一节是税务稽查流程与税务稽查典型案例,包括税务稽查基本制度、税务稽查选案制度、税务检查制度、税务稽查案件的审理制度、税务稽查案件的执行制度。第二节是税务行政处罚听证流程与税务听证典型案例,包括税务听证的原则与适用情形、税务听证的提出、税务听证的举行、听证的程序、税务听证其他制度。第三节是税务行政复议流程与税务行政复议典型案例,包括税务行政复议基本制度、税务行政复议机构和人员、税务行政复议的范围、税务行政复议的管辖、税务行政复议申请人和被申请人、税务行政复议申请、税务行政复议受理、税务行政复议证据、税务行政复议审查和决定、税务行政复议和解与调解、税务行政复议指导和监督。

第一节 税务稽查流程与税务稽查典型案例

一、税务稽查基本制度

(一)税务稽查的基本原则

办理税务稽查案件应当以事实为根据,以法律为准绳,坚持公平、公正、公开、效率的原则。

稽查局办理税务稽查案件时,实行选案、检查、审理、执行分工制约原则。

第八章 税务稽查流程与纳税人权利救济典型案例

（二）税务稽查的管辖

税务稽查由稽查局依法实施。稽查局主要职责是依法对纳税人、扣缴义务人和其他涉税当事人履行纳税义务、扣缴义务情况及涉税事项进行检查处理，以及围绕检查处理开展的其他相关工作。稽查局具体职责由国家税务总局依照《中华人民共和国税收征收管理法》《中华人民共和国税收征收管理法实施细则》和国家有关规定确定。

稽查局应当在税务局向社会公告的范围内实施税务稽查。上级税务机关可以根据案件办理的需要指定管辖。税收法律、行政法规和国家税务总局规章对税务稽查管辖另有规定的，从其规定。

税务稽查管辖有争议的，由争议各方本着有利于案件办理的原则逐级协商解决；不能协商一致的，报请共同的上级税务机关决定。

（三）稽查人员的回避及相关义务

税务稽查人员具有《中华人民共和国税收征收管理法实施细则》规定回避情形的，应当回避。被查对象申请税务稽查人员回避或者税务稽查人员自行申请回避的，由稽查局局长依法决定是否回避。稽查局局长发现税务稽查人员具有规定回避情形的，应当要求其回避。稽查局局长的回避，由税务局局长依法审查决定。

税务稽查人员对实施税务稽查过程中知悉的国家秘密、商业秘密或者个人隐私、个人信息，应当依法予以保密。纳税人、扣缴义务人和其他涉税当事人的税收违法行为不属于保密范围。

税务稽查人员应当遵守工作纪律，恪守职业道德，不得有下列行为：

（1）违反法定程序、超越权限行使职权。
（2）利用职权为自己或者他人牟取利益。
（3）玩忽职守，不履行法定义务。
（4）泄露国家秘密、工作秘密，向被查对象通风报信、泄露案情。
（5）弄虚作假，故意夸大或者隐瞒案情。
（6）接受被查对象的请客送礼等影响公正执行公务的行为。
（7）其他违法违纪行为。

税务稽查人员在执法办案中滥用职权、玩忽职守、徇私舞弊的，依照有关规定严肃处理；涉嫌犯罪的，依法移送司法机关处理。

（四）全过程记录与签章

税务稽查案件办理应当通过文字、音像等形式，对案件办理的启动、调查取证、审核、决定、送达、执行等进行全过程记录。

签章，区分以下情况确定：①属于法人或者其他组织的，由相关人员签名，加盖单位印章并注明日期；②属于个人的，由个人签名并注明日期。

二、税务稽查选案制度

稽查局应当加强稽查案源管理,全面收集整理案源信息,合理、准确地选择待查对象。案源管理依照国家税务总局有关规定执行。

待查对象确定后,经稽查局局长批准实施立案检查。必要时,依照法律法规的规定,稽查局可以在立案前进行检查。

稽查局应当统筹安排检查工作,严格控制对纳税人、扣缴义务人的检查次数。

三、税务检查制度

(一)检查准备与程序合法

检查前,稽查局应当告知被查对象检查时间、需要准备的资料等,但预先通知有碍检查的除外。检查应当由2名以上具有执法资格的检查人员共同实施,并向被查对象出示税务检查证件、出示或者送达税务检查通知书,告知其权利和义务。

检查应当依照法定权限和程序,采取实地检查、调取账簿资料、询问、查询存款账户或者储蓄存款、异地协查等方法。对采用电子信息系统进行管理和核算的被查对象,检查人员可以要求其打开该电子信息系统,或者提供与原始电子数据、电子信息系统技术资料一致的复制件。被查对象拒不打开或者拒不提供的,经稽查局局长批准,可以采用适当的技术手段对该电子信息系统进行直接检查,或者提取、复制电子数据进行检查,但所采用的技术手段不得破坏该电子信息系统原始电子数据,或者影响该电子信息系统正常运行。

(二)证据材料的收集

检查应当依照法定权限和程序收集证据材料。收集的证据必须经查证属实,并与证明事项相关联。

不得以下列方式收集、获取证据材料:

(1)严重违反法定程序收集。

(2)以违反法律强制性规定的手段获取且侵害他人合法权益。

(3)以利诱、欺诈、胁迫、暴力等手段获取。

调取账簿、记账凭证、报表和其他有关资料时,应当向被查对象出具调取账簿资料通知书,并填写调取账簿资料清单交其核对后签章确认。调取纳税人、扣缴义务人以前会计年度的账簿、记账凭证、报表和其他有关资料的,应当经县以上税务局局长批准,并在3个月内完整退还;调取纳税人、扣缴义务人当年的账簿、记账凭证、报表和其他有关资料的,应当经设区的市、自治州以上税务局局长批准,并在30日内退还。退还账簿资料时,应当由被查对象核对调取账簿资料清单,并签章确认。

需要提取证据材料原件的,应当向当事人出具提取证据专用收据,由当事人核对后签章确认。对需要退还的证据材料原件,检查结束后应当及时退还,并履行相关签收手续。需要将已开具的纸质发票调出查验时,应当向被查验的单位或者个人开具发票换票证;需要将空白纸质发票调出查验时,应当向被查验的单位或者个人开具调验空白发票收据。经查无问题的,应当及时退还,并履行相关签收手续。提取证据材料复制件的,应当由当事人或者原件保存单位(个人)在复制件上注明"与原件核对无误"及原件存放地点,并签章。

(三)询问与证言

询问应当由2名以上检查人员实施。除在被查对象生产、经营、办公场所询问,应当向被询问人送达询问通知书。询问时应当告知被询问人有关权利义务。询问笔录应当交被询问人核对或者向其宣读;询问笔录有修改的,应当由被询问人在改动处捺指印;核对无误后,由被询问人在尾页结束处写明"以上笔录我看过(或者向我宣读过),与我说的相符",并逐页签章、捺指印。被询问人拒绝在询问笔录上签章、捺指印的,检查人员应当在笔录上注明。

当事人、证人可以采取书面或者口头方式陈述或者提供证言。当事人、证人口头陈述或者提供证言的,检查人员应当以笔录、录音、录像等形式进行记录。笔录可以手写或者使用计算机记录并打印,由当事人或者证人逐页签章、捺指印。

当事人、证人口头提出变更陈述或者证言的,检查人员应当就变更部分重新制作笔录,注明原因,由当事人或者证人逐页签章、捺指印。当事人、证人变更书面陈述或者证言的,变更前的笔录不予退回。

(四)视听资料与电子数据的收集

制作录音、录像等视听资料的,应当注明制作方法、制作时间、制作人和证明对象等内容。调取视听资料时,应当调取有关资料的原始载体;难以调取原始载体的,可以调取复制件,但应当说明复制方法、人员、时间和原件存放处等事项。对声音资料,应当附有该声音内容的文字记录;对图像资料,应当附有必要的文字说明。

以电子数据的内容证明案件事实的,检查人员可以要求当事人将电子数据打印成纸质资料,在纸质资料上注明数据出处、打印场所、打印时间或者提供时间,注明"与电子数据核对无误",并由当事人签章。

需要以有形载体形式固定电子数据的,检查人员应当与提供电子数据的个人、单位的法定代表人或者财务负责人或者经单位授权的其他人员一起将电子数据复制到存储介质上并封存,同时在封存包装物上注明制作方法、制作时间、制作人、文件格式及大小等,注明"与原始载体记载的电子数据核对无误",并由电子数据提供人签章。

收集、提取电子数据,检查人员应当制作现场笔录,注明电子数据的来源、事由、证明目的或者对象,提取时间、地点、方法、过程,原始存储介质的存放地点以及对电子数据存储介质的签封情况等。进行数据压缩的，应当在笔录中注明压缩方法和完整性校验值。

（五）实地、异地调查取证与查询账户

检查人员实地调查取证时，可以制作现场笔录、勘验笔录，对实地调查取证情况予以记录。制作现场笔录、勘验笔录，应当载明时间、地点和事件等内容，并由检查人员签名和当事人签章。当事人经通知不到场或者拒绝在现场笔录、勘验笔录上签章的，检查人员应当在笔录上注明原因；如有其他人员在场，可以由其签章证明。

检查人员异地调查取证的，当地税务机关应当予以协助；发函委托相关稽查局调查取证的，必要时可以派人参与受托地稽查局的调查取证，受托地稽查局应当根据协查请求，依照法定权限和程序调查。需要取得境外资料的，稽查局可以提请国际税收管理部门依照有关规定程序获取。

查询从事生产、经营的纳税人、扣缴义务人存款账户，应当经县以上税务局局长批准，凭检查存款账户许可证明向相关银行或者其他金融机构查询。查询案件涉嫌人员储蓄存款的，应当经设区的市、自治州以上税务局局长批准，凭检查存款账户许可证明向相关银行或者其他金融机构查询。

（六）阻挠税务检查与强制措施

被查对象有下列情形之一的，依照《中华人民共和国税收征收管理法》及其实施细则有关逃避、拒绝或者以其他方式阻挠税务检查的规定处理：①提供虚假资料，不如实反映情况，或者拒绝提供有关资料的；②拒绝或者阻止税务机关记录、录音、录像、照相和复制与案件有关的情况和资料的；③在检查期间转移、隐匿、销毁有关资料的；④有不依法接受税务检查的其他情形的。

税务机关有根据认为从事生产、经营的纳税人有逃避纳税义务行为，可以在规定的纳税期之前，责令限期缴纳应纳税款；在限期内发现纳税人有明显的转移、隐匿其应纳税的商品、货物以及其他财产或者应纳税收入迹象的，可以责成纳税人提供纳税担保。如果纳税人不能提供纳税担保，经县以上税务局局长批准，可以依法采取税收强制措施。检查从事生产、经营的纳税人以前纳税期的纳税情况时，发现纳税人有逃避纳税义务行为，并有明显的转移、隐匿其应纳税的商品、货物以及其他财产或者应纳税收入迹象的，经县以上税务局局长批准，可以依法采取税收强制措施。

稽查局采取税收强制措施时，应当向纳税人、扣缴义务人、纳税担保人交付税收强制措施决定书，告知其采取税收强制措施的内容、理由、依据以及依法享有的权利、救济途径，并履行法律、法规规定的其他程序。

采取冻结纳税人在开户银行或者其他金融机构的存款措施时，应当向纳税人开户银行或者其他金融机构交付冻结存款通知书，冻结其相当于应纳税款的存款，并于作出冻结决定之日起3个工作日内，向纳税人交付冻结决定书。

采取查封、扣押商品、货物或者其他财产措施时，应当向纳税人、扣缴义务人、纳税担保人当场交付查封、扣押决定书，填写查封商品、货物或者其他财产清单或者出具扣押商品、货物或者其他财产专用收据，由当事人核对后签章。查封清单、扣押收据一式二份，由当事人和稽查局分别保存。

采取查封、扣押有产权证件的动产或者不动产措施时，应当依法向有关单位送达税务协助执行通知书，通知其在查封、扣押期间不再办理该动产或者不动产的过户手续。

按照规定采取查封、扣押措施的，期限一般不得超过6个月。重大案件有下列情形之一，需要延长期限的，应当报国家税务总局批准：①案情复杂，在查封、扣押期限内确实难以查明案件事实的；②被查对象转移、隐匿、销毁账簿、记账凭证或者其他证据材料的；③被查对象拒不提供相关情况或者以其他方式拒绝、阻挠检查的；④解除查封、扣押措施可能使纳税人转移、隐匿、损毁或者违法处置财产，从而导致税款无法追缴的。除上述情形外采取查封、扣押、冻结措施的，期限不得超过30日；情况复杂的，经县以上税务局局长批准，可以延长，但是延长期限不得超过30日。

有下列情形之一的，应当依法及时解除税收强制措施：①纳税人已按履行期限缴纳税款、扣缴义务人已按履行期限解缴税款、纳税担保人已按履行期限缴纳所担保税款的；②税收强制措施被复议机关决定撤销的；③税收强制措施被人民法院判决撤销的；④其他法定应当解除税收强制措施的。

解除税收强制措施时，应当向纳税人、扣缴义务人、纳税担保人送达解除税收强制措施决定书，告知其解除税收强制措施的时间、内容和依据，并通知其在规定时间内办理解除税收强制措施的有关事宜：①采取冻结存款措施的，应当向冻结存款的纳税人开户银行或者其他金融机构送达解除冻结存款通知书，解除冻结；②采取查封商品、货物或者其他财产措施的，应当解除查封并收回查封商品、货物或者其他财产清单；③采取扣押商品、货物或者其他财产措施的，应当予以返还并收回扣押商品、货物或者其他财产专用收据。

税收强制措施涉及协助执行单位的，应当向协助执行单位送达税务协助执行通知书，通知解除税收强制措施相关事项。

（七）税务检查的中止与终结

有下列情形之一，致使检查暂时无法进行的，经稽查局局长批准后，中止检查：①当事人被有关机关依法限制人身自由的；②账簿、记账凭证及有关资料被其他国家机关依法调取且尚未归还的；③与税收违法行为直接相关的事实需要人民法院或者其他国家机关确认的；④法律、行政法规或者国家税务总局规定的其他可以中止检查的。中止检查的情形消失，经稽查局局长批准后，恢复检查。

有下列情形之一，致使检查确实无法进行的，经稽查局局长批准后，终结检查：

①被查对象死亡或者被依法宣告死亡或者依法注销，且有证据表明无财产可抵缴税款或者无法定税收义务承担主体的；②被查对象税收违法行为均已超过法定追究期限的；③法律、行政法规或者国家税务总局规定的其他可以终结检查的。

检查结束前，检查人员可以将发现的税收违法事实和依据告知被查对象。被查对象对违法事实和依据有异议的，应当在限期内提供说明和证据材料。被查对象口头说明的，检查人员应当制作笔录，由当事人签章。

【税务稽查风险案例8-1】

根据辽宁省沈阳市中级人民法院（2021）辽01行终477号行政判决书，上诉人辽宁北方某和医药有限公司（以下简称北方某和公司）因税务行政管理（税务）其他行政行为一案，不服辽宁省沈阳市皇姑区人民法院作出的（2020）辽0105行初67号行政判决，向沈阳市中级人民法院提出上诉。

原审查明，被告第二稽查局于2018年3月28日至2019年6月28日对原告北方某和公司2016年1月1日至2017年12月31日的纳税和发票使用情况进行了检查。经检查，发现原告公司存在以下违法事实：原告公司在取得涉及退回药品发票已经全部认证抵扣，发生退货业务未申报进项税额转出，其进项税额从销项税额中抵扣，造成少缴增值税税款合计5 467 530.56元，造成少缴城市维护建设税合计382 727.14元；造成少缴教育费附加合计164 025.92元，造成少缴地方教育附加合计109 350.61元。2019年7月25日，被告第二稽查局对原告北方某和公司作出沈税稽二处〔2019〕50106号《税务处理决定书》，根据相关规定，决定对原告公司追缴2016年12月份增值税税款1 194 961.96元、城市维护建设税83 647.34元、教育费附加35 848.86元、地方教育附加23 899.24元；追缴2017年7月份应增值税税款2 542 484.41元、城市维护建设税177 973.91元、教育费附加76 274.53元、地方教育附加50 849.69元；追缴2017年8月份增值税税款1 730 084.19元、城市维护建设税121 105.89元、教育费附加51 902.53元、地方教育附加34 601.68元。综上所述，追缴增值税税款合计5 467 530.56元，城市维护建设税合计382 727.14元，教育费附加合计164 025.92元，地方教育附加合计109 350.61元。以上应补增值税及附加合计6 123 634.23元。上述应补缴的增值税、城市维护建设税、教育费附加从滞纳之日起至实际缴纳之日止按日加收滞纳税款万分之五的滞纳金。该《税务处理决定书》于2019年7月31日送达原告。原告不服，于同年9月19日向被告市税务局提起行政复议，该局于同日受理，于次日向被告第二稽查局下达了《行政复议答复通知书》。同年11月14日，被告市税务局以该案情况复杂为由作出《行政复议延期审理通知书》。同年12月12日，市税务局作出沈税复决字〔2019〕第013号《税务行政复议决定书》，决定维持国家税务总局沈阳市税务局第二稽查局2019年7月25日作出《税务处理决定书》（沈税稽二处〔2019〕50106号）的具体行政行为。原告仍不服，诉至法院。

原审法院另查明：

（一）原告北方某和公司于1997年7月29日成立，企业类型为有限责任公司（自然人投资或控股），注册地址为沈阳市铁西区南十东路12甲号（1门），法定代表人洪某（认缴出资额15万元人民币，占比2.479 3%），股东邢某（认缴出资额590万元人民币，占比97.520 7%），经营范围为药品、医疗器械、食品、初级农副产品等。第三人朝花药业于2002年2月6日成立，企业类型为有限责任公司（自然人投资或控股），注册地址为朝阳市双塔区和平街四段112号，法定代表人陈某（认缴出资额10万元人民币，占比0.476 2%），股东邢某（认缴出资额2 090万元人民币，占比99.523 8%），经营范围为药品和食品的生产销售等。

（二）原告向被告第二稽查局提交了8份《换货协议》，均写明：乙方（朝花药业）销售给甲方（北方某和公司）的货物，因药品近效期发生退（换）货。该八份《换货协议》及相关的《购进药品退回通知单》内容分别为：①原告与第三人于2016年12月15日签订换货协议，于同年12月27日退回祛风舒筋丸1 090 435盒；②原告与第三人于2016年12月21日签订换货协议，于同年12月27日退回金匮肾气丸116 925盒；③原告与第三人于2017年7月10日签订换货协议，于同年7月17日退回川芎茶调散241 900盒；④原告与第三人于2017年7月10日签订换货协议，于同年7月17日退回加味逍遥丸（水）239 200盒；⑤原告与第三人于2017年7月10日签订换货协议，于同年7月17日退回木瓜丸（浓缩丸）527 120盒；⑥原告与第三人于2017年7月10日签订换货协议，于同年7月17日退回壮腰补肾丸1 905 155盒（被告第二稽查局认定涉案数量为1 736 610盒）；⑦原告与第三人于2017年7月15日签订换货协议，于同年8月1日退回天麻头痛片232 026盒；⑧原告与第三人于2017年7月17日签订换货协议，于同日退回金匮肾气丸198 175盒。

（三）原告北方某和公司于2019年6月13日出具情况说明一份，说明该公司涉案的上述药品（共计价税合计金额37 629 475元）均未销售，并且分别于2016年12月，2017年7—8月退回第三人朝花药业。

（四）第三人朝花药业库管陈某颖出具情况说明一份，说明该公司于2016年至2017年分次收到原告公司中成药品，由于工作疏忽没有记在库存保管账上，也没有给原告公司换货。

（五）被告第二稽查局调查人员于2018年3月29日对原告公司工作人员高某进行了询问，高某表示其在原告公司担任办公室主任，主要负责公司部门工作协调，退换货业务与厂家沟通协调工作。高某还表示，原告公司与第三人真实发生了退（换）货业务。经口头协商第三人同意给原告换食品，该公司也因此变更营业执照增加了食品销售业务，但具体数量和内容没有达成一致，并认可已将案涉药品用货车送至第三人公司，没有相关运输凭证。另外，在购进案涉药品时已收到第三人开具的增值税专用发票并全部认证抵扣税款。药品退回第三人后没有作进项税额转出处理。

（六）被告第二稽查局调查人员分别于2018年5月23日和2019年5月6日对原告公司工作人员曹某进行了询问，曹某表示其在原告公司担任会计负责公司财务工作。曹某还表示案涉药品在2016年至2017年分别退回到第三人公司，真实发生了退（换）货业务。至今没有退换回药品，经与第三人协商意向在2018年6月底换回食品，现没有正式协议。另外，该公司在购进药品时已全部收到第三人公司开具的增值税专用发票，并全部认证抵扣税款，在退货时没有作进项税额转出处理。

（七）原告北方某和公司于2020年1月3日以第三人朝花药业为被告向辽宁省朝阳市龙城区人民法院提起民事诉讼，要求朝花药业继续履行2016年12月21日签订的《换货协议》，退还原告支付的货款584 625元，并按规定向原告开具红字专用发票。该院于同年3月17日作出（2020）辽1303民初30号《民事判决书》，驳回了原告的诉讼请求。

原审认为，根据《中华人民共和国税收征收管理法》第五条第一款"国务院税务主管部门主管全国税收征收管理工作。各地国家税务局和地方税务局应当按照国务院规定的税收征收管理范围分别进行征收管理"，第十四条"本法所称税务机关是指各级税务局、税务分局、税务所和按照国务院规定设立的并向社会公告的税务机构"，以及《中华人民共和国税收征收管理法实施细则》第九条第一款"税收征管法第十四条所称按照国务院规定设立的并向社会公告的税务机构，是指省以下税务局的稽查局。稽查局专司偷税、逃避追缴欠税、骗税、抗税案件的查处"的规定，被告第二稽查局具有对原告作出税务行政处罚的法定职权。根据《中华人民共和国行政复议法》第十二条第二款"对海关、金融、国税、外汇管理等实行垂直领导的行政机关和国家安全机关的具体行政行为不服的，向上一级主管部门申请行政复议"及《税务行政复议规则》第十六条第一款"对各级国家税务局的具体行政行为不服的，向其上一级国家税务局申请行政复议"的规定，市税务局具有对原告作出行政复议决定的法定职权。

关于被告第二稽查局作出的处理决定是否合法的问题。本案中，根据原告向被告第二稽查局提交的8份《换货协议》包括相关的《购进药品退回通知单》及第二稽查局对原告和第三人工作人员所作的询问（调查）笔录等证据可以看出，原告将涉案药品退回第三人朝花药业时的意思表示应为换货或退货，双方约定的商洽方式为"面议"。因原告公司与第三人公司的实际控制人均为邢某，属于关联企业，即使如原告所述"《换货协议》不具备最基本的形式要件，缺乏实际履行的明确依据"亦不违反常理及交易习惯。《中华人民共和国增值税暂行条例实施细则》第十一条规定："小规模纳税人以外的纳税人（以下称一般纳税人）因销售货物退回或者折让而退还给购买方的增值税额，应从发生销售货物退回或者折让当期的销项税额中扣减；因购进货物退出或者折让而收回的增值税额，应从发生购进货物退出或者折让当期的进项税额中扣减。一般纳税人销货物或者应税劳务，开具增值税专用发票后，发生销售货物退回或者折让、开票有误等情形，应按国家税务总局的规定开具红字增值税专用发票。未按规定开具红字增值税专用发票的，增值税额不得从销项税额中扣减。"本案中，涉案的货物为药品，即使原告与第三人发生了真实的换货行为，换回的货物也为另外批号的药品或其他商品，与购买时开具的增值税发票内容亦不符。因此，原告与第三人在货物退回时应按上述规定执行。故被告第二稽查局认定原告公司取得涉案药品发票已经全部认证抵扣，发生退货后第三人未依法依规给原告开具红字增值税专用发票，原告未申报进项税额转出，造成少缴增值税及附加合计6 123 634.23元并依法追缴的行政行为并无不当。

关于原告表示被告第二稽查局存在调查期限超期、调取账簿程序违规和以偷录方式收集的证据等程序违法的问题。《税务稽查工作规程》第二十二条第四款规定："检查应当自实施检查之日起60日内完成；确需延长检查时间的，应当经稽查局局长批准。"《税务稽查案卷管理暂行办法》第十三条第一款、第二款规定："装订成册的立案查处类税务稽查案卷有不宜对外公开内容的应当分为正卷、副卷。正卷主要列入各类证据材料、税收执法文书正本以及可以对外公开的相关审批文书等证明定性处理处罚合法性、合理性的文件材料。副卷主要列入检举相关材料、案件讨论记录、法定秘密材料、结论性文书原稿、审批稿以及不宜对外公开的税务稽查报告、税务稽查审理报告等内部管理文书、对案件最终定性处理处罚不具有直接影响但反映税务稽查执法过程的文件材料。税务稽查案卷副卷作为密卷或者内部档案管理；作为密卷管理的以卷内文件材料最高密级确定。"被告第二稽查局在审理过程中已将案涉的《延长税收违法案件检查时限审批表》向法庭出示，可以证明该局于2018年3月28日开始对原告北方某和公司进行税务检查，检查过程中因案情复杂经局长批准检查时限延长至2019年7月31日，调查期限问题符合法律规定。关于调取账簿问题，被告第二稽查局表示在检查过程中因原告不配合，该局并未向原告调取账簿，只是原告自行提供了账簿复印件，因此未向原告开具调取通知书。被告第二稽查局向法庭提供了执法记录仪录像证据，该录像虽然无法证明检查人员向原告工作人员明示要以录像方式记录，但是通过录像内容可以看出，执法记录仪放置于明显位置，且过程中检查人员多次调整其方位，可以认定检查人员并无偷拍、偷录的故意。另外，在录像过程中，原告公司工作人员表示其公司将涉案药品退回第三人处的目的为换货，且第三人已为原告换取了1 000余万元的食品。被告第二稽查局在处理决定中并未认定该事实，说明该录像证据并非主要定案依据，是否明示告知均未对原告的权利产生实际影响。综上，被告第二稽查局作出的税务处理决定书证据确凿，适用法律、法规正确，符合法定程序，应予维持。

关于被告市税务局作出的复议决定是否合法的问题。同前述，被告第二稽查局作出的税务处理决定书证据确凿，适用法律、法规正确，符合法定程序。因此，被告市税务局作出复议决定书决定维持被告第二稽查局的具体行政行为亦无不当。关于原告提出被告市税务局在复议过程中未将朝花药业公司列为第三人属程序违法问题。《中华人民共和国行政复议法》第二十二条规定："行政复议原则上采取书面审查的办法，但是申请人提出要求或者行政复议机关负责法制工作的机构认为有必要时，可以向有关组织和人员调查情况，听取申请人、被申请人和第三人的意见。"被告市税务局作为行政复议机关，有权根据案件审理的实际情况决定是否追加第三人，亦有权决定是否需要听取第三人的意见。综上，被告市税务局作出的行政复议决定书符合相关法律规定，应予维持。

关于原告表示涉案药品退回第三人公司的目的为保管及委托销毁并已实际销毁的问题。《中华人民共和国药品管理法》第八十三条第四款规定："已被注销药品注册证书、超过有效期等的药品，应当由药品监督管理部门监督销毁或者依法采取其他无害化处理等措施。"原告及第三人在被告第二稽查局税务检查的过程中，从未表示过退回药品的目的为保管及委托销毁，也未提供过双方关于保管及委托销毁的协议或其他证据。在复议过程中原告也仅是提供了一组照片，无法证明原告在退回货物时与第三人就有保管及委托销毁的意思表示，亦无法证明第三人已经按照法定程序对本案涉案药品全部进行了销毁，故对原告该主张不予支持。

综上所述，依照《中华人民共和国行政诉讼法》第六十九条的规定，判决驳回原告辽宁北方某和医药有限公司的诉讼请求。案件受理费50元由原告辽宁北方某和医药有限公司承担。

上诉人辽宁北方某和医药有限公司上诉称，首先，原审判决认定事实不清。在税务机关开展税务稽查工作过程中，上诉人一直积极配合被上诉人，但原审法院支持被上诉人关于"上诉人不配合调查"的辩解属于认定事实不清。其次，原审判决适用法律错误。原审法院以上诉人与第三人之间存在利害关系而否认或消减上诉人与第三人提供证据的证明力，属于适用法律错误。原审法院对《中华人民共和国增值税暂行条例实施细则》第十一条，《税务稽查工作规程》第二十四条、二十八条适用错误。综上，原审法院判决错误，请求予以纠正。

被上诉人第二稽查局答辩称，原审认定事实清楚，适用法律正确，判决并无不当，请求予以维持。

被上诉人市税务局答辩称，其作出案涉复议决定认定事实清楚，适用法律正确，应予维持复议结论。另原审认定事实清楚，适用法律正确，判决并无不当，请求予以维持。

第三人辽宁朝花药业有限公司答辩称，原审法院对法律理解和适用均存在明显错误。原审法院未认定被上诉人未将朝花药业列为第三人明显程序违法。案涉处理决定只会导致重复缴税的结果，故请求二审法院撤销原审判决，依法改判。

二审法院审理查明的事实与原审查明的事实一致。

二审法院认为，《中华人民共和国税收征收管理法》第五条第一款规定，国务院税务主管部门主管全国税收征收管理工作。各地国家税务局和地方税务局应当按照国务院规定的税收征收管理范围分别进行征收管理。第十四条规定，本法所称税务机关是指各级税务局、税务分局、税务所和按照国务院规定设立的并向社会公告的税务机构。《中华人民共和国税收征收管理法实施细则》第九条第一款规定："税收征管法第十四条所称按照国务院规定设立的并向社会公告的税务机构，是指省以下税务局的稽查局。稽查局专司偷税、逃避追缴欠税、骗税、抗税案件的查处。"《中华人民共和国行政复议法》第十二条第二款规定，对海关、金融、国税、外汇管理等实行垂直领导的行政机关和国家安全机关的具体行政行为不服的，向上一级主管部门申请行政复议。《税务行政复议规则》第十六条第一款规定，对各级国家税务局的具体行政行为不服的，向其上一级国家税务局申请行政复议。依据前述法律、法规可知，第二稽查局具有作出案涉税务行政处罚的法定职权，市税务局具有对作出案涉行政复议决定的法定职权。原审法院对此认定正确，二审法院予以确认。本案的争议焦点是案涉药品退回第三人辽宁朝花药业有限公司是委托第三人进行销毁还是因药品有效期问题而进行退（换）货物。被上诉人提供的换货协议和购进药品退回通知单、增值税纳税申请表、第三人公司退货发票明细、第三人公司明细账、账簿、曹某与高某的询问笔录、执法记录仪光盘等相关证据足以证明，案涉药品退回第三人辽宁朝花药业有限公司处是因药品有效期问题而进行退（换）货物行为，并非委托第三人进行销毁药品的行为。《中华人民共和国增值税暂行条例实施细则》第十一条规定，小规模纳税人以外的纳税人（以下称一般纳税人）因销售货物退回或者折让而退还给购买方的增值税额，应从发生销售货物退回或者折让当期的销项税额中扣减；因购进货物退出或者折让而收回的增值税额，应从发生购进货物退出或者折让当期的进项税额中扣减。一般纳税人销售货物或者应税劳务，开具增值税专用发票后，发生销售货物退回或者折让、开票有误等情形，应按国家税务总局的规定开具红字增值税专用发票。未按规定开具红字增值税专用发票的，增值税额不得从销项税额中扣减。据此可知，上诉人在将案涉药品因故退回第三人公司后，应按照该实施细则规定执行但实际并未执行，亦未提供有效证据证明其在发生退换货物后，进行申报了相关进项税额转出。故被上诉人第二稽查局认定上诉人在购进涉案药品时取得增值税专用发票，且在发票已全部认证抵扣的情况下，发生退货后，上诉人未依照前述规定开具红字增值税专用发票，未申报进项税额转出，造成少缴增值税和附加费，属于违法行为并无不妥，据此作出案涉追缴及处罚决定的行为亦无不当。

关于上诉人提出案涉处理决定过程中检查期限超期、调取卷宗未开具通知书等程序违法的问题。被上诉人提供《延长税收违法案件检查时限审批表》能够证明上诉人第二稽查局在对案涉行为检查过程中的做法符合《税务稽查工作规程》中关于时限的相关规定。关于调取账簿未出具调取通知的问题，案涉调查过程中，账簿来源系上诉人自行向被上诉人提供了案涉账簿的复印件，被上诉人据此未向上诉人开具调取通知书并无不妥。上诉人亦未能提供其他有效证据证明被上诉人第二稽查局在案涉处罚过程中，存在程序性违法行为。故对上诉人的该项上诉主张二审法院不予采信。被上诉人市税务局提供的证据亦能够证明其作出的案涉复议决定认定事实清楚，适用法律正确，程序合法。关于复议机关市税务局在复议过程中是否应追加第三人的问题。复议过程中，复议机关是否追加第三人系复议机关根据案件实际情况而作出的综合判定，法律对此并无强制性规定，故市税务局在复议过程未追加第三人亦无不当。

综上，上诉人要求撤销第二稽查局作出的案涉处罚决定和市税务局作出的案涉复议决定的诉求没有事实与法律依据，二审法院不予支持。依卷宗证据可知，原审法院判决认定事实清楚，适用法律正确，程序合法，依法应予维持。

2021年5月7日，二审法院依照《中华人民共和国行政诉讼法》第八十九条第一款（一）项之规定，判决如下：驳回上诉，维持原判。二审案件受理费50元，由上诉人辽宁北方某和医药有限公司负担。

四、税务稽查案件的审理制度

（一）案件审核的内容

检查结束后，稽查局应当对案件进行审理。符合重大税务案件标准的，稽查局审理后提请税务局重大税务案件审理委员会审理。重大税务案件审理依照国家税务总局有关规定执行。

案件审理应当着重审核以下内容：
（1）执法主体是否正确。
（2）被查对象是否准确。
（3）税收违法事实是否清楚，证据是否充分，数据是否准确，资料是否齐全。
（4）适用法律、行政法规、规章及其他规范性文件是否适当，定性是否正确。
（5）是否符合法定程序。
（6）是否超越或者滥用职权。
（7）税务处理、处罚建议是否适当。
（8）其他应当审核确认的事项或者问题。

（二）补正或者补充调查

有下列情形之一的，应当补正或者补充调查：
（1）被查对象认定错误的。
（2）税收违法事实不清、证据不足的。
（3）不符合法定程序的。
（4）税务文书不规范、不完整的。
（5）其他需要补正或者补充调查的。

（三）税务行政处罚的程序

拟对被查对象或者其他涉税当事人作出税务行政处罚的，应当向其送达税务行政处罚事项告知书，告知其依法享有陈述、申辩和要求听证的权利。税务行政处罚事项告知书应当包括以下内容：

（1）被查对象或者其他涉税当事人姓名或者名称、有效身份证件号码或者统一社会信用代码、地址。没有统一社会信用代码的，以税务机关赋予的纳税人识别号代替。

（2）认定的税收违法事实和性质。

（3）适用的法律、行政法规、规章及其他规范性文件。

（4）拟作出的税务行政处罚。

（5）当事人依法享有的权利。

（6）告知书的文号、制作日期、税务机关名称及印章。

（7）其他相关事项。

被查对象或者其他涉税当事人可以书面或者口头提出陈述、申辩意见。对当事人口头提出陈述、申辩意见，应当制作陈述申辩笔录，如实记录，由陈述人、申辩人签章。应当充分听取当事人的陈述、申辩意见；经复核，当事人提出的事实、理由或者证据成立的，应当采纳。

被查对象或者其他涉税当事人按照法律、法规、规章要求听证的，应当依法组织听证。听证依照国家税务总局有关规定执行。

【税务稽查风险案例8-2】

根据浙江省高级人民法院（2020）浙行再6号行政判决书，再审申请人宁波某泰控股集团股份有限公司（以下简称某泰公司）因诉国家税务总局宁波市税务局第三稽查局（原宁波市国家税务局第三稽查局，以下简称稽查三局）、国家税务总局宁波市税务局（原宁波市国家税务局，以下简称宁波国税局）税务行政处理及行政复议一案，不服浙江省宁波市中级人民法院于2018年7月20日作出的（2018）浙02行终135号行政判决，向浙江省高级人民法院申请再审。

一审宁波市江北区人民法院经审理查明：2010年9月23日，某泰公司与嘉诚电子科技（香港）有限公司（以下简称香港嘉诚公司）签署合同编号为JCETDZ2010-11号《售货合约》1份，约定香港嘉诚公司以跨年度订单方式向某泰公司购买高保真音响连接线约41万米。2011年12月9日，某泰公司与香港嘉诚公司续签合同编号为JETCDZ2012《售货合约》1份，香港嘉诚公司再次以年度订单方式向某泰公司进口音响连接线35万米。2011年4月5日，某泰公司与香港蓝士顿国际音讯工程有限公司（以下简称香港蓝士顿公司）签署合同编号为LSD-C11-YC的《售货合约》1份，香港蓝士顿公司以下达8个月订单方式向某泰公司购买音响连接线24万米。2012年1月6日，香港蓝士顿公司与某泰公司续签合同编号为LSD-C12-YC的《售货合约》1份，再次以年度订单的方式向某泰公司进口音响连接线28万米。此外，2010年10月22日、2011年10月22日，某泰公司先后与临海市黄鑫电子元件有限公司（以下简称黄鑫公司）签订2份《委托代理出口协议》，就委托代理出口货物有关事宜作出约定。2010年10月至2012年4月，某泰公司又与黄鑫公司签订119份《工矿产品购销合同》，其中9份在结算方式和期限中载明"出货收汇后，凭增值税发票结算"，在其他约定事项中载明"仅供商检"。其余110份合同在结算方式及期限中载明"预付10%货款，剩余货款在出货30日后凭增值税发票结算"。上述《工矿产品购销合同》项下货物出口后，某泰公司通过出口退税申报，陆续获得出口退税款25 615 391.31元。2014年2月21日，被告稽查三局作出甬国税稽三处〔2014〕5号《税务处理决定书》，认定某泰公司构成外贸出口"真代理、假进销"的违规操作，依据《关于进一步规范外贸出口经营秩序切实加强出口货物退（免）税管理的通知》（国税发〔2006〕24号）第二条、《关于出口货物劳务增值税和消费税政策的通知》第七条的规定，对某泰公司已获得的出口退税款25 615 391.31元予以追缴。后因某泰公司未在规定期限内将税款缴纳入库，被告稽查三局于2015年9月6日向某泰公司送达甬国税稽三处〔2014〕01号《宁波市国家税务局第三稽查局催告执行通知书》，要求某泰公司在收到通知书10日内缴税。某泰公司仍未按要求缴纳税款。被告稽查三局遂于2015年9月24日从某泰公司银行账户中强制扣缴人民币25 615 391.31元执行入库。某泰公司不服上述甬国税稽三处〔2014〕5号《税务处理决定书》，于2015年11月10日向宁波国税局申请行政复议。被告宁波国税局于2017年6月30日作出甬国税复决字〔2017〕1号《税务行政复议决定书》，对原行政行为予以维持。

一审法院认为，正当程序原则是行政法的基本原则，也是行政机关实施行政行为的基本要求。根据正当程序原则，行政机关在作出影响相对人权益的行政决定时，应当履行事前告知义务，充分保障相对人陈述、申辩的权利。本案中，被告稽查三局作出的被诉税务处理决定对原告某泰公司已申报并实际取得的25 615 391.31元出口退税款予以追缴，对原告某泰公司的权益产生重大影响。被告在作出该处理决定前，未因影响重大利益举行听证，未充分保障原告某泰公司陈述、申辩的权利，违背了正当程序原则，程序违法，应予撤销。被告宁波国税局所作行政复议决定认定被告稽查三局作出甬国税稽三处〔2014〕5号《税务处理决定书》程序合法，该事实认定错误，同样应予撤销。据此，依照《中华人民共和国行政诉讼法》第七十条第（三）项、第七十九条之规定，判决撤销稽查三局2014年2月21日作出的甬国税稽三处〔2014〕5号《行政处理决定书》；撤销宁波国税局2017年6月30日作出甬国税复决字〔2017〕1号《税务行政复议决定书》；案件受理费50元，由稽查三局和宁波国税局共同负担。

稽查三局和宁波国税局不服，上诉至二审法院宁波市中级人民法院。

二审期间，稽查三局提供了：①稽查三局税务稽查工作底稿（二）违法事实记录，拟证明2014年1月7日已告知某泰公司追缴退税、该公司签章知情的事实；②2014年1月8日、4月2日、11月26日某泰公司关于出口高保真音响连接线的情况说明、补充情况说明，拟证明已经听取某泰公司陈述申辩保障其相关权利。某泰公司认为，该几份证据，在复议和一审法院的审理过程当中未作为证据提交过，根据行政诉讼法和司法解释的相关规定不得作为认定原具体行政行为合法的依据。该院认可某泰公司的质证意见，上述证据依法不能作为证明原行政行为合法的证据，至于稽查三局是否保障某泰公司的正当程序权利，将在以下另行论述。被上诉人某泰公司向该院补充提供一份《重大税务案件审理办法（试行）》，拟证明稽查三局处理程序违法，上诉人稽查三局提供甬国税发〔2004〕71号《宁波市国家税务局关于印发重大税务案件审理办法的通知》，以证明本案不属于重大税务案件。经质证，该院认为，本案不适用重大税务案件的审理办法规定。

二审法院认为，根据查明的事实，对本案各争议焦点问题分析认定如下：

一、稽查三局作出甬国税稽三处〔2014〕5号《税务处理决定书》是否需要进行听证，有无保障某泰公司的程序权利。

根据《中华人民共和国税收征收管理法》第三条、《中华人民共和国税务征收管理法实施细则》第一百条等法律的规定，追回退税是税务行政处理行为。就直接规定而言，仅2015年2月1日起实施的《重大税务案件审理办法》第十四条第二款规定"当事人要求听证的，由稽查局组织听证"，该规定因涉案事实发生在2015年2月1日之前而不能直接适用于本案，故本案无直接法律规定应适用听证程序。但鉴于涉案追缴退税数额达2 000多万元，数额巨大，依行政执法的正当程序原则，应保障某泰公司在决定作出过程中的程序参与、陈述申辩的权利。上诉人稽查三局提供的税务稽查工作底稿等证据，源自行政处理的案卷中，是稽查三局在追缴退税处理与相对人某泰公司互动过程中形成的。因稽查三局未在一审时作为证据提供，根据证据规则不能直接认定该证据。但本案在处理过程中，"某泰股份自2014年3月起，多次通过宁波市商务委员会、宁波经济技术开发区管委会等与宁波国税局及稽查三局协调、沟通"，具体包括："2014年5月22日，原宁波市对外贸易合作局向商务部递交《关于要求协调解决宁波某泰控股集团股份有限公司出口退税问题的请示》（甬外经贸财〔2014〕45号）。2014年6月3日，商务部财务司向国家税务总局货物和劳务税司发出《关于商请解决宁波某泰控股集团股份有限公司出口退税有关问题的函》。2014年7月30日、9月22日，原宁波市对外贸易合作局和宁波经济技术开发区管委会共同向宁波市人民政府报送《关于要求协调宁波某泰控股集团股份有限公司出口退税有关问题的请示》（宁开政〔2014〕9号）。"该院（2017）浙02行再1号判决书对此过程予以了确认。对照某泰公司一审时提供的甬外经贸财〔2014〕45号、宁开政〔2014〕9号两份文件和该公司给稽查三局提供的陈述申辩情况说明，其内容基本一致，可知某泰公司的意见已经通过上述行政机关进行了转达。而稽查三局2014年2月21日作出处理决定，时隔9个月后才于2014年11月28日留置送达该税务处理决定书，也给了某泰公司足够的时间表达意见。该税务处理决定也是在国家税务总局货物和劳务税司给商务部财务司作出了税总货便函〔2014〕152号答复之后送达的，即稽查三局系认真听取和研究各方意见后才正式发送处理决定的。综上，应认定本案虽未组织正式听证，但某泰公司相关实质性陈述、申辩权利应认为已经得到保障。某泰公司强调稽查三局未对黄鑫公司进行调查而程序违法，稽查三局认为，一方面本案源自海关查处黄鑫公司出口骗税案，因黄鑫公司的法定代表人外逃，最终海关未认定刑事犯罪，后案件移交给国税部门，其间宁波海关查处过程中已进行了调查取证，向税务部门移交了100多份合同，即本案已由海关进行了调查；另一方面，国税部门调查时，该公司已经人去楼空，故无法再对黄鑫公司再另行核实，即认为该局系调查未果。该院对此予以认可。某泰公司又认为本案存在两份税务行政处理决定，稽查三局认为，首先在处理过程中确实曾经作出过两份处理决定，第一份决定引用了国税发〔2012〕39号文件，但报市局审查的时候未获通过，故重新起草第二份决定；其次，实际最后送达的是未引用39号文件的这份决定书，对此某泰公司代理人已于一审时当庭自认；最后，送达文书以后，某泰公司代理人曾经到该局查阅案卷，在还没有最后装订的档案袋里找到这份未送达生效的决定书并复印走。故一审认定相关事实错误。该院认为，某泰公司一审作为证据提供了两份甬国税稽三处〔2014〕5号税务行政处理决定书，第一份（一审案卷第2卷4~5页）上面有稽查三局局长签名且引用了国税发〔2012〕39号文件，第二份（一审案卷第4卷3~4页）上无稽查三局局长签名，亦未引用国税发〔2012〕39号文件，因某泰公司不能提供第一份处理决定盖红章的原件，鉴于其承认到稽查三局查阅并复印案卷的事实，且正常对外送达法律文书不可能在盖章之外另由法定代表人签名，故该份处理决定不能视为正式送达的法律文书。本案应认定某泰公司举证的第二份未引用国税发〔2012〕39号文件的税务处理决定书才是稽查三局留置送达的生效法律文书。某泰公司另主张本案稽查三局违反《重大税务案件审理办法（试行）》的规定而构成程序违法，该院经审查认为，甬国税发〔2004〕71号《宁波市国家税务局关于印发重大税务案件审理办法的通知》系宁波国税局根据《重大税务案件审理办法（试行）》的规定制定的有效规范性文件，该通知第三条明确规定稽查局查处的重大税务案件限于以下三种情形：①偷税、逃避追缴欠税，骗取出口退税额在50万元以上；②罚款数额50万元以上的；③没收违法所得在10万元以上的。本案系某泰公司违规出口获取退税而予以追回，不属于上述任一情形，故本案难以认定为《重大税务案件审理办法（试行）》规定意义上的重大税务案件，对某泰公司相关程序违法的主张不予支持。综上，稽查三局作出被诉行政处理，其程序应认定合法，一审判决相关认定错误。

二、本案适用国税发〔2006〕24号文件双合同不能退税的规则是否正确。

本案中，某泰公司和黄鑫公司先后签订了2份《委托代理出口协议》和119份《工矿产品购销合同》，除9份购销合同，110份购销合同中双方约定预付款10%、其余在出货后30天后凭增值税发票结算。这种结算方式更接近于购销合同的结算方式，但因之前的委托代理协议中有着由某泰公司与外商签订出口合同、负责办理出口报关、收汇及某泰公司不承担货物质量和知识产权等纠纷及收汇风险的约定，故上述预付款及定期付款也应视为不影响委托代理出口关系的成立。两公司之间的真实关系应该认定为委托代理出口合同关系，即便在履行过程中有变更合同的意思，也因没有明确的书面合同终止原委托代理协议内容而不应认定。某泰公司关于其与黄鑫公司之间只有一个实质的购销合同而不存在双合同的主张，该院不予采信，鉴于某泰公司与黄鑫公司之间存在代理与购销双合同，故稽查三局适用双合同规则追回退税的处理决定，事实认定清楚。被上诉人某泰公司主张其有真实货物出口亦不存在骗取出口退税，故双合同不能退税的规则在本案中不应适用。对此二上诉人认为，出口有自营和委托代理两种出口模式，根据相关规定，只有自营商（包括自主出口的生产厂商或者出口贸易商在购买商品后以自己名义出口）才能够退税；如果是代理模式，不能由代理人即外贸公司以自己名义申请退税，而应该由其委托方（无出口资质的生产厂商）取得委托出口货物证明后在所在地办理退税。目前一些未取得出口资质的生产企业，委托异地大的出口平台公司出口货物，不是按规定拿到委托出口货物证明后在企业本地自行申请退税，而是通过签订双合同的方式，由外贸出口公司以自营出口的名义在外贸公司所在地申请退税。这种操作模式有别于传统的两种出口模式，虽有一定的便捷优势，但也给出口管理增加了风险——因目前出口和退税主要是单证管理，存在不法企业或个人通过伪造单证出口限制出口货物或单纯制造出口假象以骗取退税等现象，相关案件即便事后查出往往也难以追回损失；而严格自营出口和委托代理出口，因为生产环节即由税务部门介入监管，出问题的可能性会因此降低。故出于整体监管秩序的需要，在没有发展出新的有效监管方式之前，禁止双合同出口是合理、相对有效和必要的，该院对此予以认可。国税发〔2006〕24号文件虽然是规范性文件，但有着合法的法律授权，各方对此均无异议。且截至目前，该规则仍然普遍适用，故稽查三局适用双合同不能退税规则对某泰公司进行处理并无不当。另，《国家税务总局 商务部关于切实加强出口货物退（免）税管理的通知》（国税发〔2006〕24号）第二条（三）项规定，出口企业以自营名义出口，其出口的同一批货物既签订购货合同，又签订代理出口合同（或协议）的出口企业不得将该业务向税务机关申报办理出口货物退（免）税。第三条规定出口企业凡从事本通知第二条所述业务之一并申报退（免）税的，一经发现，该业务已退（免）税款予以追回，未退（免）税款不再办理。根据本案查明事实，某泰公司所获取的退税因违反了双合同禁止退税规则而应由稽查三局依法予以追回，国税稽三处〔2014〕5号税务行政处理决定书认定了某泰公司违反了国税发〔2006〕24号文件第二条的规定，也明确了其违法获取的出口退税应予追回，但该处理决定没有明确适用国税发〔2006〕24号文件第三条，"其违法获得的出口退税应予驳回，应追缴已退税款25615391.31元"也应按上述文件的规定规范表述为"其违法获得的出口退税税款25615391.31元应予追回"，该院对以上问题均予以指正。上诉人宁波国税局依法受理某泰公司的行政复议申请后，依申请人的申请，于2017年6月16日组织进行了听证，保障了某泰公司的陈述、申辩权利，于2017年6月30日作出甬国税复决字〔2017〕1号《税务行政复议决定书》，相关程序合法，认定事实清楚、适用法律基本正确，应予以维持。

综上，甬国税稽三处〔2014〕5号《行政处理决定书》和甬国税复决字〔2017〕1号《税务行政复议决定书》认定事实清楚，适用法律基本正确，程序合法，均应维持其法律效力。一审原告诉请撤销该二具体行政行为的诉讼请求，无事实和法律依据，依法应予以驳回。一审判决以违反正当程序理由撤销二具体行政行为，事实认定和法律适用错误，该院依法予以纠正，依照《中华人民共和国行政诉讼法》第六十九条、第八十九条（二）项的规定，判决撤销宁波市江北区人民法院于2018年3月8日作出（2017）浙0205行初85号行政判决；驳回某泰公司要求撤销甬国税稽三处〔2014〕

5号《行政处理决定书》和甬国税复决字〔2017〕1号《税务行政复议决定书》的诉讼请求；一审、二审案件受理费各50元，由某泰公司负担。

某泰公司不服，向浙江省高级人民法院申请再审称：一、二审法院判决认定事实错误。（一）二审法院判决在遗漏重要证据的情况下直接认为本案不适用重大税务案件的审理办法规定，属于严重的事实认定不清。（二）二审法院认定"被诉税务处理程序、被诉行政复议程序合法"错误。1.税务稽查中检查程序违法。实际询问人只有一人，询问笔录中写明两人。2.被诉处理决定未适用《宁波市国家税务局关于印发重大税务案件审理办法的通知》的规定举行听证程序错误。3.未对黄鑫公司调查取证即作出事实认定，取证程序违法。4.被诉税务处理决定作出前未能保障申请人的实质性陈述、申辩权，其作出决定的程序违法。（三）二审法院认定"被诉税务处理决定、被诉行政复议决定事实清楚"错误。（四）被诉税务处理决定的文书内容存在违法事项。二、二审法院认定"稽查三局作出被诉决定、宁波国税局作出复议决定适用法律正确"的结论错误。稽查三局作出处理决定适用法律依据错误，理由有三：（一）根据"法律不溯及既往原则"，财税〔2012〕39号文件不能作为稽查三局作出税务处理决定的依据。（二）国税发〔2006〕24号同样不应作为本案税务处理决定的依据。（三）形式上存在"双合同"与"真代理、假进销"的违规操作无必然联系。三、某泰公司作为出口退税主体应当享有出口退税权。出口退税是我国为鼓励出口而采取的措施。本案中所有交易的环节均表明已满足出口退税要求，在黄鑫公司已经开具增值税发票收款后，作为唯一的退税主体某泰公司若不能退税，则其增加的成本或者亏损则无任何救济途径，这完全不符合我国对外贸易政策和相关出口退税政策。某泰公司从无出口许可的生产企业购货，再以外贸公司自己的名义出口，交易过程合法，税收流程完备（生产企业依法纳税、货物完成出口且已收汇），不存在骗取出口退税的情形，国家税收没有受损，现仅仅以形式上的"双合同原则"通过税务处理决定书的方式将已退税款予以追缴，有失政策公平性且是对民营企业的致命打击，不利于民营企业的成长和发展。请求法院：1.依法撤销浙江省宁波市中级人民法院（2018）浙02行终135号行政判决；2.依法撤销甬国税稽三局〔2014〕5号《税务处理决定书》；3.依法撤销甬国税复决字〔2017〕1号《税务行政复议决定书》；4.请求稽查三局依法退还扣缴的全部款项25 615 391.31元，并赔偿相应的利息损失（按中国人民银行同期贷款基准利率4.35%计算）。

被申请人稽查三局答辩称：

一、二审法院判决认定的被诉行政行为程序合法正当。（一）本案严格依照《税务稽查工作规程》规定的税务行政处理程序进行处理。2013年12月24日，答辩人向某泰公司送达《税务检查通知书》和《询问通知书》，其于同日签收。2013年12月31日，答辩人向某泰公司送达《调取账簿资料通知书》，其于同日签收。答辩人查阅某泰公司的账簿资料，从该公司处取得的证据均由其签字盖章确认。答辩人的二位工作人员依法对某泰公司业务八部经理竺某凡作了询问笔录，该事实已由一审法院在一审判决中明确认定。2014年1月7日,答辩人将载明有陈述申辩权内容的工作底稿告知某泰公司,由其签字盖章确认。2014年11月28日,答辩人向某泰公司登门送达《税务处理决定书》,某泰公司又拒绝签收,答辩人对留置送达情况进行了录像,并在送达回证上注明。(二)被诉税务处理行为依法无需进行听证。1.此类案件法律等依据并未设定听证程序。《中华人民共和国行政处罚法》和国家税务总局制定的《税务稽查工作规程》(国税发〔2009〕157号)均只规定在对当事人进行行政处罚时,才应当履行法定的听证程序。本案所涉的追回出口退税行政争议不是行政处罚行为。2.答辩人必须遵循依法行政、税收法定等原则。(三)答辩人税务检查程序正当合法,且已充分保障了某泰公司的陈述申辩权利。1.答辩人在作出甬国税稽三处〔2014〕5号《税务处理决定书》前,已通过多种形式告知了某泰公司享有陈述申辩的权利。在对某泰公司业务员竺某凡所作的两份《询问笔录》上,在权利告知环节均明确告知"你有权对自己的纳税情况进行解释和说明,对税务机关的决定进行陈述申辩",竺某凡均表示"清楚"。在答辩人制作的税务稽查工作底稿(二)上,在检查环节已明确告知被答辩人的违法事实为"违反规定获取出口退税款","应追缴已退税款25 615 391.31元",并注明"请阅后签证,如有异议,应如实申辩,并提供相关证据"。某泰公司也在"被查单位意见"栏注明"关于高保真音响连接线出口业务经过,我公司已用书面材料作出说明",并签字盖章确认。可见,答辩人已将认定的违法事实和依据、拟作出的税务处理决定以及陈述申辩权利清楚、明确地书面告知了某泰公司,且其也完全清楚并明确表示以书面材料进行陈述申辩。2.事实上,答辩人也收到了某泰公司提交的多份书面陈述申辩材料,分别为《关于出口高保真音响连接线的情况说明》(2014年1月8日)、《关于出口高保真音响连接线的情况补充说明》(2014年4月2日)、《关于出口高保真音响连接线的补充情况说明》(2014年11月26日)。可见,答辩人在2014年11月28日向某泰公司留置送达《税务处理决定书》前,多次听取了某泰公司的陈述申辩意见,已充分保障了其陈述申辩的权利。(四)该案件不属于规定的重大税务案件,不适用重大税务案件审理程序。1.答辩人在二审期间向宁波市中级人民法院提交的《关于某泰公司案件有关重大税务案件审理的情况说明》中已列举相关规定证明,该案件不属于规定的重大税务案件。2.根据《宁波市国家税务局关于印发重大税务案件审理办法的通知》(甬国税发〔2004〕71号)第二条和第四条的规定,由于该案件不属于规定的重大税务案件,因此答辩人作为原宁波市国家税务局的本级税务稽查部门,根据程序规定无需将案件移交原宁波市国家税务局审理,但答辩人基于谨慎办案的考虑,仍对该案件在本局内部进行集体讨论,体现了答辩人行政执法的严谨性,符合法治精神。3.《宁波市国家税务局关于印发重大税务案件审理办法的通知》(甬国税发〔2004〕71号)第十四条第(六)项规定"由移送单位按规定程序进行处罚事项告知,举行听证,作出处理决定书、处罚决定书"。因此,并非所有的重大税务案件都适用听证,即便属于规定的重大税务案件,也只有在进行处罚时才适用听证,未进行处罚的,不适用听证。这一规定也与《中华人民共和国行政处罚法》第四十二条的规定相一致。综上,答辩人的税务行政处理程序取证程序正当合法。

二、二审法院认定的事实清楚，适用依据正确，某泰公司与黄鑫公司是实质上的委托代理关系。（一）某泰公司与黄鑫公司在委托代理关系存续期间，分别于2010年10月22日、2011年10月22日签订2份《委托代理出口协议》，同时分别签订119份《工矿产品购销合同》，且多份《工矿产品购销合同》中均明确约定"仅供商检"，2份《委托代理出口协议》也明确约定"所有甲方和乙方签订的货物购销合同仅供商检用"。同时，第2份《委托代理出口协议》在第七条"结算形式及付款方式"中将第1份《委托代理出口协议》约定的"按照1美元收取1角人民币的费用"补充修改为"按照1元美金收取人民币0.10元的代理费用"，特意增加了"代理"二字。此外，上述《工矿产品购销合同》的部分主要内容明显有悖常理，比如，第一条"质量标准、技术标准，供方对质量负责的条件和期限：按需方提供的样衣及资料打样并封样，需方确认后方可进行大货生产"。该条所载的"样衣"与出品的高保真音响连接线"风马牛不相及"，所谓的"打样"乃是服装行业的专用名词。这些条款表明，被答辩人与黄鑫公司签订的《工矿产品购销合同》存在极强的随意性，根本无法作为涉案的买卖合同进行履行。结合诸如该笔业务的业务员竺某凡的询问笔录、款项收付情况等各种证据，不难发现其目的仅为凭借该购销合同办理出口商检手续从而获取出口退税款，而非真正履行该购销合同，双方实际履行的是《委托代理出口协议》，该协议是双方的真实意思表示。（二）两份《委托代理出口协议》的效力及于整个出口业务存续期间。（三）在最根本的款项结算和发票开具上，某泰公司与黄鑫公司也是按照《委托代理出口协议》的约定在实际操作。根据答辩人在检查期间取得的某泰公司收汇、退税以及其与黄鑫公司之间的款项支付和发票开具的相关证据，其实际操作完全是按照《委托代理出口协议》的约定在履行。（四）至于某泰公司所谓的向黄鑫公司支付300万元"预付款"，事实上这一款项并不符合预付款的特征，因为根据往来明细账可以表明，在2012年1月16日，黄鑫公司已将该300万元返还给某泰公司，其实质上乃是企业之间的一种资金拆借。综上，无论是在约定条款的文本形式上，还是在实际履行上，某泰公司与黄鑫公司都是无可争议的委托代理关系，是假借"进销"名义而行"代理"之实，即为"真代理、假进销"。

三、二审法院认定本案适用国税发〔2006〕24号文件"双合同"不能退税的结论正确无误。（一）《中华人民共和国税收征收管理法实施细则》第三十八条第三款明确规定："税务机关应当加强对纳税人出口退税的管理，具体管理办法由国家税务总局会同国务院有关部门制定。"据此，为了加强出口退税管理，国家税务总局与商务部根据授权，联合制定了《国家税务总局 商务部关于进一步规范外贸出口经营秩序切实加强出口货物退（免）税管理的通知》（国税发〔2006〕24号），其上位法依据明确。（二）国税发〔2006〕24号文件第二条第（三）项明确规定，出口企业以自营名义出口，其出口的同一批货物既签订购货合同，又签订代理出口合同（或）协议的，出口企业不得将该业务向税务机关申报办理出口退（免）税。第三条又明确规定,出口企业凡从事本通知第二条所述业务之一并申报退(免)税的,一经发现,该业务已退(免)税款予以追回,未退(免)税款不再办理。某泰公司与黄鑫公司既签订《委托代理出口协议》又签订《工矿产品购销合同》的行为,完全符合该文件规定的不得退税的情形,其违规取得的退税款应予追回,答辩人作出的税务处理决定于法有据,法律依据明确。(三)国家打击出口企业签订"双合同"的政策具有一致性和连续性,且越来越严格。2012年7月1日实施的《财政部 国家税务总局关于出口货物劳务增值税和消费税调整政策的通知》(财税〔2012〕39号)第七条第(一)项第7目同样规定出口企业在签订"双合同"的情形下不予退税,不仅如此,还要视同内销征收增值税。可见,从始至终,出口企业以签订"双合同"的形式规避出口监管,违规获取出口退税款的行为都不被国家认可,明令禁止并予以严厉打击。(四)答辩人以国税发〔2006〕24号文件的规定作为作出税务处理决定的依据,向某泰公司送达的《税务处理决定书》也仅引用了国税发〔2006〕24号文件,并未引用某泰公司违规行为发生时尚未生效的财税〔2012〕39号文件作为依据,这一事实已在一审庭审时由某泰公司代理人当庭自认,并被二审法院予以明确认定,对此不存在争议。

四、某泰公司签订"双合同"的行为严重扰乱了国家出口退税秩序。(一)国家对出口货物退税管理具有明确规定。出口分为自营出口和委托代理出口两种模式,不同的出口模式有其严格的条件和程序要求。某泰公司通过与黄鑫公司签订"双合同"的手段,故意模糊委托代理出口和自营出口的界限,规避监管,扰乱国家出口退税秩序。(二)黄鑫公司作为无出口经营资格的生产企业,生产的又是国家限制出口的银制品,如果采用正规的委托代理出口模式,因为未办理出口退税的各项备案和认定手续,是无法取得出口退税款的。于是,黄鑫公司与某泰公司采取既签订《委托代理出口协议》又签订《工矿产品购销合同》的手段,借助某泰公司这个平台,明面上由某泰公司以自营名义出口,实质上却是代理出口,从而避开海关、税务等部门的监管,由某泰公司取得出口退税款后再回流至黄鑫公司。这样,黄鑫公司最终取得了原本无法取得的退税款,某泰公司则收取代理费。某泰公司与黄鑫公司的行为,事实上扰乱了出口退税秩序,造成了国家税款流失。(三)必须明确的是,有出口行为,并不意味着国家必然给予出口退税。企业从事出口业务,并非一定可以取得出口退税款,还必须具备规定的条件,国家行政机关为规范出口退税管理,有权对出口退税设定肯定性和否定性的相应条件。本案中,国家税务总局在国税发〔2006〕24号文件中将出口企业签订"双合同"行为设定为出口退税的否定性条件,即使某泰公司有出口行为,也因其行为符合规定的不得退税的条件而不得退税,已退税款应予追回。(四)某泰公司既签订《委托代理出口协议》又签订《工矿产品购销合同》的行为,置国家政策于不顾,严重扰乱了国家的出口退税秩序,若纵容这一行为,势必严重冲击现有的出口退税管理机制,导致国家税款的流失,不利于我国外贸行业的良性健康发展。

综上,二审法院以事实为依据,以法律为准绳作出判决,客观公正,维护了税法权威,挽回了国家税款损失,请求依法驳回某泰公司的再审请求。

被申请人宁波国税局答辩称：一、答辩人作出甬国税复决字〔2017〕1号行政复议决定，主体适格。二、答辩人作出的被诉行政复议决定，程序合法。三、答辩人作出的被诉行政复议决定，认定事实清楚，证据确凿，适用法律法规正确，再审申请人申请再审的事实和理由不能成立。（一）申请人符合"双合同"违规出口情形，稽查三局作出认定事实清楚，证据确凿。1.代理协议一直有效，条款约定详实，并按此履行。第一，申请人与黄鑫公司签订的2份《委托代理出口协议》明确约定"本协议自签订之日起生效，如无书面通知更改或取消本协议，则一直生效"。第二，2份《委托代理出口协议》明确出现了"甲乙双方经友好协商，就委托代理出口货物的有关事宜，达成如下协议""按照1元美金收取人民币0.10元的代理费用"等跟代理相关的条款。第三，2份《委托代理出口协议》对第1份《委托代理出口协议》的部分条款进行了补充和改动，将原来"按照1元美金收取1角人民币的费用"的条款修改为"按照1元美金收取人民币0.1元的代理费用"，条款中增加了"代理"二字，通过这种方式再次着重强调了双方之间的委托代理关系。第四，申请人与黄鑫公司签订的《委托代理出口协议》明确约定，由黄鑫公司承担出口货物和收汇过程中各环节发生的一切费用，如系申请人垫付的，黄鑫公司应及时偿还，也可由申请人在收汇后扣除。这一条款足以证明，即使申请人在以自己名义办理出口业务的过程中支付了相关费用，那也只是"垫付"，而非"最终承担者"，费用的最终承担者是黄鑫公司。2.购销合同仅供商检，有名无实。申请人与黄鑫公司签订的《工矿产品购销合同》明确约定"仅供商检"。同时，双方签订的2份《委托代理出口协议》也明确约定"双方签订的所有购销合同仅供商检用"。这些条款表明双方签订的购销合同仅仅是用于获取出口退税的手段，因为如果没有购销合同，就无法取得出口退税款。3.国家税务总局作为税收最高主管部门已对本案的性质作出了认定。（二）对"双合同"违规出口，稽查三局作出处理决定适用依据正确。申请人的出口行为符合《国家税务总局 商务部关于进一步规范外贸出口经营秩序切实加强出口货物退（免）税管理的通知》（国税发〔2006〕24号）第二条第（三）项规定的不得退税的情形。（三）稽查三局已充分保障了申请人的陈述申辩权利，程序合法正当。1.被诉税务处理行为不适用重大税务案件审理程序。根据《重大税务案件审理办法（试行）》（国税发〔2001〕21号）第三条第一款对重大税务案件标准的授权，原宁波市国家税务局于2004年4月14日印发了《宁波市国家税务局关于印发重大税务案件审理办法的通知》（甬国税发〔2004〕71号），对重大税务案件审理办法进行了细化规定，其第三条明确规定："宁波市国家税务局稽查局查处的税务案件符合下列情形之一的为本办法所称的重大税务案件：（一）偷税、逃避追缴欠税、骗取出口退税额在50万元以上的；（二）罚款数额50万元以上的；（三）没收违法所得，数额在10万元以上的。"该案系申请人违规出口获取退税而予以追回，不符合上述情形中的任何一种，因此不属于重大税务案件。再审申请人将重大税务案件审理与内部集体审议相混淆，误认为经稽查三局内部集体审议的案件就属于重大税务案件，实属误解。2.被诉税务处理行为不属于法定听证范围。该案系申请人违规出口获取退税而予以追回，是税务行政处理行为而非行政处罚行为。只有对当事人进行特定的行政处罚时，当事人才享有要求举行听证的权利；当事人要求听证的，税务机关才负有举行听证的义务。现行法律法规并没有明确规定作出税务处理决定之前必须实施听证，因此稽查三局在程序上完全符合《中华人民共和国税收征收管理法》《税务稽查工作规程》等相关法律法规、规范性文件的规定。3.稽查三局已充分保障了申请人的陈述申辩权利。稽查三局分别通过《询问笔录》等多种形式，告知了申请人享有陈述申辩的权利。而再审申请人也通过《关于出口高保真音响连接线的情况说明》（2014年1月8日）、《关于出口高保真音响连接线的情况补充说明》（2014年4月2日）、《关于出口高保真音响连接线的补充情况说明》（2014年11月26日）提出了陈述申辩。在稽查三局向再审申请人留置送达《税务处理决定书》前，再审申请人一直在通过各种途径表达意见，前述商务部财务司向国家税务总局货物和劳务税司的发函就是明证。再审申请人在再审申请中提出未能保障其实质性陈述、申辩权，完全与事实不符。四、二审判决认定事实清楚，适用法律、法规正确，程序正当合法。二审法院对于稽查三局和再审申请人提交的补充材料，因为已过举证期限，均未作为新证据进行认定，因此不存在再审申请人所主张的遗漏涉案证据的问题，二审审判程序正当合法。综上，再审申请人陈述的事实和理由不成立，二审判决认定事实清楚，适用法律正确，程序正当合法，请求法院依法驳回再审申请人的诉请。

再审庭审中，各方当事人围绕被申请人稽查三局作出的税务处理决定及被申请人宁波国税局作出的复议决定是否合法等审理重点进行了辩论。

经审理，法院对原一审判决查明的事实予以确认。

浙江省高级人民法院认为：行政机关作出对行政相对人不利的行政处理决定之前，应当依据正当程序原则的要求，事先告知相对人，并听取相对人的陈述和申辩，以充分保障行政相对人的合法权益。本案中，被申请人稽查三局作出的被诉税务处理决定，系决定追缴再审申请人某泰公司已申报并实际取得的25 615 391.31元出口退税款，该处理决定明显对某泰公司的权益产生重大不利影响。稽查三局在作出上述处理决定的过程中，应当按照正当程序原则的要求，依法告知，并充分保障某泰公司的陈述、申辩权利。但稽查三局在原审法定期间内提交的证据显示，其在作出该处理决定前，未因影响重大利益举行听证，亦未充分保障原告某泰公司陈述、申辩的权利。稽查三局辩称其于2014年1月7日已将载明有陈述申辩权内容的税务稽查工作底稿（二）告知某泰公司，某泰公司也分别于2014年1月8日、4月2日、11月26日向稽查三局出具某泰公司关于出口高保真音响连接线的情况说明、补充情况说明。但该税务稽查工作底稿和某泰公司出具的情况说明材料系稽查三局在二审期间提交，在复议和一审期间均未提交，二审法院已依法认定上述证据不能作为证明被诉行政行为合法的证据，故稽查三局的上述主张不能成立。二审法院认为，某泰公司自2014年3月起，多次通过宁波市商务委员会、宁波经济技术开发区管委会等与宁波国税局及稽查三局协调、沟通，某泰公司的意见已经通过上述机关进行了转达。且稽查三局于作出被诉税务处理决定9个月以后的2014年11月28日才予以留置送达，也给某泰公司足够的时间表达意见。但本案被诉税务处理决定于2014年2月21日作出，宁波市商务委员会、宁波经济技术开发区管委会等进行协调、沟通的时间为被诉税务处理决定作出以后，此时某泰公司客观上已无法进行陈述、申辩，即使表达意见，对于被诉税务处理决定的处理结果亦不会产生任何影响。稽查三局作出被诉税务处理决定，应依法及时进行送达，其时隔9个月才进行送达，程序明显违法。据此，二审法院关于被诉税务处理决定保障了某泰公司实质性陈述、申辩权利的观点难以成立。综上，稽查三局作出被诉税务处理决定，程序违法，依法应予撤销。宁波国税局复议维持稽查三局作出的税务处理决定错误，亦应予以撤销。一审法院判决撤销稽查三局作出的税务处理决定以及宁波国税局作出的复议决定正确。二审法院改判撤销一审判决不当，依法应予纠正。

2020年6月9日，浙江省高级人民法院依照《中华人民共和国行政诉讼法》第八十九条第一款第（二）项和《最高人民法院关于适用〈中华人民共和国行政诉讼法〉的解释》第一百一十九条第一款、第一百二十二条之规定，判决如下：一、撤销浙江省宁波市中级人民法院（2018）浙02行终135号行政判决；二、维持浙江省宁波市江北区人民法院（2017）浙0205行初85号行政判决。一审、二审案件受理费共计100元，由被申请人国家税务总局宁波市税务局第三稽查局、国家税务总局宁波市税务局承担。

（四）审理后的处理方式

1. 审理后区分情形分别作出处理

经审理，区分下列情形分别作出处理：

（1）有税收违法行为，应当作出税务处理决定的，制作税务处理决定书。

（2）有税收违法行为，应当作出税务行政处罚决定的，制作税务行政处罚决定书。

（3）税收违法行为轻微，依法可以不予税务行政处罚的，制作不予税务行政处罚决定书。

（4）没有税收违法行为的，制作税务稽查结论。

税务处理决定书、税务行政处罚决定书、不予税务行政处罚决定书、税务稽查结论引用的法律、行政法规、规章及其他规范性文件，应当注明文件全称、文号和有关条款。

2. 税务处理决定书包括的主要内容

（1）被查对象姓名或者名称、有效身份证件号码或者统一社会信用代码、地址。

（2）检查范围和内容。

（3）税收违法事实及所属期间。

（4）处理决定及依据。

（5）税款金额、缴纳期限及地点。

（6）税款滞纳时间、滞纳金计算方法、缴纳期限及地点。
（7）被查对象不按期履行处理决定应当承担的责任。
（8）申请行政复议或者提起行政诉讼的途径和期限。
（9）处理决定书的文号、制作日期、税务机关名称及印章。

3.税务行政处理决定书包括的主要内容
（1）被查对象或者其他涉税当事人姓名或者名称、有效身份证件号码或者统一社会信用代码、地址。没有统一社会信用代码的，以税务机关赋予的纳税人识别号代替。
（2）检查范围和内容。
（3）税收违法事实、证据及所属期间。
（4）行政处罚种类和依据。
（5）行政处罚履行方式、期限和地点。
（6）当事人不按期履行行政处罚决定应当承担的责任。
（7）申请行政复议或者提起行政诉讼的途径和期限。
（8）行政处罚决定书的文号、制作日期、税务机关名称及印章。

税务行政处罚决定应当依法公开。公开的行政处罚决定被依法变更、撤销、确认违法或者确认无效的，应当在3个工作日内撤回原行政处罚决定信息并公开说明理由。

4.不予税务行政处罚决定书包括的主要内容
（1）被查对象或者其他涉税当事人姓名或者名称、有效身份证件号码或者统一社会信用代码、地址。没有统一社会信用代码的，以税务机关赋予的纳税人识别号代替。
（2）检查范围和内容。
（3）税收违法事实及所属期间。
（4）不予税务行政处罚的理由及依据。
（5）申请行政复议或者提起行政诉讼的途径和期限。
（6）不予行政处罚决定书的文号、制作日期、税务机关名称及印章。

5.税务稽查结论包括的主要内容
（1）被查对象姓名或者名称、有效身份证件号码或者统一社会信用代码、地址。没有统一社会信用代码的，以税务机关赋予的纳税人识别号代替。
（2）检查范围和内容。
（3）检查时间和检查所属期间。
（4）检查结论。
（5）结论的文号、制作日期、税务机关名称及印章。

（五）税务稽查的期限与涉罪移送

稽查局应当自立案之日起90日内作出行政处理、处罚决定或者无税收违法行为结论。案情复杂需要延期的，经税务局局长批准，可以延长不超过90日；特殊情况或者发生不可抗力需要继续延期的，应当经上一级税务局分管副局长批准，并确定合理的延长期限。但下列时间不计算在内：

（1）中止检查的时间。

（2）请示上级机关或者征求有权机关意见的时间。

（3）提请重大税务案件审理的时间。

（4）因其他方式无法送达，公告送达文书的时间。

（5）组织听证的时间。

（6）纳税人、扣缴义务人超期提供资料的时间。

（7）移送司法机关后，税务机关需根据司法文书决定是否处罚的案件，从司法机关接受移送到司法文书生效的时间。

税收违法行为涉嫌犯罪的，填制涉嫌犯罪案件移送书，经税务局局长批准后，依法移送公安机关，并附送以下资料：①涉嫌犯罪案件情况的调查报告。②涉嫌犯罪的主要证据材料复制件。③其他有关涉嫌犯罪的材料。

五、税务稽查案件的执行制度

（一）文书送达与强制执行

稽查局应当依法及时送达税务处理决定书、税务行政处罚决定书、不予税务行政处罚决定书、税务稽查结论等税务文书。

具有下列情形之一的，经县以上税务局局长批准，稽查局可以依法强制执行，或者依法申请人民法院强制执行：

（1）纳税人、扣缴义务人未按照规定的期限缴纳或者解缴税款、滞纳金，责令限期缴纳逾期仍未缴纳的。

（2）经稽查局确认的纳税担保人未按照规定的期限缴纳所担保的税款、滞纳金，责令限期缴纳逾期仍未缴纳的。

（3）当事人对处罚决定逾期不申请行政复议也不向人民法院起诉、又不履行的。

（4）其他可以依法强制执行的。

当事人确有经济困难，需要延期或者分期缴纳罚款的，可向稽查局提出申请，经税务局局长批准后，可以暂缓或者分期缴纳。

（二）强制执行的程序

作出强制执行决定前，应当制作并送达催告文书，催告当事人履行义务，听取当事人陈述、申辩意见。经催告，当事人逾期仍不履行行政决定，且无正当理由的，经县以上税务局局长批准，实施强制执行。

实施强制执行时，应当向被执行人送达强制执行决定书，告知其实施强制执行的内容、理由及依据，并告知其享有依法申请行政复议或者提起行政诉讼的权利。

催告期间，对有证据证明有转移或者隐匿财物迹象的，可以作出立即强制执行决定。

（三）银行存款的强制执行

稽查局采取从被执行人开户银行或者其他金融机构的存款中扣缴税款、滞纳金、罚款措施时，应当向被执行人开户银行或者其他金融机构送达扣缴税收款项通知书，依法扣缴税款、滞纳金、罚款，并及时将有关凭证送达被执行人。

（四）拍卖与变卖

拍卖、变卖被执行人商品、货物或者其他财产，以拍卖、变卖所得抵缴税款、滞纳金、罚款的，在拍卖、变卖前应当依法进行查封、扣押。

稽查局拍卖、变卖被执行人商品、货物或者其他财产前，应当制作拍卖或变卖抵税财物决定书，经县以上税务局局长批准后送达被执行人，予以拍卖或者变卖。

拍卖或者变卖实现后，应当在结算并收取价款后3个工作日内，办理税款、滞纳金、罚款的入库手续，并制作拍卖或变卖结果通知书，附拍卖或变卖查封、扣押的商品、货物或者其他财产清单，经稽查局局长审核后，送达被执行人。

以拍卖或者变卖所得抵缴税款、滞纳金、罚款和拍卖、变卖等费用后，尚有剩余的财产或者无法进行拍卖、变卖的财产的，应当制作返还商品、货物或者其他财产通知书，附返还商品、货物或者其他财产清单，送达被执行人，并自办理税款、滞纳金、罚款入库手续之日起3个工作日内退还被执行人。

（五）中止执行与终结执行

执行过程中发现有下列情形之一的，经稽查局局长批准后，中止执行：
（1）当事人死亡或者被依法宣告死亡，尚未确定可执行财产的。
（2）当事人进入破产清算程序尚未终结的。
（3）可执行财产被司法机关或者其他国家机关依法查封、扣押、冻结，致使执行暂时无法进行的。
（4）可供执行的标的物需要人民法院或者仲裁机构确定权属的。
（5）法律、行政法规和国家税务总局规定其他可以中止执行的。
中止执行情形消失后，经稽查局局长批准，恢复执行。

当事人确无财产可供抵缴税款、滞纳金、罚款或者依照破产清算程序确实无法清缴税款、滞纳金、罚款，或者有其他法定终结执行情形的，经税务局局长批准后，终结执行。

（六）重新作出税务决定

税务处理决定书、税务行政处罚决定书等决定性文书送达后，有下列情形之一的，稽查局可以依法重新作出：
（1）决定性文书被人民法院判决撤销的。

（2）决定性文书被行政复议机关决定撤销的。

（3）税务机关认为需要变更或者撤销原决定性文书的。

（4）其他依法需要变更或者撤销原决定性文书的。

第二节　税务行政处罚听证流程与税务听证典型案例

一、税务听证的原则与适用情形

（一）税务听证的原则

税务行政处罚的听证，遵循合法、公正、公开、及时和便民的原则。

（二）税务听证的适用情形

税务机关对公民作出2 000元以上（含本数）罚款或者对法人或者其他组织作出1万元以上（含本数）罚款的行政处罚之前，应当向当事人送达《税务行政处罚事项告知书》，告知当事人已经查明的违法事实、证据、行政处罚的法律依据和拟将给予的行政处罚，并告知其有要求举行听证的权利。

二、税务听证的提出

（一）当事人提出听证申请

要求听证的当事人，应当在《税务行政处罚事项告知书》送达后3日内向税务机关书面提出听证；逾期不提出的，视为放弃听证权利。当事人要求听证的，税务机关应当组织听证。

（二）听证通知

税务机关应当在收到当事人听证要求后15日内举行听证，并在举行听证的7日前将《税务行政处罚听证通知书》送达当事人，通知当事人举行听证的时间、地点、听证主持人的姓名及有关事项。

当事人由于不可抗力或者其他特殊情况而耽误提出听证期限的，在障碍消除后5日以内，可以申请延长期限。申请是否准许，由组织听证的税务机关决定。

（三）改变行政处罚决定

当事人提出听证后，税务机关发现自己拟作的行政处罚决定对事实认定有错误或者偏差，应当予以改变，并及时向当事人说明。

三、税务听证的举行

（一）听证主持人

税务行政处罚的听证，由税务机关负责人指定的非本案调查机构的人员主持，当事人、本案调查人员及其他有关人员参加。

听证主持人应当依法行使职权，不受任何组织和个人的干涉。

（二）听证代理

当事人可以亲自参加听证，也可以委托一至二人代理。当事人委托代理人参加听证的，应当向其代理人出具代理委托书。代理委托书应当注明有关事项，并经税务机关或者听证主持人审核确认。

（三）听证回避

当事人认为听证主持人与本案有直接利害关系的，有权申请回避。回避申请，应当在举行听证的3日前向税务机关提出，并说明理由。听证主持人是本案当事人的近亲属，或者认为自己与本案有直接利害关系或其他关系可能影响公正听证的，应当自行提出回避。

听证主持人的回避，由组织听证的税务机关负责人决定。对驳回申请回避的决定，当事人可以申请复核一次。

（四）公开听证

税务行政处罚听证应当公开进行。但是涉及国家秘密、商业秘密或者个人隐私的，听证不公开进行。

对公开听证的案件，应当先期公告当事人和本案调查人员的姓名、案由和听证的时间、地点。公开进行的听证，应当允许群众旁听。经听证主持人许可，旁听群众可以发表意见。

对不公开听证的案件，应当宣布不公开听证的理由。

（五）放弃听证

当事人或者其代理人应当按照税务机关的通知参加听证，无正当理由不参加的，视为放弃听证权利。听证应当予以终止。本案调查人员有上述情形的，不影响听证的进行。

【税务稽查风险案例8-3】

2019年10月，M市国税局稽查局检查发现，甲公司2018年度"职工福利费"虽未超支，但其中支付2018年度离退休人员医疗费、房屋补贴超出预提统筹外费用2 800万元，此项费用列支了职工福利费。该项支出按规定应作为"与企业取得收入无关"的支出，不予进行税前扣除。稽查局认为，离退休人员已不在企业工作，不能够给企业带来任何收益，对其支付的任何费用都与企业收入无关，根据《中华人民共和国企业所得税法》第十条第八项规定，应调增应纳税所得额2 800万元，依法补缴企业所得税700万元，并向甲公司作出行政处罚，罚350万元。

甲公司于2019年10月23日，依法向M市国税局提出行政处罚听证申请。听证会上，双方围绕企业该项行为是否定性为偷税并罚款问题，展开了激烈辩论。

税务稽查人员认为：第一，企业有能力知道该项支出应当缴纳税款。第二，企业将该项超支预提费用作为职工福利费予以税前扣除，也不能排除依法缴纳税款的责任。第三，企业能够知道税法规定不予税前扣除而仍进行税前列支并申报扣除，显然是"虚假的纳税申报"行为，按照相关规定应当构成偷税并处以少缴税款50%以上5倍以下的罚款。

秦某代表甲公司从法学理论和相关法律规定上进行了深入论述，提出了三点辩驳意见：第一，甲公司该项少缴税款行为，不属于虚假的纳税申报行为。第二，甲公司没有少缴税款的主观故意。第三，该项目应属于税务机关告知申报事项。

经听证，市国税局充分听取当事人陈述和申辩，并对相关事实、理由和依据进行认真复核，认为企业提出的事实、理由、依据成立，决定依法责令企业按规定补缴税款，不予进行行政处罚。M市国税局认为，企业该项少缴税款的法律征收依据属于概括性表述，适用该规定确定具体征税事项时，应当由征管部门依法作出明确性征税表示后，企业才可能依"明示"内容进行申报纳税。该项少缴税款，既没有法律明确规定应当缴纳，也没有证据表明企业已从税务机关获知该项业务应当缴纳税款的明示证据，企业是因缺乏明确法定计税依据未调增应纳税所得额而造成的少缴税款。企业按财务规定记账，纳税申报据实、合法。在纳税上，甲公司该项少缴税款既未采取虚假的纳税申报手段，也不属于在账簿上多列支出及其他法定偷税手段，因此不具有不缴少缴应纳税款的主观故意，不构成偷税。

四、听证的程序

（一）听证主持

听证开始时，听证主持人应当首先声明并出示税务机关负责人授权主持听证的决定，然后查明当事人或者其代理人、本案调查人员、证人及其他有关人员是否到场，宣布案由；宣布听证会的组成人员名单；告知当事人有关的权利与义务。记录员宣读听证会场纪律。

（二）听证辩论

听证过程中，由本案调查人员就当事人的违法行为予以指控，并出示事实证据材料，提出行政处罚建议。当事人或者其代理人可以就所指控的事实和相关问题进行申辩和质证。

听证主持人可以对本案所及事实进行询问，保障控辩双方充分陈述事实，发表意见，并就各自出示的证据的合法性、真实性进行辩论。辩论先由本案调查人员发言，再由当事人或者其代理人答辩，然后双方相互辩论。

辩论终结，听证主持人可以再就本案的事实、证据及有关问题向当事人或者其代理人、本案调查人员征求意见。当事人或者其代理人有最后陈述的权利。

（三）听证中止

听证主持人认为证据有疑问无法听证辨明，可能影响税务行政处罚的准确公正的，可以宣布中止听证，由本案调查人员对证据进行调查核实后再行听证。

当事人或者其代理人可以申请对有关证据进行重新核实，或者提出延期听证；是否准许，由听证主持人或者税务机关作出决定。

（四）听证终止

听证过程中，当事人或者其代理人放弃申辩和质证权利，声明退出听证会，或者不经听证主持人许可擅自退出听证会的，听证主持人可以宣布听证终止。

（五）听证秩序维持

听证过程中，当事人或者其代理人、本案调查人员、证人及其他人员违反听证秩序，听证主持人应当警告制止；对不听制止的，可以责令其退出听证会场。

当事人或者其代理人有前款规定严重行为致使听证无法进行的，听证主持人或者税务机关可以终止听证。

（六）听证笔录

听证的全部活动，应当由记录员写成笔录，经听证主持人审阅并由听证主持人和记录员签名后，封卷上交税务机关负责人审阅。

听证笔录应交当事人或者其代理人、本案调查人员、证人及其他有关人员阅读或者向他们宣读，他们认为有遗漏或者有差错的，可以请求补充或者改正。他们在承认没有错误后，应当签字或者盖章。拒绝签名或者盖章的，记明情况附卷。

五、税务听证其他制度

（一）向负责人报告

听证结束后，听证主持人应当将听证情况和处理意见报告税务机关负责人。

（二）不听证不能处罚

对应当进行听证的案件，税务机关不组织听证，行政处罚决定不能成立；当事人放弃听证权利或者被正当取消听证权利的除外。

（三）听证费用

听证费用由组织听证的税务机关支付，不得由要求听证的当事人承担或者变相承担。

【税务稽查风险案例8-4】

根据福建省龙岩市中级人民法院（2017）闽08行终59号行政判决书，上诉人苏某滨因税务行政处罚一案，不服连城县人民法院（2016）闽0825行初26号行政判决，向龙岩市中级人民法院提起上诉。

被上诉人龙岩市新罗区地方税务局于2016年6月15日对上诉人作出龙新地税罚〔2016〕36号《税务行政处罚决定书》，认为：上诉人作为苏某兴股权转让个人所得税的法定扣缴义务人，应扣未扣苏某兴股权转让所得个人所得税294.35万元的行为属于《中华人民共和国税收征收管理法》第六十九条规定的"扣缴义务人应扣未扣税款"的行为，对上诉人处应扣未扣税款294.35万元的50%的罚款147.175万元。上诉人不服，向被上诉人龙岩市地方税务局申请行政复议，被上诉人龙岩市地方税务局于2016年10月18日对上诉人作出岩地税复决字〔2016〕3号《税务行政复议决定书》，维持龙新地税罚〔2016〕36号《税务行政处罚决定书》。

原审查明，2011年6月13日，原告与新罗区水鸭科煤炭有限公司股东苏某兴签订《股权转让协议》，协议约定：苏某兴将持有龙岩市新罗区水鸭科煤炭有限公司11%的股权共55万元出资额，以3 000万元人民币转让给原告。协议签订后，原告于2011年6月14日支付两笔股权转让款项共计1 200万元给苏某兴。2011年6月17日，龙岩市新罗区水鸭科煤炭有限公司办理了工商变更登记，苏某兴持有的11%股权变更登记为原告名下。2012年3月9日，原告支付四笔股权转让款共计1 369万元给苏某兴。2013年4月1日，新罗区水鸭科煤炭有限公司向新罗区地方税务局白沙分局送达了《关于股权转让扣缴个人所得税的报告》，内容有：白沙分局应在2013年4月21日前确认扣缴的个人所得税金额，否则原告不再履行扣缴义务。白沙分局于2013年4月3日向新罗区水鸭科煤炭有限公司送达了《关于龙岩市新罗区水鸭科煤炭有限公司股权转让扣缴个人所得税的报告的回复》，内容有：公司于2013年4月10日前提供私营企业登记基本情况表（工商局办理股权变更时)、股权转让协议、中介机构出具的《资产评估报告》,财务报表《资产负债表》《利润表》(股权转让前一个月报表),若无法提供上述资料,将以公司章程(注册资金500万元)和《福建省高级人民法院民事调解书(2011)闽民初字第3号》中确认的转让价款(股东杨某良转让价款2 650万元,股东苏某兴转让价款3 000万元),按其差额确认为转让收益征收20%股权转让个人所得税,并分别征收0.005%产权转移印花税。事后,新罗区水鸭科煤炭有限公司向被告新罗区地税局提交《涉税事项资产评估报告书》。2013年6月6日,原告以纳税人苏某兴名义向新罗区地税局白沙分局申报纳税税款51.066 537万元,填写了《福建省地方税(费)综合申报表》,并于当日以纳税人苏某兴的名义缴纳了51.066 537万元税款。新罗区地税局白沙分局于当日分别出具了税种为印花税,金额为1.5万元和税种为个人所得税,金额为49.566 537万元的二张完税证给原告。2013年6月20日,原告支付股权转让款140.25万元给苏某兴。2013年10月9日原告以扣缴义务人名义向新罗区地税局白沙分局申报纳税人苏某兴股权转让收益个人所得税税款239.683 463万元,填写了《代扣代缴、代收代缴税款报告表》,并于当日以纳税人苏某兴的名义缴纳了个人所得税款239.683 463万元。新罗区地税局白沙分局于当日出具了一张税种为个人所得税的完税证给原告。至此,原告向苏某兴支付完毕股权转让款3 000万元(含代扣税款290.75万元),印花税1.5万元。2014年6月3日,原告为苏某兴代缴股权转让个人所得税5.1万元。为此,原告为苏某兴代缴股权转让税款295.85万元,其中个人所得税款294.35万元。2014年5月30日,新罗区地方税务局白沙分局作出龙新地税通催〔2014〕2号《税务事项通知书》,认定原告逾期未缴苏某兴财产转让所得收益个人所得税299.45万元及逾期2013年7月16日至2013年10月9日缴纳滞纳金10.306 389万元,限原告于2014年6月13日前缴纳。原告不服,提出复议,2015年1月13日,复议机关作出维持复议决定。2015年1月27日,原告向新罗区人民法院起诉,请求撤销龙新地税通催〔2014〕2号《税务事项通知书》。新罗区人民法院作出(2015)龙新行初字第33号《行政判决书》,认为原告提出的诉讼请求理由不成立,不予支持,判决驳回原告的诉讼请求。

宣判后,原告不服,向龙岩市中级人民法院提起上诉。龙岩市中级人民法院作出(2015)岩行终字第74号《行政判决书》,认为新罗区地方税务局白沙分局要求原告应继续履行缴纳纳税义务人剩余未缴个人所得税及滞纳金缺乏事实和法律依据,依法撤销2014年5月30日作出的龙新地税通催〔2014〕2号《税务事项通知书》。因部分基层分局工作职能、征管范围的调整,被告新罗区地方税务局于2015年1月7日在《闽西日报》公告,主要内容:自2015年1月1日起白沙分局调整为专门负责纳税评估的机构,负责税收风险防控和纳税评估工作,白沙分局原税费征管业务划归雁石分局负责,白沙分局原管征纳税人划入雁石分局管征。雁石分局于2016年1月27日邮寄方式向原告送达龙新地税(雁)通〔2016〕3号《税务事项通知书》和于2016年3月11日邮寄方式向原告送达龙新地税罚告〔2016〕10号《税务行政处罚事项告知书》,但均未能送达给原告。2016年3月10日,被告新罗区地税局和雁石分局在《闽西日报》公告了上述两份文件。《税务行政处罚事项告知书》主要内容是：据《中华人民共和国税收征收管理法》第六十九条规定，拟对原告作出应扣未扣苏某兴股权转让所得个人所得税294.35万元的行为，处应扣未扣税款50%的罚款147.175万元和法律规定享有的相关权利。《税务事项通知书》主要内容：补扣苏某兴股权转让收入个人所得税294.35万元和代扣代缴苏某兴股权转让利息收入应纳的个人所得税及其可申请复议的权利。2016年4月21日，原告对龙新地税罚告〔2016〕10号《龙岩市新罗区地方税务局行政处罚事项告知书》，向被告新罗区地税局提出行政处罚听证申请。被告新罗区地税局于2016年5月3日在被告新罗区地方税务局八楼会议室组织听证会，进行了听证。2016年6月15日，被告新罗区地税局作出龙新地税罚〔2016〕36号《税务行政处罚决定书》，据原告应扣未扣苏某兴股权转让所得个人所得税294.35万元〔（3 000-56.5）×20%〕的违法行为事实，依照《中华人民共和国税收征收管理法》第六十九条规定，对原告处应扣未扣税款50%的罚款147.175万元。该决定书通过邮寄方式，于2016年6月24日送达给原告。原告不服，于2016年8月21日向被告龙岩市地税局提起行政复议申请。2016年8月22日，被告龙岩市地税局收到申请后，于2016年8月29日作出岩地税复受字〔2016〕4号《受理行政复议申请通知书》，决定自收到行政复议申请之日起予以受理。随后，被告龙岩市地税局向被告新罗区地税局作出岩地税复答字〔2016〕4号《行政复议答复通知书》，要求被告新罗区地税局提出书面答复及提供作出税务具体行政作为的证据、依据和其他相关材料。2016年9月7日，被告新罗区地税局提交《行政复议答复书》。2016年10月18日，被告龙岩市地税局作出岩地税复决字〔2016〕3号《税务行政复议决定书》。该决定书通过邮寄方式，于2016年10月20日送达给了原告。原告不服，向原审法院提起诉讼，请求判决撤销龙岩市新罗区地方税务局作出的龙新地税罚〔2016〕36号税务行政处罚决定以及龙岩市地方税务局作出的岩地税复决字〔2016〕3号税务行政复议决定。

另查明，龙岩市新罗区水鸭科煤炭有限公司成立于2013年10月21日，注册资本500万元。2011年6月13日，公司变更前，股东苏某兴出资金额登记为55万元。2013年5月31日，龙岩华泰资产评估有限公司出具涉税事项资产评估报告书，认定公司在2010年12月31日的资产市场价值为105 192.2460万元。

原审认为，据《中华人民共和国税收征收管理法》第五条第一款"国务院税务主管部门主管全国税收征收管理工作。各地国家税务局和地方税务局应当按照国务院规定的税收征收管理范围分别进行征收管理"和《国家税务总局关于加强股权转让所得征收个人所得税管理的通知》第三条"个人股东股权转让所得个人所得税以发生股权变更企业所在地地税机关为主管税务机关"的规定，被告龙岩市新罗区地方税务局负有对本案涉税事项进行征收管理的法定职责，作出被诉具体行政行为权源有据。

《中华人民共和国行政复议法》第十二条第一款"对县级以上地方各级人民政府工作部门的具体行政行为不服的，由申请人选择，可以向该部门的本级人民政府申请行政复议，也可以向上一级主管部门申请行政复议"的规定，被告龙岩市地方税务局对本案《税务行政处罚决定书》作出被诉行政复议行政行为权源有据。

《中华人民共和国个人所得税法》第八条"个人所得税，以所得人为纳税义务人，以支付所得的单位或者个人为扣缴义务人。个人所得超过国务院规定数额的，在两处以上取得工资、薪金所得或者没有扣缴义务人的，以及具有国务院规定的其他情形的，纳税义务人应当按照国家规定办理纳税申报。扣缴义务人应当按照国家规定办理全员全额扣缴申报"的规定，原告是本案涉税的扣缴法定义务人。

本案双方当事人对苏某兴股权转让所得个人所得税征收金额588.7万元及被诉行政行为均遵循了法律程序性的规定没有争议。争议焦点是被告是否完成本案苏某兴股权转让所得个人所得税扣缴义务；被诉行政行为是否合法、正确。被告新罗区地税局据工作需要对下属白沙分局和雁石分局职责调整，不违反法律禁止性的规定。《中华人民共和国税收征收管理法》第二十五条第二款"扣缴义务人必须依照法律、行政法规规定或者税务机关依照法律、行政法规的规定确定的申报期限、申报内容如实报送代扣代缴、代收代缴税款报告表以及税务机关根据实际需要要求扣缴义务人报送的其他有关资料"和《税收票证管理办法》第十七条"税收完税证明是税务机关为证明纳税人已经缴纳税款或者已经退还纳税人税款而开具的纸质税收票证……"的规定，原告应当如实报送自己代扣代缴报告表。原告在2013年6月6日、10月9日代扣代缴税款时，新罗区地税局白沙分局开具三张完税证给原告，原告应当知道税务机关开具的完税证仅是收取当次纳税金额的凭证。原告认为其提供的《龙岩市新罗区水鸭科煤炭有限公司关于股权转让扣缴个人所得税的报告》《代扣代缴、代收代缴税款报告表》《税收转账专用完税证》证明被告新罗区地税局只认定原告代扣代缴税款290.75万元义务的意见，没有法律依据，不予采纳。

龙岩市新罗区人民法院（2015）龙新行初字第33号《行政判决书》和龙岩市中级人民法院（2015）岩行终字第74号《行政判决书》审理的是新罗区地税局白沙分局作出的龙新地税通催〔2014〕2号《税务事项通知书》，该通知书所认定事实和作出处理结果与本案被告新罗区地税局作出的被诉行政行为所认定的事实和作出处理结果，属不同事实和不同结果，原告认为属于作出基本相同的行政处罚行为而违法的意见，不予采纳。原告是本案苏某兴股权转让所得个人所得税代扣代缴法定义务人，应当依法如实申报和代扣代缴税款。原告依法应当代扣代缴苏某兴股权转让所得个人所得税款为588.7万元，原告仅扣缴294.35万元，原告在支付转让款3 000万元时，原告完全能扣而未扣苏某兴股权转让所得个人所得税款294.35万元，依法应承担税务行政罚款的法律责任。《中华人民共和国税收征收管理法》第六十九条"扣缴义务人应扣未扣、应收而不收税款的，由税务机关向纳税人追缴税款，对扣缴义务人处应扣未扣、应收未收税款50%以上3倍以下的罚款"的规定，被告新罗区地税局作出的龙新地税罚〔2016〕36号《税务行政处罚决定书》，认定事实和适用法律正确。

综上，被告新罗区地税局作出的龙新地税罚〔2016〕36号《税务行政处罚决定书》和被告龙岩市地税局作出的岩地税复决字〔2016〕3号《税务行政复议决定书》，证据确凿，认定事实清楚、适用法律法规正确、程序合法，原告要求撤销的诉讼请求理由不成立，依法予以驳回。依照《中华人民共和国行政诉讼法》第六十九条、第七十九条和《最高人民法院关于适用〈中华人民共和国行政诉讼法〉若干问题的解释》第十条第一款的规定，遂判决：一、驳回原告苏某滨要求撤销被告新罗区地方税务局龙新地税罚〔2016〕36号《税务行政处罚决定书》的诉讼请求；二、驳回原告苏某滨要求撤销被告龙岩市地方税务局岩地税复决字〔2016〕3号《税务行政复议决定书》的诉讼请求。案件受理费50元，由原告苏某滨负担。

宣判后，原审原告不服，提起上诉称：1.在上诉人与苏某兴就股权转让款支付有争议时，上诉人作为扣缴义务人，已履行代扣代缴义务，不存在不履行扣缴义务的行为。2.福建省高级人民法院裁定上诉人还需要向苏某兴支付股权转让款后，上诉人及时向新罗区地税申报代扣代缴税款，根据新罗区地税局回复，上诉人履行了扣缴义务，未向苏某兴支付剩余300多万元款项，不存在应扣未扣税款的行为。3.根据《中华人民共和国行政处罚法》第二十九条规定，本案行政处罚已超过法定的两年时效，对上诉人不应予以处罚。庭审中上诉人补充：1.被诉行政处罚决定认定的苏某兴应缴税额计算有误，导致对苏某滨的处罚金额亦有误，应予撤销。2.被诉行政处罚决定和行政复议决定的程序严重违法。3.原审法院没有将苏某兴追为第三人，应属遗漏当事人。上诉请求：1.撤销原判；2.撤销龙岩市新罗区地方税务局作出的龙新地税罚〔2016〕36号税务行政处罚决定以及龙岩市地方税务局作出的岩地税复决字〔2016〕3号税务行政复议决定。

被上诉人答辩称：1.苏某滨认为其履行了代扣代缴义务的上诉理由不能成立。2.苏某滨认为福建省高级人民法院裁定后，其已向新罗区地税局申报并履行了扣缴义务，与事实不符。3.苏某滨认为本案行政处罚已经超过两年法定时效的上诉理由不成立。4.苏某滨认为本案行政处罚违反法定程序，是对新罗区地税局与雁石分局分别作出的2份《税务事项通知书》内容的曲解。补充：1.调解书上诉人并没有写明股权原值，工商登记的股权比例为11%，原值是55万元，新罗地税据此认定股权原值有充分证据。2.上诉人认为我们没有提供的证据其实是属于被上诉人内部决策的流程，在本案行政行为中，不需要展示内部流程相关证据。3.本案的税务行政处罚行为是针对苏某滨作出的，苏某兴并没有对补缴认定提出行政复议和行政诉讼，其与本案不具有利害关系，无需将苏某兴列为本案第三人。请求：驳回上诉，维持原判。

一审期间，双方当事人在法定举证期限内向原审法院提交的证据材料，已经原审庭审举证质证，证据名称和证明对象均记录于原审行政判决书中，相应的证据材料亦随案移送二审法院。

经审理查明，上诉人对一审判决书第25页第1~2行中查明认定的事实"将持有龙岩市新罗区水鸭科煤炭有限公司11%的股权共55万元出资额"、第25页第5行中"苏某兴持有的11%股权变更登记为原告名下"有异议，认为"实际股权是21.5%，股权共107.5万元"。被上诉人对原审查明的事实没有异议，二审法院对双方无异议的事实予以确认。

二审审理中，法院调取了福建省高级人民法院于2011年2月28日作出的（2011）闽民初字第3号民事调解书，并出示三方当事人质证，三方当事人均无异议。

综上，二审法院除确认原审查明的事实，另查明，福建省高级人民法院于2011年2月28日作出的（2011）闽民初字第3号民事调解书确认"股东苏某兴同意其占有的龙岩市新罗区水鸭科煤炭有限公司的全部股权（占公司股权的11%，实际股权21.5%）转让给股东苏某滨，转让价款为人民币3 000万元整"的事实。

二审法院认为：第一，《中华人民共和国税收征收管理法》第五条第一款规定：国务院税务主管部门主管全国税收征收管理工作。各地国家税务局和地方税务局应当按照国务院规定的税收征收管理范围分别进行征收管理。依前述法律规定，被上诉人龙岩市新罗区地方税务局负有对本案涉税事项进行征收管理的法定职责，其作出被诉行政行为有理有据，二审法院依法确认被上诉人龙岩市新罗区地方税务局执法主体适格。

第二，关于本案是否超过行政处罚的时效的问题。

《中华人民共和国行政处罚法》第二十九条第一款规定：违法行为在二年内未被发现的，不再给予行政处罚。法律另有规定的除外。《中华人民共和国税收征收管理法》第八十六条规定：违反税收法律、行政法规应当给予行政处罚的行为，在5年内未被发现的，不再给予行政处罚。联系本案而言，2013年10月9日上诉人以扣缴义务人名义向新罗区地税局白沙分局申报纳税人苏某兴股权转让收益个人所得税税款239.683 463万元，填写了《代扣代缴、代收代缴税款报告表》，并于当日以纳税人苏某兴的名义缴纳了个人所得税239.683 463万元。新罗区地税局白沙分局于当日出具了一张税种为个人所得税的完税证给上诉人。至此，上诉人向苏某兴支付完毕股权转让款3 000万元（含代扣税款290.75万元），印花税1.5万元。也就是说，上诉人违法行为发生之日应为2013年10月9日，至今未超过前述法律规定的5年时效，上诉人主张超过《中华人民共和国行政处罚法》2年时效的理由于法无据，二审法院依法不予采纳。

第三，关于上诉人是否存在不履行扣缴义务行为的问题。

《中华人民共和国个人所得税法》第八条规定：个人所得税，以所得人为纳税义务人，以支付所得的单位或者个人为扣缴义务人。个人所得超过国务院规定数额的，在两处以上取得工资、薪金所得或者没有扣缴义务人的，以及具有国务院规定的其他情形的，纳税义务人应当按照国家规定办理纳税申报。扣缴义务人应当按照国家规定办理全员全额扣缴申报。《中华人民共和国税收征收管理法》第二十五条第二款规定：扣缴义务人必须依照法律、行政法规规定或者税务机关依照法律、行政法规的规定确定的申报期限、申报内容如实报送代扣代缴、代收代缴税款报告表以及税务机关根据实际需要要求扣缴义务人报送的其他有关资料。联系本案而言，上诉人是本案涉税的扣缴法定义务人，负有代扣代缴该股权转让个人所得税税款的义务。上诉人应当如实报送自己代扣代缴报告表，上诉人在2013年6月6日、10月9日代扣代缴税款时，新罗区地税局白沙分局开具3张完税证给上诉人，上诉人应当知道税务机关开具的完税证仅是收取当次纳税金额的凭证。上诉人认为其提供的《龙岩市新罗区水鸭科煤炭有限公司关于股权转让扣缴个人所得税的报告》《代扣代缴、代收代缴税款报告表》《税收转账专用完税证》证明被上诉人龙岩市新罗区地税局只认定上诉人代扣代缴税款290.75万元义务的意见，不符合前述法律、法规规定，故上诉人认为其不存在不履行扣缴义务的行为于法无据，二审法院不予采纳。

第四，关于被诉行政处罚决定认定苏某兴应缴纳个人所得税金额计算是否正确的问题。

从福建省高级人民法院（2011）闽民初字第3号民事调解书中确认"股东苏某兴同意其占有的龙岩市新罗区水鸭科煤炭有限公司的全部股权（占公司股权的11%，实际股权21.5%）转让给股东苏某滨，转让价款为人民币3 000万元整"的事实来看，苏某兴实际转让股权比例为21.5%，该股权比例是在民事诉讼司法程序中确认下来的，被上诉人龙岩市新罗地税局在没有相反证据的情况下，仅凭《股权转让协议》和工商登记记载11%股权比例计算原值为55万元，违反实质重于形式之实质课税原则，由此导致被诉行政处罚认定苏某兴应缴个人所得税金额计算错误，从而导致被诉行政处罚认定罚款金额错误。上诉人主张应按实际股权21.5%计算原值的理由成立，二审法院予以采纳。

第五，关于被上诉人龙岩市新罗区地税局听证和未经集体讨论是否违反法定程序的问题。

一方面，《中华人民共和国行政处罚法》第三十二条第一款规定：当事人有权进行陈述和申辩。行政机关必须充分听取当事人的意见，对当事人提出的事实、理由和证据，应当进行复核；当事人提出的事实、理由或者证据成立的，行政机关应当采纳。《中华人民共和国行政处罚法》第四十二条第一款（六）项规定：举行听证时，调查人员提出当事人违法的事实，证据和行政处罚建议；当事人进行申辩和质证。联系本案而言，被上诉人龙岩市新罗区地税局在一审举证期限内未提交听证笔录和复核材料，其直到二审庭审结束后仅补充提交听证笔录，依照《中华人民共和国行政诉讼法》第三十四条第二款"被告不提供或者无正当理由逾期提供证据，视为没有相应证据。但是，被诉行政行为涉及第三人合法权益，第三人提供证据的除外"的规定，应认定被上诉人龙岩市新罗区地税局未进行听证。虽上诉人在一审中认可被上诉人龙岩市新罗区地税局有进行听证，但被上诉人龙岩市新罗区地税局在2016年5月3日对本案进行听证中，对上诉人的违法事实并没有出示相关的证据就有关问题进行举证、质证，听证结束后亦未进行复核，违反了前述法律规定，剥夺了上诉人申辩和质证的权利。另一方面，《中华人民共和国行政处罚法》第三十八条第二款规定：行政机关对情节复杂或者重大违法行为给予较重的行政处罚，行政机关的负责人应当集体讨论决定。联系本案而言，本案被上诉人龙岩市新罗地税局对上诉人作出的罚款数额高达147.175万元，应属重大行政处罚，依前述法律规定，被上诉人龙岩市新罗区地税局的负责人应当集体讨论决定，但被上诉人龙岩市新罗地税局并没有提供任何证据证明其经过负责人集体讨论决定。前述所述程序违法均属于违反法定程序中"步骤违法"的情形。

综上，由于被诉行政处罚认定事实不清，程序违法，二审法院依法予以撤销，由于复议决定是维持原行政处罚决定的，故一并予以撤销。原审认定被诉行政行为事实清楚，程序合法与事实不符，二审法院依法予以纠正。鉴于上诉人的违法行为确实存在，二审法院依法判令重作，上诉人主张被上诉人龙岩市新罗地税局作出的被诉行政处罚事实不清，程序违法的上诉理由成立，二审法院依法予以采纳。

2017年6月9日，二审法院依照《中华人民共和国行政诉讼法》第七十条第（一）、（三）项，第七十九条，第八十九条第一款第（二）项、第三款，《最高人民法院关于适用〈中华人民共和国行政诉讼法〉若干问题的解释》第十条第一款之规定，判决如下：一、撤销连城县人民法院（2016）闽0825行初26号行政判决；二、撤销被上诉人龙岩市新罗区地方税务局于2016年6月15日对上诉人作出龙新地税罚〔2016〕36号《税务行政处罚决定书》；三、撤销被上诉人龙岩市地方税务局于2016年10月18日对上诉人作出的岩地税复决字〔2016〕3号《税务行政复议决定书》；四、判令被上诉人龙岩市新罗区地方税务局在本判决生效之日起2个月内重新作出税务行政处罚决定。二审案件受理费50元，由被上诉人龙岩市新罗区地方税务局负担。变更一审案件受理费50元，由被上诉人龙岩市新罗区地方税务局负担。

第三节 税务行政复议流程与税务行政复议典型案例

一、税务行政复议基本制度

（一）税务行政复议及其机关

公民、法人和其他组织（以下简称申请人）认为税务机关的具体行政行为侵犯其合法权益，可以向税务行政复议机关申请行政复议。外国人、无国籍人、外国组织也可以在中华人民共和国境内向税务机关申请行政复议。

税务行政复议机关（以下简称行政复议机关），是指依法受理行政复议申请、对具体行政行为进行审查并作出行政复议决定的税务机关。

（二）税务行政复议的原则

行政复议应当遵循合法、公正、公开、及时和便民的原则。行政复议机关应当树立依法行政观念，强化责任意识和服务意识，认真履行行政复议职责，坚持有错必纠，确保法律正确实施。

行政复议机关在申请人的行政复议请求范围内，不得作出对申请人更为不利的行政复议决定。

申请人对行政复议决定不服的，可以依法向人民法院提起行政诉讼。

行政复议机关受理行政复议申请，不得向申请人收取任何费用。

（三）税务行政复议的组织与领导

各级税务机关行政首长是行政复议工作第一责任人，应当切实履行职责，加强对行政复议工作的组织领导。

行政复议机关应当为申请人、第三人查阅案卷资料、接受询问、调解、听证等提供专门场所和其他必要条件。

各级税务机关应当加大对行政复议工作的基础投入，推进行政复议工作信息化建设，配备调查取证所需的照相、录音、录像和办案所需的电脑、扫描、投影、传真、复印等设备，保障办案交通工具和相应经费。

（四）其他规定

行政复议机关在行政复议工作中可以使用行政复议专用章。行政复议专用章与行政复议机关印章在行政复议中具有同等效力。

行政复议期间的计算和行政复议文书的送达，依照民事诉讼法关于期间、送达的规定执行。

二、税务行政复议机构和人员

（一）税务行政复议机构

各级行政复议机关负责法治工作的机构（以下简称行政复议机构）依法办理行政复议事项，履行下列职责：

（1）受理行政复议申请。

（2）向有关组织和人员调查取证，查阅文件和资料。

（3）审查申请行政复议的具体行政行为是否合法和适当，起草行政复议决定。

（4）处理或者转送对有关规定的审查申请。

（5）对被申请人违反《中华人民共和国行政复议法》及其实施条例和相关规定的行为，依照规定的权限和程序向相关部门提出处理建议。

（6）研究行政复议工作中发现的问题，及时向有关机关或者部门提出改进建议，重大问题及时向行政复议机关报告。

（7）指导和监督下级税务机关的行政复议工作。

（8）办理或者组织办理行政诉讼案件应诉事项。

（9）办理行政复议案件的赔偿事项。

（10）办理行政复议、诉讼、赔偿等案件的统计、报告、归档工作和重大行政复议决定备案事项。

（11）其他与行政复议工作有关的事项。

（二）行政复议委员会

各级行政复议机关可以成立行政复议委员会，研究重大、疑难案件，提出处理建议。行政复议委员会可以邀请本机关以外的具有相关专业知识的人员参加。

（三）行政复议工作人员

行政复议工作人员应当具备与履行行政复议职责相适应的品行、专业知识和业务能力。税务机关中初次从事行政复议的人员，应当通过国家统一法律职业资格考试取得法律职业资格。

行政复议机关、行政复议机关工作人员和被申请人在税务行政复议活动中，违反《中华人民共和国行政复议法》及其实施条例和相关规定的，应当依法处理。

三、税务行政复议的范围

（一）对具体行政行为申请复议

行政复议机关受理申请人对税务机关下列具体行政行为不服提出的行政复议申请：

（1）征税行为，包括确认纳税主体、征税对象、征税范围、减税、免税、退税、抵扣税款、适用税率、计税依据、纳税环节、纳税期限、纳税地点和税款征收方式等具体行政行为，征收税款、加收滞纳金，扣缴义务人、受税务机关委托的单位和个人作出的代扣代缴、代收代缴、代征行为等。

（2）行政许可、行政审批行为。

（3）发票管理行为，包括发售、收缴、代开发票等。

（4）税收保全措施、强制执行措施。

（5）下列行政处罚行为：罚款；没收财物和违法所得；停止出口退税权。

（6）不依法履行下列职责的行为：颁发税务登记；开具、出具完税凭证、外出经营活动税收管理证明；行政赔偿；行政奖励；其他不依法履行职责的行为。

（7）资格认定行为。

（8）不依法确认纳税担保行为。

（9）政府信息公开工作中的具体行政行为。

（10）纳税信用等级评定行为。

（11）通知出入境管理机关阻止出境行为。

（12）其他具体行政行为。

（二）对政府的规定申请复议

申请人认为税务机关的具体行政行为所依据的下列规定不合法，对具体行政行为申请行政复议时，可以一并向行政复议机关提出对有关规定的审查申请；申请人对具体行政行为提出行政复议申请时不知道该具体行政行为所依据的规定的，可以在行政复议机关作出行政复议决定以前提出对该规定的审查申请：

（1）国家税务总局和国务院其他部门的规定。

（2）其他各级税务机关的规定。

（3）地方各级人民政府的规定。

（4）地方人民政府工作部门的规定。

上述规定不包括规章。

四、税务行政复议的管辖

（一）向上级税务机关申请复议

对各级税务局的具体行政行为不服的，向其上一级税务局申请行政复议。

对计划单列市税务局的具体行政行为不服的，向国家税务总局申请行政复议。

（二）向所属税务机关申请复议

对税务所（分局）、各级税务局的稽查局的具体行政行为不服的，向其所属税务局申请行政复议。

（三）对国家税务总局的复议

对国家税务总局的具体行政行为不服的，向国家税务总局申请行政复议。对行政复议决定不服，申请人可以向人民法院提起行政诉讼，也可以向国务院申请裁决。国务院的裁决为最终裁决。

（四）特殊情形下的复议

对下列税务机关的具体行政行为不服的，按照下列规定申请行政复议：

（1）对两个以上税务机关以共同的名义作出的具体行政行为不服的，向共同上一级税务机关申请行政复议；对税务机关与其他行政机关以共同的名义作出的具体行政行为不服的，向其共同上一级行政机关申请行政复议。

（2）对被撤销的税务机关在撤销以前所作出的具体行政行为不服的，向继续行使其职权的税务机关的上一级税务机关申请行政复议。

（3）对税务机关作出逾期不缴纳罚款加处罚款的决定不服的，向作出行政处罚决定的税务机关申请行政复议。但是对已处罚款和加处罚款都不服的，一并向作出行政处罚决定的税务机关的上一级税务机关申请行政复议。

申请人向具体行政行为发生地的县级地方人民政府提交行政复议申请的，由接受申请的县级地方人民政府依照《中华人民共和国行政复议法》的相关规定予以转送。

五、税务行政复议申请人和被申请人

（一）企业复议申请人

合伙企业申请行政复议的，应当以核准登记的企业为申请人，由执行合伙事务的合伙人代表该企业参加行政复议；其他合伙组织申请行政复议的，由合伙人共同申请行政复议。上述规定以外的不具备法人资格的其他组织申请行政复议的，由该组织的主要负责人代表该组织参加行政复议；没有主要负责人的，由共同推选的其他成员代表该组织参加行政复议。

股份制企业的股东大会、股东代表大会、董事会认为税务具体行政行为侵犯企业合法权益的，可以企业的名义申请行政复议。

（二）当事人具备特殊情形时的申请人

有权申请行政复议的公民死亡的，其近亲属可以申请行政复议；有权申请行政复议的公民为无行为能力人或者限制行为能力人，其法定代理人可以代理申请行政复议。

有权申请行政复议的法人或者其他组织发生合并、分立或终止的，承受其权利义务的法人或者其他组织可以申请行政复议。

（三）行政复议第三人

行政复议期间，行政复议机关认为申请人以外的公民、法人或者其他组织与被审查的具体行政行为有利害关系的，可以通知其作为第三人参加行政复议。行政复议期间，申请人以外的公民、法人或者其他组织与被审查的税务具体行政行为有利害关系的，可以向行政复议机关申请作为第三人参加行政复议。第三人不参加行政复议，不影响行政复议案件的审理。

（四）行政复议其他人与代表人

非具体行政行为的行政管理相对人，但其权利直接被该具体行政行为所剥夺、限制或者被赋予义务的公民、法人或者其他组织，在行政管理相对人没有申请行政复议时，可以单独申请行政复议。

同一行政复议案件申请人超过5人的，应当推选1～5名代表参加行政复议。

（五）行政复议的被申请人

申请人对具体行政行为不服申请行政复议的，作出该具体行政行为的税务机关为被申请人。

申请人对扣缴义务人的扣缴税款行为不服的，主管该扣缴义务人的税务机关为被申请人；对税务机关委托的单位和个人的代征行为不服的，委托税务机关为被申请人。

税务机关与法律、法规授权的组织以共同的名义作出具体行政行为的，税务机关和法律、法规授权的组织为共同被申请人。税务机关与其他组织以共同名义作出具体行政行为的，税务机关为被申请人。

税务机关依照法律、法规和规章规定，经上级税务机关批准作出具体行政行为的，批准机关为被申请人。申请人对经重大税务案件审理程序作出的决定不服的，审理委员会所在税务机关为被申请人。

税务机关设立的派出机构、内设机构或者其他组织，未经法律、法规授权，以自己名义对外作出具体行政行为的，税务机关为被申请人。

（六）当事人的代理人

申请人、第三人可以委托1~2名代理人参加行政复议。申请人、第三人委托代理人的，应当向行政复议机构提交授权委托书。授权委托书应当载明委托事项、权限和期限。公民在特殊情况下无法书面委托的，可以口头委托。口头委托的，行政复议机构应当核实并记录在卷。申请人、第三人解除或者变更委托的，应当书面告知行政复议机构。被申请人不得委托本机关以外人员参加行政复议。

【税务稽查风险案例8-5】

根据江苏省高级人民法院（2019）苏行再7号行政判决书，再审申请人江苏YDKT新能源有限公司（以下简称YDKT公司）因诉国家税务总局常州市税务局稽查局（以下简称常州市税务局稽查局）税务行政处理和国家税务总局常州市税务局（以下简称常州市税务局）行政复议一案，不服江苏省常州市中级人民法院（2017）苏04行终6号行政判决，向江苏省高级人民法院申请再审。

江苏省常州市新北区人民法院（以下简称新北法院）认定，YDKT公司系一家新能源生产企业，经营范围包括生物柴油、副产燃料油（甘油）、硫酸钠（无水）的制造，非食用废弃油脂的回收，生物柴油、副产燃料油（甘油）、硫酸钠（无水）、橡胶、塑胶、塑料制品、化工原料（除危险品）的销售。2014年9月3日，原常州市国家税务局稽查局（以下简称原常州市国税局稽查局）依据原江苏省国家税务局稽查局《关于开展石化产品消费税专项检查工作的通知》，确定YDKT公司为待查对象，对该公司进行立案检查。次日，原常州市国税局稽查局向YDKT公司送达了税务检查通知书。同年9月22日，原常州市国税局稽查局工作人员赴YDKT公司现场检查，向该公司采购部经理许某芳、检验部何某君、磅房司磅员谷某红了解情况并制作了现场笔录。同年9月28日和10月8日，原常州市国税局稽查局分别向YDKT公司会计李某和采购部经理许某芳发送询问通知书，并制作了询问笔录。2014年10月21日，为进一步收集证据和咨询政策，原常州市国税局稽查局将检查时限延长至2015年5月29日。经调查，原常州市国税局稽查局向YDKT公司发送税务事项通知书，要求其进行陈述申辩。YDKT公司在规定期限内向原常州市国税局稽查局提出了书面陈述申辩意见书。2015年8月7日，原常州市国税局稽查局认定YDKT公司在2011年1月至2013年12月生产销售"生物重油"14 767.426吨，未作消费税应税产品申报纳税，作出常国税稽处〔2015〕80号《税务处理决定书》（以下简称80号税务处理决定），要求该公司按燃料油消费税税率补缴消费税11 991 149.91元。YDKT公司不服，申请行政复议。2015年11月10日，原江苏省常州市国家税务局（以下简称原常州市国税局）作出常国税复字决字〔2015〕3号《行政复议决定书》（以下简称3号复议决定），维持了原常州市国税局稽查局的税务处理决定。YDKT公司仍不服，诉至法院，要求撤销80号税务处理决定中关于征收消费税的处理内容，撤销3号复议决定。

新北法院一审认为，《中华人民共和国消费税暂行条例》（以下简称消费税暂行条例）第四条第一款规定，生产应税消费品于纳税人销售时纳税。YDKT公司未及时纳税的行为属于欠缴税款的行为。《中华人民共和国税收征收管理法实施细则》（以下简称《税收征收管理法实施细则》）第九条明确，稽查局专司偷税、逃避追缴欠税、骗税、抗税案件的查处。国家税务总局应当明确划分税务局和稽查局的职责，避免职责交叉。《国家税务总局关于印发〈关于进一步规范国家税务局系统机构设置明确职责分工的意见〉的通知》（国税发〔2004〕125号）明确，稽查局负责税务违法案件的查处工作。《中华人民共和国税收征收管理法》（以下简称《税收征收管理法》）第五十四条对税务检查作了列举式规定，《税收征收管理法实施细则》第八十五条第三款规定，税务检查工作的具体办法，由国家税务总局制定。该条款属于授权性条款，国家税务总局有权制定《税务稽查工作规程》，该工作规程对税务检查工作具有拘束力。原常州市国税局稽查局具有对税务违法案件进行查处的法定职责，所作税务处理决定并未超越法定职权。

《成品油市场管理办法》第四条规定，本办法所称成品油是指汽油、煤油、柴油及其他符合国家产品质量标准、又有相同用途的乙醇汽油和生物柴油等替代燃料。因此，生物柴油亦属于成品油的范畴。《消费税暂行条例》第一条规定，在中华人民共和国境内生产、委托加工和进口本条例规定的消费品的单位和个人，以及国务院确定的销售本条例规定的消费品的其他单位和个人为消费税的纳税人，应当依照本条例缴纳消费税。第二条第一款规定，消费税的税目、税率，依照本条例所附的《消费税税目税率表》执行。第四条第一款规定，纳税人生产的应税消费品，于纳税人销售时纳税。成品油系消费税的应税商品，在销售时应当缴纳消费税。《财政部 国家税务总局关于提高成品油消费税税率的通知》（财税〔2008〕167号）附件2《成品油消费税征收范围》注释七"燃料油"，也称重油、渣油，是用原油或其他原料加工生产，主要用作电厂发电、锅炉用燃料、加热炉燃料、冶金和其他工业炉燃料。原常州市国税局稽查局将涉案"生物重油"归类于成品油并无不当。YDKT公司以生物重油的名义对外销售涉案油品，原常州市国税局稽查局按燃料油税率计算应缴消费税款亦无不当。

《税收征收管理法实施细则》第三十二条规定，纳税人在纳税期内没有应纳税款的，也应当按照规定办理纳税申报。纳税人享受减税、免税待遇的，在减税、免税期间应当按照规定办理纳税申报。第四十三条规定，法律、行政法规规定或者经法定的审批机关批准减税、免税的纳税人，应当持有关文件到主管税务机关办理减税、免税手续。因此，YDKT公司应当就其免税主张承担举证责任。《财政部 国家税务总局关于对利用废弃的动植物油生产纯生物柴油免征消费税的通知》（财税〔2008〕118号）规定，从2009年1月1日起，对同时符合下列条件的纯生物柴油免征消费税：（一）生产原料中废弃的动物油和植物油用量所占比重不低于70%。（二）生产的纯生物柴油符合国家《柴油机燃料调和用生物柴油（BD100）》标准。在原常州市国税局稽查局实施的税务检查过程中以及原审庭审中，YDKT公司均未能提供同时满足上述两项条件的证据，应承担举证不能的法律后果。原常州市国税局稽查局所作的税务处理决定程序合法、事实清楚、法律适用正确。原常州市国税局作的出行政复议决定的程序合法。依照《税收征收管理法》第五十四条，《税收征收管理法实施细则》第九条、第三十二条、第四十三条、第八十五条第三款，《消费税暂行条例》第一条、第二条第一款、第四条第一款及《中华人民共和国行政诉讼法》（以下简称行政诉讼法）第六十九条、第七十九条的规定，判决驳回YDKT公司的诉讼请求。YDKT公司不服一审判决，向江苏省常州市中级人民法院（以下简称常州中院）提起上诉。

常州中院二审审理查明的案件事实与一审法院审理查明的事实一致。

常州中院二审认为，YDKT公司对原常州市国税局稽查局认定的其2011年1月至2013年12月销售生物重油的数量不持异议，亦对原常州市国税局作出行政复议决定的程序不持异议，对此均予以确认。本案的争议焦点为，原常州市国税局稽查局对YDKT公司销售的涉案生物重油按燃料油的税率征收消费税，是否具有相应的法律依据。

《中华人民共和国消费税暂行条例实施细则》第三条规定，"条例所附《消费税税目税率表》中所列应税消费品的具体征税范围，由财政部、国家税务总局确定"。《财政部 国家税务总局关于提高成品油消费税税率的通知》（财税〔2008〕167号）附件2《成品油消费税征收范围》注释七对燃料油进行了界定，"燃料油也称重油、渣油，是用原油或其他原料加工生产，主要用作电厂发电、锅炉用燃料、加热炉燃料、冶金和其他工业炉燃料"。该通知自2009年1月1日起执行。此后，《财政部 国家税务总局关于对利用废弃的动植物油生产纯生物柴油免征消费税的通知》（财税〔2008〕118号）明确了利用废弃的动植物油生产的纯生物柴油免征消费税须符合的国家标准。该通知强调，对不符合规定的生物柴油，或者以柴油、柴油组分调合生产的生物柴油照章征收消费税。该通知亦从2009年1月1日起执行。由上述规定可见，YDKT公司认为其利用地沟油生产的各类油品均不在消费税征收范围的主张，于法无据。根据《税收征收管理法实施细则》第四十三条规定，YDKT公司认为涉案生物重油符合免征消费税的条件，但其未持有关文件到主管税务机关办理免税手续。原常州市国税局稽查局对

第八章　税务稽查流程与纳税人权利救济典型案例

YDKT公司销售的涉案生物重油按燃料油的税率征收消费税，适用法律正确。依照《行政诉讼法》第八十九条第一款第（一）项的规定，判决驳回上诉，维持原判。

再审申请人YDKT公司申请再审称，申请人用地沟油生产生物柴油，并将生产生物柴油后的剩余物质即地沟油的残留物自行命名为"生物重油"，该产品虽能替代部分成品油，但没有成品油的任何成分，根据相关规定，申请人生产的"生物重油"不属于成品油消费税征收列举范围，原常州市国税局稽查局作出80号税务处理决定，要求申请人按燃料油消费税税率补缴消费税11 991 149.91元违法；根据《税务行政复议规则》的规定，对经重大税务案件审理程序作出的80号税务处理决定不服提出行政复议的，审理委员会所在税务机关即原常州市国税局为被申请人，80号税务处理决定却告知申请人向原常州市国税局申请行政复议，且原常州市国税局受理了申请人的复议申请并作出3号复议决定，程序违法。据此，原审法院判决驳回申请人要求撤销80号税务处理决定和3号复议决定的诉讼请求错误。

被申请人常州市税务局稽查局答辩称，根据相关法律和行政法规规定，原常州市国税局稽查局具有独立执法主体资格，负有对申请人涉税行为进行查处并作出相应税务行政处理的职责。申请人所生产的"生物重油"用于化工原料增塑剂，也可以用作其他燃料的添加物，主要用于燃烧，符合燃料油特征，故对"生物重油"应当征收消费税，原常州市国税局稽查局对申请人作出80号税务处理决定，要求申请人按燃料油消费税税率补缴消费税符合法律规定，申请人认为"生物重油"不属于消费税征税范围的主张于法无据。原常州市国税局稽查局在对申请人涉税行为立案检查后制作《涉税案件审理报告》《重大税务案件审理提请书》，提请原常州市国税局集体审议，经原常州市国税局重大税务案件审理委员会集体审理后，原常州市国税局稽查局依据《原常州市国税局重大税务案件审理委员会审理意见书》制发80号税务处理决定，并依据相关法律规定告知救济权利，依法送达申请人，程序合法。请求法院驳回申请人的再审申请。

被申请人常州市税务局答辩称，根据《重大税务案件审理办法》（国家税务总局令第34号）第三十四条规定，经过重大税务案件审理委员会审理的案件作出的税务处理决定书应该加盖稽查局的印章。80号税务处理决定虽经重大税务案件审理委员会审理，但该处理决定上加盖的是原常州市国税局稽查局的印章，故作出该处理决定的主体是原常州市国税局稽查局。原常州市国税局稽查局在80号税务处理决定中告知申请人向原常州市国税局申请行政复议，符合《中华人民共和国行政复议法》（以下简称《行政复议法》）第十五条第（三）项的规定，程序合法。因《重大税务审理办法》2014年公布后，《税务行政复议规则》第二十九条规定未进行相应的修订，该条规定与《行政复议法》的规定相冲突，在此情形下，应当优先适用《行政复议法》的规定。据此，YDKT公司以原常州市国税局稽查局为被申请人向原常州市国税局申请行政复议，原常州市国税局是适格的复议机关，原常州市国税局受理申请人的复议申请并作出3号复议决定，程序合法。请求法院驳回申请人的再审申请。

江苏省高级人民法院经审理查明的事实与原审法院审理查明的事实一致，法院依法予以确认。

　　法院复查期间另查明，原常州市国税局和原江苏省常州地方税务局于2018年7月5日合并成立常州市税务局，原常州市国税局稽查局和原江苏省常州地方税务局稽查局于2018年7月5日合并成立常州市税务局稽查局。根据《行政诉讼法》第二十六条第六款的规定，行政机关被撤销或者职权变更的，继续行使其职权的行政机关是被告，故常州市税务局和常州市税务局稽查局是本案的适格被申请人。

　　法院认为，《税收征收管理法》第八十八条第一款规定，纳税人、扣缴义务人、纳税担保人同税务机关在纳税上发生争议时，必须先依照税务机关的纳税决定缴纳或者解缴税款及滞纳金或者提供相应的担保，然后可以依法申请行政复议；对行政复议决定不服的，可以依法向人民法院起诉。国家税务总局《重大税务案件审理办法》第三十四条第一款规定，稽查局应当按照重大税务案件审理意见书制作税务处理处罚决定等相关文书，加盖稽查局印章后送达执行。《税务行政复议规则》（2009年12月15日国家税务总局第2次局务会议审议通过，2010年2月10日国家税务总局令第21号公布，自2010年4月4日起施行）第二十九条第一款规定，税务机关依照法律、法规和规章规定，经上级税务机关批准作出具体行政行为的，批准机关为被申请人。第二款规定，申请人对经重大税务案件审理程序作出的决定不服的，审理委员会所在税务机关为被申请人。本案中，原常州市国税局重大税务案件审理委员会对原常州市国税局稽查局提交的YDKT公司一案，作出常国税重审决字〔2015〕09号《重大税务案件审理委员会审理意见书》，要求其依据审理委员会意见制作相应的法律文书并送达执行。后原常州市国税局稽查局依照上述意见书的意见对申请人作出80号税务处理决定。依据上述规定，申请人YDKT公司对经重大税务案件审理程序作出的80号税务处理决定不服，本应以案件审理委员会所在的原常州市国税局为被申请人，根据《行政复议法》第十二条第二款"对海关、金融、国税、外汇管理等实行垂直领导的行政机关和国家安全机关的具体行政行为不服的，向上一级主管部门申请行政复议"的规定，向原常州市国税局上一级税务机关原江苏省国家税务局（现国家税务总局江苏省税务局，以下简称江苏省税务局）申请行政复议。因原常州市国税局并非符合上述规章规定的涉案80号税务处理决定适格的复议机关，故原常州市国税局稽查局在80号税务处理决定中告知申请人向原常州市国税局申请行政复议错误，原常州市国税局受理申请人的复议申请并作出3号复议决定，显然违反上述规章的规定。

　　根据《行政诉讼法》第七十条第（四）项的规定，超越职权作出的行政行为，人民法院判决撤销或者部分撤销，并可以判决被告重新作出行政行为。据此，原常州市国税局在无复议职权的情形下对80号税务处理决定作出的3号复议决定，应当予以撤销。《行政复议法》第十七条第一款规定，行政复议机关收到行政复议申请后，应当在5日内进行审查，对不符合本法规定的行政复议申请，决定不予受理，并书面告知申请人；对符合本法规定，但是不属于本机关受理的行政复议申请，应当告知申请人向有关行政复议机关提出。因申请人YDKT公司向原常州市国税局提出行政复议申请系原常州市国税局稽查局在80号税务处理决定中错误告知复议机关所致,原常州市国家税务局亦未依法作出处理告知YDKT公司向有权复议机关提出申请,而是在无复议职权的情况下作出复议决定,故3号复议决定被撤销所致不属于其自身原因行政复议申请期限被耽误的不利后果,不应当由YDKT公司承担,应由受理YDKT公司行政复议申请的常州市税务局参照《行政复议法》第十八条的规定,将YDKT公司的复议申请移送有复议权的江苏省税务局处理。

《行政复议法》第十五条第(三)项规定,对法律、法规授权的组织的具体行政行为不服的,分别向直接管理该组织的地方人民政府、地方人民政府工作部门或者国务院部门申请行政复议。2010年4月4日施行的《税务行政复议规则》第二十九第二款的规定与上述规定并不冲突,且根据2015年12月28日《国家税务总局关于修改〈税务行政复议规则〉的决定》修正后的《税务行政复议规则》亦未对该规章的第二十九条规定作出修改,故常州市税务局认为其作出3号复议决定程序合法的主张于法无据,不能成立,法院不予支持。

综上,原审判决适用法律错误。2020年12月29日,江苏省高级人民法院依照《中华人民共和国行政诉讼法》第七十条第(四)项、第八十九条第一款第二项,《最高人民法院关于适用〈中华人民共和国行政诉讼法〉的解释》第一百一十九条第一款、第一百二十二条之规定,判决如下:一、撤销江苏省常州市中级人民法院(2017)苏04行终6号行政判决和江苏省常州市新北区人民法院(2015)新行初字第207号行政判决;二、撤销原江苏省常州市国家税务局作出的常国税复字决字〔2015〕3号《行政复议决定书》;三、责令国家税务总局常州市税务局在本判决生效之日起15日内将江苏YDKT新能源有限公司对常国税稽处〔2015〕80号《税务处理决定书》提出的行政复议申请移送国家税务总局江苏省税务局处理。一审、二审案件受理费共计人民币100元,由被申请人国家税务总局常州市税务局稽查局和国家税务总局常州市税务局共同负担。

六、税务行政复议申请

(一)申请复议的期限

申请人可以在知道税务机关作出具体行政行为之日起60日内提出行政复议申请。因不可抗力或者被申请人设置障碍等原因耽误法定申请期限的,申请期限的计算应当扣除被耽误时间。

(二)纳税前置与复议前置

申请人对征税行为不服的,应当先向行政复议机关申请行政复议;对行政复议决定不服的,可以向人民法院提起行政诉讼。

申请人按照上述规定申请行政复议的,必须依照税务机关根据法律、法规确定的税额、期限，先行缴纳或者解缴税款和滞纳金，或者提供相应的担保，才可以在缴清税款和滞纳金以后或者所提供的担保得到作出具体行政行为的税务机关确认之日起60日内提出行政复议申请。

申请人提供担保的方式包括保证、抵押和质押。作出具体行政行为的税务机关应当对保证人的资格、资信进行审查，对不具备法律规定资格或者没有能力保证的，有权拒绝。作出具体行政行为的税务机关应当对抵押人、出质人提供的抵押担保、质押担保进行审查，对不符合法律规定的抵押担保、质押担保，不予确认。

申请人对征税行为以外的其他具体行政行为不服，可以申请行政复议，也可以直接向人民法院提起行政诉讼。申请人对税务机关作出逾期不缴纳罚款加处罚款的决定不服的，应当先缴纳罚款和加处罚款，再申请行政复议。

（三）复议申请期限的计算

行政复议申请期限的计算，依照下列规定办理：

（1）当场作出具体行政行为的，自具体行政行为作出之日起计算。

（2）载明具体行政行为的法律文书直接送达的，自受送达人签收之日起计算。

（3）载明具体行政行为的法律文书邮寄送达的，自受送达人在邮件签收单上签收之日起计算；没有邮件签收单的，自受送达人在送达回执上签名之日起计算。

（4）具体行政行为依法通过公告形式告知受送达人的，自公告规定的期限届满之日起计算。

（5）税务机关作出具体行政行为时未告知申请人，事后补充告知的，自该申请人收到税务机关补充告知的通知之日起计算。

（6）被申请人能够证明申请人知道具体行政行为的，自证据材料证明其知道具体行政行为之日起计算。

税务机关作出具体行政行为，依法应当向申请人送达法律文书而未送达的，视为该申请人不知道该具体行政行为。

申请人依照《中华人民共和国行政复议法》相关规定申请税务机关履行法定职责，税务机关未履行的，行政复议申请期限依照下列规定计算：①有履行期限规定的，自履行期限届满之日起计算；②没有履行期限规定的，自税务机关收到申请满60日起计算。

税务机关作出的具体行政行为对申请人的权利、义务可能产生不利影响的，应当告知其申请行政复议的权利、行政复议机关和行政复议申请期限。

（四）复议申请的方式

申请人书面申请行政复议的，可以采取当面递交、邮寄或者传真等方式提出行政复议申请。有条件的行政复议机关可以接受以电子邮件形式提出的行政复议申请。对以传真、电子邮件形式提出行政复议申请的，行政复议机关应当审核确认申请人的身份、复议事项。

申请人书面申请行政复议的,应当在行政复议申请书中载明下列事项:

(1)申请人的基本情况,包括公民的姓名、性别、出生年月、身份证件号码、工作单位、住所、邮政编码、联系电话;法人或者其他组织的名称、住所、邮政编码、联系电话和法定代表人或者主要负责人的姓名、职务。

(2)被申请人的名称。

(3)行政复议请求、申请行政复议的主要事实和理由。

(4)申请人的签名或者盖章。

(5)申请行政复议的日期。

申请人口头申请行政复议的,行政复议机构应当依照上述规定的事项,当场制作行政复议申请笔录,交申请人核对或者向申请人宣读,并由申请人确认。

有下列情形之一的,申请人应当提供证明材料:①认为被申请人不履行法定职责的,提供要求被申请人履行法定职责而被申请人未履行的证明材料;②申请行政复议时一并提出行政赔偿请求的,提供受具体行政行为侵害而造成损害的证明材料;③法律、法规规定需要申请人提供证据材料的其他情形。

(五)变更被申请人及复议诉讼关系

申请人提出行政复议申请时错列被申请人的,行政复议机关应当告知申请人变更被申请人。申请人不变更被申请人的,行政复议机关不予受理,或者驳回行政复议申请。

申请人向行政复议机关申请行政复议,行政复议机关已经受理的,在法定行政复议期限内申请人不得向人民法院提起行政诉讼;申请人向人民法院提起行政诉讼,人民法院已经依法受理的,不得申请行政复议。

七、税务行政复议受理

(一)受理复议的条件

行政复议申请符合下列规定的,行政复议机关应当受理:
(1)属于规定的行政复议范围。
(2)在法定申请期限内提出。
(3)有明确的申请人和符合规定的被申请人。
(4)申请人与具体行政行为有利害关系。
(5)有具体的行政复议请求和理由。
(6)符合相关规定的条件。
(7)属于收到行政复议申请的行政复议机关的职责范围。
(8)其他行政复议机关尚未受理同一行政复议申请,人民法院尚未受理同一主体就同一事实提起的行政诉讼。

（二）受理审查期限

行政复议机关收到行政复议申请以后，应当在5日内审查，决定是否受理。对不符合规定的行政复议申请，决定不予受理，并书面告知申请人。

对不属于本机关受理的行政复议申请，应当告知申请人向有关行政复议机关提出。

行政复议机关收到行政复议申请以后未按照前款规定期限审查并作出不予受理决定的，视为受理。

（三）受理告知与补正材料

对符合规定的行政复议申请，自行政复议机构收到之日起即为受理；受理行政复议申请，应当书面告知申请人。

行政复议申请材料不齐全、表述不清楚的，行政复议机构可以自收到该行政复议申请之日起5日内书面通知申请人补正。补正通知应当载明需要补正的事项和合理的补正期限。无正当理由逾期不补正的，视为申请人放弃行政复议申请。补正申请材料所用时间不计入行政复议审理期限。

（四）复议受理的监督

上级税务机关认为行政复议机关不予受理行政复议申请的理由不成立的，可以督促其受理；经督促仍然不受理的，责令其限期受理。上级税务机关认为行政复议申请不符合法定受理条件的，应当告知申请人。

上级税务机关认为有必要的，可以直接受理或者提审由下级税务机关管辖的行政复议案件。

（五）复议与诉讼的衔接

对应当先向行政复议机关申请行政复议，对行政复议决定不服再向人民法院提起行政诉讼的具体行政行为，行政复议机关决定不予受理或者受理以后超过行政复议期限不作答复的，申请人可以自收到不予受理决定书之日起或者行政复议期满之日起15日内，依法向人民法院提起行政诉讼。依照相关规定延长行政复议期限的，以延长以后的时间为行政复议期满时间。

（六）具体行政行为的执行

行政复议期间具体行政行为不停止执行；但是有下列情形之一的，可以停止执行：

（1）被申请人认为需要停止执行的。

（2）行政复议机关认为需要停止执行的。

（3）申请人申请停止执行，行政复议机关认为其要求合理，决定停止执行的。

(4)法律规定停止执行的。

八、税务行政复议证据

(一)证据的类别

行政复议证据包括以下类别：
(1)书证。
(2)物证。
(3)视听资料。
(4)电子数据。
(5)证人证言。
(6)当事人的陈述。
(7)鉴定意见。
(8)勘验笔录、现场笔录。

(二)举证责任

在行政复议中，被申请人对其作出的具体行政行为负有举证责任。

(三)对证据的审查标准

行政复议机关应当依法全面审查相关证据。行政复议机关审查行政复议案件，应当以证据证明的案件事实为依据。定案证据应当具有合法性、真实性和关联性。

下列证据材料不得作为定案依据：
(1)违反法定程序收集的证据材料。
(2)以偷拍、偷录和窃听等手段获取侵害他人合法权益的证据材料。
(3)以利诱、欺诈、胁迫和暴力等不正当手段获取的证据材料。
(4)无正当事由超出举证期限提供的证据材料。
(5)无正当理由拒不提供原件、原物，又无其他证据印证，且对方不予认可的证据的复制件、复制品。
(6)无法辨明真伪的证据材料。
(7)不能正确表达意志的证人提供的证言。
(8)不具备合法性、真实性的其他证据材料。

行政复议机构依据自身职责所取得的有关材料，不得作为支持被申请人具体行政行为的证据。

(四)对证据合法性的审查

行政复议机关应当根据案件的具体情况，从以下几方面审查证据的合法性：

（1）证据是否符合法定形式。
（2）证据的取得是否符合法律、法规、规章和司法解释的规定。
（3）是否有影响证据效力的其他违法情形。

（五）对证据真实性的审查

行政复议机关应当根据案件的具体情况，从以下几方面审查证据的真实性：
（1）证据形成的原因。
（2）发现证据时的环境。
（3）证据是否为原件、原物，复制件、复制品与原件、原物是否相符。
（4）提供证据的人或者证人与行政复议参加人是否具有利害关系。
（5）影响证据真实性的其他因素。

（六）对证据关联性的审查

行政复议机关应当根据案件的具体情况，从以下几方面审查证据的关联性：
（1）证据与待证事实是否具有证明关系。
（2）证据与待证事实的关联程度。
（3）影响证据关联性的其他因素。

（七）证据的收集与调查取证

在行政复议过程中，被申请人不得自行向申请人和其他有关组织或者个人收集证据。

行政复议机构认为必要时，可以调查取证。行政复议工作人员向有关组织和人员调查取证时，可以查阅、复制和调取有关文件和资料，向有关人员询问。调查取证时，行政复议工作人员不得少于2人，并应当向当事人和有关人员出示证件。被调查单位和人员应当配合行政复议工作人员的工作，不得拒绝、阻挠。需要现场勘验的，现场勘验所用时间不计入行政复议审理期限。

（八）材料的查阅

申请人和第三人可以查阅被申请人提出的书面答复、作出具体行政行为的证据、依据和其他有关材料，除涉及国家秘密、商业秘密或者个人隐私外，行政复议机关不得拒绝。

九、税务行政复议审查和决定

（一）税务行政复议审查

行政复议机构应当自受理行政复议申请之日起7日内，将行政复议申请书副本或者行政复议申请笔录复印件发送被申请人。被申请人应当自收到申请书副本或者申请笔录复印件之日起10日内提出书面答复，并提交当初作出具体行政行为的证据、依据和其他有关材料。对国家税务总局的具体行政行为不服申请行政复议的案件，由原承办具体行政行为的相关机构向行政复议机构提出书面答复，并提交当初作出具体行政行为的证据、依据和其他有关材料。

行政复议机构审理行政复议案件，应当由2名以上行政复议工作人员参加。

行政复议原则上采用书面审查的办法，但是申请人提出要求或者行政复议机构认为有必要时，应当听取申请人、被申请人和第三人的意见，并可以向有关组织和人员调查了解情况。

（二）听证审理

对重大、复杂的案件，申请人提出要求或者行政复议机构认为必要时，可以采取听证的方式审理。

行政复议机构决定举行听证的，应当将举行听证的时间、地点和具体要求等事项通知申请人、被申请人和第三人。第三人不参加听证的，不影响听证的举行。

听证应当公开举行，但是涉及国家秘密、商业秘密或者个人隐私的除外。

行政复议听证人员不得少于2人，听证主持人由行政复议机构指定。

听证应当制作笔录。申请人、被申请人和第三人应当确认听证笔录内容。行政复议听证笔录应当附卷，作为行政复议机构审理案件的依据之一。

（三）全面审查与撤回申请、改变具体行政行为

行政复议机关应当全面审查被申请人的具体行政行为所依据的事实证据、法律程序、法律依据和设定的权利义务内容的合法性、适当性。

申请人在行政复议决定作出以前撤回行政复议申请的，经行政复议机构同意，可以撤回。申请人撤回行政复议申请的，不得再以同一事实和理由提出行政复议申请。但是，申请人能够证明撤回行政复议申请违背其真实意思表示的除外。

行政复议期间被申请人改变原具体行政行为的，不影响行政复议案件的审理。但是，申请人依法撤回行政复议申请的除外。

（四）对政府规定和具体行政行为的审查

申请人在申请行政复议时，依据相关规定一并提出对有关规定的审查申请的，行政复议机关对该规定有权处理的，应当在30日内依法处理；无权处理的，应当在7日内按照法定程序逐级转送有权处理的行政机关依法处理，有权处理的行政机关应当在60日内依法处理。处理期间，中止对具体行政行为的审查。

行政复议机关审查被申请人的具体行政行为时，认为其依据不合法，本机关有权处理的，应当在30日内依法处理；无权处理的，应当在7日内按照法定程序逐级转送有权处理的国家机关依法处理。处理期间，中止对具体行政行为的审查。

（五）行政复议决定

行政复议机构应当对被申请人的具体行政行为提出审查意见，经行政复议机关负责人批准，按照下列规定作出行政复议决定：

（1）具体行政行为认定事实清楚，证据确凿，适用依据正确，程序合法，内容适当的，决定维持。

（2）被申请人不履行法定职责的，决定其在一定期限内履行。

（3）具体行政行为有下列情形之一的，决定撤销、变更或者确认该具体行政行为违法；决定撤销或者确认该具体行政行为违法的，可以责令被申请人在一定期限内重新作出具体行政行为：主要事实不清、证据不足的；适用依据错误的；违反法定程序的；超越职权或者滥用职权的；具体行政行为明显不当的。

（4）被申请人不按照相关规定提出书面答复，提交当初作出具体行政行为的证据、依据和其他有关材料的，视为该具体行政行为没有证据、依据，决定撤销该具体行政行为。

【税务稽查风险案例8-6】

根据湖北省武汉市中级人民法院（2021）鄂01行终147号行政判决书，武汉XC置业有限公司（以下简称XC公司）不服国家税务总局武汉经济技术开发区（汉南区）税务局（以下简称经开区税务局）税收管理行政决定和国家税务总局武汉市税务局（以下简称武汉市税务局）行政复议决定一案，武汉市税务局不服湖北省武汉市江汉区人民法院作出的（2020）鄂0103行初11号行政判决，向武汉市中级人民法院提起上诉。

原审法院查明，XC公司于2019年5月17日向经开区税务局提交退税申请书，认为其符合财税〔2016〕36号文件附件3第一条第三十七款的"土地使用者将土地使用权归还给土地所有者免征增值税优惠"的情形，其因土地使用权转让取得的补偿款而于前期缴纳的增值税属于免税范围。XC公司于当日填报了《纳税人减免税备案登记表》《退（抵）税申请审批表》，申请退税25 313 571.43元。经开区税务局于当日向XC公司出具了武经开税通〔2019〕101202号《税务事项通知书》，认为XC公司申请的土地所有者出让土地使用权和土地使用者归还土地使用权给土地所有者免征增值税优惠事项，符合受理条件，受理了XC公司的退税申请。经开区税务局下辖的第二税务所于2019年6月3日向XC公司作出武经开税二通〔2019〕69987号《税务事项通知书》，事由为增值税减免备案核查，通知内容为要求XC公司于2019年6月5日前提供县级（含）以上地方人民政府收回土地使用权的正式文件，包括县级（含）以上地方人民政府出具的收回土地使用权文件和土地管理部门报经县级以上（含）地方人民政府同意后由该土地管理部门出具的收回土地使用权文件。因XC公司未在期限内按照要求提供相应文件，经开区税务局于2019年6月10日作出武经开税通〔2019〕106154号《税务事项通知书》，取消XC公司办理的"土地使用者将土地使用权归还给土地所有者免征增值税"

备案类税收优惠资格；同月11日，经开区税务局作出武经开税通〔2019〕106472号《税务事项通知书》，认为XC公司不符合退税条件，决定不予退税，并于当日向XC公司送达上述两份通知书。XC公司不服，向武汉市税务局申请行政复议。武汉市税务局于2019年7月1日受理XC公司的行政复议申请，于同月4日向经开区税务局下达《行政复议答复通知书》，于同年8月14日进行行政复议听证，于同月22日作出武税复决字〔2019〕4号《行政复议决定书》，决定维持经开区税务局2019年6月11日《税务事项通知书》（武经开税通〔2019〕106472号）作出的"不予入库减免退税"行政行为。XC公司不服，遂提起本案行政诉讼，请求：1.撤销武经开税通〔2019〕106472号《税务事项通知书》；2.撤销武税复决字〔2019〕4号《行政复议决定书》；3.判令经开区税务局30日内就XC公司退税申请重新作出行政行为。

原审法院认为：1.根据《中华人民共和国税收征收管理法》第五条第一款的规定，经开区税务局具有作出本案被诉税务事项通知书的法定职权；根据《中华人民共和国行政复议法》第十二条第二款的规定，武汉市税务局具有受理XC公司的复议申请并作出本案被诉行政复议决定的法定职权。2.根据《中华人民共和国税收征收管理法实施细则》第四十三条、《财政部 国家税务总局关于全面推开营业税改征增值税试点的通知》（财税〔2016〕36号）附件3第一条第三十七款、《全国税收征管规范（1.2版）》第4.4.1条的规定，本案中，经开区税务局受理XC公司以"土地使用者将土地使用权归还给土地所有者免征增值税"为由提出的退还税款申请，有权针对XC公司申请的税收优惠事项选择以实施后续跟踪管理的方式进行审核；其根据国家税务总局《全国税务机关纳税服务规范》《减免税政策代码目录》的规定，对XC公司的申请归于"备案类税收优惠资格"事项作备案类管理事项，于法有据；其要求XC公司限期提交相关证明材料进行核查，后因XC公司未在期限内按照通知要求提供相关证明材料，经开区税务局据此认为XC公司不符合将土地使用权归还土地所有者的条件，于2019年6月10日作出税务事项通知，取消XC公司办理的"土地使用者将土地使用权归还给土地所有者免征增值税"备案类税收优惠资格，并于次日作出本案被诉武经开税通〔2019〕106472号《税务事项通知书》，认定XC公司不符合退税条件，决定不予退税，符合上述规范性文件的规定。经开区税务局作为税收征收管理行政机关，不具有对包括收回土地使用权在内的土地使用权权属变更的性质进行认定的法定职权，XC公司认为经开区税务局应根据其提交的资料认定涉案土地权属变更的性质属于土地使用者将土地使用权归还给土地所有者并据此作出退税决定的主张，没有法律依据。故经开区税务局作出的本案被诉行政行为认定事实清楚、证据确凿，适用法律和规范性文件正确，程序并无不当，原审法院对XC公司要求撤销武经开税通〔2019〕106472号《税务事项通知书》及判令经开区税务局30日内就XC公司退税申请重新作出行政行为的诉讼主张不予支持。3.武汉市税务局作为行政复议机关，在收到XC公司的行政复议申请后，予以立案受理、组织双方听证，后在法定期限内作出行政复议决定，该行政复议行为程序合法，决定维持经开区税务局2019年6月11日《税务事项通知书》（武经开税通〔2019〕106472号）作出的"不予入库减免退税"行政行为正确。但其作出的武税复决字〔2019〕4号《行政复议决定书》中所适用的法律依据，仅援引了《中华人民共和国行政复议法》第二十八条，未援引该条文具体的款和项，第二十八条共有二款，第一款有四项，分别规定了不同情形下对原行政行为予以维持、撤销、变更、确认违法等内容，故本案被诉行政复议行为属适用法律错误，依法应予撤销。综上，依照《中华人民共和国行政诉讼法》第六十九条、第七十条第二项、第七十九条，《最高人民法院关于适用〈中华人民共和国行政诉讼法〉的解释》第一百三十六条第五款的规定，判决如下：一、撤销武汉市税务局于2019年8月22日作出的武税复决字〔2019〕4号行政复议决定；二、驳回XC公司的其他诉讼请求。

上诉人武汉市税务局不服原审判决，向武汉市中级人民法院提起上诉称：原审法院仅因未援引具体款项而认定适用法律错误，该定性明显错误。上诉人虽未援引具体款项，但结合复议决定的上下文，并不影响对具体款项适用的理解，也未损害行政相对人的知情权，仅属于法律适用瑕疵，不能导致复议决定被撤销。原审判决适用法律错误，请求撤销原审判决。

被上诉人XC公司、原审被告经开区税务局二审中未提交书面辩称、述称意见。

各方当事人向原审法院提交的证据、依据均已随案移送二审法院。二审法院对证据的认证和采信理由与原审法院相同，对原审法院认定的事实予以认可。

二审法院认为，根据《中华人民共和国税收征收管理法实施细则》第四十三条、《财政部 国家税务总局关于全面推开营业税改征增值税试点的通知》（财税〔2016〕36号）附件3第一条第三十七款、《全国税收征管规范（1.2版）》第4.4.1条的规定，经开区税务局有权针对XC公司申请的税收优惠事项选择以实施后续跟踪管理的方式进行审核。其根据国家税务总局《全国税务机关纳税服务规范》《减免税政策代码目录》的规定，对XC公司的申请归于"备案类税收优惠资格"事项作备案类管理事项，要求XC公司限期提交相关证明材料进行核查，后因XC公司未在期限内按照通知要求提供相关证明材料，经开区税务局认定XC公司不符合退税条件，决定不予退税，符合上述规范性文件的规定。

经开区税务局作为税收征收管理行政机关，不具有对包括收回土地使用权在内的土地使用权权属变更的性质进行认定的法定职权，XC公司认为经开区税务局应根据其提交的资料认定涉案土地权属变更的性质属于"土地使用者将土地使用权归还给土地所有者"，并据此作出退税决定的主张，没有法律依据。

《中华人民共和国行政复议法》第二十八条有二款规定，其中第一款有四项条文，规定的情形与处理结果均不相同。武汉市税务局作出涉案复议决定应当针对该案情况援引对应条款。其仅援引第二十八条，属适用法律错误。原审法院因此撤销该复议决定并无不当。武汉市税务局的上诉理由于法无据，二审法院对其上诉请求不予支持。

综上，原审判决认定事实清楚，适用法律正确，审判程序合法。

2021年4月19日,二审法院依照《中华人民共和国行政诉讼法》第八十九条第一款第一项、第八十六条之规定,判决如下:驳回上诉,维持原判。二审案件受理费人民币50元,由上诉人国家税务总局武汉市税务局负担。

(六)重作决定与变更决定

行政复议机关责令被申请人重新作出具体行政行为的,被申请人不得以同一事实和理由作出与原具体行政行为相同或者基本相同的具体行政行为;但是行政复议机关以原具体行政行为违反法定程序决定撤销的,被申请人重新作出具体行政行为的除外。

行政复议机关责令被申请人重新作出具体行政行为的,被申请人不得作出对申请人更为不利的决定;但是行政复议机关以原具体行政行为主要事实不清、证据不足或适用依据错误决定撤销的,被申请人重新作出具体行政行为的除外。

行政复议机关责令被申请人重新作出具体行政行为的,被申请人应当在60日内重新作出具体行政行为;情况复杂,不能在规定期限内重新作出具体行政行为的,经行政复议机关批准,可以适当延期,但是延期不得超过30日。公民、法人或者其他组织对被申请人重新作出的具体行政行为不服,可以依法申请行政复议,或者提起行政诉讼。

有下列情形之一的,行政复议机关可以决定变更:

(1)认定事实清楚,证据确凿,程序合法,但是明显不当或者适用依据错误的。

(2)认定事实不清,证据不足,但是经行政复议机关审理查明事实清楚,证据确凿的。

(七)驳回申请

有下列情形之一的,行政复议机关应当决定驳回行政复议申请:

(1)申请人认为税务机关不履行法定职责申请行政复议,行政复议机关受理以后发现该税务机关没有相应法定职责或者在受理以前已经履行法定职责的。

(2)受理行政复议申请后,发现该行政复议申请不符合《中华人民共和国行政复议法》及其实施条例和本规则规定的受理条件的。

上级税务机关认为行政复议机关驳回行政复议申请的理由不成立的,应当责令限期恢复受理。行政复议机关审理行政复议申请期限的计算应当扣除因驳回耽误的时间。

(八)复议中止与终止

1.行政复议中止的情形

行政复议期间,有下列情形之一的,行政复议中止:

(1)作为申请人的公民死亡,其近亲属尚未确定是否参加行政复议的。

(2)作为申请人的公民丧失参加行政复议的能力,尚未确定法定代理人参加行政复议的。

（3）作为申请人的法人或者其他组织终止，尚未确定权利义务承受人的。
（4）作为申请人的公民下落不明或者被宣告失踪的。
（5）申请人、被申请人因不可抗力，不能参加行政复议的。
（6）行政复议机关因不可抗力原因暂时不能履行工作职责的。
（7）案件涉及法律适用问题，需要有权机关作出解释或者确认的。
（8）案件审理需要以其他案件的审理结果为依据，而其他案件尚未审结的。
（9）其他需要中止行政复议的情形。

行政复议中止的原因消除以后，应当及时恢复行政复议案件的审理。行政复议机构中止、恢复行政复议案件的审理，应当告知申请人、被申请人、第三人。

2.行政复议终止的情形

行政复议期间，有下列情形之一的，行政复议终止：
（1）申请人要求撤回行政复议申请，行政复议机构准予撤回的。
（2）作为申请人的公民死亡，没有近亲属，或者其近亲属放弃行政复议权利的。
（3）作为申请人的法人或者其他组织终止，其权利义务的承受人放弃行政复议权利的。
（4）申请人与被申请人依照相关规定，经行政复议机构准许达成和解的。
（5）行政复议申请受理以后，发现其他行政复议机关已经先于本机关受理，或者人民法院已经受理的。

依照上述第（1）（2）（3）项规定中止行政复议，满60日行政复议中止的原因未消除的，行政复议终止。

（九）行政赔偿请求

申请人在申请行政复议时可以一并提出行政赔偿请求，行政复议机关对符合国家赔偿法的规定应当赔偿的，在决定撤销、变更具体行政行为或者确认具体行政行为违法时，应当同时决定被申请人依法赔偿。

申请人在申请行政复议时没有提出行政赔偿请求的，行政复议机关在依法决定撤销、变更原具体行政行为确定的税款、滞纳金、罚款和对财产的扣押、查封等强制措施时，应当同时责令被申请人退还税款、滞纳金和罚款，解除对财产的扣押、查封等强制措施，或者赔偿相应的价款。

（十）复议决定的作出与执行

行政复议机关应当自受理申请之日起60日内作出行政复议决定。情况复杂，不能在规定期限内作出行政复议决定的，经行政复议机关负责人批准，可以适当延期，并告知申请人和被申请人；但是延期不得超过30日。行政复议机关作出行政复议决定，应当制作行政复议决定书，并加盖行政复议机关印章。行政复议决定书一经送达，即发生法律效力。

被申请人应当履行行政复议决定。被申请人不履行、无正当理由拖延履行行政复议决定的，行政复议机关或者有关上级税务机关应当责令其限期履行。

申请人、第三人逾期不起诉又不履行行政复议决定的，或者不履行最终裁决的行政复议决定的，按照下列规定分别处理：

（1）维持具体行政行为的行政复议决定，由作出具体行政行为的税务机关依法强制执行，或者申请人民法院强制执行。

（2）变更具体行政行为的行政复议决定，由行政复议机关依法强制执行，或者申请人民法院强制执行。

【税务稽查风险案例8-7】

甲公司的股东赵某将其持有股份以股本＋待分配股息红利的方式转让给了王某，并就其所得申报了个人所得税。王某拿到股息红利后，是否还需要缴纳个人所得税？当事人通过行政复议途径向A市B区税务局提出了质疑。

A市B区税务局C分局税收管理员发现甲公司股东王某在分得50万元的股息红利后，没有按照税法规定申报缴纳个人所得税10万元，后核实确定该公司没有为王某代扣代缴相关税款。之后，税收管理员联系王某，告知其取得50万元股息红利后应履行的纳税义务，得到的回答却是："我虽然分到了50万元的股息红利，但这笔红利的纳税人并不是我，而是前股东赵某，赵某将股权转让给我时已经缴税。"

为弄清楚实际情况，税收管理员调取了有关股权转让的协议和纳税资料。股权转让协议里写明：股权转让人赵某因身体原因不能继续参与甲公司经营，故将自己持有的公司股份转让给王某。股权转让时，王某请求分红，而甲公司暂时没有分红意向。经过协商，赵某和王某达成一致，以转让当期会计报表账载的未分配利润为基数，对赵某享有的对应未分配利润50万元，一并转让给王某。故王某除了向股权转让人赵某支付股本100万元之外，需另行向赵某支付未分配利润50万元。税单资料显示，赵某当时确实就这50万元转让额申报缴纳了个人所得税10万元，由甲公司代扣代缴，只是申报的品目是股权转让所得。

赵某的所得是股权转让所得，缴纳的是股权转让所得个人所得税。王某拿到的是股息分红，应缴纳的是股息红利个人所得税，况且纳税人不同，后C分局向王某发出《税务事项通知书》，要求其就50万元股息红利所得申报缴纳个人所得税，同时对甲公司未履行有关代扣代缴义务的行为另行处理。

王某对此处理不服，在缴纳有关税款后向B区税务局提出了行政复议申请。

申请人王某在复议申请书中主要申明了三点内容：一是申请人不是纳税争议涉及的50万元股息红利的纳税人。因为该50万元分红是分配给前股东赵某的，故赵某才是正确的纳税人，且赵某已经为该笔分红缴纳个人所得税10万元。二是纳税争议涉及的50万元股息红利之所以直接支付给了申请人，是债权转让的结果。甲公司应分配给前股东赵某的50万元股息红利属王某拥有的债权，只是因为在股权转让时该笔债权尚未到期，即甲公司未到股息红利分配时间，所以赵某转让股权时一并将该预期债权转让给了申请人。三是债权是平价转让，申请人从中并没有获得所得，故不需要缴纳个人所得税。综上所述，申请人不是该笔股息红利的纳税人，故请求撤销被申请人作出的《税务事项通知书》，并将征缴的税款退还给申请人。

C分局回应：让王某就股息红利所得缴税有根据。收到王某的复议申请后，B区税务局立即组成行政复议委员会对本案展开复议。

复议过程中，被申请人C分局对申请人的请求逐一予以回应。

第一，申请人是甲公司的股东，其存在股息红利所得，应该就其所得缴纳个人所得税。甲公司本次股息红利分配决议列明申请人取得股息红利50万元，依据《中华人民共和国个人所得税法》第二条、第六条规定，应该申报缴纳股息红利个人所得税。

第二，申请人认为其分配到的50万元股息红利，纳税人是前股东赵某，且赵某已经就此所得缴纳个人所得税，这是申请人对税收法律的误读。实际情况是，前股东赵某转让股权的收入，扣除股本后，剩余所得是财产转让所得，并不是股息红利所得。两种所得虽然纳税税率一样，但针对的纳税环节不同，一个是对财产转让环节的所得征税，另一个是对资本投资环节产生的所得征税。

第三，股权转让所得50万元，并不是因为存在待分配的股息红利，而是因为甲公司经营效益好，所以股权转让时可以溢价转让。这就如一家上市公司的股票上涨一样，并非基于该公司的未分配利润，而是基于市场对该公司盈利潜力的预估。故上述两次所得征税环节不同，对应纳税人也不同，申请人是股息红利所得的正确纳税人，应足额缴纳个人所得税。

综上所述，依据《中华人民共和国个人所得税法》第二条、第六条规定，申请人应就所分得的股息红利全额缴纳个人所得税。

复议机关认为，就本案来看，王某的主张有其合理性，且符合交易实际。现实中，在针对个人股权交易明显偏低进行纳税调整时，其中一种方式是基于企业净资产进行配比，但实质还是在考虑股权转让人的预期收益。正是转让人存在预期收益，其平价转让股份才属于明显偏低。而预期收益对应的是企业账面上的未分配利润、盈余公积和资本公积，此类权益分配需要缴纳的是股息红利方面的个人所得税。所以，在确认股权转让所得时，应该考虑此类所得的实质。这样处理并不存在税款流失的风险，今后王某再转让有关股权时，50万元分红所得将不被视为成本，通过税收审核可以保障税款及时入库。复议结果为撤销C分局作出的有关行政处理。

当前，个人股权转让涉税问题较为复杂，存在"阴阳合同"、现金交易等难以监管的情形，如何去伪存真，需要税务机关练就"火眼金睛"的本事。针对股权转让涉税问题，国家税务总局虽然作出了法律规定，但不可能对各种复杂交易情形面面俱到。因此，实际执法过程中，税务机关在遇到没有明确法律规定的问题时，需要透过表象看实质，兼顾依法征税和维护纳税人的合法权益。

十、税务行政复议和解与调解

（一）允许和解的事项

对下列行政复议事项，按照自愿、合法的原则，申请人和被申请人在行政复议机关作出行政复议决定以前可以达成和解，行政复议机关也可以调解：

（1）行使自由裁量权作出的具体行政行为，如行政处罚、核定税额、确定应税所得率等。

（2）行政赔偿。

（3）行政奖励。

（4）存在其他合理性问题的具体行政行为。

行政复议审理期限在和解、调解期间中止计算。

（二）达成和解及其后果

申请人和被申请人达成和解的，应当向行政复议机构提交书面和解协议。和解内容不损害社会公共利益和他人合法权益的，行政复议机构应当准许。

经行政复议机构准许和解终止行政复议的，申请人不得以同一事实和理由再次申请行政复议。

（三）调解的要求

调解应当符合下列要求：

（1）尊重申请人和被申请人的意愿。

（2）在查明案件事实的基础上进行。

（3）遵循客观、公正和合理原则。

（4）不得损害社会公共利益和他人合法权益。

（四）调解的程序

行政复议机关按照下列程序调解。

（1）征得申请人和被申请人同意。

（2）听取申请人和被申请人的意见。

（3）提出调解方案。

（4）达成调解协议。

（5）制作行政复议调解书。

（五）复议调解书

行政复议调解书应当载明行政复议请求、事实、理由和调解结果，并加盖行政复议机关印章。行政复议调解书经双方当事人签字，即具有法律效力。

调解未达成协议，或者行政复议调解书不生效的，行政复议机关应当及时作出行政复议决定。

（六）复议调解书的强制执行

申请人不履行行政复议调解书的，由被申请人依法强制执行，或者申请人民法院强制执行。

十一、税务行政复议指导和监督

（一）监督指导与工作责任制

各级税务复议机关应当加强对履行行政复议职责的监督。行政复议机构负责对行政复议工作进行系统督促、指导。

各级税务机关应当建立健全行政复议工作责任制，将行政复议工作纳入本单位目标责任制。

（二）工作检查与行政复议意见书

各级税务机关应当按照职责权限，通过定期组织检查、抽查等方式，检查下级税务机关的行政复议工作，并及时向有关方面反馈检查结果。

行政复议期间行政复议机关发现被申请人和其他下级税务机关的相关行政行为违法或者需要做好善后工作的，可以制作行政复议意见书。有关机关应当自收到行政复议意见书之日起60日内将纠正相关行政违法行为或者做好善后工作的情况报告行政复议机关。行政复议期间行政复议机构发现法律、法规和规章实施中带有普遍性的问题，可以制作行政复议建议书，向有关机关提出完善制度和改进行政执法的建议。

（三）备案与案卷管理

省以下各级税务机关应当定期向上一级税务机关提交行政复议、应诉、赔偿统计表和分析报告，及时将重大行政复议决定报上一级行政复议机关备案。

行政复议机构应当按照规定将行政复议案件资料立卷归档。行政复议案卷应当按照行政复议申请分别装订立卷，一案一卷，统一编号，做到目录清晰、资料齐全、分类规范、装订整齐。

（四）业务培训与表彰奖励

行政复议机构应当定期组织行政复议工作人员业务培训和工作交流，提高行政复议工作人员的专业素质。

行政复议机关应当定期总结行政复议工作。对行政复议工作中做出显著成绩的单位和个人，依照有关规定表彰和奖励。